ANDBOOKS IN ECONOMICS

HANDBOOK OF ECONOMIC GROWTH

VOLUME 2A

Philippe Aghion
Steven N. Durlauf

经济学手册
HANDBOOKS IN ECONOMICS
[美] K.J. 阿罗 [美] M.D. 英特里盖特/总主编

增长经济学手册

第2A卷

[美] 菲利普·阿吉翁
[美] 史蒂文·杜尔劳夫 /主编

冯科 胡怀国/译

中国财经出版传媒集团
经济科学出版社
Economic Science Press

图字：01－2016－9977

Handbook of Economic Growth, *Vol 2A*

Philippe Aghion, Steven Durlauf

ISBN: 978－0－444－53538－2

Authorized Chinese translation published by Economic Science press.

《增长经济学手册：第2A卷》（冯　科　胡怀国　译）

ISBN: 978－7－5218－0986－2

图书在版编目（CIP）数据

增长经济学手册．第2A卷/（美）菲利普·阿吉翁，（美）史蒂文·杜尔劳夫主编；冯科，胡怀国译．—北京：经济科学出版社，2019.12

ISBN 978－7－5218－0986－2

Ⅰ.①增…　Ⅱ.①菲…②史…③冯…④胡…　Ⅲ.①经济增长理论－手册　Ⅳ.①F061.2－62

中国版本图书馆 CIP 数据核字（2019）第261567号

责任编辑：程辛宁　范泽思　责任校对：蒋子明　责任印制：邱　天

增长经济学手册：第2A卷

［美］菲利普·阿吉翁　史蒂文·杜尔劳夫　主编

冯　科　胡怀国　译

经济科学出版社出版、发行　新华书店经销

社址：北京市海淀区阜成路甲28号　邮编：100142

总编部电话：010－88191217　发行部电话：010－88191522

网址：www.esp.com.cn

电子邮件：esp@esp.com.cn

天猫网店：经济科学出版社旗舰店

网址：http://jjkxcbs.tmall.com

北京时捷印刷有限公司印装

787×1092　16开　41印张　780000字

2019年12月第1版　2019年12月第1次印刷

ISBN 978－7－5218－0986－2　定价：298.00元

（图书出现印装问题，本社负责调换。电话：010－88191510）

注　　意

本书涉及领域的知识和实践标准在不断变化。新的研究和经验拓展我们的理解，因此须对研究方法、专业实践或医疗方法作出调整。从业者和研究人员必须始终依靠自身经验和知识来评估和使用本书中提到的所有信息、方法、化合物或本书中描述的实验。在使用这些信息或方法时，他们应注意自身和他人的安全，包括注意他们负有专业责任的当事人的安全。在法律允许的最大范围内，爱思唯尔、译文的原文作者、原文编辑及原文内容提供者均不对因产品责任、疏忽或其他人身或财产伤害及/或损失承担责任，亦不对由于使用或操作文中提到的方法、产品、说明或思想而导致的人身或财产伤害及/或损失承担责任。

目　　录

第 1 章
文化、企业家精神与增长

马蒂亚斯·德普克
西北大学经济系与国民经济研究局
法布里齐奥·齐利伯蒂
苏黎世大学经济系

摘要

本文探讨文化与经济增长的相互关系。文中提出了一个内生的技术进步模型，其中的经济增长源于企业家的创新行为。企业家活动不仅具有风险，而且需要进行投资，而投资则会影响企业家终生消费曲线的陡峭程度。正因如此，企业家职业的选择取决于人们的风险容忍度和耐心；有意把子女培养成企业家的父母，有着向子女灌输这两种价值观的诱因。文化传承是贝克尔式的，即父母的愿望是最大化子女的幸福；在扩展情形中，我们探究了偏好传递的家长式动机。经济增长率取决于选择企业家作为职业的人口比例，而一个社会中有多少企业家，则有赖于父母在子女的耐心和风险容忍度方面的投资。模型存在多重平衡增长路径，其中，在经济快速增长的国家，有更多的人会表现出“企业家精神”。本文还探讨了内生偏好模型在社会经济转型（如英国工业革命）中的应用，并对文化异质性和偏好异质性影响经济增长的有关经验研究文献进行了讨论。

关键词

文化，企业家精神，创新，经济增长，内生偏好，代际偏好传递

JEL 分类号

J24，L26，N30，O10，O32，O33，O43，Z10

1.1 导　论

过去十年，越来越多的经济学文献开始关注经济发展和文化之间的关系。其中，广义的文化是偏好、价值观和信念的集合，它们至少部分地是后天形成的。

文化异质性有助于解释个体行为和经济绩效的想法，在古典经济学家那里颇为流行。如斯密（Smith，1776）把他那个时代的不同社会阶层的成员，视为受不同动机驱使的不同类型的人："商人习惯于将自己的钱用于有利可图的项目，而乡绅则习惯于将它们花掉。前者常常看到钱离开他之后，又带着利润回到自己身边；而对于后者而言，一旦钱离开他，就从未想到过还会再看见它们"（第432页）。

一个世纪后，卡尔·马克思（Karl Marx）假定文化是生产关系的结果，而不是原因。在马克思看来，文化、宗教和意识形态（"上层建筑"）只不过是拥有生产手段的各阶级的物质利益的反映。马克斯·韦伯（Max Weber）对马克思的唯物主义提出了质疑，认为文化因素和精神因素作为社会经济变革的影响因素，具有一定的独立性。按照韦伯的观点，资本主义精神的出现是工业革命的重要引擎，而并不仅仅是工业革命的反映。韦伯并非完全反对马克思的观点，而是认为因果关系应该是双向的①。例如，他认为新教禁欲主义是经济转型的引擎，但"整体社会环境尤其是经济条件，又会反过来影响其发展进程和基本特征"（Weber，1905，第183页）。

与斯密、马克思和韦伯的思想不同，19世纪后半期的经济学边际革命，排除了文化因素的影响。按照新古典范式，经济学应该专注于个体最优选择和资源有效配置，并将偏好和技术视为外生因素。直到不久前，经济学家仍遵循这一范式，将偏好的形成和广义的文化视为经济学之外的东西。尽管如此，随着经济学帝国主义不断侵入新领地，外生的偏好和技术开始成为经济学家的紧箍咒。对新古典信条的侵蚀，首先从经济学家关于技术的新看法开始。源于熊彼特（Schumpeter，1942）的直觉，目前人们普遍接受了如下观点：如果我们试图理解工业化经济体和发展中国家的经济增长过程及其内在机制，那么就不能仅仅将技术视为外生的；相反，旨在改变技术约束集合的特定人群的努力和

---

① "当然，对于文化和历史的因果阐释，我的目的并不是用片面的唯物主义来代替同样片面的唯心主义"（Weber，1905，p. 183）。

风险承担行为，亦即发明家和企业家的行为，是经济增长的发动机。正是这类观察，推动了内生技术进步的新熊彼特主义范式在20世纪90年代的发展（参见：Aghion and Howitt，1992）。

上述范式在近几年延伸到了偏好领域。世界价值观调查（World Value Survey）等大型数据库显示，不论是在不同个体之间（Guiso and Paiella，2008；Beauchamp et al.，2011）还是在世界上的不同地区（Inglehart et al.，2000），人们的价值观和偏好存在着巨大的异质性。目前，偏好异质性已成为主流宏观经济学的一个重要问题，如克鲁塞尔和史密斯（Krusell and Smith，1998）、科恩皮拉尼（Coen-Pirani，2004）、德纳迪（De Nardi，2004）、居韦嫩（Guvenen，2006）、亨德里克斯（Hendricks，2007）和科齐（Cozzi，2011）等认为，在不完全市场的宏观经济模型的校准中，为了反映在数据中观察到的巨大财富不平等，有必要在模型中引入个体偏好的变化。

偏好异质性和新古典范式并不矛盾。在传统的回归分析中，其他经济因素属于误差项或个体固定效应和地区固定效应；但在增长模型和发展理论中，把偏好和文化作为外生的影响因素则是有问题的：其一，文化因素会随着经济条件和制度环境发生变化（Alesina and Glaeser，2004；Alesina and Giuliano，2009）；其二，文化和偏好对于制度和经济绩效有重要影响（Greif，1994；Grosjean，2013；Guiso et al.，2006；Gorodnichenko and Gerard，2010；Tabellini，2010）。

正是基于上述认识，越来越多的研究文献，开始把内生的文化变化纳入经济模型②，并出现了将偏好、文化和创新相联系的文献（Mokyr，2011）。在近来的许多内生技术进步模型中，创新和经济增长取决于政策参数和偏好参数，如贴现率和风险规避系数等。但对于偏好和技术的决定，仍然缺乏深入的研究。其中的一个关键问题是：在不同社会中，人们参与企业家活动或创新活动的平均倾向为何不同？这正是本文的研究重点。

基于上述研究目标，我们提出了一个内生技术进步模型，其中的增长源于企业家的创新活动。模型的核心是：在一个资本市场不完美的经济中，人们如何在成为工人或企业家之间做出职业选择。企业家面临更多风险，且为了投资不得不延迟消费。显然，职业选择取决于耐心和风险容忍度，而这些偏好特质则会受到家庭教育的影响，并在总人口中呈现出异质性分布。文化传承有赖于父母最大化子女幸福的愿望及其对子女未来职业的预期，那些期望子女成为企

② 近期行为经济学文献为内生偏好提供了心理学基础。费尔和霍夫（Fehr and Hoff，2011）认为，个体的内在心理特性使得个体偏好很容易受到制度因素和社会因素的影响。

业家的父母，有着更强的动机培育子女拥有更多耐心和更高风险容忍度。

在总量水平上，由于企业家在人口中的比例决定了技术创新率，故经济增长率取决于该比例。本文提出的理论模型，阐明了偏好和增长之间存在的自我强化机制。在一个崇尚企业家精神的社会中，大部分人具有耐心和较高的风险容忍度，而这类偏好有助于促进人力资本投资和有风险的创新活动，进而导致较高的经济增长率，并为下一代人的企业家偏好提供激励。而相对保守的社会，也许会达致一种非常不同的平衡增长路径，并表现出不同的企业家文化、创新精神和经济增长。当然，制度变革和政策调整能够影响文化和偏好，并对经济增长和经济发展产生持续的长期影响。

本文结构安排如下：第1.2节提出了一个带有职业选择的内生技术进步模型，其中企业家精神是创新的驱动因素。第1.3节和第1.4节对文化和偏好的传递进行了内生化处理，并分别分析了耐心和风险容忍度的内生积累机制。在第1.3节和第1.4节中，偏好的文化传递取决于贝克尔式的利他动机，第1.5节则对引入家长式动机的不同模型进行了探究。第1.6节是对现有理论文献和实证文献的评述，第1.7节是结语。命题和引理的证明，参见本文的数学附录。

1.2 文化偏好、企业家精神与增长的相互作用：一个分析框架

本节建立了一个文化和经济增长在均衡中被同时决定的动态模型。技术进步类似于罗默模型（Romer，1990），表现为投入品种类的增加。但与罗默模型不同的是，我们假定创新取决于一个特定人群，即在经济生活（如在风险和终生消费方面）与普通工人有着显著差别的企业家。文化偏好决定了人们的企业家倾向，而企业家活动的收益反过来又会对父母培育子女偏好产生影响。换句话说，文化和增长之间是一种双向互动关系。本节先讨论一般设定，内生偏好留待后文讨论。

1.2.1 内生创新模型

考虑这样一个内生增长模型，其中的创新表现为中间投入品种类的增加。新的投入品，由一个特定的职业群体即企业家提供（Klasing，2012）。创新活动有两个关键特征：其一，创新包含投资和递延报酬（Doepke and Zilibotti，2008）；其二，创新可能具有风险（Doepke and Zilibotti，2012；Klasing，2012）。

另外，金融市场是不完全的：人们既不能借贷以平滑生命周期的消费，又不能对冲企业家活动所面临的风险③。由于企业家和普通工人面临着不同的消费曲线（即不同时期和不同自然状态下的消费水平），故人们对这两者职业的选择取决于异质性的文化偏好。

N_t 是 t 期开始时的中间品种类。时间是离散型的。t 期的最终产出遵循如下生产函数：

$$Y_t = \frac{1}{\alpha}\left(\int_0^{N_t} \bar{x}_t(i)^{\alpha}\mathrm{d}i + \int_{N_t}^{N_{t+1}} x_t(i)^{\alpha}\mathrm{d}i\right)Q^{1-\alpha}$$

其中，Q 为固定投入（如土地或非熟练劳动），可标准化为 1；$\bar{x}_t(i)$ 是截止到 t 期已经发明出来的中间品 i 的供给；$x_t(i)$ 是 t 期新发明的中间品 i（新种类）的供给。按照松山（Matsuyama，1999），假设中间品的旧种类 $i \in [0, N_t]$ 在竞争性市场上销售，而新种类 $i \in (N_t, N_{t+1}]$ 由发明者垄断供给，即发明者仅有一期的专利保护。

创新（即新种类 $N_{t+1} - N_t$）由企业家进行，假定企业家活动的收益是随机的。具体而言，假定企业家在发明新种类的时候，并不能预先知道是否成功：成功运营 $(1+\upsilon)N_t$ 个项目的概率为 κ，仅仅维持 $\left(1-\upsilon\frac{\kappa}{1-\kappa}\right)N_t$ 个项目的概率为 $1-\kappa$，其中 $\upsilon \geqslant 0$。整体而言，成功企业家的比例为 κ。中间品由工人利用线性技术进行生产，且无需面临不确定性。

为了保证平衡增长能够实现均衡，假定知识积累具有溢出效应，能够提高工人和企业家的生产率。更准确的说法是，N_t 代表了生产率水平，其增长率等于均衡创新率，那么根据上述假设，t 期劳动力市场的出清条件是：

$$N_t X_t^W = N_t \bar{x}_t + (N_{t+1} - N_t)x_t$$

其中，左端是工人的有效劳动供给，右边是在给定中间品生产 $\bar{x}_t$ 和 x_t 时的劳动需求④。企业家市场的相应出清条件是：

$$N_t X_t^E = \left(\frac{N_{t+1} - N_t}{\xi}\right)$$

其中，X_t^E 为企业家人数，参数 ξ 反映了创新活动中单位有效企业家活动投入的平均生产率。因此，单位有效企业家活动投入能够生产出 ξ 单位的新产品种

③　这些假设意味着道德风险模型中的不完全消费平滑和风险承担；而我们在现实经济生活中亦可以观察到，企业家既不可能没有任何约束地融资，又不可能将自身经济成就同企业命运截然分开。故而，我们的基准模型能够捕捉到真实世界的重要特征，这些特征也正是人们熟知的不完全信息模型的基本结论。

④　注意市场出清表达式是在下述假设下写出来的：所有旧种类 $i \in [0, N_t]$ 的供给量均为 $\bar{x}_t$，所有新种类 $i \in (N_t, N_{t+1}]$ 的供给量均为 x_t。我们稍后将证明这恰好是均衡情形。

类。以 $g_t \equiv (N_{t+1} - N_t)/N_t$ 表示技术增长率，故上述两个市场的出清条件可简化为：

$$X_t^W = \bar{x}_t + g_t x_t \tag{1.1}$$

$$X_t^E = \frac{g_t}{\xi} \tag{1.2}$$

下面讨论产品市场均衡。竞争性的代表性最终品生产者，通过求解下述问题实现利润最大化：

$$\max_{\bar{x}(i), x(i)} \left\{ \frac{1}{\alpha} \left(\int_0^{N_t} [\bar{x}_t(i)^\alpha - \alpha \bar{p}_t(i) \bar{x}_t(i)] \mathrm{d}i + \int_{N_t}^{N_{t+1}} [x_t(i)^\alpha - \alpha p_t(i) x_t(i)] \mathrm{d}i \right) \right\}$$

其中，$\bar{p}_t(i)$ 和 $p_t(i)$ 分别是旧中间品和新中间品的价格⑤。最大化问题的一阶条件意味着：

$$\bar{x}_t(i) = \bar{p}_t(i)^{\frac{1}{\alpha-1}},\ x_t(i) = p_t(i)^{\frac{1}{\alpha-1}} \tag{1.3}$$

下面讨论中间品的生产者。令 w_t^W 表示工人的市场工资，则 $\omega_t^W = w_t^W / N_t$ 表示的是单位有效劳动的工资，故旧中间品 $i \in [0, N_t]$ 的竞争性生产者的最大化问题可记为：

$$\max_{\bar{x}_t(i)} \{ (\bar{p}_t(i) - \omega_t^W) \bar{x}_t(i) \}$$

故有 $\bar{p}_t(i) = \omega_t^W$，且：

$$\bar{x}_t(i) = (\omega_t^W)^{\frac{1}{\alpha-1}} \tag{1.4}$$

新中间品的生产者（即企业家经营的企业）是市场垄断者，它在需求函数式（1.3）的约束下实现利润最大化。正式地，它们在式（1.3）的约束下求解下述问题：

$$\max_{x_t(i), p_t(i)} \{ (p_t(i) - \omega_t^W) x_t(i) \}$$

该问题的解为：

$$p_t(i) = \frac{\omega_t^W}{\alpha} \equiv p_t \tag{1.5}$$

$$x_t(i) = \left(\frac{\omega_t^W}{\alpha} \right)^{\frac{1}{\alpha-1}} \equiv x_t \tag{1.6}$$

且每一种新中间品所实现的利润为：

$$\Pi_t = (p_t - \omega_t^W) x_t = (1-\alpha) \left(\frac{\alpha}{\omega_t^W} \right)^{\frac{\alpha}{1-\alpha}}$$

⑤ 企业拥有的固定投入为 $Q=1$，故对应于固定投入收益的利润亦如此。为简化分析，假设企业由资本家、而非工人和企业家拥有；当然，即便引入企业股权方面的交易亦不会改变模型结论。

基于上述分析，我们可以求解劳动和企业家活动的均衡收益，它们是普通劳动总供给和企业家劳动总供给的函数。首先，由式（1.1）、式（1.4）和式（1.6）可得：

$$X_t^W = (\omega_t^W)^{\frac{1}{\alpha-1}} + g_t \left(\frac{\omega_t^W}{\alpha}\right)^{\frac{1}{\alpha-1}}$$

利用式（1.2）消去 g_t 并重新整理各项，可以得到工人的标准化工资：

$$\omega_t^W = \left(\frac{1 + g_t\, \alpha^{\frac{1}{1-\alpha}}}{X_t^W}\right)^{1-\alpha} = \left(\frac{1 + \alpha^{\frac{1}{1-\alpha}}\xi\, X_t^E}{X_t^W}\right)^{1-\alpha}$$

接着，令 w_t^E 表示企业家的预期利润，并令 $\omega_t^E = w_t^E / N_t$⑥，可得企业家活动的收益：

$$\omega_t^E = \xi\, \Pi_t = \xi^{1-\alpha}(1-\alpha)\left(\frac{\alpha^{\frac{1}{1-\alpha}}\xi X_t^W}{1 + \alpha^{\frac{1}{1-\alpha}}\xi\, X_t^E}\right)^{\alpha}$$

最后，令$\eta_t \equiv \frac{w_t^E}{w_t^W}$表示预期企业家活动溢价，则对上述两项收益表达式求比率可得：

$$\eta_t = \frac{(1-\alpha)\alpha^{\frac{\alpha}{1-\alpha}}\xi X_t^W}{1 + \alpha^{\frac{1}{1-\alpha}}\xi\, X_t^E} \tag{1.7}$$

最终，创新和经济增长由总人口中选择成为企业家的比例决定，而职业选择反过来又取决于技术变量和个体偏好的内生分布。接下来，本文将转而探讨经济中的偏好结构。

1.2.2　人口统计与偏好结构

模型中的经济由代际之间具有利他主义偏好的人口组成，且每个人存活两期。每个人有一个子女，相当于每期有一名子女出生。t 期出生的个体，其终生效用为V_t：

$$V_t = \chi U(c_{1,t}) + \beta U(c_{2,t}) + zV_{t+1} \tag{1.8}$$

其中，$c_{1,t}$是年轻时的消费，$c_{2,t}$是年老时的消费，V_{t+1}是个体子女的终生效用水平。偏好由单期效用函数 $U(\cdot)$ 以及分别同年轻时的消费、年老时的消费、

⑥ 注意前文假设企业家活动的收益是随机的，且每个企业家赢利 $(1+\upsilon)w_t^E$ 的概率为 κ，赢利 $\left(1-\upsilon\frac{\kappa}{1-\kappa}\right)w_t^E$ 的概率为 $1-\kappa$。

子女效应相关的权重χ、β 和 z 决定。接下来，我们将借助于特定的偏好参数（通过代际传递），把上述决定因素予以内生化。具体而言，我们假设人们能改变子女偏好的某些特定方面，但不能改变自身偏好，故同一代人在经济决策过程中有着固定的偏好参数。这种模型设定，使得我们能够分别讨论经济选择和偏好传递。

每期人们有一个单位的时间。年轻时，他们在工人或企业家之间进行职业选择。在每一期，工人向劳动力市场提供一个单位的劳动。对于企业家而言，他们在年轻时向劳动力市场提供比例为 ψ 的个人时间，并将剩余的 $1-\psi$ 比例的时间用于人力资本投资⑦；年老时，企业家将所有时间用于创新活动，相应的收益如第 1.2.1 小节所示。

由于代际交叠，t 期的劳动由出生于 $t-1$ 期和 t 期的人共同提供。令λ_t 为 t 期出生的那一代人中的企业家比例，则 t 期的总劳动供给为：

$$X_t^W = 1 - \lambda_t + \lambda_t \psi + 1 - \lambda_{t-1} \tag{1.9}$$

也就是说，它是年轻工人、年轻企业家和老年工人提供的劳动总和。企业家活动投入，由老年企业家的劳动供给决定：

$$X_t^E = \lambda_{t-1} \tag{1.10}$$

式（1.2）和式（1.10）意味着经济增长率为 $g_t = \lambda_{t-1}\xi$。

1.2.3　固定偏好下的平衡增长路径

为了构建基准情形，我们首先分析固定偏好情形下的平衡增长路径。也就是说，父母不影响子女的偏好，且偏好参数χ、β、z 和函数 $U(\cdot)$ 均保持不变。为简化分析，我们先分析企业家活动不存在风险即 $\upsilon=0$ 的情形。平衡增长路径中的产出增长率、消费增长率以及企业家在总人口中的比例均保持不变。这一平衡增长路径，要求偏好具有不变的跨期替代弹性，故单期效用可由下式给出：

$$U(c) = \frac{c^{1-\sigma}}{1-\sigma}$$

由于在分析内生偏好情形时，要求效用水平为正（尽管可予以一般化，参见：Doepke and Zilibotti，2008），故我们仅讨论 $0 \leqslant \sigma < 1$ 情形。另外，为了保证贴现效用有良好的性质，我们引入如下限制条件：

⑦　另一种建模方法是探究成为企业家的成本。只要这种体现投资特征的成本，使得年轻时的效用水平更低，则最终结果并没有什么不同。

$$(1+\xi)^{1-\sigma}z<1$$

在固定偏好情形下，每个人的偏好都相同，故增长率为正的平衡增长路径的关键条件是企业家活动溢价 η 恰好使得人们对于成为工人和成为企业家不存在差异⑧。t 期出生的人的无差异条件为：

$$\chi u(w_t^W)+\beta u(w_{t+1}^W)+zV_{t+1}=\chi u(\psi w_t^W)+\beta u(w_{t+1}^E)+zV_{t+1}$$

其中，上式左端是工人的效用，右端是企业家的效用。值得注意的是，对于这两种职业而言，人们从子女那里得到的效用是相等的，故该项并没有出现在无差异条件之中。平衡增长路径中的工资和企业家活动收益分别为 $w_t^W=N_t\omega^W$ 和 $w_t^E=N_t\omega^E$，其中 ω^W 和 ω^E 是常量、N_t 以不变的增长率 g 增长。消去共同项，我们可以仅用平衡增长路径中保持不变的变量，将无差异条件重记为：

$$\chi\frac{(\omega^W)^{1-\sigma}}{1-\sigma}+\beta\frac{((1+g)\omega^W)^{1-\sigma}}{1-\sigma}=\chi\frac{(\psi\omega^W)^{1-\sigma}}{1-\sigma}+\beta\frac{((1+g)\omega^E)^{1-\sigma}}{1-\sigma}\qquad(1.11)$$

两端同除以 $(\omega^W)^{1-\sigma}$ 并引入企业家活动溢价 $\eta=\omega^E/\omega^W$，则无差异条件式（1.11）可以进一步简化为：

$$\chi+\beta(1+g)^{1-\sigma}=\chi(\psi)^{1-\sigma}+\beta((1+g)\eta)^{1-\sigma}\qquad(1.12)$$

接下来探究企业家活动溢价表达式（1.7）。将式（1.9）和式（1.10）中 X^W 和 X^E 的平衡增长水平代入式（1.7），则企业家活动溢价可以表示为企业家比例 λ 的函数：

$$\eta=(1-\alpha)\alpha^{\frac{\alpha}{1-\alpha}}\xi\frac{2-(2-\psi)\lambda}{1+\alpha^{\frac{\alpha}{1-\alpha}}\xi\lambda}\qquad(1.13)$$

由式（1.12）和式（1.13）并结合 $g=\lambda\xi$，重新整理各项得：

$$\chi(1-(\psi)^{1-\sigma})=\beta(1+\lambda\xi)^{1-\sigma}\left(\left((1-\alpha)\alpha^{\frac{\alpha}{1-\alpha}}\xi\frac{2-(2-\psi)\lambda}{1+\alpha^{\frac{1}{1-\alpha}}\xi\lambda}\right)^{1-\sigma}-1\right)\qquad(1.14)$$

上述左端是以年轻时放弃的效用度量的选择成为企业家的（标准化）成本，右端是以年老时能够获得的更高效用水平度量的（标准化）收益。式（1.14）决定了均衡企业家比例 λ，而 λ 又反过来决定了企业家活动溢价和经济增长率。

视乎参数的不同，模型可能存在角点解 $\lambda=0$ 或 $\lambda=1$，即不存在任何企业家或所有老年个体均为企业家。另外，模型的平衡增长路径不一定是唯一的，其原因在于，企业家比例的增加，一方面降低了企业家活动的溢价（减少了企业家精神的吸引力），但另一方面提高了经济增长率（企业家活动可在人生的

---

⑧ 此处分析适用于具有内点解的平衡增长路径，即选择成为工人和企业家的个体比例均为正。后文将做进一步讨论。

后一阶段获得更高回报故更具吸引力）。为了同内生偏好情形相对比，不妨对固定偏好情形下平衡增长路径具有唯一的内点解所要求的参数设定略作讨论。

假设1 参数α、ξ和ψ满足：

$$2(1-\alpha)\alpha^{\frac{\alpha}{1-\alpha}}\xi>1>\frac{(1-\alpha)\alpha^{\frac{\alpha}{1-\alpha}}\xi\psi}{1+\alpha^{\frac{1}{1-\alpha}}\xi}$$

命题1 设若假设1成立，则存在某个$\bar{\chi}(\alpha,\ \xi,\ \psi)>0$，使得对于所有$\chi<\bar{\chi}(\alpha,\ \xi,\ \psi)$，存在一个唯一的、作为内点解的平衡增长均衡，即存在满足式（1.14）的唯一$\lambda\in(0,\ 1)$。

1.3 内生的文化Ⅰ：韦伯与耐心的传递

上一节对平衡增长的分析表明，经济增长率既取决于技术参数（如技术创新的效率ξ），又取决于偏好参数（如时间贴现因子β）。尽管如此，在使用不同增长模型来解释经济增长在不同时间和空间的变动时，现有文献通常把技术的变化作为驱动因素。与已有做法不同，本文拟对偏好进行内生化，并对偏好结构与技术、职业选择以及最终经济增长之间的互动关系进行分析。

1.3.1 耐心的内生化

我们首先来讨论耐心，并以时间贴现因子β将其参数化。由于风险并非本小节的分析重点，故暂不考虑不确定性并假定$v=0$。t期成年个体的贴现因子β_t是前定的，但他们能够对子女的贴现因子β_{t+1}施加影响，如父母可以在养育子女的过程中强调未来回报的重要性。假定$\sigma<1$，则更大的β值总会导致更高的效用水平。不过，对子女的耐心进行投资是要付出成本的，故父母面临着一种权衡取舍。更准确地讲，令l_t表示第t代的父母为提高子女耐心所付出的努力，那么父母的贴现效用为：

$$\chi(l_t)\frac{c_{t,1}^{1-\sigma}}{1-\sigma}+\beta_t\frac{c_{t,2}^{1-\sigma}}{1-\sigma}+z\,V_{t+1}(\beta_{t+1}(l_t))$$

其中，χ是严格递减的、可微的严格凹函数，努力程度满足$0\leqslant l_t\leqslant1$。偏好结构仍形如式（1.8），不过此时的χ和β是内生变量而非给定的参数。子女的耐心由下式给出：

$$\beta_{t+1}(l_t)=(1-\delta)\beta_t+f(l_t)\tag{1.15}$$

其中，f是递增的、非负的严格凹函数，δ满足$0<\delta\leqslant1$。值得注意的是，如果

$\delta<1$，则代际存在直接的偏好持续性，即该参数捕捉到了子女模仿父母以及其他不需要父母直接付出努力的传递渠道。除这种直接传递以外，函数 $f(l_t)$ 反映了父母努力所得到的回报（提高了子女的耐心）。

1.3.2　平衡增长路径中的耐心传递

现在，我们以内生的耐心来探讨平衡增长路径的基本特征。人们面临着两种决策：其一，他们在年轻时选择成为工人或企业家，且该决策仅仅取决于其在有生之年的回报，故前文对固定偏好情形的多数分析仍然适用；其二，人们选择向子女灌输耐心的投资水平 l_t。

为简化对个体决策问题的分析，我们假定经济已达致平衡增长路径，故企业家活动溢价是一个常数，工资和利润的增长率均为常数 g。该决策问题可以用递归方法进行分析，其中某世代的贴现因子 β 是状态变量。理论上讲，由于 N_t 的增加提高了工资和收益，故技术状况 N_t 可以成为第二个状态变量。不过，考虑到位似效用函数的性质，均衡增长路径中 t 期的效用可表示为：

$$V_t(\beta_t,\ N_t)=\left(\frac{N_t w_0^W}{N_0}\right)^{1-\sigma} v(\beta_t)$$

其中，v 是一个不依赖于 N_t 的价值函数，它的数值相当于工人工资等于 1 时的效用水平。相应地，该价值函数满足如下贝尔曼方程：

$$\nu(\beta)=\max\{\nu^W(\beta),\ \nu^E(\beta)\} \tag{1.16}$$

其中，

$$\nu^W(\beta)=\max_{0\leqslant l\leqslant 1}\{\chi(l)+\beta(1+g)^{1-\sigma}+z(1+g)^{1-\sigma}\nu(\beta')\} \tag{1.17}$$

$$\nu^E(\beta)=\max_{0\leqslant l\leqslant 1}\{\chi(l)(\psi)^{1-\sigma}+\beta((1+g)\eta)^{1-\sigma}+z(1+g)^{1-\sigma}\nu(\beta')\} \tag{1.18}$$

对于方程（1.17）和方程（1.18）构成的最大化问题，相应的约束条件是耐心在代际的运动法则：

$$\beta'=(1-\delta)\beta+f(l) \tag{1.19}$$

贝尔曼方程（1.17）和方程（1.18）分别表示人们选择成为工人或企业家时的效用水平，而方程（1.16）反映的则是两种职业的最优选择。

给定关于 f 和 l 的假设，存在一个可实现的最大耐心水平 β_{max}。进而，该决策问题就变为一个只有一个状态变量且其区间为［$0,\ \beta_{max}$］的动态规划问题，可利用动态规划的标准方法进行分析。对于耐心投资和职业选择，下述命题描述了其价值函数和相应策略函数的基本性质。

命题 2　贝尔曼方程组（1.16）~（1.18）具有唯一解，价值函数 ν 是 β 递增的凸函数。职业的最优选择，或者是对于任意 β 选择成为工人，或者存在某

个 $\bar{\beta}$ 使得缺乏耐心的人（$\beta<\bar{\beta}$）严格偏好成为工人、较有耐心的人（$\beta>\bar{\beta}$）严格偏好成为企业家、而耐心为 $\beta=\bar{\beta}$ 的人对这两种职业无差异。对耐心的最优投资水平 $l=l(\beta)$ 是 β 的非递减函数。

该命题的证明参见数学附录。决策问题的如下两个性质，保证了价值函数的凸性：其一，贴现因子以线性的方式进入效用函数；其二，更具耐心和成为企业家之间是一种互补关系。

为便于理解，不妨考虑一个不存在职业选择的决策问题，即假设所有世代成员，不论其耐心状况如何，均不得不选择成为工人或者企业家。如果我们改变初代的贴现因子 β 并维持其他各代的投资选择 l 不变，那么初代的效用就是 β 的线性增函数。其原因在于，初代的效用是当前和未来贴现因子的函数，而根据运动方程（1.19），初代的贴现因子会通过 $1-\delta$ 项对未来贴现因子产生线性影响。另外，由于对耐心进行投资的边际收益仅取决于职业选择而与 β 无关，故假如各代的职业均保持不变，则对于所有的 β 而言，选择一个不变的 l 就是最优的。

现在考虑含有职业选择的完整模型。当 β 较大时，收入曲线更为陡峭的职业即企业家就变得更具吸引力。随着 β 的增加，不论是当前还是未来世代成员，都将渐次从工人转变为企业家，故价值函数也会变得更为陡峭。在这个过程中，由于对于更陡峭的收入曲线而言，增加耐心的成本在下降、边际收益在提高，故最优投资水平 l 也会逐渐增加。另外，由于模型中只有两种可能的职业，故价值函数是分段线性的，其中每个线性子段对应于当前和未来最优职业选择保持不变的 β 区间。在价值函数的每个结点之处，某些世代成员对于成为工人或企业家是无差异的。l 的选择取决于人们选择的职业，在价值函数的结点处同某 β 相对应的 l 可能存在多重最优选择；而在结点之间的线性部分，l 的最优选择是唯一的。下述命题总结了上述关于最优收入曲线和最优耐心投资选择的研究结论。

命题3 状态空间 $[0, \beta_{max}]$ 可细分为多个可数的闭区间 $[\underline{\beta}, \bar{\beta}]$，且在任意闭区间 $[\underline{\beta}, \bar{\beta}]$ 之内，所有世代成员（即父母、子女、孙辈等等）的职业选择是不变的、唯一的（尽管各代之间可能存在差异），而 $l(\beta)$ 也是一个单值的常数。价值函数 $v(\beta)$ 是分段线性的，其中每个区间 $[\underline{\beta}, \bar{\beta}]$ 对应于一个子线性段。价值函数中的每个结点，皆对应于当前或未来世代成员从作为工人到作为企业家的转变。在结点处，同两个区间的邻域相对应的职业选择和 l 都是最优的（故结点处的最优策略函数并非单值）。

该命题意味着最优策略对应 $l(\beta)$ 是一个非递减的阶跃函数，它在跳跃点有多个取值。命题3使得我们能够探讨耐心的均衡运动法则的基本特征。由于

策略对应 $l(\beta)$ 是单调的，故各世代的 β 也是单调的，且能够从任何一个初始点收敛于稳态。

命题4 β 的运动法则遵循如下差分方程：

$$\beta' = g(\beta) = (1-\delta)\beta + f(l(\beta))$$

其中，$l(\beta)$ 是一个非递减阶跃函数（参见命题3）。给定初始条件 β_0，世代成员的耐心收敛于一个不变的常数 β，此时父母和子女选择同一种职业。

值得注意的是，尽管世代成员的贴现因子总是收敛的，但即便 β_0 是给定的，模型的稳态也并不一定是唯一的。例如，如果初代对两种职业无差异，那么稳态仍将取决于初代选择的究竟是哪种职业。

给定父母和子女的职业选择，l 的最优选择必须满足一阶条件。由此，我们可以更明确地描述耐心决策以及耐心决策与职业选择之间的相互作用。本文已经探讨了耐心 β 和职业在一个世代中均保持收敛的情形。在这种情形下，总人口最终将分为工人世代和企业家世代，它们分别面临着两种不同的耐心投资激励。首先考虑 l 的解为内点解的情形。对于工人世代而言，描述其最优耐心投资 l^W 基本特征的一阶条件是：

$$-\chi'(l^W) = \frac{z(1+g)^{2(1-\sigma)}f'(l^W)}{1-z(1+g)^{(1-\sigma)}(1-\delta)} \tag{1.20}$$

企业家世代的一阶条件为：

$$-\chi'(l^E)(\psi)^{1-\sigma} = \frac{z(1+g)^{2(1-\sigma)}\eta^{1-\sigma}f'(l^E)}{1-z(1+g)^{(1-\sigma)}(1-\delta)} \tag{1.21}$$

在上述两个方程中，左端对于 l 是严格递增的，右端对于 l 是严格递减的。此外，对于给定的 l，企业家世代的一阶条件的左端较小、右端较大，故在平衡增长路径中，必有 $l^E > l^W$：由于企业家的收入曲线更为陡峭，故其更高的耐心水平会产生更高的收益，这意味着他们会对耐心进行更多的投资。在平衡增长路径中，同样有 $\beta^E > \beta^W$，其中：

$$\beta^W = \frac{f(l^W)}{\delta}$$

$$\beta^E = \frac{f(l^E)}{\delta}$$

上述发现与马克斯·韦伯（Max Weber，1905）把企业家视为拥有“资本主义精神”并以未来为导向的个体的看法是一致的。不过，在本文提出的理论模型中，耐心的差异不仅是职业选择的决定因素（此与韦伯相同），而且也是职业选择的结果。企业家世代的偏好特性和职业之间的互补性，进一步提高了其耐心水平。韦伯则与之不同，他认为决定不同社会群体的价值观和偏好的核心因素是宗教。

图1.1通过一个例子，展示了我们在命题2和命题3中所分析的价值函数和策略函数的基本特征⑨。在这个例子中，价值函数有两个子线性段。当β小于$\beta=0.65$的阈值时，最优选择是成为工人，且相应的耐心投资将使得随后各代均为工人。因此，正如图1.1下半部分所示，耐心投资在相应区间内是一个常数。当β大于阈值时，不论是当前一代还是未来一代，其最优选择都是成为企业家。相应的耐心投资在该区间内同样是一个常数，但相比工人世代要大得多。由于在给定企业家收入曲线更为陡峭的情况下，其耐心有着更高的回报，故价值函数在$\beta=0.65$处有一个结点且变得更为陡峭。投资的差别使得平衡增长路径中的不同职业之间的耐心存在显著差异，其中，平衡增长路径中工人的贴现因子为$\beta^W=0.55$、企业家的贴现因子$\beta^E=0.95$。

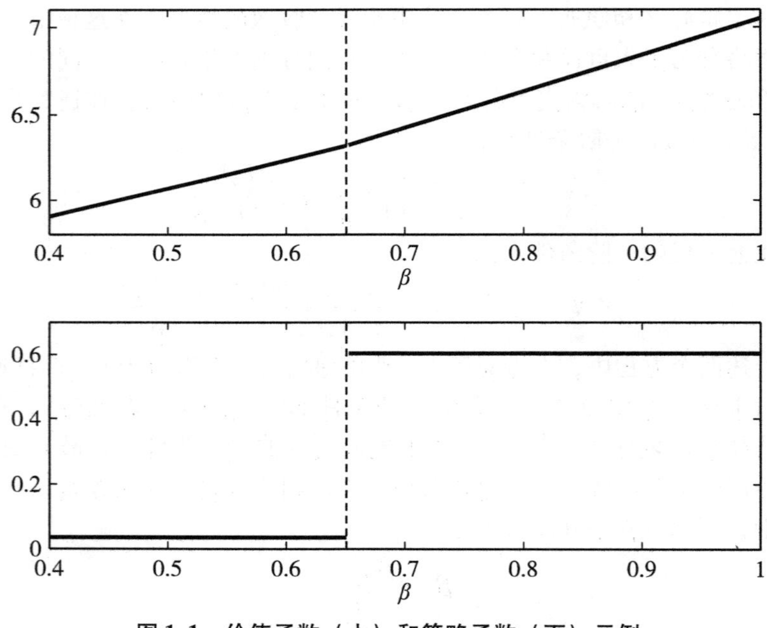

图1.1　价值函数（上）和策略函数（下）示例

1.3.3　内生耐心下的多重平衡增长路径

前文分析表明，不存在所有世代均具有相同偏好且工人比例和企业家比例均大于零的平衡增长路径。由于企业家需要在年轻时获得技能、在年老时获得

⑨　有关参数参见第1.3.3小节对均衡企业家比例为$\lambda=0.35$时的平衡增长路径的讨论。

企业家活动收益，故他们面临着更为陡峭的收入曲线。更为陡峭的收入曲线，意味着企业家的父母比工人的父母更有激励投资于子女的耐心。不仅如此，任何给定时期的总人口都会进行重新排序，从而使得更具耐心的个体成为企业家、相对缺乏耐心的个体成为工人。最后，由于耐心在一个世代内部具有持久性，故世代内部的职业也具有持久性。

由此可知，平衡增长路径中存在着以不同偏好为特征的两个群体，即耐心的企业家和没有耐心的工人。给定群体之间存在耐心差异，那么至少对于其中的一个群体而言，不论他们自己还是子女都将更偏好其自身的职业。事实上，通常情况下存在着一个平衡增长路径连续统。在该连续统中，工人和企业家均严格偏好自己的职业，且不同增长路径中的企业家比例、企业家活动溢价和均衡增长率均有所不同。对于给定的参数而言，最终实现的平衡增长路径取决于初始条件。更一般地讲，平衡增长路径的多重性使得路径依赖成为可能，同时也使得政策或制度对经济绩效具有持久影响。

为例证上述结论，我们首先探究偏好不具有持久性（$\delta=1$）的情形，并用增长率 g、企业家活动溢价 η、工人的耐心水平 β^W 和企业家的耐心水平 β^E 等参数描述平衡增长路径的基本特征。由式（1.20）和式（1.21）可知，工人对耐心的投资 l^W 和企业家对耐心的投资 l^E 必须满足：

$$-\chi'(l^W)=z(1+g)^{2(1-\sigma)}f'(l^W)$$

$$-\chi'(l^E)\psi^{1-\sigma}=z(1+g)^{2(1-\sigma)}\eta^{1-\sigma}f'(l^E)$$

且有 $\beta^W=f(l^W)$ 和 $\beta^E=f(l^E)$。$\delta=1$ 意味着人们对未来耐心的选择，只取决于当前的职业选择，而不直接取决于当前的耐心水平。

价值函数方程（1.17）和方程（1.18）在平衡增长路径中的取值为：

$$\nu^W=\frac{\chi(l^W)+\beta(1+g)^{1-\sigma}}{1-z(1+g)^{1-\sigma}}$$

$$\nu^E=\frac{\chi(l^E)\psi^{1-\sigma}+\beta((1+g)\eta)^{1-\sigma}}{1-z(1+g)^{1-\sigma}}$$

在平衡增长路径中，不论是工人和企业家的当前一代还是未来后代，都必须更偏好其自身职业而非另一种职业，故总共需要考虑四个约束条件。第一个约束条件是，在所有世代成员中，耐心为 β^E 的人将比那些选择成为工人的人更偏好企业家活动：

$$\nu^E\geqslant\chi(l^W)+\beta^E(1+g)^{1-\sigma}+z(1+g)^{1-\sigma}\nu^w \tag{1.22}$$

由于第一代人的耐心水平仍为 β^E，而随后一代耐心发生变动的人的耐心水平应为 β^W，故上式右端由两部分组成。第二个约束条件是，各代的企业家，均偏好于第一代成为企业家，但随后各代则转为工人，可简记为：

$$\nu^E \geqslant \chi(l^{EW})\psi^{1-\sigma}+\beta^E((1+g)\eta)^{1-\sigma}+z(1+g)^{1-\sigma}(\chi(l^W)+\beta^{EW}(1+g)^{1-\sigma}) +z^2(1+g)^{2(1-\sigma)}\nu^W \quad (1.23)$$

在这里，l^{EW}和β^{EW}是在给定职业选择路径时的最优投资水平和最优耐心水平，其中最优投资水平满足：

$$-\chi'(l^{EW})\psi^{1-\sigma}=z(1+g)^{2(1-\sigma)}f'(l^{EW})$$

而最优耐心水平满足$\beta^{EW}=f(l^{EW})$。耐心为β^W的工人世代的两个约束条件是：

$$\chi(l^E)\psi^{1-\sigma}+\beta^W((1+g)\eta)^{1-\sigma}+z(1+g)^{1-\sigma}\nu^E\leqslant\nu^W \quad (1.24)$$

以及：

$$\chi(l^{WE})+\beta^W(1+g)^{1-\sigma}+z(1+g)^{(1-\sigma)}(\chi(l^E)\psi^{1-\sigma}+\beta^{WE}((1+g)\eta)^{1-\sigma}) +z^2(1+g)^{2(1-\sigma)}\nu^E\leqslant\nu^W \quad (1.25)$$

其中l^{WE}满足：

$$-\chi'(l^{WE})=z(1+g)^{2(1-\sigma)}\eta^{1-\sigma}f'(l^{WE})$$

β^{WE}满足$\beta^{WE}=f(l^{WE})$。由此可以表明，确实存在一个平衡增长路径的连续统。由于平衡增长路径中不同职业群体的偏好存在差异，故当一个职业群体对自身职业与另一种职业无差异时，另一个职业群体将严格偏好于自身职业。正因如此，无差异群体就能够在一定范围内提高其收益，使得两个群体均严格偏好于自身职业。可能的紧约束由式（1.23）和式（1.25）给出。多重平衡增长路径的基本结论，由下述引理给出：

引理1 当平衡增长路径中的企业家活动溢价η使得不等式（1.23）中的等号成立时，不等式（1.22）、式（1.24）和式（1.25）均为严格不等式。

由该引理，我们可以得到如下结论：

命题5 如果存在一个企业家比例为λ且满足$0<\lambda<1$的平衡增长路径，那么就存在一个企业家比例和增长率各有不同的平衡增长路径连续统。

也就是说，除非存在一个具有角点解的平衡增长路径（所有个体均选择相同职业），否则将有多个平衡增长路径。

为简化分析，前文简要探讨了$\delta=1$的情形。如果各代的耐心具有直接的持久性，即$\delta<1$，那么导致多重平衡增长路径的力量将进一步增强，且企业家比例和经济增长率的取值范围通常会变得更大。图1.2通过一个计算实例表明了这一点，有关参数值分别为：$z=0.5$，$\sigma=0.5$，$\xi=3$，$\alpha=0.3$，$\psi=0.5$。耐心投资的成本函数为$\chi(l)=1-l$，耐心的运动法则可参数化为：

$$\beta'=(1-\delta)\beta+\delta\tilde{\beta}+\theta_1 l^{\theta_2}$$

图1.2中我们令$\tilde{\beta}=0.5$且$\theta_2=0.8$。我们计算了持久性参数δ取不同值时的结果。当$\delta=1$时，我们取$\theta_1=1$；对于更小的δ，我们对θ_1进行了相应调整，以使得平衡增长路径上的耐心投资对效用的影响保持不变（从而δ的变化不会

引起耐心沿着水平方向移动）。

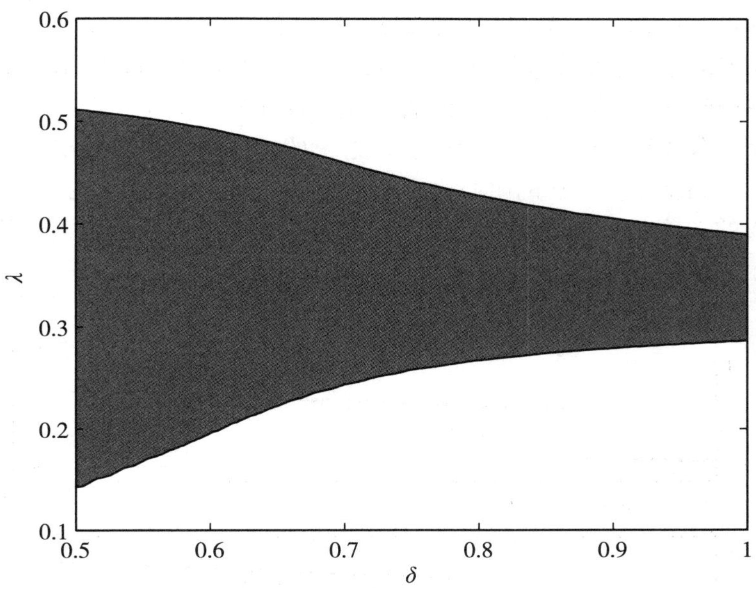

图 1.2　δ 取不同值时平衡增长路径的变动范围

在上述参数设定下，图 1.2 描绘了能够实现平衡增长路径的 λ（即总人口中的企业家比例）的变动范围。当 $\delta=1$ 时（各代之间的耐心不存在直接的持久性），平衡增长路径中的 λ 介于 0.29 ~ 0.39 之间，与之对应的（每代之间的）增长率则介于 $g=0.87$ 和 $g=1.27$ 之间，或若一代为 25 年则年均增长率为 2.5% ~ 3.3%。随着 δ 的下降从而耐心更具持久性，平衡增长路径的范围逐渐增大。当 $\delta=0.5$ 时，平衡增长路径中 λ 的变动范围增至 0.15 ~ 0.51 之间，相应的年均增长率为 1.5% ~ 3.8%。

图 1.3 显示了平衡增长路径中与不同 λ 值对应的耐心运动法则。各分图中的耐心持久性均设定为 $\delta=0.8$。在最上面的小图中，我们令 $\lambda=0.26$，大致接近于平衡增长路径中企业家比例的下限。在该增长路径上，企业家活动的收益很高。耐心运动法则线与 45 度线有两次相交，其中较低的交点对应于工人的长期耐心，较高的交点对应于企业家的耐心。给定企业家活动具有较高的收益，那么，只要某世代的初始耐心水平略高于工人的耐心水平，则他们最终将收敛于企业家世代。运动法则线有三个线性分段，其中最下面的线段对应于工人世代、最上面的线段对应于企业家世代，中间的线段（最短）对应于当前

工人世代对其后代进行足够的耐心投资，进而使得其后代转为企业家世代的情形。在中间的小图中，我们取 $\lambda=0.35$，此时的运动法则线只有两个线性分段，且两种职业群体之间不存在职业转换的可能。在最下面的小图中，$\lambda=0.43$，它对应于较低的企业家活动收益，其运动法则线是最上面小图的镜像，同样由三个线性分段组成，其中的居中线段现在表示的是当前一代均为企业家，但随后各代均转换为工人世代。对比 λ 的不同取值可以看出，随着 λ 的增大，工人和企业家的长期耐心水平都会增加（即与45度线的交点），这是因为更大的 λ 意味着更高的增长率，进而使得这两种职业的收入曲线更为陡峭、对耐心的投资更多。

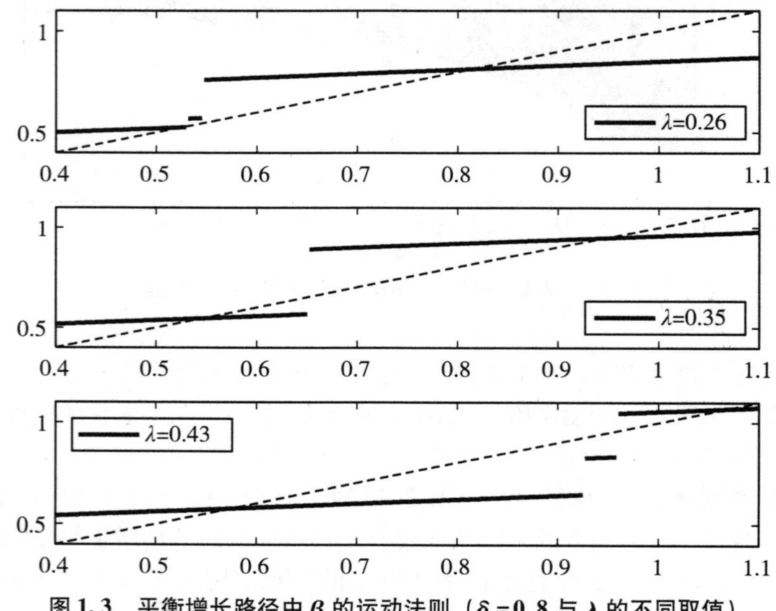

图1.3　平衡增长路径中 β 的运动法则（$\delta=0.8$ 与 λ 的不同取值）

1.3.4　多重平衡增长路径的含义

概略言之，本文对多重平衡增长路径进行的探究表明，不同的经济体，即便技术参数完全相同，亦可能由于人们在文化方面存在的差异，而在经济增长率上存在永久性差别。当然，在本文提出的理论中，文化差异本身是内生的。从这个角度看，我们的理论意味着有可能存在路径依赖现象，即一个国家是否能够在企业家精神和创新活动方面取得成功，很可能取决于该国在现代经济增长开始时的文化经济特征。德普克和齐利伯蒂（Doepke and Zilibotti，2008）对该论题作了进一步深入讨论，对从停滞的前工业化阶段向资本驱动型增长的经济转型，进行了内生偏好下的模型化处理。在该文中，现代经济增长开始时的偏好分布取决于前工业化时期的职业性质（体现为终生收入曲线和土地所有权等）。结合德普克和齐利伯蒂（Doepke and Zilibotti，2008）的方法与本文提出的理论，我们不难得出如下结论：一个经济体在前工业化时期的性质，会对后来的经济发展产生长期影响。

多重平衡增长路径的另外一个含义是：影响偏好的政策或制度会对经济增长产生长期影响。考虑这样一个经济体，它对企业家征收高额税收或者通过其他手段阻碍企业家活动，譬如东欧 20 世纪的中央计划经济。随着时间的推移，此类政策将使得人们的文化发生变化，变得更缺乏未来导向和更低的企业家倾向。现在考虑企业家活动的政治约束得以移除的经济转轨，我们不难预期会出现一小群获得高额收益的企业家，但至少同那些拥有更好的初始文化条件并经历类似转轨过程的经济体相比，其企业家比例和经济增长率均相对较低。

该模型同样可以扩展到开放经济情形。最简单的情形是贸易可以无摩擦地跨国进行的世界经济，此时所有商品均以相同的价格进行贸易、工人和企业家可以得到相同的收益而不论其身在何处。在该情形中，即使所有国家皆因市场一体化而受益于创新并最终享有相同的增长率，各国之间的初始差别仍将使得各国的企业家比例和创新率表现出永久性的差异。

1.3.5　引入金融市场的模型

上述分析表明，由于企业家面临一条更陡峭的收入曲线，故工人和企业家在耐心投资方面面临着不同的激励。然而，如果人们能够利用金融市场平滑消费，那么收入曲线的差异将不会产生任何影响。只有在不存在金融市场或金融市场不完全的情况下，更为陡峭的收入曲线才会直接导致更为陡峭的效用曲线。

为了揭示这一点，不妨考虑完全金融市场的一个极端反例，即人们能够在终生预算约束下，以固定利率 R 借款或贷款。为简化分析，我们忽略掉财务方面的遗赠。均衡中，唯一被选择的职业是实现收入现值 $\gamma_1 + \gamma_2/R$ 最大化的那种职业。因此，成为工人或者企业家的终身收益是相同的：

$$\omega^W + \frac{(1+g)\omega^W}{R} = \psi\omega^W + \frac{(1+g)\omega^E}{R}$$

这意味着：

$$\eta = 1 + \frac{(1-\psi)R}{1+g} = 1 + \frac{(1-\psi)R}{1+\lambda\xi}$$

均衡条件式（1.13）仍然成立，故有：

$$\eta=(1-\alpha)\alpha^{\frac{\alpha}{1-\alpha}}\xi\frac{2-(2-\psi)\lambda}{1+\alpha^{\frac{\alpha}{1-\alpha}}\xi\lambda}$$

由这些方程可以得到企业家比例 λ（或经济增长率）与市场利率之间的关系：

$$1+\frac{(1-\psi)R}{1+g}=(1-\alpha)\alpha^{\frac{\alpha}{1-\alpha}}\frac{2\xi-(2-\psi)g}{1+\alpha^{\frac{\alpha}{1-\alpha}}g} \tag{1.26}$$

由于工人和企业家有着相同的终生收入，故仅仅考虑其中一个群体的储蓄决策即已足够。例如，工人的储蓄决策问题是：

$$\max_{s}\frac{(\omega^{W}-s)^{1-\sigma}}{1-\sigma}+\frac{\beta}{\chi}\frac{(Rs+\omega^{W}(1+g))^{1-\sigma}}{1-\sigma}$$

求解可以得到一个标准的欧拉方程：

$$\frac{Rs+\omega^{W}(1+g)}{\omega^{W}-s}=\left(\frac{\beta}{\chi}R\right)^{\frac{1}{\sigma}}$$

分别以c^{Y}和c^{O}表示年轻时的消费和年老时的消费：

$$c^{Y}=\omega^{W}\frac{1+g+R}{R+\left(R\frac{\beta}{\chi}\right)^{\frac{1}{\sigma}}}$$

$$c^{O}=\left(R\frac{\beta}{\chi}\right)^{\frac{1}{\sigma}}\omega^{W}\frac{1+g+R}{R+\left(R\frac{\beta}{\chi}\right)^{\frac{1}{\sigma}}}$$

给定上述储蓄问题的解，则最优耐心投资由下式给出：

$$l(\beta,\ g)=\underset{0\leqslant l\leqslant 1}{\operatorname{argmax}}\left\{(\omega^{W})^{1-\sigma}\left(\frac{1+g+R}{R+\left(R\frac{\beta}{\chi(l)}\right)^{\frac{1}{\sigma}}}\right)^{1-\sigma}\left(\chi(l)+\beta\left(\frac{\beta}{\chi(l)}R\right)^{\frac{1-\sigma}{\sigma}}\right)\right.$$
$$\left.+z(1+g)^{1-\sigma}\nu(\beta')\right\}$$

政策函数 $l(\beta,\ g)$ 决定了 β 的均衡运动法则和 β 的稳态值，它是 g 和 R 的函数。

到此为止，我们对三个内生变量 g、β 和 R 推导出了两个均衡条件。通过资产市场出清条件来确定利率水平，即可完成我们的模型。由于老年人不能在其生命周期内得到支付，故假设年轻人不能从老年人那里借款。于是，所有的借款和贷款均发生在同期的工人和企业家之间。由市场出清条件可得$s^{W}+s^{E}=0$或：

$$\left(R\frac{\beta}{\chi}\right)^{\frac{1}{\sigma}}-(1+g)+\psi\left(R\frac{\beta}{\chi}\right)^{\frac{1}{\sigma}}-\eta(1+g)=0$$

$$\left(R\frac{\beta}{\chi}\right)^{\frac{1}{\sigma}}(1+\psi)=(1+g)(1+\eta)$$

此即为联合决定平衡增长路径中 g、β 和 R 值的第三个条件。

下述命题总结了我们在完全借贷市场模型中的主要发现：

命题 6　当某代之内存在一个完全借贷市场时，均衡时唯一被选择的职业是能够最大化收入现值的职业。该最优职业独立于耐心 β。如果两种职业产生相同的收入现值，那么耐心投资 l 独立于究竟选择了何种职业。

该结论的直觉很简单：在完全借贷市场的情况下，每个成年人都将选择最大化收入现值的收入曲线，而不管其耐心水平如何[⑩]。该命题表明，如果想把职业选择与耐心投资扯在一起，那么至少某种程度上的金融市场的不完全性就是必不可少的。

这一理论发现的一个重要含义是，人们在贴现因子方面的异质性程度取决于金融市场的发展水平。在缺乏金融市场的经济中，工人和企业家的耐心投资面临着非常不同的激励，使得平衡增长路径中不同职业的耐心水平存在很大的差异。与之相反，在金融市场高度发达的现代经济体中，我们可以预期不同职业之间的文化差异要小得多。

1.4　内生的文化Ⅱ：奈特与风险容忍度的传递

在本文设定的经济环境中，企业家不仅面临着较工人更为陡峭的收入曲线，而且还面临着风险（设若 $\upsilon>0$），故风险偏好也应该是企业家活动的一个影响因素。这与弗兰克·奈特（Frank Knight）对企业家风险承担的特征化表述相一致（参见：Frank Knight，1921；更近的文献参见：Kihlstrom and Laffont，1979；Vereshchagina and Hopenhayn，2009），本节将对此予以正式的模型化分析。

1.4.1　风险偏好的内生化

为了便于分析内生的风险偏好，我们重点分析具有均值—方差偏好的如下

⑩　在上一小节的模型中，一般均衡因素能够保证存在着每种职业都会产生相同现值收入且增长率为正的均衡。

单期效用函数，即由（随机）消费 c 描述的单期效用函数：

$$U(c)=E(c)-\sigma\sqrt{\operatorname{Var}(c)} \tag{1.27}$$

其中，$E(c)$ 是消费的期望值，$\operatorname{Var}(c)$ 是消费的方差，参数 σ 度量的是风险规避水平。函数形式的选择主要是为了与平衡增长相一致[11]。上述效用函数意味着，风险规避程度越小即风险容忍度越高，人们的效用水平就会越高。不过，正如前文对耐心的分析所示，对子女的偏好进行投资是有成本的。父母一代（t）为提高子女风险容忍度所付出的努力用 l_t 表示，则总效用为：

$$\chi(l_t)(E(c_{t,1})-\sigma_t\sqrt{\operatorname{Var}(c_{t,1})})+\beta(E(c_{t,2})-\sigma_t\sqrt{\operatorname{Var}(c_{t,2})})+z\,V_{t+1}(\sigma_{t+1}(l_t))$$

其中，χ 是严格递减、可微的严格凹函数，努力程度的取值范围是 $0\leqslant l_t\leqslant 1$。子女的风险偏好为：

$$\sigma_{t+1}(l_t)=(1-\delta)\sigma_t+\delta\sigma_{\max}-f(l_t) \tag{1.28}$$

其中，f 是递增的严格凹函数且 $f(0)=0$，δ 满足 $0<\delta\leqslant 1$，$\sigma_{\max}$ 表示从来不对风险容忍度进行投资的世代成员的风险规避水平。如果 $\delta<1$，则各代之间的偏好直接存在持久性。

令 w^W 表示工人的工资，η 表示企业家期望收益与工人工资的比值。为简化分析，假定企业家活动所面临的风险，可以表示为如下概率形式：企业家成功并获得正收益的概率为 κ，企业家失败且收益为零的概率为 $1-\kappa$。按照第1.2.1小节的表述方式，可以得到：

$$\upsilon=\frac{1-\kappa}{\kappa}$$

如果企业家活动取得成功，则收入为：

$$(1+\upsilon)\eta w^W=\frac{\eta w^W}{\kappa}$$

但同时也有 $1-\kappa$ 的概率企业家活动的产出为零，故收益均值为 ηw^W，收益的方差为：

$$\operatorname{Var}(c^E)=\kappa\left(\frac{\eta w^W}{\kappa}-\eta w^W\right)^2+(1-k)(\eta w^W)^2=\frac{1-\kappa}{\kappa}(\eta w^W)^2$$

因此，企业家老年时的幸福感是：

$$E(c^E)-\sigma\sqrt{\operatorname{Var}(c^E)}=\eta w^W\left(1-\sigma\sqrt{\frac{1-\kappa}{\kappa}}\right)$$

---

⑪ 此处的效用函数并没有采用预期效用的形式，但基本结论同样适用于预期效用情形。对CRRA效用函数的进一步分析，参见：德普克和齐利伯蒂（Doepke and Zilibotti，2012）。

1.4.2　平衡增长路径上的风险偏好传递

现在考虑平衡增长路径。人们不仅选择职业，而且要选择是否对子女的风险容忍度进行投资以及投资多少。我们在分析个体决策问题时，假定经济处于平衡增长路径，故企业家活动溢价是常数，工资和利润的增长率亦为常数 g。世代成员的风险规避参数 σ 是一个状态变量，故决策问题中可以出现该参数的递归形式。正如前文对内生性耐心的分析，技术 N_t 理论上可以成为第二个状态变量。不过，期望效用函数的线性齐次性，使得我们可以将 t 时的价值函数，写成乘法可分离的形式：

$$V_t(\sigma_t,\ N_t) = \frac{N_t\, w_0^W}{N_0}\nu(\sigma_t)$$

其中，$\nu_t(\sigma_t) = V_t(\sigma_t,\ 1)$ 满足下述一组贝尔曼方程：

$$\nu(\sigma) = \max\{\nu^W(\sigma),\ \nu^E(\sigma)\} \tag{1.29}$$

$$\nu^W(\sigma) = \max_{0\leqslant l\leqslant 1}\{\chi(l) + \beta(1+g) + z(1+g)\nu(\sigma')\} \tag{1.30}$$

$$\nu^E(\sigma) = \max_{0\leqslant l\leqslant 1}\left\{\chi(l)\psi + \beta(1+g)\eta\left(1 - \sigma\sqrt{\frac{1-\kappa}{\kappa}}\right) + z(1+g)\nu(\sigma')\right\} \tag{1.31}$$

最大化问题方程（1.30）和方程（1.31）的相应约束条件是：

$$\sigma' = (1-\delta)\sigma + \delta\sigma_{\max} - f(l) \tag{1.32}$$

其中，ν^W 和 ν^E 分别是选择成为工人或企业家的效用现值，而 ν 则确定最优的职业选择。

由于 l 是有界的且 $\delta > 0$，故对于可行的风险规避水平存在下界 $\sigma_{\min}$。值得注意的是，$\sigma_{\min}$ 取决于 f 和 δ，它可以是一个负数，对应于偏爱风险的个体，即对于同样的预期收益更喜欢做出一个有风险而非相对安全的选择。对于给定的增长率 g 和企业家活动的平均收益 η，该决策问题是只有一个状态变量的标准动态规划问题，且该状态变量的取值范围为 $[\sigma_{\min},\ \sigma_{\max}]$。下述命题描述了价值函数和最优策略函数的基本性质。

命题 7　贝尔曼方程组（1.29）~（1.31）存在唯一解。价值函数 v 是 σ 的递减凸函数。最优职业选择可以是对于任意 σ 选择成为工人或企业家，也可以是对于某个 $\overline{\sigma}$，高风险规避程度（即 $\sigma > \overline{\sigma}$）的个体严格偏好于成为工人，而低风险规避程度（即 $\sigma < \overline{\sigma}$）的个体严格偏好于成为企业家，至于 $\sigma = \overline{\sigma}$ 的个体则对这两种职业选择无差异。对风险容忍度的最优投资水平 $l = l(\sigma)$ 是 σ 的非递增函数。

命题8 状态空间 $[\sigma_{\min}, \sigma_{\max}]$ 可以（最多）细分为可数的若干闭区间 $[\underline{\sigma}, \overline{\sigma}]$，从而使得在任意一个闭区间 $[\underline{\sigma}, \overline{\sigma}]$ 中，每个世代成员（即父母、子女、孙辈等）的职业选择都是不变的和唯一的（尽管各代之间可能存在差异）、而 $l(\sigma)$ 也将成为一个单值常量。价值函数 $\nu(\sigma)$ 是分段线性的，其中每个闭区间 $[\underline{\sigma}, \overline{\sigma}]$ 对应于一个子线性段。价值函数中的每个结点，对应于当前或未来世代成员由成为工人转变为成为企业家。在结点处，对应于两个相邻区间的职业选择和 l 都是最优的（故最优策略函数在结点处并非一个单值）。如果存在一个区间 $[\underline{\sigma}, \overline{\sigma}]$，使得所有当前和未来世代成员在该区间内均为工人，则价值函数 $\nu(\sigma)$ 在该区间内保持不变，且不对风险容忍度进行投资，即 $l(\sigma)=0$。

命题7和命题8的证明（略）与命题2和命题3的证明类似。命题8最后部分之所以成立，是因为工人不会面对任何风险，故对于所有的工人世代来说，其效用水平均独立于风险偏好，且对风险容忍进行投资的收益为零。

以下命题描述了世代内的风险规避的动态变化特征。

命题9 σ 的运动法则由下述差分方程描述：

$$\sigma' = g(\sigma) = (1-\delta)\sigma + \delta\sigma_{\max} - f(l(\sigma))$$

其中，$l(\sigma)$ 是一个非递增的阶跃函数（如命题8所述）。给定初始条件 σ_0，某世代的风险规避将收敛于一个不变的常数 σ，此时父母和子女选择同一种职业。如果该世代收敛于工人，则风险规避程度的极限值是 $\sigma = \sigma_{\max}$。

证明（略）与命题4的证明相似。

我们已经证明，工人世代对风险容忍进行投资的收益为零，从而不会发生风险容忍投资，且有 $l^W=0$ 和 $\sigma^W=\sigma_{\max}$。与之相反，对于企业家而言，其风险容忍投资的收益是正的。如果企业家的投资选择是内点解，则投资 l^E 满足如下一阶条件：

$$-\chi'(l^E)\psi = \frac{z(1+g)^2\beta\eta\sqrt{\frac{1-\kappa}{\kappa}}f'(l^E)}{1-z(1+g)(1-\delta)} \tag{1.33}$$

式（1.33）左端对于 l 是严格递增的，右端对于 l 是严格递减的。父母对风险容忍的最优投资是企业家活动溢价 η、增长率 g 和企业家活动风险 $1-\kappa$ 的增函数。

与我们对内生性耐心的分析类似，工人和企业家之间的风险偏好差异同样会导致多重平衡增长路径，故各国增长率可能存在长期差异，其中高增长国家有着更多的低风险规避的企业家个体。正如第1.3.4小节所讨论的那样，多重平衡增长路径可以导致多种结果，如路径依赖、影响风险承担的制度和政策具有持久性影响、（在开放经济情形下）特定群体或特定国家专业化于创新活动和风险承担活动等。正如第 1.3.5 小节对耐心情形的讨论那样，金融市场的发展再一次会同内生的文化和增长发生相互作用。例如，对于给定的偏好分布，更完善的风险分担制度（如借助于保险市场或税收和转移支付政策等）能够提高企业家活动对高风险规避个体的吸引力，进而导致更快的经济增长。不过，过度保险也会产生消极作用。在风险完全分担的极端情形中，风险容忍投资会完全失去激励作用，最终同那些保险稍少的国家相比，人们更加倾向于风险规避。不妨以经济中出现了一种包含某种不可投保的特殊风险的新技术为例：在保险相对完善的国家，人们更难抓住此类新机遇，故同那些保险稍差但风险容忍程度更高、更具创新性的国家相比，更可能随时间而逐渐落在后面。

1.5　偏好传递的家长式动机

在本文迄今探讨的偏好传递模型中，父母对子女福利水平的评估完全出于利他主义动机，即父母的效用函数与子女进行选择时的效用函数完全相同。然而，偏好传递也可能受家长式动机的驱动。当父母和子女的最优选择有可能不一致时，就会出现这种情形，此时父母将以偏好传递作为影响子女选择的工具。

在父母和未成年子女之间，家长式动机显得格外重要。父母通常倾向于控制未成年子女做出父母不认可的冒险行为，如危险驾驶、吸毒或饮酒、冒失的性行为等[⑫]。

1.5.1　允许父母和子女之间存在冲突

为了分析家长式动机如何影响偏好传递，我们对模型进行了扩展，使得子女可以在年轻时做出额外的选择 x，它取决于风险偏好。为了简化分析，假设这种选择与成年人的职业选择是正交的，即 x 既不影响成年人的职业相对收益，也不影响子女以后成为工人或企业家的能力。对于家长主义的养育方式，

⑫　有充分的证据表明，未成年人特别容易采取冒险行为。如哈博等（Harbaugh et al.，2002）在新墨西哥州进行的一系列实验室实验表明，对于中奖概率不同的公平博弈和一个确定的结果，70%～75%的 5～8 岁未成年人会选择前者，而仅仅 43%～45%的成年人会做出同样的选择。

德普克和齐利伯蒂（Doepke and Zilibotti，2012）提出了一个一般性理论，本文的模型是该理论的简化版本。

子女在可行的运气性行为集合中进行选择，以最大化其幸福函数 $U_{\gamma}(x, \sigma)$，而其父母则用不同的幸福函数 $U(x, \sigma)$ 对该选择做出评估，其中 σ 是成年人的风险规避参数。作为一个具体的例子，令运气性行为 x 导致一个随机的消费过程 $c(x)$。类似于式（1.27），父母的偏好为：

$$U(x, \sigma) = E(c(x)) - \sigma\sqrt{\operatorname{Var}(c(x))}$$

而子女的偏好为：

$$U_{\gamma}(x, \sigma) = E(c(x)) - (\sigma - \xi)\sqrt{\operatorname{Var}(c(x))}$$

也就是说，子女本身有着相对较低的风险规避度（与实验证据一致），其中 $\xi > 0$ 反映了年轻人和老年人之间的风险规避差异。对于给定的 σ，相对于父母偏好的选择而言，子女会选择风险更高的运气性行为 x。

令 $x(\sigma)$ 表示基于子女立场的最优选择，则：

$$x(\sigma) = \operatorname*{argmax}_{x}\{U_{\gamma}(x, \sigma)\}$$

由于选择 x 不会产生动态后果，故该选择是静态的。假设选择的集合是连续可微的，这意味着：

$$\frac{\partial U_{\gamma}(x(\sigma), \sigma)}{\partial x} = 0$$

现在转而讨论父母的决策问题。成年工人和成年企业家的效用函数可记为：

$$\nu^{W}(\sigma) = \max_{0\leqslant l\leqslant 1}\{\chi(l) + \beta(1+g) + z(1+g)W(\sigma', \sigma)\}$$

$$\nu^{E}(\sigma) = \max_{0\leqslant l\leqslant 1}\left\{\chi(l)\psi + \beta(1+g)\eta\left(1 - \sigma\sqrt{\frac{1-\kappa}{\kappa}}\right) + z(1+g)W(\sigma', \sigma)\right\}$$

其中，$W(\sigma', \sigma)$ 捕捉了父母得自子女的效用，它由下式给定⑬：

$$W(\sigma', \sigma) = U(x(\sigma'), \sigma) + \beta\max\{\nu^{W}(\sigma'), \nu^{E}(\sigma')\}$$

值得注意的是，$x(\sigma')$ 是 σ' 的函数，这是因为父母不能直接控制 x，而必须将子女基于其参数 σ' 的决策视为给定的。σ' 的选择遵循如下运动法则：

$$\sigma' = (1-\delta)\sigma + \delta\sigma_{\max} - f(l)$$

---

⑬ 在德普克和齐利伯蒂（Doepke and Zilibotti，2012）中，我们使用了一个只考虑部分家长主义的公式，其中 W 函数的具体形式为：$W(\sigma', \sigma) = qU_{\gamma}(x(\sigma'), \sigma') + (1-q)U(x(\sigma'), \sigma) + \beta\max\{\nu^{W}(\sigma'), \nu^{E}(\sigma')\}$。

1.5.2　家长式动机下的最优偏好传递

考虑一个期望子女成为企业家的父母，且为简化分析假设 $\delta = 1$。如果最优 l 是内点解，则一阶条件为：

$$\chi'(l^E)\psi = z(1+g)\Big(\underbrace{\frac{\partial U(x(\sigma'),\ \sigma)}{\partial x}\frac{\partial x}{\partial \sigma'}}_{\text{家长式动机}} + \beta\frac{\partial \nu^E}{\partial \sigma}\Big)f'(l^E)$$

同第 1.4 节的模型相比，一阶条件中新出现了一项，它体现的是家长式动机。当父母和子女的观点一致即 $U = U_\gamma$ 和 $\sigma = \sigma'$时，该项消失。这是因为在该情形下：

$$\frac{\partial U(x(\sigma'),\ \sigma)}{\partial x} = 0$$

即包络定理成立。同样，如果对子女的选择 x 施加一个 x 保持不变的约束，那么这就意味着 $\partial x/\partial \sigma' = 0$，即家长式动机同样不再产生作用。反之，只要下述三个条件全部得到满足，则家长主义确实会对父母的决策问题产生影响：（1）父母和子女对于 x 的选择存在不一致性；（2）子女可以自由选择 x；（3）子女的选择取决于内生的偏好参数 σ'。在这种情形下，为了引导子女选择父母更喜欢的选择 x，父母有必要对子女的偏好进行扭曲。或者，如果该选择是可行的选择，那么父母也许就会对子女选择的自由程度施加某种限制。父母在塑造子女偏好时也会认识到，子女对于风险的容忍度将以子女的未来效用为代价，这意味着对利他主义的父母而言，存在着一个利弊权衡问题。因此，父母通常会达成某种妥协，并接受子女选择一种与父母最偏好情形略有不同的选择 x。

上述讨论假设父母的选择 σ'（通过 l）不影响子女的职业选择。不过，如果家长式动机足够强，那么子女的职业选择就会受到影响。正式地讲，如果用 $\hat{\sigma}$ 表示使得 $\nu^W(\hat{\sigma}) = \nu^E(\hat{\sigma})$ 的风险规避参数，那么在不存在家长式动机的情况下，父母将选择 $\sigma' < \hat{\sigma}$ 并引导子女成为企业家，而存在家长式动机的父母将选择 $\sigma' > \hat{\sigma}$，这意味着其子女将选择成为工人。如果 ξ 很大（即子女天生更偏爱风险），如果子女能够选择的可行的运气性行为集合包括父母强烈反对的选择，则更容易出现这种情形。在现实生活中，这种选择集合将取决于未成年人在成长过程中所处的各种环境特征。例如，生活在青少年团伙犯罪充斥地区的未成年人，将比生活在相对安全的中产阶级社区的儿童更容易面临高风险的选择，而后者的风险性选择通常仅限于没有多少危害性的过失。上述分析的一个重要含义是，生活在少年问题严重地区的家庭，会更强调那些有损企业家精神的价值观，德普克和齐利伯蒂（Doepke and Zilibotti，2012）对此有进一步的详细讨论。纳入第1.2.1小节的一般均衡模型后的进一步分析，可得到如下理论预测：那些青少年问题严重的国家，企业家比例的均衡水平更低、风险溢价更高。

1.6 文献综述

1.6.1 文化传递、人力资本与非认知技能

上述理论阐明了经济环境和偏好之间的双向关系，贝克尔和马利根（Becker and Mulligan，1997）则是该领域的开创性贡献，它为人们选择自己而非子女的偏好构建了一个正式模型。在马利根（Mulligan，1997）中，父母选择他们对子女的利他主义程度；哈帕兰塔和普哈卡（Haaparanta and Puhakka，2004）沿着类似的研究路线，探讨了个体对自身耐心和健康的投资。德普克和齐利伯蒂（Doepke and Zilibotti，2008）首次提出了一种理论，即为了让子女对未来经济环境做出更好的准备，利他主义的父母会有意塑造子女们的偏好（后文详述）。

这些研究文献与本文的上述模型一样（除第1.5节的扩展模型），父母在评估子女的福利状况时利用的均是其子女的偏好，即父母通过最大化子女的效用来选择对偏好进行投资的水平。在这些模型中，父母并没有保持其自身文化或向子女灌输他们自认为良好或道德的价值观的明确愿望。特别地，父母有可能教给子女完全不同于自己的偏好。与之相反，不少近期文献假定文化传递取决于某种形式的“不完全同感”（参见：Bisin and Verdier，2001；Hauk and Saez-Marti，2002；Gradstein，2007；Klasing，2012；Saez-Marti and Sjoegren，2008；Tabellini，2008；Saez-Marti and Zenou，2011）。按照这种方法，父母利用自己的偏好来评估子女的效用，并受到使得子女价值观与自身价值观相似的愿望的驱动。赛斯马蒂和齐利伯蒂（Saez-Marti and Zilibotti，2008）详细综述了这两种方法及其不同之处[14]。

在贝克尔式的文化传递中，父母将自己那些更适于子女事业成功的特质传

---

⑭ 本文第1.5.2小节以及德普克和齐利伯蒂（Doepke and Zilibotti，2012）的分析，提供了连接这两种方法的桥梁。我们的分析为未成年人和成年人之间的偏好冲突提供了明确的微观基础，而现有文献则将不完全同感假定为初始条件。

递给子女，故偏好传递的投资类似于标准的人力资本投资。从这个角度讲，偏好非常接近于近期劳动经济学文献所说的“非认知技能”。这种技能决定了人们如何专注于长期任务、社交中的言行举止、自我克制以及耐心、毅力和自律等。近期的经验研究强调了这类人力资产对经济成功的重要性（参见：Heckman et al.，2006；Segal，2013）。

在非认知技能方面，本文强调耐心和冒险倾向的作用。经验研究已经证实了耐心对经济成功的重要性。米舍尔等（Mischel et al.，1992）的面板数据研究发现，儿童时期更有耐心的个体，在后期更容易获得正规教育，更可能选择市场导向的职业，并获得更高的收入。在最近的文献中，祖特尔等（Sutter et al.，2013）借助于实验方法得到的 10～18 岁年轻人的时间偏好度量，能够预测储蓄行为、吸烟和酗酒、体重指数和在校表现。奇马内人是最近才从自给自足经济向市场经济转型的一个亚马孙部落社会，雷耶斯－加西亚等（Reyes-Garcia et al.，2007）研究了奇马内人的耐心对经济结果的影响，并发现：在市场经济发育之前就已经更具耐心的个体（此时耐心只是一种潜在特质而不会对个体成功产生直接影响），在社会引入市场之后会获得更高的平均受教育水平并更多地参与企业家活动⑮。

希尔斯特伦和拉丰（Kihlstrom and Laffont，1979）同样强调了冒险倾向对企业家精神的重要性。还有一些文献为高风险容忍度的人更可能成为企业家提供了稳健的经验证据，如范普拉克和克拉默（Van Praag and Cramer，2001）、克拉默等（Cramer et al.，2002）、简锦汉和蔡伟德（Kan and Tsai，2006）等。

上述经验证据并未讨论耐心和风险容忍度究竟在多大程度上取决于父母的努力或环境的影响，抑或只是取决于基因的遗传。人类学家和人口遗传学家关于天赋与教育之间的长期争论至今仍无定论⑯。基因和文化似乎都很重要，它们很可能以一种非线性方式相互影响。近期的经济学文献对不同情景下的进化选择和文化传递机制进行了研究。如最近从超长期视角探讨经济发展的一些文献，就强调了经济发展过程中偏好的达尔文式演进和基因的多样性（参见：Galor and Michalopoulos，2012；Ashraf and Galor，2013）。内生偏好形成过程中的偏好选择方法和偏好投资方法，分别适用于不同的时间范围，故笔者更愿意

⑮ 对发展中国家进行研究的其他文献，结论基本相同。

⑯ 如参见：卡瓦利－斯福尔扎和费尔德曼（Cavalli-Sforza and Feldman，1981）、鲍尔斯和金蒂斯（Bowles and Gintis，2002）、里彻森和博伊德（Richerson and Boyd，2005）等。

把它们视为两种互补性方法[⑰]。

有直接的证据表明，非认知技能在短时间内会受到社会因素和家庭教养的影响。赫克曼（Heckman，2000）、卡内罗和赫克曼（Garneiro and Heckman，2003）评述了大量得自弱势儿童项目的证据，表明大多数项目成功地、永久性地提高了受试儿童的非认知技能。与非受试家庭相比，这些受试家庭的儿童有着更强烈的学习动机，更少参与犯罪，整体上更具未来导向性。儿童发展心理学领域的研究，也得到了相似的结论，如肖可夫和菲利普斯（Shonkoff and Philips，2000）、泰勒等（Taylor et al.，2000）。

还有一些研究，以经济模型中的偏好参数作为分析重点。例如，诺尔斯和波斯特韦特（Knowles and Postlewaite，2004）提供了关于耐心的文化传递的证据。他们利用收入动态追踪调查发现，在控制了标准的个体特征之后，父母的储蓄行为与子女家庭的教育和储蓄选择高度相关。不仅如此，母亲与子女之间的相关性远比父亲与子女之间的相关性显著。由于在养育子女的过程中，母亲通常比父亲更为积极，故该经验证据表明，在耐心和储蓄倾向方面，确实存在着文化传递现象。与之类似，多门等（Dohmen et al.，2012）利用德国社会经济面板数据进行的研究发现，父母与子女在信任和风险态度方面存在着很强的相关性。楚姆比尔等（Zumbuehl et al.，2013）利用相同的数据库发现，父母在养育子女努力方面的投资越多，则子女与父母对于风险的态度就越相似。所有这些研究都认为，家庭内部传承对非认知技能具有重要意义。

1.6.2 耐心投资与资本主义精神

德普克和齐利伯蒂（Doepke and Zilibotti，2008）与本文讨论的模型比较接近。他们提出了一个基于贝克尔传统的动态世代模型，其中父母对子女的耐心和职业伦理（在模型中是闲暇的边际效用的倒数）进行投资[⑱]。偏好被视为类似于人力资本的状态变量：父母把自己的偏好视为给定的，但能够对子女的偏好进行投资。该理论的重点在于这一投资积累过程与职业选择和储蓄之间的相互作用。

该文表明，“耐心资本”的内生积累能够导致整个社会分化为不同的社会

⑰ 强调进化选择的早期文献包括盖勒和莫阿夫（Galor and Moav，2002）与克拉克和汉密尔顿（Clark and Hamilton，2006），一篇近期文献即博丹（Baudin，2010）在一个贝克尔式的内生生育模型中探讨了进化动力与文化传递之间的互动关系，阿什拉夫和盖勒（Ashraf and Galor，2012）则对文化多样性与经济增长的相互关系进行了分析。

⑱ 德普克和齐利伯蒂（Doepke and Zilibotti，2008）建立的是一个仅包含耐心的简化模型。

阶层，且不同社会阶层有着不同的偏好和职业选择。即使所有个体最初都是完全相同的，这种分化仍会发生。在偏好存在此类内生性差异的情况下，技术进步能够引发收入分配的巨大变化，包括社会底层超越现有精英阶层的蛙跳式跃升。作者应用这一理论，对英国工业革命期间和工业革命之后的收入分配和财富变化进行了分析。其中，工业革命前夕的财富和政治权力，与人们拥有的土地有关；在 19 世纪，企业家、商人和妇女等新阶层代替土地贵族，成为新的经济精英阶层。

德普克和齐利伯蒂（Doepke and Zilibotti，2008）的分析重点是职业与消费之间的关系，在理论方面类似于前文提出的模型。某些职业的终生收入相对平坦，而对那些需要获得某种技能的职业而言，人们只有在人生的较晚时期才能够获得较高收益。这种差异会对利他主义父母投资子女耐心的激励产生影响：子女面临的消费曲线越陡峭，父母教育子女更具耐心的激励就越大；反之亦然，有耐心的个体更倾向于选择那些具有更陡峭的收入曲线和消费曲线的职业。

他们将该理论应用于历史之中，认为前工业化时期的中产阶级积累起了大量的耐心资本，进而在新的经济机会来临之际，比已有精英阶层做了更充分的准备。反过来，耐心的差异也与前工业化时期不同职业的性质有关。数世纪以来，技工、手艺人、商人习惯于在年轻时牺牲消费和闲暇以获得技能，中产阶级的父母有着向子女灌输耐心和职业伦理的强烈愿望，或按照韦伯的说法，灌输一种“资本主义精神”。与之相反，土地贵族崇尚休闲，很少积累耐心。由于传统土地贵族的收入来源主要是租金，而租金既不会随着时间快速增加又不取决于劳动努力，故也就产生了与之适应的偏好。

德普克和齐利伯蒂（Doepke and Zilibotti，2008）与本文模型的不同之处在于，它没有考虑创新问题。在该模型中，前工业时期形成的文化差异，能够解释面对工业革命初期的新技术机会，不同的阶层为何会做出不同的反应。但技术在该模型中是外生的，而本文的模型则明确引入了文化传递与内生技术进步之间的理论联系[⑲]，并有助于为下述问题提供合理的解释：为什么某些个体会成为企业家和创新者？它对技术进步和长期增长的速度会产生什么样的影响[⑳]？

德普克和齐利伯蒂（Doepke and Zilibotti，2008）与本文模型的共同结论是，文化传递使得各世代成员更具耐心并面临更陡峭的收入曲线。该理论预测

---

⑲ 不仅如此，本文探讨的模型还考虑了风险规避情形和家长主义情形下的文化传递，而德普克和齐利伯蒂（Doepke and Zilibotti，2008）则没有考虑这两种情形。反之，德普克和齐利伯蒂（Doepke and Zilibotti，2008）探讨了耐心和职业伦理之间的互动关系，而这恰好是本文模型所忽略的方面。

⑳ 在这一点上，本文的分析与克拉辛（Klasing，2012）、克拉辛和米廖尼斯（Klasing and Milionis，2013）类似。不过，这些文献采用了不同的增长模型（类似于 Acemoglu et al.，2006）和不同的文化传递机制（类似于 Bisin and Verdier，2001）。

与哈里森等（Harrison et al.，2002）针对丹麦家庭的现场实验所得到的经验证据基本一致。他们利用货币性酬金的方法表明，受教育程度较高的成年人，其时间贴现率（它是贴现因子的倒数）是受教育程度较低者的三分之二，这与理论预测相一致。陡峭收入曲线和耐心之间的正相关性，亦体现在宏观经济层面（参见：Carroll and Summers，1991；Becker and Mulligan，1997）；其中，前一篇文献表明，不论是日本还是美国，经济高速增长时期的"消费—年龄曲线"更为陡峭；后一篇文献则表明，富裕家庭的消费增长更快，有钱人的子女在成年后的消费增长更快。

1.6.3 宗教信仰与人力资本

另有不少文献研究的是作为信仰集合的文化对人们的选择、进而最终经济发展的影响，其中尤其是对宗教信仰的研究。巴罗和麦克利里（Barro and McCleary，2003）表明，普遍信仰地狱与天堂的国家的经济增长更快，圭索等（Guiso et al.，2003）也得出了类似的结论。卡瓦尔坎蒂等（Cavalcanti et al.，2007）构建了一个含有信仰来世回报的模型，并认为该模型能够对从前工业化时期的经济停滞到现代经济增长的经济起飞的国别差异做出定量解释。

一些颇具影响的近期研究文献指出，宗教信仰传递与人力资本投资之间具有密切联系。博蒂奇尼和埃克斯坦（Botticini and Eckstein，2005，2006，2007）借助于贸易活动的专业化理论，探究了犹太经济成就的文化根源。其主要结论是，犹太经济成就的关键因素并非犹太教信仰本身，而是宗教信仰导致的人力资本积累。他们发现，公元前二世纪的宗教改革提高了犹太农民的识字率，而它又反过来促进了识字率有较高收益的职业的专业化水平，如手工艺、贸易和金融。高识字率还促进了人口向城镇的迁移，而城镇正是识字能力有较高收益的职业汇聚之地。贝克尔和韦斯曼（Becker and Woessmann，2009）同样发现，在19世纪的普鲁士，新教国家比天主教国家更为繁荣，但其原因完全在于识字率和教育方面的差异。他们进而得出结论说，宗教影响经济绩效的主要渠道是人力资本[21]。

---

[21] 贝克尔和韦斯曼（Becker and Woessmann，2009）提出的新教导致高水平经济繁荣的主要渠道是高识字率和较高人力资本水平的观点，主要是作为一种证据来反驳马克斯·韦伯（Max Weber）的如下假说，即新教职业伦理对经济成功具有因果性影响。二者之间的区别在某种程度上是语义上的。按照德普克和齐利伯蒂（Doepke and Zilibotti，2008）对韦伯假说做出的更广义阐释，即抽掉宗教因素并认为耐心的文化传递会引起中产阶级进行人力资本投资，二者之间是一致的。从这个角度看，我们可以把宗教信仰（如新教）视为耐心和职业伦理的互补性驱动因素。若视耐心为资本主义精神的组成部分，那么贝克尔和韦斯曼（Becker and Woessmann，2009）与广义上的马克斯·韦伯的理论实际上是一致的。

在迄今讨论的文献中，宗教信仰是外生的。与之不同，费尔南德斯 - 比利亚维德等（Fernández-Villaverde et al.，2010）认为，社会规范和信仰会受到宗教的影响，且是一个内生的过程。在他们提出的理论中，利他主义的父母使得子女在有关性的问题上适应社会规范，并通过灌输婚前性行为是一种耻辱的观念，来降低未婚生育的风险。在这里，宗教信仰和宗教机构起到了一种强化机制的作用。与德普克和齐利伯蒂（Doepke and Zilibotti，2008）类似，文化传递会对环境的变化做出反应。尤其是在现代社会，避孕药的使用降低了与婚前性行为有关的各类风险，也就降低了利他主义父母和宗教当局灌输有关性观念的必要性。技术对于文化均衡的影响导致了令人惊异的结果：由于对婚前性行为的文化容忍度增加，新避孕技术会使得未婚生育数量在一开始时显著上升。

德普克和齐利伯蒂（Doepke and Zilibotti，2008）与费尔南德斯 - 比利亚维德等（Fernández-Villaverde et al.，2010）强调的都是文化传递的过程，而费尔南德斯（Fernández，2010）与福利和韦尔德坎普（Fogli and Veldkamp，2011）则将文化描述为一个基于公共信号和私人信号的贝叶斯学习过程。这些文献能够从理论上对女性劳动供给在 20 世纪的急剧增加做出理论解释[22]。德普克和特蒂尔特（Doepke and Tertilt，2009）对更早期的情况进行了探讨，并对 19 世纪的女权兴起提供了理论解释，认为日渐增加的人力资本需求，改变了人们对于女性适宜社会角色的文化态度，并最终引发了政治改革[23]。

1.6.4　信念与社会规范

近期不少文献通过探讨文化和信念对制度的影响，来探讨它们与发展过程之间的关系。例如，阿吉翁等（Aghion et al.，2010，2011）认为信任决定了规管需求，这一点在劳动力市场尤为明显[24]。异质性信念的再分配政策效应则是皮凯蒂（Piketty，1995）的关注重点。还有不少文献探究了制度对文化的反馈效应，如哈斯勒等（Hassler et al.，2005）认为慷慨的失业救济制度降低了

㉒　这种学习过程可以同人们对不同家庭模式的观察联系起来。费尔南德斯（Fernández，2004）表明，女性劳动参与率日渐提高，与越来越多的男性生活在母亲参加工作的家庭有关。他们以二战期间男性跨州流动率差异作为女性劳动供给变动的原因，对该假说进行了检验，表明更高的男性流动率不仅导致直接受战争影响的那代女性中参加工作的比例更高，而且也提高了下一代女性中参加工作的比例。

㉓　德普克等（Doepke et al.，2012）进一步讨论了历史上女权扩张的文化因素与经济因素之间的关系。

㉔　关于信任与经济绩效之间的关系，最近的综述文章参见：阿尔冈和卡于克（Algan and Cahuc，2013）。

人们面对劳动力市场冲击时的区域流动性，而低流动性又会反过来增加人们对所在地区的依恋（模型化为一种偏好特质），并催生出更高的社会保障需求。米绍（Michau，2013）借助于一个文化传递模型，得到了类似的结论。林德贝克和尼贝里（Lindbeck and Nyberg，2006）认为，公共转移支付削弱了父母向子女灌输职业伦理的激励。阿尔冈等（Algan et al.，2013）则强调了信任、效率和福利国家规模之间的关系㉕。

不少文献认为，文化、信任和信念对于一个社会的制度稳定性以及该社会在促进社会成员经济合作方面的能力具有一阶效应。罗纳等（Rohner et al.，2013）构建了一种理论，阐释了种族之间的贸易、种族之间关于其他种族禀性和意图的信念等的内生性动态演进，是造成持续国内冲突的主要原因。种族之间的贸易取决于互相信任。按照这一理论，即使不存在难以合作的基本原因，内战仍会具有持久性（类似于 Acemoglu et al.，2010），整个社会仍有可能陷入一种战火连绵、低信任水平、种族间难以进行贸易的恶性循环（“战争陷阱”），并导致具有路径依赖性的长期结果：具有相同基础的经济，既可能达致好的均衡又可能达致坏的均衡，一切取决于有关随机冲击是强化还是削弱种族内的凝聚力和种族间的合作水平㉖。罗纳等（Rohner et al.，2013）还表明，世界价值观调查中的信任度量的滞后值，对国内战争的爆发与影响范围有着显著的影响。不仅如此，有证据表明存在着反向影响机制，即国内冲突会对偏好和信任产生影响。利用布隆迪农村地区的现场实验，沃尔斯等（Voors et al.，2012）发现，暴力充斥的环境能够提高风险承担水平，但会降低耐心水平，进而会抑制储蓄和投资。罗纳等（Rohner et al.，2012）借助于乌干达国内冲突的调查数据发现，战争破坏了信任，强化了种族认同，损害了种族性共同体的未来增长。

在经验文献中，通常很难从当地经济和制度环境中分离出信念和社会规范的单独影响。为了解决识别问题，一种有用的方法是对移民行为进行研究，其中值得一提的例子是朱利亚诺（Giuliano，2007）。该研究表明，美国的第二代南欧男性移民与生活在母国的近似人群的行为方式非常相似，且与美国年轻人相比，他们同父母生活在一起的时间更长。类似地，费尔南德斯和福利（Fernández and Fogli，2006，2009）的研究发现，来源国能够解释美国第二代

㉕ 宋峥等（Song et al.，2012）的政治经济学理论提出了近似的观点，认为以低效公共品提供选民为特征的国家更容易支持较高的公共债务水平。尽管公共债务会挤出未来公共支出，但在政府低效的国家中，这只不过是较低比例的（年轻）选民才会关注的问题。

㉖ 在一篇类似的文献中，阿西莫格鲁和沃利茨基（Acemoglu and Wolitzky，2012）提出了一种理论，即两个群体之间的错误信号能够触发基于信任的冲突。

移民女性的生育和工作行为。菲斯曼和米格尔（Fisman and Miguel，2007）发现，来自腐败国家的外交官，在美国更容易违章停车（外交官通常享有豁免权而难以对其进行罚款）。布吕格尔等（Bruegger et al.，2009）对瑞士使用不同语言（法语或德语）群体的失业率进行了比较（语言可以区分文化群体，但不能分隔劳动力市场和行政管辖范围），发现文化差异（按语言的不同）能够解释约 20% 的失业持续时间的差异。

另有不少文献强调了文化因素的持久性问题：文化能够对制度环境的变化做出反应，但文化的改变却需要一定的时间。这与下述观点是一致的：成年人的偏好基本上是固定不变的，而儿童的偏好则有很大不同，其信念、非认知技能和偏好会受到文化传递和周边环境的影响。即便存在这类影响，制度改变之后的文化调适，亦往往要经过数代人，才能实现新稳态。阿莱西纳和富克斯-申德尔恩（Alesina and Fuchs-Schuendeln，2007）对柏林墙的倒塌进行了研究。民主德国结束共产主义制度后，有着与联邦德国完全一样的制度，但东部德国人身上仍留有共产主义时期的文化遗产。他们的研究发现，在东西德统一若干年后，东部德国人（相对于西部德国人）仍然更加支持再分配，并相信社会条件是个人成功的更重要决定因素。福格特伦德和弗特（Voigtlaender and Voth，2012）进行了更为深入的研究并发现有证据表明，反犹主义作为文化特性的一种特定形式，在德国某些地方性社区持续了超过 600 年[27]。

最后，我们可以在历史数据中发现文化变迁的外生性来源。塔贝利尼（Tabellini，2010）利用欧洲的地区数据，发现文化对经济发展有着显著的因果影响（其中的识别问题主要借助于识字率和传统政治制度两个历史变量）。

1.7 展望和结论

如何解释世界各地经济增长率和生活标准的巨大差异，仍是经济学中颇具挑战性的重要问题。经济增长理论对这类现象的解释，主要依赖于要素禀赋、技术或制度，并以之作为解释变量，而抽象掉了文化、价值观和偏好的差异所可能产生的作用；与之不同，本文提出了一种理论，其中的文化（模型化为内生性偏好）和经济增长都是内生并相互影响的。经济增长对于偏好形成及其在家庭中的传递过程具有反馈作用，而人口中的现有偏好分布反过来又决定了经济增长潜

---

[27] 他们发现，在中世纪鼠疫时期的大屠杀中犹太人成为牺牲者的那些城市，在 20 世纪同样也是更可能经历“反犹”暴力的城市，不论是纳粹统治之前还是纳粹统治期间都是如此。

能。按照这一理论，不同国家能够实现的平衡增长路径有所不同，其中有些国家增长很快、有些国家则增长缓慢。高速增长的国家是那些拥有“资本主义精神”（即有助于创新活动的偏好）的人口所占比例较高的国家。制度、金融市场的发展和影响风险承担的政府政策，均会反馈于偏好和文化，进而引发经济发展的长期变化，且由此引发的变化远比制度和政策所引起的变化更为持久。

经济学家过去总是刻意回避以文化或偏好的变动来解释经济现象。对于这种解释，一种普遍的担忧是难以获得数据方面的支持。不过，这种批评并不适用于能够产生可验证的具体含义的代际偏好传递模型，而这正是本文的建模路线。从这个意义上讲，本文同施蒂格勒和贝克尔（Stigler and Becker，1977）的基本精神是一致的，该文也分析了有可能对偏好变动产生重要作用的现象（如成瘾、习俗与传统、时尚与广告等）。

当然，为了使得可验证的理论含义具有现实意义，研究人员需要利用有关数据，对有关理论在现实中面临的各种限制因素进行评估。从这个角度讲，近来出现的一个重要变化是可得数据越来越多，从而使得人们能够对父母到子女的偏好特质传承、文化偏好与经济环境的相互作用等问题进行实证分析（第1.6节对此类文献进行过评述）。随着时间的推移，这些新的经验研究同本文对文化、企业家精神和增长互动关系的理论分析相结合，必将极大地拓展我们对经济发展过程的理解。

附录　命题和引理的证明

【命题1的证明】

给定式（1.14），当且仅当下式成立时，存在增长率为零（$\lambda=0$）的稳态：

$$\chi(1-(\psi)^{1-\sigma})\geqslant\beta((2(1-\alpha)\alpha^{\frac{\alpha}{1-\alpha}}\xi)^{1-\sigma}-1)$$

反之，当且仅当下式成立时，存在平衡增长路径（$\lambda=1$）：

$$\chi(1-(\psi)^{1-\sigma})\leqslant\beta(1+\xi)^{1-\sigma}\left(\left(\frac{(1-\alpha)\alpha^{\frac{\alpha}{1-\alpha}}\xi\psi}{1+\alpha^{\frac{1}{1-\alpha}}\xi}\right)^{1-\sigma}-1\right)$$

如果对于$0<\lambda<1$的某个λ，式（1.14）成立，则存在一个工人比例和企业家比例均为正数且具有内点解的平衡增长路径。由于式（1.14）是关于λ的连续函数，故必定存在稳态（不管是内点解还是角点解）。假设1的第一个不等式可以保证在$\lambda=0$时式（1.14）的右端为正。第二个不等式可以保证对于满足$0<\tilde{\lambda}<1$的某个$\tilde{\lambda}$，式（1.14）的右端趋近于零。这意味着对于某个充分接近$\tilde{\lambda}$的λ，在$\lambda\leqslant\tilde{\lambda}$时，式（1.14）的右端随$\lambda$严格递减。令$\tilde{\lambda}$表示

单调域的下界，则对于 $0 \leqslant \lambda \leqslant \tilde{\lambda}$，式（1.14）的右端有界并严格异于零。通过选择一个足够小的 χ，我们就能够保证对于该区间的某个 λ，式（1.14）不成立。这意味着只有 λ 位于单调域之内时，式（1.14）才成立，而它必定是唯一的，于是可以保证存在唯一的具有内点解的平衡增长路径。

【命题 2 的证明】

（1.16）~（1.18）的贝尔曼方程组定义了在区间 $[0, \beta_{max}]$ 上有界连续函数的一个映射 T 并赋予了其上确界，该映射由下式给定：

$$Tv(\beta) = \max_{I \in \{0,1\}, 0 \leqslant l \leqslant 1} \left\{ \begin{array}{l} (1-I)[\chi(l) + \beta(1+g)^{1-\sigma}] \\ + I[\chi(l)\psi^{1-\sigma} + \beta((1+g)\eta)^{1-\sigma}] + z(1+g)^{1-\sigma} v(\beta') \end{array} \right\} \tag{1.34}$$

该最大化问题的约束条件是：

$$\beta' = (1-\delta)\beta + f(l)$$

I 是职业选择的指示变量，且有 $\beta_{max} = f(1)/\delta$。由于我们的假设可以保证 $0 < z(1+g)^{1-\sigma} < 1$，而由布莱克韦尔充分条件可以保证该映射是一个压缩映射，故由压缩映射定理可知，该映射存在唯一的不动点。这就证明了命题的第一部分。

值函数的递增性和凸性的证明，可以直接利用斯托基和卢卡斯（Stokey and Lucas，1989）中的定理 3.2 推论 1，并通过构造拥有相关性质的算子 T 来得到最终结果。为证明值函数是递增的，令 v 为有界的非递减连续函数，我们需要证明的是 Tv 是一个严格递增函数。为此，我们可以选择 $\bar{\beta} > \underline{\beta}$，并证明 $Tv(\bar{\beta}) > Tv(\underline{\beta})$。由于方程（1.34）右端最大化的是紧集上的连续函数，故由该最大化问题可以得到最大值。令 $\underline{l}$ 和 $\underline{I}$ 是达到最大 $\underline{\beta}$ 值的选择，则有：

$$\begin{aligned} Tv(\bar{\beta}) \geqslant\ & (1-\underline{I})[\chi(\underline{l}) + \bar{\beta}(1+g)^{1-\sigma}] + \underline{I}[\chi(\underline{l})\psi^{1-\sigma} + \bar{\beta}((1+g)\eta)^{1-\sigma}] \\ & + z(1+g)^{1-\sigma} v((1-\delta)\bar{\beta} + f(\underline{l})) \\ & > (1-\underline{I})[\chi(\underline{l}) + \underline{\beta}(1+g)^{1-\sigma}] + \underline{I}[\chi(\underline{l})\psi^{1-\sigma} + \underline{\beta}((1+g)\eta)^{1-\sigma}] \\ & + z(1+g)^{1-\sigma} v((1-\delta)\underline{\beta} + f(\underline{l})) \\ & = Tv(\underline{\beta}) \end{aligned}$$

而这正是我们想要的结果。上式中，大于等于号是因为选择 $\underline{l}$ 和 $\underline{I}$ 不一定能在 $\bar{\beta}$ 处实现最大值，严格不等号是因为假设 v 是递增的，且有 $\bar{\beta} > \underline{\beta}$ 和 $\eta > 0$。

为了证明值函数的凸性，令 v 为（弱）凸的有界连续函数。我们需要证明 Tv 也是凸函数。为此，选择一个满足 $0 < \theta < 1$ 的 θ，令 $\bar{\beta} > \underline{\beta}$ 并令 $\beta = \theta\bar{\beta} + (1-\theta)\underline{\beta}$，则现在需要证明的是 $\theta Tv(\bar{\beta}) + (1-\theta)Tv(\underline{\beta}) \geqslant Tv(\beta)$。令 l 和 I 是可以实现 β 最大值的选择，且由于这种最优选择总是可行的，但未必需要在 $\bar{\beta}$ 和 $\underline{\beta}$ 处

达到最优，故有：

$$Tv(\bar{\beta})\geqslant(1-I)[\chi(l)+\bar{\beta}(1+g)^{1-\sigma}]$$
$$+I[\chi(l)\psi^{1-\sigma}+\bar{\beta}((1+g)\eta)^{1-\sigma}]+z(1+g)^{1-\sigma}v((1-\delta)\bar{\beta}+f(l))$$
$$Tv(\underline{\beta})\geqslant(1-I)[\chi(l)+\underline{\beta}(1+g)^{1-\sigma}]$$
$$+I[\chi(l)\psi^{1-\sigma}+\underline{\beta}((1+g)\eta)^{1-\sigma}]+z(1+g)^{1-\sigma}v((1-\delta)\underline{\beta}+f(l))$$

整理成我们需要的形式，则有：

$$\theta Tv(\bar{\beta})+(1-\theta)Tv(\underline{\beta})$$
$$\geqslant(1-I)[\chi(l)+\beta(1+g)^{1-\sigma}]+I[\chi(l)\psi^{1-\sigma}+\beta((1+g)\eta)^{1-\sigma}]$$
$$+z(1+g)^{1-\sigma}[\theta v((1-\delta)\bar{\beta}+f(l))+(1-\theta)v((1-\delta)\underline{\beta}+f(l))]$$
$$\geqslant(1-I)[\chi(l)+\beta(1+g)^{1-\sigma}]+I[\chi(l)\psi^{1-\sigma}+\beta((1+g)\eta)^{1-\sigma}]$$
$$+z(1+g)^{1-\sigma}v((1-\delta)\beta+f(l))=Tv(\beta)$$

而这正是我们想要证明的结果。在这里，最后一个不等号源于 v 的凸性。由于算子 T 仍保持凸性，故不动点必定也是凸的。需要注意的是，线性是得到上述结论的关键：贴现因子在效用函数中是线性的，而且父母的贴现因子对子女贴现因子的影响也是线性的。

对于最优职业选择而言，对于给定的 β 和 l，成为工人和成为企业家的效用差额为：

$$\chi(l)(1-\psi^{1-\sigma})-\beta(1+g)^{1-\sigma}(\eta^{1-\sigma}-1)$$

其中第一项总是正的，而第二项在 $\eta>1$ 时为负。第二项以 β 为权重，这意味着当 β 足够接近于零时，成为一名工人总是最优的选择。由于成为企业家相对于成为工人的效用是 β 的严格递增函数，故要么存在一个临界值 $\bar{\beta}$ 使得当 $\beta\geqslant\bar{\beta}$ 时的最优选择是成为企业家，要么总是选择成为工人（当临界值大于 $\beta_{\max}$ 时）。

作为最后一步，我们需要证明对耐心的最优投资 $l=l(\beta)$ 是 β 的非减函数。选择两个数值保持不变的贴现因子 $\underline{\beta}$ 和 $\bar{\beta}$，且满足 $\underline{\beta}<\bar{\beta}$。若 $\underline{\beta}$ 处的最优选择是成为工人，则令 $\underline{u}_1=1$；若最优选择是成为企业家，则令 $\underline{u}_1=\psi^{1-\sigma}$。类似地，在第二期，我们分别对工人定义 $\underline{u}_2=(1+g)^{1-\sigma}$，对企业家定义 $\underline{u}_2=((1+g)\eta)^{1-\sigma}$。类似地可以定义 $\bar{u}_1$ 和 $\bar{u}_2$。现在，令 $\underline{l}$ 和 $\bar{l}$ 分别表示在 $\underline{\beta}$ 和 $\bar{\beta}$ 处对耐心的最优投资水平。最优选择 l，意味着下述不等式成立：

$$\chi(\underline{l})\underline{u}_1+\underline{\beta}\,\underline{u}_2+z(1+g)^{1-\sigma}v((1-\delta)\underline{\beta}+f(\underline{l}))$$
$$\geqslant\chi(\bar{l})\underline{u}_1+\underline{\beta}\,\underline{u}_2+z(1+g)^{1-\sigma}v((1-\delta)\underline{\beta}+f(\bar{l}))$$
$$\chi(\underline{l})\bar{u}_1+\bar{\beta}\bar{u}_2+z(1+g)^{1-\sigma}v((1-\delta)\bar{\beta}+f(\underline{l}))$$
$$\leqslant\chi(\bar{l})\bar{u}_1+\bar{\beta}\bar{u}_2+z(1+g)^{1-\sigma}v((1-\delta)\bar{\beta}+f(\bar{l}))$$

两个不等式相减，得：

$$\chi(\underline{l})(\underline{u}_1-\overline{u}_1)+z(1+g)^{1-\sigma}(v((1-\delta)\overline{\beta}+f(\overline{l}))-v((1-\delta)\underline{\beta}+f(\overline{l})))$$
$$\geqslant\chi(\overline{l})(\underline{u}_1-\overline{u}_1)+z(1+g)^{1-\sigma}(v((1-\delta)\overline{\beta}+f(\underline{l}))-v((1-\delta)\underline{\beta}+f(\underline{l})))$$

于是，存在两种可能性。如果在 $\underline{\beta}$ 和 $\overline{\beta}$ 处的最优职业选择相同，则有 $\underline{u}_1=\overline{u}_1$，故上述不等式变为：

$$v((1-\delta)\overline{\beta}+f(\overline{l}))-v((1-\delta)\underline{\beta}+f(\overline{l}))$$
$$\geqslant v((1-\delta)\overline{\beta}+f(\underline{l}))-v((1-\delta)\underline{\beta}+f(\underline{l}))$$

由于我们已经证明了 v 是凸的，这意味着 $\overline{l}\geqslant\underline{l}$。第二种可能是在 $\underline{\beta}$ 处的最优选择是成为一名工人，而在 $\overline{\beta}$ 处的最优选择是成为一名企业家，故有 $\underline{u}_1-\overline{u}_1>0$，重新整理上述不等式，得：

$$(\chi(\underline{l})-\chi(\overline{l}))(\underline{u}_1-\overline{u}_1)\geqslant z(1+g)^{1-\sigma}[v((1-\delta)\overline{\beta}+f(\underline{l}))-v((1-\delta)\underline{\beta})+f(\underline{l}))$$
$$-(v((1-\delta)\overline{\beta}+f(\overline{l}))-v((1-\delta)\underline{\beta}+f(\overline{l})))]$$

由于 v 的凸性，如果 $\underline{l}>\overline{l}$，则不等式左端为负、右端为正，故必有 $\underline{l}\leqslant\overline{l}$，即证毕。

【命题 3 的证明】

在命题 2 中，状态空间 $[0,\beta_{max}]$ 最多可分为两个闭区间（我们的连续性假设可以保证这两个区间是封闭的），其中每个区间对应于选择一种给定的职业（工人或者企业家）。在两个区间的边界处，人们对于两种职业选择是无差异的，而在各个区间之内则严格偏好于某种职业。我们也可以根据子女的职业选择，对这两个区间做进一步细分。由于 $l(\beta)$ 可能不是单值的，故对于给定的当前 β，可能存在多个最优的 β'。尽管如此，由于 β' 对于 β 是严格递增的（根据命题 3 且 $\delta<1$），且只有两种职业，所以我们可以把当前状态空间细分为两个闭区间，其中每一个闭区间对应于子女的一种职业选择。重复这一过程，可以把状态空间 $[0,\beta_{max}]$ 细分为可数个闭区间（未来各代的代数是可数的，且每代人都有两种职业选择），其中每个区间对应于每代人的职业选择。令 $[\underline{\beta},\overline{\beta}]$ 是这样的一个区间。现在要证明值函数在该区间上是线性的，且最优耐心选择 $l(\beta)$ 在该区间之内是单值常数。

为便于分析，不妨考虑该决策问题的序贯形式。给定当前和未来的职业选择，将第一期和第二期的效用减去耐心投资成本后的净值记为 $u_{1,t}$ 和 $u_{2,t}$，则可以替代 β_t 并将区间 $[\underline{\beta},\overline{\beta}]$ 上关于 l_t 的决策问题表示为：

$$v(\beta)=\max\{\chi(l_0)u_{1,0}+\beta u_{2,0}$$
$$+\sum_{t=1}^{\infty}z^t[\chi(l_t)u_{1,t}+((1-\delta)^t\beta+\sum_{s=0}^{t-1}(1-\delta)^{t-s-1}f(l_s))u_{2,t}]\} \tag{1.35}$$

对于给定的当前职业和未来职业，由于χ是凹的且f是严格凹的，故对于所有的t，式（1.35）对于l_t是严格凹的。并且，贴现因子β和含有l_t的所有各项均出现在可加的求和项中，故对于给定的最优收入曲线和所有的t，最优l_t都是唯一的且独立于β。由于在区间［$\underline{\beta}$，$\bar{\beta}$］之内，当前最优职业和未来最优职业都是唯一的，故最优策略对应$l(\beta)$是单值的。借助于这些区间的构建，至少对于某一代而言，两个区间的边界处都是最优选择，故$l(\beta)$会有不止一个最优值，且每一个最优值对应于每一代最优收入曲线集合。

区间［$\underline{\beta}$，$\bar{\beta}$］上的最优值函数v由式（1.35）给出，职业选择和耐心投资l_t均在最优值处保持不变（故为常数）。式（1.35）对于β是线性的，因此该值函数是分段线性的，每个结点对应于两个区间之间的边界点。

【命题4的证明】

由于f是一个递增函数且假设$\delta<1$，故运动法则方程对于β是严格递增的。值得注意的是，$l(\beta)$并非对所有的β都是单值的。严格递增意味着：即使$g(\bar{\beta})$或$g(\underline{\beta})$是一个集合，由$\bar{\beta}<\underline{\beta}$亦可推出，对于所有的最优$\bar{\beta}'\in g(\bar{\beta})$和$\underline{\beta}'\in g(\underline{\beta})$，有$\bar{\beta}'<\underline{\beta}'$。给定$\beta_0$，运动法则$g$定义了（可能多个）贴现因子$\{\beta_t\}_{t=0}^{\infty}$的最优序列。任何该类序列在紧集［0，$\beta_{\max}$］上均为单调序列，故必定是收敛的。不过，由于$l(\beta)$并非处处都为单值，故即使初始$\beta_0$相同，最终的稳态也可能是非常不一样的。

【引理1的证明】

假设不等式（1.23）的等号成立，即：

$$v^E=\chi(l^{EW})\psi^{1-\sigma}+\beta^E((1+g)\eta)^{1-\sigma}+z(1+g)^{1-\sigma}(\chi(l^W)+\beta^{EW}(1+g)^{1-\sigma})+z^2(1+g)^{2(1-\sigma)}v^W \tag{1.36}$$

以l^E和β^E替换等式右端的l^{EW}和β^{EW}，由于它们不是给定职业选择下的最佳选择，故效用会降低，因而有：

$$\begin{aligned}&\chi(l^E)\psi^{1-\sigma}+\beta^E((1+g)\eta)^{1-\sigma}+z(1+g)^{1-\sigma}v^E\\&>\chi(l^E)\psi^{1-\sigma}+\beta^E((1+g)\eta)^{1-\sigma}+z(1+g)^{1-\sigma}(\chi(l^W)\\&+\beta^E(1+g)^{1-\sigma})+z^2(1+g)^{2(1-\sigma)}v^W\end{aligned}$$

其中，为了把第一代的效用写成显性表达式，我们重写了左端。两端同时减去相同的第一代各项，并除以$z(1+g)^{1-\sigma}$，得：

$$v^E>(\chi(l^W)+\beta^E(1+g)^{1-\sigma})+z(1+g)^{1-\sigma}v^W$$

此即为严格不等号成立的式（1.22）。

接下来，由于贴现因子以相同的方式进入等式两端，故用β^W代替式（1.36）两端第一代的β^E，等式仍然成立：

$$\chi(l^E)\psi^{1-\sigma}+\beta^W((1+g)\eta)^{1-\sigma}+z(1+g)^{1-\sigma}v^E$$

$$=\chi(l^{EW})\psi^{1-\sigma}+\beta^{W}((1+g)\eta)^{1-\sigma}+z(1+g)^{1-\sigma}(\chi(l^{W})+\beta^{EW}(1+g)^{1-\sigma})+z^{2}(1+g)^{2(1-\sigma)}v^{W} \tag{1.37}$$

现在，令第一代的职业选择从企业家转变为工人，则可推得如下严格不等式：

$$\chi(l^{WE})+\beta^{W}(1+g)^{1-\sigma}+z(1+g)^{1-\sigma}(\chi(l^{E})\psi^{1-\sigma}+\beta^{WE}((1+g)\eta)^{1-\sigma})+z^{2}(1+g)^{2(1-\sigma)}v^{E}<v^{W}$$

严格不等号成立的原因在于 $l^{EW}<l^{E}$，它意味着成为工人导致的第一代的效用增量超过了右端项。由包络定理，当重新优化耐心投资时（等式左端的 l^{WE}和等式右端的 l^{W}），上式仍然成立，而这正是式（1.25）中的严格不等式成立时的情形。

最后，如果在式（1.37）中用 l^{EW}替换第一代的耐心投资（并代入下一代的相应贴现因子），则会导致等式左端的效用水平下降，故有：

$$\chi(l^{EW})\psi^{1-\sigma}+\beta^{W}((1+g)\eta)^{1-\sigma}+z(1+g)^{1-\sigma}(\chi(l^{E})\psi^{1-\sigma}+\beta^{EW}((1+g)\eta)^{1-\sigma})+z^{2}(1+g)^{2(1-\sigma)}v^{E}$$
$$<\chi(l^{EW})\psi^{1-\sigma}+\beta^{W}((1+g)\eta)^{1-\sigma}+z(1+g)^{1-\sigma}(\chi(l^{W})+\beta^{EW}(1+g)^{1-\sigma})+z^{2}(1+g)^{2(1-\sigma)}v^{W}$$

减去相同的第一代各项并除以 $z(1+g)^{1-\sigma}$得：

$$\chi(l^{E})\psi^{1-\sigma}+\beta^{EW}((1+g)\eta)^{1-\sigma}+z(1+g)^{1-\sigma}v^{E}$$
$$<\chi(l^{W})+\beta^{EW}(1+g)^{1-\sigma}+z(1+g)^{1-\sigma}v^{W}$$

由于 $\eta>1$，故把初始贴现因子从 β^{EW}改为 $\beta^{W}<\beta^{EW}$，必定使得等式左端的效用下降超过右端，故不等式仍然成立：

$$\chi(l^{E})\psi^{1-\sigma}+\beta^{W}((1+g)\eta)^{1-\sigma}+z(1+g)^{1-\sigma}v^{E}<v^{W}$$

这正是式（1.24）取严格不等号成立时的情形。

【命题5的证明】

根据第1.2.3小节的分析，平衡增长路径中的企业家比例 λ 可以映射到企业家活动溢价 η 和增长率 g 中。企业家活动溢价对于 λ 是连续的。因此，如果存在一个满足 $0<\lambda<1$ 的企业家比例 λ，使得式（1.22）~式(1.25）中的严格不等号成立，那么必定存在某个范围的 λ 以及相应的 η 和 g，使得这些条件继续成立。如果对于初始的 λ，式（1.23）中的等式成立，则由引理1可知，其他约束条件中的严格不等式成立。给定连续性，我们可以在一定范围内增大 η（通过改变 λ）并保持所有条件中的严格不等式成立，这就意味着存在一个平衡增长路径的连续统。同样的证明方法可以应用于式（1.25）中等式成立时的情形。当式（1.25）取等号时，它所对应的是企业家活动收益最高情形下的平衡增长路径。

【命题6的证明】

由于金融市场允许两个时期之间的消费套利，故收入现值占优的职业同样也是消费占优的职业，从而也是不会被选择的职业。由于两种职业的收入现值都独立于β，故最优职业集合亦独立于耐心β。当两种职业产生的收入现值相同时，其导致的消费曲线也是相同的。耐心投资的成本仅取决于第一期消费，而与职业选择无关。类似地，耐心投资的收益亦与当前一代的职业无关。因此，耐心投资独立于职业选择。

致　谢

德普克（Doepke）感谢美国国家科学基金会的资助（资助号：SES-0820409），齐利伯蒂（Zilibotti）感谢欧洲研究理事会的资助（ERC 高级资助计划，资助号：IPCDP－229883）。韦罗妮卡·谢列兹尼娃（Veronika Selezneva）提供了出色的研究助理工作，感谢马里科·克拉辛（Mariko Klasing）的有益评论。

参考文献

Acemoglu，Daron，Aghion，Philippe，Zilibotti，Fabrizio，2006. Distance to frontier，selection and economic growth. Journal of the European Economic Association 4（1），37－74.

Acemoglu，Daron，Ticchi，Davide，Vindigni，Andrea，2010. Persistence of civil wars. Journal of the European Economic Association 8（4），664－676.

Acemoglu，Daron，Wolitzky，Alexander，2012. Cycles of Distrust：An Economic Model. NBER Working Paper 18257.

Aghion，Philippe，Howitt，Peter，1992. A model of growth through creative destruction. Econometrica 60（2），323－351.

Aghion，Phillipe，Algan，Yann，Cahuc，Pierre，2011. Civil society and the state：the interplay between cooperation and minimum wage regulation. Journal of the European Economic Association 9（1），3－42.

Aghion，Phillipe，Algan，Yann，Cahuc，Pierre，Shleifer，Andrei，2010. Regulation and distrust. Quarterly Journal of Economics 125（3），1015－1049.

Alesina，Alberto，Fuchs-Schuendeln，Nicola，2007. Good bye Lenin（or not?）：the effect of communism on people's preferences. American Economic Review 97（4），1507－1528.

Alesina，Alberto，Giuliano，Paola，2009. Preferences for Redistribution. NBER Working Paper 14825.

Alesina，Alberto，Glaeser，Edward，2004. Fighting Poverty in the U. S. and Europe. Oxford University Press，Oxford，UK.

Algan, Yann, Cahuc, Pierre, 2013. Trust and growth. Annual Review of Economics 5 (1), 521 – 549.

Algan, Yann, Cahuc, Pierre, Sangnier, Marc, 2013. Efficient and Inefficient Welfare States. Unpublished Manuscript, Sciences Po, Paris.

Ashraf, Quamrul, Galor, Oded. 2012. Cultural Diversity, Geographical Isolation, and the Origin of the Wealth of Nations. IZA Discussion Paper 6319.

Ashraf, Quamrul, Galor, Oded, 2013. The "Out-of-Africa" hypothesis, human genetic diversity, and comparative economic development. American Economic Review 103 (1), 1 – 46.

Barro, Robert J., McCleary, Rachel M., 2003. Religion and economic growth across countries. American Sociological Review 68 (5), 760 – 781.

Baudin, Thomas, 2010. A role for cultural transmission in fertility transitions. Macroeconomic Dynamics 14 (4), 454 – 481.

Beauchamp, Jonathan, Cesarini, David, Johannesson, Magnus, 2011. The Psychometric Properties of Measures of Economic Risk Preferences. Unpublished Manuscript, Harvard University.

Becker, Gary S., Mulligan, Casey B., 1997. The endogenous determination of time preference. Quarterly Journal of Economics 112 (3), 729 – 758.

Becker, Sascha, Woessmann, Ludger, 2009. WasWeber wrong? A human capital theory of protestant economic history. Quarterly Journal of Economics 124 (2), 531 – 596.

Bisin, Alberto, Verdier, Thierry, 2001. The economics of cultural transmission and the dynamics of preferences. Journal of Economic Theory 97 (2), 298 – 319.

Botticini, Maristella, Eckstein, Zvi, 2005. Jewish occupational selection: education, restrictions, or minorities? Journal of Economic History 65 (4), 922 – 948.

Botticini, Maristella, Eckstein, Zvi, 2006. Path dependence and occupations. In: Durlauf, Steven N., Blume, Lawrence (Eds.), New Palgrave Dictionary of Economics, Palgrave Macmillan, New York.

Botticini, Maristella, Eckstein, Zvi, 2007. From farmers to merchants, voluntary conversions and diaspora: a human capital interpretation of jewish history. Journal of the European Economic Association 5 (5), 885 – 926.

Bowles, Samuel, Gintis, Howard, 2002. The inheritence of inequality. Journal of Economic Perspectives 16 (3), 3 – 30.

Bruegger, Beatrice, Lalive, Rafael, Zweimueller, Josef, 2009. Does Culture Affect Unemployment? Evidence from the Roestigraben. CESifo Working Paper Series No 2714.

Carneiro, Pedro, Heckman, James J., 2003. Human capital policy. In: Heckman, James J., Krueger, Alan B. (Eds.), Inequality in America: What Role for Human Capital Policies. MIT Press, Cambridge, pp. 77 – 240.

Carroll, Christopher D., Summers, Lawrence H., 1991. Consumption growth parallels income growth: some new evidence. In: Bernheim, B. Douglas, Shaven, John B. (Eds.), National Saving and Economic Performance. University of Chicago Press, Chicago, pp. 305 - 343.

Cavalcanti, Tiago V., Parente, Stephen L., Zhao, Rui, 2007. Religion in macroeconomics: a quantitative analysis of Weber's thesis. Economic Theory 32 (1), 105 - 123.

Cavalli-Sforza, Luigi Luca, Feldman, Marcus W., 1981. Cultural Transmission and Evolution: A Quantitative Approach. Princeton University Press.

Clark, Gregory, Hamilton, Gillian, 2006. Survival of the richest: the malthusian mechanism in pre-industrial England. Journal of Economic History 66 (3), 707 - 736.

Coen-Pirani, Daniele, 2004. Effects of differences in risk aversion on the distribution of wealth. Macroeconomic Dynamics 8 (5), 617 - 632.

Cozzi, Marco, 2011. Risk Aversion Heterogeneity, Risky Jobs and Wealth Inequality. Unpublished Manuscript, Queen's University.

Cramer, J. S., Hartog, Joop, Jonker, Nicole, van Praag, C. M., 2002. Low risk aversion encourages the choice for entrepreneurship: an empirical test of a truism. Journal of Economic Behavior and Organization 48 (1), 29 - 36.

De Nardi, Mariacristina, 2004. Wealth inequality and intergenerational links. Review of Economic Studies 71 (3), 743 - 768.

Doepke, Matthias, Tertilt, Michèle, 2009. Women's liberation: what's in it for men? Quarterly Journal of Economics 124 (4), 1541 - 1591.

Doepke, Matthias, Tertilt, Michèle, Voena, Alessandra, 2012. The economics and politics of women's rights. Annual Review of Economics 4, 339 - 372.

Doepke, Matthias, Zilibotti, Fabrizio, 2005. Social class and the spirit of capitalism. Journal of the European Economic Association 3 (2 - 3), 516 - 524.

Doepke, Matthias, Zilibotti, Fabrizio, 2008. Occupational choice and the spirit of capitalism. Quarterly Journal of Economics 123 (2), 747 - 793.

Doepke, Matthias, Zilibotti, Fabrizio, 2012. Parenting with Style: Altruism and Paternalism in Intergenerational Preference Transmission. IZA Discussion Paper 7108.

Dohmen, Thomas, Falk, Armin, Huffman, David, Sunde, Uwe, 2012. The intergenerational transmission of risk and trust attitudes. Review of Economic Studies 79 (2), 645 - 677.

Fehr, Ernst, Hoff, Karla, 2011. Introduction: tastes, castes and culture: the influence of society on preferences. The Economic Journal 121 (556), F396 - F412.

Fernández, Raquel, 2013. Cultural change as learning: the evolution of female labor force participation over a century. American Economic Review 103 (1), 472 - 500.

Fernández, Raquel, Fogli, Alessandra, 2006. Fertility: the role of culture and family experience. Journal of the European Economic Association 4 (2 - 3), 552 - 561.

Fernández, Raquel, Fogli, Alessandra, 2009. Culture: an empirical investigation of beliefs, work, and fertility. American Economic Journal: Macroeconomics 1 (1), 147 – 177.

Fernández, Raquel, Fogli, Alessandra, Olivetti, Claudia, 2004. Mothers and sons: preference formation and female labor force dynamics. Quarterly Journal of Economics 119 (4), 1249 – 1299.

Fernández-Villaverde, Jesús, Greenwood, Jeremy, Guner, Nezih, 2010. From shame to game in one hundred years: an economic model of the rise in premarital sex and its de-stigmatization. Journal of the European Economic Association 11.

Fisman, Raymond, Miguel, Edward, 2007. Corruption, norms and legal enforcement: evidence from diplomatic parking tickets. Journal of Political Economy 115 (6), 1020 – 1048.

Fogli, Alessandra, Veldkamp, Laura, 2011. Nature or nurture? Learning and the geography of female labor force participation. Econometrica 79 (4), 1103 – 1138.

Galor, Oded, Michalopoulos, Stelios, 2012. Evolution and the growth process: natural selection of entrepreneurial traits. Journal of Economic Theory 147 (2), 759 – 780.

Galor, Oded, Moav, Omer, 2002. Natural selection and the origin of economic growth. Quarterly Journal of Economics 117 (4), 1133 – 1191.

Giuliano, Paola, 2007. Living arrangements in western europe: does cultural origin matter? Journal of the European Economic Association 5 (5), 927 – 952.

Gorodnichenko, Yuriy, Roland, Gerard. 2010. Culture, Institutions and the Wealth of Nations. NBER Working Paper 16368.

Gradstein, Mark, 2007. Endogenous Reversals of Fortune. Unpublished Manuscript, Ben Gurion University.

Greif, Avner, 1994. Cultural beliefs and the organization of society: a historical and theoretical reflection on collectivist and individualist societies. Journal of Political Economy 102 (5), 912 – 950.

Grosjean, Pauline, 2013. A history of violence: the culture of honor and homicide in the US south. Journal of the European Economic Association.

Guiso, Luigi, Paiella, Monica, 2008. Risk aversion, wealth, and background risk. Journal of the European Economic Association 6 (6), 1109 – 1150.

Guiso, Luigi, Sapienza, Paola, Zingales, Luigi, 2003. People's opium? Religion and economic attitudes. Journal of Monetary Economics 50 (1), 225 – 282.

Guiso, Luigi, Sapienza, Paola, Zingales, Luigi, 2006. Does culture affect economic outcomes? Journal of Economic Perspectives 20 (2), 23 – 49.

Guvenen, Fatih, 2006. Reconciling conflicting evidence on the elasticity of intertemporal substitution: a macroeconomic perspective. Journal of Monetary Economics 53 (7), 1451 – 1472.

Haaparanta, Pertti, Puhakka, Mikko, 2004. Endogenous Time Preference, Investment and Development Traps. BOFIT Discussion Paper No. 4/2004, Bank of Finland.

Harbaugh, William T., Krause, Kate, Vesterlund, Lise, 2002. Risk attitudes of children and adults：choices over small and large probability gains and losses. Experimental Economics 5 (1), 53 – 84.

Harrison, Glenn W., Lau, Morten I., Williams, Melonie B., 2002. Estimating individual discount rates in Denmark：a field experiment. American Economic Review 92 (5), 1606 – 1617.

Hassler, John, Rodriguez, Jose V., Mora, Kjetil Storesletten, Zilibotti, Fabrizio, 2005. A positive theory of geographic mobility and social insurance. International Economic Review 46 (1), 263 – 303.

Hauk, Esther, Saez-Marti, Maria, 2002. On the cultural transmission of corruption. Journal of Economic Theory 107 (2), 311 – 335.

Heckman, James J., 2000. Policies to foster human capital. Research in Economics 54 (1), 3 – 56.

Heckman, James J., Stixrud, Jora, Urzua, Sergio, 2006. The effects of cognitive and non-cognitive abilities on labor market outcomes and social behavior. Journal of Labor Economics 24 (3), 411 – 482.

Hendricks, Lutz, 2007. How important is discount rate heterogeneity for wealth inequality? Journal of Economic Dynamics and Control 31 (9), 3042 – 3068.

Inglehart, Ronals, Bashkirova, Elena, Basanez, Miguel, Chiu, Hei-yuan, Diez-Nicolas, Juan, Esmer, Yilmaz, Halman, Loek, Klingemann, Hans-Dieter, Nwabuzor, Elone, Petterson, Thorleif, Siemienska, Renata, Yamazaki, Seiko, 2000. WorldValues Surveys and EuropeanValues Surveys, 1981 – 1984, 1990 – 1993 and 1995 – 1997. Inter-university Consortium for Political and Social Research ICPSR 2790.

Kan, Kamhon, Tsai, Wei-Der, 2006. Entrepreneurship and risk aversion. Small Business Economics 26, 465 – 474.

Kihlstrom, Richard E., Laffont, Jean-Jacques, 1979. A general equilibrium entrepreneurial theory of firm formation based on risk aversion. Journal of Political Economy 87 (4), 719 – 748.

Klasing, Mariko J., 2012. Cultural Change, Risk-Taking Behavior, and the Course of Economic Development. Unpublished Manuscript, Carleton University.

Klasing, Mariko J., Milionis, Petros, 2013. Cultural constraints on innovation-based growth. Economic Inquiry.

Knight, Frank H., 1921. Risk, Uncertainty, and Profit. Houghton Mifflin, Boston and New York.

Knowles, John A., Postlewaite, Andrew, 2004. Do Children Learn to Save from Their Parents? Unpublished Manuscript, University of Pennsylvania.

Krusell, Per, Smith Jr., Anthony A., 1998. Income and wealth heterogeneity in the macroeconomy. Journal of Political Economy 106 (5), 867 – 896.

Lindbeck, Assar, Nyberg, Sten, 2006. Raising children to work hard: altruism, work norms, and social insurance. Quarterly Journal of Economics 121 (4), 1473 – 503.

Matsuyama, Kiminori, 1999. Growing through cycles. Econometrica 67 (2), 335 – 347.

Michau, Jean-Baptiste, 2013. Unemployment insurance and cultural transmission: theory and application to European unemployment. Journal of the European Economic Association 11 (5).

Mischel, Walter, Yuichi Shoda, Monica L. Rodriguez. 1992. Delay of gratification in children. In: Loewenstein, George, Elster, Jon (Eds.), Chapter 6 of Choice Over Time. Russell Sage Foundation, New York.

Mokyr, Joel, 2011. Cultural Entrepreneurs and Economic Development. Unpublished Manuscript, BenGurion University.

Mulligan, Casey B., 1997. Parental Priorities and Economic Inequality. University of Chicago Press.

Piketty, Thomas, 1995. Social mobility and redistributive politics. Quarterly Journal of Economics 110, 551 – 584.

Reyes-Garcia, Victoria, Godoy, Ricardo, Huanca, Tomas, Leonard, William R., McDade, Thomas, Tanner, Susan, Vadez, Vencent, 2007. The origin of monetary income inequality: patience, human capital, and the division of labor. Evolution and Human Behavior 28, 37 – 47.

Richerson, Peter J., Boyd, Robert, 2005. Not by Genes Alone. The University of Chicago Press.

Rohner, Dominic, Thoenig, Mathias, Zilibotti, Fabrizio, 2012. Seeds of Distrust: Conflict in Uganda. CEPR Discussion Paper No. 8741.

Rohner, Dominic, Thoenig, Mathias, Zilibotti, Fabrizio. 2013. War signals: a theory of trade, trust and conflict. Review of Economic Studies 80 (3), 1114 – 1147.

Romer, Paul M. 1990. Endogenous technological change. Journal of Political Economy 98 (5, Part 2), S71 – S102.

Saez-Marti, Maria, Sjoegren, Anna, 2008. Peers and culture. Scandinavian Journal of Economics 110, 73 – 92.

Saez-Marti, Maria, Zenou, Yves, 2011. Cultural transmission and discrimination. Journal ofUrban Economics 72 (2 – 3), 137 – 146.

Saez-Marti, Maria, Zilibotti, Fabrizio, 2008. Preferences as human capital: rational choice theories of endogenous preferences and socioeconomic changes. Finnish Economic Papers 21 (2), 81 – 94.

Schumpeter, Joseph A., 1942. Capitalism, Socialism, and Democracy. Harper, New York.

Segal, Carmit, 2013. Misbehavior, Education, and labor market outcomes. Journal of the European Economic Association 11 (4), 743 – 779.

Shonkoff, Jack, Philips, Deborah (Eds.), 2000. From Neurons to Neighborhoods: The Science of Early Childhood Development. National Academy Press, Washington, D. C.

Smith，Adam，1776. An inquiry into the nature and causes of the wealth of nations. In：Cannan，Edwin（Eds.），The University of Chicago Press，Chicago（published 1976）.

Song，Zheng，Storesletten，Kjetil，Zilibotti，Fabrizio，2012. Rotten parents and disciplined children：a politico-economic theory of public expenditure and debt. Econometrica 80（6），2785－2803.

Stigler，George J.，Becker，Gary S.，1977. De Gustibus Non Est Disputandum. American Economic Review 67（2），76－90.

Stokey，Nancy L.，Lucas Jr.，Robert E.，1989. Recursive Methods in Economic Dynamics. Harvard University Press，Cambridge.

Sutter，Matthias，Kocher，Martin G.，Glaetze-Ruetzler，Daniela，Trautmann，Stefan T.，2013. Impatience and uncertainty：experimental decisions predict adolescents field behavior. American Economic Review 103（1），510－531.

Tabellini，Guido，2008. The scope of cooperation：norms and incentives. The Quarterly Journal of Economics 123（3），905－950.

Tabellini，Guido，2010. Culture and institutions：economic development in the regions of Europe. Journal of the European Economic Association 8（4），677－716.

Taylor，J.，McGue，M.，Iacono，W. G.，2000. Sex differences，assortative mating，and cultural transmission effects on adolescent delinquency：a twin family study. Journal of Child Psychology and Psychiatry 41（4），433－440.

van Praag，C. M.，Cramer，J. S.，2001. The roots of entrepreneurship and labour demand：individual ability and low risk aversion. Economica 68（269），45－62.

Vereshchagina，Galina，Hopenhayn，Hugo A.，2009. Risk taking by entrepreneurs. American Economic Review 99（5），1808－1830.

Voigtlaender，Nico，Voth，Hans-Joachim，2012. Persecution perpetuated：the medieval origins of anti-semitic violence in Nazi Germany. Quarterly Journal of Economics 127（2），1339－1392.

Voors，Maarten J.，Eleonora，E. M.，Nillesen，Philip Verwimp，Bulte，Erwin H.，Lensink，Robert，Van Soest，Daan P.，2012. Violent conflict and behavior：a field experiment in burundi. American Economic Review 102（2），941－964.

Weber，Max，1905. The Protestant Ethic and the Spirit of Capitalism.（Translated by Talcott Parsons）；with a foreword by R. H. Tawney. Charles Scribner's Sons，New York，1958. Republished by Dover，New York，2003.

Zumbuehl，Maria，Dohmen，Thomas，Pfann，Gerard，2013. Parental investment and the intergenerational transmission of economic preferences and attitudes. Unpublished Manuscript，University of Bonn.

第 2 章
信任、增长与幸福：新证据与政策含义

扬·阿尔冈
巴黎政治学院
皮埃尔·卡于克
巴黎综合理工学院

摘要

本文回顾了关于信任、制度和经济发展的近期研究，探讨了信任的度量、信任在时间和空间上的异质性等问题，并对信任影响经济绩效的内在机制以及识别二者因果关系的方法进行了讨论，对金融、创新、企业组织、劳动力市场和产品市场等领域存在的信任与经济发展的互动机制进行了分析。对于制度和政策如何影响信任问题，本文在最后一部分对有关分析方法的最新进展进行了评述。

关键词

信任，增长，经济发展，制度

JEL 分类号

O11，O43，Z13

欧洲有一些国家……，商业活动难以大规模开展的最大障碍，是缺乏足够多的、能够放心地信任的人，去经手大笔资金的收支。

——穆勒（Mill，1848），第 132 页

2.1 引　　言

全球经济发展和收入不平等的根源，历来是经济学家的争论热点，经久不衰。早期学者关注增长的最直接因素，强调技术进步、人力资本和物质资本积累的重要作用。约十年前，学术界的关注点转向了正式制度的作用，如：将制度视为积累和创新的内在动因（Acemoglu et al.，2001），探讨在多大程度上能够将制度与人力资本等因素区分开来（Glaeser et al.，2004）。最近，经济学界开始关注根植于文化与历史的更深层因素。

本文首先回顾了关于经济发展过程中文化观念所发挥作用的近期文献［参见：纳恩（Nunn，2009）、斯伯劳雷和瓦克扎格（Spolaore and Wacziarg，2013）对于其长期历史的综述］。具体而言，我们将探究能够解释经济发展的一种最基础的文化观念即信任的作用。自从班菲尔德（Banfield，1958）、科尔曼（Coleman，1990）和帕特南（Putnam，2000）的开创性工作以来，被宽泛定义为家庭圈子之外的合作态度的信任，就被社会科学家视为大量社会经济现象的重要因素。然而，长期以来，同在其他社科领域广受赞誉相比，主流经济学文献对于信任的作用却充满争议。

信任对于经济发展的潜在作用，数十年前就吸引了人们的兴趣，这无疑同阿罗（Arrow，1972）的下述论述有关："每一笔商品交易，实际上都包含信任要素。任何交易的进行都需要一段时间，世界上大部分地区的经济落后现象，似乎都可以用缺乏相互信任来解释。" 阿罗的直觉很直观。在一个复杂的社会中，签署并履行包含一切交易细节的协议是不可能的。如果不存在诸如信任行为等非正式规则，市场将渐趋消失，人们将无法享受到市场交换带来的好处，资源配置也必将是低效的。以此观之，信任和促进合作的非正式规则，能够解释经济发展方面的差异。

然而，关于信任和增长之间相互关系的理论基础和实证基础，最多也是相对比较弱的。一个最好的例证是2005年出版的《增长经济学》第一卷：在论述社会资本的那章中，杜尔劳夫和法夫尚（Durlauf and Fafchamps，2005）对经济学文献中关于信任的概念性瑕疵和统计性缺陷进行了相对完整的梳理。社会资本概念，一个索洛所说的"潮词"，由于包含了规范、网络和合作等不确切的概念，而产生了许多歧义。此外，作者还对社会资本和增长之间的跨国或跨地区相关性所引发的识别问题进行了讨论［亦可参见杜尔劳夫（Durlauf，2002）对社会资本实证文献的批判性评论］。

本文旨在表明，赋予信任更核心的地位并以之来解释经济发展，已经在主流经济学的许多方面取得了重要的实质性进展。本文目标有五：其一，为分析信任与合作如何提高经济效率提供一个统一的概念性框架，并将信任在克服市场失灵方面的具体作用，同声誉机制区别开来。其二，我们将分析实证研究中对信任与合作进行度量的各种方法，其中实验经济学的近期进展以及越来越多的社会调查有助于我们弄清楚信任究竟是什么、如何将信任与其他信念和偏好区别开来。其三，我们探讨了信任、人均收入和增长之间的经验关系，并对信任如何影响经济绩效的因果检验的最新学术进展进行了评述。近期的实证研究证实了阿罗的看法：信任确实是经济增长的一种决定因素。有关研究不仅阐明了这两个变量之间的相关性，而且详细阐述了探析信任对增长的影响应该采取的研究策略。其四，信任影响增长的渠道是近期研究的热点，它涵盖了金融市场、产品市场和劳动力市场，我们将对有关文献进行系统梳理。其五，本文将对制度和信任如何协同演化、公共政策如何促进亲社会行为等近期研究热点，进行概要的文献评述。

目前已有一些经济学文献对社会资本和信任的作用进行了探讨（例如，Guiso et al.，2008b，2011；Tabellini，2008a；Fehr，2009；Bowles and Polania-Reyes，2012；等等），本文主要从下述三个方面做进一步阐述：第一，我们重点探讨信任、增长和制度之间的关系，且利用最新的价值观数据库可以对涵盖全球 90% 的人口做出分析。第二，我们充分利用了过去十多年来的学术进展，如通过引入工具变量等，来识别信任或继承性信任的影响，从而能够更精准地厘清信任传递影响经济的机制，并辨析其不同的传递渠道。第三，对于政治制度和经济制度同信任之间的相互作用，我们提出了一个综合性的分析框架，并探讨了信任的各种影响因素及相应的政策措施，如制度透明度、教育不平等程度、儿童早期干预等。

本文剩余部分组织如下。第 2.2 节概括了信任影响经济绩效的理论机制。第 2.3 节利用 20 世纪 80 年代以来丰富的调查数据，探讨了信任的不同度量方法，并对不同地区、不同国家之间的信任异质性进行了探究。第 2.4 节是对信任动态学的分析，并强调指出，信任在从上一代向下一代传递的过程中，通常会发生缓慢的演变。尽管有可能被战争之类的历史事件所打断，但我们不仅在个人层面，而且在宏观社会层面上仍然可以观察到它所具有的惯性。第 2.5 节探究了识别信任因果性影响的方法，并对信任和经济增长之间的关系提供了经验证据。第 2.6 节描述了信任影响经济增长的机制。第 2.7 节探讨了信任与正式制度、政策之间的相互作用，并讨论了如何建立信任等问题。另外，近期文献提出了不少新的看法，认为幸福不仅依赖于收入，更取决于社会关系的质量。第2.8节借助于对这些新看法的讨论对本文进行了总结。

2.2 理论基础

我们首先提出一个能够合理解释信任和经济绩效之间关系的概念性框架，然后探讨信任与制度环境发生相互作用并实现稳定均衡的理论渠道。

由于信任能够影响经济并提高效率，我们首先必须考虑在不存在信任的情况下，经济为何会偏离最优配置。阿罗（Arrow，1972）在分析组织的局限性时指出，在存在信息成本和契约成本的情况下，信任和市场交易具有同等重要性。信任的经济效率源于它能够促进合作行为，从而能够在不完备契约和不完美信息下促进互利交易。用阿罗的话来说，信任在次优配置中发挥了交易润滑剂的作用。

这一看法引出了诸多问题。我们如何来合理地解释信任对市场交易的影响呢？在市场交易过程中，信任是如何产生、如何维持的呢？为什么我们应该期待用信任而非制度来克服市场失灵？

为了解决这些问题，我们从一个简单的例子入手。这个例子主要受伯格等（Berg et al.，1995）的信任博弈的启发，其中每个参与者都是投资者。我们的分析表明，如果缺乏声誉机制，则不可能出现合作。这与行为经济学的看法很不一样，因为按照行为经济学，即使是同陌生人的一次性交易，人们也经常会选择合作。为了对合作做出合理的解释，有必要将信任视为理性合作的一种额外特征。以此为基础，我们对信任如何演变和传递并趋于一种稳定的均衡进行了分析，同时也讨论了信任和制度的相互作用，以对市场交换做出更好的解释。

2.2.1 合作与声誉

假设有两个人，他们拥有投资或不投资的自由，两个人的合伙生产需要一个不可逆的投资 $I>0$。只有在双方都同意的情况下，他们才进行投资。一旦他们进行了投资，契约的不完备性就给予了每个参与者以另一个人的利益为代价，从合伙中谋利的机会。这种契约的不完备性，源于合伙生产是如此复杂，以至于对于第三方而言无法验证双方的所有承诺都得到了落实。因此，每个参与者在开始时都可以选择投资或不投资，并在随后选择合作或者背叛。当且仅当两个人都进行投资时，产出才大于零。如果两个人合作，其投资与产出总计为 $2(Y+I)>0$ 并在两人中间平分，从而每个人可以在扣除投资成本后，获得

$Y>0$ 的收益。如果两个人不合作，则产出为零，且每个人的投资也完全打了水漂。最后，如果投资之后，一个人选择合作而另一个人选择背叛，则背叛者抢先占有了 $2Y+I$ 的净收益，而合作者则失去了所有的初始投资。表 2.1 列出了有关收益情况。由于预期收益为负，双方没有参与的兴趣，故该博弈的纳什均衡是不进行合作。该模型表明了这样一个事实：如果不存在合作，则无法达成互利交易。

表 2.1　　　　支付矩阵

$P1/P2$	合作	背叛
合作	(Y, Y)	$(-I, 2Y+I)$
背叛	$(2Y+I, -I)$	$(-I, -I)$

注：该表是囚徒博弈的支付矩阵。$P1$ 选择行策略，$P2$ 选择列策略。

在这种博弈中，个体之间的策略互动是否能够产生合作行为，可用随机匹配博弈（Kandori，1992；Ellison，1994）来探究，其中，该博弈中的个体是纯粹理性的，个体之间是随机匹配的。这类随机匹配博弈适用于所有的博弈阶段：在每一阶段，每个参与者都将与人群中随机抽取的新参与者处于一种囚徒困境博弈之中。每个博弈阶段都遵循匿名规则。可以证明，如果整个群体和参与者对于现期的偏好足够小，那么合作解就有可能成为子博弈精炼均衡。一旦一个参与者参与到了一个没有人选择合作的博弈之中，那么他在未来不管遇到谁，选择不合作或更少合作就是其均衡策略。恰恰是对未来会出现不合作行为的担心，充当了参与者在每个阶段是否选择合作的激励因素。上述分析表明，如果每一个体都是纯粹的经济人且相互匿名，那么在规模很大的人群中自发产生合作行为是不可能的。

在这种情况下，只有在存在惩罚措施的环境中，合作才会作为一种声誉机制而产生。格赖夫（Greif，1993，1994）在分析马格里布商人和热那亚商人时指出，对违约者进行惩罚的信息传递和协调策略，有助于促进合作。如果人口规模和人们的现期偏好足够小，那么即使不存在明确界定法律规则的任何正式制度，亦有可能出现合作。然而，如果不能满足这些条件，那么为了维持合作，就必须有明确界定法律规则和制裁措施的正式制度。

上述分析的价值在于阐释协调与正式制度的作用，但它无法解释可以经常在匿名非重复博弈中观察到的合作行为。如亨里希等（Henrich et al.，2001）曾指出，即使在没有任何声誉考量的情况下，来自不同社会的人也会在博弈中表现出合作（Fehr，2009；Bowles and Gintis，2007）。

2.2.2 合作与涉他偏好

为了合理解释不存在声誉时的合作行为，经济学文献吸收了心理学、社会学和行为经济学的研究成果，认为人们具有某种与合作有关的内在动机（Bowles and Polania-Reyes，2012；Kahneman and Tversky，2000），即人们不仅会受到物质利益的激励，而且很看重合作本身，或者说拥有一种有利于合作的“互惠偏好”。

为了将这种行为模型化，弗朗索瓦和扎博伊尼克（Francois and Zabojnik，2005）、塔贝利尼（Tabellini，2008b）、阿尔冈和卡于克（Algan and Cahuc，2009）、比德纳和弗朗索瓦（Bidner and Francois，2011）、米绍（Michau，2012）等假设不合作会产生心理成本。包含这种互惠偏好的另一种假设是：人们在与表现出合作行为的人交往时是利他主义的，但会惩罚那些不尊重合作规范的人（Fehr and Schimdt，1999；Fehr and Gatcher，2000；Gintis et al.，2005；Hoff et al.，2011）。所有这类模型，都假设人们拥有某种涉他偏好、而不是仅仅关心自己的偏好，这就使得在人数众多的匿名群体中，可以出现合作。

假设不合作会产生心理成本，我们可以在上述信任博弈的支付矩阵中加入不合作的成本。在这种情况下，如果在上述支付矩阵所描述的博弈中的不合作成本 C 大于不合作的净收益 $Y+I$，那么，合作就会成为一种纳什均衡。成本 C 可能受到社会文化规范、教育、人际社会距离等因素的影响。例如，塔贝利尼（Tabellini，2008b）曾假设，不合作的心理成本是人际社会距离的减函数：那些社会距离足够小的人，相互间会采取合作行为，但会对社会距离更大的那些人采取不合作策略。该假设符合如下经验证据：人们通常不愿意相信那些与他们存在较大差异的人（Alesina and La Ferrara，2002）。

这种情况下，在任何重复博弈中信任他人就意味着该参与者拥有如下信念：参与博弈的其他人也会选择合作。换句话说，他们是可信的。假如总体中有一部分人是可信的，那么我们就可以分析信任在随机匹配博弈中的作用。那些可信的人，会系统地选择合作。每个人都知道自己是否可信，但它属于其他人无法获得的私人信息。当两个人相遇后，他们可以选择合作投资，也可以坐等机会消失，其中后一种情形下两人获得的支付均为零。如果他们选择合作，那么可信的伙伴们之间会进行系统性的合作，因为不合作对他们来说成本太高了。相反，不可信的人和纯粹的机会主义者，则总会选择背叛。

调整后的博弈模型可以为存在合作的纳什均衡提供合理的解释，此即信任。为了给出更严格的证明，令 s 代表总体中可信者的比例，选择合作投资的可信者的预期收益是 $sY-(1-s)I$，这意味着只要可信者的比例 $s>I/(Y+I)$，那么人们就会选择合作投资。如果不能满足该条件，那么由于所有愿意投资的人不能满足可信性条件，故没有人会选择投资。依据 s 值的不同，存在两种均衡：如果 $s<I/(Y+I)$，则没有人会投资；反之，每个人都会投资。因此，投资、产出和交易将随着总体中可信者比例的增加而增加，同时也进一步促进了人们之间的信任。

假设某些人因合作倾向而产生信任，有助于我们在一个相对简洁的分析框架内，解释匿名非重复博弈中为何会出现合作，亦有助于我们进一步探究信任的决定因素及其在经济运行中的作用。

2.2.3 合作的动态学

合作如何随着时间发生变化？合作观念何以在某种环境中得以持续，而在另一种环境中却会消失不见？为了解决这些问题，近来的研究文献对价值观传递进行了内生化，如强调家庭传承作用的比辛和维迪尔（Bisin and Verdier，2001）等。家长会向子女灌输道德价值观，但对子女的这种教导却会遭遇“协调问题”：只有在其他人同样诚实的情况下，让孩子成为诚实的人，才能够得到回报。教导孩子诚实，从而长大成人后成为可信的人；这样的父母越多，则用诚实教导孩子就越是一种更好的选择。借鉴豪克和赛斯－马蒂（Hauk and Saez-Marti，2002）、弗朗索瓦和扎博伊尼克（Francois and Zabojnik，2005）、塔贝利尼（Tabellini，2008b）、阿吉翁等（Aghion et al.，2010）与比德纳和弗朗索瓦（Bidner and Francois，2011），我们拟通过把教育引入模型，来揭示此类机制如何发挥作用。

我们假设，通过向子女灌输一种诚实的价值观、进而保证他们成年后更愿意合作，父母可以得到一种心理上的收益，即效用 $G>0$。不过，当可信的成年人采取不诚实行为时，他们将不得不承受心理成本 $C>Y+1$。只有当子女采取合作行为即投资时，其父母才会获得心理收益；当子女不投资，或换句话说，并未表现出合作行为时，家长们不能从价值观灌输中得到任何收益。

在知道子女将会随机碰到其他人并决定是否与他们进行合作投资的情况下，家长们选择的价值观是那些能够使子女的期望效用以及他们教导子女诚实所得到的效用实现最大化的价值观。由于只有当 $s>I/(Y+I)$ 时，其子女长大成人后才会投资，故当 $s>I/(Y+I)$ 时，家长们教导孩子诚实所得到的收益为 $G+sY-(1-s)I$，反之为零。同样，如果 $s>I/(Y+I)$，不进行此类价值观教育的父母，获得的收益为 $s(2Y+I)-(1-s)I$，反之为零。教育的预期收益取决于子女一代中的可信者比例。只有当补偿收益较大时，即 $G>s(Y+I)$ 且 $s>I(Y+I)$ 时，那么教育子女诚实才是一种最优选择。如果条件无法满足，那么父母们就没有教导子女诚实的激励，从而也就不会有合作投资：若从小接受的家庭教育使人们成为不可信的人，那么在一个充斥着不可信者的经济中，最终的均衡必然是缺乏生产性的“坏的”均衡。与之不同，如果人们相信其他孩子从父母那里得到的教育是诚实，那么用同样的方式教育自己的孩子就是有用的，而经济将会实现“好的”均衡，可信者遍布其间、投资与产出不断增加。

弗朗索瓦和扎博伊尼克（Francois and Zabojnik，2005）、塔贝利尼（Tabellini，2008b）、阿吉翁等（Aghion et al.，2010）与比德纳和弗朗索瓦（Bidner and Francois，2011）等模型所实现的均衡，显示了对于上述“好的”均衡而言非常重要的相互信任的脆弱性。这种分析方法同时也突出了道德价值观和制度之间的互动关系。例如，阿吉翁等（Aghion et al.，2010）认为，为了改变可信者比例太低所导致的较低水平的自发合作，按照多数规则选举出来的政府，也许会制定出有助于促进互惠交易的规则。然而，由于可信者所占的比例太小，不信任大行其道，有关规则恰恰会导致严重的腐败。也就是说，不信任和腐败相互滋生，并导致一种产出低下、规则冗杂的坏均衡。

不妨从动态的角度做进一步探究。假设灌输诚实价值观的收益，随着可信者比例的提高而增加。这可能是因为子女不仅受到父母教导的影响，而且也受到家庭之外的影响。卡瓦利－斯福尔扎和费尔德曼（Cavalli-Sforza and Feldman，1981）区分了价值观灌输的三种模式：垂直型、倾斜型和水平型。垂直模式指的是父母与孩子之间的传递，倾斜模式指的是来自于父母之外的成年人的影响，而水平模式则是同一代人对价值观的共享。圭索等（Guiso et al.，2008b）提出了一个同时具有多种传递模式的模型，假设父母将其他人是否可信的信念传递给子女，而子女们则根据他们所遇到的人对有关信念做出修正。由于相互间的不信任会阻碍任何交易（在上述博弈中，所有人都将放任投资机会的流逝），并进而扼杀所有检验和修正已有信念的可能性，因此，如果父母传递给孩子的信念太过悲观，那么经济就会陷入没有任何产出的坏的均衡。这种动态分析的优点是能够解释经验观察到的信任的代际传递（Dohmen et al.，2012）。它不仅能够解释西非奴隶贸易（Nunn and Wantchekon，2011）、坏的殖民制度（Acemoglu et al.，2001）和法律起源（La Porta et al.，2008）等有损信任的负向冲击的持久影响，而且也能够解释意大利中世纪自治市镇的参与式制度（Putnam et al.，1993；Guiso et al.，2008a）等正向冲击的持久影响（Putnam et al.，1993；Guiso et al.，2008a）。

2.3　信任的经验度量

为了度量合作价值观对经济发展和制度的影响，有必要在经验层面上给出前述博弈模型中信任行为的定义。

2.3.1　信任的定义

对信任与增长之间关系的研究，重点关注的是普遍信任，即不仅仅局限于相同家庭、工作同事等有赖于个人纽带的个体之间的关系。对于普遍信任，科尔曼（Coleman，1990）的下述定义得到了人们的普遍接受："如果他或她自愿把资源交由他人处置而无需后者做出法律承诺，但预期能够从这种行为中得到好处，则谓之个体的信任"。正如费尔（Fehr，2009）所示，这种方法的好处是，我们可以把信任定义为一种行为，并通过实验性博弈对它进行直接度量。按照这种方法定义的信任，亦同福山（Fukuyama，1995）、帕特南（Putnam，2000）和圭索（Guiso et al.，2011）等使用的社会资本概念有关。对于这些学者而言，社会资本是"那些被坚持和共享的信念和价值观"的总和，它"有助于在追求对社会有好处的活动中克服一个群体中的搭便车问题"。

2.3.2　信任的度量

信任可以通过调查和实验室实验的方法进行度量。在经验研究中，人们通常利用调查问卷来研究增长与信任之间的关系，其原因主要与这类调查有着良好的可得性有关：20世纪80年代初以来，这类调查已经涵盖了许多国家。尽管如此，这类调查仍然在解释方面存在困难。除了在问题和回答方面存在歧义以外，我们无法肯定的是，那些声明自己特别信任他人的人，其实际行为是否也更具合作性。正是由于这一原因，为了更好地研究有关问题，研究人员除了问卷调查方法之外还采用了实验室实验和现场实验的方法。

2.3.2.1　问卷调查法

在问卷调查中，最常采用的信任度量方法是阿尔蒙德和韦尔巴（Almond and Verba，1963）在研究二战后欧洲市民社会时首次引入的"普遍信任问题"。有关问题是："一般而言，你是否认为大多数人都是值得信任的，或者说，与他人交往时你不必太过小心？”可能的回答包括：“大多数人都是值得信任的”“应该很小心”等。欧洲社会调查、综合社会调查、世界价值观调查、拉美晴雨表调查和澳大利亚社区调查等采用的都是基本相同的问题。调查问卷通常还包括一些与信任有关的其他问题，例如：世界价值观调查询问了“公平问题”，即“如果人们有机会利用你，你认为大多数人是会利用你还是会公平对待你？”综合社会调查除了包括信任问题和公平问题，还添加了“相助问题”，即“你认为大多数时候人们会乐于助人还是只关心自己？”这些不同的问题，常用来构造某种指数，从而为信任提供替代性的度量，或者从中得到对道德价值观与社会资本进行度量的一般性指标（Tabellini，2010；Guiso et al.，2011）。

调查问卷所得到的数据，提供的是一种主观信息，这就要求我们在做出解释时必须非常小心。特别地，那些对信任问题做出回答的人，也许有着强烈的风险规避动机，我们需要对此格外小心（进一步讨论，参见：Fehr，2009；Bohnet and Zeckhauser，2004）。尽管如此，在增长和信任关系的经验研究中，更为重要的是要弄清楚：对信任问题的回答，是否与其实际合作行为紧密相关。

2.3.2.2 实验室中的实验博弈

对于信任及相关问题的回答和实验博弈中的行为，已有不少文献对二者之间的关系进行了分析。总体而言，有关研究大都采用了某种形式的“投资博弈”。“投资博弈”又称“信任博弈”，它最早由贝格等（Berg et al.，1995）提出。在实验室实验中，博弈是如下进行的。在第一阶段，房间 A 和房间 B 中的受试者，各得到 10 美元参与费。B 房间的参与者会收起他们的参与费，而 A 房间的人则必须决定在他们拿到的 10 美元中，拿出多少赠送给 B 房间中某个匿名对手。赠送的数额用 M 表示，该数额会变为 3 倍，从而总收益为 $3M$。在第二阶段，B 房间中获得 $3M$ 数额的人，必须决定拿出多少来回馈给房间 A 的赠送者。赠送者最初赠送的数额是按照科尔曼（Coleman，1990）定义的“对他人的信任”的度量，而一个人值得信任的程度或可信性，则可用房间 B 的参与者回馈的数额来度量。

对于普遍信任问题的“问卷—回答”方法和信任博弈中的赠送数额方法，最初的研究难以得到确切的结论。格莱泽等（Glaeser et al.，2000）对问卷调查中的信任问题和信任博弈中的参与者行为之间的关系进行了研究。该研究在哈佛大学进行，其中 274 名学生参与了信任博弈，且他们不论是作为赠送者还是回馈者，均在参与博弈之前被问及信任问题。作者发现，尽管同信任态度有关的问题并不能预测信任行为，但似乎确实有助于预测可信性。霍尔姆和丹尼尔森（Holm and Danielson，2005）对瑞典的研究发现，信任博弈中的行为和调查问卷中对信任相关问题的回答之间存在正相关性，但在坦桑尼亚却不成立。拉扎里尼等（Lazzarini et al.，2005）在巴西的一项面对面的非匿名信任博弈中，同样发现了相关性。其他以代表性调查为基础的实验，得到的结论同样存在很大的不同。如费尔等（Fehr et al.，2009）发现，信任问题能够预测信任行为，但不能预测可信性；但埃米施等（Ermisch et al.，2009）在英国的代表性样本中则得到了完全相反的结论。

由于不同实验中的博弈设计并不完全相同，很难对这些研究结论做出比较。例如，在格莱泽等（Glaeser et al.，2000）的博弈中，第二轮参与者并未得到任何初始支付，但在贝格等（Berg et al.，1995）的博弈中，所有的参与者都得到了参与费。也许这就可以解释，为什么在格莱泽等的实验中，首轮参与者中有很大比例（70%）会将他们最初获得的数额送给第二轮参与者。为了度量信任水平，有必要将此类因素与风险规避、利他主义和互惠行为等其他态度区别开来。不仅如此，上述不同实验所度量的信任行为，究竟是真的反映出了参与者的固有偏好，抑或仅仅体现了易于改变的“以礼待人”的信念？

在实验中观察到的按照科尔曼定义的信任行为，既可能源于利他主义，也可能源于信任。至于对信任问题的回答和第二轮参与者回馈数额之间的正相关性，则可能源于参与者关注互惠性的结果，同时也显示出了那些宣称自己特别信任他人之人的特征。在格莱泽等人的研究中，由于回馈数额可能受到利他主义动机的强烈影响，故对信任问题的回答和第二轮参与者回馈数额之间相关性的消失，并不必然意味着信任问题与科尔曼定义的信任没有相关性。

为了识别信任和利他主义对于信任博弈首轮回馈数额的相对贡献，考克斯（Cox，2004）设计了一个实验方案。为了实现研究目的，考克斯对上述信任博弈和独裁者博弈的结果进行了比较，其中，独裁者博弈与信任博弈的唯一不同，在于不存在第二轮参与者决策：在这种情形下，他们没有机会将他们在第一轮博弈中收到的数额，回馈给赠送者。独裁者博弈主要用于度量利他主义，而信任则用信任博弈第一阶段中的赠送数额和独裁者博弈中的赠送数额之间的差别来度量。考克斯所做的实验显示，除了利他主义动机，信任动机也是真实存在的。通过比较信任博弈第二阶段的回馈数额和不同于信任博弈的博弈中的赠送数额，考克斯的实验设计使得我们能够识别出互惠动机。考克斯的实验表明，确实存在互惠动机。

考克斯设计的实验使得我们能够对利他、信任和互惠等不同动机做出区别。卡普拉等（Capra et al.，2008）利用该实验设计，在埃默里大学的学生中进行了实验，对上述定义的那些动机和从问卷调查的问题回答中得到的态度之间的关系进行了分析。他们得到的结论同格莱泽等人关于信任问题的结果完全相同：对信任问题的回答，与首轮参与者的赠送数额不相关，但与第二轮参与者的回馈数额相关；第二轮参与者回馈数额的多少，取决于他们在问卷调查中所宣称的对其他人的信任程度。

然而，一旦控制住了利他主义因素，这种相关性就消失了。同时，在利他主义因素受到控制的情形下，首轮参与者的赠送数额与他们对“相助问题”或“公平问题”的回答高度相关。对信任问题的回答与首轮参与者赠送数额之间的相关性并不显著，但系数的符号却显示出自我宣称的信任和赠送数额之间具有正向关系。缺少显著性可能是因为样本量太小（只有62个），而由于信任问题往往语义含糊，过小的样本量在信任问题研究中造成的问题也许就更为严重。简言之，有关研究在实验设计方面取得了重要学术进展，它能够对信任、利他和互惠等动机做出区分，并使得我们能够对人们在回答调查问卷时所宣称的态度和在信任博弈中所采取的实际行动之间的一致性进行探究。

还有不少文献利用神经生物学方法，对信任进行了更为精确的度量，并与信任博弈参与者在行为中体现出来的个体特征进行了对比。我们知道，作为一种在哺乳和分娩期间分泌得较多的激素，催产素还同人们在姻亲关系和社会关系中的情感有关。神经生物学研究表明，这种激素对于亲子关系、夫妻关系中的行为具有特别重要的作用。不仅如此，这种激素还能够显著缓解人们在社交活动中的紧张和焦虑，并能够抑制与背叛有关的焦虑情绪的蔓延。为了评估催产素对信任博弈参与者的亲社会行为的影响，科斯费尔德等（Kosfeld et al.，2005）提出了一个非常巧妙的想法，即设计一种附加性实验方案，将参与者的亲社会行为从其风险承担行为和乐观程度等信念中分离出来。实验参与者被随机分成两组，其中第一组通过喷雾摄入催产素，第二组摄入无效对照剂并作为对照。实验结果颇具启发性，摄入催产素的人表现出更强烈的信任行为。更引人注目的是，这些人在与他人的交易中持续表现出信任行为，即使在对方不做回馈的情况下亦复如此！相比之下，诸如审慎和风险规避，甚至同他人交往的乐观信念等其他态度，则没有受到任何影响。科斯费尔德等（Kosfeld et al.，2005）据此得出如下结论：信任博弈对于合作偏好的度量是真实的，而对风险规避的度量和其他行为的预测则存在问题（关于信任实验度量的综述，参见：Fehr，2009）。

2.3.2.3 现场实验博弈

由于人们的日常行为很可能同我们在实验室中的观察存在很大不同，故问卷调查中的回答与信任博弈中的行为之间存在相关性，并不意味着我们可以根据人们对问卷调查的回答，来预测他们的日常行为模式。迄今为止，基于实验室实验的结论究竟能否以及在多大程度能够适用于现场情形，我们仍然知之甚少。如果我们希望通过实验方法来推断现实世界的真实情况，那么最重要的一项工作就是进一步探究实验室中的实验度量与现场结果之间的关系。

卡兰（Karlan，2005）在其开创性的研究中，利用信任博弈来度量人们的互惠性偏好，表明在秘鲁的小额信贷项目中，信任博弈可以用来预测参与者一年还贷的情况。奥利维拉等（Oliveira et al.，2009）利用传统的公益博弈来推导实验室参与者的合作偏好，认为捐赠实验中参与者对当地慈善机构的贡献、是否声明捐赠时间以及对当地慈善事业的捐款数额等，均会影响实验结果。与之类似，劳里和泰勒（Laury and Taylor，2008）同样运用公益博弈来引出参与者的合作偏好，表明实验结果与捐赠实验中参与者能够对公益事业做出贡献的可能性相关。上述两项研究的主要缺陷在于，他们所获得的关于“现场”行为的信息，均来自于实验室实验，只不过一个是通过情景化实验、一个是通过自我陈述实验。在这种情况下，一个应该特别注意的问题是：需求效应和个体自恰意愿有可能导致伪相关。本兹和迈耶（Benz and Meier，2008）在教室进行慈善捐赠实验之前，先在一个慈善捐赠现场收集了同参与者行为有关的现场实验数据，从而部分地克服了上述伪相关问题，并在两者之间发现了显著的相关性。

一种颇具前景的研究路径，是将实验博弈拓展至网络经济学或维基经济学。尤其是维基百科和开放性软件等基于合作和非货币性激励的大型组织的出现，为探究实验性度量和现场行为之间的关系，提供了完美的现场实验可能。

在最近一项研究中，阿尔冈等（Algan et al.，2012a）利用当今对公益事业做出自愿贡献的最为成功的大型平台，即作为在线百科的维基百科，对上述问题进行了探究。作者利用基于互联网的经济实验平台，借助于直接现场（即在线用户，可以同维基百科的非贡献互联网用户互动）中的一个包含 850 个样本的维基贡献者，对其合作、利他和互惠性偏好进行了探究，并以之同他们在现实世界中的真实捐赠记录相联系。他们发现，对维基百科的贡献（以对百科条目的编辑数量来度量）与他们在传统公益博弈中的合作倾向，以及他们在条件公益博弈和信任博弈中所表现出的互惠程度相关。从一个拥有维基百科注册账户的非贡献者转为资深贡献者，通常伴随着公益捐赠水平提高 10% ~13%、互惠程度上升 7% ~10%。

2.3.3　普遍信任和有限信任的相关性

值得强调的是，关于信任的经济影响的多数研究文献，涉及的都是普遍信任。但不同形式的信任之间到底存在什么样的关系呢？自从班菲尔德（Banfield，1958）和科尔曼（Coleman，1990）的开创性工作以来，社会科学家将普遍道德和有限道德进行了区分。有限道德社会，只在一个有关系的小圈子（亲戚）中倡导优良的行为准则，而在小圈子之外，则把自私自利视为道德上可以接受的行为。在班菲尔德（Banfield，1958）的乡村人类学研究中，这种行为被描述为“无道德家庭主义”。而普遍道德社会，则在小家庭或亲属圈子之外，亦倡导优良的行为准则，从而为人们自视为芸芸众生中的一员提供了可能。科尔曼（Coleman，1990）则提出了与之类似的强关系和弱关系概念，其中强关系被定义为家庭成员之间的关系质量，而弱关系则被定义为家庭圈子之外的社会关系强度。

埃米施和甘贝塔（Ermisch and Gambetta，2010）利用信任博弈对英国代表性样本进行的研究发现，强家庭关系的人比弱家庭关系的人，对陌生人的信任程度更低，并认为二者之间具有因果性。他们的分析表明，外向暴露水平，即限制与外人打交道、限制交往经验与交往动机的那些因素，可以解释二者之间的差异。

格赖夫和塔贝利尼（Greif and Tabellini，2010）通过比较前现代中国和中世纪欧洲的社会组织分岔，对这种现象进行了一种历史分析。前现代中国在宗族之内保持合作，例如，在以血缘为基础的等级组织中，宗族成员之间的强大道德纽带和名望声誉扮演了重要的角色。相比之下，中世纪欧洲的合作组织主要是在城市，而市民合作则是超越血缘关系的，家族之外的因素发挥的作用更大。

2.3.4 信任的空间异质性

早在18世纪，亚当·斯密［Adam Smith，1997（1766）］就曾暗示不同国家之间所存在的重要差别，并称某些国民“诚实”“守时”，如荷兰人“一诺千金”。约翰·斯图亚特·穆勒也有类似观察：“欧洲有一些国家……，商业活动难以大规模开展的最大障碍，是缺乏足够多的、能够放心地信任的人，去经手大笔资金的收支”（Mill，1848，第132页）。

近年来的国际社会调查技术的发展，产生了越来越多的经验证据，表明各国在信任水平方面存在着巨大的差异。社会调查数据显示，不论是在各国之间还是一国之内，人们对其他人的信任程度都存在着很大的不同。

图2.1显示了111个国家和地区普遍信任的平均水平，有关数据来源于世界价值观调查、欧洲价值观调查和非洲晴雨表调查①。这些调查对信任问题进

① 本文使用的数据集，由五次世界价值观调查（WVS，1981～2008年）、四次欧洲价值观调查（EVS，1981～2008年）和第三次非洲晴雨表调查（Afro，2005年）构造而成。

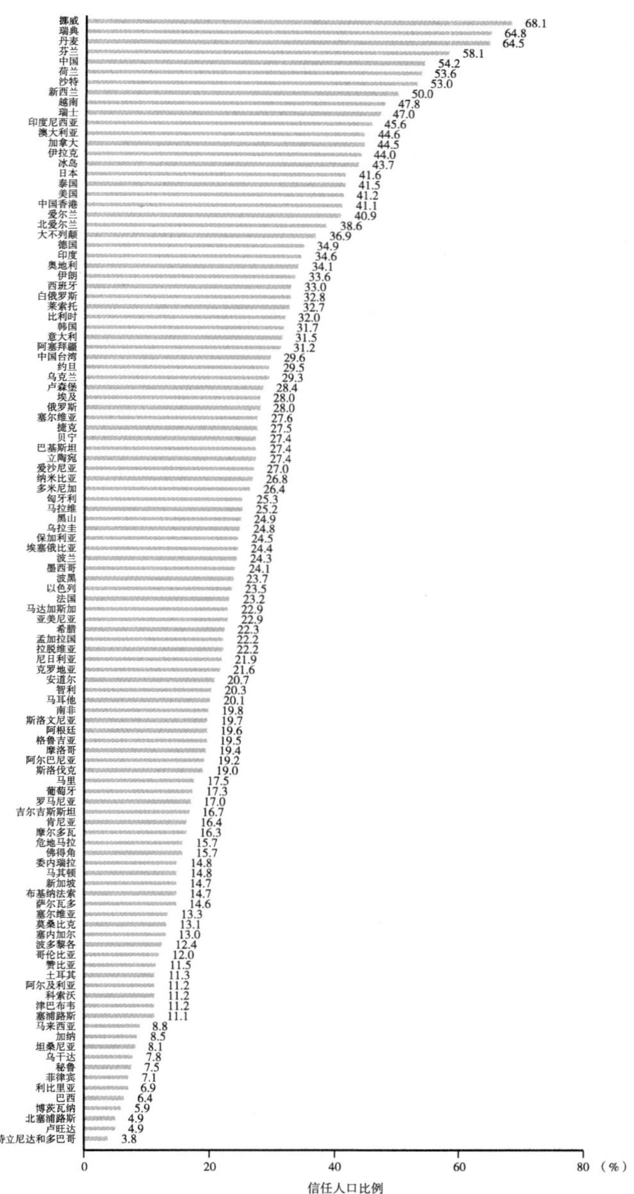

图 2.1　全球 111 个国家和地区的平均信任水平

资料来源：各个国家和地区平均信任水平由五次世界价值观调查（1981 ~ 2008 年）、四次欧洲价值观调查（1981 ~ 2008 年）和第三次非洲晴雨表调查（2005 年）中受访者对信任问题的回答平均计算得出。被问及的问题是："一般而言，你是否认为大多数人都是值得信任的或者你与他人交往时必须非常小心？"如果受访者回答"大多数人都是值得信任的"，则信任等于 1，否则为 0。

行了提问，如果受访者的回答是“大多数人都是值得信任的”则信任变量取值为1，而若认为“必须非常小心”则取值为0。不同国家和地区之间信任水平的变动非常大：样本中信任水平最高的挪威，超过68%的人信任他人；而在排名垫底的特立尼达拉和多巴哥，仅仅3.8%的人表现出人际的相互信任。美国位列前四分之一，平均信任水平略超40%。整体而言，北欧国家拥有较高的人际平均信任水平，处于领先地位，而非洲和南美洲国家则似乎不怎么信任其他人。

不仅如此，人们信任他人的程度不仅随着国家和地区的不同而不同，而且即便在同一个国家的不同地区亦存在很大差别。图2.2显示的是欧洲69个不同地区的平均信任水平，数据来源于世界价值观调查（1990～1997年）和塔贝利尼（Tabellini，2010）。如图2.2所示，即使在相距不远的地区，信任水平亦存在显著的不同。东荷兰地区的平均信任水平超过64.1%，而法国巴黎盆地地区的数字仅为14.2%。即使在欧洲国家内部，不同地区也存在着巨大差异。在意大利，特兰托的信任水平（49%）几乎是西西里岛（26%）的一倍；在法国，西南地区的信任水平比北部地区高出13个百分点。最后，即使是联邦制国家，不同地区在信任水平方面的差异依然可见。图2.3显示了美国49个州的平均信任水平，有关数据是根据美国综合社会调查（GSS，1973～2006年）中受访者的回答，计算其均值而得到的。我们可以看到，各州居民对他人的信任程度存在非常大的差别：在北达科他州，超过60%的受访者信任他人，但在加利福尼亚州却不足40%，而密西西比州甚至只有不到20%的受访者认为可以信任他人。

2.3.5 与国情有关的异质性

不同国家的信任水平存在差别的原因是什么？除了个体特征（如年龄、社会地位、性别、教育、收入和宗教），各国信任水平差异的很大一部分，可由各国国情做出解释。

表2.2是个体的信任水平对年龄、年龄的平方、性别、教育、收入水平和宗教信仰在微观层面进行回归的结果。有些个体特征与其信任水平高度相关：男性与信任水平正相关，年龄与信任水平呈驼峰型关系；受教育程度更高的个体，显著表现出更高的信任水平，赫利韦尔和帕特南（Helliwell and Putnam，2007）对此有更详尽阐述。教育变量每增加一个标准差（约2.2年），则样本中的信任水平平均会增加11%。信任亦与收入水平正相关：收入变量增加一个标准差（约0.79），则样本中的信任水平平均会提高6%。阿莱西纳和拉费

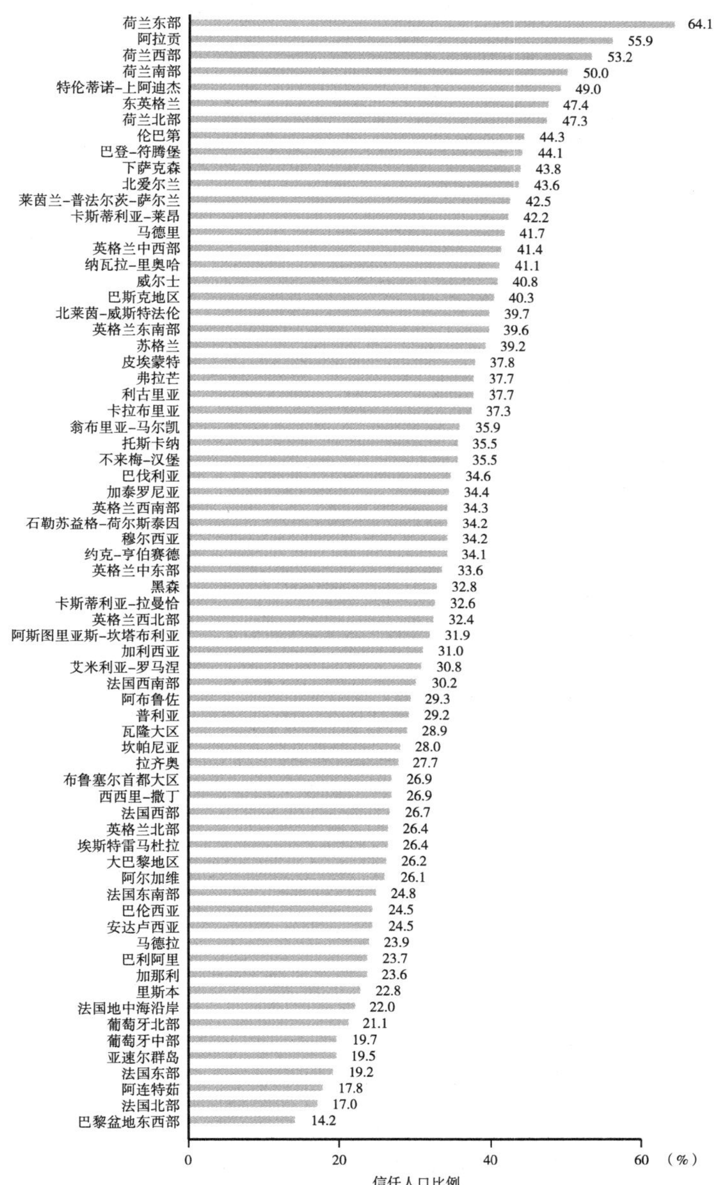

图2.2　欧洲69个地区的平均信任水平

资料来源：信任他人的比例源于塔贝利尼（Tabellini，2010）。信任水平是按照受访者对下述问题的回答并对不同地区取均值计算得出："你是否认为大多数人都是值得信任的或者你与他人交往时必须非常小心?"如果受访者回答"大多数人都是值得信任的"，则信任等于1，否则为0。

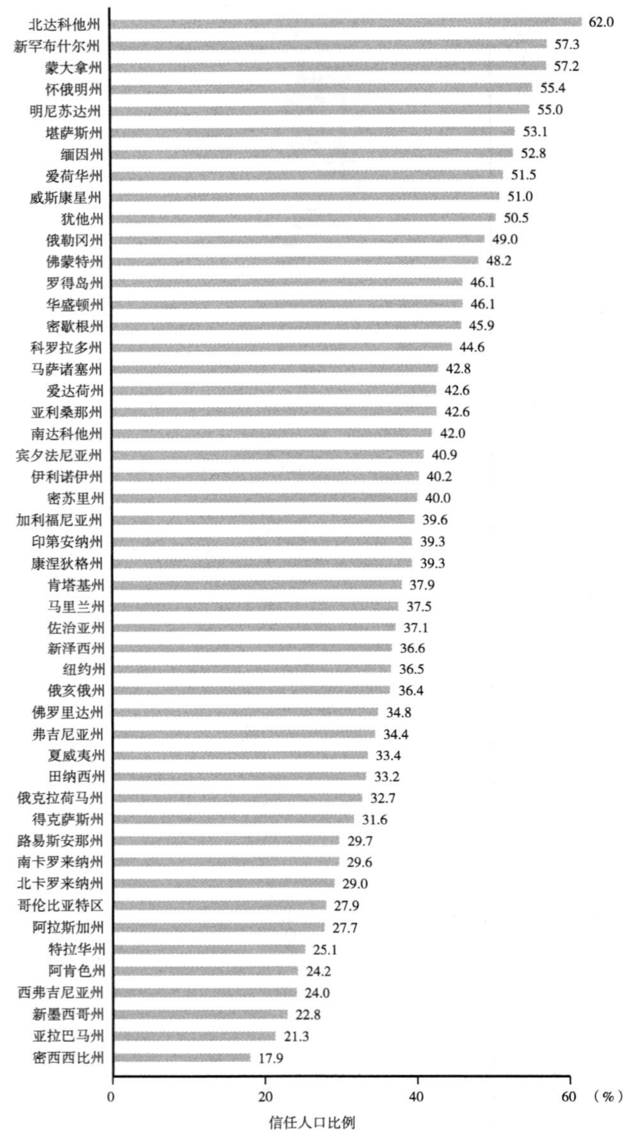

图 2.3　美国 49 个州的平均信任水平

资料来源：信任他人的比例源于综合社会调查（1973～2006 年）。信任水平是按照受访者对下述问题的回答并对各州取均值计算得出：“一般而言，你是否认为大多数人都是值得信任的或者你与他人交往时必须非常小心？”如果受访者回答“大多数人都是值得信任的”，则信任等于1，否则为0。

拉拉（Alesina and La Ferrara，2002）在论述信任决定因素的论文中，探讨了与信任存在负相关关系的个体特征，如近期的痛苦经历、感觉所属群体（如妇女或者少数民族）曾遭受歧视等。

表 2.2　　信任的影响因素：微观估计

项目	信任	
	(1)	(2)
年龄	0.003*** (0.000)	0.001*** (0.000)
年龄平方	-0.000** (0.000)	-0.000 (0.000)
性别	0.009** (0.003)	0.004 (0.003)
教育	0.019*** (0.004)	0.015*** (0.003)
基督教	0.165*** (0.051)	0.013 (0.009)
天主教	-0.011 (0.200)	-0.004 (0.006)
印度教	0.107** (0.053)	0.023 (0.023)
佛教	0.057 (0.042)	0.010 (0.013)
伊斯兰教	0.034 (0.047)	0.021* (0.011)
犹太教	-0.030 (0.018)	0.045 (0.032)
收入水平	0.020*** (0.004)	0.023*** (0.003)

续表

项目	信任	
	(1)	(2)
国家（地区）固定效应	否	是
样本数	136 105	136 105
R^2	0. 027	0. 123

注：信任是被解释变量，其计算是根据对下述问题的回答："一般而言，你是否认为大多数人都是值得信任的或者你与他人交往时必须非常小心?"如果受访者回答"大多数人都是值得信任的"，则信任等于1，否则为0。

解释变量包括年龄、性别（男 =1）、教育（从小学以下 =1 到研究生 =7）、收入（低于全国平均水平 =1，平均水平 =2，高于全国平均水平 =3）以及表示受访者宗教派别的虚拟变量。

列（2）包括国家（地区）固定效应。括号内的数字是最小二乘回归中按国家（地区）做聚类调整后的稳健标准误。

样本（79 个国家和地区）：阿尔巴尼亚、阿尔及利亚、阿根廷、亚美尼亚、奥地利、阿塞拜疆、孟加拉国、白俄罗斯、比利时、波黑、保加利亚、加拿大、智利、中国、克罗地亚、塞浦路斯、捷克、丹麦、埃及、爱沙尼亚、芬兰、法国、格鲁吉亚、德国、英国、希腊、匈牙利、冰岛、印度、印度尼西亚、伊朗、伊拉克、爱尔兰、以色列、意大利、日本、约旦、吉尔吉斯斯坦、拉脱维亚、立陶宛、卢森堡、马其顿、马耳他、墨西哥、摩尔多瓦、黑山、摩洛哥、荷兰、尼日利亚、北塞浦路斯、北爱尔兰、挪威、巴基斯坦、秘鲁、菲律宾、波兰、葡萄牙、波多黎各、罗马尼亚、俄罗斯联邦、沙特阿拉伯、塞尔维亚、新加坡、斯洛伐克、斯洛文尼亚、南非、韩国、西班牙、瑞典、瑞士、坦桑尼亚、土耳其、乌干达、乌克兰、美国、委内瑞拉、越南、津巴布韦和科索沃地区。

* 系数在0. 10 水平上异于0；** 系数在0. 05 水平上异于0；*** 系数在0. 01 水平上异于0。

资料来源：世界价值观调查（1981 ~2008 年）和欧洲价值观调查（1981 ~2008 年）。

不过，表2. 2 有一个非常明显的特点，即与国家（地区）固定效应相比，个体特征对于信任的国别（地区）异质性的解释能力非常弱：回归方程中加入国家（地区）固定效应之后，判定系数 R^2 仅提高了 10% 左右，即从 0. 027 增至0. 12 左右。不仅如此，在我们的微观数据回归中，各个国家（地区）平均信任水平与预测均值之间的相关系数，在没有固定效应时只有 0. 52，但加入国家（地区）固定效应后则增至0. 99，几乎是完全相关。

图2. 4 显示了相对于挪威的国家（地区）固定效应，其中，挪威是样本中平均信任水平最高的国家，而国家（地区）固定效应则源于上述微观回归估计结果。该图表示的是：在个体特征（年龄、性别、教育、收入和宗教）保持不变的情况下，其他国家（地区）的信任水平相对于挪威会减少多少个

百分点。与挪威相比，信任水平减少超过 60 个百分点的国家和地区有乌干达、秘鲁、阿尔及利亚和科索沃地区；超过 50 个百分点的有希腊和法国，约减少 40 个百分点的有意大利、德国和美国。由此可以看出，同个体特征产生的影响相比，国家（地区）固定效应造成的差别高出了一个数量级，这意味着要想深入了解信任水平的来龙去脉，必须进一步探究各国（地区）在制度、历史、地理、公共政策等方面的不同国（地区）情。

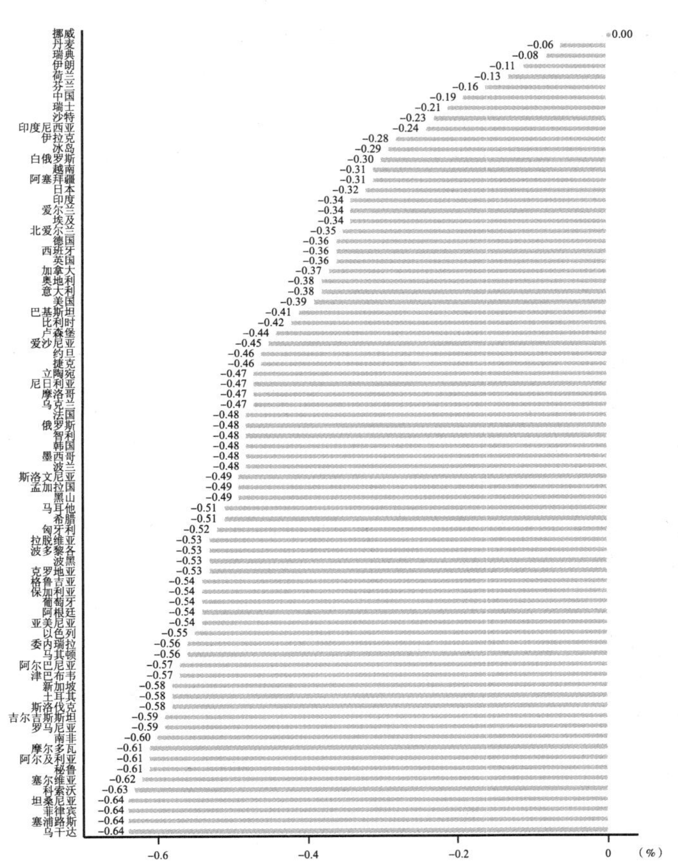

图 2.4　相对于挪威的国家（地区）固定效应

注：个体特征保持不变，生活在乌干达的人，其信任水平将比生活在挪威降低 64%。其他控制变量：年龄、年龄的平方、性别、教育程度、收入和宗教。

资料来源：信任以对五次世界价值观调查（1981 ~ 2008 年）、四次欧洲价值观调查（1981 ~ 2008 年）和第三次非洲晴雨表调查（2005 年）中受访者对信任问题的回答、按照各国（地区）平均水平计算得出。调查的问题是："一般而言，你是否认为大多数人都是值得信任的或者你与他人交往时必须非常小心?" 如果受访者回答 "大多数人都是值得信任的"，则信任等于 1，否则为 0。

2.4　信任的动态学

国际问卷调查突出体现了在居民个体特征（如年龄、收入、教育和信仰）相同的情况下，平均信任水平的国别异质性有多么重要。这些调查同时也显示出，平均信任水平很少随着时间而变化：当前信任水平最低的国家，同时也是20世纪80年代初期信任水平较低的国家。尽管如此，这类观察并没有为我们提供多少信息：一方面，可得的调查数据在时间方面仍然较短；另一方面，对于能够影响信任的持续性或演变过程的因果性因素，它实际上什么也没有说。近来有一些研究文献力图以此为研究目标，试图探寻信任动态演变的因果性影响因素。

2.4.1　气候

公元纪年的四个世纪以前，亚里士多德（Aristotle）就强调了气候对态度的影响："生活在寒冷地区的人和欧洲人都精神气十足，但稍稍欠缺技能和智慧；正因如此，虽然他们相对自由，但缺乏政治凝聚力和统治邻国的能力。另一方面，亚洲人素有智慧和技能，但精神气不足，故迄今仍被奴役并屈服于他人。希腊人在地理上介于两者之间，同时拥有这两种特质，既精力充沛又富有智慧"（Politics 7. 7，1327b18 – 1328a21，摘自 *Sinclair and Saunders* 译本）。

亚里士多德得出上述结论时，其样本是未知的，我们也没有办法在气候和态度之间构造统计关系，现如今则至少具有一定的可行性。杜兰特（Durante，2010）认为，欧洲的气候在1500～1750年间经历了很大的波动，这使得现今的欧洲居民更容易相互信任。杜兰特提出的解释是，气候多变加剧了粮食收获的不确定性，这使得居民有必要储备更多粮食并付诸共同管理，同时也需要在不同地区之间进行贸易，以抵消气候变化的冲击。所有这些因素都有助于促进合作，并且在整个社会结构上留下了深深的烙印。气候变动幅度越大的地区，家庭纽带越弱，年轻人离开家庭也越早。这是因为在粮食频繁减产时，年轻人很难指望通过家庭内部的齐心协力就可以满足他们的需求。严酷的气候条件所引发的合作努力，可能会产生持续数百年的影响，即使整个社会从农业时代到工业时代已经发生了深刻变革，这种影响仍然存在。

奥斯特罗姆（Ostrom，1990）在一篇类似论文中发现，高原地区的信任水平更高，因为当地的农民必须共同维护沟渠灌溉系统，才能实现分散式灌溉的耕作方式。平原地区的耕作所需要的协调要少得多，故高原地区的居民在生活中方方面面的合作与互信，都要比平原地区更为频繁。

自然灾害有时也会以不可预见的方式，对信任产生影响。部分幸存者在经历了灾后创伤阶段并曾受助于他人之后，往往会表现出利他主义行为并投身于互助行动。这种“灾难综合征”也许会持续很长一段时间并产生持久影响（Valent，2000；Wallace，1956）。卡斯蒂略和卡特（Castillo and Carter，2011）与齐尔贝贝格（Zylberberg，2011）发现，灾难性飓风可在数年内有助于促进合作与信任。

2.4.2　历史的影响

美洲种植园的奴隶贸易开始于16世纪。当时，西非人在海岸边被欧洲人袭击和抓捕后，或者在非洲部落间军事冲突中被抓到后，被当作奴隶贩卖给欧洲人。不过，这套体系也经历了不断的演变，因为某些西非居民发现，通过把过路旅客、邻居甚至自己的家人卖给贩奴商人，他们不仅能够幸存下来，甚至可以通过抓捕和贩卖其他人来致富。我们有理由猜测，这种在当时很普遍的行为在人群中植入了深深的不信任。纳恩和旺谢孔（Nunn and Wantchekon，2011）的研究表明，这种现象在三个世纪后仍然存在。与其他地区相比，这些地区的居民仍然表现出对他人更高程度的不信任，包括他们的邻居、宗族亲属，甚至自己的家人。奴隶的抓捕和贩卖主要集中在冲突地区，刚开始时的信任水平应该较高，从而使得贩奴商人的工作相对容易。纳恩和旺谢孔发现，距离大西洋海岸更远的居民，其祖先与奴隶贸易相对隔离，其不信任程度要低于沿岸居民。他们的分析表明，这种距离海岸线越远而不信任程度越低的现象，在世界的其他地区是观察不到的，这就倾向于证明奴隶贸易活跃地区的居民更不信任，而不是相反的结论。

因此，即使经过了许多代人以后，历史仍然以我们能够觉察的方式对信任的形成产生影响。罗纳等（Rohner et al.，2013）提出了一种理论，用以解释战争和冲突对不信任的长期影响。即便是与经济基本面没有多少关系的突发性冲突，亦仍有可能对信任产生永久性损害。这是因为当事人见证了冲突的历史，改变了他们的信念，并将有关信念一代一代地传递了下去。贝克尔等（Becker et al.，2011）研究了哈布斯堡帝国遗留下来的历史烙印。从18世纪到20世纪初叶，哈布斯堡帝国统治了中欧的大部分地区，并雇佣了以当时的标准来看受过良好教育、清正廉明的管理者。由于冲突和政治事件，自一战之后神圣罗马帝国崩溃以来就一直存在的那些国家，其边界不止改变了一次。但只要是曾经属于帝国边界之内的地区，政府管理都更加透明、更为廉洁、更受到人们的信任。哈布斯堡帝国在行政方面的进步，在神圣罗马帝国解体后依然保存了下来。

这个例子的意义并不仅限于饭后谈资。欧洲的大量历史事件表明，政治决策能够对信任产生数百年的影响。与意大利其他城市的居民相比，那些在中世纪就实现了可以与古典城邦相媲美的参与式自治和公共管理的意大利城市的居民，他们的祖先更深地卷入公民政治生活，目前他们也更积极地参加选举，更愿意献血，更有可能参加社团组织（Guiso et al.，2008a）。在欧洲，那些18世纪末教育水平更高、有着更民主或参与式政权形式的地区，目前的居民有着更高的信任水平、更好的市民意识（Tabellini，2010）。该领域的研究表明，教育和民主能够以延续数百年的方式对市民的行为产生影响。

与之类似，雅各布和蒂雷尔（Jacob and Tyrell，2010）发现，斯塔西（Stasi），即众所周知的民主德国（东德）国家安全局，1989年前雇有逾90 000名正式雇员和超过170 000名线人，其行为已经在东德人的公民态度上留下了持久的烙印。每个人都知道，在每座建筑和每家工厂中，电子窃听设备遍布其中，每个人都被混在人群中的线人所监视。任何人对政府的任何议论都有可能被告密，且告密内容很可能被扭曲到足以毁灭一个人生活的程度。雅各布和蒂雷尔认为，这种相互告发的社会风气，撕裂了整个社会结构。即使在柏林墙倒塌20多年之后，那些斯塔西相对活跃地区的居民，仍表现出更少履行其公民义务的倾向：他们的投票率、志愿组织参与率和器官自愿捐献率等，都显著低于联邦德国其他地区的居民。

阿吉翁等（Aghion et al.，2010）对前苏联加盟共和国转轨进程中的信任急剧下降，进行了更具一般性的探究。在这些不信任盛行、透明度匮乏的东部加盟共和国中，20世纪90年代市场自由化进程中如影随形的腐败，似乎解构了其国家、司法体系和市民之中可能存在的任何信任。那些铁幕崩溃时信任水平就很低的地区，此类效应最为明显。

影响信任的另一种潜在长期因素与基因多样性有关。在近来一篇有趣的论文中，阿什拉夫和盖勒（Ashraf and Galor，2013）发现，世界各地的古代居民，其基因多样性同他们与人类东非起源地的距离有关。在总族群中的亚族群移居新定居点的过程中，他们只携带了总族群基因多样性中的一部分，故世界各地不同民族的基因多样性会受到其与东非之间迁移距离的负向影响。阿什拉夫和盖勒的研究表明，基因多样性会对信任和合作产生显著的影响，并决定了对于经济发展而言的最优多样性水平。一方面，基因异质性增加了不合作和不信任的可能性，进而减少了合作、降低了全要素生产率；另一方面，通过拓宽互补性特质的谱系，基因多样性有助于一个社会扩展其生产可能性边界。

2.4.3　继承的信任

作为母国和东道国的函数，移民的态度究竟如何演变是一个有趣的论题，有关研究清晰地表明了信任的可塑性。研究文献发现，移民的信念和行为同他们来自哪个国家有关；在内战连绵的国家长大的足球运动员，比其他选手有更明显的暴力倾向，更容易得到黄牌和红牌（Miguel et al.，2011）。驻联合国外交官享有司法豁免权，菲斯曼和米格尔（Fisman and Miguel，2007）发现，来自信任水平较低、公民意识淡薄的国家的外交官，经常会违反纽约市的停车规定；而来自斯堪的纳维亚国家和英语为母语国家的外交官，尽管享有同样的豁免权，却特别留意不去违反纽约市的停车规定。

当然，移民的态度和信念并非坚如磐石，而是会受到居住国的影响。一般说来，如果是从较低信任水平的国家移民到较高信任水平的国家，那么从第一代移民开始，其信任水平就会开始提高，反之亦然。不论是在美国还是在欧洲，都可以观察到这种现象（Algan and Cahuc，2010；Dinesen，2012；inesen and Hooghe，2010）。事实上，在国内迁移中也可以发现类似现象：从意大利南部移居到北意大利的人，其公民意识通常趋于改善，并逐渐收敛到当地一般水平；反之，从北意大利移居到意大利南部的人，其公民意识则表现出退化迹象（Ichino and Maggi，2000；Guiso et al. 2004）。借助于对欧洲国家第一代移民和第二代移民的研究，阿尔冈等（Algan et al.，2011）揭示了信任的上述演变模式。在欧洲社会调查的样本中，第一代移民的信任水平同其母国的信任水平显著相关；与之不同，第二代移民的信任水平，则更多地同其新居住国的普遍信任水平及其对制度的信任程度，而非母国的信任水平相关。

因此，人们的不信任水平并非持久不变，而是会受到环境的影响。当然，它也会表现出一种系统性的惯性，能够在至少一代人甚至数代人身上留有印痕。

2.5　信任、人均收入与增长

上述信任水平的截面异质性，能够在多大程度上解释人均收入的截面差异？信任水平的提高，能够在何种程度上解释一个国家的经济成就？在本节中，我们首先探究信任和经济绩效之间高度相关的经验证据，然后分析在识别信任因果性影响时容易出现的问题以及研究文献中试图解决该问题的最新尝试。

2.5.1　截面相关性

不同国家和地区的人均收入和平均信任水平存在着显著的正相关性，这激发了经济学文献对于社会资本的研究兴趣。纳克和基弗（Knack and Keefer，1997）为此进行了开创性的研究，帕特南等（Putnam et al.，2000）认为意大利不同地区之间也存在这种关系：意大利北部地区之所以发展得比南部地区快，是因为北部地区拥有更高的社会资本存量水平（以社团成员度量）。

图2.5描绘了106个样本国家和地区在1980～2009年间人均收入（对数值）的平均水平和1981～2008年间的平均信任水平。信任水平越高的国家和地区，其收入水平也越高，二者之间存在着稳定的相关关系；人均收入的国别（地区）差异，约五分之一与普遍信任的国别差异有关。

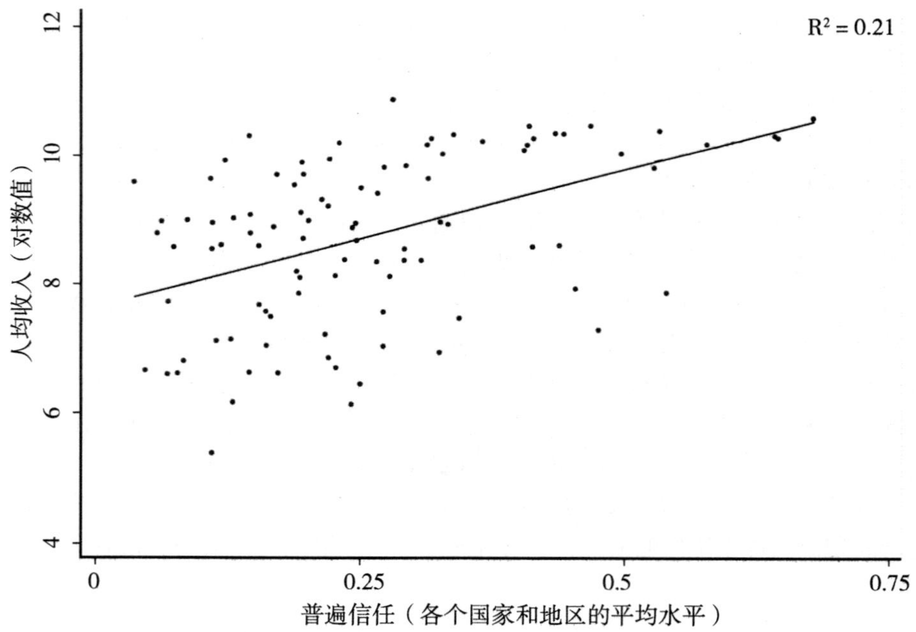

图2.5　各国（地区）人均收入（对数值）与信任的截面相关性

资料来源：人均收入的平均水平（1980～2009年）来源于7.0版佩恩表（*Penn World Tables* 7.0）；信任由五次世界价值观调查（1981～2008年）、四次欧洲价值观调查（1981～2008年）和第三次非洲晴雨表调查（2005年）中受访者对信任问题的回答、按照各国（地区）平均水平计算得出。调查的问题是："一般而言，你是否认为大多数人都是值得信任的或者你与他人交往时必须非常小心?"如果受访者回答"大多数人都是值得信任的"，则信任等于1，否则为0。

表 2. 3 是人均收入（对数值）和信任之间的回归结果。信任每提高一个标准差（约 0. 14），人均收入的对数值就会增加 0. 59 或样本均值的 6. 8%。在加入教育、种族隔离程度和人口等控制变量后［列（2）］，信任的系数有所减小但仍然显著。这时，信任每提高一个标准差，将使得人均收入增加 0. 18 或样本均值的 2%。作为比较，种族隔离程度每提高一个标准差（2. 5），收入将减少 0. 225 或样本均值的 2. 5%。此外，我们还控制了一些度量制度的变量，如法律起源［列（3）］和政治制度［列（4）］等，这时信任在 5% 或 10% 水平上仍然是显著的，但制度变量则不显著。

表 2. 3　　信任与收入：各国（地区）截面相关性

项目	Ln 人均 GDP（1980 ~ 2009 年）						
	（1）	（2）	（3）	（4）	（5）	（6）	（7）
普遍信任	4. 231*** （0. 718）	1. 308** （0. 617）	1. 526* （0. 849）	1. 407** （0. 669）			
信任家人					0. 418 （0. 485）		
信任邻居						0. 295 （0. 311）	
信任认识的人							0. 176 （0. 179）
教育		0. 294*** （0. 034）	0. 302*** （0. 040）	0. 249*** （0. 047）	0. 307*** （0. 034）	0. 348*** （0. 034）	0. 359*** （0. 033）
种族隔离		−0. 911** （0. 360）	−0. 802* （0. 404）	−0. 908** （0. 368）	−1. 03*** （0. 351）	−0. 824** （0. 387）	−0. 786* （0. 396）
人口对数		−0. 015 （0. 051）	−0. 024 （0. 506）	0. 037 （0. 058）	0. 018 （0. 046）	0. 060 （0. 056）	0. 057 （0. 054）
法国法			0. 275 （0. 233）				
德国法			0. 100 （0. 224）				

续表

项目	Ln 人均 GDP（1980～2009 年）						
	（1）	（2）	（3）	（4）	（5）	（6）	（7）
斯堪的纳维亚法			0.007 （0.367）				
政治制度				0.0377 （0.029）			
样本量	106	93	93	89	61	56	56
R^2	0.218	0.642	0.651	0.653	0.692	0.782	0.782

注：被解释变量是人均收入的对数，取 1980～2009 年间的平均数，数据来源于佩恩表（*Penn World Tables*）。普遍信任按照受访者对下述问题的回答计算出来：“一般而言，你是否认为大多数人都是值得信任的或者你与他人交往时必须非常小心?”如果受访者回答“大多数人都是值得信任的”，则信任等于 1，否则为 0。对于家人、邻居和“你认识的人”的平均信任水平，则根据对如下问题的回答计算得出：“你能否告诉我，对于下面所说的人，你是完全信任、比较信任、不很信任还是完全不信任”，受访者回答“完全信任”则取值为 4、“比较信任”取值为 3、“不很信任”取值为 2，“完全不信任”则取值为 1。

采用的是最小二乘回归，括号内的数字是稳健标准误。

样本（106 个国家和地区）：阿尔巴尼亚、阿尔及利亚、阿根廷、亚美尼亚、澳大利亚、奥地利、阿塞拜疆、孟加拉国、白俄罗斯、比利时、贝宁、波黑、博茨瓦纳、巴西、保加利亚、布基纳法索、加拿大、佛得角、智利、中国、哥伦比亚、克罗地亚、塞浦路斯、捷克、丹麦、多米尼加、埃及、萨尔瓦多、爱沙尼亚、埃塞俄比亚、芬兰、法国、格鲁吉亚、德国、加纳、英国、希腊、危地马拉、匈牙利、冰岛、印度、印度尼西亚、伊朗、伊拉克、爱尔兰、以色列、意大利、日本、约旦、肯尼亚、吉尔吉斯斯坦、拉脱维亚、莱索托、利比里亚、立陶宛、卢森堡、马其顿、马达加斯加、马拉维、马来西亚、马里、马耳他、墨西哥、摩尔多瓦、黑山、摩洛哥、莫桑比克、纳米比亚、荷兰、新西兰、尼日利亚、挪威、巴基斯坦、秘鲁、菲律宾、波兰、葡萄牙、波多黎各、罗马尼亚、俄罗斯联邦、卢旺达、沙特阿拉伯、塞内加尔、塞尔维亚、新加坡、斯洛伐克、斯洛文尼亚、南非、韩国、西班牙、瑞典、瑞士、坦桑尼亚、泰国、特立尼达和多巴哥、土耳其、乌干达、乌克兰、美国、乌拉圭、委内瑞拉、越南、赞比亚、津巴布韦以及中国香港、中国台湾等。

*系数在 0.10 水平上异于 0；** 系数在 0.05 水平上异于 0；*** 系数在 0.01 水平上异于 0。

资料来源：信任来源于五次世界价值观调查（1981～2008 年）、四次欧洲价值观调查（1981～2008 年）和第三次非洲晴雨表调查（2005 年）中。教育是 1950～2010 年间的平均受教育年限，源于巴罗和李（Barro and Lee，2010）。种族隔离是种族隔离的程度，数据来源于阿莱西纳等（Alesina et al.，2003）。人口是 1980～2009 年间的平均人口数量的对数，数据来源于 7.0 版佩恩表。法律源于拉波尔塔等（La Porta et al.，2007）。政治制度是 2000～2010 年间的平均“Polity 2”指数，源于“Polity Ⅳ”数据库。

为了比较普遍信任和信任的其他度量对收入的影响，我们在控制了教育、种族隔离和人口等变量后，用有限信任而非普遍信任作为解释变量进行了回归，结果如表 2.3 所示：只有普遍信任与人均收入显著相关；各类有限信任（如对家人、邻居和认识的人）与收入水平正相关，但均缺乏显著性［列（5）~列（7）］。回归结果表明，只有家庭小圈子之外的合作能力才与经济绩效相关，这与班菲尔德关于以无道德家庭主义为特征的意大利乡村通常有着糟糕绩效的分析是一致的，同时也可以解释经济学文献为何以普遍信任作为分析重点。

对于欧洲不同地区或美国各州等地区性样本，普遍信任和人均收入之间同样有着稳定的正相关关系。图 2.6 显示了 69 个欧洲地区普遍信任和人均收入（对数）之间的相互关系，数据来源于塔贝利尼（Tabellini，2010）。不论是普遍信任还是人均收入，不少欧洲国家都表现出了很大的地区差异性。尤其是意大利北部地区和西班牙北部地区，其信任水平和人均收入水平都非常高，而西

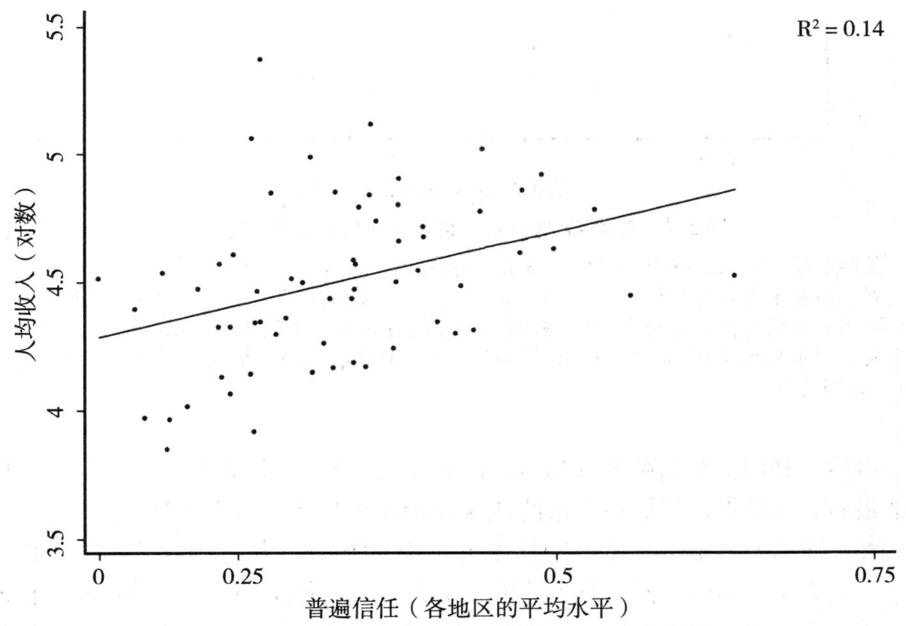

图 2.6　欧洲 69 个地区的人均收入（对数）与普遍信任

资料来源：塔贝利尼（Tabellini，2010）。信任的度量是按照受访者对下述问题的回答并取地区均值而计算得来："一般而言，你是否认为大多数人都是值得信任的或者你与他人交往时必须非常小心？" 如果受访者回答 "大多数人都是值得信任的"，则信任等于 1，否则为 0。

班牙南部地区和意大利南部地区在两个方面都糟糕得多。图2.7表明，美国各州的信任和人均收入同样存在正相关性，尤其是作为前法国殖民地的南部各州，信任水平较低，其经济绩效亦逊于东北部各州。

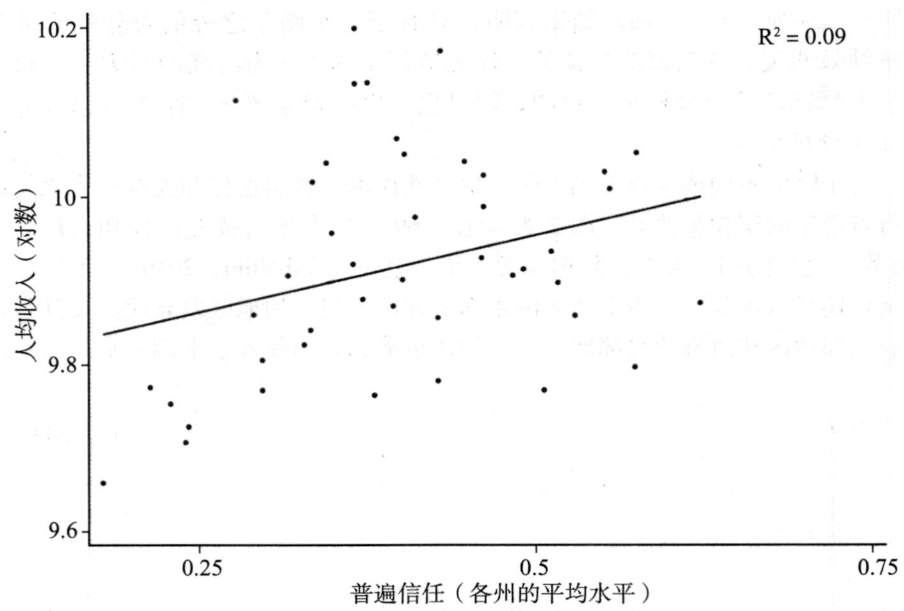

图2.7　美国49州的人均收入（对数）与普遍信任

资料来源：收入数据源于美国普查局，并取1972～2011年间的平均值；人口中的信任比例，来源于综合社会调查（1973～2006年）。信任的度量是按照受访者对下述问题的回答并取各州均值计算得出："一般而言，你是否认为大多数人都是值得信任的或者你与他人交往时必须非常小心？"如果受访者回答"大多数人都是值得信任的"，则信任等于1，否则为0。

最后，利用真纳约利等（Gennaioli et al.，2013）收集的全球800多个地区的最新收入数据，我们在全球的地区层面可以发现信任与GDP之间的这种相关性。图2.8显示了三个不同样本的人均GDP（对数）与信任之间的相互关系，表2.4是相应的回归分析结果。在全球771个地区中，信任和人均收入正相关；而当样本中的地区属于诸如欧盟27国（包括挪威，但不含塞浦路斯、马耳他和卢森堡）和OECD等高收入国家时，这种相关性更为显著。表2.4还显示了把教育作为控制变量时的回归结果。由于不同地区参与调查的人数有很大差别，为了把这种情况考虑进来，我们进行了加权回归。在所有样本中，地区层面上的信任和人均收入之间均存在显著的正相关性。不过，一旦引入国家固定效应，我们就难以在信任和 GDP 之间观察到任何显著的相关性。回归结果表明，信任和人均收入的国别异质性远比其国内异质性重要，并决定了最终的回归结果。

（1）829个地区的全样本

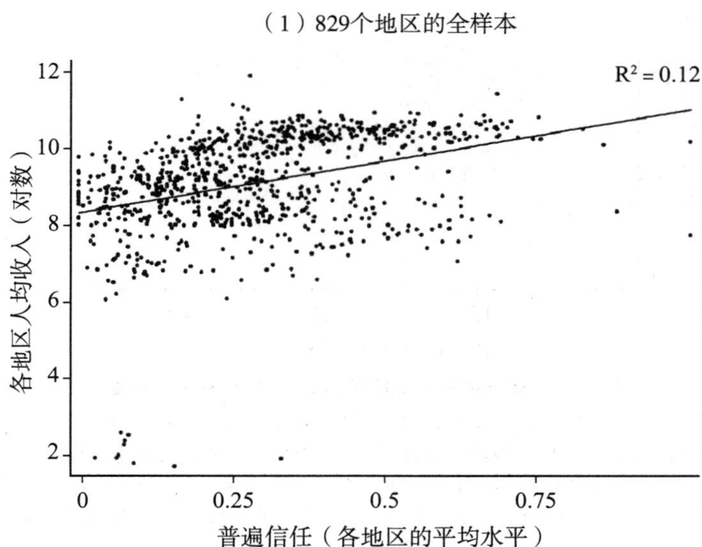

（2）欧盟27国的地区样本

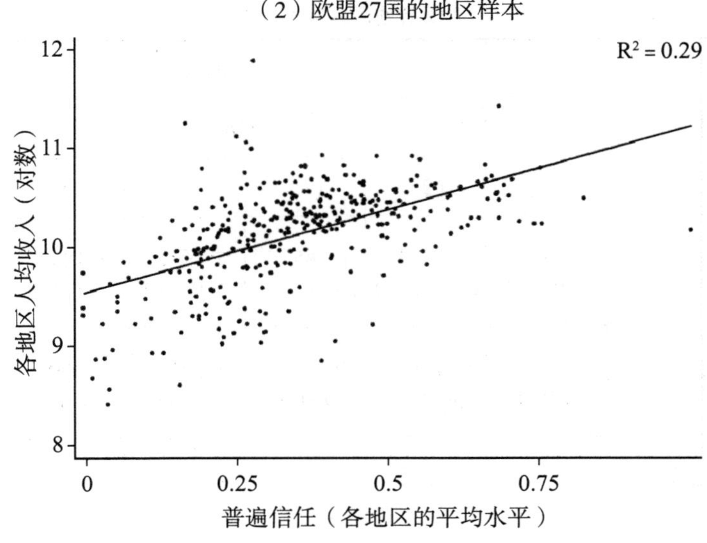

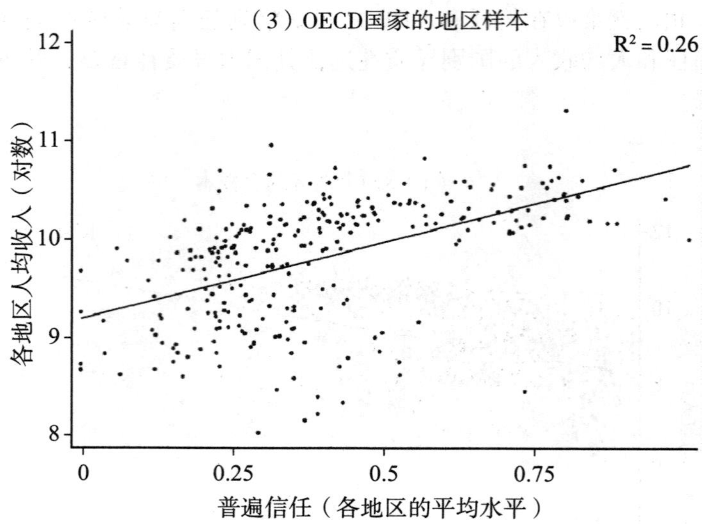

图 2.8　全球 829 个地区的信任与人均收入（对数）

资料来源：收入数据源于美国普查局，并取 1972～2011 年间的平均值；人口中的信任比例，来源于综合社会调查（1973～2006 年）。信任的度量是按照受访者对下述问题的回答并取各州均值计算得出："一般而言，你是否认为大多数人都是值得信任的或者你与他人交往时必须非常小心？"如果受访者回答"大多数人都是值得信任的"，则信任等于 1，否则为 0。

表 2.4　　　　信任与地区人均 GDP

项目	人均 GDP 的对数					
	全样本		欧盟		OECD	
	(1)	(2)	(3)	(4)	(5)	(6)
信任	1.134** (−0.497)	0.313 (−0.211)	1.345*** (−0.369)	0.616 (−0.719)	1.180*** (−0.341)	0.867 (−0.625)
教育	0.306*** (0.030)	0.342*** (0.031)	0.113** (0.053)	0.327*** (0.106)	0.080** (0.033)	0.277** (0.110)
国家（地区）固定效应	否	是	否	是	否	是

续表

项目	人均 GDP 的对数					
	全样本		欧盟		OECD	
	（1）	（2）	（3）	（4）	（5）	（6）
样本数	771	771	278	278	350	350
R^2	0. 603	0. 964	0. 321	0. 834	0. 298	0. 755

注：被解释变量是人均 GDP 的对数，它度量了地区人均收入的对数值，数据来源于真纳约利等（Gennaioli et al.，2013）。信任按受访者对下述问题的回答计算出来：“一般而言，你是否认为大多数人都是值得信任的或者你与他人交往时必须非常小心?”如果受访者回答“大多数人都是值得信任的”，则信任等于 1，否则为 0。

样本：列（1）和列（2）与真纳约利等（Gennaioli et al.，2013）一样，使用的是全部地区样本；列（3）和列（4）将样本限定为那些属于欧盟 27 国（包括挪威，但不包括塞浦路斯、马耳他和卢森堡）的地区；列（5）和列（6）将样本限定为那些属于 OECD 成员国的地区。

括号内的数字是最小二乘回归中按国家做聚类调整后的稳健标准误。所有的回归分析，均按照各地区参与调查的人数进行了加权。

* 系数在 0. 10 水平上异于 0；** 系数在 0. 05 水平上异于 0；*** 系数在 0. 01 水平上异于 0。

资料来源：信任数据来源于五次世界价值观调查（1981 ~ 2008 年）、四次欧洲价值观调查（1981 ~ 2008 年）和历次美国综合社会调查（1973 ~ 2006 年），教育数据是平均受教育年限。

信任不仅同人均收入正相关，而且与经济增长正相关。纳克和基弗（Knack and Keefer，1997，1999）最先注意到了这一点。他们的研究基于 1980 ~ 1999 年间的 29 国数据，有关国家大部分是西欧国家。为了扩展他们关于信任和经济增长之间关系的研究，我们对 52 个国家和地区 1990 ~ 2009 年的年均增长和 1981 ~ 1990 年的平均信任水平进行了回归，结果如表 2. 5 所示。我们对初始收入水平和初始教育水平进行了控制，结果显示信任和经济增长正相关。信任和经济增长在 10% 水平上存在着统计上显著的相关性。信任每提高一个标准差（约 0. 14），经济增长将提高 0. 5% 或样本均值的 20%。列（2）是控制了初始投资水平后的回归结果，二者在 5% 水平上存在着统计上显著的相关性。列（3）引入了信任和初始人均收入交互项，该项旨在反映如下事实：对于缺乏信贷市场和适宜法律规则的穷国而言，信任应该对经济增长有更重要的影响。不论是信任还是信任与初始收入的交互项，都是统计显著的；交互项显著为负，这就为下述观点提供了经验支持：当正式制度的执行力比较差时，信任就显得尤为重要。

表 2.5　　信任与增长：各国（地区）截面回归

项目	经济增长（1990～2009年）		
	(1)	(2)	(3)
信任（1980～1990年）	0.0396* (0.021)	0.0273** (0.010)	0.480*** (0.078)
人均收入（1990年）	-0.014*** (0.003)	-0.012*** (0.002)	0.002 (0.002)
教育（1990年）	0.002** (0.001)	0.001* (0.001)	0.002*** (0.001)
投资		0.001*** (0.000)	
信任×人均收入（1990年）			-0.048*** (0.008)
样本数	52	52	52
R^2	0.491	0.658	0.706

注：被解释变量是人均GDP在1990～2009年间的年均增长，根据7.0版佩恩表（*Penn World Tables* 7.0）计算得出。信任按受访者对下述问题的回答计算出来："一般而言，你是否认为大多数人都是值得信任的或者你与他人交往时必须非常小心？"如果受访者回答"大多数人都是值得信任的"，则信任等于1，否则为0。

括号内的数字是最小二乘回归中的稳健标准误。

样本（52个国家和地区）：阿尔巴尼亚、阿根廷、澳大利亚、奥地利、孟加拉国、比利时、巴西、保加利亚、加拿大、智利、中国、哥伦比亚、克罗地亚、捷克、丹麦、多米尼加、萨尔瓦多、爱沙尼亚、芬兰、法国、德国、英国、匈牙利、冰岛、印度、爱尔兰、意大利、日本、马耳他、墨西哥、荷兰、新西兰、挪威、巴基斯坦、秘鲁、菲律宾、波兰、葡萄牙、罗马尼亚、俄罗斯联邦、斯洛伐克、斯洛文尼亚、南非、韩国、西班牙、瑞典、瑞士、土耳其、美国、乌拉圭、委内瑞拉和中国台湾等。

*系数在0.10水平上异于0；**系数在0.05水平上异于0；***系数在0.01水平上异于0。

资料来源：信任数据来源于第一次至第三次世界价值观调查（1981～1995年）。其他控制变量：人均收入是1990年人均收入的对数值，来源于7.0版佩恩表（*Penn World Tables* 7.0）；教育是1990年的平均受教育年限，数据来源于巴罗和李（Barro and Lee，2010）。

2.5.2　识别问题

前文描述了信任和经济绩效之间在国家或地区层面上的强相关性，但我们如何从中识别出信任对经济绩效的因果性影响呢？为了回答这一问题，我们必须解决对下述方程进行估计时所面临的各种识别问题：

$$Y_c = a_0 + a_1 T_c + a_2 X_c + e_c \tag{2.1}$$

其中，Y_c 表示国家（地区）c 的经济绩效；T_c 表示信任；X_c 是反映国家或地区特征的向量，包括教育水平、现在和过去的制度、历史上的经济发展等；e_c 是无法观测的误差项。

在识别方程（2.1）的过程中，会出现两类问题：其一，逆向因果性：当期信任很可能受到地区 c 当前经济发展状况的影响；其二，可能存在同时决定信任和经济绩效的遗漏变量，如制度因素（Hall and Jones，1999；Acemoglu et al.，2001；Rodrik，1999）、地理因素（Sachs，2003）、近期重大历史事件（Nunn，2009）和生物学因素（Ashraf and Galor，2013；Spolaore and Wacziarg，2013）等均有可能影响经济绩效。不过，正如前文已经指出的，这些因素也有可能会影响到信任的形成。我们在理论上可以对制度质量进行控制，但制度质量不仅存在度量方面的困难，而且通常也难以反映那些非正式的规范。更糟糕的是，如果方程（2.1）是对截面数据的估计，那么它就不能在回归中包含关于地区 c 的固定效应项，这意味着信任和不可观测的误差项很可能是相关的，即 $Cov(T_c, e_c)$ 不等于0，从而对方程（2.1）所做的 OLS 估计是对信任的有偏估计。这就造成了一种比较麻烦的情形：我们很可能难以将信任的作用，从地区的文化价值观、地区性制度等不随时间变化的其他特征中分离出来。关于经济发展的最新研究文献，正是试图寻找到好的方法，来控制地区层面上那些不随时间变化的特征。例如，为了度量非洲地区制度的作用，米哈洛普洛斯和帕帕约安努（Michalopoulos and Papaioannou，2013）通过控制种族固定效应，对经济发展过程中种族的组内变化进行了探究。他们发现，虽然不同国家之间存在制度异质性，但属于不同国家的相同种族群体，却有着大致相同的当期人均收入。该研究结果表明，每个种族群体所特有的遗传性特征，能够对经济发展做出比制度等因素更好的解释。

为了解决这类识别问题，下文将对文献迄今所提出来的两种主要方法进行讨论，以探寻信任对经济发展的因果性影响。

2.5.3　历史事件识别法

第一种方法是寻找某历史事件，并把它作为信任发生外生变化的工具变量。为了说明该方法的合理性，有关文献利用了价值观传递理论。比辛和维迪尔（Bisin and Verdier，2001）、圭索等（Guiso et al.，2008b）和塔贝利尼

（Tabellini，2010）强调了两种力量的相互作用：当前的价值观，部分取决于当时的环境（价值观的水平传递），部分取决于从先辈们那里继承的信念（价值观的垂直传递）。这意味着可以用下述方程来估计信任的形成：

$$T_{ct} = b_0 + b_1 T_{ct-1} + b_2 X_{ct} + G_c + G_t + r_{ct} \tag{2.2}$$

其中，地区 c 的当期信任水平 T_c，取决于上一辈具有的初始信任水平 T_{c0}、初始经济绩效、其他地区特征 X_c 的初始值和当期值，r_c 是随机残差项。

对方程（2.1）和方程（2.2）进行两步估计时，会出现两个问题：其一，由于在标准的各个国家和地区截面数据库中，前几代人的信任数据是不可得的，利用世界价值观调查最多只能追溯到20世纪80年代的各个国家和地区截面信任数据，因此我们没有关于初始信任 T_{c0} 的任何信息。其二，即使我们能够得到关于初始信任 T_{c0} 的理想的代理变量，那么也只有在初始信任和当期经济绩效不是由其他因素共同决定的情况下，二者之间的相关性才可以解释为从初始信任到当期绩效的因果效应。

塔贝利尼（Tabellini，2010）用下述方式解决了这两个问题。他对文化对欧洲地区经济发展的因果影响进行了估计，其中文化被定义为包括信任在内的良好行为的道德价值观。重要的一点是，塔贝利尼对欧洲国家之内不同地区之间的信任影响进行了估计，这意味着可以在向量 X_c 中包含国家固定效应，以控制国家异质性。塔贝利尼利用两个历史变量作为当期信任的工具变量：过去的教育和过去的政治制度。欧洲的政治社会史，能够确保这两个变量在地区层面上存在较大差异。他用1880年前后的文盲率来度量过去的教育，而用1600～1850年间对行政权的约束来度量过去的政治制度。在第一步估计中，塔贝利尼表明，当期信任与这两个工具变量具有强相关性。历史上越是落后的地区，通常有着更高的文盲率和更差的政治制度，他们目前的普遍信任水平也往往越低。塔贝利尼在第二步估计中表明，信任的历史变化与当前地区发展有着很强的相关性：在控制了国家固定效应、当前地区教育和过去的城市化率之后，信任水平越低的地区，其人均收入越少、增长率越低。二者之间的这种关系具有现实重要性：在伦巴第和南意大利之间的地区，信任的变化可以解释可观测收入差距的一半左右。

塔贝利尼的建模策略颇具洞察力，但也引出了两个问题。第一个问题是工具变量能否有效地满足排他性约束。塔贝利尼的核心假设是，在控制了当期的教育和制度变量后，很久以前的教育和政治制度不能对当前产出造成直接影响。该假设很可能不成立：过去的文盲率对人力资本的形成很可能会产生持久影响，而人力资本则是产出的重要决定因素；同样，不少证据表明，过去的制度确实会对经济绩效产生长期影响（Acemoglu et al.，2001）。第二个问题与遗漏变量有关。由于作者估计的是地区人均收入，故可以控制国家固定效应。于是，他能够把那些在国家层面不随时间变化的信任排除在外。然而，由于该估计是对地区截面数据的回归，故不可能在估计方程（2.1）时引入地区固定效应。这样，信任就有可能反映了地区性不变特征，如该地区的地理条件、正式制度和非正式制度等。

圭索等（Guiso et al.，2008a）按照类似建模策略来识别信任对意大利人均收入的影响，但为了排除地区性不变特征的影响，他们探究的是信任在同一地区不同城市的历史变化。为了估计包含历史变量的方程（2.2），圭索等重新回顾了“帕特南猜想”，即南北意大利的当前信任差异，源于北意大利在第二个千年开始后所经历的独立史。故而，他们将特定城市的独立史，作为当前信任（或更一般地，城市资本）的工具变量。另外，他们还利用了同一个地区的不同城市在独立程度方面所发生的历史变化：自治城市主要集中在意大利的中北部地区，但并不是亚平宁山脉和阿尔卑斯山脉之间的每座城市都经历过这种政治体制。同塔贝利尼相比，该建模策略有一个重要的优点，即圭索等能够针对同一地区的不同城市，来估计信任对产出的影响。对于地区性不变特征有可能同时决定当前信任和当前人均收入的问题，这种方法起到了一定的缓解作用。圭索等得到了令人印象深刻的结论：在中世纪时期经历过独立和自治的北部城市，目前非营利组织数量比那些从来没有这种经历的北部城市多出了17%；较高水平的社会资本水平与当前的较高产出相关：社会资本每增加一个标准差，人均收入约提高 20%。

正如圭索等所强调的，他们的建模策略仍然无法完全解决塔贝利尼所面临的识别问题。首先，信任的工具变量仍然面临排他性约束的有效性问题。我们无法排除这种可能：千年之交那些影响城市的历史冲击，可能会对当前收入产生直接影响。在 13 世纪成为一个自由城市，也许会重塑某些价值观和其他因素，而它们会对经济产出产生持久的影响，如自由城市会培育企业家精神并提升人力资本水平等。其次，信任仍有可能受到地区性不变特征的影响。尽管圭索等对地区内的信任影响进行了识别，但他们仍然无法控制城市层面上的固定效应。

上述讨论适用于所有对信任的历史决定因素进行探究的文献。正如第 2.4 节所示，近期涌现的文献表明，信任在长期受气候冲击、自然灾害或奴隶贸易等历史事件的影响。但在增长方程中，用这些冲击作为信任的工具变量是有问题的。例如，气候冲击或奴隶贸易，它们很可能通过社会资本之外的途径对经济增长产生影响，这就使得它们作为工具变量在排他性约束方面是有问题的。

2.5.4 随时间变化的工具变量：继承性信任与增长

在解释经济发展的过程中，信任水平是否对其自身有重要影响？抑或在更深层面上受到法律起源、制度质量、初始教育、种族隔离和地理条件等不随时间变化特征的影响？对于历史方法来说，这些问题仍然是悬而未决的。我们现在需要找到一种随时间变化的信任度量，从而能够控制那些不随时间变化的特定因素。其间的困难在于，我们并没有关于信任变化的时间序列数据。

阿尔冈和卡于克（Algan and Cahuc，2010）建议在增长方程（2.2）中使用随时间变化的继承性信任。由于父母的社会资本是子女社会资本的很好预测指标，因此他们使用美国后代从其不同时代、不同国家移民至美国的祖先那里继承到的信任，来探究其母国继承性信任的变化［参见费尔南德斯（Fernandez，2011）采用流行病学方法对文化影响经济绩效问题所做的综述］。例如，通过比较先辈们在1950～1980年间移居美国的意大利裔美国人和德国裔美国人，就能够发现继承自1950～1980年间这两个国家的信任差异。对于先辈们在不同时期（如1920～1950年间）移民美国的意裔美国人和德裔美国人运用同样的方法，就能够得到继承自这两个国家的信任的时变性度量。有了度量继承性信任的时变性变量，他们就能够估计继承性信任的变化对其母国人均收入变化的影响。这种方法能够解决我们在识别信任对经济发展的影响时所面临的前述挑战。通过聚焦于信任的继承性部分，他们避免了逆向因果性；通过为信任提供一种长期的、随着时间变化的度量，他们能够对遗漏的不随时间变化的因素和经济、政治、文化与社会环境变化等其他可观测的时变性因素进行控制。

具体而言，通过允许信任和经济绩效随着时间发生变化并引入地区固定效应，阿尔冈和卡于克（Algan and Cahuc，2010）对方程（2.1）和方程（2.2）进行了重新估计，不妨将方程组重记为：

$$Y_{ct} = a_0 + a_1 T_{ct} + a_2 X_{ct} + F_c + F_t + e_{ct} \tag{2.1'}$$

$$T_{ct} = b_0 + b_1 T_{ct-1} + b_2 X_{ct} + G_c + G_t + r_{ct} \tag{2.2'}$$

其中，t表示时间，（F_c，G_c）和（F_t，G_t）分别表示国家固定效应和时间效应。作者据此估计了国家之内的信任变化对人均收入变动的影响。在模型的基准估计中，他们基于数据可得性只探究了两段时期：1935～1938年间和2000～2003年间。他们还探究了更早时期，但样本量较小。样本包括全球24个国家，包括以英语为母语的国家、欧洲大陆国家、地中海欧洲国家、北欧国家、东欧国家、印度、墨西哥和非洲等。

对于方程（2.2′），为了处理上几代人信任信息的缺失问题，作者用美国移民后代从其来自国家 c 的祖先那里继承而来的信任，作为生活在国家 c 的人的继承性信任的代理变量，于是可以对方程（2.2′）中的 $b_1 T_{ct-1}$ 项进行估计。该方法最终可归结为对形如方程（2.1′）的单个方程的估计，其中的 T_{ct} 则被继承性信任的代理变量所替代。

该方法可以部分解决前述识别问题。第一，通过运用美国移民从母国继承而来的信任，而非当地居民的平均信任水平，我们可以排除逆向因果性。母国的信任随着母国发生的事情而演变，但美国移民的继承性信任则只受美国经济冲击的影响。不仅如此，由于我们有了继承性信任的直接度量，故可以不必担心工具变量可能不满足排他性约束问题。第二，通过对不同移民潮的探究，我们可以获得继承性信任随着时间的变化，进而能够在方程（2.1′）中估计国家固定效应。

作者利用综合社会调查，对美国移民得自母国的继承性信任进行了估计。在控制了个体特征后，普遍信任对个体回归中的母国固定效应可视为继承性信任的度量。作者重点探讨了 1935～1938 年和 2000～2003 年两个时间段（1935 年之后与 2000 年之后）的继承性信任，并对时间 t 的继承性信任和人均收入两个变量施加了 25 年的时间滞后。因此，1935～1938 年间的继承性信任，是 1910 年之前出生的二代美国人的继承性信任（定义 25 年为一代人，这意味着其父母在 1935 年向前推一代到达美国），也是 1935 年前出生的三代美国人和 1960 年前出生的四代美国人的继承性信任。类似地，2000～2003 年间的继承性信任水平，分别对应于生于 1910～1935 年间的二代美国人、1935 年之后出生的三代美国人和 1960 年之后出生的四代美国人的继承性信任。这种分解方法可以排除两组之间在继承性信任方面出现任何重叠。

基于得自 WVS 调查数据的度量，作者表明 2000 年时间段的继承性信任，与同期的母国信任水平高度相关。此外，作者发现 1935 年和 2000 年间的继承性信任发生了很大的变化。瑞典裔美国人在 2000 年获得的继承性信任水平明显高于 1935 年。在同一时间段，源于欧洲大陆国家的继承性信任呈现出恶化趋势，源于英国的继承性信任亦有所下降。2000 年来自法国先辈的继承性信任，比 1935 年来自瑞典的继承性信任，下降了 4.7%。在来自东欧国家和地中海国家的移民中，其继承性信任水平甚至下降得更多。作者并没有对这种变化做出进一步解释，但不难想象有诸多因素堪当此任。如美国调查问卷的当期受访者，其先辈很可能经历过非常不同的国内危机。把 1935 年信任水平传递给其美国后裔的那些先辈，大部分是在第一次世界大战之前和第二次世界大战之前移民美国的。由于瑞典是最少受到 20 世纪中叶这类灾难性事件影响的欧洲国家之一，故同瑞典人的后裔相比，来自法国、德国和东欧等国的移民，其信任水平深受此类危机的影响，必定在此阶段发生了显著的恶化。

其后，阿尔冈和卡于克（Algan and Cahuc，2010）对1935年和2000年间，各国的继承性信任变化对人均收入变化的影响进行了估计。为了把信任的影响分离出来，有关估计同样对相应时期的滞后收入、政治制度、教育和其他价值观（如职业伦理和家庭价值观等）的变化进行了控制，结果表明继承性信任具有显著的影响。

图2.9描述了假如某国的继承性信任水平与瑞典相同，则该国在2000～2003年间将经历的人均收入变化。如果非洲的继承性信任水平与瑞典相同，那么其2000年的人均收入将增加546%（图中未列出）。继承性信任对东欧国家和墨西哥人均GDP也有不可忽略的影响。如果拥有同瑞典相同的继承性信任水平，那么俄罗斯的人均收入将增加69%，墨西哥将增加59%，南斯拉夫将增加30%，捷克将增加29%，匈牙利将增加9%。在更为发达的国家，这种影响虽然稍小，但仍然很可观，比如若拥有同瑞典相同的继承性信任水平，意大利的人均收入会增加17%，法国会增加11%，德国会增加7%，英国会增加6%。作者还对信任、初始人均收入和不随时间变化的其他因素（如地理和不随时间变化的制度等）的影响进行了比较：对于非洲和拉丁美洲的穷国而言，经济发展的初始水平和不随时间变化的因素，对人均收入的影响相对较大；与之形成鲜明对比的是，发达国家的人均收入变化，大部分可以由继承性信任解释。

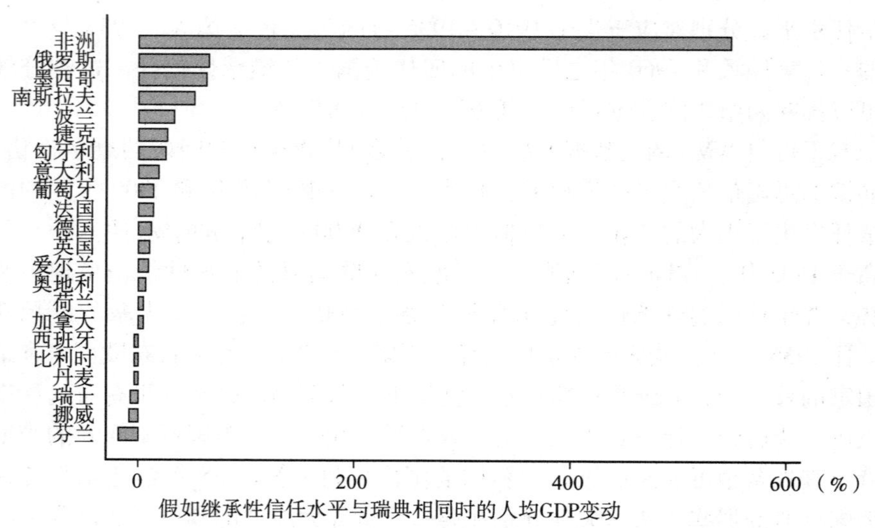

图2.9　相对于瑞典的人均GDP预测变化

注：本图描绘了假如某国的继承性信任水平与瑞典相同，则该国在2000～2003年间将经历的人均收入变化。

资料来源：阿尔冈和卡于克（Algan and Cahuc，2010）。

2.5.5　个体信任与经济表现

信任水平较高的个体，是否在工资和经济前景等方面有着更好的经济表现？由于很难识别个体信任对其经济成果的因果影响，故很少有研究文献对此做出探究。圭索等（Guiso et al.，2006）利用综合社会调查发现，美国信任水平高的个体更有可能成为企业家。为了探讨其中的因果关系，他们以美国移民从母国获得的继承性信任，作为目的地国家个体信任的工具变量，并发现继承性信任的影响是显著的，但同 OLS 估计相比似乎大得太多。正如作者所强调的，由于继承性信任是不随时间变化的，故该变量很可能包含了风险规避、储蓄行为等源于母国的其他继承性特征，这或许可以解释 OLS 估计和 2SLS 估计之间的较大差异。永格（Ljunge，2012）运用相同的方法，探究了第二代美国移民的继承性信任如何同其经济成就相联系，发现先辈信任水平更高的第二代移民所赚的钱，显著多于那些先辈信任水平更低的移民。同时，前者的劳动供给更多、失业率更低、受教育程度更高。即使控制了先辈们的人均收入和制度等其他因素，这种相关性仍然是显著的。当然，该文无法控制母国的固定效应。

在另一篇文献中，巴特勒（Butler et al.，2009）利用欧洲社会调查，对个体信任和个体经济表现之间的关系进行了检验。对于普遍信任问题，欧洲社会调查（ESS）的好处是受访者可以做出从一到十的回答，而不仅仅是二选一。作者表明，个体收入与信任强度之间呈驼峰形分布。那些与国内民众的公民意识相比有着过高信任水平的个体，其收入水平要低于那些信任水平与国内民众的公民意识相称的个体，经常被其他民众欺骗阻碍了其收入水平的提高。在另一个极端，很少信任他人的个体会错过有利的交易机会。因此，存在一种适中的“适宜”信任水平，一种在与国内民众打交道时与大家的公民意识相匹配的信任水平。

限于 ESS 数据的质量，该文所得到的研究结论具有一定的局限性：这些全球性价值观调查，对收入水平的度量很不准确。另外，由于经济交易会对收入水平产生实际影响（如职业生涯中的互动），仅聚焦于经济交易中被骗的受害者也不是没有问题。不过，此文有一个很大的贡献，即揭示了信任和经济表现之间并不必然是单调的关系。过度信任会产生不良后果，近期金融危机就是一个很好的例子。作为国际排名中信任水平最高的群体之一，冰岛人必定仍然后悔他们对银行系统的过度信任。伯纳德·麦道夫（Bernard Madoff）的受害者同样是过度信任他人了。

如果把个体水平上对信任和经济表现之间关系的分析向前推进一步，那么现场实验就是一种努力方向，进而为经济交易和企业内部行为提供了一种关于信任的精确的实验性度量。迄今，研究文献对于这种方法几乎还没有做过什么。卡兰（Karlan，2005）几乎是相关领域唯一取得实质性成果的研究文献。该文表明，对于秘鲁村民而言，实验博弈中信任水平最高的人，同时也是那些最可能偿还贷款的人。但该项研究的重点并不是信任对收入的经济影响。近期一些研究沿此方向进行，但样本量偏小。巴尔和塞尼尔（Barr and Serneels，2009）利用一个标准的信任博弈，探究了加纳同事间互助行为的实验度量和他们所在企业的劳动生产率之间的关系。类似地，卡彭特和关（Carpenter and Seki，2011）让日本渔民分别在有和没有“社会性指责”选项下进行重复性公益博弈，发现互助性更强、更爱指责偷懒行为的渔民，其生产率更高。

为了探究信任行为对个体经济表现的影响，我们在未来的研究中必须把实验经济学的洞察与现场实验、自然实验和随机实验等方法结合起来，这是我们更深入地理解信任究竟如何影响经济表现和经济增长的必由之路。

2.6　信任影响经济绩效的渠道

前述经验研究表明，信任确实会对经济增长产生影响。放眼宏观经济领域，有关研究仅限于高度加总变量之间的关系，而对于信任影响经济增长的机制或渠道，目前尚付阙如，故有必要做更具微观基础的探究，进一步探讨金融、保险、企业组织、劳动力市场和公共规制等领域的有关变量与信任之间的关系。

2.6.1　金融市场

金融市场的正常运作高度依赖于信任。其原因在于，金融活动含有对未来支付的承诺，而未来支付承诺的实现则有赖于债务人的可信性：仅凭法律方面的保障，不仅成本高昂，而且未必靠得住。图2.10描述了86个国家和地区在过去30年间的信任和金融市场发展之间的这种正相关性。图中，我们以银行和非银行金融机构对私人部门的总授信额与GDP的比例（参见：Levine，2004），作为金融市场发展水平的衡量指标。

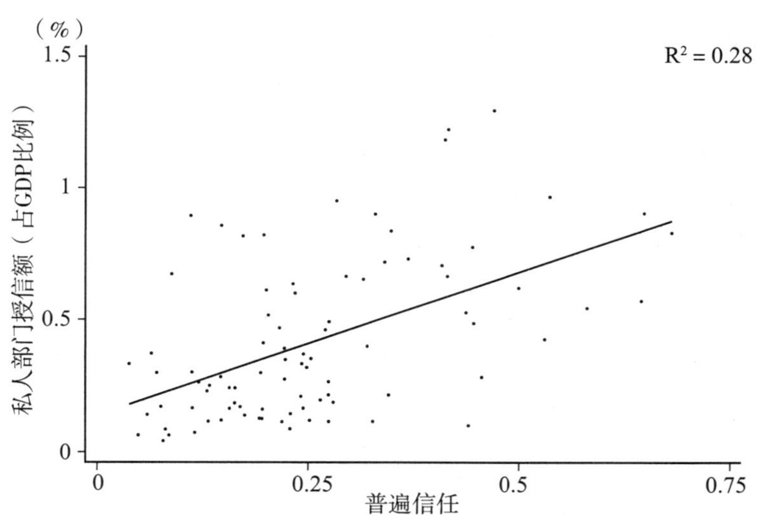

图 2.10　86 个国家和地区的金融发展与普遍信任

注：金融发展指的是存款银行和其他金融机构提供的私人授信占 GDP 的比例，数据来源于世界银行指标（1980 ~ 2010 年）；普遍信任数据来源于世界价值观调查（1981 ~ 2008 年）。

近期文献试图超越信任和金融发展之间的正相关性，进一步探究信任对金融发展的因果性影响。圭索等（Guiso et al.，2004）在研究 20 世纪 80 年代、90 年代意大利的信任和金融市场之间的关系时发现，在信任盛行、献血率和政治参与率较高的半岛北部地区，家庭更经常地使用支票，他们只保留很少比例的现金储蓄，而大部分则投入股票市场，同时更经常地诉诸金融机构提供的授信服务；而在南部地区，人们则更多地寻求亲朋好友等熟人圈子之间的借贷。

信任不仅影响资产的结构和信用的额度，而且也会影响到投资者在寻求金融中介机构的投资建议和委托投资等方面的倾向。金融产品本身通常比较复杂，对金融产品拥有更完美知识的中介机构相对更了解这些金融产品，委托投资有助于实现投资多样化并提高投资收益率。圭索和亚佩利（Guiso and Jappelli，2005）表明，更信任金融中介机构的投资者，会将更多的投资委托给金融中介机构，并获得更有效率的多样化资产组合。信任能够影响投资者利用金融中介机构的倾向，上述情形中主要是利用金融中介机构的产品供给能力，在保险领域则是主要利用金融中介机构在改善风险覆盖方面的作用。科尔等（Cole et al.，2013）对印度两个农村的当地人即便在费用很低的情况下亦不愿意接受农业气候保险合同的原因进行了研究。人们通常认为，只有在收入水平在很大程度上取决于收获季节降雨量波动的地区，这种保险才对人们有吸引力。但科尔等的研究表明，人们之所以拒绝接受这种保险，在很大程度上可以由人们对合同的不信任和不理解来解释。随机试验表明，向当地人解释保险合同条款的试验者，能够对人们是否接受该保险产生显著影响，但前提是他们是由在当地人中已经建立起了良好声誉的小额信贷机构引荐而来的。如果是引荐而来的，那么试验者的干预能够使得保险接受率提高36%；反之，如果试验者没有这种背景，或者当地居民对其背后的引荐机构不熟悉，那么这种干预就不会产生显著影响。

信任在金融危机中显然具有重要作用。综合社会调查显示，2008年雷曼兄弟公司倒闭后，人们对金融机构的信任迅速下降（Guiso，2010），而这类倒闭事件本身又是人们对其信心的下降造成的。圭索观察到，在金融危机期间，最不信任银行的储户总是最先将他们的存款取出来，而金融危机期间的信任又同金融危机爆发前的信任水平密切相关，这意味着人们对金融中介机构的结构性信任不足，或许是诱发金融危机的重要原因。

信任和金融之间的相关性，解释起来颇有难度。首先，这种相关性可能源于过度乐观或风险规避等其他因素，它们可能同信任有潜在的关联，并会影响人们对金融产品的态度。尽管如此，现有研究已充分表明，信任有着非常不同于风险规避或过度乐观的独特性，并能够对人们如何利用金融产品产生特别的影响（Guiso et al.，2008a）。其次，金融和信任之间的相关性，有可能存在非常不同的因果链条：信任水平，也许可以由金融质量来解释，而金融质量又与制度质量密切相关。不过，圭索等（Guiso et al.，2004）表明，信任确实存在着继承性成分，它独立于客观环境因素对金融市场发展水平的影响，但会影响到人们对金融产品的态度。作者观察到，与在意大利北部地区出生的本地居民相比，那些从信任水平较低、公民意识较弱的南部地区迁移到北部地区的居民，对金融产品有更多的不信任。即使其他可观测特征相同，他们从金融机构获得的贷款仍然少得多。出生地所产生的这种影响表明，信任以及公民意识等因素，部分地构成了人们的可继承特征，并有可能成为金融发展的阻碍因素。

2.6.2 创新与企业组织

2.6.2.1 创新

由于存在道德风险和履约困难，投资和创新等经济活动通常会面临一定的不确定性。在此类经济活动中，信任必将发挥更为重要的作用。在阐述信任与增长关系的一篇开创性论文中，纳克和基弗（Knack and Keefer，1997）深入剖析了信任与投资占 GDP 比例之间的正相关性。在信任与研究开发、信任与全要素生产率之间，这种相关性应该更为显著。

图 2. 11a 描述了信任和全要素生产率（TFP）之间所具有的稳定的正相关性。其中，全要素生产率数据来自霍尔和琼斯（Hall and Jones，1999），样本为 62 个国家和地区。不同国家（地区）在全要素生产率方面的差异，约三分之一与各国（地区）信任水平的差异有关。图 2. 11b 显示了 93 个国家（地区）在平均信任水平和创新之间的正相关性，其中创新以研发支出占 GDP 的比例来度量。信任水平最高的国家同时也是研发支出比例较高的国家，实际上主要是英语国家和北欧国家。各国（地区）在研发支出比例方面的差异，逾三分之一（37%）可由信任来解释。即使在控制了初始人均资本、人口密度和教育等变量后，这种关系仍然在 5% 水平上是统计显著的。图 2. 11c 表明，美国各州的创新和信任之间同样存在正相关性，其中创新指的是各州专利数量的对数值。尤其引人注目的是，在控制了人均收入、人口密度和各州拥有博士学位的人口占总人口比例等变量后，这种关系仍然在 1% 水平上是统计显著的。信任和创新之间的相关性，必定有着教育、人口密度等之外的其他渠道。

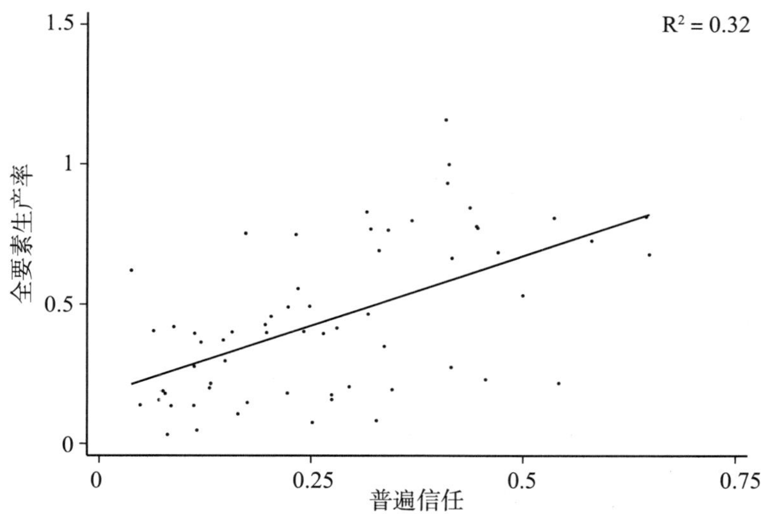

图 2. 11a　62 个国家和地区的全要素生产率与普遍信任

资料来源：全要素生产率来源于霍尔和琼斯（Hall and Jones，1999），普遍信任来源于世界价值观调查（1981 ~ 2008 年）。

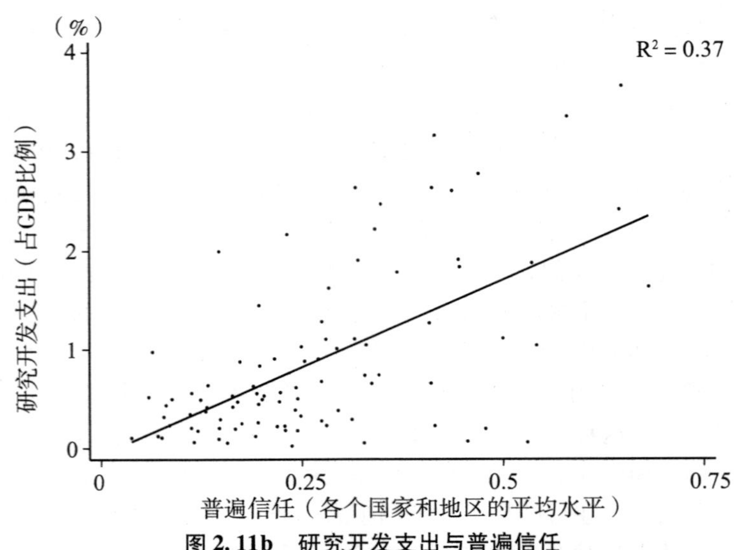

图 2.11b　研究开发支出与普遍信任

资料来源：1980 ~ 2010 年间的研发支出占 GDP 比例来源于世界银行发展指标，普遍信任来源于世界价值观调查（1981 ~ 2008 年）。

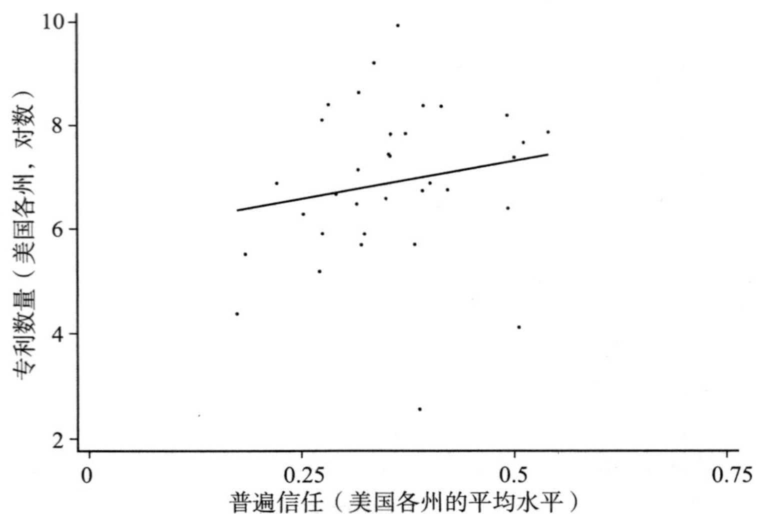

图 2.11c　美国各州研究开发（1980 ~ 2010 年间专利数量的对数）与普遍信任（1976 ~ 2008 年）之间的相关性

资料来源：收入数据来源于美国普查局并取 1972 ~ 2011 年间的平均值；人口中的信任所占比例，来源于综合社会调查（1973 ~ 2006 年）。信任的度量是按照受访者对下述问题的回答并取各州均值计算得出："一般而言，你是否认为大多数人都是值得信任的或者你与他人交往时必须非常小心？" 如果受访者回答"大多数人都是值得信任的"，则信任等于 1，否则为 0。

尽管创新和信任之间具有很强的相关性，但迄今几乎还没有文献深入地研究二者之间究竟孰因孰果，现有文献重点研究的还是影响创新的其他机制，如企业组织，尤其是企业组织的分权程度等。

2.6.2.2　企业组织

通过促进陌生人之间的合作，信任有助于推动私人组织和公共组织的产生和发展（Fukuyama，1995；La Porta et al.，1997；Bertrand and Schoar，2006），有助于推进组织内部的决策分权并提高组织对外部环境变化的适应性。

图 2.12 描述了 72 个国家普遍信任水平与企业分权程度之间的正相关性。企业分权程度用 2009 年度全球竞争力报告（GCR）中的如下问题来度量："你如何评价你们国家的企业在分权方面的意愿？最低为 1，即管理高层控制所有的重要决策；最高为 7，即大部分权力委托给业务部门负责人和其他基层管理者"。普遍信任来源于世界价值观调查（1981～2009 年）并取各国均值。二者之间存在明显的正相关性：各国在企业分权程度方面的差异，约 37% 与各国在信任方面的差异有关。

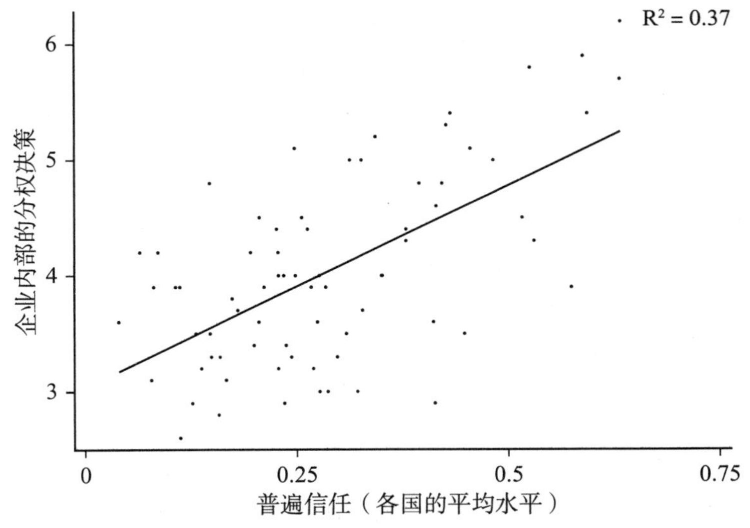

图 2.12　企业分权与信任的各国截面相关性

资料来源：企业分权程度以 2009 年度全球竞争力报告（GCR）中的如下问题来度量："你如何评价你们国家的企业在分权方面的意愿？"回答从"1 = 低：管理高层控制所有的重要决策"到"7 = 高：大部分权力委托给业务部门负责人和其他基层管理者"。普遍信任来源于世界价值观调查（1981～2009 年）并取各国均值。

钦加诺和皮诺蒂（Cingano and Pinotti，2012）对信任与企业组织的关系进行了分析，发现意大利各地区的更高信任水平，通常与更高的企业分权程度、更大的公司规模有关。他们在研究产业变动时（控制了地区因素和产业因素）时发现，在那些以更多授权为特点的产业中，信任水平更高的地区拥有更高的增加值份额和出口份额，企业规模从小到大的变迁则构成了其背后的驱动因素。他们对这种关系的估计不仅具有统计上的显著性，而且即使与产业专业化和企业组织中的其他决定因素（如人力资本、物质资本和法律质量等）相比，也是具有非常重要的经济上的意义的。例如，他们的分析表明，把信任水平提高到相当于意大利各地区分布的四分位数的水平，将使得机器制造和设备制造等“授权密集型”产业的增加值，比皮革、皮革制品和鞋类等密集程度稍低的产业，提高24%左右（对各国截面数据来说则提高19%），约相当于增加人力资本所产生作用的三分之二，并远较物质资本和合同执行等方面的作用为大。

与之类似，布卢姆等（Bloom et al.，2012）表明，信任能够通过促进企业分权而提高生产率。他们首先提出了一个模型，从而为信任和企业分权的相关性提供一种合理的理论基础。借鉴阿吉翁和梯若尔（Aghion and Triole，1997）对CEO与工厂管理者之间偏好一致性的分析，作者假设存在两种相反的生产组织模式。CEO可以直接解决生产问题，也可以将这些决策委托给工厂管理者。当信任水平很高时，工厂管理者倾向于以同CEO预期一致的方式来解决问题，而不是利用这种资源为自己牟利，于是CEO就更有可能进行授权。在这种情况下，信任通过两种途径影响企业经济绩效：其一，企业内部的更高信任水平，因有利于决策分权而促进了绩效的提升，而低信任水平则会成为大多数生产性企业的增长障碍；其二，以低信任为特征的经济体，或许会逐渐使自己适应于那些相对不需要分权化决策的产业部门。而像IT这样处于技术前沿的部门，为了创新和不断适应环境，不得不为员工提供足够的决策空间。布卢姆等（Bloom et al.，2012）对这些理论预测进行了实证检验。他们在美国、欧洲和亚洲收集了近4000多家企业在投资、雇佣、生产和销售等方面关于总部向地区性工厂管理者进行决策授权的数据，发现企业分权程度存在很大的跨国差异：美国和北欧的企业最为分权，而南欧和亚洲的企业则最为集权。利用世界价值观调查中的地区信息，作者得到了企业总部所在地的信任水平，并将它与他们的企业管理决策数据进行了匹配，发现总部位于高信任地区的企业更有可能分权。为了识别信任对分权程度的因果性影响，他们对跨国公司进行了研究，发现本国总部与其他国家子公司之间的双边信任程度越高，则该跨国公司越有可能分权。最后，作者的分析表明，企业越是分权，其生产率越高，也就越有可能专业化于创新和高科技领域。信任，是企业分权不可或缺的重要条件，它能够影响企业的创新和整体生产率。

2.6.3 劳动力市场

信任，同样也会对劳动力市场产生影响，并通过多种途径影响经济增长。

2.6.3.1 劳动关系质量

普遍信任水平越高的国家，工人与管理者之间的合作性就越强，工会化程度也越高。当普遍信任水平很高时，工会也会拥有比较多的会员。机会主义和非合作行为都是工会化的障碍（Olson，1965），而相互信任和合作则有助于消除这些障碍。跨国研究同样表明，当工会力量相对强大时，雇主和雇员之间的合作关系也更为紧密（Aghion et al.，2011）。劳动关系的质量，与有助于经济增长的一系列因素有关。首先是低失业率（Blanchard and Philippon，2004）；其次，拥有工会的企业，意味着其雇员能够更好地适应新的管理方法，劳动关系更具合作性，从而拥有更高的生产率（Black and Lynch，2001）。工会使得劳动者能够表达自己的想法而不是被动地接受企业决定，从而能够改善劳动关系的质量。工会的作用，不免让人回想起托克维尔对社团的解释，他把社团视为人们可以直接学习合作的小型社会实验室。在制定灌溉规则时，农民们越有发言权，他们就越会更加节约用水。社区市镇的政治民主越是根基深厚，其投票率就越高，偷税漏税水平就越低（Frey，1998）。正如下文所示，实验室实验已经证实了此类观察。对于那些影响合作的规则而言，参与规则制定的人将比那些接受外部强加规则的人，表现得更为慷慨和信任他人。换言之，共同参与而非强加的规则和政策更能够促进合作（Ostrom，1990）。

因此，当劳资谈判破裂时，政府的反应或欧洲所谓的社会对话，只会令结果更糟糕。阿吉翁等（Aghion et al.，2011）表明，国家对劳动力市场的规管与劳动关系的质量负相关。他们认为，国家规管与市民社会规管，都是对劳动力市场进行规管的不同方式，它们最终取决于经济体中的合作程度。他们通过一个关于劳动关系质量的学习模型对此进行了解释。缺乏信任的劳动关系，会导致较低的工会化程度和更高的政府直接规管工资的需求；反过来，政府规管挤出了工人们在劳动关系中寻求协商与合作的可能性，而这种挤出效应能够导致多重均衡：一种是以合作性的劳动关系和较高的工会化程度为特征的“好的”均衡，它能导致更少的政府规管、更高的就业水平和更高的产出水平；另一种是“坏的”均衡，它以缺乏信任的劳动关系、较低的工会化程度以及政府严格规管的最低工资为特征。

2.6.3.2 灵活保障

南欧国家通过严格保护就业的就业优先政策，而不是通过慷慨的失业救济和公共部门的求职援助等个体优先政策，来抵消各类冲击对人们工作生活的影响。与之不同，北欧国家则采取了“灵活保障”模式，将慷慨的失业救济金、有效的公共求职援助和较低程度的就业保护相结合。灵活保障模式通常与更好的劳动力市场表现、更高的就业率以及工作职位向高生产率企业的优化配置等相联系。OECD和欧盟委员会等国际组织，正是据此建议各国采取灵活保障模式，但目前该模式在北欧以外地区的采用率仍然很低。阿尔冈和卡于克（Algan and Cahuc，2009）的研究表明，信任不足是影响灵活保障模式推广的重要障碍。他们对各国公民态度和劳动力市场保险计划之间的截面相关性进行了经验分析，发现高信任水平的国家倾向于通过失业救济，而不是严格的就业保护来为工人们提供保障。国家固定效应可以解释不随时间变化的国别特征，同时也可能影响失业保险和就业保护的制度设计，但即使引入了国家固定效应之后，信任与就业政策之间的上述关系仍然是稳健的。丹麦等北欧国家的灵活保障模式和欧洲大陆国家及地中海国家的做法存在很大不同，这与他们的研究发现是一致的。当然，公民态度和劳动力市场制度设计之间的相关性，并不意味着存在着一种从公民态度到失业救济或就业保护权衡的直接因果关系。由于劳动力市场制度很可能会影响公民态度，故很可能存在一种逆向因果关系。例如，政府部门在提供失业保险时的行政低效，可能会使得领取者产生一种骗取失业救济的负罪感。为了处理这种逆向因果关系问题，阿尔冈和卡于克（Algan and Cahuc，2009）利用综合社会调查数据，通过对生于美国的移民从其先辈在母国继承到的公民态度的估计，对公民态度中的可继承部分，即不会受居住国经济环境和制度环境即时影响的部分，进行了估计。以公民态度中的这一可继承部分，作为母国公民态度的工具变量，作者发现公民态度确实会对1980~2003年间OECD国家的失业救济和就业保护产生显著的影响。

2.7 制度、政策和信任

2.7.1 信任能否改变？——帕特南A和帕特南B

如果信任对经济绩效具有重要作用，那么就有必要识别与完善能够提高信任水平的制度和公共政策。有关研究仍处于早期阶段。正如本文第 2.4.3 小节所述，大部分文献把信任视为难以改变的文化构成物，其决定因素必须诉诸各国历史的长期探究，而没有多少即时行动的空间。然而，近期关于移民问题的研究文献却表明，移民的信任水平会逐渐收敛到目的国的平均水平。

帕特南（Putnam）在 1993 年和 2000 年出版的两本书中，对信任的演变提出了两种不同观点，为上述两种不同看法提供了例证。按照帕特南 A（详见：Putnam，1993），社会资本主要由历史决定。意大利北部地区的社会资本水平比南方地区高得多，这主要源于该地区在中世纪时期的自由城市经历。

与之相反，按照帕特南 B（详见帕特南 2000 年的著作《独自打保龄》），信任深受环境的影响并可以迅速演变。帕特南在《独自打保龄》（*Bowling Alone*）一书中表明，若以社团和俱乐部成员人数来衡量社会资本水平，那么二战之后美国的社会资本水平已有了大幅下降，并认为造成社会资本水平下降的一个主要原因是休闲活动的个体化，如人们花费越来越多的时间看电视等。奥尔肯（Olken，2009）利用印度尼西亚的山区地形变化和私人电视接入差异，同样发现电视广播对社团成员人数和自报信任水平有负面影响。

政策干预的空间可大可小，完全取决于我们采用的观点是帕特南 A 还是帕特南 B。第 2.4.3 小节表明，这两种观点都有正确的成分。由于关于信任和合作的好处的基本信念，是通过家庭并在共同体之内传承的，故信任必然部分地从先辈那里继承而来，并受到历史冲击的影响（Bisin and Verdier，2001；Benabou and Tirole，2006；Tabellini，2008b；Guiso et al.，2008a）。但另一方面，信任还取决于人们在当前的社会、经济和政治等环境中的个人经历。按照比辛（Bisin）和维迪尔（Verdier）的说法，不论是来自父母的垂直传递，还是来自同期环境的横向传播或斜向传播，都会对信任产生作用。

信任是否随环境发生调整的学术论争，还取决于如何对普遍信任进行度量。如果信任涉及的是其他人是否值得信任等信念，那么随着生活环境、公民意识和制度透明度的变化，人们就很可能对他们的信念做出向上或向下的调整。如果信任涉及的是根深蒂固的偏好和道德价值观，那么正如乌斯兰纳（Uslaner，2008）和其他文献所指出的，它必然形成于孩提时代并因个人经历而有异，故它的调整就需要更多的时间。在后一种情形下，旨在提高信任水平的措施必将有所不同，它更多地依赖于教育等长期性政策。在本小节中，我们将对能够影响随环境而变的信念和更深层偏好的各种政策进行探究。

2.7.2 制度与信任

制度如何影响信任？哪种制度会影响信任？制度中的正式规则和规范，究竟是信任等非正式价值观的互补品还是替代品？在识别何种制度能够促进信任以及如何促进信任的过程中，这些问题都是核心问题。

2.7.2.1 信任与制度的关系

图2.13表明，在100个国家和地区构成的样本中，信任和法律制度质量之间存在着很强的正相关性。图2.14显示，在163个欧洲地区中，信任和政府治理质量之间也有着近似的相关性。在经济学文献中，制度质量有多种度量方法（参见表2.6a和表2.6b），常见的包括法治、产权保护强度、合同执行力度以及政府部门的有效性、责任性和腐败程度等（Rothstein and Uslaner, 2005）。但不论采用哪种度量方法，在控制了影响制度质量的其他因素的情况下，信任与制度之间的这种正相关性都是稳健的。

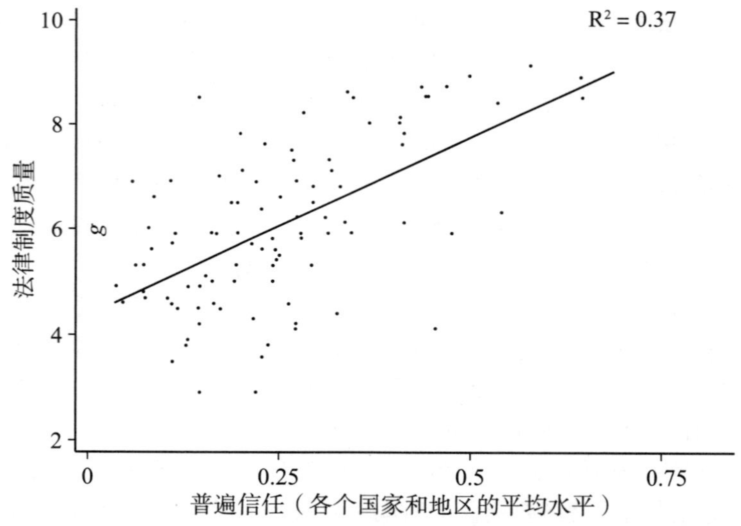

图2.13 法律制度质量与信任（100个国家和地区）

资料来源：法律制度质量来源于世界经济自由指数（2007年），普遍信任来源于世界价值观调查（1981~2009年）和欧洲价值观调查（1981~2008年）并取各国（地区）均值。

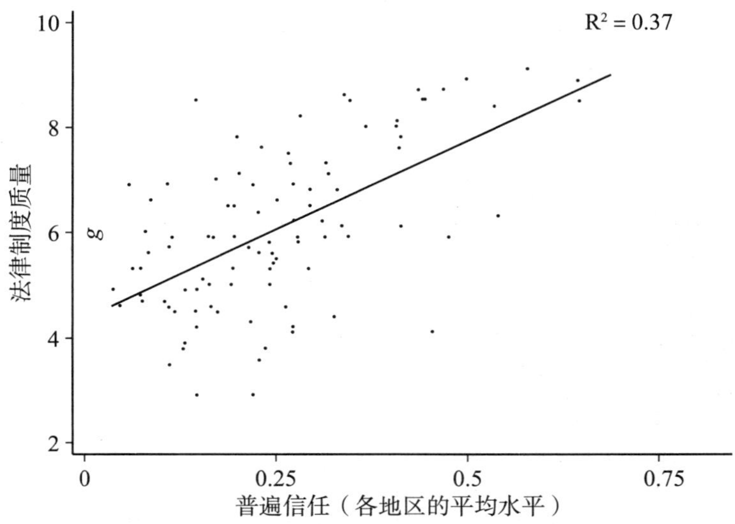

图 2.14　治理质量与信任（163 个欧洲地区）

注：图 2.14 与图 2.13 几乎完全相同，疑原著有误。——译者注

资料来源：治理质量来源于政府质量指数（2010 年），普遍信任来源于世界价值观调查（1981～2009 年）和欧洲价值观调查（1981～2008 年）并取各地区均值。

表 2.6a　　信任与制度：各国（地区）截面回归

项目	法律制度质量 （1）	法治 （2）	产权 （3）	合同执行 （4）
信任	3.942*** （0.719）	1.271** （0.484）	1.604*** （0.602）	2.864*** （0.674）
人均收入	0.646*** （0.126）	0.420*** （0.0891）	0.531*** （0.101）	0.930*** （0.250）
人口	−0.167*** （0.055）	−0.109*** （0.035）	−0.195*** （0.050）	−0.0284 （0.092）
教育	0.0146 （0.053）	0.0558 （0.047）	0.0120 （0.052）	0.178** （0.087）
种族隔离	0.152 （0.440）	−0.242 （0.251）	0.0572 （0.377）	1.614*** （0.535）

续表

项目	法律制度质量 （1）	法治 （2）	产权 （3）	合同执行 （4）
样本数	90	93	91	46
R^2	0.684	0.681	0.589	0.807

注：被解释变量：（1）法律制度质量，度量的是法律制度的整体质量，数据来源于世界经济自由指数（2007）；（2）法治，是1996～2010年的平均法治水平，数据来源于考夫曼等（Kaufmann et al.，2010）；（3）产权采用了美国传统基金会（2004）对产权的度量；（4）合同执行度量的是合同的可执行性，源于博特罗等（Botero et al.，2004）。

信任按受访者对下述问题的回答计算出来："一般而言，你是否认为大多数人都是值得信任的或者你与他人交往时必须非常小心?"如果受访者回答"大多数人都是值得信任的"，则信任等于1，否则为0。

采用最小二乘回归，括号内的数字是稳健标准误。

样本（92个国家和地区）：阿尔巴尼亚、阿尔及利亚、阿根廷、澳大利亚、奥地利、孟加拉国、比利时、贝宁、博茨瓦纳、巴西、保加利亚、加拿大、智利、中国、哥伦比亚、克罗地亚、塞浦路斯、捷克、丹麦、多米尼加、埃及、萨尔瓦多、爱沙尼亚、芬兰、法国、德国、加纳、英国、希腊、危地马拉、冰岛、印度、印度尼西亚、伊朗、伊拉克、爱尔兰、以色列、意大利、日本、约旦、肯尼亚、吉尔吉斯斯坦、拉脱维亚、莱索托、利比里亚、立陶宛、卢森堡、马拉维、马来西亚、马里、马耳他、墨西哥、摩尔多瓦、摩洛哥、莫桑比克、纳米比亚、荷兰、新西兰、挪威、巴基斯坦、秘鲁、菲律宾、波兰、葡萄牙、罗马尼亚、俄罗斯联邦、卢旺达、沙特、塞内加尔、新加坡、斯洛伐克、斯洛文尼亚、南非、韩国、西班牙、瑞典、瑞士、坦桑尼亚、泰国、特立尼达和多巴哥、土耳其、乌干达、乌克兰、美国、乌拉圭、委内瑞拉、越南、赞比亚、津巴布韦、赞比亚、中国香港、中国台湾等。

*系数在0.10水平上异于0；**系数在0.05水平上异于0；***系数在0.01水平上异于0。

资料来源：信任数据来源于五次世界价值观调查（1981～2008年）、四次欧洲价值观调查（1981～2008年）和第三次非洲晴雨表调查（2005年）。其他控制变量：投资份额指的是1980～2009年间投资占GDP的百分比，源于7.0版佩恩表（*Penn World Tables* 7.0）；人均收入是人均GDP的对数值，不变价格，取1980～2009年均值，源于7.0版佩恩表；人口是人口的对数值，取1980～2009年均值，源于7.0版佩恩表。

表2.6b　　信任与制度：欧洲各地区截面回归

项目	治理质量 （1）	治理质量 （2）	法治 （3）	有效性 （4）	责任性 （5）
信任	4.376*** （0.924）	1.291** （0.559）	3.285*** （0.736）	5.423*** （1.356）	2.463* （1.222）
人口		−0.263* （0.147）	0.05 （0.120）	−0.253 （0.270）	−0.160 （0.103）

续表

项目	治理质量（1）	治理质量（2）	法治（3）	有效性（4）	责任性（5）
人均 GDP		0.932*** (0.191)	0.487** (0.222)	0.684 (0.583)	1.039*** (0.220)
教育		0.03 (0.027)	-0.029** (0.011)	0.0246 (0.043)	-0.0127 (0.021)
自治		-0.267 (0.164)	0.275** (0.105)	0.0685 (0.334)	0.477*** (0.147)
双语		-0.0513 (0.198)	0.0791 (0.199)	1.207** (0.556)	-0.32 (0.184)
面积		0.216** (0.087)	-0.0351 (0.073)	0.134 (0.187)	0.227 (0.131)
样本数	163	163	163	163	163
R^2	0.342	0.613	0.499	0.450	0.552

注：被解释变量：（1）与（2）：治理质量指数度量的是各地整体制度质量，数据来源于治理质量研究所（2010）；（3）法治度量的是法治质量，数据来源于治理质量研究所（2010）；（4）有效性度量的是治理有效性，数据来源于治理质量研究所（2010）；（5）责任性度量的是媒体质量和选举质量，数据来源于治理质量研究所（2010）。

信任按受访者对下述问题的回答计算出来："一般而言，你是否认为大多数人都是值得信任的或者你与他人交往时必须非常小心?"如果受访者回答"大多数人都是值得信任的"，则信任等于1，否则为0。

采用最小二乘回归，括号中的数字是按国别聚类的稳健标准误。

样本（163个地区）：包括下述国家的163个地区：奥地利、比利时、保加利亚、捷克、丹麦、法国、德国、希腊、匈牙利、意大利、荷兰、波兰、葡萄牙、罗马尼亚、斯洛伐克、西班牙、瑞典、英国。

* 系数在0.10水平上异于0；** 系数在0.05水平上异于0；*** 系数在0.01水平上异于0。

资料来源：信任数据来源于四次欧洲价值观调查（1981～2008年）；人口度量的是2007～2009年每个地区平均居民人数的对数值，数据来源于欧盟统计局；人均GDP是2007～2009年各地区人均GDP平均值的对数，数据来源于欧盟统计局；教育指的是2006年拥有某类高等教育学历的人口所占百分比，数据来源于欧盟统计局；若某地区存在一种以上的官方语言，则"双语"等于1；若某地区为自治区，则"自治"等于1；面积指的是各地区面积的对数值。

近期文献试图超越这种相关性分析，进一步探讨法律效力对信任的因果性影响。塔贝利尼（Tabellini，2008b）进行了颇具建设性的研究，认为长期处于非专制政治制度之下的欧洲地区，普遍道德更为盛行。塔贝利尼利用综合社会调查数据，以美国移民的个体信任为因变量，对反映19世纪末各母国法律效力的各类指标进行了回归。他发现，即使控制了历史上的母国经济发展水平和入学率，来自历史上更民主国家的移民仍继承有更高的信任水平。

当然，这种方法并不能证明过去的民主制度能够对信任产生因果性影响，因为那些制度是不变的，它们有可能只是体现了母国的其他不变特征。尽管如此，塔贝利尼的分析仍然引人入胜，因为历史上的政治制度能够解释57%的来源国固定效应，该比例远远高于历史上的人均收入和教育所能提供的解释力。制度能够对社会经济结果产生持久性影响，但这种持久性影响的渠道却是制度对价值观的影响，故亦不同于制度通过精英俘获产生持久性影响的传统解释（Acemoglu et al.，2001）。法律不彰会迫使人们依赖于身边的非正式规则，并发展起了有限信任，而不是普遍信任。黑手党就是制度弱化导致有限道德盛行的很好例证。甘贝塔（Gambetta，1993）指出，西西里岛正式废除封建制度要远远晚于欧洲其他地区（1812年）：当地的政府太弱，不能在西西里岛实施有效的土地私有产权，黑手党受益于这种制度真空，并通过在其保护的人和其他人之间划出清晰的界限，为部分当地人提供保护。同样，本文第2.4.2小节提及的近期文献也表明，很久以前的意大利或哈布斯堡帝国的专制制度和腐败制度，与当地目前的较低信任水平存在密切联系。

还有一些文献利用自然实验方法，探讨民主制度对合作行为的影响。巴德汉（Bardhan，2000）发现，当农民亲自参与灌溉规则的制定时，他们更少违反规则。弗雷（Frey，1998）表明，在瑞士，民主参与度越高的州，逃税的情形就越少。这些不同的研究文献，对于探讨民主对合作的影响颇具启发性。但即使是这种自然实验方法也难以排除如下可能：存在某些被忽略的因素，而这些因素不仅决定了制度的选择，也决定了人们对制度的反应。不仅如此，民主（或更一般地，正式规则）影响合作行为的具体机制及其识别方法，仍有待于进一步研究（参见：Benabou and Tirole，2011，该文献提供了一个能够合理解释法律和规范之间相互作用的理论模型）。

2.7.2.2 实验博弈

在实验博弈中模拟正式规则和法律规则，是识别制度对合作的影响的另一种方法。实验博弈中的正式规则和法律规则，自然不同于现实生活中的制度，但其优势是能提供一种可控的实验，并进而估计博弈规则的外生变化如何影响人们的合作水平和信任水平。

早期文献是在存在声誉激励的情形下（如重复博弈），探究正式与非正式制度的相互作用（Kranton，1996）。这种方法的一个主要结论是，法律的实施会挤出声誉激励并削弱非正式制度。不过，这一理论预测似乎更适用于声誉激励情形下的合作，但并不适用于道德价值观情形下（如普遍信任）的合作。

费尔和加彻（Fehr and Gatcher，2000）对公益博弈中的合作行为进行了分析。他们对传统的公益博弈实验进行了有趣的调整，以使得合作者可以惩罚背叛者。也就是说，即便惩罚的成本很高，即便实施惩罚的人并不能从惩罚行为中得到任何物质利益，搭便车者仍会受到严厉的惩罚。由于潜在的搭便车者面临着可信的威胁，故高成本惩罚机会的引入，大大提升了合作水平。在存在高成本惩罚机会的情形下，几乎可以实现完全合作，并且这种合作可以在博弈期间一直保持下去。该项研究的主要结论是：人类是有条件的合作者；假如其他人合作，则他们也会选择合作。实现有条件合作的关键，是引入某种正式规则。

赫尔曼等（Herrmann et al.，2008）利用该框架对全球 16 个城市的有条件合作进行了研究，发现就公益捐款合作而言，波士顿和墨尔本的合作水平最高，雅典和马斯喀特的合作水平最低。这种排序与相应国家的法治水平和制度透明度高度相关。更令人惊奇的是，他们发现雅典等城市的参与者表现出一种反社会惩罚的行为，即这些参与者会惩罚捐款更多的人，而不是惩罚那些捐款更少的人。法治薄弱程度是反映这种反社会行为的重要指标。同样，罗斯坦（Rothstein，2011）对瑞典和罗马尼亚的学生进行的多项实验表明，在目睹了警察受贿之后，他们的普遍信任水平和对公务人员的信任水平会出现大幅下降。罗斯坦的解释是，制度不透明和公务人员公民意识的缺失，会严重破坏普遍信任。如果代表法律的公务人员腐败，人们将由此推断其他人同样不值得信任。

另一种颇具前景的研究，是运用实验方法探究民主对合作的影响。与自然实验不同，实验室进行的是可控的实验，从而能够探究在加入某种内生（如通过民主程序）或外生的政策变量后，人们的合作行为会如何变化。这正是达尔博等（Dal Bo et al.，2010）采用的研究设计。受试者将参与多轮囚徒困境博弈，并根据简单多数原则，选择是否引入一种通过处罚不合作者来鼓励合作的政策。实验软件会在某些情形下修改受试者的投票结果，从而随机地确定引入或不引入该项惩罚政策。在重复博弈实验之前，不论是对于受访者的初始支付还是修改后的支付，受访者均会被告知其支付是否被修改，以及该结果是投票的结果还是计算机软件随机选择的结果。研究结果表明，与计算机软件随机选择的结果相比，在受访者进行民主选择的情形下，惩罚政策对合作行为的影响会提高 40%。

总之，上述研究表明，对于合作行为而言，正式规则和有条件合作存在一种互补性关系。通过某种具体规则为群体成员的合作意愿提供一个关注点或一种合作信号，如达尔博等（Dal Bo et al.，2010），即为一例。而突然引入某种正式规则或者更严厉刺激措施，反而会传递出一种相反的信号，即委托人不信任参与者或整个社会弥漫着不合作行为。例如，福尔克和科斯费尔德（Falk and Kosfeld，2006）研究了作为代理人的受试者的下述行为，即他们会选择对自己代价高昂但却有利于委托人（当权者）的生产水平。委托人可以在代理人决策之前做出决定，是将生产水平的决策权完全交给代理人，还是对代理人的生产水平设定一个最低限额。在随后的面谈中，大多数代理人同意这样的看法，即设定最低限额是一种不信任的信号。在加尔比亚蒂和韦尔托瓦（Galbiati and Vertova，2008）进行的另一项研究中，他们对最低努力博弈中的类似效应进行了探究。他们发现，在观察到代理人在第一轮实验中的努力水平之后，委托人选择引入某种正式的合作规则，那么大多数合作性个体就会选择降低努力程度。作者发现，如果委托人选择引入某种正式规则以惩罚那些不合作的人，那么由于它引发了个体对其他人努力程度的预期，大多数合作性个体宁愿生活在一个充满不合作的社会。

2.7.2.3　信任和制度的协同演化

近年来的研究文献，更多地探讨导致多重均衡的信任与制度的协同演化，而不是强调制度对信任的因果性影响。由于一个拥有有限道德的社会更能容忍不守法行为，故有限道德的扩展会使得制度进一步弱化，最终令整个社会陷入一种不信任与制度虚弱相互强化的一种“坏的均衡”。在这种情况下，由于有限道德使得交易机会微乎其微，法治的改善不仅得不到任何支持，而且也不会收到任何效果。目前，已有一些文献对能够与信任协同演化的制度进行了分析，其中不少近期文献对信任与管制之间的互动关系进行了深入探讨（Aghion et al.，2010；Pinotti，2012；Carlin et al.，2009；Francois and Van Ypersele，2009）。

图2.15揭示了普遍信任与市场管制之间的负相关性，其中市场管制用企业开业所需要的步骤数来度量。阿吉翁等（Aghion et al.，2010）表明，对于信任和管制的一系列度量来说，这种负相关性都成立，前者如对其他人的信任、对企业的信任和对政治制度的信任，后者如从产品市场到劳动力市场的一系列管制措施。

对于信任和政府管制干预之间负相关性的各种解释，大多基于下述假设：在个体之间不能实现自发合作的情况下，政府必须出面来规管个体之间的关系。阿吉翁等（Aghion et al.，2010）提出了一个简单的模型，试图从上述角度为这种负相关性提供解释。在模型中，个体做出两种决策：其一，是否成为一个具有公民意识的人；其二，选择成为创业者或成为普通工人。选择成为不具有公民意识的人，在成为创业者时会对其他人产生负外部性（如污染），而

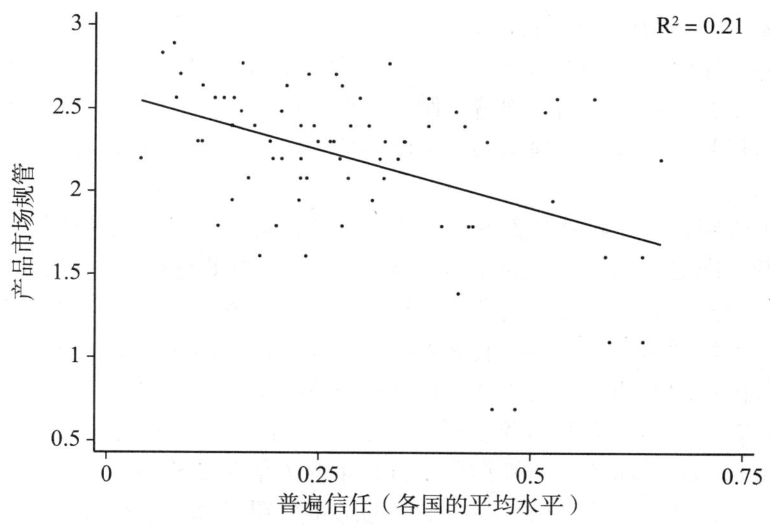

图 2.15　73 个国家的产品市场规管与信任

资料来源：产品市场规管以企业开业的步骤数（对数值）度量，数据来源于世界银行（2009 年）；普遍信任来源于世界价值观调查（1981～2009 年）并取各国均值。

选择成为具有公民意识的人就不会对他人产生负外部性。当预期负外部性很大时，该社会共同体将通过投票或其他政治机制，对创业活动的进入进行规管。管制缩小了选择范围，进而降低了负外部性。但管制本身却是由政府官员实施的，当他们不具有公民意识时会产生贿赂需求。在该模型中，当人们希望生活在一个拥有公民意识的共同体之中时，他们就会期望较低的管制水平和腐败水平，从而变成具有公民意识的人。由于他们自身的选择会导致更强的公民意识、更低的管制水平和更多的创业活动，故他们的信念具有自我证实的性质。反之，期望生活在不具有公民意识的共同体之中的人，他们会预期到较高的管制水平和腐败水平，从而选择成为不具有公民意识的人。同样，由于他们的选择导致了不具有公民意识、较高的管制水平和腐败水平、更少的创业活动，因此他们的信念也是自我证实式的。模型有两种均衡：一是个体中具有公民意识的人占有较大比例且不存在管制的好的均衡；二是个体中不具有公民意识的人占有较大比例且处于高度管制的坏的均衡。好的均衡拥有较高的产出水平和福利水平。

该模型能够解释管制和不信任之间的相关性并具有丰富的现实含义，而这些含义已为基于全球调查的经验证据所证实。模型预测，不信任不仅会影响管制本身，而且会影响人们对管制的需求。即使人们认识到政府是腐败的、无效率的，但不信任仍会产生出管制需求：人们更愿意国家对不具有公民意识的创业者的无所顾忌的行为进行控制。

然而，该模型最重要的含义其实是信念（以不信任衡量）和制度（以管制衡量）的协同演化：信念塑造了制度，而制度也塑造了信念。正如阿吉翁等（Aghion et al. ，2010）所揭示的，制度和信念的互动是一种互补关系，并导致了多重均衡。

除了管制，信任和社会资本还可能通过政治责任，来影响整体上的制度和政府质量。南尼奇尼等（Nannicini et al. ，2010）对此进行了探讨，他们借助于政治代理模型表明，公民代理人更有可能对共同体的整体社会福利持有政治责任心，他们倾向于惩罚那些追求既得利益和向特定群体寻租的政客。与之相反，非公民代理人的投票主要基于自身利益或特定群体的利益，故更能忍受不道德的政客。利用意大利对议员的刑事检控在不同地区的变动，南尼奇尼等（Nannicini et al. ，2010）对模型预测进行了令人信服的检验，发现在社会资本水平较高的选区，政治失当行为所受到的选举惩罚（如刑事检控或议会活动限制等）越大。

2.7.3　共同体特征

除了正式制度，大量文献更为强调共同体特征对于构建信任的重要作用，尤其是其中的不平等问题和种族分化问题。

2.7.3.1　不平等

图 2.16 和图 2.17 分别描述了样本国家（地区）和美国各州的信任与基尼系数之间的强负相关性。这种强负相关性推进了学术界对不平等问题的高度关注。高信任地区更为平等，表现为基尼系数更小；而低信任地区则表现出了更严重的收入不平等，其基尼系数更大。在控制了收入、人口、教育和种族分化等变量后，对各个国家（地区）和美国各州截面数据进行的回归均证实了这种相关性（如表 2.7 所示）。阿莱西纳和拉费拉拉（Alesina and La Ferrara，2000）表明，即使在美国县市等地区层面上，信任和收入不平等之间仍然存在着负相关性。罗斯坦和乌斯兰纳（Rothstein and Uslaner，2005）发现，过去数十年来美国各州的不平等程度上升与信任水平下降有关。

两者之间的因果关系仍有待于进一步研究。不平等与信任之间的负相关性，或许有多方面的原因。首先，正如罗斯坦和乌斯兰纳所认为的那样，较高的信任水平和合作水平，很可能伴随着较高的再分配倾向，进而有助于实现较低的不平等。反之，严重的不平等可能会让人们觉得自己受到了其他社会阶层

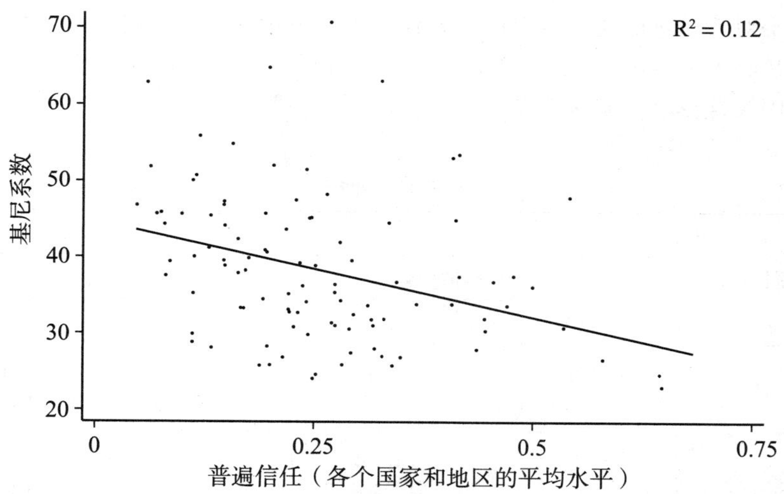

图 2.16　不平等与普遍信任（101 个国家和地区）

资料来源：不平等是各个国家和地区 2005～2010 年间基尼系数的均值（世界银行），普遍信任源于世界价值观调查（1981～2009 年）和欧洲价值观调查（1981～2008 年）并取各国（地区）均值。

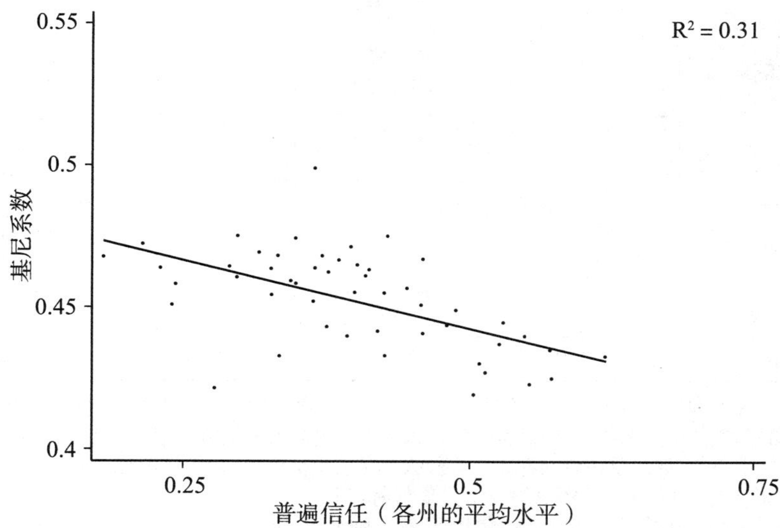

图 2.17　不平等与普遍信任（美国 46 个州）

资料来源：不平等以 2010 年度的基尼系数度量（美国普查局），普遍信任源于综合社会调查（1973～2006 年）。

的不公平对待，进而会限制自己的合作行为和只信任那些同自己处于相同阶层的人（Rothstein and Uslaner，2005）。未来的研究，仍有必要弄清楚不平等对信任的因果性影响（见表2.7）。

表2.7　　信任与不平等

项目	不平等			
	各个国家和地区		美国各州	
	（1）	（2）	（3）	（4）
信任	-24.96*** (5.600)	-12.63* (7.451)	-0.093*** (0.017)	-0.064*** (0.016)
人均收入		0.0954 (1.240)		-0.01 (0.022)
人口		0.324 (0.791)		0.007*** (0.002)
教育		-1.116** (0.542)		0.002 (0.001)
种族隔离		7.385 (5.003)		
纬度				-0.0004* (0.0002)
经度				0.0002** (0.0001)
样本数	101	89	46	46
R^2	0.122	0.276	0.314	0.680

注：不平等是被解释变量，它度量的是由基尼系数表示的收入不平等；信任是按受访者对下述问题的回答计算出来："一般而言，你是否认为大多数人都是值得信任的或者你与他人交往时必须非常小心?"如果受访者回答"大多数人都是值得信任的"，则信任等于1，否则为0。

采用最小二乘回归，括号中的数字是稳健标准误。

样本（101个国家或地区）：阿尔巴尼亚、阿尔及利亚、阿根廷、亚美尼亚、澳大利亚、奥地利、阿塞拜疆、孟加拉国、白俄罗斯、比利时、贝宁、波斯尼亚和黑塞哥维那、博茨瓦纳、巴西、保加利亚、布基纳法索、加拿大、智利、中国、哥伦比亚、克罗地亚、塞浦路斯、捷克、丹麦、多米尼加、埃及、萨尔瓦多、爱沙尼亚、埃塞俄比亚、芬兰、法国、格鲁吉亚、德国、加纳、英国、希腊、危地马拉、匈牙利、冰岛、印度、印度尼西亚、伊朗、爱尔兰、以色列、意大利、日本、约旦、肯尼亚、韩国、吉尔吉斯斯坦、拉脱维亚、莱索托、立陶宛、卢森堡、马其顿、马达加斯加、马拉维、马来西亚、马里、马耳他、墨西哥、摩尔多瓦、黑山、摩洛哥、莫桑比克、纳米比亚、荷兰、新西兰、尼日利亚、挪威、巴基斯坦、秘鲁、菲律宾、波兰、葡萄牙、罗马尼亚、俄罗斯、卢旺达、塞内加尔、塞尔维亚、新加坡、斯洛伐克、斯洛文尼亚、南非、西班牙、瑞典、瑞士、坦桑尼亚、泰国、土耳其、乌干达、乌克兰、美国、乌拉圭、委内瑞拉、越南、赞比亚、津巴布韦等。

* 系数在 0.10 水平上异于 0；** 系数在 0.05 水平上异于 0；*** 系数在 0.01 水平上异于 0。

资料来源：信任数据，(1) 和 (2) 源于五次世界价值观调查（1981～2008 年）和四次欧洲价值观调查（1981～2008 年），(3) 和 (4) 源于美国综合社会调查（1973～2006 年）；人均收入指的是各地人均收入的对数值；人口是各地总人口的对数；教育度量的 (2) 是 1950～2000 年间平均受教育年限，数据源于巴罗和李（Barro and Lee，2010），(4) 则是拥有高等学历的人口比例；种族隔离指的是种族隔离程度，源于阿莱西纳等（Alesina et al.，2003）；纬度和经度分别指的是地理位置。

2.7.3.2　种族分化与种族隔离

种族分化或种族隔离是共同体的第二个引人关注的特征。在一篇饱受争议的文献中，帕特南（Putnam，2007）认为种族多样化会降低信任水平。利用各个城市的数据，帕特南表明在种族多样的邻里之间，人们的信任程度很低、朋友很少，几乎不存在利他主义和共同体合作。阿莱西纳和拉费拉拉（Alesina and La Ferrara，2000，2002）在美国各州中得到了类似的结论。对于此类结果的解释是，人们天生拥有组内偏好，倾向于不信任不同于自己的人。同样道理，更为多样化的种族往往与更低的、以公共品质量与融资水平度量的合作程度相联系（Alesina et al.，1999；Miguel and Gugerty，2005）。对于种族多样性为什么会产生这些影响，主要的解释是偏好异质性以及集体行动中的“搭便车”问题。乌斯兰纳（Uslaner，2012）对帕特南的观点提出了质疑，认为信任水平的降低源于居住隔离而非种族多样性。乌斯兰纳利用美国各州截面数据的分析表明，只有在多样化的社会网络情形下，相互融合或彼此多样的邻里才与更高的信任水平相联系。反之，在种族隔离严重、不同种族背景的人难得一见的地方，必定充满了不信任。该研究的一项重要结论是，为了维护信任，移民政策和城市化政策应该避免种族聚集区的出现。

不过，关于合作和多样性关系的文献，容易出现一个比较重要的识别问题。由于人们在寻找居住地时存在着与种族有关的内生性，有关估计很可能是有偏的。在探讨二者之间的因果关系时，主要依赖于工具变量法。然而，无论有关工具变量多么令人信服，这种建模策略仍然难以排除如下担忧：工具变量是否满足排他性约束？工具变量是否不会对公共品产生直接影响？例如，米格尔和古戈蒂（Miguel and Gugerty，2005）假定前殖民时期的定居模式对当前种族关系没有直接影响，并将它作为工具变量。然而，过去的定居模式很可能会对当前的合作水平产生或多或少的直接影响，故难以满足排他性约束。为了解决这一问题，阿尔冈等（Algan et al.，2012b）运用了自然实验方法，实验对象是居住在公屋社区且不考虑其种族来源与多样性偏好的法国家庭。由于拥有强烈的共和思想，法国的公共住房体系是把国家规划、价格适中的出租公寓，分配给本地人和移民，所有人一视同仁，不考虑人们的文化背景和种族背景。利用20个毗邻住宅小区的住户数据进行的分析表明，较高的种族多样性往往与社会失范有关，而不是与不信任关系有关。尽管如此，在得出政策结论之前，仍有必要做进一步研究。一种颇有吸引力的方法，是利用类似于MTO实验（moving to opportunity）的随机择邻项目（Katz et al.，2013），来研究邻里种族构成的变化如何影响合作与信任。

2.7.4 教育和信任

不少研究文献认为，信任的核心组成部分源于根植于人格特质的道德价值观，而不是他人可信性等随环境而变的信念。一个信任他人的人，即便偶然碰上不可信的人，也不会立刻改变他的道德价值观。合作的道德价值观是在人生早期阶段由父母或学校培育出来的，它有着相当稳定的成分。在本小节中，我们将回顾一下关于教育和信任之间关系的经验证据。

有证据表明，较高的受教育程度通常与较高的社会资本水平相联系（Helliwell and Putnam，2007），但在不同的发达国家中，人们的平均受教育年限的变动范围太小，以至于难以利用该指标，来解释我们在不同国家所观察到的信任差异。

阿尔冈等（Algan et al.，2013a）通过探究授课方式和学生合作信念之间的关系，提出了一种互补性的解释。他们发现，不同国家、不同学校之间甚至同一个国家、同一所学校内部的教学方法，存在着很大的差别。有些学校和教师强调纵向教学法，即教师讲课为主，学生记笔记或读课文，教师向学生提问。教室里的核心关系是老师和学生之间的关系。另一些学校和教师则强调横向教学法，即学生以小组方式学习，一起做项目，并向老师提问题。教室里的核心关系是同学之间的关系。社会资本的基础是有关信念，而这些信念是从合作实践中获得的，有关社交技能也主要是在孩提时期得到的；基于这一认识，阿尔冈等（Algan et al.，2013a）对横向教学法是否有助于提高社会资本水平进行了经验检验。他们使用了公民教育研究（CES）、国际数学及科学趋势研究（TIMSS）、国际阅读素养进步研究（PIRLS）等多种全球性调查数据，样本覆盖了全球约60个国家和地区。他们强调了“老师授课”和“学生小组学习”的区别，并分别用它们来度量纵向教学法和横向教学法。

图 2. 18 表明，不同国家的教学方法存在着系统性差别。横轴表示一个标准课时中纵向教学法（老师授课）和横向教学法（学生小组学习）的平均差别。该指标数值越大，表示该国越倾向于纵向教学法。北欧国家（如丹麦、挪威、瑞典）和讲英语国家（如澳大利亚、美国以及某种程度上的英国）更多采用学生小组学习的教学形式，而东欧国家和地中海国家（如希腊、塞浦路斯、葡萄牙以及某种程度上的意大利）更多采用老师授课方式。有些国家（如法国）则几乎完全采用纵向教学模式。图 2. 18 表明，纵向教学方法与普遍信任呈现出高度负相关性。在控制了人均收入、教育支出和平均受教育年限等变量后，有关结论仍然成立。

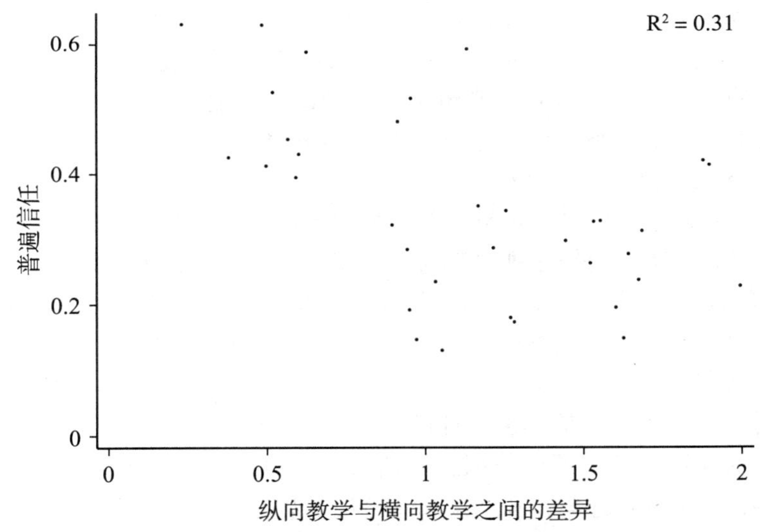

图 2. 18　纵向教学和横向教学的差异与信任

资料来源：TIMSS，WVS。

为了识别这些教学方法对学生信念的因果性影响，作者对这些教学方法在学校和课堂方面的组内差异进行了分析。考虑到可能存在引起家长、学生和教师择校的遗漏变量，作者探究了同一所学校不同课堂中的教学方法和学生信念，从而能够有效缓解有关遗漏变量问题。作者还利用了教学方法和学生信念在课堂方面的组内变动，从而可以消除与课堂选择有关的遗漏变量问题。此外，作者还通过其他策略，即通过比较不同老师在面对相同学生群体时所采用的教学方法，来消除逆向因果问题。研究结果表明，横向教学法对学生的社会资本（对老师、同学和团体成员等的信任）有重要的正向影响，而纵向教学法则会削弱合作的信念。不论是在学校之间，还是在同一所学校和同一个课堂，小组学习和学生的社会资本之间都存在稳健的相关关系。同一所学校和同一个课堂的组内估计，使得作者可以解决样本自选择问题和逆向因果问题，但仍存在一个问题，即横向教学法是否正好是老师及是否是好老师的代理变量？这正是截面分析中容易出现的一个传统问题，因为在截面数据中无法控制教师固定效应。作者基于可观测的教师特征表明，教学方法并不是好老师的代理变量，但它仍有可能受到不可观测的教师特征或学生特征的影响。

一种颇具前景的研究方法是为儿童早期干预提供某种随机评估，其中的早期干预旨在开发儿童的合作能力等社交技能。最近的纵列数据研究表明，旨在改善成年成就的项目（如佩里学前教育项目或STAR项目）能够通过非认知渠道产生影响，进而能够探讨存在哪些非认知渠道、社交技能能够产生多少影响等问题（参见：Heckman et al.，2010），由此也凸显了这种研究方法的重要性。在现有文献中，非认知技能包括不同于认知技能（如智商、成绩等）的所有个体特征，如自尊、以心理量表度量的情绪健康等。由此也可以看出，非认知技能是一个相当含糊的概念，目前仍不清楚它究竟如何与社交技能有关。此外，目前亦没有多少证据能够表明，早期干预是否能提高这些技能以及如何提高这些技能，尤其是对于那些容易成为反社会成年人的问题少年。

阿尔冈等（Algan et al.，2013b）是试图估计早期干预（针对社交能力开发）的长期影响的最早尝试。作者使用的是1984年处于社会经济底层的895位相邻蒙特利尔幼儿园男童在社会、认知、情感等方面的详尽大型纵列数据，其中包括在小学初期对最具破坏性的受试者（$n=250$）进行的为期两年的密集社交培训项目的随机评估数据。培训项目包含受试者本人、他的父母和同伴。这些详尽的数据还与自评结果和管理记录数据进行了匹配。成年之后，处理组的受试者比非处理组的受试者在劳动力市场上有更好的表现，其26岁时的就业概率提高了10%，且处理组个体的犯罪率更低、社会资本水平更高。通过区分早期干预的认知渠道和非认知渠道，作者发现就其对经济结果的影响而言，只有社交能力才是唯一显著的影响渠道。以生命周期预期收入计，该项目的总收益率介于282%～452%之间，即每投资1美元就可以得到2.8～4.5美元的收益。该研究结果为开发儿童早期的社交能力，提供了充分的政策干预空间。他们呼吁未来有更多的实验对那些能够解释社交能力的更深层人格特质做出评估，并深入探讨它们如何与非认知技能相联系。

2.8　未来研究方向：信任与幸福

本文对信任与增长的综述主要有两方面的发现：第一，信任通过金融市场、产品市场和劳动力市场渠道以及直接影响全要素生产率和企业组织结构等，对经济发展产生因果性影响。第二，信任和制度之间存在很强的相互作用，且彼此间都具有因果性。有关研究结论对于识别提升社会资本和合作水平的政策，如法治、民主和教育政策等，提供了新的研究方向。

本文进行的研究综述，主要聚焦于与信任相关的经济问题和制度问题。然而，越来越多的共识是，人均收入本身并不能很好地度量经济发展，而必须包括某种幸福度量。其中的一个理由是著名的伊斯特林悖论，即一个国家的人均收入增长并没有伴随着幸福程度的增加。近期研究试图解释该悖论，并认为幸福主要取决于社会关系质量，而不是个体收入。由此观之，我们预期信任和幸福之间应该具有强相关性。

利用世界价值观调查对生活满意度的度量，图 2. 19 描述了这种关系。调查问卷中的相应问题是："综合考虑各方面情况，你对近期生活的整体满意度如何"，生活满意度取值 1 ~ 10，取值越大表示对生活状况越满意。生活满意度

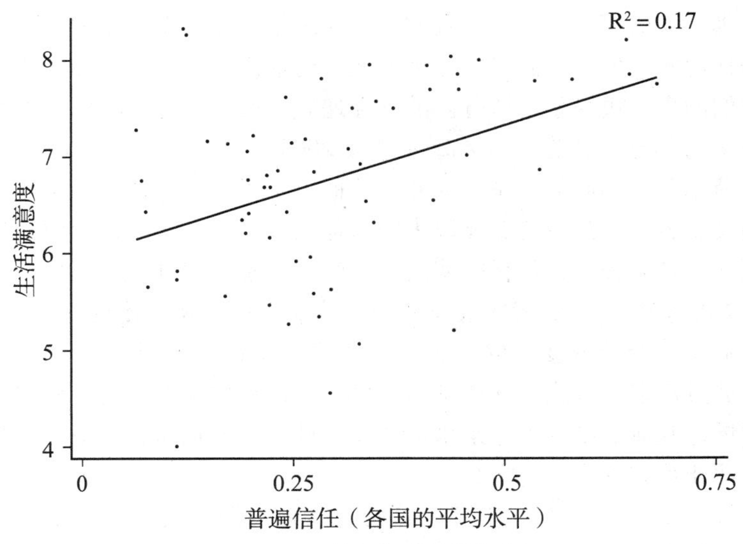

图 2. 19　信任与生活满意度

资料来源：生活满意度（1 ~ 10）与普遍信任源于世界价值观调查（2008）。

和普遍信任之间的相关性为正：17%的生活满意度差异与普遍信任的国别差别有关（当然也存在少许离群值，如葡萄牙）。如果我们探究的是该调查中的幸福问题，那么它与普遍信任之间的这种正相关性同样成立，其中相应的幸福问题为："综合考虑各方面情况，你会说你是：非常幸福、幸福、比较幸福、不幸福、一点也不幸福？"

对于信任和幸福之间的正相关性，赫利韦尔和王（Helliwell and Wang，2010）提供了跨国微观证据。他们利用2006年度的盖洛普世界民意调查，对86个国家的"钱包信任问题"进行了研究。该问题要求受访者回答如下假设问题：如果你丢失的钱包（只有身份证和200美元现金）被你的邻居、警察或陌生人捡到，那么他们送还给你的可能性分别是多少。按照赫利韦尔和王的估计，假如某人觉得没有人会送还钱包，那么其收入必须增加三分之二，才能够补偿由此所造成的福利损失。例如，与生活在坦桑尼亚（预期送还钱包平均最低，为27%）相比，生活在挪威（预期送还钱包平均最高，为80%）等价于家庭收入提高了40%。在对职场的研究中，赫利韦尔和黄（Helliwell and Huang，2010）得出了相同的结论。利用加拿大（2003年度平等、安全、社区调查）和美国（2000年度社会资本基准调查）的微观数据，作者发现职场的信任状况（尤其是对经理的信任）与主观幸福感有很强的相关性：就对生活满意度产生相同的影响而言，对经理的信任每增加一成，相当于其个人的家庭收入增加了30%。

对心理反应的探究，有助于我们更好地理解上述关系。设想一下，你在参与一项信任博弈，但现在测量的是你血液中的催产素水平。正如前文述及，催产素是我们的大脑边缘系统所分泌的神经递质，而大脑边缘系统是大脑中负责快乐与恐惧的部分。扎克等（Zak et al.，2004）试图弄清楚，信任与互惠是否与爱的荷尔蒙有相同的关系。为此，他们进行了一项信任博弈实验，在实验中通过给受试者足够数量的金额以表明对他的信任，并对其血液中的催产素水平进行观测。结果表明，信任确实能够产生幸福感：向其传递的信任信号越多（给他的数额越多），受试者血液里的催产素水平就越高。扎克等（Zak et al.，2004）还做了一个稍做变化的实验，即实验中受试者不是从一个真实的人那里，而是通过彩票的方式，获得货币支付。在这种情况下，受试者在得到货币支付的时候，其血液中的催产素水平并没有升高，这意味着与幸福感相联系的是信任，而非得到货币支付本身。

桑菲等（Sanfey et al.，2002）等通过大脑图像证实了上述结论。一旦信任博弈的参与者注意到其他人没有合作，那么他们大脑皮层的岛叶部分就会发亮。而我们都知道痛苦和厌恶会使得大脑的这一部分活跃起来。依此研究路线所得到的主要结论是，同其他人之间发生的非货币性社会合作关系，比从合作中所能得到的货币性收益，对幸福会有更大的影响。总之，有关研究结论表明，信任会对收入、幸福等经济发展的诸多方面产生影响，它是人类整体发展的重要组成部分。

致　谢

作者感谢伊丽莎白·比斯利（Elizabeth Beasley）、塞缪尔·鲍尔斯（Samuel Bowles）、厄恩斯特·费尔（Ernst Fehr）、奥迪德·盖勒（Oded Galor）、保拉·吉利亚诺（Paola Guiliano）、约翰·赫利维尔（John Helliwell）、卡拉·霍夫（Karla Hoff）、安德烈·施莱费尔（Andrei Shleifer）、马赛厄斯·特尼格（Mathias Thoenig）的有益评论，感谢约翰尼斯·布格勒（Johannes Buggle）出色的研究助理工作。扬·阿尔冈（Yann Algan）感谢欧盟第七框架方案（FP7/2007 - 2013）下的欧洲研究理事会初级资助计划（编号 240923）提供的资金支持。

参考文献

Acemoglu, D., Robinson, J., Johnson, S., 2001. The colonial origins of comparative development: an empirical investigation. American Economic Review 91, 1369 - 1401.

Aghion, P., Algan, Y., Cahuc, P., 2011. Can policy affect culture? minimum wage and the quality of labor relations. Journal of the European Economic Association 9 (1), 3 - 42.

Aghion, P., Algan, Y., Cahuc, P., Shleifer, A., 2010. Regulation and distrust. Quarterly Journal of Economics 125 (3), 1015 - 1049.

Aghion, P., Tirole, J., 1997. Formal and real authority in organizations. The Journal of Political Economy 105 (1), 1 - 29.

Alesina, A., Baqir, R., Easterley, W., 1999. Public goods and ethnic divisions. Quarterly Journal of Economics 114 (4), 1243 - 1284.

Alesina, A., La Ferrara, E., 2000. Participation in heterogeneous communities. Quarterly Journal of Economics 115 (3), 847 - 904.

Alesina, A., La Ferrara, E., 2002. Who trusts others? Journal of Public Economics 85 (2), 207 - 234.

Alesina, A., Devleeschauwer, A., Wacziarg, R., Kurlat, Sergio, Easterly, W., 2003. Fractionalization. Journal of Economic Growth 8 (2), 155 - 194.

Algan, Y., Cahuc, P., 2009. Civic virtue and labor market institutions. American Economic Journal: Macroeconomics 1 (1), 111-145.

Algan, Y., Cahuc, P., 2010. Inherited trust and growth. American Economic Review 100, 2060-2092.

Algan, Y., Cahuc, P., Sangnier, M., 2011. Efficient and Inefficient Welfare States, Institute for the Study of Labor, DP 5445.

Algan, Y., Benkler, Y., Fuster Morell, M., Hergueux, J., 2012a. "Cooperation in a Peer Production Economy: Experimental Evidence from Wikipedia", Working Paper Sciences Po.

Algan, Y., Hémet, C., Laitin, D., 2012b. The Social Effect of Ethnic Diversity at a Local Level: A Natural Experiment with Exogeneous Residential Allocation, Working Paper Sciences Po.

Algan, Y., Cahuc, P., Shleifer, A., 2013a. Teaching practices and social capital. American Economic Journal: Applied Economics, 5 (3), 189-210.

Algan, Y., Beasley, E., Tremblay, R., Vitaro, F., 2013b. The Long Term Impact of Social Skills Training at School Entry: A Randomized Controlled Trial. Working Paper.

Almond, G., Verba, S., 1963. The Civic Culture: Political Attitudes and Democracy in Five Nations. Sage Publications, London (first ed. 1989).

Arrow, K., 1972. Gifts and exchanges. Philosophy and Public Affairs 1, 343-362.

Ashraf, Q., Galor, O., 2013. The "Out-of-Africa" hypothesis, human genetic diversity, and comparative economic development. American Economic Review, 103 (1), 1-46.

Banfield, E., 1958. The Moral Basis of a Backward Society. Free Press, New York.

Barro, R., Lee, J. W., 2010. A new data set of educational attainment in the world, 1950-2010. NBER Working Paper No. 15902.

Barr, A., Serneels, P., 2009. Reciprocity in the workplace. Experimental Economics 12 (1), 99-112.

Becker, S., Boeckh, K., Hainz, C., Woessmann, L., 2011. The Empire Is Dead, Long Live the Empire! Long-Run Persistence of Trust and Corruption in the Bureaucracy. IZA, Discussion Paper No. 5584, Mars 2011.

Benabou, R., Tirole, J., 2011. Laws and Norms. NBER Working Paper no 17579.

Benabou, R., Tirole, J., 2006. Incentives and prosocial behavior. American Economic Review 96 (5), 1652-1678.

Benz, M., Meier, S., 2008. Do people behave in experiments as in the field? —evidence from donations. Experimental Economics, 11 (3), 268-281.

Berg, J., Dickhaut, J., McCabe, K., 1995. Trust, reciprocity and social history. Games and Economic Behavior 10, 122-142.

Bertrand, M., Schoar, A., 2006. The role of family in family firms. The Journal of Economic Perspectives 20 (2), 73-96.

Bidner, C., Francois, P., 2011. Cultivating trust: norms, institutions and the implications of scale. Economic Journal 121 (5), 1097 – 1129.

Bisin, A., Verdier, T., 2001. The economics of cultural transmission and the dynamics of preferences. Journal of Economic Theory 97, 298 – 319.

Blanchard, O., Philippon, T., 2004. The Quality of Labor Relations and Unemployment. MIT Department of Economics Working Paper No. 04 – 25.

Bardhan, P., 2000. Irrigation and cooperation: an empirical analysis of 48 irrigation communities in South India. Economic Development and Cultural Change 48 (4), 847 – 865.

Black, S., Lynch, L., 2001. How to compete: the impact of workplace practices and information technology on productivity. The Review of Economics and Statistics 83 (3), 434 – 445.

Bloom, N., Sadun, R., Van Reenen, J., 2012. The organization of firms across countries. Quarterly Journal of Economics, 1663 – 1705.

Bohnet, I., Zeckhauser, R., 2004. Trust, risk and betrayal. Journal of Economic Behavior & Organization 55, 467 – 484.

Botero, J., Djankov, S., La Porta, R., Lopez-De-Silanes, F., Shleifer, A., 2004. The regulation of labor. Quarterly Journal of Economics 119 (4), 1339 – 1382.

Bowles, S., Polania-Reyes, S., 2012. Economic incentives and social preferences: substitutes or complements? Journal of Economic Literature 50 (2), 368 – 425.

Butler, J., Paola, G., Guiso, L., 2009. The Right Amount of Trust. NBER Working Paper 15344.

Capra, M., Lanier, K., Meer, S., 2008. Attitudinal and Behavioral Measures of Trust: A New Comparison. Working Paper, Emory University, Department of Economics.

Carlin, B. I., Dorobantu, F., Viswanathan, S., 2009. Public trust, the law, and financial investment. Journal of Financial Economics 92 (3), 321 – 341.

Carpenter, J., Seki, E., 2011. Do social preferences increase productivity? Field experimental evidence from fishermen in Toyama Bay. Economic Inquiry, 49 (2), 612 – 630.

Castillo, M., Carter, M., 2011. Behavioral, Responses to Natural Disasters. Working Paper, University of Wisconsin-Madison.

Cavalli-Sforza, L. L., Feldman, M., 1981. Cultural Transmission and Evolution: A Quantitative Approach. Princeton University Press, Princeton.

Cingano, F., Pinotti, P., 2012. Trust, Firm Organization, and the Structure of Production. Working Paper.

Cole, S., Gine, X., Tobacman, J., Townsend, R., Vickery, J., 2013. Barriers to household risk management: evidence from India. American Economic Journal: Applied Economics 5 (1), 104 – 135.

Coleman, J., 1990. Foundations of Social Theory. Harvard University Press.

Cox, J., 2004. How to identify trust and reciprocity. Games and Economic Behavior 46,

260 – 281.

Dal Bo，P.，Forster，A.，Putterman，L.，2010. Institutions and behavior，experimental evidence on the effects of democracy. American Economic Reveiw 100（5），2205 – 2229.

Dinesen，P. T.，2012. Parental transmission of trust or perceptions of institutional fairness? Explaining generalized trust of young non-Western immigrants in a high-trust society. Comparative Politics 44（3），273 – 289.

Dinesen，P. T.，Hooghe，M.，2010. When in Rome，do as the Romans do：the acculturation of generalized trust among immigrants in western Europe. International Migration Review 44（3），697 – 727.

Dohmen，T.，Falk，A.，Huffman，D.，Sunde，U.，2012. The intergenerational transmission of risk and trust attitudes. Review of Economic Studies 79（2），645 – 677.

Durante，R.，2010. Risk Cooperation and the Economic Origin of Social Trust：An Empirical Investigation. Working Paper，Economic Department，Sciences-Po.

Durlauf，S.，2002. On the empirics of social capital. Economic Journal 112（438），459 – 479.

Durlauf，S.，Fafchamps，M.，2005. Social capital，handbook of economic growth. In：Aghion，Philippe，Durlauf，Steven（Eds.），Handbook of Economic Growth，Vol. 1. North Holland，pp. 1639 – 1699（Chapter 26）.

Ellison，G.，1994. Cooperation in the Prisoner's dilemma with anonymous random matching. The Review of Economic Studies 61（3），567 – 588.

Ermisch，J.，Gambetta，D.，2010. Do strong family ties inhibit trust? Journal of Economic Behavior and Organisations 75（3），365 – 376.

Ermisch，J.，Gambetta，D.，Heather，L.，Siedler，T.，Uhrig，N.，2009. Measuring people's trust. Journal of the Royal Statistical Society Series A 172（4），749 – 769.

Falk，A.，Kosfeld，M.，2006. The hidden costs of control. American Economic Review 96（5），1611 – 1630.

Fehr，E.，Schimdt，K.，1999. A theory of fairness，competition and cooperation. Quarterly Journal of Economics 114（3），817 – 868.

Fehr，E.，Gaetcher，S.，2000. Cooperation and punishment in public goods games. American Economic Review 4，980 – 994.

Fehr，E.，Fischbacher，U.，Schupp，B.，Von Rosenbladt，J.，Wagner，G.，2002. A Nation Wide Laboratory. Examining Trust and Trustworthiness by Integrating Behavioral Experiments into Representative Surveys. CESifo Working Paper.

Fehr，E.，2009. On the economics and biology of trust，presidential address at the 2008 meeting of the European economic association. Journal of the European Economic Association 7（2 – 3），235 – 266（04 – 05）.

Fernandez，R.，2011. Does culture matter? In：Benhabib，J.，Bisin，A.，Jackson，

M. O. （Eds.），Handbook of Social Economics. North Holland.

Fisman，R.，Miguel，E.，2007. Culture of corruption：evidence from diplomatic parking ticket. Journal of Political Economy 115（6），1020－1048（2007）.

Francois，P.，Zabojnik，J.，2005. Trust，social capital，and economic development. Journal of the European Economic Association，MIT Press，3（1），51－94（03）.

Francois，P.°，van Ypersele，T.，2009. Doux Commerce：Does Market Competition Cause Trust? Working Paper.

Frey，B.，1998. Institutions and morale：the crowding-out effect. In：Ben-Ner，Avner，Putterman，Louis（Eds.），Economics，Values，and Organization，Cambridge University Press，New York，pp. 437－460.

Fukuyama，F.，1995. Trust：The Social Virtues and the Creation of Prosperity. Free Press，New York.

Galbiati，R.，Vertova，P. 2008. Obligation and cooperative behavior in public good games. Games and Economic Behavior 64（1），146－170.

Gambetta，D.，1993. The Sicilian Mafia. The Business of Private Protection，Harvard University Press.

Gennaioli，N.，La Porta，R.，Lopez-de-Silanes，F.，Shleifer，A.，2013. Human capital and regional development. Quarterly Journal of Economics 128（1），105－164.

Gintis，H.，Bowles，S.，Boyd，R.，Fehr，E.，2005. Moral sentiments and material interests：origins，evidence，and consequences. In：Moral Sentiments and Material Interests. MIT Press（Chapter 1）.

Glaeser，E.，Laibson，D.，Scheinkman，J.，Soutter，C.，2000. Measuring trust. Quarterly Journal of Economics 115，811－846.

Glaeser，E.，La Porta，R.，Lopez-de-Silanes，F.，Shleifer，A.，2004. Do Institutions cause growth? Journal of Economic Growth 9，271－303.

Greif，A.，1993. Contract enforceability and economic institutions in early trade：the Maghribi traders' coalition. American Economic Review 83，525－548.

Greif，A.，1994. Cultural beliefs and the organization of society：a historical and theoretical reflection on collectivist and individualist societies. Journal of Political Economy 102，912－950.

Greif，A.，Tabellini，G.，2010. Cultural and institutional bifurcation：China and Europe compared. American Economic Review Papers and Proceedings 100（2），1－10.

Guiso，L.，Jappelli，T.，2005. Awarness and stock market participation. Review of Finance 9（4），537－567.

Guiso，L.，2010. A Trust-Driven Financial Crisis，Implications for the Future of Financial Markets. EIEF Working Paper.

Guiso，L.，Sapienza，P.，Zingales，L.，2004. The role of social capital in financial development. American Economic Review 94（3），526－556.

Guiso, L., Sapienza, P., Zingales, L., 2006. Does culture affect economic outcomes? Journal of Economic Perspectives 20 (2), 23 – 48.

Guiso L., Sapienza, P., Zingales, L., 2008a. Long Term Persistence. Working Paper 14278, National Bureau of Economic Research August 2008.

Guiso, L., Sapienza, P., Zingales, L., 2008b. Alfred Marshall lecture: social capital as good culture. Journal of the European Economic Association 6 (2 – 3), 295 – 320.

Guiso L., Sapienza, P., Zingales, L., 2011. Civic capital as the missing link. In: Benhabib, Jess, Bisin, Alberto, Jackson, Matthew O. (Eds.), Handbook of Social Economics, Vol. 1A. North Holland.

Hall, R., Jones, C., 1999. Why do some countries produce so much more output per worker than others. Quarterly Journal of Economics 114 (1), 83 – 116.

Hauk, E., Saez-Marti, M., 2002. On the cultural transmission of corruption. Journal of Economic Theory 107 (2), 311 – 335.

Heckman, J. J., Malofeeva, L., Pinto, R., Savelyev, P., 2010. Understanding the mechanisms through which an influential early childhood program boosted adult outcomes. American Economic Review.

Helliwell, J., Putnam, R., 2007. Education and social capital. Eastern Economics Journal 33 (1), 1 – 19.

Helliwell, J., and Huang, H. 2010. How's the Job? Well-being and social capital in the workplace. Industrial and Labor Relations Review 63 (2), 205 – 227.

Helliwell, J., Wang, S., 2010. Trust and well-being. International Journal of Well-Being 1 (2), 42 – 78.

Henrich, J., Boyd, R., Bowles, S., Camerer, C., Fehr, E., Gintis, H., McElreath, R., 2001. In search of Homo Economicus: Behavioral experiments in 15 small-scale societies. American Economic Review Papers and Proceedings, 73 – 79.

Herrmann, B., Thöni, C., Gachter, S., 2008. Antisocial punishment across societies. Science 319, 2008.

Hoff, K., Kshetramade, M., Fehr, E., 2011. Caste and punishment: the legacy of caste culture in norm enforcement. Economic Journal 121, 449 – 475.

Holm, H., Danielson, A., 2005. Tropic trust versus nordic trust: experimental evidence from Tanzania and Sweden. The Economic Journal 115, 505 – 532.

Ichino, A., Maggi, G., 2000. Work environment and individual background: explaining regional shirking differentials in a large Italian firm. Quarterly Journal of Economics 115 (3), 1057 – 1090.

Jacob, M., Tyrell., M., 2010. The Legacy of Surveillance: An Explanation for Social Capital Erosion and the Persistence of Economic Disparity Between East and West Germany. European Business School Oestrich-Winkel, mimeo.

Kahneman, D., Tversky, A., 2000. Choices, Values and Frames. Cambridge University Press.

Kandori, M., 1992. Social norms and community enforcement. Review of Economic Studies 59, 63 – 80.

Karlan, D., 2005. Using experimental economics to measure social capital and predict financial decisions. American Economic Review 95 (5), 1688 – 1699.

Katz, L., Ludwig, J., Duncan, G., Gennetian, L., Kessler, R., Kling, J., Sanbonmatsu, L., 2013. Longterm neighborhood effects on low-income families: Evidence from moving to opportunity, American Economic Review, 103, 226 – 231.

Kaufmann, D., Kraay, A., Mastruzzi, M., 2010. The worldwide governance indicators: methodology and analytical issues. World Bank Policy Research Working Paper No. 5430.

Kosfeld, M., Heinrichs, M., Zak, P., Fischbacher, U., Fehr, E., 2005. Oxytocin increases trust in humans. Nature 435, 673 – 676.

Knack, S., Keefer, P., 1997. Does social capital have an economic payoff? a cross-country investigation. Quarterly Journal of Economics 112 (4), 1252 – 1288.

Knack, S., Zak, P., 1999. Trust and growth. Economic Journal 111 (470), 295 – 321.

Kranton, R. 1996. Reciprocal exchange, a self-sustaining system. American Economic Review 86 (4), 830 – 851.

La Porta, R., Lopez-de-Silanes, F., Shleifer, A., Vishny, R., 1997. Trust in large organizations. American Economic Review Papers and Proceedings 87 (2), 333 – 338.

La Porta, R., Lopez-de-Silanes, F., Shleifer, A., 2008. The economics consequences of legal origins. Journal of Economic Literature 46 (2), 285 – 332.

Laury, S. K., Taylor, L. O., 2008. Altruism spillovers: are behaviors in context-free experiments predictive of altruism toward a naturally occurring public good? Journal of Economic Behavior & Organization 65 (1), 9 – 29.

Lazzarini, S., Artes, R., Madalozzo, R., Siqueira, J., 2005. Measuring trust: an experiment in Brazil. Brazilian Journal of Applied Economics 9 (2), 153 – 169.

Levine, R., 2004. Finance and growth: theory, evidence and mechanisms. In: Aghion, P., Durlauf, S. (Eds.), Handbook of Economic Growth, North-Holland, Amsterdam, Netherlands.

Ljunge, M., 2012. Inherited Trust and Economic Success of Second Generation Immigrants. IFN Working Paper.

Michalopoulos, S., Papaioannou, E., 2013. National Institutions and Subnational Development in Africa. Working Paper.

Miguel, E., Gugerty, M. K., 2005. Ethnic diversity, social sanctions, and public goods in Kenya. Journal of Public Economics 89 (11), 2325 – 2368.

Miguel, E., Saiegh, S., Satyanath, S., 2011. Civil war exposure and violence. Economics and Politics 23，59 –73.

Mill，J. S.，1848. Principles of Political Economy. John W. Parker，London.

Nannicini，T.，Stella，A.，Tabellini，G.，Troiano，U.，2010. Social capital and political accountability，economic policy. American Economic Journal.

Nunn，N.，Wantchekon，L.，2011. The slave trade and the origins of mistrust in Africa. American Economic Review 101（7），3221 –3252.

Nunn，N.，2009. The importance of history for economic development. Annual Review of Economics 1，65 –92.

Oliveira，A. D.，Croson，R. T. A.，Eckel，C. C.，2009. Are Preferences Stable Across Domains? An Experimental Investigation of Social Preferences in the Field. Working Paper.

Olken，B.，2009. Do TV and radio destroy social capital? Evidence from Indonesian villages. American Economic Journal：Applied Economics 1（4），1 –33.

Olson，M.，1971［1965］. The Logic of Collective Action：Public Goods and the Theory of Groups（Revised ed.）. Harvard University Press.

Ostrom，E.，1990. Governing the commons：the evolution of institutions for collective action. Cambridge University Press，Cambridge.

Putnam，R.，Leonardi，R.，Nanetti，R. Y.，1993. Making Democracy Work. Princeton University Press，Princeton，NJ.

Putnam，R.，2000. Bowling Alone：The Collapse and Revival of American Community. Simon and Schuster，New York.

Rodrik，D.，1999. Where did all the growth go? External shocks，social conflict，and growth collapses. Journal of Economic Growth 4（4），385 –412.

Rohner，D.，Thoenig，M.，Zilibotti，F.，2013. War signals：a theory of trade，trust and conflict. Review of Economic Studies，80（3），1114 –1147.

Rothstein，B.，Uslaner，E. M.，2005. All for One：Equality，Corruption，and Social Trust. World Politics 58（1），41 –72.

Rothstein，B.，2011. The Quality of Government，Social Trust and Inequality in International Perspective. University of Chicago Press.

Sachs，J，D.，2003. Institutions Don't Rule：Direct Effects of Geography on Per Capita Income. Working Paper 9490，National Bureau of Economic Research.

Sanfey，A. G.，Rilling，J. K.，Aronson，J. A.，Nystrom，L. E.，Cohen，J. D.，2002. The neural basis of economic decision-making in the ultimatum game. Science 300，1755 –1758.

Smith，A. 1997［1766］. Lecture on the influence of commerce on manners，reprinted. In：Klein，D. B.（Ed.），Reputation：Studies in the Voluntary Elicitation of Good Conduct. University of Michigan Press.

Spolaore，E.，Wacziarg. R.，2013. How deep are the roots of economic development.

Journal of Economic Literature 51 (2), 325 –369.

Tabellini, G., 2008a. The scope of cooperation: values and incentives. The Quarterly Journal of Economics 123 (3), 905 –950.

Tabellini, G., 2008b. Institutions and culture. Journal of the European Economic Association, Papers and Proceedings 6 (2 –3).

Tabellini, G., 2010. Culture and institutions: economic development in the regions of Europe. Journal of the European Economic Association 8 (4), 677 –716.

Uslaner, E. M., 2008. Corruption, inequality and trust. In: Svendsen, Gert T., Svendsen, Gunnar, L. (Eds.), Handbook on Social Capital, Edward Elgar.

Uslaner, 2012. Segregatin and Mistrust: Diversity, Isolation and Social Cohesion. Cambridge University Press.

Valent, P., 2000. Disaster syndrome. In: Fink, George (Ed.), Encyclopedia of Stress. Academic Press, New York.

Wallace, A., 1956. Tornado in Worcester: An Exploratory Study of Individual and Community Behavior in an Extreme Situation. Publication 392, National Academy of Sciences-National Research Council, Washington, D. C.

Zak, P., Kursban R., Matzner, W., 2004. The neurobiology of trust. Annals of the New York Academy of Sciences 224 –227.

Zylberberg, Y., 2011. Do Tropical Typhoons Smash Community Ties? Working Paper, Paris School of Economics.

第 3 章 经济发展的长期障碍

恩里科·斯波劳雷
塔夫茨大学经济系
罗曼·瓦兹亚格
加州大学洛杉矶分校安德森管理学院

摘要

阻碍最具生产力的技术从世界技术前沿地区向欠发达经济体扩散的障碍是什么？本文试图通过对技术传递中地理障碍和人类障碍的量化分析，对这一问题做出回答。本文认为，人类特质尤其是文化特质的代际传递，导致了不同社会在历史进程中的差异，而这种差异反过来又会成为不同社会之间技术扩散的障碍。本文提出了一种度量人们之间历史距离和谱系距离的指标，并探讨了其与世界技术前沿的差距，如何阻碍了技术开发的扩散和创新的扩散。近来许多文献试图从根植于历史的因素，来理解经济发展过程，本文拟从这个角度对有关研究结论做出解释。

关键词

长期增长，遗传距离，代际传递，创新扩散

JEL 分类号

O11，O33，O40，O57

3.1 引 言

技术差异是各国经济绩效存在差别的核心。日益增加的大量增长核算文献表明，全要素生产率能够解释人均收入的大部分国别差异（Hall and Jones，1999；Caselli，2005；Hsieh and Klenow，2010；等等）。由于可以让穷国变得更加富裕的技术不仅已经存在，而且已经在世界其他地方得到了应用，故穷国技术进步不足的原因主要不是因为创新匮乏，毋宁说，主要在于迟迟不能采用新技术或曰存在技术采纳迟滞现象。大量证据表明，许多国家存在技术采纳障碍。然而，对于能够解释技术采纳迟滞现象的因素，我们仍然知之不多。对于最有生产力的技术，究竟哪些因素阻碍了其从世界技术前沿向欠发达经济体的扩散呢？本文试图通过对技术传递中地理障碍和人类障碍的量化分析，寻求对该问题的阐释。

本文采用的是一种长期视角。在人类历史的长河中，一个国家的命运通常具有某种持续性，其经济绩效的变化亦有深层的历史原因。例如，一些重要文献在进行经济发展比较研究时，曾探究了有关国家经济发展的史前渊源（Diamond，1997；Olsson and Hibbs，2005；Ashraf and Galor，2011，2013a）。在国家层面上，尽管存在着财富逆转现象，但当我们聚焦于人口财富而非地理位置时，这种逆转显然要少得多[①]。事实上，普特曼和韦尔（Putterman and Weil，2010）、科明等（Comin et al.，2010）、斯波劳雷和瓦兹亚格（Spolaore and Wacziarg，2009，2012a，2013）认为，就预测当前经济绩效而言，历史上的人口因素远比地理位置因素更为可靠。由此观之，关于缓慢的、不均匀的前沿技术扩散的任何解释，必须首先能够解释经济财富在历史长河中的持续性。在本文中，我们认为人类特质的代际传递，尤其是文化特质的传承，是导致人类社会历史分岔的原因。反过来，这种分岔又为不同社会之间的技术扩散设置了障碍，而正是这些障碍阻碍了本应与谱系距离成比例的技术流动。

我们的出发点是建立一个能够反映上述想法的理论模型。模型的构建可分为三步。首先，平均而言，我们认为人群间的谱系分割，会使得从父母到子女传递的一系列（生物或文化层面上的）人类特质出现分化，并使得不同谱系距离的群体在语言、规范、价值观、偏好等一系列可以垂直传递的特质（或简

① 例如，阿西莫格鲁等（Acemoglu et al.，2002）探讨了地理位置（从前的殖民地）层面上的财富逆转，但当斯波劳雷和瓦兹亚格（Spolaore and Wacziarg，2013）和钱达等（Chanda et al.，2013）结合祖辈来源把有关样本扩展至包含前殖民地之外的样本时，这种财富逆转则消失了。

单地视为垂直特质）方面出现差别。其次，考虑某一重大创新（不妨视之为工业革命），它在不同社会和人口之间的扩散存在障碍，而这种障碍源于垂直特质差异。于是，整体上的全要素生产率或人均收入的国别差异，就与相应的谱系距离联系在了一起。最后，我们对模型进行了扩展，以使得随着时间的进展可以不断发生创新，且创新与模仿都是内生性的。在这种更具一般性的分析框架中，特定技术的采纳迟滞，进而经济发展的整体差异，就与平均垂直特质差异，进而谱系距离联系在了一起。

我们接下来探究上述观点的经验证据。为了度量不同人群的关联程度，我们引入了遗传距离概念。人口遗传学家收集了遗传距离数据，主要用于追踪世界人口之间的谱系关联（Cavalli-Sforza et al.，1994）。通过对不同人群中的大量个体进行抽样，研究人员获得了多组基因或基因座的等位基因频率向量。其中，任意两组人群之间等位基因频率向量的平均差异，就构成了遗传距离的度量指标。本文采用的遗传距离度量是所谓的 F_{ST} 遗传距离，其基本特征使得它非常适于研究人群之间的分离时间，故它不仅是群体遗传学文献中最普遍采用的度量方法，而且也正适合于本文情形。有研究表明，F_{ST} 遗传距离与其他文化差异度量指标（如语言距离以及世界价值观调查等）密切相关（Spolaore and Wacziarg，2009；Desmet et al.，2011）。

值得强调的是，本文的研究目的并不是探讨能够提供发展优势的基因特征，本文在谱系距离度量中使用的基因亦无需体现任何此类特征。值得再次强调的是，我们在对不同群体进行比较研究并追溯各群体的谱系来源时所选择的基因必须是中性的（Kimura，1968）。也就是说，有关基因源于随机因素，而不是自然选择的过程。例如，中性基因包括那些不同血型的编码，其特征是在人类进化历史中，这类基因不能为携带此类基因的个体提供某种特定的优势或劣势。这类基因及其等位基因的突变或扩散应该是随机的。因此，遗传距离度量中所使用的中性基因，必须不能包含那些有助于适应能力和生存能力的人类特质。其结果是，基于中性基因的度量指标就像一个分子钟：平均而言，它们提供了一种度量种群分离时间的指标。于是，遗传距离可视为特质在由一代向另一代传递过程中的变动与差异（包括文化特质差异）的描述统计量。我们的假设是，在人们彼此打交道时，这些特质上的差异会成为交换、沟通和模仿方面的障碍。这些差异主要反映了特质在文化性传递方面的差异，而不是生物性传递方面的差异，如语言、行为规范、价值观和偏好的传递等。简言之，我们假定基于中性基因的遗传距离，反映的是包括文化特质在内的特质在代际传递中的差异。这种差异反过来又会阻碍创新的扩散。

本文利用遗传距离度量来检验我们的技术扩散模型。我们的障碍模型意味着，相对于世界技术前沿的遗传距离度量，在解释彼此收入差距时应该优于绝对遗传距离，而我们的经验分析正好证实了这一点。我们的模型还意味着，即使是对于全球收入分布迥异于当前的时期，本文采用的相对于技术前沿的遗传距离亦对不同时期的收入差距有着很好的预测力。事实上，本文的分析表明，遗传距离方法对于人口密度和人均收入的历史数据有着非常好的分析效果。我们的模型意味着，谱系距离在一次重大创新（如工业革命）之后的影响非常明显，但随着越来越多的经济体采用了前沿创新，有关影响会渐次衰减，而历史经验正是如此。最后，我们的模型意味着遗传距离即便对于各种更具体的技术亦拥有良好的预测能力，而我们发现，这一点不仅为历史上的技术开发（技术使用的广延边际）所证实，而且近来的技术开发（技术使用的集约边际）同样如此。总之，我们发现，大量证据表明，人类在历史上的种群分离所产生的障碍，是解释世界收入分布的重要因素。

本文最后一节对核心模型进行了扩展，将有关假设和研究发现应用于大量涌现的、旨在探讨经济发展深层历史根源的文献之中。我们的讨论从斯波劳雷和瓦兹亚格（Spolaore and Wacziarg，2013）的分类方法入手，该分类方法区分了特质的垂直传递模式和特质的运行模式，并阐述了历史上的特质传递如何能够对社会经济结果产生显著影响。理论上讲，特质的代际传递可以是生物性传递也可以是文化性传递，但表观遗传学和基因文化交互作用领域的最新学术进展，却使得这种基于传递模式的区分，不论在经验应用上还是在基本概念上都出现了问题。本文认为，进一步区分出垂直特质的运行模式是一种更具成效的讨论方式。理论上讲，垂直特质不仅可以直接影响经济结果，而且也可能成为人们之间经济互动的障碍。本文对现有区分方法进行了讨论，并对旨在探讨经济发展深层历史根源的最新研究领域的未来方向进行了展望。

本文结构安排如下：第3.2节提出了一个扩散技术基准模型，它是人类不同种群在垂直传递特质方面的差异的函数，进而是种群之间谱系关联度的函数；第3.3节提出了有关经验方法和数据；第3.4节针对经济发展的即期度量和历史度量以及关于具体技术使用的度量，对各种经验结论进行了讨论；第3.5节结合探讨经济发展深层根源的各类文献，对本文的有关结论进行了进一步讨论；第3.6节是简短的结语。

3.2 关联程度与经济增长

为了揭示不同社会的遗传距离、代际特质传递与经济发展扩散障碍之间的相互关系，本节提出了一个基本的理论框架[②]，其核心思想有二：

其一，群体间的遗传距离反映了不同群体在不同时期之间的谱系关联程度，从而可以解释为代际平均特质传递差异的一般度量。遗传距离度量的是两个群体之间中性基因的分布差异。正如分子钟（Kimura，1968）那样，根据定义，中性基因的变化通常是随机发生的，它独立于选择压力，并随着时间的推移而发生有规律的变化。这种基因变化提供了血脉方面的信息：群体之际的遗传距离越小，就拥有越近的共同“祖群”。这一概念类似于个体之间的关联程度：两个同胞兄弟比两个堂表兄弟的关联度更高，这是因为他们有更近的共同祖先，即他们的父母而非祖父母。由于特质的种类很多（生物学或文化层面上），并且特质的代际传递往往要经过很长的一段时间，故遗传距离就为代际特质传递的平均差异提供了一种综合性度量。我们把一组特质在一个群体内部长期的、一代一代之间的传递（沿时间维度的变化或许可以持续数千年）称为垂直特质传递（或简称垂直特质）[③]。垂直传递发生在一个给定群体之内的各代之间，并且按照我们的定义，它不仅包括生物性特质和文化性特质在父母与子女之间的直接传递，而且包括文化特质在基因相关群体之中的老幼“斜向传递”。反之，我们把不同群体在同一个时间点的相互学习和模仿，定义为“水平传递”。

其二，垂直传递的特质差异，会成为“水平传递”（学习和模仿）的障碍，进而阻碍各个社会的创新扩散和经济发展[④]。本文认为，共同历史更近，从而垂直特质更为接近的群体，在采用对方创新时面临的成本更低、障碍更少。这一观点，即社会特征的持续差异可能构成一种障碍的看法，与罗杰斯（Roger，1962）以来关于创新扩散的大量文献的研究发现是一致的。对于现实社会，我们的主要兴趣是现代经济发展在历史上，尤其是在工业革命之后的扩散过程，这也是我们在构建基准模型时心里始终想着的研究目标。

3.2.1 遗传距离与垂直传递特质

我们将一个群体中所有的垂直特质，模型化为实线上的一个点：每个群体 i 拥有垂直特质 v_i，其中 v_i 是一个实数。在时间点 o（“origin”，o，起始点），

---

② 该模型主要基于斯波劳雷和瓦兹亚格（Spolaore and Wacziarg，2009，2012a）。

③ 该术语借用自文化传递演化文献，参见：Cavalli – Sforza and Feldman（1981），Boyd and Richerson（1985），Richerson and Boyd（2005）。

④ 帕伦特和普雷斯科特（Parente and Prescott，1994，2002）探讨了技术扩散中的政策引致型障碍。在本文的分析框架中，我们对障碍做广义理解，以包括阻碍技术开发扩散的所有长期社会差异。

只存在一个群体（群体0），其特质标准化为0，即 $v_o=0$。在时间点 $p>o$（“prehistory”，p，史前），原始群体分离为两个群体（群体1和群体2）。在时间点 $h>p$（“history”，h，历史），这两个群体均进一步分离出三个单独的群体，其中群体1分离出群体1.1、群体1.2和群体1.3，而群体2分离出群体2.1、群体2.2和群体2.3⑤，相应的谱系树如图3.1所示。以此类推，我们称群体1.1和群体1.2为“同胞”群体，这是因为他们在最靠近的时期分离点（时间点 p）拥有最近的共同祖先（“父辈”群体）；而称群体1.2和群体2.1为“堂表”群体，这是因为其最近的共同祖先（“祖辈”群体）必须追溯到更远的时间点 $o<p$。令 $G(i, j)$ 表示群体 i 和群体 j 之间的遗传距离⑥。两个同胞群体（“sibling”，s）之间的遗传距离 $g_s>0$，而两个堂表群体（“cousin”，c）之间的遗传距离是 $g_c>g_s$。正式地，

$$G(1.m, 1.n)=G(2.m, 2.n)=g_s \tag{3.1}$$

$$G(1.m, 2.n)=g_c \tag{3.2}$$

其中：$m=1, 2, 3$；$n=1, 2, 3$；且有 $1.m \neq 1.n$，$2.m \neq 2.n$。

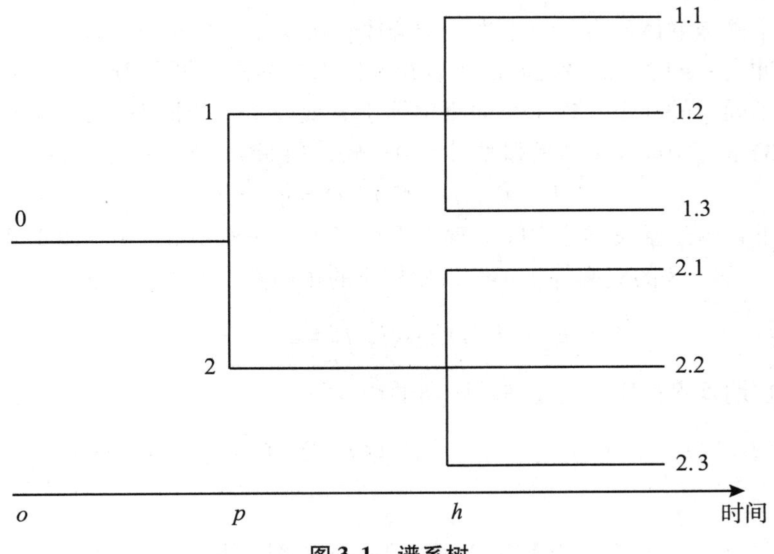

图3.1　谱系树

⑤ 在斯波劳雷和瓦兹亚格（Spolaore and Wacziarg，2009）中，我们构建了一个在时间点 h 只有四个群体（1.1、1.2、2.1和2.2）的模型。为了能够做更具一般性的分析，我们在这里对分析框架进行了扩展：群体仍是成对出现的，且尽管这些成对群体本身并非均处于谱系树的边缘，但他们却是边缘群体的同胞群体。

⑥ 根据定义，$G(i, i)=0$。

每个群体从其祖辈群体那里，继承了垂直特质，且略有变化。一般而言，群体 d（“descendent”，d，后辈）从群体 a（“ancestor”，a，祖辈）那里继承到的垂直特质 v_d，可记为：

$$v_d = v_a + \varepsilon_d \tag{3.3}$$

其中，ε_d 为随机冲击。特别地，我们把垂直特质的这种变动，模型化为一个随机游走过程。这种简化与遗传距离的分子钟解释是一致的。尽管也可以考虑更为复杂的过程，但这种简化至少有两个优点：它符合简约原则，且这种随机变动足以产生符合我们的理论预测的结果。正式地，假设 ε_d 以 1/2 的概率取值为 ε、以 1/2 的概率取值为 $-\varepsilon$。以 $V(i, j)$ 表示群体 i 和群体 j 的垂直传递特质的距离（简称垂直距离），即：

$$V(i, j) \equiv |v_j - v_i| \tag{3.4}$$

由此，我们可以提出第一个核心命题：

命题1 *平均而言，两个群体 i 和 j 之间的垂直特质距离 $V(i, j)$ 是其遗传距离 $G(i, j)$ 的增函数。*

命题1的推导：

对于同胞群体而言，由于当一个群体经历了正向冲击 ε、另一个群体经历了负向冲击 $-\varepsilon$ 时，二者之间的垂直距离以 1/2 的概率等于 2ε，而当两个群体均经历了同样的冲击（以 1/4 的概率等于 ε 或以 1/4 的概率等于 $-\varepsilon$）时，二者之间的垂直距离以 1/2 的概率等于 0，故其预期垂直特质距离为：

$$E\{V(i, j) \mid G(i, j) = g_s\} = \varepsilon \tag{3.5}$$

相比之下，由于堂表群体之间的垂直距离以 3/8 的概率等于 0、以 1/2 的概率等于 2ε、以 1/8 的概率等于 4ε[⑦]，故相应的预期垂直特质距离为：

$$E\{V(i, j) \mid G(i, j) = g_c\} = \frac{3\varepsilon}{2} \tag{3.6}$$

因此，预期垂直特质距离是遗传距离的增函数：

$$E\{V(i, j) \mid G(i, j) = g_c\} - E\{V(i, j) \mid G(i, j) = g_s\} = \frac{\varepsilon}{2} > 0 \tag{3.7}$$

---

⑦ 计算过程如下：以 1/4 的概率，两个群体在时间点 h 经历了相同的冲击、其各自祖辈群体在时间点 p 经历了相同的冲击，这意味着 $V(i, j) = 0$。以 1/8 的概率，一个群体在时间点 p 经历了一个正向冲击 ε、在时间点 h 经历了一个负向冲击 $-\varepsilon$，而另一个群体则分别经历了冲击 $-\varepsilon$ 和 ε，这同样意味着 $V(i, j) = 0$。以 1/4 的概率，这两个群体的祖辈在时间点 p 经历了相同的冲击，但这两个群体在时间点 h 却经历了不同的冲击，这意味着 $V(i, j) = 2\varepsilon$。以 1/4 的概率，时间点 h 经历了相同的冲击，但在时间点 p 经历了不同的冲击，这同样意味着 $V(i, j) = 2\varepsilon$。最后，以 1/8 的概率，一个群体经历了两次正向冲击（$\varepsilon + \varepsilon = 2\varepsilon$），而另一个群体经历了两次负向冲击（$-\varepsilon - \varepsilon = -2\varepsilon$），从而使得垂直距离等于 4ε。加权求和，可得预期垂直距离为：$E\{V(i, j) \mid G(i, j) = g_c\} = \frac{3}{8}0 + \frac{1}{2}2\varepsilon + \frac{1}{8}4\varepsilon = \frac{3\varepsilon}{2}$。

值得注意的是，垂直特质距离和遗传距离之间并不是一种确定的关系，而只是平均意义上的关系。某成对群体的遗传距离尽管相对比较远，但也许会比遗传距离更近的成对群体，有着更为接近的垂直特质。尽管如此，相反情形则不太可能看到。平均而言，遗传距离和垂直距离密切相关、共同进退。

3.2.2　经济发展扩散的障碍

我们的第二个核心命题是：垂直特质差异构成了群体之间创新扩散的障碍。不妨予以模型化探讨。

在时间点 p，所有群体运用相同的生产技术 $Y_i = AL_i$ 进行生产，故有着相同的人均收入 $\gamma = A$。在时间点 h，某个群体偶然发现了一项更具生产性的技术 $A' = A + \Delta$，其中 $\Delta > 0$。创新本身有可能是一个社会的垂直特质的函数，但我们暂不考虑这种可能性：垂直特质的这种直接效应，能够进一步强化遗传距离和经济绩效之间的联系，但对于本书的结论来说并不是必需的。

令 f（"technological frontier"，f，技术前沿）表示创新群体。为简化分析且不失一般性，我们在后文分析中，均设定群体 1.1 为技术前沿群体（即 $f = 1.1$）。在垂直特质方面距离群体 f 越远的群体，它们在采纳新技术时面临的障碍就越大。正式地，假设与技术前沿群体的垂直距离为 $V(i, f)$ 的群体 i 的技术进步取决于：

$$\Delta_i = [1 - \beta V(i, f)]\Delta \tag{3.8}$$

其中，参数 $\beta > 0$ 反映了垂直特质距离引起的创新水平扩散障碍。为保证解的非负性，假设 $\beta \leqslant \frac{1}{\max V(i, f)} = \frac{1}{4\varepsilon}$⑧，故群体 i 的人均收入为：

$$\gamma_i = A + \Delta_i = A + [1 - \beta V(i, f)]\Delta \tag{3.9}$$

这意味着：

命题 2　*群体 i 和群体 j 之间的人均收入差距 $|\gamma_i - \gamma_j|$ 是二者与技术前沿群体相对垂直距离 $|V(i, f) - V(j, f)|$ 的函数：*

$$|\gamma_j - \gamma_i| = \beta\Delta |V(i, f) - V(j, f)| \tag{3.10}$$

3.2.3　遗传距离和收入差距

由于收入差距与群体之间的垂直特质差异（命题 2）相关，而垂直特质差

---

⑧　另一种替代性方法，是把式（3.8）重记为：$\Delta_i = \max\{[1 - \beta V(i, f)]\Delta, 0\}$。

异平均而言又与遗传距离密切相关（命题1），故我们可以尝试在预期收入差距和遗传距离之间建立起某种联系。正式地，这种联系可以由如下命题3和命题4给出。

命题3 *群体 i 和群体 j 之间的预期收入差距 $E\{|\gamma_j-\gamma_i|\}$ 是其遗传距离 $G(i,j)$ 的增函数。*

命题3的推导：

首先，我们必须算出遗传距离为 g_s（同胞群体）的所有成对群体的预期收入。两个同胞群体之间的垂直特质距离 $V(i,j)$ 以1/2的概率为0、以1/2的概率为 2ε。当两个群体的特质相同时，其收入也相同；而当它们的特质距离为 2ε 时，必定有一个群体以 2ε 的距离更接近前沿特质：不论前沿特质位于何处（如0、2ε 或 -2ε），抑或同胞群体中的哪一个恰好就是前沿群体，该结论都成立。因此，当 $V(i,j)=2\varepsilon$ 时，两个群体之间的收入差距是 $\beta\Delta2\varepsilon$。总之，对于所有成对同胞群体来说，其收入差距以1/2的概率为 $|\gamma_{k.m}-\gamma_{k.n}|=0$，以1/2的概率为 $|\gamma_{k.m}-\gamma_{k.n}|=\beta\Delta2\varepsilon$，这意味着预期收入差距为 $E\{|\gamma_{k.m}-\gamma_{k.n}|\}=\beta\Delta\varepsilon$，其中，$k=1,2$；$m=1,2,3$；$n=1,2,3$；$m\neq n$。相应地，同胞群体之间的预期收入差距为：

$$E\{|\gamma_j-\gamma_i| \parallel G(i,j)=g_s\}=\beta\Delta\varepsilon \tag{3.11}$$

接着，我们还必须计算堂表群体之间的预期收入差距。两个堂表群体之间的垂直特质距离 $V(i,j)$ 以3/8的概率为0、以1/2的概率为 2ε、以1/8的概率为 4ε。由于我们必须在成对的堂表群体中，区分出哪些是包含前沿群体（$f=1.1$）的成对群体、哪些是不包含前沿群体的成对群体，故计算过程稍显复杂。让我们先探究那些包含前沿群体的成对堂表群体。对于成对堂表群体而言，某群体 $2.n$ 以3/8的概率有着与前沿群体相同的特质（从而收入）、以1/2的概率有着比前沿群体低 $\beta\Delta2\varepsilon$ 的收入、以1/8的概率有着比前沿群体低 $\beta\Delta4\varepsilon$ 的收入，故有：

$$E\{|\gamma_f-\gamma_{2.n}|\}=\frac{\beta\Delta2\varepsilon}{2}+\frac{\beta\Delta4\varepsilon}{8}=\frac{3\beta\Delta\varepsilon}{2}\text{，其中：}n=1,2,3 \tag{3.12}$$

现在考虑不包含前沿群体的成对堂表群体，即群体 $1.m$ 和群体 $2.n$ 构成的成对群体，其中 $m=2,3$；$n=1,2,3$。计算过程类似，不论前沿群体位于何处，每对堂表群体之间的收入差距，当二者有着相同的特质时（发生概率为3/8）等于0、当二者之间的特质距离为 2ε 时（发生概率为1/2）等于 $\beta\Delta2\varepsilon$。不过，当两个堂表群体之间的距离为 4ε 时（发生概率为1/8），他们之间的收入差距则取决于前沿群体的具体位置：如果前沿群体位于极端情形（各以1/2的概率为 2ε 和 -2ε），则 $1.m$ 和 $2.n$ 之间的垂直距离为 4ε，就意味着二者之间的收入差距为$\beta\Delta 4\varepsilon$；反之，如果前沿群体的特质位于0（概率为1/2），则1. m和2. n有着与前沿群体相同的距离（均为2ε），从而有着相同的人均收入。总之，我们有：

$$E\{|\gamma_{1.m}-\gamma_{2.n}|\}=\frac{\beta\Delta 2\varepsilon}{2}+\frac{1}{2}\frac{\beta\Delta 4\varepsilon}{8}=\frac{5\beta\Delta\varepsilon}{4} \tag{3.13}$$

其中$m=2，3；n=1，2，3$。因此，堂表群体之间的预期收入差距为：

$$\begin{aligned}E\{|\gamma_j-\gamma_i|\parallel G(i,j)=g_c\}&=\frac{1}{9}\sum_{m=1}^{3}\sum_{n=1}^{3}E\{|\gamma_{1.m}-\gamma_{2.n}|\}\\&=\frac{1}{9}\left[3\frac{3\beta\Delta\varepsilon}{2}+6\frac{5\beta\Delta\varepsilon}{4}\right]=\frac{4\beta\Delta\varepsilon}{3}\end{aligned} \tag{3.14}$$

显然，堂表群体之间的预期收入差距要高于同胞群体之间的预期收入差距：平均而言，较大的遗传距离与较高的收入差距有关，而这正是命题3。正式地：

$$E\{|\gamma_j-\gamma_i|\parallel G(i,j)=g_c\}-E\{|\gamma_j-\gamma_i|\parallel G(i,j)=g_s\}=\frac{\beta\Delta\varepsilon}{3}>0 \tag{3.15}$$

为什么相互之间遗传距离更大的群体，平均而言有着更高的人均收入差距呢？其原因在于，相互之间遗传距离更大的群体，会发现他们与前沿群体之间的距离很可能也更大；预期收入差距的关键决定因素，是各群体与前沿群体之间的相对距离，而不是群体之间的绝对遗传距离。因此，如果我们考虑的不是两个群体之间的绝对遗传距离$G(i, j)$，而是它们与技术前沿群体之间的相对遗传距离，我们就能够在收入差距和遗传距离之间寻找到更为显著的相关关系。不妨将这种相对遗传距离定义为：

$$R(i,j)\equiv|G(i,f)-G(j,f)| \tag{3.16}$$

我们的模型预期：相对遗传距离对于收入差距的效应不仅为正，而且也较绝对遗传距离为大。

命题4　群体i和群体j之间的预期收入差距$E\{|\gamma_j-\gamma_i|\}$，是两个群体与前沿群体相对遗传距离$R(i, j)$的增函数。相对遗传距离$R(i, j)$对收入差距的效应较绝对遗传距离$G(i, j)$为大。

命题4的推导：

相对遗传距离为$R(i, j)=g_s$的成对群体之间的预期收入差距为⑨：

$$E\{|\gamma_j-\gamma_i|\parallel R(i,j)=g_s\}=E\{|\gamma_f-\gamma_{1.2}|\}+E\{|\gamma_f-\gamma_{1.3}|\}=\beta\Delta\varepsilon \tag{3.17}$$

⑨　我们利用了前文推导出的结果，即所有同胞群体之间的预期收入差距为$\beta\Delta\varepsilon$。

相对遗传距离为 $R(i, j)=g_c$ 的成对群体之间的预期收入差距为[⑩]：

$$E\{|\gamma_j-\gamma_i| \parallel R(i, j)=g_c\}=\frac{1}{3}\sum_{n=1}^{3}E\{|\gamma_f-\gamma_{2.n}|\}=\frac{3\beta\Delta\varepsilon}{2} \tag{3.18}$$

因此，相对遗传距离从 g_s 增至 g_c 对预期收入差距的影响是：

$$E\{|\gamma_j-\gamma_i| \parallel R(i, j)=g_c\}-E\{|\gamma_j-\gamma_i| \parallel R(i, j)=g_s\}=\frac{\beta\Delta\varepsilon}{2}>\frac{\beta\Delta\varepsilon}{3}>0 \tag{3.19}$$

即相对遗传距离对预期收入差距的效应为正 $\left(\frac{\beta\Delta\varepsilon}{2}>0\right)$，且大于前文推导出来的绝对遗传距离的效应 $\left(\frac{\beta\Delta\varepsilon}{3}\right)$。

以此类推，当相对遗传距离由 $R(i, j)=g_c-g_s$ 变为 $R(i, j)=g_c$ 时，它对预期收入差距的效应同样为正：

$$\begin{aligned}&E\{|\gamma_j-\gamma_i| \parallel R(i, j)=g_c\}-E\{|\gamma_j-\gamma_i| \parallel R(i, j)=g_c-g_s\}\\&=\frac{3\beta\Delta\varepsilon}{2}-\frac{5\beta\Delta\varepsilon}{4}=\frac{\beta\Delta\varepsilon}{4}>0\end{aligned} \tag{3.20}$$

上述结论非常直观：随着与前沿群体的相对遗传距离的增加，预期收入差距也将变大。效应的大小，是垂直传递特质的发散程度（ε）、垂直传递特质的发散程度对创新水平扩散的阻碍程度（β）以及前沿群体的生产率提高程度（Δ）的增函数。

总之，我们的模型具有下述可检验的含义，本文剩余部分将利用实际数据对它们进行经验检验：

（1）相对于前沿群体的相对遗传距离，与人均收入差距正相关；

（2）相对遗传距离对于收入差距的效应，较绝对遗传距离为大。

3.2.4 动态扩展

在上述基准模型中，为了简化分析，我们假设仅在时间点 h 发生一次重大创新。我们现在探讨一种动态情形，即创新会随着时间的推移而不断发生，模型中的创新和模仿都是内生的[⑪]。接着，我们会对该扩展情形的主要发现和基

---

⑩ 我们利用了前文推导出的结果，即每个堂表群体与前沿群体之间的预期收入差距是 $\frac{3\beta\Delta\varepsilon}{2}$。

⑪ 我们的模型主要借鉴了巴罗和萨拉伊马丁（Barro and Sala-i-Martin，1997，2003）、斯波劳雷和瓦兹亚格（Spolaore and Wacziarg，2012a）等文献。

本结论进行简要的讨论。

为简化分析，假设在该动态情形下，各群体在最后阶段即现代（$t \geqslant h$）不再发生变化且人口数量固定（标准化为 1）。更重要的是，我们假设继承性垂直特质在该时间段内不会发生变化。由于垂直特质的变化往往很慢，其持续时间要比技术创新扩散长得多（如果我们关注的是现代经济增长，则尤其如此），故上述假设是一种合理的简化。在时间点 h 之后，在垂直特质中加入很小的随机冲击只会增加数学上的复杂性，但不会影响我们的基本结论。

回到前文提及的六个群体（$i = 1.1$，1.2，1.3，2.1，2.2，2.3），它们从祖辈群体继承到的垂直特质如上文所述，且这些继承性垂直特质在最后阶段（即 $t \geqslant h$）保持不变。时间是连续的，在时间 t，群体 i 中的消费者在标准预算约束下最大化：

$$U_i(t) = \int_s^{\infty} \ln c_i(s) e^{-\rho(t-s)} \mathrm{d}s \tag{3.21}$$

其中，$c_i(t)$ 是消费，$\rho > 0$ 是主观贴现率。假设这两个群体没有实现金融一体化，即每个群体 i 都有自己的真实利率，记为 $r_i(t)$。于是，可求得群体 i 中的最优消费增长率：

$$\frac{\mathrm{d}c_i}{\mathrm{d}t} \frac{1}{c_i(t)} = r_i(t) - \rho \tag{3.22}$$

最终品的生产函数 $\gamma_i(t)$ 是：

$$\gamma_i(t) = \int_0^{A_i(t)} [x_{zi}(t)]^{\alpha} \mathrm{d}z,\ 0 < \alpha < 1 \tag{3.23}$$

其中，$x_{zi}(t)$ 是群体 i 在时间 t 使用的种类为 z 的中间品数量，区间 $[0,\ A_i(t)]$ 度量的是群体 i 在时间 t 能够获得的中间品连续统。每种中间品均由一个垄断性厂商生产。

与前文一样且不失一般性，假设群体 1.1 是技术前沿群体（$f = 1.1$），这意味着对于所有 $i \neq f$，有 $A_f(h) > A_i(h)$。但与前文不同的是，这里的前沿群体会发生内生性创新。借鉴巴罗和萨拉伊马丁（Barro and Sala-i-Martin，1997，2003，第六章和第八章），我们假设在前沿群体中，中间品 z 的发明者能够永久地维持其生产上的垄断地位，故中间品发明者能够以价格 $P_z = 1/\alpha$ 销售产品并在每个时期 t 获得利润流 $\pi = (1-\alpha)\alpha^{(1+\alpha)/(1-\alpha)}$。

在前沿群体中，发明一种新中间品的成本是 η 单位的最终品。创新部门自由进入，意味着真实利率 $r_f(t)$ 必须等于 π/η，且假设它大于 ρ，这就意味着消费增长率是一个固定的常数：

$$\gamma \equiv \frac{\pi}{\eta} - \rho > 0 \tag{3.24}$$

且产出 $\gamma_f(t)$ 和中间品前沿水平 $A_f(t)$ 的增长率同样等于 γ。

其他群体不能直接使用前沿群体 f 发明的中间品，但正如巴罗和萨拉伊马丁（Barro and Sala-i-Martin，1997）所说明的，这些群体为了在当地环境下采用这些中间品必须支付模仿成本 μ_i。我们的核心假设是：模仿成本是模仿群体和前沿群体垂直特质距离的增函数。具体地，我们假设群体 i 的模仿成本是：

$$\mu_i(t)=\lambda e^{\theta V(i,f)}\left(\frac{A_i(t)}{A_f(t)}\right)^{\xi} \tag{3.25}$$

该式基本能够反映我们的基本想法：由于模仿者和发明者之间的垂直特质距离构成了模仿障碍和采纳障碍，$V(i,f)$ 越大意味着模仿成本越高。参数 θ 体现了模仿者和发明者之间的垂直特质差异所引起的模仿成本提高的程度。对于给定的垂直距离，当模仿者 i 可以模仿的中间品种类越多，即 $A_i(t)/A_f(t)$ 很小时，则它所面临的模仿成本就越低。一种比较合理的假设是：最容易模仿的中间品，总会被最先模仿；参数 $\xi>0$ 即反映了技术落后所拥有的这种模仿优势。落后经济体面临的模仿成本究竟更高还是更低，是不少文献争论的问题（参见：Fagerberg，2004），本文的探讨能够为之提供重要启发：正如后文马上要探讨的，按照我们的模型，在稳态中，技术上离前沿越远的经济体，会因为技术差距较大而面临更低的模仿成本（反映在参数 ξ 上），但同时也会因为与前沿经济体的垂直距离更大，而面临着更高的模仿成本（反映在参数 θ 上），故整体上的模仿成本会受到正反两方面的影响。

回到我们的模型。假设为了模仿产品 k 而支付成本 $\mu_i(t)$ 的模仿者，永久性地拥有在群体 i 中生产产品 k 的垄断力，并对产品 k 索要 $P_k=1/\alpha$ 的价格、获取 $\pi=(1-\alpha)\alpha^{(1+\alpha)/(1-\alpha)}$ 的利润。群体 i 的均衡产出水平与中间品 $A_i(t)$ 成比例：$\gamma_i(t)=\alpha^{2\alpha/(1-\alpha)}A_i(t)$。假设模仿部门自由进入，则群体 i 的真实均衡利率为⑫：

$$r_i(t)=\frac{\pi}{\mu_i(t)}+\frac{\mathrm{d}\mu_i}{\mathrm{d}t}\frac{1}{\mu_i(t)} \tag{3.26}$$

在稳态中，模仿成本 μ_i^* 是一个常数，所有群体中的中间品、最终品和消费的增长率均为 γ，都有着与前沿群体相同的增长率。因此，在稳态中，所有群体的真实利率均相同且等于 π/η，所有模仿者的模仿成本完全一样，这意味着：

命题 2⁺ *在稳态中，群体 i 和群体 j 之间的人均收入对数差异 $|\ln\gamma_i^*-\ln\gamma_j^*|$ 是其与前沿群体相对垂直距离 $|V(i,f)-V(j,f)|$ 的函数⑬：*

---

⑫ 推导细节参见：巴罗和萨拉伊马丁（Barro and Sala-i-Martin，1997，2003）。

⑬ 当然，我们也有：$|\ln A_i^*(t)-A_j^*(t)|=|\ln\gamma_i^*(t)-\ln\gamma_j^*(t)|$。

$$|\ln\gamma_i^* - \ln\gamma_j^*| = \frac{\theta}{\xi}|V(i, f) - V(j, f)| \tag{3.27}$$

上述方程的含义非常简单直接：不同群体在全要素生产率和产出方面的长期差异，是其相对模仿成本的增函数，而相对模仿成本又取决于它们与前沿群体之间的相对垂直距离。因此，一个群体与前沿群体之间的垂直特质距离越大，则它在均衡中的人均收入水平就越低。

该动态模型进一步证实了前述简化模型的核心结论。具体而言，只要我们以收入差距$|\gamma_j - \gamma_i|$代替稳态中人均收入对数差异$|\ln\gamma_i^* - \ln\gamma_j^*|$、以$\beta\Delta$代替$\theta/\xi$，则与命题 3 和命题 4 相对应的部分就仍然成立。于是，我们可以把有关结论重新阐述如下：与技术前沿有着不同相对遗传距离的群体，在稳态中将有着不同的人均收入水平。若垂直特质差异与较高的模仿成本（更大的θ值）相结合，则相对遗传距离就会对收入差距产生更大的影响。有趣的是，在技术落后存在更大收益的情况下（ξ值更大），相对遗传距离对收入差距的影响则相对较小。总之，我们可以把相对遗传距离对经济发展的影响扩展至这种动态情形之中。

3.3　经验分析：方法与数据

3.3.1　模型设定与估计

命题 3 和命题 4 是我们对经济发展的长期障碍进行经验研究的理论起点。这两个命题的理论结论表明，如果垂直特质差异是技术扩散的障碍，那么成对国家之间在经济发展和技术水平方面的差距，应该：（1）与这些国家之间的绝对遗传距离相关；（2）与这些国家相对于技术前沿国家的遗传距离更为相关；（3）两个国家相对于前沿国家的遗传距离所产生的影响，应该超过这两个国家之间的简单遗传距离所产生的影响。经济发展障碍模型的经验分析，就是来检验这些结论是否成立。令D_i表示国家i的经济发展水平或技术高级程度，在后文的进一步讨论中，我们还会采用人均收入指标（对于现代社会）、人口密度指标（对于前工业化时期）以及直接度量技术使用情况的指标。令FST_{ij}^W表示国家i和国家j之间的绝对遗传距离。与理论分析部分类似，我们把国家i和国家j与前沿国家的相对遗传距离定义为：$FST_{ij}^R = |FST_{if}^W - FST_{jf}^W|$，其中$f$表示前沿国家。

由命题 3 和命题 4，可设定如下经验方程：

$$|D_i - D_j| = \alpha_0 + \alpha_1 FST_{ij}^{R} + \alpha'_2 X_{ij} + \varepsilon_{ij}^{\alpha} \tag{3.28}$$

$$|D_i - D_j| = \beta_0 + \beta_1 FST_{ij}^{W} + \beta'_2 X_{ij} + \varepsilon_{ij}^{\beta} \tag{3.29}$$

$$|D_i - D_j| = \gamma_0 + \gamma_1 FST_{ij}^{R} + \gamma_2 FST_{ij}^{W} + \gamma'_3 X_{ij} + \varepsilon_{ij}^{\gamma} \tag{3.30}$$

其中，X_{ij}为控制变量向量，主要包括阻碍技术扩散的各种因素，如地理障碍等。模型预期 $\alpha_1 > \beta_1$、$\gamma_1 > 0$、$\gamma_2 = 0$。

本文利用最小二乘法对方程（3.28）至方程（3.30）进行估计。不过，由于各成对国家之间在经济发展和技术水平方面存在差异，方程左端变量的构建会产生一些计量上的问题。以（i，j）和（i，k）这两对国家为例，我们在构建有关变量时，国家 i 的人均收入对数值会出现在两对人均收入对数差中，这就会在误差项中引入某种空间相关性。为了解决这一问题，我们运用了卡梅伦等（Cameron et al.，2006）提出的双向聚类法，对标准误差项进行修正。具体来说，我们在国家 i 和国家 j 水平上对标准误进行聚类处理。与没有进行聚类分析相比，经过聚类修正后的标准误会变得更大一些⑭。

为了更好地解释遗传距离的阻碍效应，我们需要做一些补充性的经验检验，尤其是遗传距离的影响如何随着时间而变化。如果在全球收入分布非常不同的时期，遗传距离仍然能够对经济绩效产生影响，那么就可以更好地验证如下想法：垂直传递的特质，确实能够对生产率产生直接的、稳定的影响。在马尔萨斯时代，由于创新引起的人均收入增加是暂时性的、很快就会被生育率的提高所耗尽［Ashraf and Galor（2011）为此提供了经验证据］，故人口密度就是整体技术水平的适宜度量指标。基于这一考虑，我们对遗传距离对前工业化时代人口密度的影响进行了探究，并一直追溯到了公元1年前后。同时，我们还要研究遗传距离在工业革命前后所产生影响的时间路径。我们的模型预测，由于只有在接近工业革命发源地的地方才采用了新技术，故遗传距离的影响应该在工业革命开始扩散的最初阶段达到峰值；随着越来越多的社会采用了工业化和后工业化的生产模式，这种影响应该是逐渐下降的。

3.3.2 数据

3.3.2.1 遗传距离数据

我们使用的遗传距离数据，来源于卡瓦利－斯福尔扎等（Cavalli-Sforza et

⑭ 构建左端变量时会产生作为副产品的空间相关性。为了处理这一问题，我们在前期研究中采用了多种方法，如引入一组国家虚拟变量等。实证结果对于究竟用哪种方法来控制空间相关性并不敏感。更多细节可参阅斯波劳雷和瓦兹亚格（Spolaore and Wacziarg，2009）。

al.，1994）。该数据集包括全球 42 个按语言分类的族群[15]，其中遗传数据包含 120 个基因座，且按照族群计算出了相应的等位基因频率。我们选择基因座来表示中性基因，即那些由遗传学家确定的、按随机游走而不是按自然选择方式进行扩散的基因。这样，当我们对这些基因进行加总时，按照中性基因得到的遗传距离度量，就能比较好地反映出不同族群的分离时间，亦比较吻合我们在理论模型中使用的遗传距离概念。

我们使用的具体遗传距离度量指标是 F_{ST}遗传距离，又称赖特固定指数[16]。不妨以拥有一个基因座、两种等位基因的两个种群为例，来解释一下该指数的推导过程。假设种群 i 中的个体数量是n_i，两个种群的总人口数是 $n = \sum_{i=1}^{2} n_i$，则种群 i 在总人口中所占的比例为 $w_i = n_i/n$。考虑一个基因座，它拥有两种等位基因：Q 或 q，令 $0 \leqslant p_i \leqslant 1$ 为种群 i 中，等位基因是 Q 的个体的频率，并令 p 为其在总人口中的频率（$p = \sum_{i=1}^{2} w_i p_i$），则种群 i 的杂合度（即一个种群拥有两种不同等位基因的可能性）为 $H_i = 2p_i(1 - p_i)$，两个种群的平均杂合度为 $H_S = \sum_{i=1}^{2} w_i H_i$，所有种群的总杂合度为 $H_T = 2p(1-p)$。由此，我们可以定义赖特固定指数 F_{ST}：

$$F_{ST} = 1 - \frac{H_S}{H_T} = 1 - \frac{n_1 p_1(1-p_1) + n_2 p_2(1-p_2)}{np(1-p)} \tag{3.31}$$

也就是说，赖特固定指数是 1 减去各种群的平均杂合度与总杂合度的比率。如果两个种群有着相同的等位基因频率（$p_1 = p_2$），则有 $H_i = H_S = H_T$，从而 $F_{ST} = 0$。对于完全相反的情形，即每个种群中的个体都有着完全相同的等位基因，但种群之间的等位基因则完全不同（$p_1 = 1 - p_2$），那么就有 $F_{ST} = 1$（完全固定）。一般而言，种群之间的等位基因频率的差异越大，则 F_{ST}的数值就越大。我们可以很容易地对该公式进行扩展，以应用于两种以上等位基因的情形。基因座之间的 F_{ST}可以按照基因座的种类进行平均，故最终得到的 F_{ST}距离实际上是两个种群的关联度的描述统计量。另外，我们在估计 F_{ST}的标准误时可以采用自举法，有关细节可参阅卡瓦利 - 斯福尔扎等（Cavalli-Sforza et al.，1994，第 26 ~ 27 页）：我们的实证分析不仅使用了他们提供的数据，还在如何正确选择等位基因、如何采用合适的抽样方法、如何计算等位基因总杂合度等方面，对这些群体遗传学家多有借鉴。

---

⑮　我们还利用了涵盖欧洲 26 个族群的更详尽数据集。对于欧洲的数据集，我们需要的是国家而非种群层面上的样本，而将它们匹配至国家层面并没有多少工作量。

⑯　我们在早期研究中使用的是根井正利指数（Nei index）。究竟使用哪种指数，并不影响实证结果。

卡瓦利－斯福尔扎等（Cavalli-Sforza et al.，1994）的人类谱系树利用遗传距离构造了一种树状结构，旨在描述70 000多年来人类各群体持续分离的结果。分离时间越靠后，意味着相应群体之间的遗传距离越小。在含有全球42个族群的数据来源中，任意两个族群之间的遗传距离 F_{ST}，最大的是姆布蒂俾格米人和巴布亚新几内亚人之间的0.4573，最小的是丹麦人和英国人之间的0.0021。

遗传距离是在族群层面上计算的，但有必要构建一种国家层面上的度量指标。我们的做法是利用阿莱西纳等（Alesina et al.，2003）国家层面上的种群数据，把卡瓦利－斯福尔扎等（Cavalli-Sforza et al.，1994）基于语言分类的族群匹配到每个国家的种群中去，从而就可以针对从任意成对国家中分别随机抽取一人构成的任意两个人，构造一种新度量，即两个个体之间的期望距离。由此，我们可以得到一种国家1和国家2之间遗传距离的基准度量：

$$FST_{12}^{W} = \sum_{i=1}^{I} \sum_{j=1}^{J} (s_{1i} \times s_{2j} \times FST_{ij}) \tag{3.32}$$

其中，s_{1i}是种群 i 在国家1中所占的比例，s_{2j}是种群 j 在国家2中所占的比例，FST_{ij}是种群 i 和种群 j 之间的遗传距离。该指数还因为格林伯格（Greenberg，1956）而被称为格林伯格指数，并作为语言异质性的度量指标在经济学文献中得到了越来越广泛的应用（如参见：Bossert et al.，2011）⑰。

上面推导出的 FST_{12}^{W}是国家1和国家2之间绝对期望距离的度量。为了与前文中的理论定义保持一致，我们还可以进一步定义这些国家相对于技术前沿国家 f 的相对距离，即：

$$FST_{12}^{R} = |FST_{1f}^{W} - FST_{2f}^{W}| \tag{3.33}$$

最后，值得指出的是，上文把种群匹配到基于语言分类的族群之中时，其实是以当前时期为基点的。当然，我们在计算遗传距离时也可以选择其他时间点，如若以公元1500年为基点，我们可以根据每个国家在1500年的情形，对种群和基于语言分类的族群进行匹配。例如，在针对1500年的匹配中，我们是把澳大利亚人匹配给讲澳大利亚土著语的族群的，而在当前情形中则是把澳大利亚人匹配给讲英语族群和讲土著语族群的某种组合（其中以讲英语的族群为主）。我们在一些历史回归中利用了1500年匹配，或者把1500年匹配作为当前遗传距离的工具变量。此外，我们还利用种群与国家的1500年匹配，分别计算出了绝对遗传距离和相对遗传距离。

⑰ 我们的早期研究使用了国家1和国家2中的最大种群之间的遗传距离。正文中的预期（加权）遗传距离和我们早期使用的这种遗传距离之间的相关性非常高，故在经验分析中究竟使用哪一种度量方法并没有多少差别。

3.3.2.2　度量经济发展和技术水平

为了度量经济发展和技术水平的差异，我们引入了多种度量指标。第一类度量指标是总量指标。对于当前时期，最基本的度量指标是 2005 年人均收入对数值的绝对差额（数据来源于佩恩表 6.3 版）；而对于前工业化时期，我们探究的是人口密度的绝对差异，使用的是公元 1500 年的人口密度数据，数据来源于麦克伊韦迪和琼斯（McEvedy and Jones，1978）。为了探究工业革命时期的遗传距离所产生影响的时间路径，我们利用麦迪逊（Maddison，2003）把人均收入数据追溯到了 1820 年，当然这会损失掉不少样本。

第二类度量指标主要是关于技术使用的各种分类指标，而分类要么按照广延边际（如历史上的技术使用）、要么按照集约边际（如当前的技术使用）来进行[18]。大部分数据源于科明等（Comin et al.，2008，下文取三位作者姓氏首字母简称为 CEG）。CEG 收集了公元前 1000 年、公元 1 年、公元 1500 年和当前（公元 1970 ~ 2000 年）的数据，而为了与可得的遗传距离数据相匹配，我们只使用了公元 1500 年数据和当前数据。1500 年的技术使用数据属于广延边际分类，24 种技术共分为 5 类：军事技术、农业技术、交通技术、通信技术和工业技术。对于每个类别下的每一种技术，如果 1500 年已使用了该技术，则相应国家的得分为 1，否则为 0。先把各类别下的得分加总，然后重新调整为 0 ~ 1 分之间。最后将 5 个类别的技术指数进行简单平均，就可以得到整体上的技术水平指数。

对于 1970 ~ 2000 年的技术使用数据，我们是按照集约边际来进行分类和度量的。数据来源于科明等（Comin et al.，2018）的数据库，基础数据是该数据库中 9 种技术的人均使用强度。对于每种技术来说，一个国家对于该技术的使用强度，用该国对该技术的人均使用水平达到技术前沿国家（美国）的人均使用水平所需要的年数来度量。重新调整该指数，以使得它介于 0 ~ 1 之间，其中 1 表示该国的人均技术使用强度达到了技术前沿国家的水平。所有种类的技术，被分类汇总为前述 5 种技术类别中的 4 种（不包括军事类），进而可以简单地计算出它们的平均值。

最后，我们还试图在更细的分类层面上来度量技术水平，从而能够使得我们在不像 CEG 数据集那样汇总为大类的情形下，对各种具体技术做出更为精细化的分析。为了进行这种更细的分类，我们利用了 CHAT 数据集（Comin and Hobijn，2009），它包括 100 种技术的使用情况。我们把样本限定在 1990 ~

---

[18] 这些技术列示于本文附录。

1999年间至少能够得到50个国家数据的那些技术种类，这样就得到了33种技术并涵盖了医疗、交通、通信、工业和农业等部门。为了与技术使用强度的定义保持一致，我们计算了这33种技术中每一种技术的人均使用强度[19]。如"个人电脑"技术指的是国家 i 和国家 j 在人均电脑拥有量上的绝对差额。对于所有技术，我们都假设美国是技术领导者，事实上，我们在探究各种技术的实际使用强度时发现，该假设对于所有种类的技术都是成立的。

关于技术水平的上述度量指标，我们可以获得国家层面上的数据并计算出相应的指标值，故我们可以计算出各成对国家之间的绝对差额并用于经验分析。

3.3.2.3 度量地理障碍

遗传距离度量与地理距离具有相关性。事实上，人类大约70000年前迁出东非，并先是扩散到亚洲，而后分散到欧洲、大洋洲和美洲。随着早期人类分离出不同的种群，遗传漂变的分子钟开始运转起来，人类的遗传距离开始变得越来越大。可以预期，在未来的太空世界，人类的遗传距离会变得更大，这并不令人感到奇怪。因此，在对创新扩散的人类障碍进行实证估计时，必须对地理距离变量进行控制。与此同时，正如下文拟予详述的，地理距离和遗传距离之间的相关性或许并没有我们预期的那样大，主要原因有二：其一，遗传漂变的发生并非沿着特定的地理轴线。例如，人类种群按照其遗传距离进行排列的一种方式，约略是沿着亚的斯亚贝巴和北京之间的一条直线。从而，遗传距离与作为创新扩散地理障碍的地理距离度量（如半径距离或纬度距离）之间，并没有必要存在严格的对应关系。其二，更为晚期的人口流动打破了遗传距离和地理距离之间的初始关系。欧洲人对部分新世界的征服和随后发生的奴隶贸易，是高度相关的两大人口流动事件，我们对1500年之后人口流动的变化进行了识别和部分（而非全部）控制。

为了反映地理距离的影响，我们使用了多个控制变量，包括：简单的测地距离、经度距离、纬度距离以及多个二值微观地理变量（如某对国家或地区是否相邻、是否是岛屿、是否是内陆国家或地区、是否共临一个海洋等）。我们在每一次回归分析中都包括了这些控制变量，并在稳健性检验中补充了一些其他地理控制变量，如气候差异、大陆效应、货运成本等。

---

[19] 除了现代品种种植面积比例（把它除以人口没有什么意义），我们对其他所有技术都计算了相应的人均值。

3.3.2.4　数据描述与描述统计量

图 3.2 是样本国家同美国之间加权遗传距离与相应的人均收入之间的简单散点图，图 3.3 是排除了测地距离影响之后的散点图（在排除了一系列地理距离测度效应之后，就可以得到这样一张图），它们均表明人均收入与它们同美国之间的遗传距离是负相关的。表 3.1 是样本数据的描述统计量，它有助于我们对回归估计的解释。其中 B 栏显示了基于 145 个国家的 10 440 个国家对之间的相关关系，并提供了不少信息：人均收入对数的绝对差额与成对国家绝对遗传距离之间的相关系数是 19.5%，但与相对于美国的相对遗传距离的相关系数则高达 32.26%，这意味着相对遗传距离比绝对遗传距离能够产生更大的影响，而这正好与我们的障碍模型的理论预测是一致的。最后，正如前文所述，遗传距离（不论是否相对于前沿国家）与测地距离之间的相关性为正，但在数量上较小，这就使得我们可以把谱系障碍的影响从地理障碍的影响中分离出来并进行单独的估计。

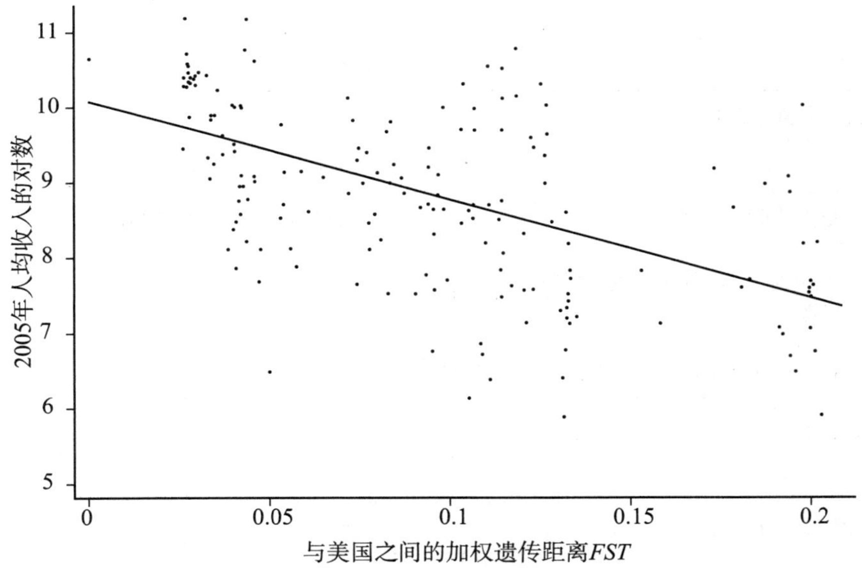

图 3.2　2005 年的收入对数值与相对于美国的遗传距离

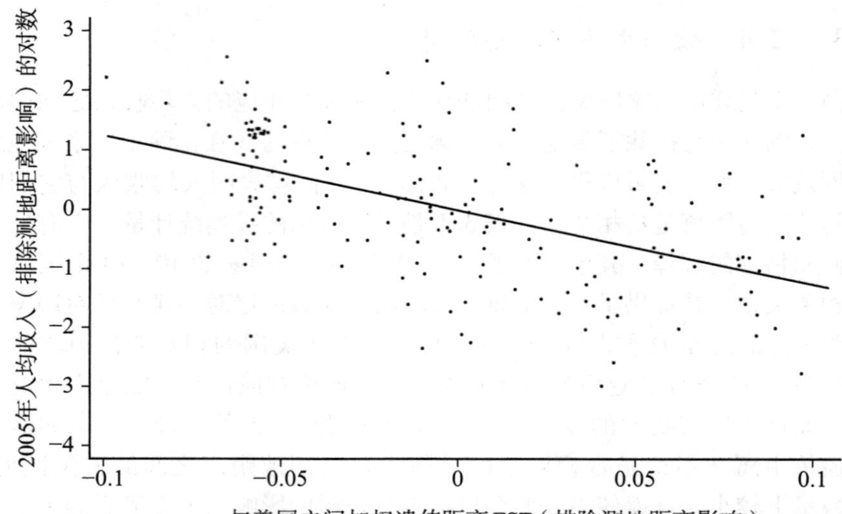

图 3.3　2005 年的收入对数值与相对于美国的遗传距离
（排除相对于美国的测地距离的影响）

表 3.1　　主要变量的描述统计量

A 栏：均值与方差

项　　目	均值	标准差	最小值	最大值
2005 年人均收入对数差	1. 3844	0. 9894	0. 0000241	4. 8775
1500 年相对于英语群体的 *FST* 遗传距离	0. 0710	0. 0555	0	0. 2288
相对于美国的加权 *FST* 遗传距离	0. 0612	0. 0475	0	0. 2127
成对国家之间的加权 *FST* 遗传距离	0. 1124	0. 0818	0	0. 3364
测地距离（千公里）	7. 1349	4. 1330	0. 0105	19. 9512

续表

B 栏：相关性

项　　目	2005 年人均收入对数差	1500 年相对于英语群体的 *FST* 遗传距离	相对于美国的加权 *FST* 遗传距离	成对国家之间的加权 *FST* 遗传距离
1500 年相对于英语群体的 *FST* 遗传距离	0. 2745*	1		
相对于美国的加权 *FST* 遗传距离	0. 3226*	0. 6105*	1	
成对国家之间的加权 *FST* 遗传距离	0. 1950*	0. 2408*	0. 5876*	1
测地距离（千公里）	0. 0126	0. 0644*	0. 0899*	0. 3317*

注：A 栏和 B 栏中样本量为 10 400 个；B 栏中 * 在 5% 水平上显著。

3.4　经济发展的障碍：实证结果

3.4.1　经济发展总量指标的实证结果

3.4.1.1　基准估计

对方程（3. 28）至方程（3. 30）进行的基准估计结果如表 3. 2 所示，它证实了障碍模型的理论预测：在控制了关于地理距离的各种度量之后，人均收入差异与相对遗传距离［列（1）］和绝对遗传距离［列（2）］均显著相关[20]，但相对于技术前沿的遗传距离的影响［列（1）］，在数量上大约是绝对遗传距离［列（2）］的三倍。不论是对于系数的估计还是对于标准化度量（标准化贝塔值，参见表 3. 2 倒数第二行）来说，该结论都成立。当回归中包括所有这两种遗传距离度量时［列（3）］，相对于技术前沿的遗传距离仍然是显著的，但绝对遗传距离则不再显著异于零。就系数大小而言，相对于美国的 *FST* 遗

⑳　斯波劳雷和瓦兹亚格（Spolaore and Wacziarg，2009）在类似的回归分析中，曾加入了多个额外的控制变量用于稳健性检验，包括气候差异、货运成本等。包含这些额外控制变量的回归估计，表明估计结果是稳健的。

传距离每增加一个标准差，则人均收入对数差的标准差就会增加29%。

表3.2　　收入差距回归（被解释变量：2005年人均收入对数差）

项目	(1) 相对遗传距离的OLS估计	(2) 简单遗传距离的OLS估计	(3) 同时包括简单遗传距离和相对遗传距离的OLS估计	(4) 以1500年遗传距离为工具变量
相对于美国的加权*FST*遗传距离	6.290 (1.175)***		6.029 (1.239)***	9.720 (1.974)***
*FST*遗传距离		2.164 (0.596)***	0.275 (0.541)	
绝对纬度差	0.232 (0.245)	0.559 (0.279)**	0.255 (0.248)	0.152 (0.300)
绝对经度差	−0.025 (0.220)	−0.196 (0.240)	−0.007 (0.213)	0.238 (0.247)
测地距离	−0.012 (0.026)	−0.008 (0.027)	−0.016 (0.025)	−0.042 (0.028)
若为邻国则=1	−0.418 (0.060)***	−0.495 (0.060)***	−0.414 (0.061)***	−0.326 (0.069)***
若一方为岛国则=1	0.174 (0.083)**	0.143 (0.083)*	0.174 (0.083)**	0.211 (0.084)***
若一方为内陆国则=1	0.008 (0.085)	0.024 (0.090)	0.005 (0.087)	−0.029 (0.085)
若共临一个海洋则=1	−0.001 (0.067)	0.028 (0.077)	−0.000 (0.067)	−0.024 (0.078)
常数项	1.022 (0.089)***	1.143 (0.086)***	1.017 (0.090)***	0.891 (0.099)***
标准化贝塔（%）	30.18	10.39	28.93	46.49
R^2	0.11	0.07	0.11	0.09

注：括号中的数字是双向聚类标准误。所有回归估计的样本量均为10 440个。* 在0.10水平上显著；** 在0.05水平上显著；*** 在0.01水平上显著。

表 3. 2 中的列（4）是工具变量估计结果，我们在这里以 1500 年相对于英语群体的相对遗传距离，作为当前相对于美国的相对遗传距离的工具变量，主要目的是解决两个问题，即测量误差问题和内生性问题。首先，将遗传距离数据可得的 42 个群体与同期语言组别进行匹配时，很可能会产生测量误差问题。匹配时的主要困难来源于美洲新世界群体：我们有时难以确定，哪些欧洲群体可以与过去的欧洲殖民者后裔进行匹配，哪些非洲群体可以与过去的奴隶进行匹配，以及总人口中的哪些群体是随着时间的推移因混居而产生的混合血统群体（主要出现于拉丁美洲）。与之不同，由于卡瓦利 – 斯福尔扎等（Cavalli-Sforza et al.，1994）提供的数据是对 1492 年（征服新世界并引起人口流动之前）各国各群体收集的细致准确的数据，故遗传种群和多数族裔的 1500 年匹配相对更为简单直接。第二个问题是内生性问题：由于上述新世界征服和奴隶交易，各国之间的遗传距离在 1492 年以后发生了变化。或许由于气候适宜等地理因素的影响，那些适于工业化时代居住的地区，有可能恰好是吸引了某些群体（如欧洲人）去定居的地区；在这种情形下，收入差距就有可能会对遗传距离产生因果性影响，而不是遗传距离对收入差距产生因果性影响。以 500 年滞后期的遗传距离作为工具变量，有助于克服这种内生性。工具变量估计结果如列（4）所示，表明 OLS 方法低估了相对遗传距离的影响：工具变量估计使得相对遗传距离的标准化贝塔系数增加到 46. 49%。由于工具变量估计远远大于最小二乘估计，为保守起见，本文剩余部分将主要依赖于最小二乘估计结果。

3. 4. 1. 2　控制地区效应后的估计结果

为了控制地区效应，我们尝试了多种回归估计，结果如表 3. 3 所示。在列（1）中，我们在回归中加入了所有大洲的虚拟变量，既包括成对国家都位于同一个大洲的虚拟变量（预估能够产生一种降低两国经济绩效差异的效应），又包括这两个国家分别位于两个不同大洲的虚拟变量（进一步说明参见表 3. 3 注）。之所以做这种回归分析，主要是想进一步控制原有的地理距离变量没有充分反映的那些地理因素。不过，由于各大洲的地区效应也许反映了地理障碍，也许部分反映了人类障碍（未必适于用遗传距离来度量），因此这是一种颇有难度的检验。尽管如此，我们在控制了所有 12 个相同大洲和不同大洲虚拟变量之后，遗传距离的影响依然是稳健的：遗传距离的影响，在数值上略有下降但仍较大，且在统计上仍然是高度显著的。

表 3.3　　收入差距回归、地区效应控制和样本拆分

（被解释变量：2005 年人均收入对数差，列（3）为 1870 年）

项目	(1) 大洲虚拟变量	(2) 欧洲：2005 年收入	(3) 欧洲：1870 年收入	(4) 不包括欧洲国家	(5) 控制欧洲人口	(6) 不包括撒哈拉以南非洲
相对于美国的加权 *FST* 遗传距离	3.403 (1.284)**			5.183 (1.232)***	5.624 (1.143)***	4.851 (1.443)***
相对于英语群体的遗传距离		25.920 (11.724)**	27.054 (6.557)***			
欧洲后裔人口比例的绝对差额					0.626 (0.125)***	
常数项	1.541 (0.315)**	0.345 (0.201)*	0.495 (0.154)***	1.006 (0.123)***	0.864 (0.097)***	0.853 (0.071)***
样本数	10 440	253	136	6 328	10 153	5 253
标准化贝塔（%）	16.27	31.28	43.62	24.99	27.15	17.12
R^2	0.20	0.24	0.24	0.08	0.17	0.06

注：括号中的数字是双向聚类标准误。

在表中所有的回归中，均对下述变量进行了控制：绝对纬度差、绝对经度差、测地距离、是否相邻的虚拟变量、是否是岛国的虚拟变量、是否是内陆国的虚拟变量，某成对国家是否共临同一个海洋的虚拟变量。

列（1）包括的大洲虚拟变量，具体定义如下：成对国家中两国均为亚洲国家的虚拟变量、均为非洲国家的虚拟变量、均为欧洲国家的虚拟变量、均为北美国家的虚拟变量、均为拉美或加勒比国家的虚拟变量、均为大洋洲国家的虚拟变量，成对国家中只有一个国家为亚洲国家的虚拟变量、只有一个国家为非洲国家的虚拟变量、只有一个国家为欧洲国家的虚拟变量、只有一个国家为北美国家的虚拟变量、只有一个国家为南美国家的虚拟变量。

* 在 10% 水平上显著；** 在 5% 水平上显著；*** 在 1% 水平上显著。

在列（2）和列（3）中，我们使用了欧洲 26 国不同的遗传距离数据集，而遗传距离的相关度量指标是相对于英语国家（这里使用的是作为工业革命发祥地的英格兰）的 F_{ST}距离，且当我们把它改为相对于德语国家的 F_{ST}距离时并不影响回归结果。我们发现，对于欧洲国家而言，遗传距离确实能够很好地预测人均收入对数的绝对差额。相对于英语国家遗传距离的标准化贝塔系数，其大小同全球样本情形大致相仿，且在统计上高度显著。欧洲有两个基因渐变

群，其中一个渐变群将欧洲分为南北两部分，一个将欧洲分为东西两部分，它们分别与欧洲南部和北部、东部和西部的收入差距有关。由于冷战时期欧洲东西部基因渐变群所涵盖的地区，在铁幕两侧有所重叠，故为了评估这些历史特征是否能够解释遗传距离对经济绩效的全部影响，我们利用东方阵营出现前的1870年收入数据（源于麦迪逊），运用同样的方法再次进行了回归分析。我们发现，遗传距离在工业革命发生不久后的影响实际上更大，其标准化贝塔系数值几乎增至44%。在利用当前数据进行的回归中，实证结论有可能反映了铁幕把欧洲分为斯拉夫和非斯拉夫两部分的事实，而我们利用1870年历史数据进行的回归分析则有助于缓解这种担忧。另外，正如后文拟进一步探讨的，前沿国家之外的那些国家对前沿技术的采用，往往与它们与前沿国家之间的遗传距离有关，这意味着遗传距离在重大创新时期的影响应该更大，这与前文提及的障碍机制也是高度一致的。总之，当我们把样本限定为能够更好地度量遗传距离的欧洲国家时，有关效应仍然成立。

由于本文的基本结论对于欧洲国家是成立的，且非常强健，那么是否存在这样的可能：样本中欧洲国家的影响太大，以至于主导了全球样本的实证结论？为了检验这种可能性，我们在列（4）中删除了成对国家中至少包含一个欧洲国家的样本，发现同基准情形相比，相对于美国的遗传距离的标准化贝塔系数值从30%降至25%，但仍然是较大且统计显著的，这就说明有关结论并非仅仅源于欧洲因素。为进一步表明这一点，我们在列（5）中利用普特曼和韦尔（Putterman and Weil，2010）的迁移矩阵数据，对欧洲裔人口比例的绝对差额进行了控制，即在回归中对欧洲因素进行了更充分的控制，结果表明欧洲裔人口的绝对差额对人均收入差距的影响为正且在统计上显著，并且纳入该因素后的回归结果仅使得相对遗传距离的标准化效应略降至27%。于是，我们可以得出结论：不论是样本中是否包括欧洲国家，还是在回归中是否考虑到欧洲人和其他种群之间的基因差异，都不会对回归结果产生主导性的影响。

最后一个与地理因素有关的问题是：撒哈拉沙漠以南非洲是否主导了我们的实证分析结论。撒哈拉沙漠以南的非洲人与世界其他种群的遗传距离较大：70000年前发生的走出非洲大迁移，是现代人离开非洲的首次大进军，故非洲和世界其他地区的种群之间有着时间最久的遗传漂变。同时，撒哈拉以南地区的人群有着全球最低的人均GDP水平。尽管非洲的贫穷在某种程度上与它同世界其他地区之间的较大谱系距离所引起的技术传递障碍有关，但我们仍有必要考虑一下，撒哈拉以南非洲是否完全主导了我们的回归结果。为了解决这一问题，我们在表3.3列（6）中删除了成对国家中任一方为撒哈拉以南非洲国家的样本。我们发现，遗传距离的影响略有下降，但仍为正且统计显著，其标准化贝塔值为17%，在数值上仍然不小。再加上我们在欧洲样本中得到的强健结论，基本可以消除撒哈拉以南非洲主导了回归结果的忧虑。

3.4.1.3 历史分析

现在，我们转而对整体经济绩效的决定因素进行历史分析，目标主要有二：其一，评估遗传距离的效应在不同时期的稳健性；其二，描述遗传距离的标准化效应自工业革命以来的演进路径。在我们的障碍模型中，诸如工业革命这样的一项重大创新，应该使得相对遗传距离对经济发展的影响在模式上有一种独特性。具体而言，前沿国家发生工业革命后，开始时的遗传距离效应应该是非常大的；而随着越来越多的国家出现工业革命，这种效应应当是逐渐减弱的。现在，我们把前沿国家重新定义为英国（讲英语的群体）[21]，这对于我们拟探究的时期来说也是比较恰当。

表3.4显示了历史上的经济发展差异与遗传距离之间的两两相关性。对于1500年，我们利用1500年匹配数据探究了相对于英语群体的相对遗传距离与人口密度之间的相关性；对于1820年至今，我们探究了不同时期相对于英国的加权遗传距离与相应各期人均收入对数值的绝对差额之间的相关性[22]。简单的相关性分析，可得出如下结论：其一，有关数据表明，经济格局具有某种持久性。尽管我们采用了不同的度量指标，但即使是1500年的人口密度绝对差额与2005年的人均收入对数值的绝对差额之间，仍然有着12%的相关性，而各种收入度量指标之间的相关性则要大得多（如1820年和2005年收入差距之间的相关系数是33%）。其二，遗传距离与所有时期经济绩效差异之间的相关性都是正的，且在统计上是显著的。例如，1500年人口密度绝对差额与1500年相对于英语群体的相对遗传距离之间的相关系数是16%，而2005年则升至32%（由于不同时期的样本不同，故对表3.4中的数值进行比较时必须特别小心，当然1500年和2005年的样本是非常接近的）。总体而言，尽管各国经济格局在过去500年间发生了不少变化，但简单的相关性分析却能够表明，所有时期的遗传距离和经济发展均存在相关性。

㉑ 这种选择并不是至关紧要的。事实上，由于美国人主要由来自西欧的人口组成，他们要么是讲英语的群体，要么是讲非常接近于英语语言的群体，故相对于讲英语群体的相对遗传距离和相对于美国的相对遗传距离是高度相关的。实际上，按照全球标准衡量，西欧人群之间的遗传距离是如此之小，以至于选择哪一个西欧群体作为技术前沿群体，在实证检验中几乎没有什么区别。例如，对于1500年的样本，如果我们以意大利作为技术前沿国家，实证结论基本保持不变。

㉒ 对于1500年之前的时期，尽管我们有少许人口密度数据，但仍缺乏合适的遗传距离数据。至少，我们的障碍模型能否适用于地理因素严重阻碍创新扩散的时期，并不是很清楚（狭小区域也许可以除外）。

表 3.4　　经济发展的历史度量指标之间的两两相关性

项目	相对于英语群体的相对遗传距离，1500 年	相对于英国的相对遗传距离，当前	人口密度的绝对差异，1500 年	收入对数的绝对差异，1820 年	收入对数的绝对差异，1870 年	收入对数的绝对差异，1913 年	收入对数的绝对差异，1960 年
相对于英国的加权相对遗传距离，当前	0.6205* (10 585)	1 (10 585)					
人口密度的绝对差异，1500 年	0.1594* (10 153)	0.0461* (10 153)	1 (10 153)				
收入对数的绝对差异，1820 年	0.1763* (1 035)	0.1327* (1 035)	0.1701* (990)	1 (1 035)			
收入对数的绝对差异，1870 年	0.1360* (1 485)	0.1811* (1 485)	0.1125* (1 378)	0.6117* (1 035)	1 (1 485)		
收入对数的绝对差异，1913 年	0.0840* (1 653)	0.1839* (1 653)	0.0739* (1 540)	0.5411* (1 035)	0.8996* (1 485)	1 (1 653)	
收入对数的绝对差异，1960 年	0.2347* (4 753)	0.3229* (4 753)	0.1242* (4 560)	0.4018* (820)	0.6154* (1 035)	0.7201* (1 176)	1 (4 753)
收入对数的绝对差异，2005 年	0.2745* (10 440)	0.3228* (10 440)	0.1173* (10 011)	0.3297* (990)	0.4722* (1 431)	0.4844* (1 596)	0.6199* (4 753)

注：* 在 5% 水平上统计显著；括号中的数字是样本量。

回归结果如表 3.5 所示，各列分别是不同时期的收入水平。在所有各列中，相对于英国的遗传距离的系数均为正且在统计上显著。也就是说，对于不同时期的收入水平以及马尔萨斯时代关于经济发展水平的不同度量指标而言，遗传距离的影响都是稳健的。表 3.5 倒数第二行显示的是在 820 个国家和地区对（共 41 个国家和地区，也是我们可以得到所有时期收入数据的国家和地区）组成的样本中，遗传距离的标准化效应随着时间的演变状况。与采用无约束样本相比，该遗传距离的标准化效应会稍微小一点，部分原因在于这 41 个国家和地区中只包括一个撒哈拉沙漠以南的非洲国家（该国是南非，它相对比较富裕）。尽管如此，把样本限定为可以得到所有时期收入数据的全部成对国家和地区仍然是有用的，因为它使得我们能够对不同时期的遗传距离标准化效应的大小进行比较，具体数值如图 3.4 所示。

表 3.5　　基于历史收入数据的回归

项目	(1) 1500 年人口密度	(2) 1820 年收入	(3) 1870 年收入	(4) 1913 年收入	(5) 1960 年收入	(6) 2005 年收入
相对于英国的 *FST* 遗传距离（1500 年匹配）	29.751 (7.168)***					
相对于英国的 *FST* 遗传距离（加权）		0.671 (0.344)*	1.691 (0.836)**	1.984 (0.907)**	3.472 (0.783)**	5.075 (0.941)**
常数项	6.693 (0.981)***	0.313 (0.063)**	0.365 (0.076)**	0.421 (0.064)**	0.478 (0.077)**	1.017 (0.088)**
样本数	10 153	1 035	1 485	1 653	4 753	10 440
标准化贝塔（%），最大的样本	17.77	8.75	15.02	15.02	28.82	30.58
标准化贝塔（%），有限制的样本	—	9.89	16.30	17.36	11.15	7.49
R^2	0.07	0.22	0.16	0.17	0.17	0.11

注：括号中的数字是双向聚类标准误。

在表中所有的回归中，均对下述变量进行了控制：绝对纬度差、绝对经度差、测地距离、是否相邻的虚拟变量、是否是岛国（地区）的虚拟变量、是否是内陆国的虚拟变量，某成对国家（地区）是否共临同一个海洋的虚拟变量。

1500 年人口密度数据来源于麦克伊韦迪和琼斯（McEvedy and Jones，1978），1820 年、1870 年和 1913 年的收入数据来源于麦迪逊（Maddison，2003），1960 年和 2005 年收入数据来源于佩恩表。

列（2）至列（6）的有限制样本包括 41 个国家和地区构造的 820 个国家和地区对，这 41 个国家和地区是：阿尔及利亚、澳大利亚、奥地利、比利时、巴西、加拿大、中国、丹麦、埃及、芬兰、法国、希腊、印度、印度尼西亚、伊朗、爱尔兰、意大利、牙买加、日本、约旦、韩国、马来西亚、墨西哥、摩洛哥、尼泊尔、荷兰、新西兰、挪威、菲律宾、葡萄牙、南非、西班牙、斯里兰卡、瑞典、瑞士、叙利亚、泰国、土耳其、美国、英国和中国台湾。

* 在 10% 水平上显著；** 在 5% 水平上显著；*** 在 1% 水平上显著。

图 3.4　不同时期的遗传距离标准化效应（1820～2005 年）

图 3.4 进一步印证了我们的障碍模型。正如我们最初的预测一样，遗传距离效应确实是从 1820 年左右的适中水平逐渐增大，到 1913 年达到峰值（约增加了 75%），其后逐步回落。也就是说，在与英国的遗传距离相对较小的那些国家和地区逐渐步入工业革命的最初几十年，遗传距离的效应是最大的；其后，随着越来越多的国家和地区步入工业化，该效应稳步下降。

3.4.2　关于具体技术的实证结果

前述分析关注的是整体生产率差异的决定因素。对于工业革命扩散之类重大创新的一般性趋势而言，这种分析是非常有用的。不过，我们的模型同样可用于分析更为具体的特定技术的扩散。事实上，如果我们的实证结论仅适用于经济发展或技术水平的总量指标，但不能扩展至更为具体的各类技术，那么就有可能出现对下述假设的质疑：遗传距离的主要作用，是阻碍技术在拥有不同历史文化的社会之间的传递。在本小节中，我们将利用各种具体技术使用方面的数据来回答这一质疑。

表3.6从CEG数据库中有关变量的描述统计量入手。A栏内容主要是为了解释下文中的回归结果，而B栏本身就已包含了不少有趣的信息，主要有：其一，1970～2000年不同技术类别之间的技术使用强度差异存在相关性，但这种相关是不完全的相关。其二，技术使用强度的差异与人均收入正相关，但相关系数随着技术类别的不同而介于0.4～0.7之间，这意味着这些变量度量的并不是完全相同的东西。换句话说，我们采用的技术使用差异度量，并不能简单地反映出整体经济绩效的差异。其三，技术使用强度差异与相对于技术前沿的遗传距离的相关性，要大于它同绝对遗传距离的相关性。实际上，前者始终为正且在统计上显著，后者则几乎趋近于零。

表3.6　遗传距离与技术使用水平的描述统计量

A栏：均值与方差

项目	样本量	均值	标准差	最小值	最大值
农业部门平均技术使用（1970～2000年）	6 105	0.1998	0.2327	0	0.8553
通信部门平均技术使用（1970～2000年）	7 381	0.2601	0.1894	0	0.7911
交通部门平均技术使用（1970～2000年）	6 441	0.1986	0.1600	0	0.8443
工业部门平均技术使用（1970～2000年）	5 565	0.3005	0.2153	0	1.0278
各部门平均技术使用指数（1970～2000年）	7 503	0.2129	0.1807	0	0.8378
绝对收入对数差（2005年）	10 440	1.3844	0.9894	0	4.8775
相对于美国的加权*FST*遗传距离	10 585	0.0611	0.0473	0	0.2127
简单*FST*遗传距离	10 585	0.1126	0.0816	0	0.3364

续表

B 栏：两两相关性

项目	农业部门平均技术使用（1970～2000 年）	通信部门平均技术使用（1970～2000 年）	交通部门平均技术使用（1970～2000 年）	工业部门平均技术使用（1970～2000 年）	各部门平均技术使用指数（1970～2000 年）	绝对收入对数差（2005 年）	相对于美国的加权 F_{ST} 遗传距离
通信部门平均技术使用（1970～2000 年）	0.5550* （5 886）	1 （7 381）					
交通部门平均技术使用（1970～2000 年）	0.5308* （5 356）	0.4331* （6 216）	1 （6 441）				
工业部门平均技术使用（1970～2000 年）	0.5396* （5 460）	0.6335* （5 460）	0.5192* （5 050）	1 （5 565）			
各部门平均技术使用指数（1970～2000 年）	0.7615* （5 995）	0.7010* （7 260）	0.7591* （6 441）	0.7735* （5 565）	1 （7 503）		
绝对收入对数差（2005 年）	0.4106* （6 105）	0.5619* （7 381）	0.4662* （6 441）	0.7210* （5 565）	0.6521* （7 503）	1 （10 440）	
相对于美国的加权 *FST* 遗传距离	0.1301* （6 105）	0.1877* （7 381）	0.1248* （6 441）	0.2958* （5 565）	0.1975* （7 503）	0.3226* （10 440）	1 （10 585）
简单 *FST* 遗传距离	−0.0562* （6 105）	0.0862* （7 381）	−0.0409* （6 441）	0.1407* （5 565）	0.0042 （7 503）	0.1950* （10 440）	0.5859* （10 585）

注：* 表示在 5% 水平上统计显著；括号中的数字是样本量。
资料来源：科明等（Comin et al.，2010）。

表3.7是控制了地理距离之后的回归分析结果。相对于技术前沿的遗传距离的系数，在所有情形中均为正，且对于四种技术类别中的三种以及整体技术指数都是在5%水平上统计显著的。遗传距离唯一不显著的技术类别是农业技术。一种可能的解释是，对于样本所涵盖的时期来说，农业技术已在包括大多数发展中国家在内的全球范围内得到了广泛应用，故我们已经检测不到遗传距离对于农业技术使用的阻碍作用。在表3.8中，我们还在解释变量中增加了成对国家和地区之间的绝对遗传距离，并按照同样的方法进行了回归分析[㉓]，发现相对遗传距离效应总是大于绝对遗传距离效应，且后者不仅在符号上会从正变为负，而且多数情形下在统计上不再显著。因此，当我们除了经济发展的总量指标外，进一步考虑技术使用强度指标时，方程（3.30）所表明的障碍机制仍然成立。

表3.7　技术距离与遗传距离（1970～2000年）［被解释变量：科明等（Comin et al.，2010）采用的技术使用指标］

项目	(1)	(2)	(3)	(4)	(5)
	农业技术	通信技术	交通技术	工业技术	整体技术
相对于美国的加权F_{ST}遗传距离	0.402 (0.268)	0.500 (0.212)**	0.608 (0.185)***	1.149 (0.288)***	0.745 (0.216)***
绝对纬度差	0.687 (0.121)***	0.274 (0.066)***	0.306 (0.057)***	0.329 (0.081)***	0.361 (0.082)***
绝对经度差	0.405 (0.129)***	0.089 (0.055)	0.305 (0.072)***	0.174 (0.069)**	0.243 (0.088)***
测地距离	-0.050 (0.014)***	-0.016 (0.006)**	-0.036 (0.008)***	-0.024 (0.007)***	-0.032 (0.010)***
若为邻国则=1	-0.050 (0.014)***	-0.077 (0.012)***	-0.053 (0.013)***	-0.090 (0.018)***	-0.071 (0.012)***
若一方为岛国（地区）则=1	0.118 (0.077)	0.057 (0.027)**	0.093 (0.047)**	0.062 (0.023)***	0.116 (0.048)**
若一方为内陆国则=1	-0.007 (0.028)	0.018 (0.017)	-0.008 (0.011)	0.013 (0.023)	-0.016 (0.014)

㉓ 若需要，作者可提供实证分析的详细结果。

续表

项目	(1)	(2)	(3)	(4)	(5)
	农业技术	通信技术	交通技术	工业技术	整体技术
若共临一个海洋则=1	0.036 (0.027)	-0.010 (0.015)	0.014 (0.015)	0.001 (0.020)	0.009 (0.019)
常数项	0.089 (0.029)***	0.199 (0.018)***	0.148 (0.018)***	0.198 (0.023)***	0.147 (0.018)***
样本数	6 105	7 381	6 441	5 565	7 503
标准化贝塔（%）	8.38	12.73	18.68	25.97	19.81
R^2	0.25	0.10	0.14	0.16	0.17

注：括号中的数字是双向聚类标准误。* 在10%水平上统计显著；** 在5%水平上统计显著；*** 在1%水平上统计显著。

表3.8　　技术距离与遗传距离（1500年）[被解释变量：科明等（Comin et al.，2010）采用的技术使用指标]

项目	(1)	(2)	(3)	(4)	(5)	(6)
	农业技术	军事技术	通信技术	交通技术	工业技术	整体技术
相对于英语群体的加权 F_{ST} 遗传距离	0.551 (0.281)*	1.752 (0.326)***	1.279 (0.288)***	1.926 (0.299)***	1.673 (0.271)***	1.524 (0.229)***
绝对纬度差	0.189 (0.096)**	0.383 (0.094)***	0.758 (0.092)***	0.172 (0.064)***	0.138 (0.061)**	0.377 (0.065)***
绝对经度差	-0.329 (0.082)***	-0.018 (0.066)	-0.017 (0.068)	-0.039 (0.048)	0.061 (0.091)	-0.066 (0.061)
测地距离	0.049 (0.010)***	0.009 (0.010)	0.009 (0.008)	0.014 (0.007)**	0.048 (0.010)***	0.025 (0.007)***
若为邻国则=1	0.037 (0.026)	-0.025 (0.019)	-0.042 (0.024)*	-0.006 (0.021)	0.023 (0.025)	0.014 (0.014)
若一方为岛国（地区）则=1	-0.049 (0.058)	-0.087 (0.029)***	-0.095 (0.053)*	-0.073 (0.020)***	-0.180 (0.031)***	-0.092 (0.024)***

续表

项目	(1)	(2)	(3)	(4)	(5)	(6)
	农业技术	军事技术	通信技术	交通技术	工业技术	整体技术
若一方为内陆国则=1	0.017 (0.026)	-0.051 (0.018)***	-0.020 (0.016)	-0.048 (0.011)***	0.006 (0.023)	-0.022 (0.011)**
若共临一个海洋则=1	-0.006 (0.020)	-0.105 (0.034)***	-0.018 (0.033)	-0.046 (0.029)	0.050 (0.029)*	-0.019 (0.025)
常数项	0.082 (0.034)**	0.166 (0.036)***	0.086 (0.026)***	0.069 (0.024)***	-0.126 (0.039)***	0.016 (0.020)
样本数	5 253	5 886	5 886	5 253	5 253	5 886
标准化贝塔（%）	10.41	29.26	19.95	41.81	25.27	31.63
R^2	0.23	0.27	0.36	0.32	0.46	0.44

注：括号中的数字是双向聚类标准误。* 在10%水平上统计显著；** 在5%水平上统计显著；*** 在1%水平上统计显著。

表3.8通过探究1500年技术使用差异（广延边际）的决定因素，对此提供了历史经验证据。与前文一样，我们以英语群体作为技术前沿（正如前文所示，如果我们以意大利人作为技术前沿，实证结论并没有什么不同，而1500年左右的意大利可以说是世界上技术水平最高的国家）。对于1500年的样本来说，我们有5种而非4种技术类别，外加整体技术指数。回归结果表明，相对于英语群体的遗传距离的系数在所有情形下均为正，且至少在10%水平上统计显著，而6列中共有5列的显著水平为1%（同前面的分析一样，农业技术的显著性最弱）。考虑到对1500年技术使用水平的度量较为粗略，只是在有关国家中简单地统计了一下在当时的24种技术中拥有哪几种并按照功能类别大致分类，故有关实证结论尤为难能可贵。不仅如此，我们还同前文一样，对相对遗传距离和绝对遗传距离进行了比较[24]，我们再次在6个指标中的5个指标中，发现相对遗传距离总是超过绝对遗传距离的影响：对于后一种情形而言，不仅符号与理论预期相反，而且要么系数值很小，要么统计上的显著水平很低。毫不意外，例外的还是农业技术。

㉔ 若需要，作者可提供实证分析的详细结果。

最后，我们从CHAT数据库中挑选了33种技术并进行了相同的回归分析，结果如表3.9所示。对于每种技术，该表报告了相对于美国的遗传距离的系数、样本量（国家和地区数）、遗传距离的标准化贝塔系数和R^2（得自控制了一组标准的地理变量后的回归）。针对不同技术的回归结果当然会有所不同，但我们仍然有不少有趣的发现：（1）在每一种情形中，遗传距离对于技术使用强度差异的系数都是正的；（2）在33种情形中，遗传距离的系数在22种情形中的显著水平为10%，在19种情形中的显著水平为5%；（3）遗传距离效应在农业技术和工业技术中最强，在交通技术和医疗技术中最弱；（4）对于统计上显著的标准化效应而言，其大小大致介于8%～24%之间，虽稍小但与我们利用整体生产率度量或CEG数据库中得到的结果基本一致㉕。

表3.9　技术距离与相对遗传距离的双边回归（33种技术）（CHAT数据集，1990～1999年取均值）

项目		相对于美国的加权F_{ST}遗传距离	样本数（国家和地区数）	标准化贝塔（%）	R^2
农业技术	（1）收割机	2.044 （1.134）*	3 486 （84）	5.91	0.17
	（2）农用拖拉机	19.615 （8.245）**	5 778 （108）	9.05	0.25
	（3）施肥公吨数	73.393 （23.062）***	5 778 （108）	11.68	0.23
	（4）灌溉面积	0.453 （0.276）*	5 565 （106）	7.21	0.03
	（5）现代品种种植面积比例	0.182 （0.080）**	3 321 （82）	7.20	0.02
	（6）农药公吨数	0.738 （0.893）	4 465 （95）	2.62	0.12

㉕　我们还对33种技术中的绝对遗传距离和相对遗传距离进行了比较。在相对遗传距离在10%水平上显著的22种技术中，17种技术的相对遗传距离效应为正且统计显著；至于绝对遗传距离，绝大多数情形下统计不显著或者符号为负。

续表

项目		相对于美国的加权 F_{ST} 遗传距离	样本数（国家和地区数）	标准化贝塔（%）	R^2
交通技术	（7）民航客运公里数	0.484 （0.254）*	3 828 （88）	11.29	0.21
	（8）铁路线路里程	0.397 （0.275）	4 656 （97）	5.26	0.28
	（9）铁路运输吨数	2.330 （1.421）	4 005 （90）	10.63	0.16
	（10）乘用车数量	0.245 （0.082）***	5 886 （109）	15.88	0.26
	（11）商用车数量	0.066 （0.025）***	5 050 （101）	23.50	0.29
医疗技术	（12）医院床位数	1.481 （4.319）	5 565 （106）	1.31	0.17
	（13）1岁前百白破疫苗接种	0.137 （0.156）	5 778 （108）	3.54	0.01
	（14）1岁前麻疹疫苗接种	0.141 （0.162）	5 778 （108）	3.71	0.01
通信技术	（15）有线电视	74.485 （56.305）	4 753 （98）	4.23	0.16
	（16）移动电话	0.109 （0.044）**	5 778 （108）	8.21	0.12
	（17）个人电脑	0.247 （0.099）**	4 950 （100）	12.53	0.21

续表

项目		相对于美国的加权 F_{ST} 遗传距离	样本数（国家和地区数）	标准化贝塔（%）	R^2
通信技术	（18）互联网	0.192 （0.072）***	5 778 （108）	14.25	0.28
	（19）邮件	0.097 （0.074）	2 346 （69）	11.00	0.21
	（20）报刊发行量	0.245 （0.101）**	5 886 （109）	10.43	0.25
	（21）收音机	0.064 （0.139）	5 886 （109）	1.87	0.12
	（22）电报	0.312 （0.260）	2 211 （67）	5.74	0.07
	（23）电话主线	0.185 （0.067）***	5 886 （109）	11.54	0.28
	（24）电视机	0.492 （0.141）***	5 886 （109）	18.78	0.31
工业技术及其他	（25）发电量：千瓦时	34.477 （13.849）**	5 565 （106）	8.16	0.23
	（26）自动织机数	0.828 （0.304）***	3 570 （85）	11.19	0.06
	（27）总织机数	1.200 （0.361）***	3 570 （85）	8.95	0.08

续表

项目		相对于美国的加权 F_{ST} 遗传距离	样本数（国家和地区数）	标准化贝塔（%）	R^2
工业技术及其他	（28）电弧炉粗钢产量	0.091 (0.031)***	2 278 (68)	8.10	0.08
	（29）纺纱用人造（纤维素）纤维	0.425 (0.354)	2 145 (66)	3.89	0.10
	（30）纺纱用合成（非纤维素）纤维	2.045 (0.819)**	2 145 (66)	9.89	0.20
	（31）纺纱用所有种类纤维	7.832 (2.759)***	2 850 (76)	12.10	0.07
	（32）酒店等旅客床位数	24.245 (7.518)***	5 565 (106)	9.31	0.10
	（33）酒店等旅客房间数	13.518 (3.884)***	5 778 (108)	10.50	0.10

注：括号中的数字是双向聚类标准误。

除非括号中有特别说明，被解释变量均为国家（地区）i 和 j 之间人均技术绝对差额。

所有回归中均包括如下控制变量：绝对纬度差、绝对经度差、测地距离、若为邻国则 =1、若一方为岛国（地区）则 =1、若一方为内陆国则 =1、若共临一个海洋则 =1。

* 在10%水平上统计显著；** 在5%水平上统计显著；*** 在1%水平上统计显著。

以上对于更具体的技术而非经济整体生产率的实证分析，为人类障碍的重要性提供了进一步的经验证据。我们不仅发现，相对于技术前沿的遗传距离是1500年和当前技术使用差异的可靠预测指标，而且我们还发现相对遗传距离的影响通常超过绝对遗传距离的影响。遗传距离能够解释技术使用差异的事实表明，前文提及的整体层面上的结论，在很大程度上可以由不同群体之间的历史分离所造成的前沿技术使用障碍来解释。

3.5　种群世系与长期经济发展

本节拟结合斯波劳雷和瓦兹亚格（Spolaore and Wacziarg，2013）[26] 的讨论，对作为国民财富决定因素的种群世系的作用做进一步讨论。我们的基本观点是：文化特质在一个社会中的代际传递，对经济格局的持久性具有重要作用。不过，这些特质的具体传递方式，却可以表现出非常不同的形式。在前文的模型中，我们认为不同的垂直传递特质，会形成一种国家之间创新扩散的障碍。我们发现了许多支持这种观点的证据：不论是整体生产率，还是一直追溯到1500年的各种技术创新，确实都表明了这一点。不过，对于为何会出现这些技术创新，本文迄今为止的探讨并不多。不过，已经有文献初步探讨了特质在促进创新、从而提高生产率方面的直接效应。另外，对于能够促进经济繁荣的特质的基本性质和具体传递路径，本文的讨论同样不多。这些特质可以发生文化性传递、生物性传递或文化生物互动式传递。

我们分几步对此予以探讨。首先，对越来越多的关于国民财富持久性的文献进行扼要综述。我们认为，由于特质的代际传递要比它们在不同社会之间的传递容易得多，故特质的代际传递与国民财富的持久性密不可分。也就是说，我们在解释国民财富时，种群世系是一个不可忽略的重要方面。其次，为了理解种群世系发挥作用的方式，我们引入了一种分类方法，一方面对垂直特质的阻碍效应和直接效应进行了区分，另一方面还把特质的传递模式分为文化性传递、生物性传递和混合性传递等三种模式。最后，我们结合近期文献提供了几个实例，以进一步揭示种群世系发挥作用的不同方式。

3.5.1　持久性与大逆转：种群世系的作用

对于经济发展长期根源的讨论，通常是从地理因素开始的。大量文献发现，经济发展和地理因素（如纬度、气候和疾病环境等）之间存在强相关性[27]。戴蒙德（Diamond，1997）在论述欧亚（尤其是欧洲）在长期经济发展

[26] 对文化特质与经济发展之间关系的讨论，部分参考了斯波劳雷（Spolaore，2014）。

[27] 例如，气候和温度方面，参见：缪尔达尔（Myrdal，1968）、卡马克（Kamarck，1976）、马斯特斯和麦克米伦（Masters and McMillan，2001）以及萨克斯（Sachs，2001）；疾病环境方面，参见：布卢姆和萨克斯（Bloom and Sachs，1998）、萨克斯等（Sachs et al.，2001）、萨克斯和马拉内（Sachs and Malaney，2002）；自然资源方面，参见：萨克斯和沃纳（Sachs and Warner，2001）。

中所享有的优势时，注意到了地理因素与经济发展之间的相关性，并将其作为重要基础。表面上看，地理因素是持久性的一种很方便的解释，这是因为地理难以发生大的改变，故可以把这种不可改变的因素视为国民财富具有持久性的首要原因。然而，这种观点无疑过于简单化了，原因至少有二：其一，地理因素对经济发展的影响是可以改变的，它取决于究竟采用何种生产技术。地理特征对于农业社会的 GDP 非常重要，但对工业社会却未必如此。其二，地理因素影响经济发展的方式，目前有各种各样的解释。地理因素可以直接发挥作用（如高疾病负担会降低生产率），也可以通过历史遗留而产生间接影响。尽管存在这两种途径，但越来越多的文献开始集中于后一种途径。

实际上，戴蒙德（Diamond，1997）较早地指出，大陆形状、可驯化动植物的可得性等地理因素，或许同当前的经济发展没有太多的直接关系。然而，由于这些地理因素使得欧亚种群或许在经济发展方面拥有了某种先发优势，且由于这些优势已经持续了数代人，使得欧洲人能够征服新世界（以及旧世界的许多地方）并长期处于世界收入分配的顶端。自从阿西莫格鲁等（Acemoglu et al.，2002）这篇开创性论文发表以来，这种看法得到了广泛的认同。阿西莫格鲁等指出，前殖民地国家在 1500 年和当前之间所经历的财富逆转，与地理因素的直接影响并不一致：那些 500 年前使得国家陷于贫穷的地理因素，应该使得这些国家在目前仍然贫穷，然而世界上却有相当比例的国家在后来实现了财富逆转。该文提出了一种地理因素的间接效应，即通过制度发生作用：在欧洲人选择定居的地方，他们带来了好的制度，而这就是经济发展的最根本原因；而在欧洲人选择剥削和榨取的地方，他们遗留下的制度对经济发展造成了负面影响。

不过，这种解释也引发了广泛的争论。如格莱泽等（Glaeser et al.，2004）指出："定居在新世界的那些欧洲人，带来的可能主要不是制度，而是他们自身，即他们所拥有的人力资本。这种理论上的模糊性与有关经验证据是一致的"。我们可以做进一步推论，即定居在新世界的那些欧洲人带来的是一整套垂直传递的特质，如制度、人力资本、规范、价值观和偏好等。根据垂直特质的定义，这些特质更容易传递给那些欧洲人的后裔，而不是殖民地的原居民。这种解释意味着对于财富逆转而言，除了制度因素，种群世系也许是一种更为重要的因素。被欧洲人殖民的地区往往是那些人口密度较低、以非农耕生存模式为主导的地区，它们逐渐成为富裕的地区；而那些不适于欧洲人定居的地区，则仍然保持了贫困，进而使得欧洲世系始终在整体生产率方面处于全球领先地位[28]。国民财富似乎受到生活在某个国家的种群世系的强有力影响，这就表明垂直传递的特质对于收入水平的长期持久性和当前分布具有核心作用。

这种解释促使不少学者直接关注持久性和种群世系问题。我们较早地探讨了遗传距离作为经济发展障碍的作用，本文前几节对此已有所交代（Spolaore and Wacziarg，2009）。此后的重要文献是普特曼和韦尔（Putterman and Weil，2010）以及科明和霍布金（Comin and Hobijn，2010）。这些文献还对当前经济发展的深层历史根源进行了探究。

普特曼和韦尔（Putterman and Weil，2010）探究了当前国民财富的两种重要决定因素：其一，农业方面的经历，以把定居农业作为食物生产主要手段所经历的时间来度量；其二，中央集权方面的经历，以一个国家开始拥有中央集权政府的年数来度量。这两个变量都能够很好地预测当前的人均收入水平，但以种群世系对它们进行调整后的效果更为明显。为了按照种群世系对它们进行调整，普特曼和韦尔构造了一个迁移矩阵。该矩阵以国家为行，以各国当前居民的祖先在 1500 年时就居住在该国的比例为列。对于旧世界来说，当前种群的祖先主要是对角元素，即法国人的祖先在 1500 年多数生活在法国。但对于新世界而言，当前种群的祖先有很大比例来自于其他国家——对于欧洲殖民者而言，其祖先主要生活在欧洲国家；对于早期奴隶的后裔而言，其祖先主要生活在撒哈拉以南非洲国家。以迁移矩阵左乘一个变量，就可以得到该变量经过种群世系调整后的变量值。以澳大利亚为例，该地区的历史主要是土著居民的历史，但当前群体的历史则主要是讲英语者的历史。普特曼和韦尔的主要贡献是表明，与没有经过种群世系调整的农业经验和中央集权经验相比，调整后的变量能够更好地预测当前的收入水平，从而再次表明了群体内部的代际传递特质所具有的重要作用。

科明等（Comin et al.，2010）采用了不同的方法，但得到了基本相同的结论：他们探究了当前技术使用水平（按照当前的集约边际进行度量）和追溯到公元前 1000 年的技术使用水平（按照 12 种古代技术的广延边际进行度量）之间的相关性，表明即使在非常长的历史时期，各国的技术水平也是高度自相关的。当前的人均收入与公元前 1000 年、公元 1 年和公元 1500 年的技术

---

[28] 我们对斯波劳雷和瓦兹亚格（Spolaore and Wacziarg，2013）的观点做了进一步拓展。在斯波劳雷和瓦兹亚格（Spolaore and Wacziarg，2013）中，我们对阿西莫格鲁等（Acemoglu et al.，2002）关于财富逆转的经验证据进行了重新探究。通过探究 1500 年人口密度和当前人均收入之间的相关性，我们证实了他们关于早期殖民地的发现，并且我们还发现：（1）当把欧洲国家纳入样本时，关于财富逆转的所有经验证据都不见了；（2）那些没有成为早期欧洲殖民地的国家，存在着持久性证据；（3）当我们探究那些人口主要由原居民构成的国家时，这种持久性表现得更为强烈。这些事实都是种群世系有助于解释持久性的重要经验证据。

水平都是显著相关的。在这种情况下，一个国家的技术进步历史可以作为一种持久性指标，很好地预测当前的收入水平和技术水平。但关键的一点是，经过种群世系调整之后的历史（滞后）变量，对当前收入水平和技术水平的预测，优于那些反映了历史上地理位置的变量。这种情况充分表明了种群世系和代际传递能够更好地解释技术水平和收入水平的持久性。

种群世系为什么具有重要作用？为了进一步探讨垂直传递特质对增长和发展的可能影响，我们提出了一种分类系统，如下述矩阵所示：

运行模式→ 传递模式↓	直接效应	阻碍效应
生物性传递 （遗传性和/或表观性）	象限Ⅰ	象限Ⅳ
文化性传递 （行为性和/或符号性）	象限Ⅱ	象限Ⅴ
双重传递 （生物—文化的相互作用）	象限Ⅲ	象限Ⅵ

3.5.2 传递模式

人类特质的代际传递，通常沿着多重纬度、有着多种模式。近期的学术进展强调了传递机制的复杂性（如参见：Jablonka and Lamb，2005），认为不同传递机制之间存在着复杂的互动关系并受各种环境因素、社会因素的影响。为简化分析，我们在分类系统中重点关注三大类传递：生物性传递、文化性传递以及生物文化互动式传递（双重传递）。

生物性传递包括基因传递。个体从父母那里遗传了核 DNA，但只能从母亲那里遗传到线粒体 DNA（mt DNA）。线粒体 DNA 为细胞结构中将食物转换为能量的基因提供了遗传编码，而核 DNA 则为其他基因组提供了遗传编码。前文使用的遗传距离度量，依据的就是人群中的核 DNA 分布差异，即遗传自父母双方的 DNA 差异。正如前文所述，遗传距离依据的是中性基因，且中性基因的变化是随机的、不受自然选择影响的。而基因的其他 DNA 编码则会受自然选择的影响，如影响眼睛颜色和肤色的基因等。所有这些特质的传递都属于生物性传递。

然而，基因传递并不是生物性传递的唯一形式。近年来，生物学家还特别强调了表观性遗传机制。表观性遗传指的是有着相同遗传信息（即 DNA）的细胞能够获得不同表型（即可观测特性）并将它们传递给其雌性后代细胞的遗传过程。甲基化模式就是表观性遗传的一个例子：DNA 甲基化是一种生物化学过程，即通过在 DNA 核苷酸中加入甲基，进而稳定地改变了细胞中的基因表达。对于表观性遗传的变动究竟在多大程度上能够从一代遗传给下一代，目前的学术文献尚存在争议，如参见：钱德勒和阿勒曼（Chandler and Alleman，2008）、摩根和怀特洛（Morgan and Whitelaw，2008）。摩根和怀特洛（Morgan and Whitelaw，2008）提到的可能存在代际表观性遗传的例子，是卢梅（Lumey，1992）所做的荷兰饥荒出生群组研究。卢梅（Lumey，1992）发现，在第二次世界大战饥荒期间出生的儿童，不仅体重低于平均水平，而且这种影响能够延续两代人（亦可参见：Stein and Lumey，2002）。理论上，表观性遗传机制应该能够解释种群中不能归因于基因选择的快速生物性变化。研究人力资本形成的微观经济学家，近来开始关注表观性遗传机制，如库尼亚和赫克曼（Cunha and Heckman，2007，第 32 页）写道："先天抑或后天的区分已经过时了。表观遗传学的当代文献告诉我们，早期人力资本文献把后天获得的技能与先天具有的能力截然分开的做法是站不住脚的。"

当然，生物性遗传并不是人类特质代际传递的唯一模式，许多特质是通过文化性传递代代相传的。一个重要的例子是每个孩子通常（未必一定）通过学习和模仿，而从父母或其他近亲那里获得特定语言的能力。其他文化性特质还包括价值观、习惯和规范等。文化通常是一个宽泛的概念，它包括并不能通过生物性传递而在代际之间进行传递的许多特质。《韦氏百科大辞典》将文化定义为包括"特定社会、种群和年龄群组所具有的独特行为和信仰"以及"某人类群体所形成的整体生活方式及其代际传递"。文化演进领域的两位领军学者里彻森和博伊德（Richerson and Boyd，2005，第 5 页）把文化定义为"通过学习、模仿和其他社会传递方式，从其同类中获得的、能够影响个体行为的信息。"

按照亚布隆卡和兰布（Jablonka and Lamb，2005），我们可以把文化性传递分为行为性传递和符号性传递两种方式，它们都包含有某种社会学习过程。当个体之间通过观察和模仿相互学习时，行为性传递就发生了；而符号性传递则是通过对符号系统的学习进行的，如阅读书籍等。人类进化领域的多数学者认为，我们所观察到的代际传递特质的人际差异，大部分源于文化性传递而非生物性传递。例如，著名的人类学家亨德里克和麦克尔里斯（Henrich and McElreath，2003，第 123 页）指出："虽然我们的物种存在各种各样的遗传适应性，但可以肯定的是，基本相同的遗传禀赋可以产生出北极觅食、热带园艺和沙漠游牧等多种适应性行为。……为适应性有助于解释我们物种所取得的巨大成就，它在下述意义上是文化性的：行为适应性可以通过社会学习过程在个体之间进行传递，并在各代之间进行积累。要想理解这种文化上的适应性究竟是如何演进的、何时演进的，就必须深入理解人类学习背后的心理演进机制和文化体系的整体演进动态。"

简言之，我们把代际传递模式分为两大类：生物性传递（包括遗传性传递和表观性传递）和文化性传递（包括行为性传递和符号性传递）。不过，不能把它们视为两种完全不同、相互独立的传递方式。相反，越来越多的研究开始强调，人类进化通常源于生物性传递和文化性传递的相互作用，且每一种传递都会受到另一种传递的影响。按照里彻森和博伊德（Richerson and Boyd，2005，第194页）的说法，应该把基因和文化视为"互利共生体，就像为了做到自身无法做到的事情而协力整合起各自能力的两个物种一样。……基因，其自身难以独自适应快速变化的环境；而离开了大脑和躯干，文化变迁本身也不可能做到任何事情。基因和文化是密不可分的，但会受到进化力量的影响，而这种进化力量则影响着行为的方向"。关于进化的这种方法，被称为双重遗传理论或基因—文化共同进化理论（Cavalli-Sforza and Feldman，1981；Cavalli-Sforza et al. 1994；Boyd and Richerson，1985；Richerson and Boyd，2005）。在该分析框架中，可以观测到的人类行为源于遗传性传递和文化性传递的特质的相互作用。基因—文化共同进化的一个著名例子，是在文化变迁过程中（如动物驯养与乳品业的出现）所发生的成年人控制乳糖吸收的基因的扩散（参见：Simoons，1969，1970；Richerson and Boyd，2005，第六章）。成年人消化牛奶的能力（如"乳糖酶不耐受性"）取决于一种基因，它在不同群体中呈不均匀分布：这种基因在欧洲人中很普遍，但东亚人却很少有，而美洲土著则完全没有。众所周知，在引入驯化后的奶牛或山羊等产奶动物后，这样一种基因在有关人类群体中迅速扩散；从进化的角度看无疑是进一步强化了有关优势。总之，在我们的分类法中作为第三种"传递模式"的双重遗传理论，能够充分反映出遗传因素和文化因素之间复杂的相互作用。

3.5.3 运行模式

特质可以通过生物性传递、文化性传递以及生物文化互动式传递（双重传递），从一代人传递给下一代人。但这种特质究竟是如何影响经济发展的呢？不妨将其分为直接效应和阻碍效应两种。

3.5.3.1　直接效应

大多数经济学文献关注的是垂直传递的特质对收入和生产率的直接效应。当个体遗传了能够直接（正面或负面）影响经济绩效的特质时，就发生了这种直接效应。例如，探讨文化价值观与经济发展之间关系的文献，着重探究的就是那些能够造成直接的正面或负面经济影响的、传承而来的规范和信念。伟大的德国社会学家和政治经济学家韦伯（Weber，2005），在《新教伦理与资本主义精神》这部经典著作中，对文化性传递的特定特质对经济绩效直接的、正面的影响，进行了颇具影响力的系统研究。韦伯的观点在某种程度上是对马克思主义观点的某种反应。马克思主义认为，宗教等文化信仰和价值观只是其背后起决定性作用的经济因素的副产品。与之不同，马克斯·韦伯认为文化传递的特质对经济绩效具有直接的因果性影响。他特别指出，把勤奋工作和宿命与救赎联系在一起的新教伦理的形成，对"资本主义精神"（即一种追求经济成功的新态度）的兴起有着直接的影响。韦伯不乏现代追随者，如经济史学家兰德斯（Landes，1998，2000）曾在其《文化使得一切与众不同》的开篇指出"马克斯·韦伯是对的"。兰德斯关注的重点也是文化的直接经济效应，并将其定义为"指引一个群体的内在价值观和态度"。兰德斯指出（第 12 页），"这并不是说只有在加尔文教徒中才能找到韦伯的资本主义'理想模式'，……任何信仰的人和没有信仰的人都能变得理性、勤奋、有序、高效、整洁和较真。……我认为韦伯的观点是：16 至 18 世纪的北欧宗教，促进了以前只能作为例外情形偶然出现的诸多个体特征的形成；正是这种个体特征，创造出了一种新经济（一种新的生产模式），即我们熟知的（工业）资本主义。"

不少经验研究文献试图直接检验韦伯假说，但往往会对这种新教价值观直接影响经济绩效的假说，得出一种负面的评价。最近的一篇文献是贝克尔和卢德格尔（Becker and Ludger，2009），他们利用 19 世纪普鲁士的县级数据，并借助于路德改革由维滕贝格（马丁·路德的城市）逐渐外扩的事实，试图估计新教对经济绩效的因果性影响。他们得出的结论是，新教促进了经济发展，但其主要途径不是与宗教价值观相联系的新工作伦理的散播，而是通过阅读圣经提升了识字率。

巴罗和麦克利里（Barro and McCleary，2003）对宗教信仰影响经济绩效的直接效应进行了经验分析。巴罗和麦克利里以是否存在国教、是否存在市场管制等为工具变量，来识别宗教对于经济增长的直接效应。他们的结论是：经济增长与宗教信仰（如相信地狱和天堂）的程度正相关，与教堂出席率负相关。他们认为，作为一种文化性传递的信仰，宗教能够对提高经济绩效的个体特征产生直接影响，而他们的研究结论证实了这一点。圭索等（Guiso et al.，2003）研究了宗教信仰对合作、法律规则、节俭、市场经济、女性劳动参与率等经济态度和经济表现的影响，发现宗教信仰往往与那些能够实现较高人均收入和较高经济增长的态度有关，并且这种影响随着宗教教派的不同而存在很大差异。

韦伯等学者强调了新教伦理等文化性特质所具有的正面直接效应，其他一些学者则认为某些文化性传递的特质和价值观是经济落后和不发达的重要原因。政治科学家班菲尔德（Banfield，1958）在他的妻子劳拉·法萨诺（Laura Fasano）的协助下，以他们对南意大利城市基亚罗蒙特（书中称“蒙特格拉诺”）的访问调查为基础撰写的《落后社会的道德基础》，就是持有此种观点且产生了很大影响并引发广泛争论的一部经典著作。班菲尔德认为，该地区的经济落后部分地可以用“无道德家庭主义”这一可以继承的价值观的直接效应来解释。“无道德家庭主义”是班菲尔德在该书中总结的一个术语，包括缺乏相互信任和合作、漠视直系亲属以外的市民的利益等。在班菲尔德的直接启发下，塔贝利尼（Tabellini，2008）借鉴比辛和维迪尔（Bisin and Verdier，2000，2001）对文化传递经济学的开创性研究，提出了一种代际传递理论。在塔贝利尼的模型中，家长们视乎外部执行模式和未来交易预期，选择将何种价值观传递给自己的子女。特别地，塔贝利尼表明了路径依赖的可能性：不利的初始条件能够导致一种执法薄弱、继承性文化价值观损害合作行为的唯一均衡。

阿尔冈和卡于克（Algan and Cahuc，2010）是近来探讨继承性特质对经济增长直接影响的一篇经验研究文献。阿尔冈和卡于克分析了美国移民后裔的继承性信任，究竟在多大程度上受移民来源国和移居时间的影响。为了识别继承性信任对经济增长的影响并控制国家固定效应，他们以美国移民后裔的继承性信任作为移民来源国继承性信任（随着时间可变）的度量指标。阿尔冈和卡于克发现，对于24个国家构成的面板样本而言，继承性信任在20世纪的变化对经济发展有很大的影响。

关于文化性特质对经济绩效的直接影响，上述文献只是该研究主题中大量文献的几个例子。另外还有一些数量虽少但同样重要的文献，将关于特质的分析扩展至生物性传递或生物文化互动式传递情形。例如，盖勒和莫阿夫（Galor and Moav，2002）构建了一个模型，以分析代际传递的特质对人类生育策略的影响。他们假设某些个体继承了使得他们遵循一种数量偏向型策略的特质，并表现为多生育子女；而另一些个体则遵循了一种质量偏向型策略，并表现为把更多的资源投向更少的后代。盖勒和莫阿夫认为，这些特质的动态演进直接影响了工业革命的兴起和随后的人口结构转变。在一个陷入马尔萨斯陷阱的前工业化世界中，正是上述选择压力推动了父母的投资，并带来了更高的生产率。在他们的模型中，正是这种少生孩子的继承性偏好的扩散，导致了逐步走出马尔萨斯陷阱的内生性转变。盖勒和莫阿夫在该文中强调的是生物性传递，但我们也可以把他们的模型解释为文化性传递的特质影响生育策略的模型，或者生物文化互动式传递的特质影响生育策略的模型。

阿什拉夫和盖勒（Ashraf and Galor，2013a）是强调代际传递特质对经济发展具有直接影响的一篇最新文献，其关注的重点是遗传多样性。值得说明的是，遗传距离指的是种群之间的基因差异，而遗传多样性指的则是种群内部的异质性。阿什拉夫和盖勒（Ashraf and Galor，2013a）在遗传多样性和经济发展之间发现了一种非单调关系，并认为这种关系是一种因果关系，是人们对特质多样性对于生产率产生的有利和不利影响进行权衡的结果。尽管阿什拉夫和盖勒的研究重点是对遗传变量进行经验分析，但他们的研究再次表明，从代际特质到经济后果的传递模式，既可以通过生物性途径，又可以通过文化性途径或者生物文化互动式途径。对遗传多样性、种群和文化分割之间关系的进一步讨论，参见阿什拉夫和盖勒（Ashraf and Galor，2013b）。

库克（Cook，2012）探讨了乳糖耐受性的影响，并把文化与基因的互动作为经济分析的核心。库克认为，乳糖耐受性的频度分布在国家层面的变动，同前现代时期的经济发展（正如前文一样，库克以公元 1500 年的人口密度作为它的度量指标）有着显著的正相关关系。特别地，他发现乳糖耐受频度每增加一个标准差（约 24%），则对应于前现代时期的人口密度增加 40%。库克以阳光辐射作为工具变量探究了其中的因果性，认为实证结果反映了继承性的文化性特质和生物性特质在引入乳业之后的直接影响。

3.5.3.2　阻碍效应

正如前文所述，大多数探讨种群世系与经济绩效关系的文献（包括上文提及的文献），都把代际传递的特质对经济绩效的直接影响作为分析重点。然而，正如本文第一节在论及有关理论和经验分析时所强调的那样，不同的继承性特质还有可能通过阻碍产品、服务、思想和创新等的扩散，对经济发展产生影响。对阻碍效应进行研究，有助于解释继承性特质差异的重要性：即便许多新思想和创新是通过彼此没有直接联系的个体或群体“水平”扩散的，而不是通过亲属和代际“垂直”传递的，继承性特质的差异仍然是重要的。事实上，在存在阻碍效应的情形下，垂直传递的特质也会影响到水平性的学习和扩散。人们更可能从那些与自己没有直接关系，但有着共同祖先进而共享一系列继承性特质和性格特征的其他人那里，学习到新知识或采用新技术。

探讨垂直传递特质的阻碍效应的文献没有探讨其直接效应的文献多。除了本文作者的有关研究外（前文已有讨论），圭索等（Guiso et al.，2009）是近来一篇较有影响的文献。圭索等利用欧洲国家的双边信任数据，对文化性特质的阻碍效应进行了研究，发现国家之间的双边信任受双方在文化方面匹配程度的影响，例如它们在历史上的冲突以及他们在宗教、基因和身体条件等方面的相似性等。较低的双边信任，其作用类似于文化性障碍，通常意味着两国之间较少的双边贸易、投资组合和直接投资。即使对两个国家的其他特征进行了控制之后，上述实证结论仍然成立。这些研究结论表明，文化性传递的特质能够对不同社会之间的经济互动产生显著的阻碍效应。

费尔贝迈尔和图巴尔（Felbermayr and Toubal，2010）是分析文化障碍对贸易的影响的另一篇文献。费尔贝迈尔和图巴尔利用一个流行的欧洲电视节目“欧洲歌唱大赛”的双边得分数据作为文化近似度或文化距离的度量指标，如平均而言塞浦路斯观众会比其他国家的观众给希腊歌手打出更高的分，而塞浦路斯人和土耳其人相互之间会给出低于平均水平的分数。费尔贝迈尔和图巴尔利用这些成对分数的组内变动及其跨期变化，对文化近似度对双边贸易的影响进行了估计，发现该影响具有统计上的显著性。

直接效应和阻碍效应之间的关系，仍是一个有待研究的问题。当然，这两种运行模式在理论上可以同时发挥作用，且某些特质也可以同时发挥出这两种作用。例如，那些继承了使得自身更具开放性和创新性的价值观和信念的群体，不仅能够直接受益于这些特质，而且在与其他群体的互动中也会面临更低的障碍。总而言之，历史和文化差异所产生的阻碍效应是一项颇具前景的研究领域，但不论是在理论研究方面还是在经验分析方面，目前仍处于起步阶段，本文的分类方法和有关讨论只是人们更充分地理解这一重要研究主题的第一步。

3.6 结　　语

在本文中，我们通过提供一个理论框架和有关经验证据，试图回答下述基本问题：阻碍最具生产力的技术从技术前沿国家向欠发达经济体扩散的障碍是什么？

在第3.2节，我们通过一个简单的分析框架阐述了两个基本想法。第一个想法是，度量群体之间谱系关联程度的遗传距离，可以解释为一种代际传递特质平均差异的概要性度量。我们对这种“垂直”特质的传递（即群体内部的特性在较长时期内发生的各代之间的垂直性传递）进行了模型化，并推导出了垂直特质差异与遗传距离之间的关系。第二个想法是，垂直传递特质的差异，会成为群体之间“水平性”学习和模仿的障碍。我们认为，拥有共同历史进而拥有更近似的垂直特质的群体，在采用彼此技术创新的过程中往往面临着更低的成本和更少的障碍。

在第3.3节，我们用数据对这些想法进行了经验分析。我们提出了度量群体之间遗传距离的指标，并利用该度量指标对我们的技术扩散的障碍模型进行了检验。正如障碍模型的理论预期一样，我们发现，不论是对于双方收入差距的解释，还是对于特定技术创新的解释，相对于世界技术前沿的相对遗传距离均优于绝对遗传距离。不仅历史上是如此（技术使用的广延边际），而且近期技术开发同样如此（技术使用的集约边际）。我们还发现，正如模型所表明的那样，遗传距离在重大创新如工业革命之后的影响非常明显，但随着越来越多的经济体采用了前沿创新，有关影响将渐次衰减。总之，我们发现有大量的证据表明，群体之间的历史分离所引发的障碍，对技术创新扩散和经济增长产生了重要的影响。

第3.4节和第3.5节，我们结合旨在探讨经济发展历史根源的日趋增多的文献，对我们的理论假设和基本结论进行了讨论。为便于分析，我们借鉴斯波劳雷和瓦兹亚格（Spolaore and Wacziarg，2013），提出了一种分类方法，从而为探讨代际传递特质究竟如何影响经济绩效提供了一种概念性基础。我们的分类方法沿着两个维度，区分了垂直特质的可能经济影响：第一个维度是垂直特质的传递模式，包括生物性传递（遗传性或表观性）、文化性传递（行为性或符号性）以及生物文化互动式传递（双重传递）；第二个维度定义了这些特质的运行模式，包括它们是否对经济绩效有着直接的影响、是否对群体之间的经济互动产生阻碍效应。我们简要回顾了旨在探讨生物性传递、文化性传递以及双重传递特质的直接效应和阻碍效应的经济学文献，发现迄今为止的大部分文献主要集中于直接效应，而对长期历史文化差异形成的发展障碍的研究则相对较少。

历史分离造成的人类障碍及其社会、政治和经济影响，是一个有趣的新兴研究领域。本文作者持续关注人类关联程度的变动所产生的政治经济影响。例如，斯波劳雷和瓦兹亚格（Spolaore and Wacziarg，2012）探究了谱系关联度对国与国之间军事冲突偏好的影响，发现两国之间的遗传距离越小就越有可能产生军事冲突。这种影响可以视为具有不同规范、价值观、偏好和文化的社会之间存在阻碍效应的经验证据，不过这时的阻碍效应带来的是一种代价，而不是互惠的互动。在目前正在进行的一项研究中，我们探究了关联度对各国之间贸易和资金流动的影响。最后，我们最近试图通过探究不同形式的文化差异与遗传距离之间的关系，更好地阐述基因关联度的基本性质，目的是更清晰地识别谱系关联度的不足所引起的障碍来源。比如说，障碍的具体形式可以是缺少信任、偏好或规范差异、沟通协调困难造成的交易成本等。这是一个重要的、尚未开发的、前景广阔的研究主题，有必要进行更全面、更系统的分析，本文只是一种初步的尝试。

附录　各数据库中使用的技术

A. CEG 数据库中的 24 种技术（1500 年）

1. 军事技术：常备军、骑兵、火器、火枪、野战火炮、作战舰只、海军重炮、火炮 180 门以上战舰。

2. 农业技术：狩猎与采集、畜牧、手工栽培、犁耕。

3. 交通技术：可跨越大西洋的船只、可跨越太平洋的船只、可到达印度洋的船只、车轮磁性罗盘、马车。

4. 通信技术：活字印刷、木刻版或刻板印刷、书籍、论文。

5. 工业技术：钢、铁。

B. CEG 数据库中的 9 种技术（2000 年）

电力（1990 年）、互联网（1996 年）、个人电脑（2002 年）、手机（2002 年）、电话（1970 年）、航空货运和客运（1990 年）、卡车（1990 年）、小汽车（1990 年）、拖拉机（1970 年）。

C. CHAT 数据库中的 33 种技术（1990～1999 年）

1. 农业技术：收割机、农用拖拉机、施肥公吨数、灌溉面积、现代品种种植面积比例（占耕地面积百分比）、农药公吨数。

2. 交通技术：民航客运公里数、铁路线路里程、铁路运输吨数、乘用车数量和商用车数量。

3. 医疗技术：医院床位数、1 岁前百白破疫苗接种、1 岁前麻疹疫苗接种。

4. 通信技术：有线电视、移动电话、个人电脑、互联网、邮件收发量、报刊发行量、收音机、电报、电话主线、电视机。

5. 工业技术及其他：电力产出、发电量（千瓦时）、自动织机数、总织机数、电弧炉粗钢产量、纺纱用人造（纤维素）纤维、纺纱用合成（非纤维素）纤维、纺纱用所有种类纤维、酒店等旅客床位数、酒店等旅客房间数。

参考文献

Acemoglu, Daron, Johnson, Simon, Robinson, James A., 2002. Reversal of fortune: geography and institutions in the making of the modern world income distribution. Quarterly Journal of Economics 117 (4), 1231 –1294.

Alesina, Alberto, Devleeschauwer, Arnaud, Easterly, William, Kurlat, Sergio, Wacziarg, Romain, 2003. Fractionalization. Journal of Economic Growth 8, 55 –194.

Algan, Yann, Cahuc, Pierre, 2010. Inherited trust and growth. American Economic Review 100 (5), 2060 –2092.

Ashraf, Quamrul, Galor, Oded, 2011. Dynamics and stagnation in the Malthusian Epoch. American Economic Review 101 (5), 2003 –2041.

Ashraf, Quamrul, Galor, Oded, (2013a). The "Out-of-Africa" hypothesis, human genetic diversity, and comparative economic development. American Economic Review 103 (1), 1 –46.

Ashraf, Quamrul, Galor, Oded, 2013b. Genetic diversity and the origins of cultural fragmentation, American Economic Review 103 (3) 528 –533.

Banfield, Edward C., 1958. The Moral Basis of a Backward Society. The Free Press, New York, NY.

Barro, Robert J., McCleary, Rachel, 2003. Religion and economic growth. American Sociological Review 68 (5), 760 –781.

Barro, Robert J., Sala-i-Martin, Xavier, 1997. Technological diffusion, convergence and growth. Journal of Economic Growth 2 (1), 1 –26.

Barro, Robert J., Sala-i-Martin, Xavier, 2003. Economic Growth, second ed. MIT Press, Cambridge, MA.

Becker, Sascha O., Woessmann, Ludger, 2009. Was Weber wrong? A human capital theory of protestant economic history. Quarterly Journal of Economics 124 (2), 531 –596.

Bisin, Alberto, Verdier, Thierry, 2000. Beyond the melting pot: cultural transmission, marriage, and the evolution of ethnic and religious traits. Quarterly Journal of Economics 115, 955 –988.

Bisin, Alberto, Verdier, Thierry, 2001. The economics of cultural transmission and the dynamics of preferences. Journal of Economic Theory 97, 298 –319.

Bloom, David E., Sachs, Jeffrey D., 1998. Geography, demography, and economic growth in Africa. Brookings Papers on Economic Activity 2, 207 –273.

Bossert, Walter, D'Ambrosio, Conchita, La Ferrara, Eliana, 2011. A generalized index of fractionalization. Economica 78 (312), 723 –750.

Boyd, Robert, Richerson, Peter J., 1985. Culture and the Evolutionary Process. University of Chicago Press, Chicago.

Cameron, A. Colin, Gelbach, Jonah B., Miller, Douglas L., 2006. Robust Inference with Multi-Way Clustering. NBER Technical Working Paper #T0327.

Caselli, Francesco, 2005. Accounting for cross-country income differences. In: Aghion, Philippe, Durlauf, Steven N. (Eds.), Handbook of Economic Growth, Vol. 1A. North-Holland, New York, pp. 679 – 741.

Cavalli-Sforza, Luigi Luca, Feldman, Marcus W., 1981. Cultural Transmission and Evolution: a Quantitative Approach. Princeton University Press, Princeton.

Cavalli-Sforza, Luigi L., Menozzi, Paolo, Piazza, Alberto, 1994. The History and Geography of Human Genes. Princeton University Press, Princeton.

Chanda, Areendam, Justin Cook, C., Putterman, Louis, 2013. Persistence of Fortune: Accounting for Population Movements, There was No Post-Columbian Reversal, Working Paper. Brown University, February.

Chandler, V., Alleman, M., 2008. Paramutation: epigenetic instructions passed across generations. Genetics 178 (4), 1839 – 1844.

Comin, Diego, Hobijn, Bart, 2009. The CHAT Dataset. Harvard Business School Working Paper # 10 – 035.

Comin, Diego, Hobijn, Bart, 2010. An exploration of technology diffusion. American Economic Review 100 (5), 2031 – 2059 (December).

Comin, Diego, Hobijn, Bart, Rovito, Emilie, 2008. World technology usage lags. Journal of Economic Growth 13 (4).

Comin, Diego, Easterly, William, Gong, Erick, 2010. Was the wealth of nations determined in 1000 B. C. American Economic Journal: Macroeconomics 2 (3), 65 – 97.

Cook, C. Justin, 2012. The Role of Lactase Persistence in Precolonial Development. Working Paper, Yale University, August.

Cunha, Flavio, Heckman, James, 2007. The technology of skill formation. American Economic Review 97 (2), 31 – 47.

Desmet, Klaus, Le Breton, Michel, Ortuño-Ortín, Ignacio, Weber, Shlomo, 2011. The stability and breakup of nations: a quantitative analysis. Journal of Economic Growth 16, 183 – 213.

Diamond, Jared, 1997. Guns, Germs and Steel: The Fate of Human Societies. Norton & Co., New York.

Fagerberg, Jan, 2004. Innovation: a guide to the literature. In: Fagerberg J., Mowery, D. C., Nelson, R. R. (Eds.), Oxford Handbook of Innovation, Oxford University Press, Oxford (Chapter 1).

Felbermayr, Gabriel J., Toubal, Farid, 2010. Cultural proximity and trade. European Economic Review 54 (2), 279 – 293.

Galor, Oded, Moav, Omer, 2002. Natural selection and the origin of economic growth. Quarterly Journal of Economics 117 (4), 1133 – 1191.

Glaeser, Edward L., La Porta, Rafael, Lopez-de-Silanes, Florencio, Shleifer, Andrei, 2004. Do institutions cause growth? Journal of Economic Growth 9 (3), 271 – 303.

Greenberg, Joseph E., 1956. The measurement of linguistic diversity. Language 32 (1), 109 – 115.

Guiso, Luigi, Sapienza, Paola, Zingales, Luigi, 2003. People's opium? Religion and economic attitudes. Journal of Monetary Economics 50 (1), 225 – 282.

Guiso, Luigi, Sapienza, Paola, Zingales, Luigi, 2009. Cultural biases in economic exchange. Quarterly Journal of Economics 124 (3), 1095 – 1131.

Hall, Robert E., Jones, Charles I., 1999. Why do some countries produce so much more output per worker than others? Quarterly Journal of Economics 114 (11), 83 – 116.

Henrich, Joseph, McElreath, Richard, 2003. The Evolution of Cultural Evolution. Evolutionary Anthropology 12, 123 – 135.

Hsieh, Chang-Tai, Klenow, Peter J., 2010. Development accounting. American Economic Journal: Macroeconomics 2 (1), 207 – 223.

Jablonka, Eva, Lamb, Marion J., 2005. Evolution in Four Dimensions: Genetic, Epigenetic, Behavioral, and Symbolic Variation in the History of Life. MIT Press, Cambridge, MA.

Kamarck, Andrew M., 1976. The Tropics and Economic Development. Johns Hopkins University Press, Baltimore and London.

Kimura, Motoo, 1968. Evolutionary rate at the molecular level. Nature 217, 624 – 626.

Landes, David, 1998. The Wealth and Poverty of Nations. Norton, New York.

Landes, David, 2000. Culture makes almost all the difference. In: Harrison, Lawrence E., Huntington, Samuel P. (Eds.), Culture Matters: How Values Shape Human Progress. Basic Books, New York, NY, USA, pp. 2 – 13.

Lumey, Lambert H., 1992. Decreased birth weights in infants after maternal in utero exposure to the Dutch famine of 1944 – 1945. Paediatric and Perinatal Epidemiology 6, 240 – 253.

Maddison, Angus, 2003. The World Economy: Historical Statistics. OECD Development Center, Paris, France.

Masters, William A., McMillan, Margaret S., 2001. Climate and scale in economic growth. Journal of Economic Growth 6 (3), 167 – 186.

McEvedy, Colin, Jones, Richard, 1978. Atlas of World Population History. Penguin Books, Middlesex.

Morgan, Daniel K., Whitelaw, Emma, 2008. The case for transgenerational epigenetic inheritance in humans. Mammalian Genome 19, 394 – 397.

Olsson, Ola, Hibbs Jr., Douglas A., 2005. Biogeography and long-run economic development, European Economic Review 49 (4), 909 – 938.

Parente，Stephen L.，Prescott，Edward C.，1994. Barriers to technology adoption and development. Journal of Political Economy 102（2），298－321.

Parente，Stephen L.，Prescott，Edward C.，2002. Barriers to Riches. MIT Press，Cambridge.

Putterman，Louis，Weil，David N.，2010. Post-1500 population flows and the long-run determinants of economic growth and inequality. Quarterly Journal of Economics 125（4），1627－1682.

Richerson，Peter J.，Boyd，Robert，2005. Not by Genes Alone：How Culture Transformed Human Evolution. University of Chicago Press，Chicago.

Rogers，Everett M.，1962. The diffusion of innovations，first ed. Free Press，New York（fifth edition：2003）.

Simoons，Frederick J.，1969. Primary adult lactose intolerance and the milking habit：a problem in biological and cultural interrelations：I. Review of the medical research. The American Journal of Digestive Diseases 14，819－836.

Simoons，Frederick J.，1970. Primary adult lactose intolerance and the milking habit：a problem in biological and cultural interrelations：II. A culture historical hypothesis. The American Journal of Digestive Diseases 15，695－710.

Spolaore，Enrico，2014. Introduction. In：Spolaore，Enrico（Ed.），Culture and Economic Growth，International Library of Critical Writings in Economics Series. Edward Elgar，Cheltenham.

Spolaore，Enrico，Wacziarg，Romain，2009. The diffusion of development. Quarterly Journal of Economics 124（2），469－529.

Spolaore，Enrico，Wacziarg，Romain，2012a. Long-term barriers to the international diffusion of innovations. In：Frankel，Jeffrey，Pissarides，Christopher（Eds.），NBER International Seminar on Macroeconomics 2011. University of Chicago Press，Chicago，pp. 11－46（Chapter 1）.

Spolaore，Enrico，Wacziarg，Romain，2012b. War and Relatedness，Working Paper. Tufts University and UCLA，June 2012.

Spolaore，Enrico，Wacziarg，Romain，2013. How deep are the roots of economic development? Journal of Economic Literature 51（2）.

Stein，Aryeh D.，Lumey，Lambert H.，2002. The relationship between maternal and offspring birth weights after maternal prenatal famine exposure：the Dutch famine birth cohort Study. Human Biology 72，641－654.

Tabellini，Guido，2008. The scope of cooperation：values and incentives. Quarterly Journal of Economics 123（3），905－950.

Weber，Max，［1905，1930］2005. The Protestant Ethic and the Spirit of Capitalism（Talcott Parsons，Trans.）. Routledge，London and New York（translated from German）.

第 4 章
家庭关系

阿尔贝托·阿莱西纳
哈佛大学
保拉·朱利亚诺
加州大学洛杉矶分校安德森管理学院

摘要

本文研究一个社会中最基本单位即家庭的重要作用。家庭的组织方式和代际关系，对价值观的形成、经济发展水平乃至一个国家的制度均具有重要影响。本文利用世界价值观调查，构建了一种关于家庭关系的度量指标，并以此为基础，对关于家庭关系对经济行为和经济态度影响的文献进行了回顾和进一步扩展。本文的分析表明，紧密型家庭关系与普遍信任负相关，同时也意味着女性、年轻人和老人在劳动力市场上的参与率较低、更多地从事家庭生产。在紧密型家庭关系中，人们更不愿意参与政治活动，更偏爱劳动力市场管制，更倾向于以家庭为基础，而不是以市场或政府为基础的福利制度。紧密型家庭关系可能会阻碍有助于快速经济增长的活动，但有利于缓解压力、获得家人支持并增加幸福感。本文认为，与劳动力市场管制和福利制度等制度安排相比，关于家庭关系强度的那些价值观念更具持久性。

关键词

家庭观念，文化经济学，劳动力市场管制，增长，制度

JEL 分类号

J2，J6，O4，O5，Z1

4.1 引　言

经济学家、社会学家和政治学家长期以来都关注不同家庭结构对各类经济活动的影响。家庭几乎会对社会生活的方方面面产生影响。

本文旨在探讨家庭关系在决定基本经济态度方面的作用。作为人类社会的基本组织结构，家庭的重要性毋庸置疑。一些历史事例表明，试图取消家庭的做法会带来灾难性后果。在本文中，我们将探究不同类型的家庭观念的影响。特别地，我们将对政治学者在20世纪60年代末，70年代初提出来的关于家庭关系对社会资本、政治参与和经济绩效等方面的重要影响，进行实证探究。家庭组织可以有非常不同的形式：即使在组织结构紧密的家庭中，家庭成员也既可以有着非常紧密的关系，又可以维持一种较为自由或崇尚个人主义的关系。崇尚紧密型家庭关系的文化有可能阻碍经济发展，这并非什么新想法。例如，韦伯（Weber，1904）认为，过于强烈的家庭观念不利于个人主义式的企业家精神，而后者正是形成资本主义社会的重要因素。班菲尔德（Banfield，1958）则明确界定了家庭观念和不发达之间的关系。通过探究意大利北部地区和南部地区之间的差异，班菲尔德认为意大利南部地区经济发展水平较低的关键因素是“无道德家庭主义”。他把“无道德家庭主义”视为一种文化特质：“村民无法为了共同利益采取共同行动，或者对于核心家庭直接物质利益之外的任何共同目标，村民们实际上都会感到无能为力。无法在直系亲属之外采取共同行动，源于一种文化特质即‘无道德的家庭主义’……即人们最大化核心家庭的短期物质利益，并假设其他所有人也会这样做”。当然，这只是家庭关系的一种极端情形。

过度依赖家庭有碍公共机构和公共组织的发育，这是因为后者与前者不同，需要普遍信任和组织忠诚。如果人们从小受到的教育是信任与其关系紧密的家庭成员，那么他们必然也会被教育不去信任家庭之外的人，而这必然有碍正式组织的发展。

紧密型家庭关系并非只有意大利这一个例子，而是广泛存在于亚洲和拉丁美洲的很多国家和地区。例如，福山（Fukuyama，1995）曾指出，“尽管把意大利与中国香港和中国台湾地区的儒家文化进行比较看似有些牵强，但社会资本的性质在不少方面确实是相似的。在中国和意大利的部分地区，家庭纽带往往比其他并非基于亲属关系的社会纽带更为强而有力，而国家与个体之间的中间联接则不仅强度弱而且种类少，这反映了人们对家庭之外的人的普遍不信任”。类似地，帕特南等（Putnam et al.，1993）提到了亚洲和拉丁美洲的很多例子，它们的个体安全和福利主要由家庭提供，且法律的权威性不强，人们对法治多有微词怨言。

紧密型家庭关系对经济的影响无处不在。在本文中，我们对有关文献进行了综述，并提供了新的证据，同时也探讨了家庭观念对宏观经济的影响。我们的分析首先从国家层面的组内估计入手，从而可以考虑国家固定效应，并进而把家庭观念的影响从国家制度等其他因素中分离出来。我们探讨了家庭观念和四种不同社会态度之间的关系，一般认为这四种社会态度有助于提高生产率和促进经济增长。具体而言，我们分别探究了政治参与和政治行动、关于普遍道德的各种度量、关于女性和社会态度、劳动力市场行为和工作态度等。利用1981～2010年间80多个国家的抽样样本进行的六轮世界价值观调查，我们发现家庭主义价值观通常意味着较低的政治参与和政治行动、较低的信任水平、更强调职业安全、更不愿意创新、对职业女性的态度更为传统等。当然，家庭关系也有积极的一面，如能够提高以自评幸福和主观健康度量的幸福感等。

接着，我们对紧密型家庭关系与经济绩效和制度结果之间的关系进行了跨国实证分析。有关分析存在一定的局限性，此即家庭观念有可能是经济发展的结果而不是经济发展的驱动因素。我们并不能为这种因果关系提供确切的答案，我们能够表明的是，不同时期的家庭观念非常稳定，它是各国经济发展水平和制度差异的一个重要影响因素：1940年前移居欧洲各国的移民所拥有并为其子女所继承的家庭观念，通常与当前较低的制度质量和较低的经济发展水平相联系。法律来源是各国正式制度的重要历史决定因素，而我们的分析表明，即使在控制了法律来源之后，家庭关系与经济绩效和制度结果之间的关系仍然是相当稳健的。

本文结构安排如下：第4.2节回顾了关于家庭关系的相关文献；第4.3节为经验分析提供了一个逻辑框架，从而把本文与探讨文化对经济影响的理论模型联系在了一起；在第4.4节和第4.5节中，我们探讨了如何对家庭关系和家庭结构进行度量，并回顾了家庭关系的深层历史决定因素；第4.6节是国家层面组内估计的实证结果，第4.7节则对紧密型家庭关系与经济发展和制度安排之间的关系进行了国别截面分析，并表明了家庭观念的持久性及其对当前制度和经济发展的影响；第4.8节分析了家庭关系对各种幸福感度量指标的影响；第4.9节是结论。

4.2 文献综述

不同类型的家庭观念究竟会对经济结果或经济态度（而态度又会影响经济

发展）产生何种重要影响，系统的经验研究文献令人惊奇地少。大多数经济学文献更为关注政治体制（Acemoglu et al.，2001，2005）、个体法律权利（North，1990）、宗教（Guiso et al.，2006）、教育（Glaeser et al.，2004）、社会资本（Putnam，2000；Putnam et al.，1993）和种族分化（Easterly and Levine，1997；Alesina and La Ferrara，2005）等制度因素，并以之解释一个社会在产生创新、财富和增长等方面的能力，而很少关注家庭这一社会性制度的最基本单元及其对社会经济现象的解释力。

班菲尔德（Banfield，1958）和科尔曼（Coleman，1990）最早注意到了家庭的重要性。他们都注意到，一个家庭成员之间具有紧密联系的社会，相对重视家庭或亲属等小圈子之内的良好行为准则，同时认为小圈子之外的自私自利也是可以被接受的；与之不同，那些家庭成员之间联系松散的社会，更为重视家庭和亲属圈子之外的良好行为准则。埃米施和甘贝塔（Ermish and Gambetta，2010）近期所做的实验证实了这种直觉。借助于一个英国代表性样本参与的信任博弈，他们发现拥有紧密型家庭关系的人对陌生人的信任水平更低。

在班菲尔德（Banfield，1958）和科尔曼（Coleman，1990）的开创性贡献之后，不少学者开始关注紧密型家庭关系的具体模式及其与社会经济结果之间的联系，如托德（Todd，1985，1990）、格赖夫（Greif，2006b）、格赖夫和塔贝利尼（Greif and Tabellini，2012）等。利用回溯到中世纪的家庭结构数据，托德对核心家庭和大家庭进行了区分，指出这两种家庭结构的区别在于后代之间的合作程度以及父母的权威性。其中，核心家庭处于一端，其子女在结婚时或结婚前就摆脱了父母约束并离开了小家庭；大家庭则位于另一端，其家庭成员在家长的权威下相互合作，并通常表现为三世同堂。

托德探究了这两种家庭结构在西欧的扩散过程，并利用二者之间的区别来解释新教、世俗主义或政治宗教等重大社会变革的传播或阻力。托德的基本看法是，核心家庭的自立传统增加了子女离开家庭的可能性，并有助于追求独立的经济机会；不仅如此，难以在收入和住房方面依赖家庭，亦有助于产生自力更生的企业家精神和更大的工作动力。迪朗东等（Duranton et al.，2009）利用托德（Todd，1985，1990）的家庭结构定义，阐释了欧洲地区的当前情形，发现不同的家庭类型与家庭规模、教育水平、社会资本、劳动力参与、部门结构、财富和不平等的地区差异存在重要联系。

格赖夫（Greif，2006a）重点分析了核心家庭和大家庭的区别。与托德类似，他强调了核心家庭的独立属性，并特别探讨了中世纪时期的核心家庭如何有助于公司的建立与成长："一个人从大家庭中获得的收益往往有限，但若属于核心家庭，则通过成为企业员工，无疑可以大大增加其收益（Greif，2006a：

1-2)”。格赖夫揭示了一种反馈效应，它在两个方向上都具有因果性：一方面，核心家庭有利于公司的建立；另一方面，与公司发展相关的社会经济转型，推动了核心家庭逐渐在欧洲取得了支配性地位。核心家庭有助于灵活性和独立性，而公司则能够取代亲属圈子提供一种安全网络，并弥补核心家庭在这方面的不足。格赖夫和塔贝利尼（Greif and Tabellini，2012）对中国和欧洲的两种合作模式进行了区分：在中国，早在宋朝就已处于支配地位的宗族（由拥有共同父系祖先并居于特定区域的家庭所构成的共同血缘群体）是基本的制度安排，迄今已超过800多年，而宗族性组织是公共品和社会安全的主要提供者；在欧洲，核心家庭更为盛行，合作之地逐渐成为城市，而市民则由许多不同的家庭成员所构成。作者的研究表明，宗族的道德责任更强，但它的范围有限，即仅限于族内成员；在城市，道德责任不问血统，所有市民一视同仁，但相对较弱①。他们将这两种合作模式分别对应于有限道德和普遍道德两种情形，它们与本文探讨的家庭关系有着密切联系。与格赖夫（Greif，2006a）类似，格赖夫和塔贝利尼（Greif and Tabellini，2012）同样认为存在反馈效应：在中国和欧洲这两个不同的地方，社会、法律和制度分别沿着不同的方向演进：中国的宗族制度日趋强化，而欧洲则出现了自治城市并日趋壮大。他们以家庭结构来度量亲缘关系的范围和强度，对欧洲不同地区的早期家庭结构差异进行了颇为有趣的探究；与理论预期一样，欧洲各地历史上的城市化模式恰是不同家庭传统的反映：越是松散型家庭关系盛行的地区，其早期的城市化就越是广为散布。

阿莱西纳和朱利亚诺（Alesina and Giuliano，2010）对作为基本社会单位的家庭的作用进行了系统的分析，认为家庭关系的紧密程度是影响经济行为和经济态度的重要特质。作者并没有像格赖夫（Greif，2006a）和托德（Todd，1985，1990）那样区分核心家庭和大家庭，而是利用世界价值观调查中的三个问题，构造了一个反映家庭关系紧密程度的主观变量。这三个问题度量的分别是家庭的重要性、子女希望从父母那里得到的爱和尊重、父母对子女的责任等②。阿莱西纳和朱利亚诺（Alesina and Giuliano，2010）表明，紧密型家庭关系与家庭生产正相关（该结论与关于意大利的案例研究结论相一致，参见：Alesina and Ichino，2009），但与女性和年轻人的劳动参与率负相关、与劳动力的地区流动性负相关。作者还在另一篇文献（Alesina and Giuliano，2011）中，

① 参见塔贝利尼（Tabellini，2008）的普遍道德与有限道德模型。

② 在第4.4节中，我们用世界价值观调查中的主观度量来衡量家庭关系，发现各个国家的核心家庭、大家庭和家庭关系之间确实存在很强的相关性。阿莱西纳等（Alesina et al.，2013）亦表明，至少对于欧洲而言，紧密型家庭关系的主观度量与托德在地区层面上的大家庭定义之间具有相关性。

在家庭关系、普遍信任和政治参与度之间建立起了一种负向关系。以"家庭忠诚、爱戴和权威的文化模式"为定义的家庭关系紧密程度，同样有助于解释年轻一代的生活安排和地区流动（Reher，1998；Giuliano，2007）、各国的家族企业比例（Bertrand and Schoar，2006）以及就业率的国家异质性（Algan and Cahuc，2007）等。

以上所有文献都把家庭观念的强弱视为给定的、持久的，阿莱西纳等（Alesina et al.，2013）则更进一步，探究了家庭关系和劳动力市场之间的反馈效应。其主要观点是：在紧密型家庭关系的文化中，个体缺乏灵活性，人们更偏好较多的劳动力市场管制；而在松散型家庭关系的文化中，个体更加灵活，且要求更高的地区流动性以增进效率。按照模型设定，个体以特定的概率继承紧密型或松散型家庭关系。紧密型家庭关系能够为每个人提供一定的效用，且社会中拥有紧密型家庭关系的个体所占的比例越高，该效用就越大。假设存在两种劳动力市场政策，即灵活（自由放任）的劳动力市场或对工资和就业进行管制。人们在给定的效用函数下，按照多数规则对劳动力市场政策进行投票。拥有松散型家庭关系的个体在灵活政策下有更高的效用，故如果一个社会的多数人拥有松散型家庭关系，则投票规则将选出灵活的劳动力市场制度；反之，拥有紧密型家庭关系的个体，其效用水平总是在管制情形下更高。最后，企业提供劳动合同。拥有松散型家庭关系的个体不存在流动成本，故他或她总会找到工资等于其生产率的工作；而有着紧密型家庭关系的个体，则在离开家庭时蒙受效用损失，故需要付出流动成本。另外，劳动力市场实施的管制，恰好能够保护职工免受企业买方垄断力量的影响。该模型共有两个稳定的纳什均衡：其一，每个人都选择松散型家庭关系并通过投票选择灵活劳动力市场；在该均衡中，劳动力市场是竞争性的，每个人的报酬等于其边际生产率，其劳动流动性较大。其二，每个人都选择紧密型家庭关系并投票选择严格的劳动力市场管制（由于人们离开家庭时会产生流动成本，故企业拥有买方垄断力量）。如果大部分人拥有紧密型家庭关系，那么偏好一种管制的劳动力市场就是合理的选择。该结论可以解释，尽管劳动力市场管制会导致更低的均衡就业水平和工资水平，从而是一种显而易见的次优选择，但为何却很难改变这种管制。

该文在理论模型部分表明，劳动力市场管制和家庭关系之间可能存在反馈效应；论文的经验分析部分，则暗示着作用的方向很可能是从文化观念到制度安排。为了表明这一点，作者提供了两组证据：其一，他们表明，当前的家庭结构与中世纪时的家庭结构具有高度的相关性；其二，他们表明，从1940年前迁至美国的移民那里继承到的家庭观念，与二战之后建立的劳动力市场制度有着很强的相关性。

家庭关系还能够解释其他福利制度偏好。埃斯平 - 安德森（Esping-Andersen，1999）以欧洲为例，认为人们的基本福利来源主要有三：市场、家庭和政府。在家庭关系紧密的地方，社会风险更多地通过代际共担而内化于家庭之中。借助于对二战之后的观察，作者认为家庭关系差异是不同福利制度演进路径的重要原因。具体而言，他区分了福利国家的三种类型：第一类是自由福利国家（美国是典型），它是在大多数公民能够从市场中获得足够福利的假设下，更偏爱较小程度的公共干预的制度安排。第二类是社会民主制度，其基本特征是强调社会福利的全覆盖和综合保障。该模式因强调福利责任的“去家庭化”（尤其是在儿童和老人的看护照料方面）而在世界上独具特色，北欧国家是该模式的典型。第三类是包括大部分欧洲大陆国家（如奥地利、比利时、法国、德国、意大利和西班牙）在内的各种“家庭主义”制度，它认为家庭成员应该承担首要福利责任。

科尔曼（Coleman，1988，1990）同样强调了家庭主义社会中老一辈和年轻一代所提供的互助保险机制，认为家庭关系能够强化老一辈对年轻一代的支持，但同时也会阻碍创新和新思想的出现。最后，加拉索和普罗费塔（Galasso and Profeta，2012）发现，家庭关系紧密程度通常与一个国家所选择的养老保险制度的类型有关：与以其他类型的家庭为主导的社会相比，核心家庭占主导地位的社会（或家庭关系相对松散的社会，如盎格鲁—撒克逊国家）更容易出现具有扁平式社会安全网功能（需要同代之间的大规模再分配）的养老保险制度。

4.3 概念性框架

许多学者都很重视经济发展或不发展的历史根源（North，1981；Acemoglu et al.，2001），但不同的历史发展经验何以能够延续至今，则是一个仍未得到解决的问题。近期有一种研究潮流，强调个体价值观对于这种历史延续性的重要性。至于个体价值观为何与经济发展的历史延续性有关，一种解释是基于如下观察：人们通常能够看到，即使在同一个国家之内，相同的制度很可能以非常不同的方式来运行。帕特南等（Putnam et al.，1993）以意大利为例，指出尽管意大利在国家层面存在相同的制度，但由于久远的历史上的原因，意大利南部地区的地方政府、法院、学校甚至私有部门的效率却远远低于北部地区。圭索等（Guiso et al.，2008）所做的进一步分析，证实了帕特南等学者的最初直觉。他们的分析表明，那些早在第一个千年之初就拥有了自治城市的市民地位并深深卷入政治生活的意大利城市居民，目前也拥有较高的社会资本和市民资本（可以用选举参与率和各类社团参与率来度量），现今的无偿献血水平也相对较高。

许多价值观念可用于解释一个国家经济不发达的原因。在本文中，我们拟探究如下想法：如果人们的信任仅仅限于家庭成员内部，那么就会阻碍普遍信任的形成，而普遍信任则是从政治参与到制度形成乃至经济发展等一系列集体利益的核心（Banfield，1958；Gambetta，1988；Putnam，et al.，1993；Fukuyama，1995；Coleman，1988，1990）。不仅如此，由于家庭还是一种重要的“生产单位”，究竟通过市场活动还是通过家庭生产，会诱发人们关于生产生活方式和女性角色定位的不同看法（Alesina and Ichino，2009）。

近期涌现了强调特定文化特质对经济和政治所产生影响的大量文献，本文与这些快速增加的学术文献同属一类。对于这种新的研究路线，阿克洛夫和克兰顿（Akerlof and Kranton，2011）、阿莱西纳等（Alesina et al.，2013b）、圭索等（Guiso et al.，2006）、费尔南德斯和福利（Fernández and Fogli，2009）、哥罗德尼琴科和罗兰（Gorodnichenko and Roland，2013）、斯伯劳雷和瓦克扎格（Spolaore and Wacziarg，2009）和塔贝利尼（Tabellini，2008，2010）等提供了更多的文献参考并揭示了它在不同方面的具体应用。

本文经验分析部分的基本理念是，由于人们的价值观在很大程度上是从前几代人那里继承而来的，故它们在历史长河中的演变非常缓慢。具体而言，若将家庭主义文化定义为一种强调家长与子女之间的联系以及忠诚于家庭的个体价值观，那么它就是久远的历史能够对当前的制度和经济发展产生影响的一种重要渠道。我们分两步来探究这一想法：第一步，我们利用国家层面的组内估计，来分析家庭观念对与经济增长有关的各种其他经济态度的影响。尽管可能存在重要的逆向因果性，但我们还是能够结合现有研究，表明当前的家庭观念与古老的家庭结构存在显著的相关性（参见：Alesina et al.，2013；Duranton et al.，2009；Galasso and Profeta，2012；Todd，1990）。第二步，通过探究拥有松散型家庭关系的社会和拥有紧密型家庭关系的社会在制度和经济发展方面的差异，我们探讨了它们的整体性影响，并发现这种整体性层面上的相关性是显著的，且与微观经济数据相一致。综合而言，现有文献表明，制度良性运行、经济发展良好的国家或地区，通常就是那些拥有松散型家庭关系的国家或地区。

对于普遍性文化特质与特殊性家庭观念之间的关系，我们在探究有关经验证据之前，有必要先回顾一下相应的逻辑框架。“文化”一词在不同的经济学文献中往往有着非常不同的含义。一种定义是把文化视为重复性博弈中有助于实现纳什均衡的社会习俗和个体信念（Greif，1994）；后来的文献进一步指出，个体信念最初来自文化传递，其后则借助于一代代人的经历慢慢修正。圭索等（Guiso et al.，2010）遵循了这一研究路线并建立了一个代际交叠模型，其中模型中的子女先从父母那里获得信任方面的信念，然后结合他在现实生活中的人生经验，对有关信念进行修正并传递给子女。另一种定义，则是把文化视为那些更基础性的东西，如个体价值观和个体偏好等（Akerlof and Kranton，2000）；这种解释与心理学、社会学和进化生物学文献一样，都强调道德情感在激励人类行为和调控社会互动方面的作用。

我们主要借鉴后一种定义，把文化信念视为不确定情形或复杂环境下的决策经验或拇指法则。博伊德和里彻森（Boyd and Richerson，1985）表明，如果信息的获取是有成本的或者是不完全的，那么在决策过程中引入启发性信念或拇指法则，就可以是个体的最优选择。换句话说，借助于不同情形下如何才能做到最好的一般性信念，个体行为也许不是按照每种情形下恰好最优的方式，但它们却节省了为保证总会选择最优行为所付出的信息获取成本。在现实生活中，这些启发性信念通常表现为内心深处的传统价值观或宗教信仰（Gigerenzer，2007；Kanhneman，2011）。

把文化视为激励个体的道德准则、经验法则或规范价值观的想法，特别有吸引力。尽管社会习俗会因策略性互补而发生突然变动，信念亦可能因个人经验或他人经验而发生修正调整，但个体价值观和经验法则似乎更具持久性，从一代人到下一代人仅会发生相对缓慢的变化。其背后的原因，不仅在于规范性价值观通常是在人生早期阶段获得的并会成为个体特性的重要组成部分，而且在于人们从经验中学到的东西通常并不足以改变它们。正因如此，价值观会持续较长的时间，且很可能是在家庭之内从一代人向另一代人垂直传递，而不是在不相关个体之间横向传递。

我们之所以能够观察到这种持久性，很可能存在多种原因。首先，政策、法律和制度很可能会强化价值观背后的文化特质，并进一步强化了有关信念。一个拥有家庭主义观念的社会，有关信念很可能会被各种福利制度、产假政策和养老制度等进一步强化和固化。其次，文化信念与产业结构之间的策略互补，亦可能导致这种持久性。重视家庭的信念，可能会使得一个社会专业化于以家庭为基础的产业，而这又会进一步强化人们的家庭依附性和有关特质的持久性。第三种解释不依赖于各种形式的策略互补，而是认为文化信念就其定义而言，本质上是有黏性的。依据经验法则进行决策的好处是可以广泛应用于各种情形，从而能够节省每次决策时的信息获取成本和处理成本。

在经验研究方面，已有文献在次国家层面（从而使得产业结构、国内政策和制度等保持不变），对文化特质的持久性进行了实证分析。还有文献对移民后代进行了探究（从而可以保持外部环境不变），这是一种更为直接的方法，本文亦遵循了这一研究传统。具体而言，我们采用了国家层面的组内估计，以保持制度和政策的不变。至于逆向因果性，目前研究还相当有限，已有一些文献表明当前关于家庭的看法与历史上的家庭结构相关（参见：Alesina et al.，2013；Galasso and Profeta，2012）。其他一些文献亦表明，本文大部分结论对于美国和其他各国的二代移民来说都是成立的，它们都与人们关于家庭关系紧密程度的不同观念有关（Alesina and Giuliano，2010；Alesina et al.，2013）。

4.4 如何度量家庭关系

本节拟结合现有数据库，讨论度量家庭关系的不同方法。一种方法是利用世界价值观调查中人们对有关问题的回答（本文在经验分析部分采用这种度量方法），另一种方法则是利用托德（Todd，1983，1990）的分类方法。

4.4.1 利用世界价值观调查度量家庭关系

世界价值观调查是一项实施时间超过20年的跨国调查项目，每轮调查均是对各国个体的基本价值观和信念进行的全国性抽样调查，调查问卷包括人口特征（性别、年龄、受教育程度）、经济特征自评（收入、社会阶层）以及对于宗教信仰、政治倾向和态度等特定问题的回答。伯特兰和肖尔（Bertrand and Schoar，2006）、阿莱西纳和朱利亚诺（Alesina and Giuliano，2010）以及此后的其他文献，结合世界价值观调查中的三个变量，对家庭关系的紧密程度进行度量。其中，这三个变量分别反映了受访者在如下三个方面的基本信念：家庭在个体生活中的重要性，父母和子女的义务和责任，以及对父母的爱与尊重等。第一个问题是评估家庭对个体生活的重要性，取值从1~4（4表示非常重要，1表示完全不重要）。第二个问题是问受访者是否同意如下两种说法中的一个（取值分别为1和2）：（1）一个人没有尊重和爱父母的义务，倘若他们不配；（2）不论父母的品格如何、是对是错，一个人必须永远爱和尊重自己的父母。第三个问题是提示受访者在下述两个说法中选择一个（取值分别为1和2）：（1）父母有自己的生活，不应该要求父母为了子女而牺牲自己的幸福；（2）为子女竭尽全力是父母应尽的责任，即使以其自身幸福为代价亦属应当。各受访者对这些问题的回答构成了一个数据集，从中提取第一主成分，就可以把这三个问题结合起来。

表4.1显示了三个原始度量指标和第一主成分在国家层面上的相关性。所有变量之间都存在显著的正相关关系。图4.1显示了国家和地区层面上家庭关系紧密程度的度量值（按第一主成分）[③]。各个国家和地区在家庭关系紧密程度方面的排序，大致与社会学文献一致：斯堪的纳维亚国家和许多东欧国家的家庭关系通常最为松散，法国、加拿大、美国和英国处于中间水平，意大利以及包括哥伦比亚、秘鲁和巴西在内的许多拉丁美洲国家属于更为家庭主义的社会。危地马拉、委内瑞拉等某些拉美国家，埃及、津巴布韦等非洲国家，印度尼西亚、越南和菲律宾等亚洲国家和地区，则处于排序分布的极端。

表4.1　　　　家庭观念指标之间的相关性

项目	家庭的重要性	尊重和爱父母	父母的义务	家庭关系（主成分）
家庭的重要性	1.0000			
尊重和爱父母	0.3446 **	1.0000		
父母的义务	0.5518 ***	0.3495 **	1.0000	
家庭关系（主成分）	0.7217 **	0.7944 ***	0.7928 ***	1.0000

注：** 在5%水平上显著；*** 在1%水平上显著。

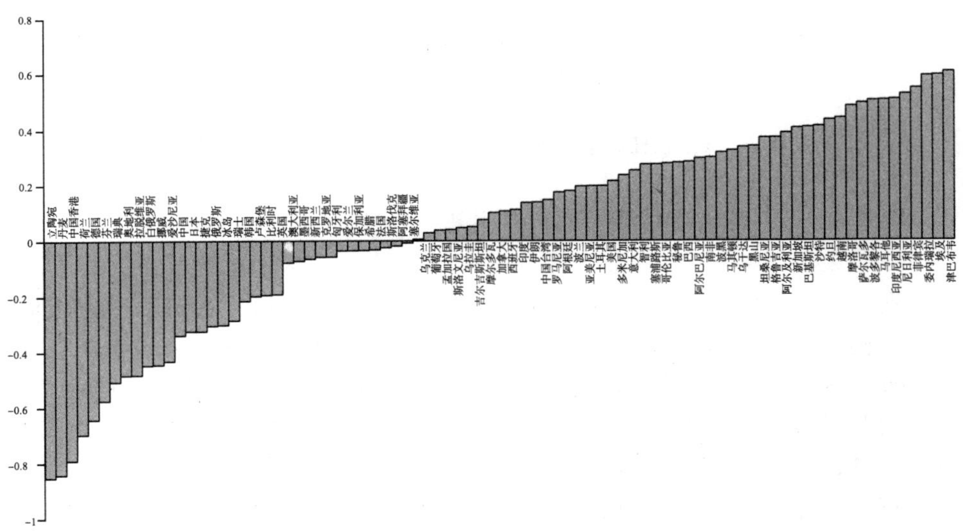

图4.1　家庭关系紧密程度

资料来源：作者依据世界价值观调查的计算。

③ 家庭关系度量值的计算，采用的是第六轮世界价值观调查数据。

家庭关系紧密程度不仅在各国之间存在差异，而且在同一个国家的不同地区也有所不同。图4.2显示了在控制了国家固定效应之后，欧洲各地的普遍信任与家庭关系紧密程度之间的偏相关性。该图表明，即使控制了国家特征之后，欧洲各地区的家庭关系差异亦足以解释其社会资本的不同。同一个国家不同地区的家庭关系紧密程度的差异可以非常大，以意大利为例，瓦莱达奥斯塔北部地区的家庭关系最为松散（等于 -0.22，与瑞典的一些地区约略相同），而卡拉布里亚南部地区的家庭关系则最为紧密（高达0.44）。

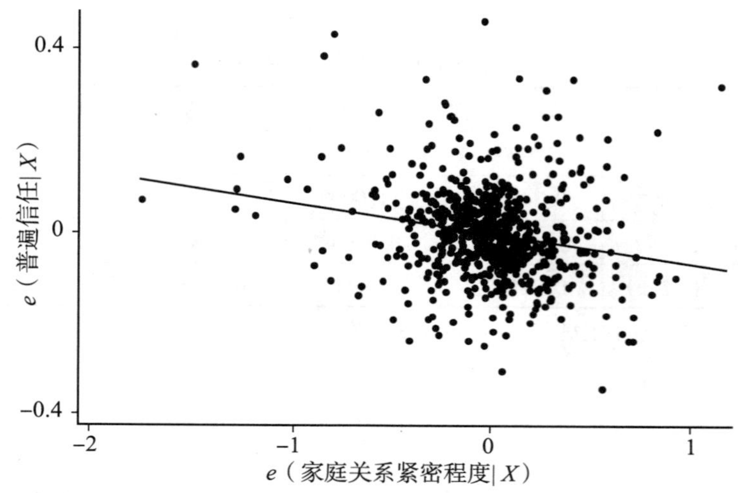

图4.2　普遍信任和家庭关系紧密程度（欧洲内部的地区差异）

4.4.2　家庭结构的托德分类法

在《欧洲的发明》（*The Invention of Europe*，1990）和《意识形态的解释：家庭结构与社会制度》（*The Explanation of Ideology*：*Family Structures and Social Systems*，1983）等著作中，伊曼纽埃尔·托德（Emmanuel Todd）按照两种组织原则对家庭结构进行了分类。其中，第一个原则涉及的是父母与子女之间的纵向关系，第二个原则涉及的是兄弟姐妹之间的横向关系。

在父母与子女之间的纵向关系方面，如果子女即使在结婚以后仍然受制于父母的权威，则将这种家庭定义为“专制家庭”。如果子女在成年早期就离开父母呵护并摆脱父母的权威，则将这种家庭定义为“自由家庭”。为了度量某家庭究竟属于专制家庭还是自由家庭，托德探究了一个家庭内部各代人之间的共同生活情况，尤其是父母与已婚子女的共同生活情况。如果一个家庭中的长子在婚后仍然与父母住在一起且生活在父亲的权威之下，或者一个家庭的成年未婚女儿仍住在家中并生活在父亲的权威之下，或在父亲去世后生活在哥哥的权威之下，那么这个家庭就属于专制家庭。而在“自由家庭”中，子女在成年或结婚以后，会离开父母独自生活。

在兄弟姐妹之间的横向关系方面，如果所有兄弟姐妹都被一视同仁，则定义为“平等家庭”；如果某个子女（通常是长子）享有特殊待遇，则定义其为“不平等家庭”。托德利用继承方面的法律和惯例，来度量家庭的平等性。如果家庭财产在兄弟姐妹之间平均分配，那么这种家庭就属于平等家庭；如果存在长子继承制（或幼子继承制），那么这种家庭就属于不平等家庭。利用500多年以来的人口普查和历史文献，可以获得纵向和横向两个纬度的家庭类型信息。

把专制或自由的纵向关系与平等或不平等的横向关系结合在一起，可以产生四种家庭结构：

（1）绝对核心家庭：此类家庭的特点是独立生活（不论婚否，子女成年即离开家庭独立生活）和缺乏严格继承规则。在这种类型的家庭中，父母没有照顾成年子女的义务，每个人都是独立的、不得不依赖于自身努力。美国、英国、澳大利亚、新西兰、荷兰和丹麦均属于此类。有趣的是，拉斯利特（Laslett，1983）曾表明，这种家庭特点使得年轻人可以自由居住在就业机会最好的地方，进而有助于促进产业发展。

（2）平等核心家庭：与绝对核心家庭相似，这种家庭类型的特点也是独立生活；但其拥有的平等继承规则，却激励父母与子女维持着较为紧密的关系，使得子女与父母共同生活的时间更长。意大利、西班牙、希腊和葡萄牙等南欧国家以及罗马尼亚、波兰、拉丁美洲和埃塞俄比亚属于此类。

（3）专制家庭或主干家庭：这种家庭类型的特点是父母和子女生活在一起，但继承规则却是不平等的。奥地利、德国、瑞典、挪威、捷克、比利时、卢森堡、爱尔兰、日本、韩国和以色列属于此类。

（4）社群化家庭：这种家庭类型的特点是父母和子女共同生活且有着平等的继承规则。俄罗斯、保加利亚、芬兰、匈牙利、阿尔巴尼亚、中国、越南、古巴、印度尼西亚和印度属于此类④。

加拉索和普罗费塔（Galasso and Profeta，2012）对托德的家庭结构分类法

④ 值得注意的是，托德（Todd，1990）提供了大部分欧洲国家在地区层面上的差异，如社群化家庭就出现在意大利中部地区。在这里，我们仅仅描述了国家层面的数据。国家层面的家庭类型，主要基于大部分人口所属的家庭类型。关于家庭关系在地区差异方面的更多细节，参见：迪朗东等（Duranton et al.，2009）和托德（Todd，1990）。

与本文以及阿莱西纳和朱利亚诺（Alesina and Giuliano，2010）所用的方法进行了比较研究。具体而言，他们利用依据世界价值观调查所得到的家庭观念的前述三个度量指标，通过下述模型与托德的家庭结构分类进行了比较：

$$y_i=\alpha+\beta_1 X_i+\beta_2\times 社群化家庭_i+\beta_3\times 专制家庭_i+\beta_4\times 平等核心家庭_i+\varepsilon_i$$

其中，y_i 分别是源于世界价值观调查的关于家庭观念的三个度量指标，X_i 是一组个体控制变量（年龄平方、收入、教育和政治观点等），式中还包括反映国家层面主导性家庭类型的虚拟变量（绝对核心家庭为基组）。估计结果如表4.2所示，表明托德分类法对于家庭重要性这一最具一般性的指标没有解释力［列（1）］，但子女与父母的紧密关系则与社群化家庭和平等核心家庭具有显著的相关性［列（2）］，而专制家庭和社群化家庭与当今社会的父母扮演重要角色具有显著相关性。作者由此得出结论，即目前的大样本调查数据证实了托德所提出来的历史上的家庭分类。

表4.2　　家庭关系的紧密程度与托德的家庭结构之间的关系

项目	(1)	(2)	(3)
	家庭的重要性	尊重和爱父母	父母的义务
社群化家庭	0.039 (0.04)	-0.135** (0.065)	0.086*** (0.031)
专制家庭	0.019 (0.033)	0.012 (0.088)	0.163*** (0.049)
平等核心家庭	0.018 (0.035)	-0.142** (0.065)	0.014 (0.025)
样本量	101 169	94 631	89 011
R^2	0.007	0.037	0.028

注：* 在10%水平上显著；** 在5%水平上显著；*** 在1%水平上显著。

资料来源：加拉索和普罗费塔（Galasso and Profeta，2012）。数值越大表示家庭关系越松散，数据来源于世界价值观调查，各回归均控制了年龄平方、教育、收入和政治倾向。

4.5　家庭关系的源起

大量人类学文献表明，家庭类型与古代社会人们的生态特征和生存方式有关（Murdock，1949）。农业社会的典型特征是大家庭，而狩猎和采集社会则盛行核心小家庭，原因在于农业活动通常需要许多人的耕种合作，通常也包括儿童和其他亲属的协助。现有研究发现，农牧社会的孩子通常被教导要负责、顺从、听话，尊重老人和家庭等级结构。与之不同，狩猎或采集活动则需要经常性地从一个地方到另一个地方，故对于大部分狩猎采集社会而言，人们居无定所，小家庭更能适应这种到处移动的生存方式和生态环境约束。在狩猎和采集社会中，孩子们倾向于自力更生、独立自主、追求个体成就，家庭等级结构相对没有那么严格。

在许多社会已经经历了工业化之后，我们并不清楚这些源于遥远过去的生态特征是否能够持续到今天。杜兰特（Durante，2010）是对当前家庭关系和长期历史特征之间的相关关系进行研究的唯一文献，他以农民应对气候变化的生存需要为例，为信任的产生和不同家庭结构的出现提供了一种简单的解释。其主要思想是：更为多变的环境促使人们加强与家庭成员之外的人的交往，并减少了其基于保险目的的家庭依赖。利用1500～2000年间的高精度气候数据、阿莱西纳和朱利亚诺（Alesina and Giuliano，2010）基于当前调查数据的家庭关系度量、普遍信任数据以及两个变量之间预期的负相关性，杜兰特（Durante，2010）以欧洲为例对其理论预测进行了检验，发现一个地区的温度和降水量年变动率越大，人们之间的信任水平就越高、家庭关系就越松散。该实证结果主要与农作物生长季节的天气变化有关，这与气候风险主要通过影响农业而发挥作用是一致的。接着，他利用1500～1750年间的气候数据进行了稳健性检验，表明即使控制了1900～2000年间的气候变化之后，历史上的气候变动与信任和松散型家庭关系之间仍然是显著正相关的。该研究发现有助于解释信任和家庭态度的历史形成机制及其长期持续性。

杜兰特针对欧洲各地区的研究结果如表4.3所示。具体而言，A栏显示的是杜兰特对于1900～2000年间数据的分析结果，其中左侧变量是家庭关系度量的主成分，而被解释变量则是利用降水量［列（1）和列（2）］和温度（第三列和第四列）计算得到的年变动率。降水量年变动率的系数［列（1）］为正且在5%水平上统计显著，这意味着气候变动越大的地区，其家庭关系越松散。列（1）表明：家庭关系受降水量年变动率的影响，且显著性水平为5%，即气候越多变，家庭关系越松散。该结论主要受生长季降水量变化的影响，而其他月份的降水量变化则没有显著的影响［列（2）］。利用温度进行的分析，得到的结果基本一样：温度的年变动率越大，尤其是在农作物生长季的变化越大，则意味着更为松散的家庭关系［列（3）和列（4）］。

表 4.3　　家庭关系和气候变化

项目	家庭关系（源于世界价值观调查的主成分）			
	降水量		温度	
	（1）	（2）	（3）	（4）
A 栏：气候数据（1900～2000 年）				
变动率（12 个月）	−0.072** (0.033)		−0.392* (0.214)	
变动率（农作物生长季）		−0.081*** (0.029)		−0.692*** (0.219)
变动率（非农作物生长季）		−0.004 (0.024)		0.063 (0.130)
样本量	220	220	220	220
聚类数	24	24	24	24
R^2	0.826	0.828	0.826	0.832
B 栏：气候数据（1500～1750 年、1900～2000 年）				
变动率（生长季）（1500～1750 年）	−0.205** (0.085)	−0.300** (0.112)	−0.205** (0.081)	−0.306*** (0.100)
变动率（生长季）（1900～2000 年）		0.129* (0.074)		0.138 (0.081)
样本量	218	218	218	218
聚类数	24	24	24	24
R^2	0.830	0.833	0.785	0.789

注：* 表示在 10% 水平上显著；** 表示在 5% 水平上显著；*** 表示在 1% 水平上显著。

资料来源：杜兰特（Durante，2010）。回归中已经控制了国家固定效应和地区层面的下述控制变量：平均温度、平均降水量、地势险峻指数、土壤适耕指数（均值与标准差）、面积、内陆虚拟变量、地区中心点距海岸线距离、区内主要河流数量、地区中心点海拔等，括号中的数字是以国别为聚类的稳健标准误。

B 栏是杜兰特关于家庭关系紧密程度与历史而非当前变动之间关系的估计结果。历史上的农作物生长季降水量和温度变化，与家庭关系紧密程度有着显著的负相关关系［列（1）］；在控制了20世纪的气候变化后（其效应不显著，且降水量的系数甚至由负变为正），该效应不仅仍然存在，而且系数值甚至变得更大。历史上的降水量变动和温度变化的系数很大：生长季降水量变动率每增加一个标准差，则家庭关系紧密程度就会下降0.40个标准差，而在温度情形下则会下降0.38个标准差。

4.6 经验分析

在本节中，我们将利用世界价值观调查数据，通过国家层面的组内估计，来探究家庭观念和经济态度之间的关系。如前文所述，我们采用的家庭关系度量，定义为与家庭重要性有关的三个主观度量的主成分以及父母与子女间的关系。我们利用了所有可得的六轮调查数据，从而能够对家庭观念对各种态度的影响进行最为全面的分析⑤。每轮调查包含的国家有所不同，例如，1981～1984年的调查仅包括24个国家、1989～1993年的调查则包括43个国家，而1994～1999年、1999～2004年、2005～2007年和2008～2010年四轮调查则分别包括54个、70个、57个和47个国家。

采用国家层面的组内分析，使得我们能够控制国家固定效应，从而消除其他制度变量的影响。这种方法会低估家庭关系的影响，低估的程度取决于遥远过去的家庭关系对于当前制度的影响程度。尽管如此，这种影响可以更可信地归因于文化特质。遗漏变量和逆向因果关系仍是回归分析中的潜在问题，为此，本文更愿意把有关结果解释为更精确的偏相关估计。下面，我们将解释变量分为四组予以分析。

4.6.1 对政治兴趣和政治行动的度量

我们首先探究关于政治兴趣和政治行动的度量。第一个变量是“政治兴趣”，它基于受访者对如下问题的回答：“你对政治的兴趣如何”，选项由1（完全不感兴趣）到4（非常感兴趣）。第二个变量是“政治讨论”，即询问受访者“你与朋友们讨论政治事件的频率如何”，选项1表示“从不”、2表示“偶尔”、3表示“经常”。第三个变量和第四个变量度量的是受访者是否属于某党派，其中第三个变量是虚拟变量（属于某党派为1、否则为0），第四个变

⑤ 阿莱西纳和朱利亚诺（Alesina and Giuliano，2010）仅使用了四轮调查，故样本量更小。

量分别取值为0（不是党派成员）、1（不活跃的党派成员）和2（活跃的党派成员）。最后五个问题度量的是人们对不同政治行动的参与情况，其中有关政治行动分别是签署请愿书、参加抵制活动、参加合法且和平的示威活动、参加非官方罢工以及占领建筑物或工厂，变量取值分别为3（曾参与）、2（可能参与）和1（从不参与）。

深入理解市民文化和良好教育的来龙去脉，是拥有运作良好、运行稳定的民主政治的先决条件（Lipset 1959；Almond and Verba，1963；Glaeser et al.，2004，2007；Persson and Tabellini，2009）。

4.6.2 对普遍道德和社会态度的度量

第二组问题包括对普遍道德的两个度量指标［借鉴了塔贝利尼（Tabellini，2012）］的定义，后文还会做进一步说明），共涉及四个问题。其中，一个问题涉及的是家庭信任，另外三个问题涉及的是对社会的态度。第一个问题中的第一个变量即“信任”是对如下问题的回答：“一般而言，你是否认为大多数人都是值得信任的或者你与他人交往时必须非常小心”；如果受访者回答说大多数人都是值得信任的则取值为1，否则为0。第二个变量是询问“顺从”是否是值得在家中让孩子学到的品质，选项分别为1（是）和0（否）。第三个变量基于受访者对家庭的信任程度，取值分别为1（完全不信任家庭）、2（不太信任）、3（无所谓信任与否）、4（稍有信任）和5（完全信任）。最后三个问题涉及的是人们对社会变化的态度，其中：第一个问题的取值从1到10，依次是“经得起时间检验的思想通常都是好思想”（取值为1）或“新思想通常比旧思想好”（取值为10）；第二个问题的选项依次是“每个人都应该谨防人生中出现重大变化”（取值为1）或“除非勇于行动，否则难言成功”（取值为10）；第三个问题的选项有三，分别为“必须勇敢地维护社会”（取值为1）、“必须通过改革逐步完善社会”（取值为2）或“必须彻底地变革社会”（取值为3）。

在上述变量中，“信任”度量了一个社会的基本特质。阿罗（Arrow，1972）早在35年前就认识到了普遍的相互信任对于商业和非商业活动的重要性，甚至认为“世界上大多数的经济落后，都可以用相互之间缺乏信任来解释”（第357页）。从那时起，阿罗的猜测就得到了大量经验研究的支持，许多文献对信任和整体经济绩效之间的关系进行了研究，发现信任还可以通过扩大社会互动而增进福利水平（如公共品提供过程中的匿名互动）并有可能提升政府部门的运行效率。从班菲尔德开始，不少学者还发现小圈子内部（如家庭）的信任与普遍信任之间存在负相关性。普拉托（Platteau，2000）按照是否缺乏普遍信任，对普遍道德和有限道德进行了区分：在等级社会中，信任和诚实行为往往仅限于小圈子之内（如家庭成员），而在小圈子之外，机会主义和极端自私行为被视为正常的、在道德上可以接受的。基于这种分析，普拉托提出了分别对应于普遍道德和有限道德的两种价值观。塔贝利尼（Tabellini，2008）认为，要想理解世界各国和欧洲各地经济发展的源起，普遍道德是不容忽略的重要方面。正因如此，我们有必要探究家庭关系与普遍信任和家庭信任之间的关系，并预期家庭关系与普遍信任负相关、与家庭信任正相关。拥有紧密型家庭关系的社会，个人主义难以获得人们的认同；在家庭主义的社会中，父母的作用是培养顺从。班菲尔德强调了顺从的重要影响，认为这种强制性文化氛围降低了个体能动性和群体合作水平，进而会损害经济增长和经济发展。

最后三个问题与科尔曼（Coleman，1988）提出的如下观点有关：家庭关系会阻碍创新和新思想的产生。

4.6.3 劳动力市场与工作态度

第三组问题探究的是家庭观念与劳动力市场的关系。我们分别探究了女性、年轻人和老年人的劳动参与率与家庭关系的相关性，并探讨了职业安全与家庭关系之间的关系。其中，一个问题是询问受访者如何看待安全在工作中的重要性，另一个问题是询问受访者在寻找工作时最看重什么，其选项有五，分别是安全、收入、跟喜欢的人共事、做一份重要的工作以及为社会做些事情。

不同国家之间的就业率存在很大差别，但大部分差异取决于特定群体的人口学特征：女性、年轻人和老年人。阿尔冈和卡于克（Algan and Cahuc，2007）利用OECD国家的宏观数据和微观数据进行的分析表明，欧洲不同的家庭文化可以解释欧洲女性、年轻人和老年人就业率偏低现象⑥。沿着类似的研究路线，贾瓦齐等（Giavazzi et al.，即出）发现文化对女性就业率和工作时间有重要影响。在最近的一篇论文中，阿莱西纳等（Alesina et al.，2013）对家庭关系和劳动力市场之间的关系进行了探究，其主要发现是：在具有紧密型家庭关系的文化中，离家是一种高成本行为；即便劳动力市场管制会降低就业水平和收入水平，但拥有紧密型家庭关系的个体仍然更愿意选择有管制的劳动力

⑥ 尽管作者把OECD各国的就业率差异归结于不同国家究竟以核心家庭为主还是以大家庭为主，但他们并没有利用家庭结构差异来探究其相应的就业效应，而是基于若干主观度量进行了分析。具体而言，通过询问受访者是否同意下述说法，他们探究了三个问题："当工作机会很少时，应该强制老年人提前退休""成年子女有照顾老年父母的义务""应该鼓励家庭培养子女的独立性"。

市场，以避免就业迁移并限制企业的买方垄断。在实证分析部分，我们还将利用国家层面的组内分析，来探究人们的职业安全偏好，它会对其他国家特征的影响产生进一步影响。

4.6.4 对女性态度的度量

第四组变量包括人们对女性态度的各种度量。第一个问题是询问受访者是否同意以下说法："当工作机会很少时，男性应该比女性拥有更大的工作权利"。其他六个变量分别来自对下述六种说法的如下回答："您在多大程度上会同意下述各种说法？请对每个问题分别选择：非常同意、同意、不同意、非常不同意"；这六种说法分别是"与没有工作的妈妈相比，有工作的妈妈同样能够与自己的孩子建立起温暖而又安全的关系""全职妈妈与赚取薪水的妈妈有相同的成就感""整体而言，男性比女性更容易成为好的政治领导人""大学教育对男孩比对女孩更重要""妈妈若参加工作很可能会对学龄前儿童造成影响""工作固然不错，但绝大多数女性其实更希望拥有的是家庭和孩子"。我们对上述问题进行了重新编码，以使得数字越大意味着对女性角色的看法越传统。

性别态度有助于解释各国在女性劳动参与率方面的差异（参见：Fortin，2005；Fernandez and Fogli，2009）。在拥有紧密型家庭关系的社会中（Esping-Andersen，1999；Ferrera，1996；Castles，1995；Korpi，2000），家庭团结基于男女之间的不平等分工之上（即所谓"男性养家糊口假说"）：松散型家庭关系有助于形成一种男女平等参与就业和家务劳动的平等主义性别角色，而基于"男性养家糊口假说"的紧密型家庭关系则有助于形成男性全职工作、妇女埋头家务的性别分工。在拥有紧密型家庭关系的较为传统的社会中，人们通常认为女性应该履行家庭义务并尽量少参与劳动力市场上的工作。埃斯平-安德森（Esping-Andersen，1999）的研究表明，福利国家模式通过把儿童和老年人照料服务交还给家庭，有助于维护男性养家糊口传统和传统性别关系。阿莱西纳和伊基诺（Alesina and Ichino，2009）以意大利为例，对这种家庭结构进行了较为深入的分析。

4.6.5 家庭关系的影响

我们对家庭关系各种影响的实证分析结果，如表4.4至表4.7所示。被解释变量包括前述各种态度，解释变量包括关于家庭关系的各种度量、控制变量

(年龄、教育、婚姻状况和性别虚拟变量[7])、国家固定效应以及每轮调查虚拟变量。不同回归方程使用的样本量有所不同，从最小的26 974个到最大的212 931个不等[8]，故不同样本所包括的时间和国家数量也存在很大差别。

在解释家庭关系影响的实证结论之前，有必要先分析一下控制变量的影响。有关结果比较合理且对家庭关系度量具有可信性。年龄与政治兴趣、政治参与、政治行动、职业安全等均呈现驼峰型关系；年龄和信任之间也存在驼峰型关系，但年龄和家庭信任之间的相关性却不显著。年轻人并不特别强调顺从，且顺从与年龄之间存在U型关系。在应该维护社会抑或社会应发生彻底变革的态度方面，同样存在U型关系。不出所料，年轻人认为新思想优于旧思想，并对人生的重大改变持开放态度。对女性的态度与年龄之间并不存在系统的相关性。性别和教育的影响符合预期。与男性相比，女性对政治的兴趣和参与程度更低，其信任水平亦较低（类似于年龄，性别与家庭信任水平之间同样不存在系统的相关性；同时，家庭信任水平几乎不随人口特征而改变）。预料之中的是，与男性（更易受传统性别观念的影响）相比，女性对于女性社会角色的观念更不同于传统看法。教育与政治兴趣和政治行动之间存在正相关性，该结论为格莱泽等（Glaeser et al.，2007）的模型提供了经验支持。一个人受教育程度越高，其信任水平就越高，对女性社会角色的传统看法就越少，且更倾向认为顺从并不是应该教给孩子们的最重要品质。最后，受教育程度较高的人支持新思想，但对于人生的重大改变和社会的重大变革则更为保守[9]。

现在考虑家庭关系的影响。表4.4探究了家庭关系和政治参与与政治行动之间的关系，表明家庭关系的系数为负且统计上高度显著。就影响的大小而言，家庭关系对于政治参与的四种度量指标的贝塔系数［表4.4中列（1）~列（4）］均约略等于0.01，大致相当于中等受教育程度贝塔系数（介于0.04~0.05之间）的五分之一[10]。对于政治行动的各种度量指标来说，家庭关系的贝塔系数要大得多，大致介于0.04~0.08之间，约为中等受教育程度贝塔系数的三分之一甚或相等。

---

⑦ 回归中并不包含收入项，这是因为我们在下一节的分析中将发现家庭关系能够部分解释各国人均GDP差异。当然，即使包含收入项，回归结果也仍然是稳健的。

⑧ 样本量最小的变量是老年人的劳动参与率（26 974个），这意味着回归并非全部基于所有样本。家庭信任变量的样本量更小，约有10 000个观察值。

⑨ 当我们控制收入变量进行稳健性检验时，我们发现收入确实与信任和家庭信任正相关，这与教育情形很相似。此外，收入与顺从、新思想、重大人生变化等态度变量负相关，但与应该进行社会变革的信念正相关。

⑩ 回归中包括两个教育虚拟变量：一个是中等受教育程度，另一个是高等受教育程度（以初等受教育程度为参照组）。在初等受教育程度为参照组的情形下，中等受教育程度和高等受教育程度的系数均为正。

表4.4 家庭关系和政治参与

变量		(1)	(2)	(3)	(4)	(5)	(6)	(7)	(8)	(9)
		政治兴趣	讨论政治	属于政党	政党成员	签请愿书	参与抵制	参与示威	参加罢工	占领建筑
家庭关系		-0.010*** (0.002)	-0.006*** (0.001)	-0.002*** (0.001)	-0.004** (0.002)	-0.029*** (0.002)	-0.046*** (0.002)	-0.036*** (0.002)	-0.041*** (0.002)	-0.026*** (0.001)
年龄		0.016*** (0.001)	0.018*** (0.000)	0.002*** (0.000)	0.006*** (0.001)	0.012*** (0.001)	0.008*** (0.001)	0.009*** (0.001)	0.004*** (0.000)	-0.000 (0.000)
年龄平方		-0.000*** (0.000)	-0.000*** (0.000)	-0.000*** (0.000)	-0.000*** (0.000)	-0.000*** (0.000)	-0.000*** (0.000)	-0.000*** (0.000)	-0.000*** (0.000)	-0.000*** (0.000)
女性		-0.277*** (0.004)	-0.189*** (0.003)	-0.034*** (0.001)	-0.083*** (0.004)	-0.088*** (0.004)	-0.123*** (0.003)	-0.155*** (0.004)	-0.099*** (0.003)	-0.058*** (0.002)
已婚		-0.008 (0.011)	-0.016** (0.007)	0.010** (0.004)	0.009 (0.008)	0.002 (0.009)	0.023*** (0.009)	0.018** (0.009)	0.044*** (0.008)	0.029*** (0.006)
虚拟变量	教育	是	是	是	是	是	是	是	是	是
	国家	是	是	是	是	是	是	是	是	是
	调查轮次	是	是	是	是	是	是	是	是	是
样本量		212 931	220 148	133 684	66 407	131 066	127 491	131 408	126 513	125 180
R^2		0.136	0.115	0.060	0.181	0.278	0.182	0.143	0.096	0.096

注：括号中数字是稳健标准误。* 表示在10%水平上显著；** 表示在5%水平上显著；*** 表示在1%水平上显著。

表4.5探究的是“普遍道德”（定义参见：Tabellini，2008）以及对新思想的开放性，其控制变量与表4.4相同。实证结论符合预期，其中尤为重要的结论是：家庭关系与普遍信任负相关［列（1）］、与家庭信任正相关［列（2）］。紧密型家庭关系，意味着教育子女更为顺从［列（3）］，对人生重大变化和社会变革亦相对更为保守［列（4）~列（6）］。从影响的大小看，家庭关系对于信任的贝塔系数等于 -0.016，约为中等受教育程度系数值的一半（在初等受教育程度为参照组的情形下，中等受教育程度的系数为正）；家庭关系对于家庭信任的系数值，约是中等受教育程度系数值的三倍；对于顺从［列（3）］以及与人生变化和社会变革有关的三种态度［列（4）~列（6）］等被解释变量，中等受教育程度和家庭关系的系数值大致相等，但符号相反。

表4.5　家庭关系、普遍道德与社会态度

变量		(1)	(2)	(3)	(4)	(5)	(6)
		信任	家庭信任	儿童顺从品质	新旧思想	人生重大变化	社会变革/维护社会
家庭关系		-0.006*** (0.001)	0.069*** (0.008)	0.024*** (0.001)	0.050*** (0.009)	0.112*** (0.010)	0.017*** (0.002)
年龄		0.002*** (0.000)	0.002 (0.003)	-0.004*** (0.000)	0.027*** (0.003)	0.015*** (0.004)	-0.002*** (0.001)
年龄平方		0.000*** (0.000)	-0.000 (0.000)	0.000*** (0.000)	-0.000 (0.000)	0.000 (0.000)	0.000*** (0.000)
女性		-0.006*** (0.002)	-0.002 (0.014)	-0.003 (0.002)	0.090*** (0.019)	0.086*** (0.022)	0.032*** (0.003)
已婚		-0.013*** (0.005)	-0.083* (0.043)	0.002 (0.005)	-0.002 (0.042)	-0.182*** (0.052)	-0.003 (0.008)
虚拟变量	教育	是	是	是	是	是	是
	国家	是	是	是	是	是	是
	调查轮次	是	是	是	是	是	是
样本量		217 647	9 802	220 639	81 640	69 736	110 077
R^2		0.104	0.057	0.111	0.131	0.083	0.050

注：括号中的数字是稳健标准误。* 表示在10%水平上显著；** 表示在5%水平上显著；*** 表示在1%水平上显著。

表4.6探究的是女性、年轻人和老年人劳动力市场。来自紧密型家庭关系的女性、年轻人和老人，其劳动参与率较低。这与“男性养家糊口假说”一致：按照该假说，女性应该与年轻人和老年人一起，留在家中照顾家庭。这与阿莱西纳等（Alesina et al.，2013）提出的家庭关系一致，即拥有家庭主义价值观的个体把职业安全视为最重要的工作特征。与对教育的影响相比，家庭关系对这三类群体劳动参与率的影响较小（家庭关系的贝塔系数约为中等受教育程度的贝塔系数的十分之一）。这并不奇怪：家庭关系通常与劳动力市场制度的各种决定因素有关（参见：Alesina et al.，2013），而国家固定效应很有可能已经部分捕捉到了有关影响。另外，家庭关系对职业安全［列（4）和列（5）］的影响，约是中等受教育程度所产生影响的6倍。

表4.6　　家庭关系、劳动力市场和工作态度

变量		(1)	(2)	(3)	(4)	(5)
		女性劳动参与率	年轻人劳动参与率	老年人劳动参与率	职业安全	找工作时的职业安全
家庭关系		-0.013*** (0.001)	-0.012** (0.001)	-0.006** (0.003)	0.017*** (0.001)	0.022*** (0.001)
年龄		0.063*** (0.001)	-0.043*** (0.007)	-0.050 (0.043)	0.003*** (0.000)	0.004*** (0.000)
年龄平方		-0.001*** (0.000)	0.001*** (0.000)	-0.000 (0.000)	-0.000*** (0.000)	-0.000*** (0.000)
已婚		-0.006 (0.007)	-0.006*** (0.007)	0.028 (0.020)	-0.000 (0.005)	-0.001 (0.007)
女性			-0.268*** (0.003)	-0.264*** (0.005)	-0.004** (0.002)	-0.003 (0.003)
虚拟变量	教育	是	是	是	是	是
	国家	是	是	是	是	是
	调查轮次	是	是	是	是	是
样本量		98 218	44 336	26 974	213 576	99 749
R^2		0.224	0.269	0.251	0.106	0.049

注：括号中的数字是稳健标准误。* 表示在10%水平上显著；** 表示在5%水平上显著；*** 表示在1%水平上显著。

表4.7探究的是对女性的态度。除了列（2）外，家庭关系变量在各列中均有着符合预期的符号，这意味着家庭关系越紧密，对女性角色的看法越传统。有关结论符合常理：家庭关系越紧密，就越需要有人来组织它、维系它，而妻子和母亲通常扮演了这一角色。从这个意义上讲，家庭是产品和服务的重要生产者，如看护小孩、照顾老人以及其他各类家庭生产等，尽管标准的GDP核算并不计入这类活动[⑪]。至于影响的大小，它们大致介于中等受教育程度所产生影响的四分之一［列（1）~列（4）］和约略相等［例（5）~列（7）］之间。

表4.7　家庭关系与女性态度

变量		(1)	(2)	(3)	(4)	(5)	(6)	(7)
		工作机会	职业女性	全职妈妈	男性与政治领导人	大学教育对女孩的重要性	职业女性与孩子	女性、家庭与孩子
家庭关系		0.015*** (0.001)	−0.002 (0.002)	0.044*** (0.002)	0.023*** (0.003)	0.008*** (0.003)	0.043*** (0.004)	0.075*** (0.004)
年龄		0.001*** (0.000)	−0.001 (0.001)	0.001* (0.001)	0.002 (0.001)	0.001 (0.001)	0.006*** (0.002)	0.003** (0.002)
年龄平方		0.000** (0.000)	0.000*** (0.000)	0.000** (0.000)	0.000 (0.000)	0.000* (0.000)	−0.000 (0.000)	0.000 (0.000)
女性		−0.117*** (0.003)	−0.154*** (0.005)	−0.068*** (0.005)	−0.279*** (0.006)	−0.221*** (0.005)	−0.109*** (0.009)	−0.068*** (0.009)
已婚		0.019*** (0.006)	0.009 (0.012)	−0.014 (0.012)	0.007 (0.013)	0.032*** (0.012)	−0.005 (0.043)	0.016 (0.049)
虚拟变量	教育	是	是	是	是	是	是	是
	国家	是	是	是	是	是	是	是
	调查轮次	是	是	是	是	是	是	是
样本量		118 200	133 811	130 836	100 679	103 027	29 929	29 153
R^2		0.234	0.086	0.092	0.203	0.123	0.169	0.190

注：括号中的数字是稳健标准误。* 表示在10%水平上显著；** 表示在5%水平上显著；*** 表示在1%水平上显著。

⑪　参见阿莱西纳和伊基诺（Alesina and Ichino，2009）对拥有松散型或紧密型家庭关系的某些国家的家庭生产规模的经验估算。

总之，家庭对于一个人的一生以及各代人之间的关系具有重要作用，我们发现人们关于家庭重要性的不同看法，与那些能够促进就业、创新和增长的价值观的各种影响因素有关。如果家庭观念能够世代相传，且随着时间的流逝变动缓慢，那么它就能够为遥远的过去何以能够影响当前的制度运行提供一种解释。事实上，已有若干文献表明，人们对于家庭的态度以及家庭结构的不同形式，确实能够世代相传并会影响二代移民的行为：尽管生活在制度环境迥异于其祖辈所在国家的地方，但二代移民仍然维持了父辈的价值观念和行为方式⑫。值得注意的是，本节中所有的实证研究结论，很可能都是家庭关系影响的下限：如果家庭观念是民族文化的组成部分，那么有关影响还体现在国家固定效应、制度的影响以及所有不随时间变化的特征之中。

4.7 家庭关系、经济发展和制度

家庭关系与整体经济绩效的基本决定因素密切相关，本节将为之提供若干启发性证据。我们在家庭关系紧密程度、经济发展和制度质量之间，发现了显著的相关性。拥有紧密型家庭关系的国家，有着更低的人均 GDP 水平和更低的制度质量。

我们的分析共分两步：第一步是在家庭关系紧密程度、经济发展和制度质量之间构建基本的相关关系；第二步是尝试分析其中的因果关系，并表明 1940 年前移居某国的移民所带来的家庭观念，与当前的经济发展水平和制度质量具有相关性。

我们用人均真实 GDP 度量经济发展水平，用世界银行的“全球治理指数”（Worldwide Governance Indicators，WGI）度量制度质量。WGI 显示了逾 200 个国家和地区在 1996～2011 年间六个维度的治理情况，这六个维度分别是：表达与问责（一国公民在政府选举以及言论、结社和新闻自由等方面的参与程度）、政治稳定性与非暴力程度（度量人们在政府被人们以违宪或包括政治暴力和恐怖主义在内的暴力手段动摇或推翻的可能性方面的感知）、政府效能（公共服务质量、文职官员质量及其独立于政治压力的程度、制定政策和执行政策的质量、政府兑现有关政策的可信性等）、管制质量（政府制定和执行旨在允许并促进私有部门发展的合理政策和规则的能力）、法治（度量人们对社

⑫ 参见阿莱西纳和朱利亚诺（Alesina and Giuliano，2010，2011）和阿莱西纳等（Alesina et al.，2013）。这些文献均表明，家庭关系对美国和大部分欧洲国家的二代移民的行为有影响，这意味着表 4.4 中的偏相关关系很可能具有因果性质。

会规则的信心和遵守程度的感知，尤其是合同履行、产权、公检法等方面的质量以及犯罪和暴力等方面的可能性）和腐败治理（度量公共权力用于谋取私利的程度，包括“苍蝇”和“老虎”等不同形式的腐败以及国家被社会精英和利益集团“俘获”的程度）。

4.7.1 家庭关系、经济发展和制度质量之间的相关性

首先，我们的分析表明，家庭关系越是紧密的国家，以人均 GDP 度量的平均经济发展水平就越低（见表4.8）。我们以家庭观念的度量指标对人均 GDP 进行国家层面上的截面回归⑬，发现当以人均 GDP 的对数为被解释变量、以家庭关系紧密程度为解释变量进行回归时，回归系数不仅为负而且在统计上高度显著。家庭关系紧密程度每增加一个标准差（0.36），人均 GDP 的对数就会降低0.71（大致为其标准差的44%）。列（2）对人力资本进行了控制，其中人力资本以15岁以上人口平均受教育年限的对数来度量。由于教育本身很可能是家庭观念的结果，故加入人力资本变量有可能出现过度控制问题。实证结论表明，加入该变量后的回归系数依然非常显著，当然，系数值略有减小，这正好与我们的预期一致。

表4.8　　家庭关系与人均 GDP

变量	(1)	(2)	(3)	(4)
	Log GDP	Log GDP	Log GDP	Log GDP
家庭关系	-1.984*** (0.383)	-0.969** (0.441)		
继承的家庭观念			-0.860** (0.428)	-0.786*** (0.285)
受教育年限的对数		2.414*** (0.498)		2.350*** (0.307)
样本量	80	73	122	100
R^2	0.221	0.409	0.064	0.522

注：括号中的数字是稳健标准误。* 表示在10%水平上显著；** 表示在5%水平上显著；*** 表示在1%水平上显著。

---

⑬ GDP是1980~2010年间的平均值，有关年份采用的是世界价值观调查的调查年份。具体而言，我们在取平均值之前，先按照调查年份对每个国家相应年份的 GDP 进行了匹配。

截面回归有可能存在遗漏变量问题，即遗漏了那些既能解释家庭关系紧密程度又能解释各国之间经济发展差异的变量。为了降低存在遗漏变量的可能性，我们把世界价值观调查的各轮调查结合起来，并在控制了国家固定效应之后，进一步探究了地区收入和地区家庭关系之间的相关性，实证分析结果如表4.9所示。为了维持大样本性质（超过1 000个地区），我们对世界价值观调查中的收入变量进行了退化生成处理，而不是直接利用各地区的GDP估计值（因为只有少数欧洲样本才有地区层面的GDP数据）⑭。列（1）显示了地区收入和家庭关系紧密程度之间的相关性。与国家层面上的截面回归结果类似，这里的回归系数为负，且在1%水平上显著。当我们对国家固定效应进行了控制之后，相关关系仍然成立，只不过系数值稍微小些：家庭关系紧密程度每增加一个标准差（0.44），收入水平就会降低0.152（约相当于标准差的14%）。有趣的是，对于各大洲的样本，这种相关性都成立。事实上，列（3）~列（7）显示，不论对于各欧洲地区而言，还是对于各非洲和亚洲地区来说，这种相关性都是非常显著的⑮。

表4.9　家庭关系与地区收入

变量	(1) 全部样本	(2) 全部样本	(3) 欧洲	(4) 非洲	(5) 亚洲	(6) 北美与大洋洲	(7) 南美洲
家庭关系	-0.540*** (0.078)	-0.349*** (0.111)	-0.287** (0.127)	-1.383*** (0.398)	-0.498** (0.201)	-0.327 (0.408)	0.133 (0.444)
国家固定效应	否	是	是	是	是	是	是
样本量	1 197	1 197	661	103	255	83	86
R^2	0.047	0.526	0466	0.691	0.482	0.731	0.354

注：回归分析中的样本单位是世界价值观调查中的地区。括号中的数字是稳健标准误。*表示在10%水平上显著；**表示在5%水平上显著；***表示在1%水平上显著。

接下来的问题是：GDP与家庭观念之间的负相关关系，是否同时也反映了家庭观念和制度之间的负相关性？表4.10是针对该问题的实证分析结果。

---

⑭ 数据集中的收入变量表示的是收入等级，并分别编码为1~11，其中1代表最低收入水平、11代表最高收入水平。

⑮ 对于北美与大洋洲样本来说，回归系数并不显著，其原因很可能是样本量太小。南美地区也是如此。

我们发现，家庭关系紧密程度与制度质量负相关，且系数值也比较大，如家庭关系紧密程度每增加一个标准差（0.35），则腐败治理指标就会降低0.61（约相当于其标准差的54%）。

表4.10　　家庭关系与制度

变量	(1)	(2)	(3)	(4)	(5)	(6)
	腐败治理	政府效能	政治稳定性	法治	管制质量	表达与问责
家庭关系	-1.729*** (0.308)	-1.575*** (0.266)	-1.576*** (0.212)	-1.595*** (0.281)	-1.199*** (0.239)	-1.428*** (0.239)
样本量	80	80	80	80	80	80
R^2	0.288	0.292	0.374	0.291	0.230	0.288

注：括号中的数字是稳健标准误。* 表示在10%水平上显著；** 表示在5%水平上显著；*** 表示在1%水平上显著。

近期文献表明，法律来源是许多正式制度的重要影响因素。例如，有证据表明，英美法系（普通法法系）国家的投资者保护水平较高、产权保护相对完善、司法体系更为有效。表4.11表明，在控制了法律来源之后，家庭关系和制度质量之间的负相关关系实际上并没有发生什么变化。

表4.11　　家庭关系与制度：控制“法律来源”

变量	(1)	(2)	(3)	(4)	(5)	(6)
	腐败治理	政府效能	政治稳定性	法治	管制质量	表达与问责
家庭关系	-1.572*** (0.395)	-1.504*** (0.357)	-1.368*** (0.278)	-1.490*** (0.370)	-1.205*** (0.309)	-1.334*** (0.286)
法律来源虚拟变量	是	是	是	是	是	是
样本量	80	80	80	80	80	80
R^2	0.401	0.375	0.394	0.379	0.265	0.308

注：括号中的数字是稳健标准误。* 表示在10%水平上显著；** 表示在5%水平上显著；*** 表示在1%水平上显著。

4.7.2 继承的家庭观念、制度与经济发展

前述所有实证分析都隐含着这样的假设，即家庭观念会慢慢发生变化：它们代代相传、穿越历史并延续至今。由于在养育子女的过程中，父母很可能会教导子女依恋家庭、尊重父母，并相信一切为了孩子是自然而然的事情，故家庭观念具有持续性似乎比较符合人们的直觉。其结果是，子女很可能会将相同的价值观念和信念再次传递给他们的子女。于是，家庭观念的持续性会得以延续，且在此过程中还能借力于诸多中间环节的影响（如家庭结构会影响政治制度和经济制度的基本性质，而后者反过来又会产生持续性影响），并以一种路径依赖的方式影响当今社会。

在本小节中，我们将剥离出文化价值观对当前制度的影响。理想的做法是先获得比当前制度度量更早的家庭观念度量，但由于缺乏早期调查数据，我们无法直接观测到很久以前的家庭观念。不过，我们可以借鉴阿尔冈和卡于克（Algan and Cahuc，2010）的做法，即以1940年之前移居欧洲的移民为例，通过审视这些移民的子女所继承的家庭观念，来探究相应的家庭关系。

这种做法背后的思想是：利用父母的价值观念，能够很好地预测子女的价值观念。正是基于这一考虑，我们利用欧洲后裔从他们1940年前自不同国家移居欧洲的祖辈那里继承的家庭观念，来了解与当前制度质量有关、且在当前制度之前就已存在的那些价值观念。由于该方法利用了不同移民群体的后代从其来源于不同国家的祖辈那里继承到的价值观念，从而使得我们能够处理历史上的家庭观念信息缺失问题。这是一种非常有用的估计策略：利用欧洲移民者继承自母国的价值观念，而不是使用当前居民的平均价值观念，我们就可以排除逆向因果性。

我们利用欧洲社会调查数据进行实证研究。欧洲社会调查是一项针对欧洲大部分国家每两年进行一次的大样本截面调查，目前已调查的年份分别是：2002/2003年、2004/2005年、2006/2007年、2008/2009年和2010/2011年。每轮调查所涉及的国家数量会有所调整，第一轮至第五轮调查分别有22个、26个、25个、29个和20个国家。样本量视各个国家的大小而有所不同，其中样本量最小的是冰岛（579个样本）、最大的是德国（2 870个样本）。

我们的初始样本由移民子女构成，并把移民子女定义为出生在某个国家，但其父亲则出生于其他国家的人[16]。为了获得足够的样本，我们使用的是1940

---

[16] 当该信息不可得时，若母亲是移民，我们使用的是母亲的来源国信息。样本中不包括当地人。

年以前出生的二代移民数据。在存在文化传递的情形下，移民子女的家庭观念应该部分地继承自他们的父母，而他们的父母则应该带有来源国的文化观念并于 1940 年之前到达目的国。不妨以法国情形为例。为了计算历史上的家庭观念，我们可以探究某个国家中法国移民的子女，并把样本限制在 1940 年前出生的法国移民子女，进而计算其家庭观念。这些家庭观念是 1940 年以前来自法国的父母的家庭观念的反映，故这些移民子女的家庭观念反映的是 1940 年以前的法国家庭观念。

欧洲社会调查没有对应于世界价值观调查的家庭关系变量。为了度量家庭关系的紧密程度，我们利用了调查问卷中受访者对下述说法的同意程度：“家庭应该在生活中处于优先地位”，选项从“完全不同意”到“完全同意”分别得分为 1 ~5。

实证分析表明，在 1940 年前出生的移民子女继承的家庭关系（以欧洲社会调查中的问题来度量）与其父母的来源国当前家庭观念（以世界价值观调查计算得出）之间，存在显著的相关性。相关系数约为 0. 35，这意味着不同国家之间的家庭观念存在着很强的惯性。

接下来，我们对 60 多年前继承的家庭关系和来源国的当前规则之间的相关性进行了探究，有关最小二乘估计结果如表 4. 12 和表 4. 13 所示。其中，表 4. 12 没有包括法律来源虚拟变量，而表 4. 13 则包含了这一虚拟变量。我们发现，继承的家庭观念和当前制度之间确实存在着显著且稳健的负相关关系。即使控制了法律来源之后，二者之间的这种关系仍然成立。我们以经济发展为被解释变量进行了同样的回归分析，发现当前经济发展和继承的家庭观念之间同样存在着稳定的负相关性［表 4. 8 列（3）和列（4）］。总之，我们发现家庭关系确实会对当前制度质量产生一种持久的影响。

表 4. 12　　继承的家庭观念和制度

变量	(1)	(2)	(3)	(4)	(5)	(6)
	腐败治理	政府效能	政治稳定性	法治	管制质量	表达与问责
家庭关系	-0. 664*** (0. 197)	-0. 622*** (0. 221)	-0. 558*** (0. 184)	-0. 630*** (0. 213)	-0. 477*** (0. 201)	-0. 613*** (0. 201)
样本量	128	129	129	129	128	129
R^2	0. 090	0. 081	0. 068	0. 083	0. 053	0. 082

注：括号中的数字是稳健标准误。* 表示在 10% 水平上显著；** 表示在 5% 水平上显著；*** 表示在 1% 水平上显著。

表 4.13　　继承的家庭观念与制度（控制“法律来源”）

变量	(1)	(2)	(3)	(4)	(5)	(6)
	腐败治理	政府效能	政治稳定性	法治	管制质量	表达与问责
家庭关系	−0.529*** (0.148)	−0.509*** (0.174)	−0.529*** (0.157)	−0.525*** (0.163)	−0.382** (0.160)	−0.499*** (0.164)
法律来源	是	是	是	是	是	是
样本量	122	122	122	122	122	122
R^2	0.340	0.309	0.260	0.320	0.235	0.263

注：括号中的数字是稳健标准误。* 表示在10%水平上显著；** 表示在5%水平上显著；*** 表示在1%水平上显著。

4.8　家庭关系与福利

拥有紧密型家庭关系的国家，通常会表现出不利于经济发展的特征和相应的经济态度，在失业率、劳动参与率和人均收入等方面表现更差。然而，这种不利的经济特征似乎并不必然导致社会动荡或恶劣的经济处境。在本节中，我们拟对文献中关于家庭主义社会具有积极影响的有关证据进行回顾，并对家庭关系有助于改善福利的猜想提供某些新证据。

邦托利拉和伊基诺（Bentolila and Ichino，2008）对西班牙、意大利、英国和美国等四个国家失业和消费之间的关系进行了研究，其经验研究结果表明，男性户主失业时期的增加，对于西班牙和意大利家庭而言的消费损失相对更少。他们由此得出结论：地中海地区的大家庭网络，构成了一种能够有效降低失业成本的社会制度。西班牙和意大利的紧密型家庭关系，似乎能够弥补社会福利制度的不足和资本市场的不完善。从这个意义上讲，由于紧密型家庭关系能够促进消费平滑，故从福利的角度看，地中海地区基于家庭的解决方案似乎可以实现更合意的福利结果。

阿莱西纳和朱利亚诺（Alesina and Giuliano，2010）沿着相同的研究路线，对拥有紧密型家庭关系的社会的家庭生产数量进行了探究。在拥有紧密型家庭关系的社会中，妻子和母亲在家务方面花费更多的时间，而年轻的成年家庭成员在家里住的时间更长，这意味着更多的家庭生产（照顾孩子、做饭、照料老人、搞卫生等等）。不仅如此，按照紧密型家庭关系社会对女性角色的传统定位，这类活动主要由妻女等女性家庭成员承担。作者发现，正如预期的一样，家庭关系的紧密程度确实同女性、而非男性的家庭生产有关。

阿莱西纳和伊基诺（Alesina and Ichino，2009）详细估算了四个国家的家庭生产产值，包括：拥有相对紧密型家庭关系的西班牙和意大利、家庭关系紧密程度居中的美国和家庭关系最为松散的挪威。为了估计家庭生产的产值，他们使用了两种方法，即机会成本法和市场价值法。机会成本法是按照年龄、受教育程度、市场工资水平等个体特征，计算个体在家中、而非在市场里工作若干小时，会损失多少市场性收入；而市场价值法，则是计算如果在市场上雇人来完成做饭、清洁等家务需要花费多少钱[17]。作者发现，家庭生产的规模非常大：按照不同的估算方法和不同的国家，家庭生产的估算值会使得现有的市场性收入提高53%～121%。对本文而言更有趣的是，该文表明拥有紧密型家庭关系的国家和拥有松散型家庭关系的国家在这方面存在着巨大的差别。例如，若使用机会成本法，意大利的家庭生产使得家庭市场收入恰好增加一倍左右，而美国约增加74%；若使用市场价值法，意大利的家庭收入会增加超过一倍（121%），而挪威约增加80%。这些研究结果表明，由于市场收入不包括家庭生产，故现有计算方法通常低估了拥有紧密型家庭关系的国家的福利水平。

这就提出了这样一个问题：家庭关系紧密程度和各种幸福度量指标之间究竟存在怎样的关系？不妨予以简要探究。表4.14利用主观幸福度量指标和健康自评度量指标探究了这种关系。第一个问题是询问受访者“总体而言，你会说自己”：非常幸福（取值为4）、比较幸福、不太幸福、非常不幸福（取值为1）。第二个问题是询问受访者“总体而言，你对生活的满意程度如何?”选项从不满意（取值为1）到满意（取值为10）。最后一个问题是询问受访者“总的说来，你会如何描述自己最近的健康状况”，选项分别为非常好（取值为5）、好、还可以、差、非常差（取值为1）。表4.14中的回归结果清晰地表明，尽管紧密型家庭关系能够以多种方式损及社会，但确实也能够对（以幸福和健康自评等度量的）个体生活产生正面影响。这种影响在量级上也是相当大的：家庭关系对于三种福利度量指标的贝塔系数分别为0.08、0.06和0.03（作为比较，最高教育水平的相应系数分别为0.09、0.04和0.08）。

[17] 作者详细讨论了两种方法的基本性质及其优缺点。

表 4.14　　家庭关系与幸福

<table>
<tr><td rowspan="2" colspan="2">变量</td><td>(1)</td><td>(2)</td><td>(3)</td></tr>
<tr><td>幸福</td><td>生活满意度</td><td>健康状况</td></tr>
<tr><td colspan="2">家庭关系</td><td>0.057***
(0.001)</td><td>0.143***
(0.005)</td><td>0.025***
(0.002)</td></tr>
<tr><td colspan="2">年龄</td><td>-0.006***
(0.000)</td><td>-0.027***
(0.002)</td><td>-0.011***
(0.001)</td></tr>
<tr><td colspan="2">年龄平方</td><td>0.000***
(0.000)</td><td>0.000***
(0.000)</td><td>-0.000***
(0.000)</td></tr>
<tr><td colspan="2">女性</td><td>0.014***
(0.030)</td><td>0.033***
(0.010)</td><td>-0.114***
(0.004)</td></tr>
<tr><td colspan="2">已婚</td><td>-0.013
(0.008)</td><td>-0.128***
(0.026)</td><td>-0.036***
(0.010)</td></tr>
<tr><td rowspan="3">虚拟变量</td><td>教育</td><td>是</td><td>是</td><td>是</td></tr>
<tr><td>国别</td><td>是</td><td>是</td><td>是</td></tr>
<tr><td>调查轮次</td><td>是</td><td>是</td><td>是</td></tr>
<tr><td colspan="2">样本量</td><td>222 197</td><td>221 458</td><td>187 053</td></tr>
<tr><td colspan="2">R^2</td><td>0.141</td><td>0.179</td><td>0.221</td></tr>
</table>

注：括号中的数字是稳健标准误。* 表示在10%水平上显著；** 表示在5%水平上显著；*** 表示在1%水平上显著。

如何解释上述研究结论？一种可能的解释是，福利水平不仅取决于个体收入，而且还取决于社会关系的质量。从这个角度讲，如果家庭成员之间的社会关系特别好，那么我们就可以预期家庭关系和福利水平之间存在显著的相关性。另一种解释是，对于福利水平的这些实证分析结论，可能反映了松散型家庭关系情形下工作压力和辛苦的影响（体现在更高的人均收入之中）。阿莱西纳和伊基诺（Alesina and Ichino，2009）在解释意大利情形时正是采用了这一观点。从某种意义上讲，意大利的紧密型家庭关系，不仅可以解释它在全球化进程中的相对衰落，而且能够解释意大利人为何拥有相对较高的生活满意度（至少目前如此）。

4.9 结　　论

本文的研究表明，不同的家庭观念能够影响人们的态度和经济绩效，而后者又与各国国家的经济增长差异和制度质量差别有关。我们分别研究了人们对于职业女性、社会、普遍道德和公民参与的态度，并证实了最早由政治学家和社会学家提出来的如下观点：家庭信任有碍普遍信任的形成，而普遍信任则是各种集体的善（从政治参与、制度形成到经济发展）的核心。这不应该被理所当然地视为对作为社会基本单位的家庭的批判，而应视之为对不同家庭安排的可能影响所进行的一种分析。确实，我们的分析表明，家庭关系与幸福、生活满意度和健康自评等不同度量之间，均存在着显著的相关性。

致　　谢

感谢安德烈娅·帕萨拉夸（Andrea Passalacqua）出色的研究助理工作。

参考文献

Acemoglu, D., Johnson, S., Robinson, J., 2001. The colonial origins of comparative development: an empirical investigation. American Economic Review 91, 1369 – 1401.

Acemoglu, D., Johnson, S., Robinson, J. A., 2005. Institutions as the fundamental cause of long-run economic growth. In: Aghion, Philippe, Durlauf, Stephen (Eds.), Handbook of Economic Growth. Elsevier BV, Amsterdam, pp. 385 – 472.

Akerlof, G., Kranton R., 2011. Identity Economics: How Our Identities Affect Our Work, Wages and Well-Being. Princeton University Press, Princeton, New Jersey.

Akerlof, G., Kranton, R., 2000. Economics and identity. Quarterly Journal of Economics 115, 715 – 753.

Alesina, A., La Ferrara, E., 2005. Ethnic diversity and economic performance. Journal of Economic Literature 43 (3), 762 – 800.

Alesina, A., Giuliano, P., 2010. The power of the family. Journal of Economic Growth 15, 93 – 125.

Alesina, A., Giuliano, P., 2011. Family ties and political participation. Journal of the European Economic Association 9 (5), 817 – 839.

Alesina, A., Ichino, A., 2009. L'Italia fatta in casa. Mondadori, Milano.

Alesina, A., Algan, Y., Cahuc, P., Giuliano, P., 2013. Family Values and the Regulation of Labor. Mimeo.

Alesina, A., Giuliano, P., Nunn, N., 2013b. On the origin of gender roles: Women and the plough, Quarterly Journal of Economics 128 (2), 469 – 530.

Algan, Y., Cahuc, P., 2007. The Roots of Low European Employment: Family Culture? NBER Macroeconomic Annual. MIT Press, Cambridge, MA.

Algan, Y., Cahuc, P., 2010. Inherited trust and growth. American Economic Review 100, 2060 – 2092.

Almond, G., Verba, S., 1963. The Civic Culture: Political Attitudes and Democracy in Five Nations. Princeton University Press.

Arrow, K., 1972. Gifts and exchanges. Philosophy and Public Affairs 1 (4), 343 – 362.

Banfield, E., 1958. The Moral Basis of a Backward Society. Free Press, New York.

Bentolila, S., Ichino, A., 2008. Unemployment and consumption near and far away from the Mediterranean. Journal of Population Economics 21, 255 – 280.

Bertrand, M., Schoar, A., 2006. The role of family in family firms. Journal of Economic Perspectives 20 (2), 73 – 96.

Boyd, R., Richerson, P. J., 1985. Culture and the Evolutionary Process. University of Chicago Press, London.

Castles, F., 1995. Welfare state development in Southern Europe. Western European Politics 18, 201 – 213.

Coleman, J. S., 1988. Social capital in the creation of human capital. American Journal of Sociology XCIV, S95 – S120.

Coleman, J. S., 1990. Foundations of Social Theory. Harvard University Press, Cambridge, MA.

Durante, R., 2010. Risk, Cooperation and the Economic Origins of Social Trust: an Empirical Investigation, Science Po. Mimeo.

Duranton, G., Rodriguez-Pose, A., Sandall, R., 2009. Family types and the persistence of regional disparities in Europe. Economic Geography 85, 23 – 47.

Easterly, W., Levine, R., 1997. Africa's growth tragedy: Policies and ethnic divisions. Quarterly Journal of Economics 112 (4), 1203 – 1250.

Ermish, J., Gambetta, D., 2010. Do strong family ties inhibit trust? Journal of Economic Behavior and Organization 75, 365 – 376.

Esping-Andersen, G., 1999. Social Foundation of Post-Industrial Economies. Oxford University Press, Oxford.

Fernandez, R., Fogli, A., 2009. Culture: an empirical investigation of beliefs, work and fertility. American Economic Journal: Macroeconomics 1 (1), 146 – 177.

Ferrera, M. , 1996. The Southern model of welfare in social Europe. Journal of the European Social Policy 1, 17 –37.

Fortin, N. , 2005. Gender role attitudes and the labour market outcomes of women across OECD countries. Oxford Review of Economic Policy 21, 416 –438.

Fukuyama, F. , 1995. Trust: The Social Virtues and the Creation of Prosperity. Free Press, New York.

Galasso, V. , Profeta, P. , 2012. When the State Mirrors the Family: the Design of Pension Systems. Bocconi University, Mimeo.

Gambetta, D. (Ed.), 1988. Trust: Making and Breaking Cooperative Relations. Blackwell.

Giavazzi, F. , Schiantarelli, F. , Serafinelli, M. , forthcoming. Attitudes, policies and work. Journal of the European Economic Association.

Gigerenzer, G. , 2007. Gut Feelings: the Intelligence of the Unconscious. Penguin Group, New York.

Giuliano, P. , 2007. Living arrangements in Western Europe: does cultural origin matter? Journal of the European Economic Association 5 (5), 927 –952.

Glaeser, E. , La Porta, R. , Lopez de Silanes, F. , Shleifer, A. , 2004. Do institutions cause growth. Journal of Economic Growth 9, 271 –304.

Glaeser, E. , Ponzetto, G. , Shleifer, A. , 2007. Why democracy need education? Journal of Economic Growth 12 (2), 77 –99.

Gorodnichenko, Y. , Roland, G. , 2013. Culture, Institutions and the Wealth of Nations. UC Berkeley, Mimeo.

Greif, A. , 1994. Cultural beliefs and the organization of society: a historical and theoretical reflection on collectivist and individualist societies. Journal of Political Economy 5 (102).

Greif, A. , 2006a. Family structure, institutions, and growth: The origins and implications of western corporations. American Economic Review, 96 (2), 308 –312.

Greif, A. , 2006b. Institutions and the Path to the Modern Economy: Lessons from Medieval Trade. Cambridge University Press, Cambridge.

Greif, A. , Tabellini, G. , 2012. The Clan and the City: Sustaining Cooperation in China and Europe. Mimeo, Stanford.

Guiso, L. , Sapienza, P. , Zingales, L. , 2006. Does culture affect economic outcomes? Journal of Economic Perspectives (Spring).

Guiso, L. , Sapienza, P. , Zingales, L. , 2008. Long Term Persistence, NBERWP 14278.

Guiso, L. , Sapienza, P. , Zingales, L. , 2010. Social capital as good culture. Journal of the European Economic Association 6 (2 –3), 295 –320.

Kanhneman, D. , 2011. Thinking, Fast and Slow. Farrar, Straus and Giroux, New York.

Korpi，W.，2000. Faces of Inequality：Gender，Class and Patterns of Inequalities in Different Types of Welfare States. Social Politics 7，127－191.

Laslett，P.，1983. Family and household as work group and kin group：Areas of traditional Europe compared. In：Wall R.，Robin J.（Eds.），Family Forms in Historic Europe. Cambridge University Press，Cambridge，pp. 513－563.

Lipset，S. M.，1959. Some social requisites of democracy：economic development and political legitimacy. American Political Science Review 53，69－105.

Murdock，P. M.，1949. Social Structure. Free Press，New York.

North，D.，1981. Structure and Change in Economic History. Norton，New York.

North，D. C.，1990. Institutions，Institutional Change and Economic Performance. Cambridge University Press，New York.

Persson，T.，Tabellini，G.，2009. Democratic capital：the nexus of political and economic change. American Economic Journal：Macroeconomics 1（2），88－126.

Platteau，J. P.，2000. Institutions，Social Norms，and Economic Development. Academic Publishers and Routledge.

Putnam，R.，Leonardi，R.，Nanetti，R. Y.，1993. Making Democracy Work：Civic Traditions in Modern Italy. Princeton University Press.

Putnam，R.，2000. Bowling Alone：the Collapse and Revival of American Community. Simon and Schuster，New York，NY.

Reher D. S.，1998. Family ties in Western Europe：Persistent contrasts. Population and Development Review 24，203－234.

Spolaore，E.，Wacziarg，R.，2009. The diffusion of development. Quarterly Journal of Economics 124（2），469－529.

Tabellini，G.，2008. The scope of cooperation：values and incentives. Quarterly Journal of Economics 123（3），905－950.

Tabellini，G.，2010. Culture and institutions：economic development in the regions of Europe. Journal of the European Economic Association 8（4），677－716.

Todd，E.，1983. The Explanation of Ideology：Family Structures and Social Systems. Basic Blackwell，New York.

Todd，E.，1990. L'invention de l'Europe. Seuil，Paris.

Weber，Max，1904. The Protestant Ethic and the Spirit of Capitalism. Scribner's Press，New York.

第 5 章 工业革命

格雷戈里·克拉克
加州大学戴维斯分校

摘要

工业革命彻底改变了经济上的生产率增长速度。在人类社会的历史长河中，在 1800 年后的短短 50 年内，英国生产率增长率从接近于零增至年均 1% 左右。不过，很难对工业革命做出简单的经济学解释或模型化处理。任何经济理论都会遇到参数设定问题，本文试图对工业革命的经验参数进行探究，进而阐明为何难以用标准的经济学模型对工业革命做出解释。

关键词

工业革命，经济增长，增长理论

JEL 分类号

N13，O33，O43，O47

5.1 引　　言

世界经济史其实非常简单，大致历程如图 5.1 所示。1800 年以前，在我们所能观察到的所有社会中，人均收入会有所波动，时好时坏，但却没有发生趋势性变化。从解剖学意义上现代人的出现，到孔子、柏拉图、亚里士多德、米开朗基罗、莎士比亚、贝多芬直至简·奥斯汀，人类在漫长历史时期都生活在深陷马尔萨斯陷阱的社会中。简·奥斯汀曾描述过手捧中国茶具的优雅品茶闲聊情景，但即使到1813年，大部分人的物质条件并不比他们非洲大草原上的祖先好。达西那样的富人终归是少数，穷人才是绝大多数[①]。

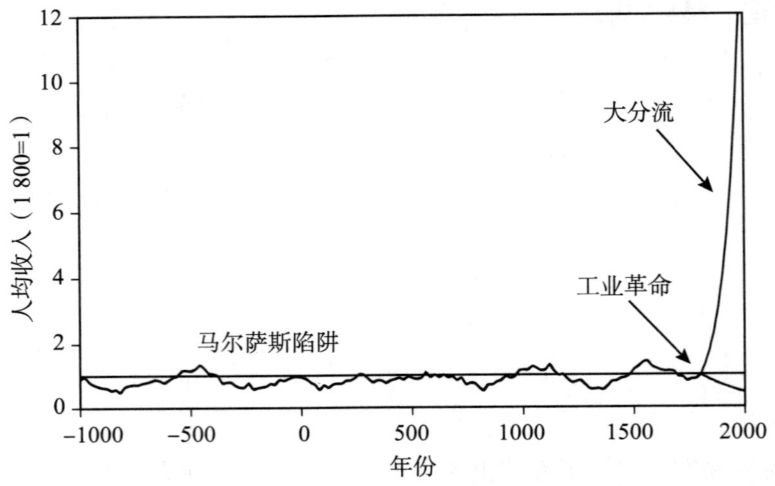

图 5.1　世界经济增长的历史图景

资料来源：克拉克（Clark，2007）第2页，图1.1。

1780年前后，英国迎来了工业革命。1820年左右，一组受益于工业革命的国家的人均收入开始有了持续增长。在过去200年间，那些最幸运国家的人均实际收入增长了10～15倍。一个现代的世界诞生了！正因如此，工业革命代表了世界经济史中最重要的单一事件，代表了从一种经济体系到另一种经济体系的重大改变。令人困惑的是：工业革命为何发生在1780年前后？为何发生在欧洲大陆西北岸这个并不起眼的岛国？

表面看来，工业革命引起的变化非常简单。从工业革命开始，成功的现代经济体都经历了稳定的效率提升，每年的单位投入能够产生更多的产出，现代社会单位劳动时间的收入增长可近似表示为：

$$g_y = ag_k + g_A \tag{5.1}$$

其中，g_k 是单位劳动时间的资本增长率，a 是国民收入中的资本份额，g_A 是效率增长率。工业革命以来，资本存量的增长速度大致与产出相仿，而资本在所有收入来源中的份额约为四分之一。因此，人均收入现代增长中只有四分之一左右直接源自物质资本，其余部分则是没有度量的每年经济效率提升。

① 对于这种说法，克拉克（Clark，2007）提供了更多的证据。

然而，尽管方程（5.1）意味着效率增长和物质资本积累是经济增长的两个独立来源，但它们在现实市场经济中却存在很强的相关性。效率大幅增长的经济体，往往也是物资资本增长率较高的经济体，故必定存在连接这两种增长来源的某种机制。

以保罗·罗默（Paul Romer）为代表的一些经济学家，把这种机制进行了理论化，并认为它源于物质资本积累的外部收益（Romer，1986，1987，1990）。如果这种解释能够成立，那么物质资本投资每产生1美元的私人收益，就需要同时能够带来3美元的外部收益。然而，大部分现代物质资本存量不过是普普通通的住宅、建筑物、道路、自来水系统和污水处理系统以及桥梁等，这类投资似乎并不存在大规模的外部收益。因此，如果生产率的提升与此类物质资本存量的增加存在系统的相关性，那么就必定存在另外的机制。

一种更为合理的解释是：物质资本积累与效率提升之间的相关性，源于资本边际产出的提高所产生的效率提升效应。工业革命以来的实际利率相对稳定，故资本边际产出的提高会引起更多的投资。实际上，如果生产函数大致服从柯布—道格拉斯形式，那么效率提升能够使得人均资本存量增长率等于人均产出增长率，故资本产出比率保持不变，而这正是我们大致观察到的实际情形。

由此可知，现代经济增长的更深层原因在于经济效率的提升，它是关于生产过程的知识不断增加的结果，有待于我们进一步探究。1780年后，不知何因，对这类知识的投资增加了，创新变得更有效率了。

工业革命之前，看不到存在类似效率提升的任何迹象。若以人口增长率大致度量生产率的增长率，则从公元前10000年到公元1800年的全球经济概莫能外。在如此漫长的历史时期内，生产率的年均增长率为0.01%或更小。我们的估算方法如下。由于存在马尔萨斯陷阱，我们可以假设工业革命前的长期人均产出和人均资本保持不变。在这种情况下，任何得自于效率提升的收益都将淹没于人口增长之中，相应公式为：

$$g_A = cg_N \qquad (5.2)$$ ②*

因此，如果我们探究的是足够长的历史时期，那么我们就可以依据人口增长率对效率增长率进行近似估算，结果如表5.1所示。显然，技术进步的速度一直是非常缓慢的。

---

② 推导细节参见克拉克（Clark，2007）第379～382页。

*根据克拉克（Clark，2007），$g_y = ag_k + cg_z + g_A$，其中：y为人均产出、k为人均资本、z为人均土地、A为效率水平，a和c分别是资本和土地的产出份额，g为相应变量的增长率。在马尔萨斯经济中，令N为人口数量，则有$g_z = -g_N$和$g_y = g_k = 0$，从而有：$g_A = cg_N$。——译者注

表 5.1　　全球人口与技术进步：公元前 130000 年～公元 1800 年

年份	人口（百万）	人口增长率（%）	技术增长率（%）
公元前 130000 年	0.1	—	—
公元前 10000 年	7	0.004	0.001
公元 1 年	300	0.038	0.009
公元 1000 年	310	0.003	0.001
公元 1250 年	400	0.102	0.025
公元 1500 年	490	0.081	0.020
公元 1750 年	770	0.181	0.045

资料来源：克拉克（Clark，2007）表 7.1。

对于能够通过度量 1800 年前的生产要素真实报酬来度量实际效率水平的经济体，其技术进步的速度同样也是非常缓慢的。图 5.2 显示了 1250～1800 年间英国的经济效率。多少有些令人意外的是，英国的经济效率在 1250～1800 年间没有表现出任何明显改善的迹象。只有到了 1800 年前后，才出现了经济效率稳步提升的现象。在此之前，经济效率略有波动，1450 年左右达到峰值，但几乎不存在任何上升趋势。

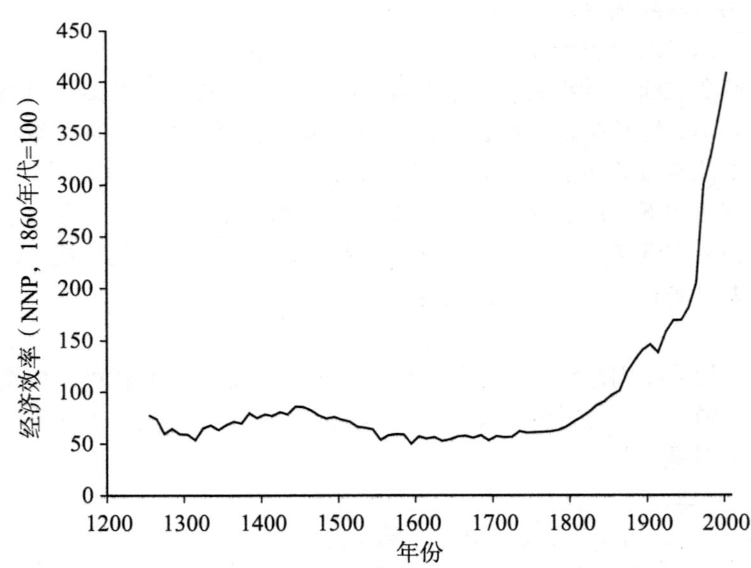

图 5.2　英国经济效率估算值：1250～2000 年

资料来源：克拉克（Clark，2012）。

因此，工业革命似乎是一个独特事件，是世界历史上绝无仅有的一次突破，但同时我们也清楚地知道，必须从什么角度来解释它。为什么生产效率在1800年前后的英国有了巨大的跃升？图5.3表明，生产率增长率的上升趋势大致处于18世纪八九十年代，在此之前的70多年时间里，生产率年均增长率仅为0.14%。按照工业革命之前的标准，这一增速是相当可观的，但按现代标准则太慢了。1780～1789年至1860～1869年间，整体生产率的年均增长率为0.58%，大约是现代水平的一半。

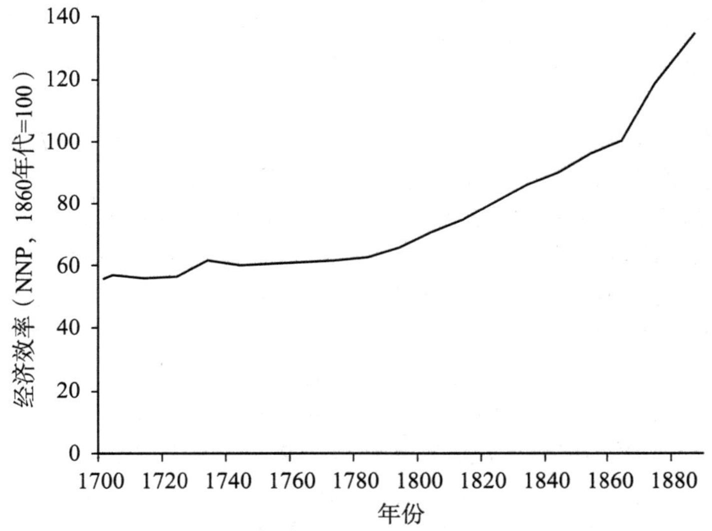

图5.3　英国的经济效率：1770～1880年

资料来源：克拉克（Clark，2010）。

对于1780～1789年至1860～1869年间的生产率增长，我们还可以估算出哪些部门的贡献最大。一个国家的生产率增长与该国各个部门的生产率增长的关系是：

$$g_A = \sum \theta_j g_{Aj} \tag{5.3}$$

其中，g_{Aj}是部门j的生产率增长率，θ_j是部门j在总的增加值中的比重。有关结果如表5.2所示。

表5.2　　工业革命中的效率进步来源：1780年代～1860年代　　单位：%

部门	效率增长率	增加值份额	效率增长率贡献份额
纺织业	2.3	0.11	0.25
钢铁业	1.8	0.01	0.02
煤矿业	0.2	0.02	0.00
交通运输业	1.5	0.08	0.12
农业	0.4	0.30	0.11
已识别的技术进步	—	0.51	0.49
整体经济	—	1.00	0.58

资料来源：克拉克（Clark，2007），表12.1。

在所有的效率进步中，纺织业的贡献接近一半，即43%。交通运输业的改进（主要是铁路运输的推行）是第二大来源，贡献了20%。颇具讽刺意味的是，农业部门的贡献几乎达到了20%。至于煤炭和钢铁行业，尽管它们在这段历史时期声名显赫、创新不断，但其本身对生产率提高的贡献却很小。占整个经济半壁江山的其他部门的生产率增长情况未列入表5.2，它们的数值不大，年均增长低于0.2%。

表5.2的效率分解透露出了一些有用的信息。一般认为，工业革命的核心组成部分，是以蒸汽机为代表的通用技术的推行。通用技术是一个相对笼统的概念，人们曾做出过各种定义，如宽泛地定义为普遍应用于整个经济之中的创新、经历长期改进的创新、在已获采用的部门引起进一步创新的创新等[③]。人们曾识别出了多种通用技术，如工业革命时期推行的蒸汽动力、电力的推行和近期的信息技术革命等。

在工业革命中，蒸汽动力在英国的诸多领域得到了广泛应用，尤以采煤、铁路运输和新式纺织工厂为甚。从托马斯·纽科门在1707～1712年间首次推行蒸汽机到19世纪80年代，蒸汽机本身就在热效率、功率质量比等方面经历了漫长的改进过程。最早的蒸汽机热效率仅为0.5%，而19世纪80年代的蒸汽机热效率则提高到了25%。蒸汽机的应用，还与经济中的交通运输、家庭供暖和制造部门等越来越多地以化石能源取代风力、水力和畜力有关。

表5.2同时也表明，无论蒸汽动力在19世纪60年代之后的整体经济生产率提升中发挥了怎样的作用，它在工业革命生产率提升中的作用是非常小的。采煤和钢铁生产对工业革命生产率提升的贡献很小，且它们大部分的生产率提

③　布雷斯纳汉和特拉伊滕伯格（Bresnahan and Trajtenberg，1996）。

升并非源于蒸汽动力的推行[4]。即使是交通运输业，生产率提升的很大一部分仍要归功于传统道路交通系统的改善、运河的挖掘和帆船的改进。即使迟至19世纪60年代的纺织工厂，必要时仍依赖于水轮动力。工业革命在很大程度上可以由纺织业和农业的进步做出解释。

工业革命时期生产率提升的多样性，使得工业革命更加令人费解。纺织业革命所经历的机器创新可以追溯到许多创新英雄个体，如：约翰·凯、理查德·阿克赖特、詹姆斯·哈格里夫斯、埃德蒙·卡特赖特等，但农业的进步则源于成千上万不知名的农民提升农业产出的努力，且这种产出的增加并没有包含多少农用机械的变化。

工业革命时期的另一个重要特征是：传统的物质资本投资，并不是人均产出增长的重要因素。人均资本的增加要慢于人均产出的提高，这意味着早在现代经济增长发轫之初，效率增长就处于主导地位。

因此，对工业革命的任何令人满意的解释，都需要包含如下内容。首先需要解释的是，为何没有任何一个社会能够在1800年之前实现知识存量在一个世纪至少增加10%，不论是古巴比伦、古埃及、耸立数千年的中国、古希腊、罗马帝国、文艺复兴时期的托斯卡纳，中世纪的弗兰德、阿兹特克、印度莫卧儿王朝还是荷兰共和国都是如此。然后需要解释的是，为什么地处欧洲边陲的英国能在19世纪的50年内将知识增长率提升至现代水平。由此，我们才可以理解人类社会的这段历史。

5.2　工业革命理论

工业革命是引人关注的重大事件，自然会不断出现试图予以解释的新理论，大多可以归结为彼此不同的几类。

拙劣的均衡理论把马尔萨斯停滞视为经济激励不足引发的自我强化机制的后果。在所有的人类社会中，人们的欲望和理性是基本相同的。欧洲中世纪的农民、印度的苦力、非洲草原的丛林人，都有着共同的愿望以及实现这些愿望的相同能力。但不同社会的不同之处，在于支配经济生活的制度存在很大差别。故而，在人类历史上，多数社会事实上陷入了一种难以产生非人格化交易的制度困局，而这种非人格化交易对于捕捉分工和专业化所带来的生产率提高的好处又是必不可少的（North，1994，第364页）。

---

④　克拉克和杰克斯（Clark and Jacks，2007）。

对于前工业化时代，多数经济学家直觉上认可一种夸张讽刺的描述，它是关于早期社会的各种劣质影片混杂而成的印象：北欧海盗在长长的船上蜂拥而出，四处劫掠手无寸铁的农民，烧毁修道院的图书馆；蒙古游牧民族骑在马背上，冲出草原，洗劫中原的城市；宗教狂热分子在火刑柱上烧死那些敢于质疑隐晦宗教教义的人；领主只会欢宴和打斗，农民在贪婪的领主的重压下呻吟；阿兹特克祭司用黑曜石刀，在受害者的挣扎和惨叫声中，挖出他们的心脏。在这样一个残忍的混乱世界，谁还有时间、精力或动力来开发新技术呢？

依赖于经济体系外生冲击的理论，其优点在于能够解释效率增长率在1800年前后看似突然的变化。确实，制度能够发生突然的、戏剧性的变化，如法国大革命、俄国革命以及推翻巴列维王朝的伊朗伊斯兰革命等。

然而，这种特定制度转变的理论面临两大难题，其中一个是概念上的，一个是经验上的。概念上的难题是，如果现代经济增长源于一次简单的制度变迁，那么在公元前10000年以来甚至更早时期的全球各种各样的社会中，为什么没有碰到能够产生知识产权的正确的制度？毕竟，在什么样的东西应该具有产权以及产权如何在所有者之间转移等问题上，不同社会的变化范围是非常大的。例如，在1066年之后诺曼人在英国建立的土地占有法律制度的民事案件中，土地权利遭受争议的一方，可以选择与对方决斗以证明其权利。对于我们来说，这种解决产权争议的方式近乎疯狂，但关键之处在于一个社会可以对具体制度的形式做出各种不同的选择。为什么这些社会没能恰好选择正确的制度呢？在制度选择方面，看来我们不能依赖于某种偶然的机遇，而是必定存在某种东西，使得前工业化社会的制度始终处于“坏”的状态。

因此，“坏制度”理论的一个稍复杂版本，是那些试图通过制度的政治经济学分析，能够解释为什么早期社会系统地有着阻碍经济增长的制度的理论（参见：Greif，2006；North and Thomas，1973；North and Weingast，1989；North，1994；Jones，2002；Acemoglu et al.，2001，2002；Acemoglu and Robinson，2012）。

为了保证经济效率，任何社会所选择的产权规则，必须能够实现最大经济产出。在这种情况下，最大化总产出价值的产权规则和最大化归属于统治精英的产出价值的产权规则之间会出现不一致。诺思和其他学者认为，在1800年前的所有社会中，事实上都系统地存在这种不一致性。近来这种想法得到了重新表述，即经济增长就是以包容性经济制度（旨在最大化整个社会的产出）替代攫取性经济制度（仅仅为了保证统治集团的收入）的过程（Acemoglu and Robinson，2012）。

尽管该理论无法解释工业革命的基本事实，但它的部分内容仍表现出了惊人的耐用性，如工业革命与早期光荣革命（1688~1689年）的关系。在阿西莫格鲁和罗宾逊近来所写的畅销书《国家为什么会失败》一书中，设有专章名曰"英国1688年的政治革命如何改变了制度并引发了工业革命"。

光荣革命建立了英国的现代政治制度。该制度经过了多次修订，但始终没有发生根本性的变化。这种新政治制度创立了议会，它是1689年英国有产阶级的代表，是名义上君主政体的实际权力来源。

把政治发展作为工业革命的关键，它所面临的一个基本问题是，1800年以前的政治制度变革即使在80年之后也没有对经济的效率水平产生可以辨别的影响。图5.4表明，光荣革命迟至1770年或制度变革发生了两三代人之后，对经济效率仍然没有产生可以辨别的影响。该图还清晰地显示，即使是在1642～1649年内战时期和1649～1660年空位时期的早期政治军事乱局中，经济效率也没有出现任何下降。

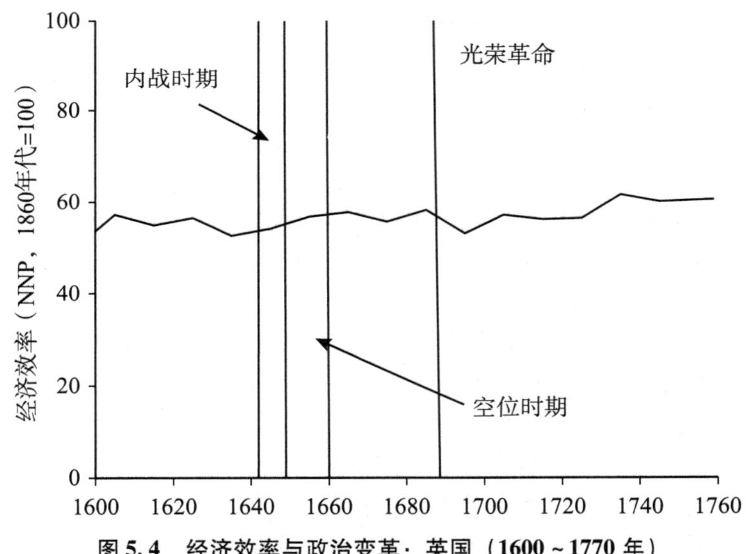

图5.4 经济效率与政治变革：英国（1600～1770年）

资料来源：克拉克（Clark，2010）。

不仅如此，没有任何迹象表明，英国光荣革命后的私人投资者感受到了更高程度的产权保护。1689年后的私人资本收益率并没有偏离趋势值，私人投资者对政治变革的感受似乎是无差异的（Clark，1996）。1689年后政府债券的收益率确实是逐渐下降的，且到18世纪50年代大致下降到现代水平。政府债券收益率的下降，部分原因无疑是1689年后政府征税权的扩大。但几乎所有的税款都用在了英国海军与法国的长期战争，直至1815年拿破仑战败，而几乎没有任何款项用于补助教育和创新活动。

我们确实可以看到，在光荣革命和工业革命很久之前，英国就存在着稳定的代议制政治制度或阿西莫格鲁和罗宾逊所说的包容性制度，但生产率却没有或很少有什么进步。1588～1795年间的荷兰共和国也是这样一种政治制度⑤。正是在共和国的政治制度下，荷兰经历了它的黄金时代。尽管它规模不大、国内自然资源匮乏，但它却成为了强大的殖民帝国，它的海军在世界称霸一时，并主宰了17世纪的世界贸易。它创建了复杂的财政金融体系，为建立现代化的国内交通体系和城市化水平在欧洲首屈一指的社会提供了资金支持。然而，由于荷兰在1650～1795年间的生产率水平停滞不前，这些政治上和制度上的成就没有促成持续增长，也没有打破前工业化的世界。

威尼斯在1223～1797年间实行的是共和政体，政府处于公众代表和贵族代表相互制衡的控制之下，其政策面向的是一个贸易和商业帝国的需要。威尼斯在东地中海建立了一个重要的贸易帝国，并拥有达尔马提亚、克里特岛和塞浦路斯等殖民地和附属国，同时也建立了玻璃工业等重要的制造业部门。但在所有这些活动中，都没有我们在工业革命中所看到的那种持续的生产率进步。

类似地，汉萨同盟的自由城市从中世纪开始，处于主导地位的就是强调贸易和商业需要的政治制度。如吕贝克在1226年成为自由城市，直至1937年仍保持着城市国家的地位。吕贝克在获得自治地位后，制订了一种被称为“吕贝克法”的统治规则和治理体系，并在中世纪时期扩散到了波罗的海沿岸许多其他的汉萨同盟城市，如汉堡、基尔、但泽、罗斯托克和梅梅尔。“吕贝克法”规定，城市由一个20人组成的议会治理，且议员来自于商业公会推举的公会成员或其他城市名流。这样，城市管理者代表的是城市商业的利益（Lindberg, 2009）。尽管它并不是一种民主形式，但却是能够促进商业和制造业利益的治理模式。正是在这种治理模式下，汉萨城市变得富有和强大，并大量从事造船、织布等制造业活动和贸易活动等。然而，它仍然与持续的技术进步无关。

我们对早期社会的探究显示，它们尚缺乏人们对思想或创新拥有所有权的法律观念。不论是罗马还是希腊，当一个人的著作出版后，没有任何法律或实际措施能够阻止盗版。任何获得纸莎草卷手稿的人，都可以自由地制作副本，其间可以随心所欲地修订和改变文本内容。再版时“作者”换成新名字并非罕见⑥。对著作或思想的剽窃进行谴责是正常的，但人们并不把著作和发明视为具有市场价值的“商品”⑦。

古人可能缺乏上述法律意识，但在工业革命很久以前，其实已经存在知识产

---

⑤ 有人认为，荷兰的1581年誓绝法案是美国1776年独立宣言的先驱。
⑥ 这一问题至少延续到了17世纪的英国，当时的出版商可以非常自由地盗印作者们的著作。
⑦ 参见：朗（Long，1991），第853～857页。

权制度了。威尼斯早在13世纪就已建立了现代专利制度的基础，而到了15世纪，威尼斯已开始授予现代意义上真正的专利。1416年，威尼斯议会为来自罗得岛的外国人弗朗西斯库斯·彼得里发明的新式缩绒机授予了一项50年的专利。1474年，威尼斯编纂了专利法。另有证据表明15世纪的佛罗伦萨已有专利授予。威尼斯在授予知识产权方面的创新，不仅对于威尼斯的玻璃工业非常重要，而且随着意大利玻璃工人的迁移，这些创新在16世纪逐渐扩散到了比利时、荷兰、英国、德国、法国和奥地利等国家。因此，到16世纪，欧洲所有主要国家都至少作为临时措施，开始向发明者授予知识产权。它们这样做的目的是吸引拥有先进技术的熟练技工。由此可知，正式专利制度的扩散，至少比工业革命早350年。

诺思等学者强调了英国18世纪的专利制度对知识产权的保护，它实际上源于1688～1689年光荣革命确立的议会权力超越皇权原则所提供的制度运作模式。伊丽莎白一世时期（1568～1603年）推行的专利制度，是由政府部长监督实施的。政治干预导致了现有技术的虚假垄断或对合法诉求的否决。光荣革命之后，议会试图把专利监管权移交给法院来避免这种弊端。在通常情况下，只要没有人提出反对意见，法院会准许任何专利的注册。在1791年以前，其他欧洲国家都没有类似于英国的正式专利制度。但正如图5.5所示，尽管专利申请率在光荣革命期间有过短暂的小幅增加，但直至光荣革命发生75年后的18世纪60年代，专利申请率均没有出现持续的增长。

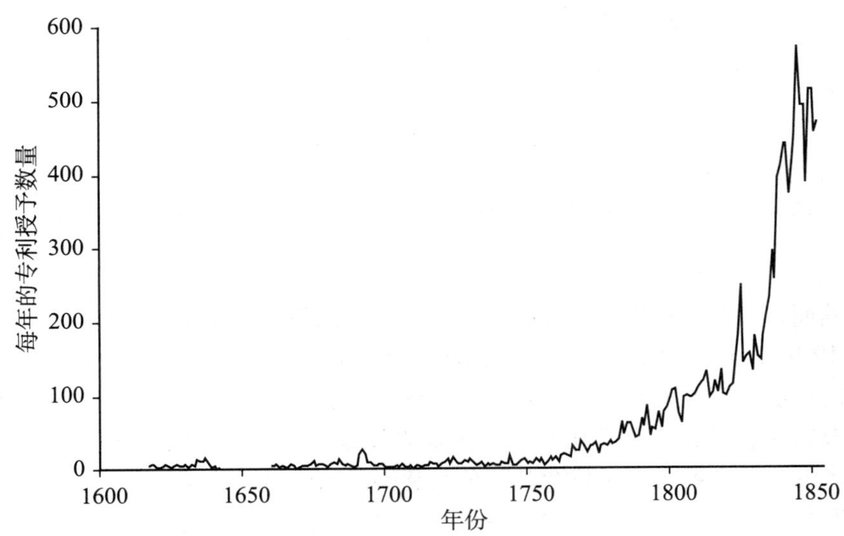

图5.5　每年专利数：英国（1660～1851年）

资料来源：米切尔（Mitchell，1988），第438页。

在中世纪的欧洲社会，也存在其他一些或许比现代专利制度更能促进创新的制度。许多市镇的生产者会组织一些行业公会，它们代表的是贸易商的利益。这些行业公会向其成员征税，并向那些向公会成员披露生产性新技术的创新者提供一次性支付。

各种论点在经验方面需要面对的难题是：不论是在18世纪60年代还是在此之后，英国的创新者获得较高收益的实证证据都非常微弱。不妨以工业革命时期处于技术创新前沿的纺织业为例。图5.6表明，以棉花为基本投入的棉布生产，其全要素生产率在1770～1869年间约提高了22倍。

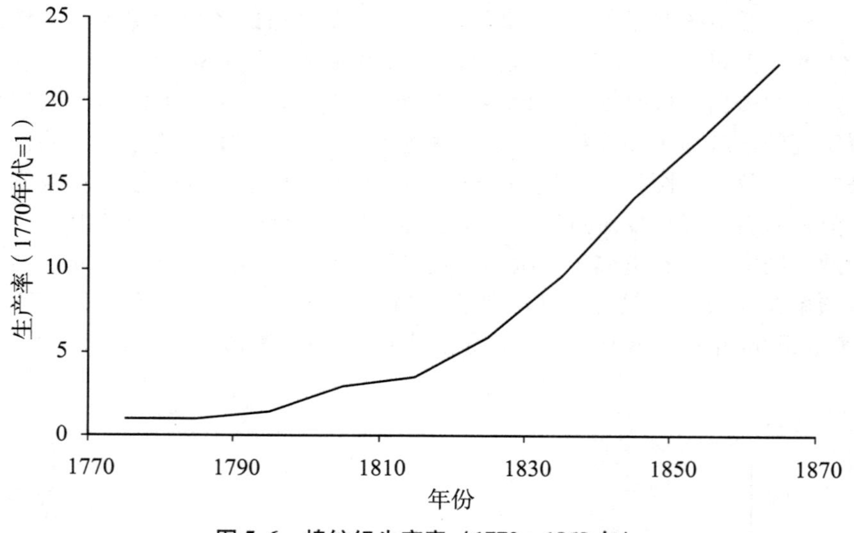

图5.6　棉纺织生产率（1770～1869年）

注：1862～1865年间的数据，因棉花灾害缺失。

资料来源：棉布价格，哈利（Harley，1998）；劳动成本、资本收益，克拉克（Clark，2010）。

然而，值此生产率快速提高时期，纺织业创新者的收益并不高。例如，截止到19世纪60年代，棉纺织业创新的价值约为每年1.15亿英镑，但只有非常小的价值份额流入到了创新者手中。例如，表5.3列举了棉纺织业的主要创新者及其通过专利制度或其他方式获得的收益，表明专利提供的保护非常弱、创新者的收益主要来自于议会基于公共慈善目的的事后赠予。同时，专利制度也没有显示出能够脱离所谓的政治干预。而议会进行干预的原因，是基于公共利益对专利的法定17年有效期予以延长，从而为做出重大创新的那些创新者提供足够的报偿。詹姆斯·瓦特就是这种做法的受益者。不过，议会赠予取决于从前的社会和政治保护水平。

表 5.3 工业革命时期的纺织业创新收益

创新者	设备	结果
约翰·凯	飞梭（1733）	因专利诉讼陷于困顿，住房于1753年被机器破坏者损毁。贫困交加中死于法国
詹姆斯·哈格里夫斯	珍妮纺纱机（1769年）	申请专利被拒，1768年在破坏机器运动中逃亡，1777年死于济贫院
理查德·阿克赖特	水力纺纱机（1769年）	1792年去世时的财产达50万英镑。从1781年开始，其他制造商拒绝支付专利费，他的大部分财产是1781年后获取的
塞缪尔·克朗普顿	走锭纺纱机（1779年）	未申请专利，18世纪90年代得到制造商给予的500英镑，1811年获议会拨付5 000英镑
埃德蒙·卡特赖特牧师	动力织布机（1785年）	专利无价值，工厂被机器破坏者损毁，1809年获议会拨付1万英镑
伊莱·惠特尼（美国）	轧棉机（1793年）	专利无价值，其后作为政府的军火商发家
理查德·罗伯茨	走锭精纺机（1830年）	专利收入几乎不够开发成本，1864年在贫困中死去

资料来源：克拉克（Clark，2007），表12.2。

棉纺织业的绝大多数创新，都是在没有给予创新者任何报酬的情况下，快速外溢到了其他生产者那里，该行业主要企业的利润率对此提供了很好的证据。克尼克·哈利重现了工业革命时期一些成功棉纺织企业的利润率（Harley，2010），发现棉纺厂主塞缪尔·格雷格及其合伙人在1796～1815年间获得的年均利润率为11.4%，其投资回报率仅仅处于制造业等有风险的投资事业的正常水平。给定棉纺业的生产率在此期间快速提高，这意味着任何创新都会非常迅速地从一家企业扩散到另一家企业。若非如此，像塞缪尔·格雷格这样经营着龙头棉纺厂的业主，应该能够比竞争对手获得更多的利润。与之类似，威廉·格雷及其合作伙伴经营的企业，在1801～1810年间的年均利润率低于2%，其经济利润率可以说是负的。棉纺业创新的主要影响，似乎是产品价格的下降，从而几乎没有为创新企业留下多少超额利润。第三家是理查德·霍恩比及其合伙人经营的企业，它在1777～1809年间属于几乎没有任何技术进步的手织行业，但其平均利润率却达到11.4%，几乎与创新行业的塞缪尔·格雷格的收益一样高。于是可以得出结论：棉纺业的创新者，似乎并没有获得特别的收益。只有像阿克赖特和皮尔这样为数不多的人才变得非常富有。1860～1869年间，遗嘱中留有50万英镑以上财产的英国人共有379人，其中只有17人（占4%）属于纺织行业；与此同时，从18世纪60年代到19世纪60年代，纺织业实现的生产率增长几乎占整个经济的一半（Rubinstein，1981，第60～67页）。在奖励创新方面，工业革命糟糕透顶，创新者几乎没有获得多少回报。工业革命没有将穷光蛋变成王子，这也是为什么英国在私人慈善和大学等方面难以同美国相媲美的原因之一。

在采煤、钢铁和铁路等英国工业革命时期创新集中的其他行业，可以看到类似的故事。例如，英国工业革命时期的煤炭产量有了爆炸性增长，它能够为房屋供暖、冶炼钢铁、为铁路机车提供动力，但却没有像美国19世纪末工业化时期的石油、铁路和钢铁等行业那样积累起巨大的财富。1700～1870年，英国东北部的煤田为所有者带来的租金并不高，煤矿租金通常低于坑口煤炭价值的10%，或低于伦敦等地煤炭零售价格的5%（Clark and Jacks，2007，第48页）。煤矿运营商在竖井、地下通道和升降设施等方面的投资所获得的收益有限，蒸汽机等极大地提高了煤炭产量的技术进步收益同样也不高。在东北部煤田得到广泛应用的新技术，能够挖掘更深层的煤矿，但这些新技术的开发者并没有得到任何收益。

开发英国煤田、铁路和运河的工程师，被誉为新工业时代的祭司，他们创造了繁荣却过着普通的生活。理查德·特里维西克、乔治·史蒂文森、罗伯特·史蒂文森、汉弗莱·戴维，虽然这些名字名垂青史，但他们却没有从事业中得到多少社会回报。理查德·特里维西克是蒸汽机车的先驱，1833年在贫困中死去。以“火箭号”蒸汽机车闻名于世的乔治·史蒂文森，他发明的机车性能要好得多，“火箭号”在1829年的试验中负载跑出15英里的时速，在当时是闻所未闻的道路行进速度；然而，同他对铁路工程所做的巨大贡献相比，他在切斯特菲尔德的农舍实在是微不足道。在那次著名的试验中，还有其他机车参与了竞赛，此后不久出现了一大批机车制造商为铁路系统供应机车。

工业革命时代的创新，主要通过降低价格而使得消费者从中受益。随着煤炭产量的激增，消费者面对的实际价格持续下降：19世纪60年代的实际价格要比18世纪初低60%。工业革命时期，英国的煤炭、钢铁、铁路运输等行业的竞争都很激烈，专利制度对这些部门的大多数创新几乎没有提供多少保护，各种创新通常很快地从一个生产者外溢到另一个生产者那里。

英国工业革命期间创新率的提高，并非来自于创新的回报很高，而是在创新回报并不太高的情况下出现了更多的创新供给。制度经济学家认为，同前工业化时代相比，工业革命时期市场提供的创新激励发生了趋势性增加，但事实上并不存在发生这种变化的证据。专利制度发生的最后一次重大改革是在1689年，离效率提升能够普遍获得超额收益早了100多年，故仅就专利制度自身而言，它对英国工业革命时期的绝大多数创新并没有发挥多少作用。

工业革命时期出现的创新高潮，毋宁说反映了创新供给的激增。创新回报并不比工业革命之前更高，但创新供给仍然有了大幅提高。英国同其他经济体面临着同样的挑战和激励，但其生产者更愿意尝试新的生产方法。

例如，1770～1870年间，英国纺织业的生产率增长远超其他行业，但纺织业更具竞争性的特征，使得专利制度无法对大多数技术进步提供足够的保护，并使得利润率始终保持在低位。棉纺织品有很高的同质性，批发市场上纱线和布料的质量差异很容易被购买者察觉，棉纺厂的实际规模总是低于市场有效水平，新进入者随处可见。截止到1900年，英国的棉纺织业共有约2 000家企业。企业可以通过聘用创新企业的熟练工人获得新技术，机器设计人员可以从正在运营的企业中学到新技术。随着时间的流逝，包括资本品制造者和棉纺织品生产者在内的整个棉纺织业，越来越集聚在曼彻斯特附近。到1900年，全球40%的棉纺织品都是在曼彻斯特方圆30英里之内生产的。这一技术进步的主要受益者是遍布全球的棉纺织品消费者，同时还有棉纺织业集聚城镇的土地所有者，因为这些土地从价值很低的农业用地转变为价值巨大的工业用地。

理查德·阿克赖特是工业革命时期最大的棉纺巨头之一，他在去世时留下了大约50万英镑的财产[⑧]。他的儿子小理查德·阿克赖特，继承了他的纺纱厂。尽管小理查德·阿克赖特也管理着自己的工厂，并且在这个生产率快速提升的行业也拥有丰富的经验，但他还是很快地卖掉了父亲的大部分工厂，因为他更愿意投资于土地和政府债券。他在政府债券和不动产方面的投资非常成功，当1843年去世时，尽管有大量资金沉淀在富丽堂皇的乡间豪宅中，但他的身后财产仍然高达325万英镑[⑨]。不过，小阿克赖特积累的财富还比不上乔赛亚·韦奇伍德：尽管韦奇伍德所处的是没有多少技术进步的陶瓷业（即使到19世纪末期仍在很大程度上依赖于手工制作），但在1795年仍留下了60万英

⑧ 菲顿（Fitton，1989），第219页。

⑨ 同上，第296页。

镑的财产。

虽然工业革命时代的第一波重大创新因行业的竞争性质而没有带来超额利润，但作为第二波创新的铁路行业却拥有了这种可能。铁路有着内在的规模经济属性：就最低限度而言，一条铁路线至少要建在两个城市之间，而一旦建成则竞争者只能尝试其他线路了。由于多数城市之间难以满足多条铁路同时赢利的可能性，因此铁路的建设有排他性，进而使得赢利成为可能。

利物浦至曼彻斯特铁路线在1830年的成功（19世纪40年代的股票价格是票面价值的两倍）激起了很长一段时期的铁路投资热潮。图5.7显示了英国铁路网在1825年至1869年间的快速增长，该时期在英国的一片狭小地区共铺设了12 000英里的铁轨。铁路投资建设是如此狂热，以至于1839年和1846年被称为铁路狂飙之年。

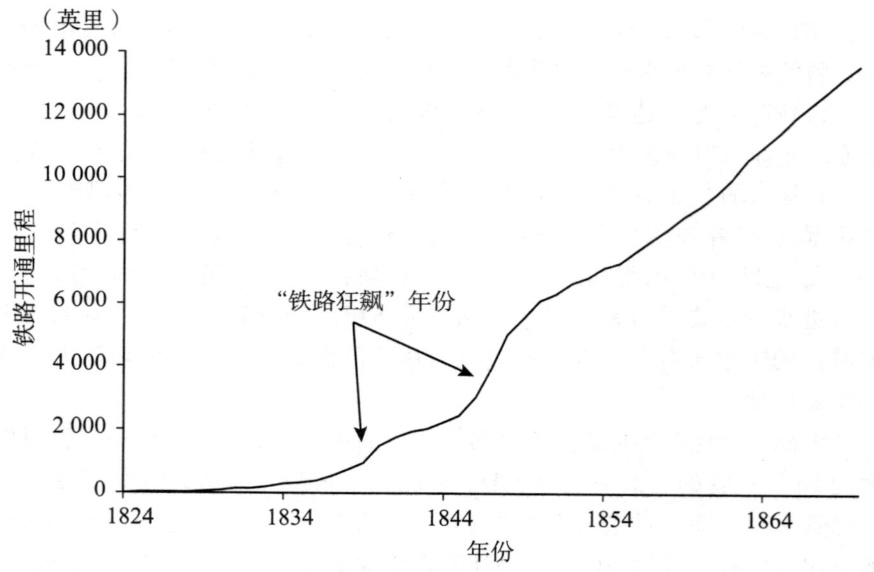

图5.7　英国的铁路建设（1825～1869年）

资料来源：米切尔和迪恩（Mitchell and Deane，1971），第225页。

正如表5.4所示，竞争者的快速涌入，很快将利润率压至相对较低的水平。到19世纪60年代，实际收益率（实际投资的资本收益），并不比政府债券或农业用地等低风险资产的投资收益率为高。由于铁路线路具有一定的地方垄断性，铁路行业最终陷入了增加绕行路线的持续竞争之中。

表 5.4　　英国铁路投资的资本收益率（1860～1912 年）　　单位：%

时期	联合王国收益率	大英帝国收益率	国外线路收益率
1860～1869 年	3.8	—	4.7
1870～1879 年	3.2	—	8.0
1880～1889 年	3.3	1.4	7.7
1890～1899 年	3.0	2.5	4.9
1900～1909 年	2.6	1.6	4.4
1910～1913 年	2.6	3.1	6.6

资料来源：克拉克（Clark，2007），表 14.7。

例如，大西部铁路基本控制了伦敦与曼彻斯特之间的直接线路，但货物和乘客仍然可以通过其他公司开通的东海岸线路抵达伦敦。这再次表明，利润激发出了效仿行为，而只要难以杜绝效仿，那么最终会将利润挤出运营体系。最大的受益者，仍然是消费者。

正因如此，与美国不同，英国很少有私人捐助的大学和大型慈善机构[⑩]。英国的工业革命并没有带来巨大的个人或家庭财富。到 19 世纪 60 年代，富人仍主要是土地贵族的后代。1860～1879 年间，去世时遗产超过 50 万英镑的英国人总计为 379 人，其中 256 人（68%）的财富源于土地继承。正如前文所述，尽管纺织业是工业革命时代生产率进步的主导性行业，但这些富人中只有 17 位（4%）是纺织业巨头[⑪]。

传统制度经济学强调创新收益和投资回报。这种解释不能令人满意，经济学家试图探寻制度得以发挥作用的其他路径。阿夫纳·格赖夫、穆拉特·伊伊京和迭戈·萨松在最近完成的一篇论文中认为，可以追溯到 16 世纪初期、能够保证人们免于失败威胁的英国福利制度，构成了工业革命的重要基础（Greif et al.，2012）。英国与中国等其他国家的不同之处，并不在于成功者的回报有多高，而是在于努力但没有成功的人能够拥有多少回旋余地。珍妮纺纱机的发明者詹姆斯·哈格里夫斯在 1777 年死于济贫院，但至少他没有死在大街上。不管怎样，这有点像是说，纽约之所以能够发展起高风险、高回报的金融部

⑩　美国的工业化创造的私人财富和家庭财富要多得多。

⑪　鲁宾斯坦（Rubinstein，1981），第 60～67 页。

门，是因为它可以为无依无靠的成年人提供金融支持，而不是像得克萨斯州没有建立类似机制的地区那样。据说，金融行业的哈佛大学毕业生在对冲基金失败后，除一般性的救济外还能享受到备用计划的支持。

对于工业革命的制度经济学解释还存在一个很大的问题，此即对于制度质量的度量，目前仍不存在普遍接受的标准。物理学存在一个基本的信念，即对于任何现象进行任何科学分析必定存在如下最基本要素：明确定义的目标、共同的度量体系。按照这一标准，制度经济学仍然像燃素说和其他早期理论一样，尚处于现代科学出现之前的时代。

5.3　人类的变化

创新收益在工业革命时期并没有明显提高的事实，意味着有必要寻求其他解释，其中一种替代性解释是：经济个体在愿望和能力方面的变化，促成了这一转变。实际上，这已成为工业革命其他解释的另一个主题，许多理论可归结其中。按照这种理论，人力资本投资的增加及其引发的经济主体的能力提高，是由马尔萨斯体系转变为现代体系的关键（Becker et al.，1990；Lucas，2002；Galor and Weil，2000；Galor and Moav，2002；Galor，2011）。

我们当然可以看到，工业革命前夕的英国人口，有着不同于大多数其他前工业化社会的特征。特别地，按照前工业化时代的标准，英国人口的识字水平和算数能力很高。即使是罗马帝国或意大利文艺复兴时期的城邦国家等早期伟大文明，若以工业革命时期的英国为标准，其识字水平和算数能力可以说低得惊人。我们知道，现代高收入高增长经济体的一个共同特点是拥有较高的人力资本水平，故我们似乎可以把能够产生知识外部性的人力资本的增长，视为工业革命的可能原因。

我们发现了不少有趣的证据表明，在大多数的早期经济中，即使是非常富有的人，其平均算数能力和识字水平都惊人地低。例如，罗马时期有一位名叫伊西多罗·奥勒留的富裕埃及地主，在公元308～309年不到两年之内的不同法律文件中，分别声明自己的年龄是37岁、40岁、45岁和40岁。显然，伊西多罗并不十分清楚自己的年龄，而另有材料表明他是一个文盲（Duncan-Jones，1990，第80页）。罗马时期去世者家人在墓碑上留下的死者年龄表明，罗马上层社会普遍不清楚自己的真实年龄。对年龄有准确记录的群体中，约20%的年龄是以5或10结尾的。我们可以据此构建一个变量 $Z=\frac{5}{4}(X-20)$

来度量“年龄积算”程度，其中 X 是以 5 或 10 结尾的年龄所占的比重，用以度量真实年龄不详者所占的比例。针对不清楚自己真实年龄的人口所占比重而构建的这一度量指标，即使在现代社会也与识字率有一定的相关性。

罗马帝国时期，那些富裕得足以被刻碑纪念的人中，通常有一半人的年龄不为人知。对于罗马帝国来说，年龄认知程度确实与社会阶层有关，如超过 80% 的官员的年龄为其亲戚所知晓。当我们把它与现代欧洲的死亡档案进行比较时可以发现，到工业革命前夕，欧洲普通民众的年龄认知程度已经有了显著的提高，如表 5.5 所示。

表 5.5　　年龄积算：罗马 VS. 现代欧洲

项目		群体	样本量	数盲率
罗马帝国	罗马	全部	3 708	48
	意大利（不含罗马）	全部	1 395	43
	意大利（不含罗马）	市镇议员	75	15
现代欧洲（死亡档案）	日内瓦（1560～1600 年）	全部	—	54
	日内瓦（1601～1700 年）	全部	—	44
	日内瓦（1701～1800 年）	全部	—	23
	列日（1740 年）	全部	—	26
	巴黎（1750 年）	全部	—	15

资料来源：邓肯 – 琼斯（Duncan-Jones，1990），第 84～90 页。

我们还可以借助于人口普查（如表 5.6 所示），探究年龄认知程度的发展历程。最早的普查见于中世纪的意大利，其中包括著名的 1427 年佛罗伦萨地籍簿。尽管当时的佛罗伦萨是文艺复兴的中心和世界上最富有的城市之一，但 32% 的市民却不知道自己的年龄。科夫堡是英国多塞特郡的一个小自治市镇，1790 年对该镇（只有 1 239 个居民且多为体力劳动者）进行的人口普查显示，全部人口中只有 8% 的人知道自己的年龄。1790 年的这次人口普查还表明，年龄认知程度与社会地位有关：拥有较高社会地位的家庭有着普遍的年龄认知，而穷人的年龄认知程度则较低。大致而言，多塞特郡科夫堡或埃塞克斯郡特林的穷人，其年龄认知程度与罗马帝国的官员大致相仿。

表 5.6　　居住人口（23～62 岁）的年龄积算

地点	年份	类型	样本量	Z
佛罗伦萨市镇	1427	城市	—	32
佛罗伦萨领地	1427	农村	—	53
皮斯托亚	1427	城市	—	42
波佐利	1489	城市	—	72
索伦托	1561	城市	—	67
科夫堡（英国）	1790	城市	352	8
阿德利（英国）	1796	农村	433	30
特林（英国）：济贫对象	1801	农村	79	19

注：科夫堡的总人口为 1 239 人，阿德利的总人口为 1 145 人。

资料来源：邓肯－琼斯（Duncan-Jones，1990）；特林，埃塞克斯档案室（编号：D/P 299/12/3）；阿德利，埃塞克斯档案室（编号：D/P 263/1/5）。

罗马墓碑上记载的年龄的另一个特点是：许多成年人的年龄似乎都被高估了。我们知道，古罗马时期人们出生时的预期寿命约为 20～25 岁，但墓碑上记载的去世时年龄却高达 120 岁。以北非为例，墓碑上记载的去世年龄中，超过 100 岁的约占 3%⑫，其对于几乎所有的这些高龄人士来说，其真实年龄应该比记录年龄小 20～25 岁。然而，对于这些令人难以置信的年龄，他们的后代却没人去验证其可信性。比较而言，科夫堡人口普查记录的最高年龄是 90 岁，基本处于当时英国农村人口预期寿命的可能范围之内。

由此可得工业革命的另一种解释：尽管对于创新的激励并不大，但经济主体的能力和愿望却有了显著的改善。这会产生两个重要问题：其一，为什么人类社会在历史上会沿着提高识字水平和算数能力的方向不断向前发展？驱动这一发展趋势的内在动力是什么？其二，就经济主体的能力而言，英国与其他早期社会的差别是否大到足以解释转型为现代增长的程度？

图 5.8 显示了英国 1580～1920 年间的识字率情况，其中识字率以一个人是否能够签署自己的名字来度量。该图有两点令人瞩目：第一，在工业革命之

⑫　霍普金森（Hopkins，1966，第 249 页）。

前的很久一段时间，男性识字率就已有了显著的提高。如果整体识字率是经济增长的关键因素，那么工业革命就应该比 18 世纪 60 年代早发生 100 年。第二，识字率的急剧提高主要发生在工业革命晚期即 1850 ~ 1900 年间，而在整个工业革命时期的升幅并不是特别的大。

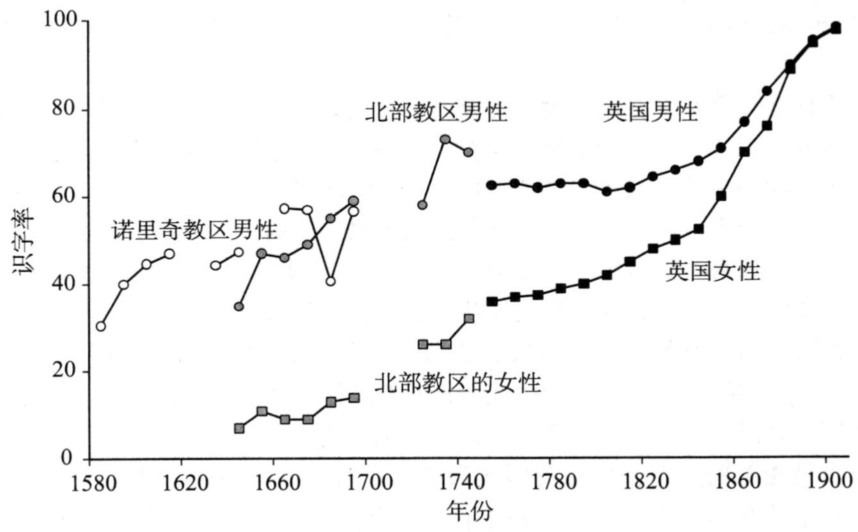

图 5.8 英国识字水平（1580 ~ 1920 年）

资料来源：18 世纪 50 年代至 20 世纪 20 年代的数据，指的是能够在结婚证书上签名的新郎和新娘，来自于斯科菲尔德（Schofield，1973）；17 世纪 30 年代至 18 世纪 40 年代的北部教区数据，指的是能够在法庭宣誓证词中签名的证人，来自于休斯顿（Houston，1982）；16 世纪 80 年代至 17 世纪 90 年代的诺里奇教区数据，指的是能够在教会法庭宣誓词中签名的证人，来自于克雷西（Cressy，1977）。该图来源于：克拉克（Clark，2007），第 179 页，图 9.3。

不仅如此，与西北欧其他地区相比，英国 1780 年时的识字率并不高。苏格兰、荷兰、德国多数地区以及斯堪的纳维亚国家的识字率都超过了英国的英格兰地区。在做出上述说明后，我们可以问这样一个问题：工业革命前夕，推动北欧各地的识字水平和算数能力出现上升趋势的因素是什么呢?

对于识字水平和算数能力，有必要做出的另一个补充说明是：给定可以观测到的教育收益率，英国工业革命时期生产率的快速增加只有很小一部分可以由投资增长来解释。故而，我们可以对方程（5.1）略加调整，以引入人力资本投资：

$$g_y = a_k g_k + a_h g_h + g_A \tag{5.4}$$

其中，a_h 是人力资本投资获得的收入份额，g_h 是人力资本存量的增长率。不过，英国1760～1860年间人力资本存量的增长率（参见图5.8）并不高，年均增长率低于0.4%。即使我们把工业革命时期工资所占60%份额的三分之一，归为人力资本所获得的收入，这只不过要求人力资本投资使得收入增长率达到年均0.08%的增速。如果人力资本处于工业革命的核心，那么正如卢卡斯（Lucas，1988）假定的那样，必定是由于人力资本投资存在显著的外部收益。

为什么教育水平在数个世纪的提高会引起工业革命呢？在探讨由马尔萨斯停滞转变为现代增长的诸多经济模型中都包含如下想法：在向现代社会转变的过程中，我们的家庭发生了从数量型（至少合意的数量）向质量型的转换。对现代各个国家的截面观察，为这种想法提供了经验支持：高收入、高教育程度的社会，通常是那些每个妇女有着较少孩子的社会。在1890～1980年的高收入社会中，低收入家庭往往是那些有更多孩子的家庭。

在对英国工业革命这一真实世界进行建模时，这些理论会面临一系列挑战。第一个挑战是，这些理论探究的是儿童总能存活到成年的情形。对于大部分现代社会而言，儿童存活率是很高的，故现实生活中的儿童出生率和存活率几乎是相等的。但在包括英国在内的几乎所有已知的前工业化社会中，大量的新生儿甚至活不过一年。在这种情况下，明确区分出生的婴儿和存活的孩子就变得十分重要。按照出生率，马尔萨斯社会中的生育率是很高的，每个活到50岁的妇女平均能够生育5个孩子，但能够活到成年的孩子平均只有两个。

进一步讲，由于前工业化时代的死亡儿童都死得相当早，因此前工业化时代任何家庭的孩子数量通常都少于或等于3个。例如，在1700～1724年间出生的1 000个英国儿童中，接近200个儿童在出生6个月内就死了（Wrigley et al.，1997）。前工业化时期的家庭同20世纪五六十年代高增长时期的美国家庭有一定的相似性，它们同现代家庭一样要面临近似的子女数量与质量之间的权衡。从某种意义上讲，如果用净生育率代替总生育率，那么前工业化时代和现代社会的生育状况几乎没有发生什么变化。

这些理论面临的第二个挑战是，英国女性从高生育率向低生育的转变，并不是发生在工业革命之初，而是出现在100年后的19世纪80年代[13]。在1880年之前，英国整体上的生育水平并没有表现出下降的趋势。正如图5.9所示，

[13] 法国是唯一在18世纪后期经历了生育率下降的国家。当然，就步入现代增长而言，法国是滞后于英国的。

实际情况正好相反，在工业革命时期，不论是英国女性的平均生育率还是净生育率实际上都是上升的。

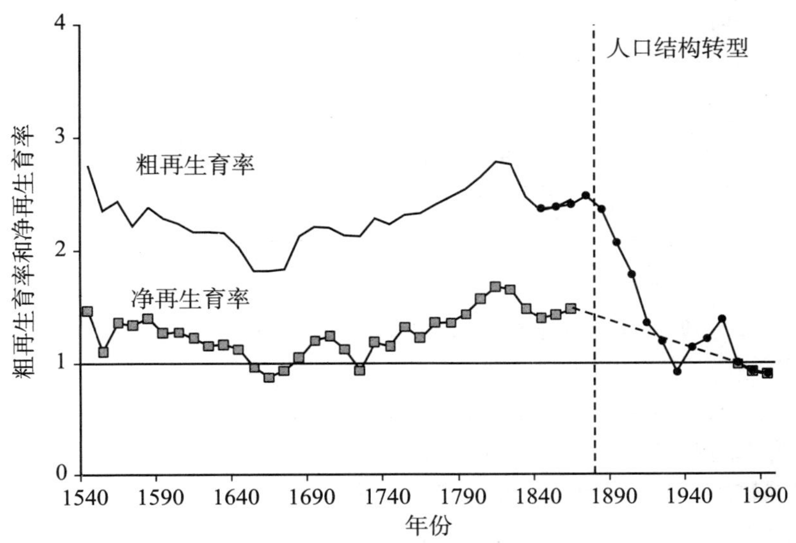

图 5.9　英国生育史：1540～2000 年

资料来源：克拉克（Clark，2007），图 14.6，第 290 页。

第三个挑战是英国前工业化时期的净生育率与家庭财富或职业状况之间存在很强的正相关性。图 5.10 显示的是 1520～1879 年间结婚的英国男性在订立遗嘱时仍然活着的子女的数量（数据间隔为 20 年），且对于这些留下遗嘱的男性，我们按照财富的三分位数将全部样本分成了三组。财富最少一组的男性，其去世时的财富仍然可能超过中位数水平，故他们的净生育率基本接近于图 5.9 所示的英国全部男性的整体水平。在财富最高的一组中，那些在 1780 年以前结婚的男性平均有 3.5～4 个存活子女。在前工业化时期的英国，那些受教育程度最高、经济上最为成功的男性，同时也是拥有数量最多的存活后代的男性。把这些男性与教区出生记录进行匹配可以发现，更富有的男性在存活子女数量方面的优势，在很大程度上源自于他们的妻子所具有的更高生育率，且其总生育率也比较高。博贝格－法兹利奇（Boberg－Fazlic，2011）曾根据教区出生记录，对 1538～1837 年间英国的总生育率进行了独立研究，同样证实了在 1780 年之前存在着经济地位与生育率之间的正相关关系。

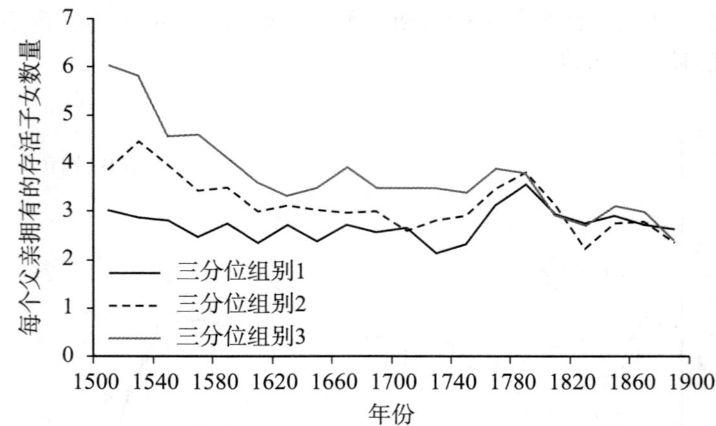

图 5.10　已婚组别的净生育率（按财富三分位分组）：1520～1879 年

资料来源：克拉克和卡明斯（Clark and Cummins，2013a）。

而对于 1780～1879 年间结婚的人来说，这种受过良好教育的富裕人士有着较高生育率的模式消失了。同我们在工业革命时代发现的模式相反，这段时期的生育率同教育、地位和财富之间没有什么关系。图 5.11 按财富十分位数对已婚男性进行了分类，从中可以看出生育模式的巨大转变。该图显示的另一个特点是，1780 年以前富裕人士拥有更高净生育率的模式，贯穿了整个财富谱系：在由小到大的财富水平排列中，我们观察不到任何一个净生育率开始下降的点。

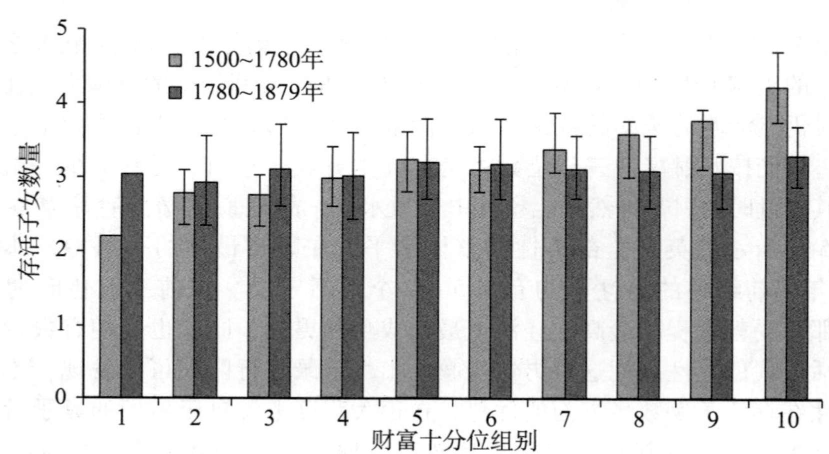

图 5.11　按财富十分位分组的已婚人士净生育率

（1500～1779 年结婚人士与 1780～1879 年结婚人士）

注：柱状图上面的线，表示的是相应组别相对于最低分位组别的净生育率的 95% 置信区间。所有的资产均按照去世年份时的平均工资（参见：Clark，2010）进行了标准化处理。

资料来源：克拉克和卡明斯（Clark and Cummins，2013a）。

英国总生育水平迟至工业革命之后才出现下降的现象，对试图通过质量与数量的权衡和人力资本的增加来解释工业革命的那些理论，构成了强大的挑战。不过，富裕家庭在工业革命初期就开始降低其生育水平的这些近来的新发现，为基于异质性主体、而非单一的代表性主体的理论模型提供了依据。问题是，如果富裕家庭为回应经济信号而改变行为，那么我们就应该预期能够在这段时期内发现人力资本投资具有更高回报的迹象。遗憾的是，这类证据并不充足，这也是工业革命的质量与数量权衡模型所存在的另一个问题。图5.12显示的是相对于非熟练的建筑劳工和杂工，诸如木工、石工、泥工、抹灰工、油漆工、管工、铺砖工、贴砖工、盖顶工等熟练建筑匠工的收入情况。在1220~2000年的时间跨度内，1348年黑死病爆发前的早期阶段的技能溢价最高，匠工的收入差不多是劳工的两倍。如果有什么积累技能的经济激励的话，那么也只是在该时间段的早期。在此之后，从1370年左右直至1900年的400多年时间里，这种激励下降到了相对较低但比较稳定的水平，到20世纪则有了进一步的下降。由此可知，对技能和培训的最大市场回报，发生在远远早于工业革命之前的时期。英国在1880年前后发生的人口结构转型，与技能溢价的提高没有什么关系。

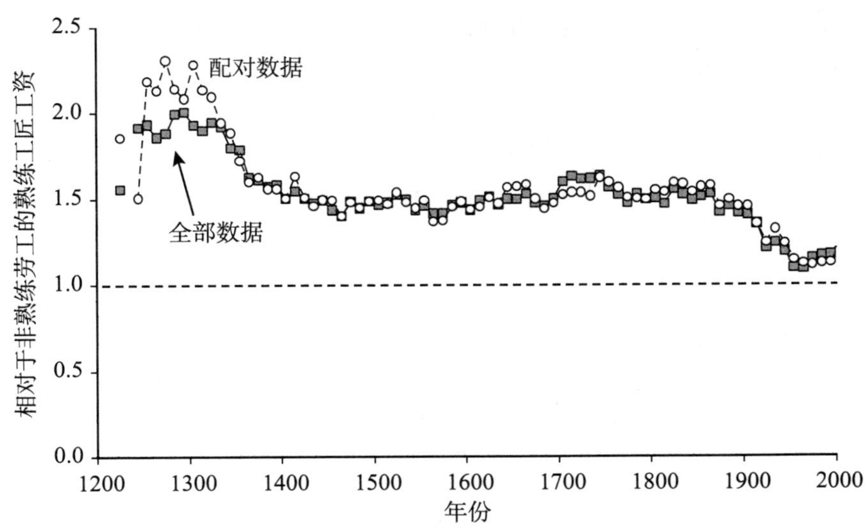

图5.12 英国建筑工人的技能溢价：1220~2000年

资料来源：克拉克（Clark，2005）。

或许有人会批评这种基于建筑业技能溢价的判断，认为它只不过反映了人力资本有限组成部分的回报。如果对子女数量在工业革命前后对生育结果的影响进行更广义的度量，结果会是怎么样的呢？我们是否会发现，1780 年前人们在结婚时很少或根本没有考虑生育成本，而在 1780 年之后的质量与数量权衡变得更显而易见了呢？

前文曾把净生育率视为财富、社会经济地位和男性意愿的函数，这种方法也可以用来度量工业革命之前和工业革命期间的子女数量对生育的影响（Clark and Cummins，2013b）。

在现代社会，质量与数量权衡问题意味着“高质量”家庭倾向于生育更少的孩子。我们所观测到的质量和数量关系，也许并不意味着存在因果关系。为了获得真实的质量数量权衡关系，研究者必须对家庭规模固有的内生性问题进行控制。我们可以把父母对子女“质量”的影响，归结为两种潜在途径，如图 5.13 所示。在现代社会，由于高质量的父母倾向于有较少的子女，故在“n 个孩子”和“孩子质量”之间所观察到的负相关关系，或许仅仅源于“父母质量”与“孩子质量”之间的正相关关系。正如图 5.14 所表明的，如果仅仅利用观测到的质量数量关系，那么对质量数量权衡的估计就会是有偏的，即在图中过于陡峭。对于如下回归方程，

$$q = \beta n + u \tag{5.5}$$

其中，q 是孩子质量，n 是孩子数量，u 是误差项，由于 n 和 u 是相关的，故 β 的估计量 $\hat{\beta}$ 是负偏的。

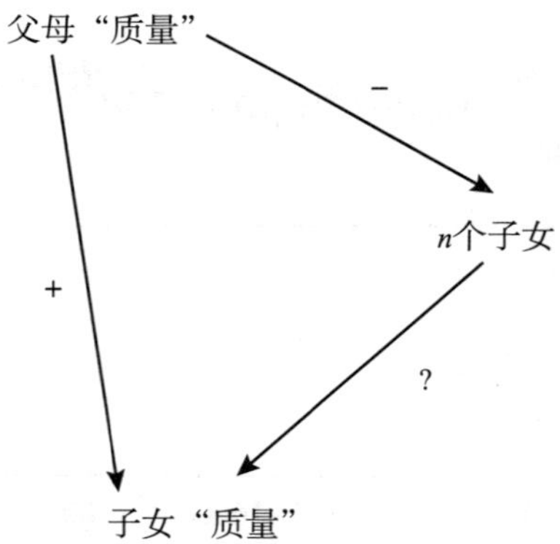

图 5.13　父母对孩子质量的影响

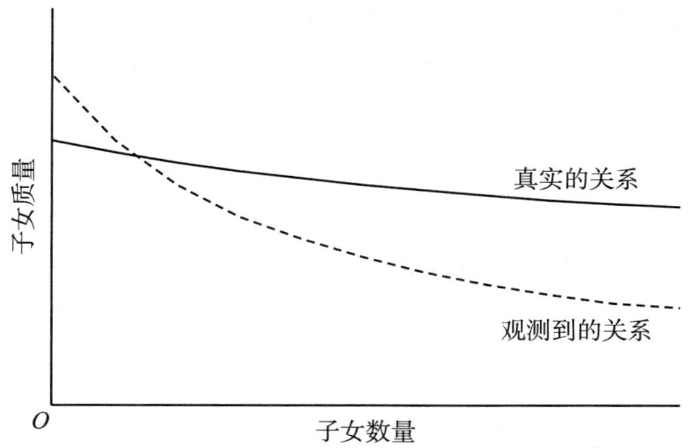

图5.14　真实的与观测到的质量数量权衡

为了揭示出真实的关系，研究人员采取了多种策略。第一种策略是探究“偶然”出生的双胞胎所引起的家庭规模的外生变动（如：Rosenzweig and Wolpin，1980；Angrist et al.，2010；Li et al.，2008）。假定代表性家庭有两个孩子，但有一些家庭由于第二胎是双胞胎而拥有三个孩子，那么同拥有两个孩子的家庭相比，后者的质量会发生什么样的变化呢？这些研究文献发现，对于这种不受控制情形下的质量与数量而言，二者之间的相关性降低了。事实上，二者之间的相关性通常是不显著的，有时候还是正的（Schultz，2007，第20页）。如安格里斯特等（Angirist et al.，2010）利用以色列的人口普查数据，没有发现存在“质量与数量权衡的证据”；但李宏彬等（Li et al.，2008）利用中国的双胞胎数据发现了预期中的关系，但这种关系只存在于中国农村地区。不过，中国有计划生育政策，政府会对那些生育超过批准数量子女的夫妻进行惩罚，故有关研究结论并不能说明自由市场下的质量数量权衡关系。

简言之，在当前社会的子女数量和各种子女质量度量之间，确实存在着初始的负相关关系。然而，一旦采用工具变量或其他方法，对子女质量和数量的内生性进行控制，那么质量与数量之间的关系就变得模糊不清了。对于试图解释现代经济增长的大多数经济理论来说，质量与数量权衡关系都是至关重要的，但这种权衡关系充其量也是未经证实的。

然而，正如我们在前文可以看到的，英国在1540～1780年间的子女数量和父母质量之间的关系是正相关关系，而不是我们在现代社会中观察到的负相关关系。当我们对这段时间估计方程（5.5）中的β时，我们会发现这时的$\hat{\beta}$是偏向于0的，有关效应如图5.15所示。同当前文献在估计β时的偏向相反，我们所发现的数量对质量的任何负向影响都将是被高估的。1780～1880年间结婚的英国人，有着中间水平的生育模式，这时的父母质量和子女数量是不相关的，故$\hat{\beta}$是无偏的。

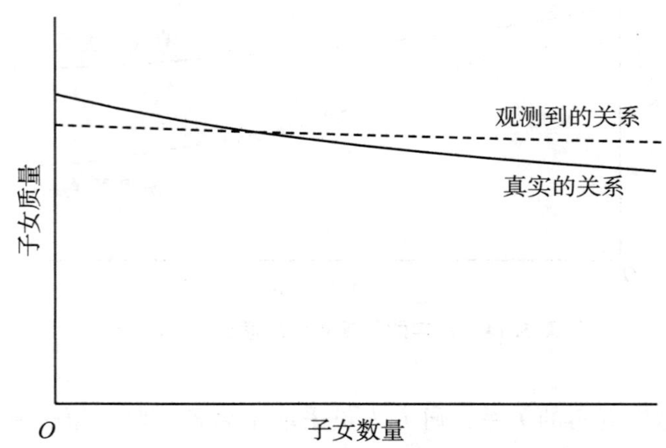

图5.15 真实的与观测到的质量数量权衡：1780年以前的结婚人士

就观测数量与质量权衡关系而言，英国前工业化时期的数据拥有的第二项优势，是1870年前的家庭规模的变化幅度远较现代为大，且当时的家庭规模变化在很大程度上是偶然的（就像现代双胞胎的出生一样）。图5.16显示了在1500～1799年间以及1800～1869年间结婚的男士，在他们订立遗嘱时存活子女平均数量的分布。其中，子女数量指的是男性成员的子女数，包括该男性在第一个妻子去世并再婚后所有妻子生育的子女。

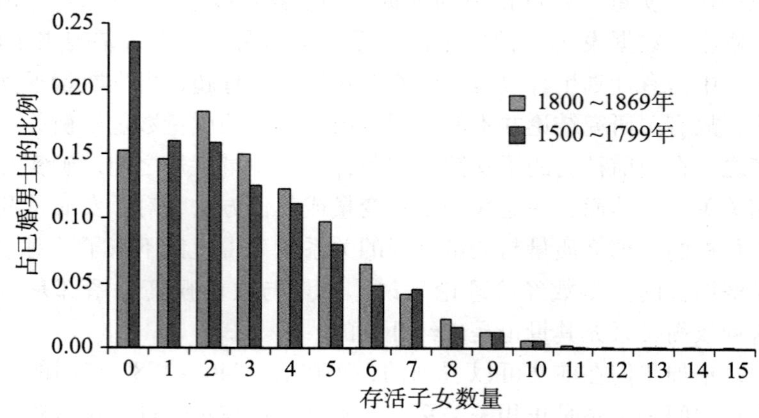

图5.16 英国前工业化时期的净家庭规模分布

注：1800年以前的样本数为6 940个，1800年之后的样本数为1 418个。

资料来源：克拉克和卡明斯（Clark and Cummins，2013b）。

如前文所述，我们可以用两种方法度量家庭规模。其中，第二种方法是每个家庭的出生数量，即总生育率。图5.17显示了在1500～1799年间结婚且每个丈夫只有一个妻子情形下，英国家庭的平均生育数量分布。尽管每位妻子平均生育五个孩子，但10%的家庭只生有一个小孩，20%的家庭只生有两个孩子。每个家庭的存活子女数量，通常用洗礼人数来估算。在按照洗礼人数对存活子女数量进行预测的回归中，R^2 为0.73。每个子女，平均有0.62个能够活到订立遗嘱之时。如果我们在回归方程中加入地理位置、社会地位、财富和时间变量，则 R^2 只是略增至0.75。在单个家庭层面上，总生育率、出生人数、净生育率以及子女存活数量等在很大程度上都是随机变量，它们的变动只有很少一部分可以由财富、职业、识字率和地理位置等做出解释。

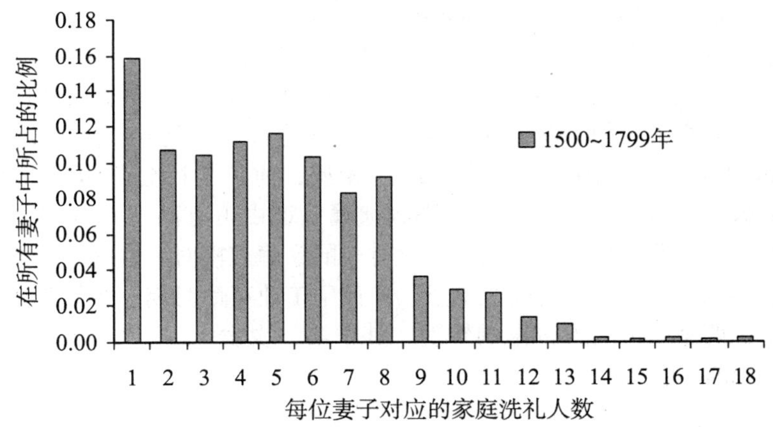

图5.17　每位妻子对应的家庭洗礼人数：1500～1799年

注：1800年以前的样本数为818个。

资料来源：克拉克和卡明斯（Clark and Cummins，2013b）。

对于方程：

$$q=\beta n+u$$

当对系数 β 进行OLS估计算时，其极限分布的估计值为：

$$\hat{\beta}=\beta+\frac{\operatorname{cov}(n,\ u)}{\operatorname{var}(n)}$$

但在前工业化时期的英国，由于 n 在很大程度上是一个随机变量，故它所引起的偏差会比较小，这意味着对 β 进行估计时的偏差非常小。

因此，我们可以假设 $n=\theta u+e$，故有：

$$\frac{\mathrm{cov}(n,\ u)}{\mathrm{var}(n)}=\frac{\theta\mathrm{var}(u)}{\theta^2\mathrm{var}(u)+\mathrm{var}(e)}$$

n 中的随机成分 var(e) 越大，则估计 β 时的偏差越小。下文将表明，对于1870年前结婚的家庭来说，var(e) 远远大于 θ^2var(u)。于是，我们可以用此段时期观察到的质量与数量之间的相关性，作为工业革命之前和工业革命期间数量与质量之间因果关系的一种度量。

对于出生于1500～1879年间的男孩的质量，我们有三种度量：经过遗嘱认证的遗嘱财富、遗嘱的社会经济地位和所有儿子的遗嘱认证率。一个人获得遗嘱认证的可能性与他们的财富和社会地位密切相关，只有死者的财产达到一定限额时才需要遗嘱认证。1862年，在有着较高社会经济地位的人（专业人士和绅士）中，只有65%的人得到了遗嘱认证，而体力劳动者则只有2%的人得到了遗嘱认证（Clark and Cummins，2013a）。

父子样本严重偏向于富裕人士。正如表5.7所示，1500～1920年间的遗嘱订立者，不成比例地来自于社会上层。1862年，表中排在最后面的两个社会群体占总死亡人数的40%，但在父子都得到遗嘱认证中所占的比例只有8%（Clark and Cummins，2013a，表A.12）。相反，前三个社会群体只占1862年总死亡人数的13%，但却在父子均得到遗嘱认证中占有高达67%的比例。在这种情况下，当我们探究英国前工业化时期的家庭规模对生育的影响时，主要集中于上述三个上层社会群体。不过，在英国工业革命时期，我们观察到这些群体发生了两个阶段的人口结构转型，其中第一次发生于1780年前后，第二次发生在1880年左右。

表5.7　　遗嘱订立人以及父子的社会群体分布

社会群体	遗嘱数量	遗嘱占比（%）	父子数量	父子占比（%）
绅士/独立人士	405	7	220	15
大商人/专业人士	506	9	167	11
农场主	1 906	33	605	41
小商人	883	15	152	10
手工业者	1 132	19	217	15
农民	708	12	99	7
劳工/仆人	268	5	16	1

资料来源：克拉克和卡明斯（Clark and Cummins，2013b）。

通过估计下式中系数 b_2 的大小，我们可以估计出家庭规模对财富的影响：

$$\ln W_s = b_0 + b_1 \ln W_f + b_2 \ln N + b_3 \ln DFALIVE + e \tag{5.6}$$

其中，N 是子女存活数量，$\ln W_s$ 是一个父亲平均留给儿子的财富对数值，*DFALIVE* 是儿子得到遗嘱认证时其父仍在世的儿子所占比例。*DFALIVE* 是控制变量，用以控制儿子在父亲之前去世、从而只能获得更少遗产所产生的影响。比父亲早去世的儿子通常都比较年轻，而在该数据集中，男性成员在60岁之前的财富随着年龄单调递增。由于一些父亲有不止一个儿子能得到遗嘱认证，因此我们把财富数量在得到遗嘱认证的儿子之间进行了平均，且以家庭作为观测单位。

式（5.6）中的系数 b_2 是某个儿子的财产性收入相对于其父拥有的存活子女数量的弹性。父亲和儿子子样本中的 N 介于1～13之间。系数 b_1 揭示了父亲财富和儿子财富之间的直接关系，它独立于父亲的家庭规模。

利用1500～1920年间去世的父亲数据，对式（5.6）中的系数进行估计，结果如表5.8所示。表中分别是针对所有年份去世的父亲、1500～1819年间去世的父亲（通常至1800年还会有儿子出生）、1820～1880年间去世的父亲以及1880年之后去世的父亲进行混合回归的估计结果。系数 b_1 揭示了父亲财富和儿子财富之间的关系，它不仅高度显著，而且系数值的大小在各分期子样本中相当稳定。

表5.8　　儿子财富与家庭规模

项目	全部年份	1820年前	1820～1880年	1880～1920年
$\ln W_f$	0.502*** (0.030)	0.560*** (0.051)	0.527*** (0.073)	0.457*** (0.046)
$\ln N$	−0.311*** (0.082)	−0.241*** (0.090)	−0.312 (0.227)	−0.390** (0.176)
DFALIVE	−0.868*** (0.258)	−0.710** (0.314)	−0.611 (0.643)	−0.866* (0.448)
常数项	20.032*** (0.158)	10.929*** (0.210)	20.024*** (0.502)	10.696*** (0.341)
样本数	1 029	610	175	244
R^2	0.292	0.306	0.281	0.302

注：括号中的数字是稳健标准误。* 系数在10%水平上异于0；** 系数在5%水平上异于0；*** 系数在1%水平上异于0。

资料来源：克拉克和卡明斯（Clark and Cummins，2013b）。

正如质量数量权衡的理论预期，子女存活数量对数值的系数在所有三个子样本内均为负。由于它发现了工业革命早期阶段的家庭规模对于子女数量的定量的、统计上显著的影响，故该研究有着格外重要的意义。对于1820年之前去世的父亲而言，尽管该系数值仍然很可能偏向于0，但其数值大小则与1820～1880年间相差不大[14]。也就是说，没有证据表明质量数量权衡关系在工业革命发生之后出现了很大的变化。对于英国工业革命时期的富裕和较高教育程度的家庭来说，我们在表5.8的回归结果中找不到证据说明质量数量权衡引发家庭规模变动。这再次表明，在工业革命的剧烈变革中，经济环境似乎相当稳定。

兄弟姐妹数量对财富的定量影响的预测值如图5.18所示，其中家庭规模为1的财富数量标准化为1。利用混合面板数据，我们可以发现家庭规模对子女财富的影响实际上并不是很大。从一孩家庭（在我们的数据中定义为儿子）到拥有10个孩子的家庭，只不过使得儿子的平均财富下降了51%。图5.18直观地演示了这一点。

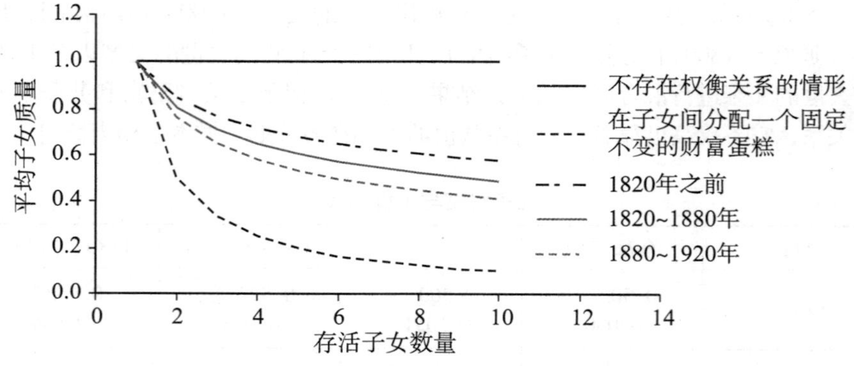

图5.18 质量－数量效应的实证证据：1500～1920年

资料来源：克拉克和卡明斯（Clark and Cummins，2013b）。

如果财富的主要传递途经，是把一个固定不变的财富蛋糕在子女之间进行分配（图5.18中的粗虚线），那么家庭规模对财富的这种影响确实算不上很大。这是因为在这种分蛋糕的情形下，$\ln N$ 的系数应该预期为－1。拥有10个孩子的家庭，其子女的平均财富应该只有一孩家庭的10%。我们可以采用类似的估计方法，分期估算家庭规模对于遗嘱认证率和职业地位的影响，结果表明它们的符号与理论预期一致，但其系数值则比财富情形更小（Clark and Cummins，2013a，2013b）。

对于那些试图以子女质量－数量权衡框架来模型化工业革命的理论模型来

---

⑭ 在1880年之前，由于家庭规模的随机性，文中讨论的这种偏差应该是比较小的。

说，关于英国工业革命时期的生育模式由前工业化时代向现代社会转变的上述事实，构成了它们无法逾越的挑战。英国前工业化时期财富与生育率之间的显著正相关关系等只是最近几年的实证发现，因而这类模型大多没有能够捕捉到生育转变的核心特征（Clark and Hamilton，2006；Clark and Cummins，2013a；Boberg-Fazlic et al.，2011）。

上文提及的一些理论文献，在第一个挑战面前就败下阵来。例如，贝克尔等（Becker et al.，1990）假设了一个不具有高净生育率、不存在人口快速增长的前工业化世界，并构建了一个具有双重均衡的模型：一个均衡是父母不对子女做任何人力资本投资，一个均衡是父母进行了大量的人力资本投资。然而，如何跳出人力资本为零的马尔萨斯陷阱，对于该模型来说却是外生的。按照贝克尔等（Becker et al.，1990）的说法，“技术和其他冲击”可能会以某种方式提高人力资本水平，而当人力资本水平提高到距离零足够远时，就会收敛到一个新的高增长均衡。这些冲击被设想成“改进煤炭的使用方法；更好的铁路运输和海上运输；减少价格管制和对外贸易”（Becker et al.，1990，第S32页），但对于这些冲击如何转化为人力资本投资却没有任何说明。例如，按照贝克尔－墨菲－田村模型，随着工业革命时期的纺织厂开始高薪聘用非熟练工人，人们在教育方面的投资应该出现明显的下降。

罗伯特·卢卡斯构造了一个马尔萨斯陷阱模型（Lucas，2002）。它与贝克尔－墨菲－田村模型有着诸多相似之处，但以随收入增长而增加的存活子女数量来度量生育率，从而试图对前工业化时期的生育率做出更好的模型化处理。卢卡斯模型有两个部门，一个是使用土地但不使用人力资本的部门，另一个是有着固定收益的人力资本的“现代”部门，故该模型中有着不存在人力资本投资的低水平均衡。生产函数（略作简化）为：

$$F(x, H, l) = \max_{\theta}[x^{\alpha}\theta^{1-\alpha} + BH(l-\theta)] \tag{5.7}$$

其中，x为人均土地，H为人均人力资本，l是生产中投入的劳动，θ是土地使用部门中投入的土地。问题是，该模型假设农业部门和其他经济部门有着重大差别，但不论是在前工业化时期还是在现代社会，该假设均缺乏依据。我们在上文表5.2中可以看到，工业革命时期，英国农业部门的生产率同样经历了异乎寻常的快速提升。农业对技能和人力资本的需求，与其他经济部门并没有什么不同⑮。

⑮ 汉森和普雷斯科特（Hansen and Prescott，2002）是通过假设农业部门和非农业部门的差异而推导出工业革命的另一个模型。它假设非农部门有着更高的生产率增速，这意味着无论一个经济体由何处开始，最终都将发生工业革命。至于工业革命为什么发生于公元1800年而不是公元前1800年，该模型无法做出任何解释。不仅如此，在工业革命期间，英国工业部门的生产率增长率是在提高的，但正如前文所述，工业革命时期农业部门的生产率增长率同样是提高的，且此后的农业部门的生产率增速并不比其他部门慢。

在卢卡斯（Lucas，2002）中，父母的效用取决于消费、子女的数量和子女的效用（函数形式略有不同）：

$$V_t = c_t^{1-\beta} n_t^{\eta} V_t^{\beta} \tag{5.8}$$

人力资本的演进路径为：

$$H_{t+1} = H_t \varphi(h_t) \tag{5.9}$$

其中，h 是教育中投入的劳动。由于 H 的初始值等于0，这意味着马尔萨斯均衡中不存在人力资本投资，全部生产均依赖于土地利用技术。如果 $n=1$，那么在土地数量的限制下，只能存在一种产出保持不变的马尔萨斯均衡，故人口数量也是稳定的。为了能够实现这种均衡，卢卡斯假设每名子女需要产出中的一个固定投资 k。这样，随着人口的增加，人均产出会减少、子女的相对成本会增加，而 n 最终会趋于1。

而在有着内生增长机制的“现代”部门中，人力资本水平则较高，几乎所有的产出增长都源于有着固定收益的人力资本 H。稳态中的消费增长率等于人力资本增长率，生育率和每名子女的平均教育投资保持不变。在这一稳态增长路径中，每个家长选择的子女数量，取决于效用函数中其对于子女效用的权重 η、自身效用的权重 β 以及 $\varphi(h)$ 的具体函数形式。

不过，卢卡斯（Lucas，2002）仍然像贝克尔等（Becker et al.，1990）一样，未能说明一个经济体如何从马尔萨斯陷阱转变为持续增长模式，而是不得不做出这样的假设：为了向现代经济增长路径靠拢，假设存在某种经济之外的因素，使得人力资本 H 能够积累到足以摆脱马尔萨斯均衡的程度。在卢卡斯模型中，工业革命同样扮演了解围之神的角色。

因此，如果以人力资本来解释工业革命，那么就很难把关于工业革命、平均家庭规模、劳动力市场上的技能溢价的故事讲得圆满。假设所有社会的偏好集合相同，那么即便人力资本是工业革命的关键，它何以能够在前工业化时期的英国大幅提高则仍然是一个谜。

与要求存在某种外生冲击以触发更高人力资本投资、进而产生工业革命的理论模型不同，诸如盖勒和韦尔（Galor and Weil，2000）、盖勒和莫阿夫（Galor and Moav，2002）等的内生增长理论，试图设法避免诉诸于此类外生冲击，但这就要求经济中必须存在某种因素，它能够在前工业化时代内生演进。由于马尔萨斯模式中的收入和消费是静态的，故这种内生性因素不能从中寻求。盖勒和韦尔（Galor and Weil，2000）借鉴迈克尔·克雷默（Kremer，1993）以人口规模作为生产率进步驱动因素的做法，把前工业化时代的人口积累作为提高创新率和人力资本报酬的内生因素。

克雷默假设，在所有社会中，激励个体创造知识的社会制度是相同的，每个人产生某个新想法的概率是给定的。在这种情况下，知识的增长率将是一个社会共同体的规模的函数。一个人接触到的人越多，那么他从其他人的想法中获得的收益就越多。1800 年之前，全球经济的生产率有着缓慢但却显著的提高，所有这一切都通过方程（5.2）中的效应，转化成了世界人口的大幅增加。更多的人口导致了更多的想法和更快的增长。现代经济增长，纯粹是人口规模增加的结果[16]。

为了支持这一论点，克雷默提供了两个证据。第一个证据是前工业化时期的世界人口增长率。人口越多，世界人口的增长速度就越快。由于人口增长率和技术进步率是成比例的，这就意味着生产率增速会随着人口增加而加快，如图 5.19 所示。第二个证据是作为前工业化时代技术水平指标的人口密度。对于欧亚、美洲和澳洲等几个地理上相互分割的区域来说，人口密度是其土地面积的函数。基本的理论预期是：土地面积越小，则潜在人口就越少，从而技术进步速度就越慢。在这种情况下，任意时刻的人口密度都将取决于土地面积，这一点对于欧亚、美洲和澳洲三个地区都是成立的。

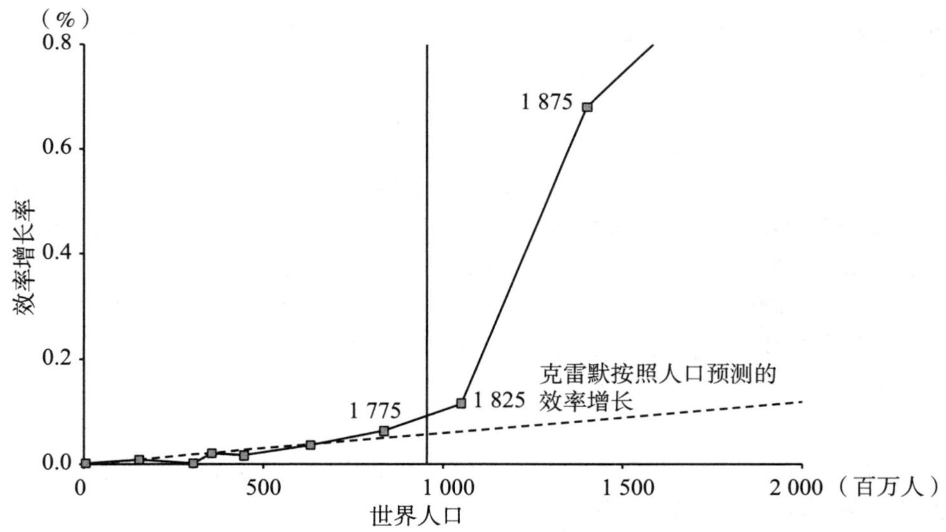

图 5.19 人口与技术进步率：实际情况与理论预测

不过，克雷默的论点意味着：在其他条件不变的情况下，工业革命应该出现在中国。同欧洲相比，中国在前工业化时期的人口远远多于欧洲。即使迟至

⑯ 戴蒙德（Diamond，1997）包含了诸多类似的想法，同样也考虑到了地理因素在形成能够从知识扩展中获益的社会中的作用。

1800年，据估计中国的人口有2.6亿，而不包括俄罗斯的欧洲只有1.3亿人口，后者仅为前者的一半。正因如此，盖勒和韦尔（Galor and Weil，2000）无法解释工业革命为什么发生在英国而不是中国。全球经济增长的转变，需要一种更具一般性的理论。

尽管克雷默的想法很有趣，但不论人口增长能够驱动多少技术进步，单单人口本身并不能导致技术进步在1800年左右发生如图5.19所示量级的跃升。人口对生产率变化的影响，可简单设定为：

$$\Delta A = \delta N \tag{5.10}$$

其中，A是知识存量（想法的数量）。假如每个人都有某种机会产生一个新想法，那么想法存量的增加将与人口规模成比例[17]。这意味着生产率或想法的增长速率为：

$$g_A = \frac{\Delta A}{A} = \delta \frac{N}{A} \tag{5.11}$$

对前文中的方程（5.2）进行积分，可得：

$$N = \theta A^{\frac{1}{c}} \tag{5.12}$$

其中，θ是参数。也就是说，人口规模取决于现有技术水平。由方程（5.12）求得A并代入方程（5.11），可得：

$$g_A = cN\left(\frac{\theta}{N}\right)^c = c\theta N^{1-c} \tag{5.13}$$

该公式意味着效率增长率g_A的提高，要低于与人口增长成比例的情形。然而，我们从图5.19可以看到，技术进步率的增速要比人口增速为快。图5.19还标注了按照克雷默的观点所预测的技术进步率（图中最下面的曲线）。显然，随着人口规模的增加，这一预测的技术进步率的增长速度太慢，不足以解释我们所观察到的现象。

如果我们用如下假定来代替方程（5.11），那么技术增长率就能够对人口规模做出更充分的反应：

$$\Delta A = \delta NA \tag{5.14}$$

也就是说，想法存量的增加，是人口数量和现有想法存量（不考虑想法的复制）乘积的函数。这意味着：

$$g_A = \frac{\Delta A}{A} = cN \tag{5.15}$$

---

⑰ 假设在拥有较多人口的群体中，不存在想法的复制，即多个人重复发现相同的事情。实际上，我们应该预期，从想法生产中获得的收益，其增速应该低于同人口成比例的情形。

** 该部分原文略显粗糙，如：图5.19并没有画出文中提及的$g_A = cN$预测线，式（5.13）应为$c\theta^c N^{1-c}$或替换参数，原文频繁等价地交错使用生产率、技术进步和效率等术语，等等。不过，为忠实原文且在不太影响理解的情况下，正文中的译文尽量不作改动。——译者著

图5.19同时也显示了作为人口规模的函数的技术增长率的预测值**。对于1800年前的技术增长率，拟合效果得到了显著的改进，但对现代生产率增长率的拟合仍然不够理想。在克雷默的假设下，生产率增长率充其量与人口成比例。

克雷默模型难以在一个内生增长模型的框架内，推导出我们在工业革命时期所观察到的技术进步的跃升。这是克雷默模型的一个特征，也是所有此类内生增长模型普遍存在的问题。盖勒和韦尔（Galor and Weil，2000）利用克雷默关于人口规模引发工业革命的论点，构建了一个内生增长模型（下文将做进一步探讨），拉格勒夫（Lagerlöf，2006）对该模型进行了模拟，结果如图5.20所示。其中，图中的横轴是以“代”数度量的时间变量。按照各代显示了该模拟的略图，其中水平轴为依照代排列的时间。在盖勒－韦尔模型中，存在着一个从马尔萨斯模式向现代经济增长转变的过渡期，其间的技术进步更快、收入提高到生存水平以上、人口持续扩张。不过，这里的过渡期持续了20代，约为500～600年⑱。

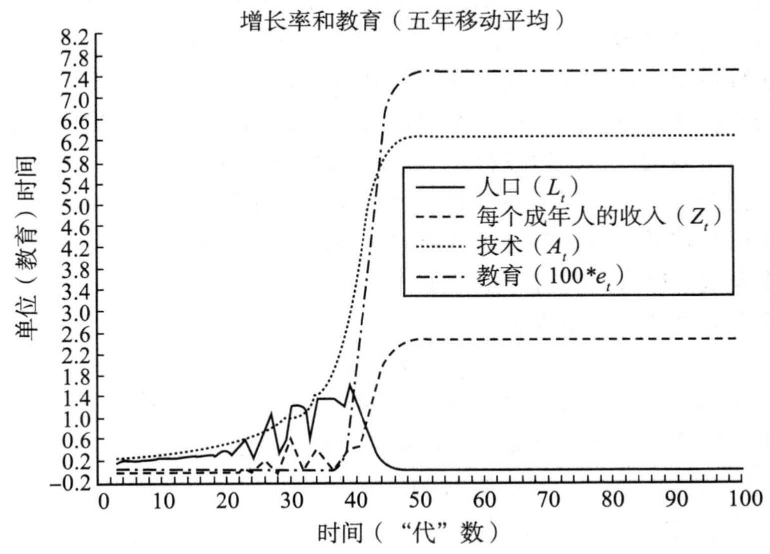

图5.20 对盖勒－韦尔内生增长模型的模拟

资料来源：拉格勒夫（Lagerlöf，2006）第130页，图5。

---

⑱ 拉格勒夫假设每代的时间长度为20年，但这对于任何一个前工业化社会来说都太短了，更现实的假设应该是25～30年。

然而，对于1200～1800年间的整个世界而言，我们既没有看到任何收入增长的迹象，也没有看到对盖勒－韦尔模型的这一模拟所预测的人口增长。例如，表5.1显示，世界水平上的年均人口增长介于0.1%～0.2%，远远慢于图5.20中的模拟结果。克拉克（Clark，2007）表明，到1800年，尽管按照图5.20的预测，世界人均收入应该增至马尔萨斯水平的三倍，但实际上却没有任何迹象能够表明，世界范围的人均收入已经增加到超过狩猎－采集时代的水平。同时，对于图5.20所示的伴随生育率下降的人力资本急剧跃升，至少在英国我们看不到任何迹象。正如图5.8中的人力资本度量指标所表明的，人力资本的转变是一个持续而又缓慢的过程，它始于工业革命数百年之前，并贯穿于整个工业革命时期。

盖勒和韦尔（Galor and Weil，2000）把克雷默关于技术进步率取决于人口规模的核心思想，同贝克尔的人力资本方法相结合，并假定效用函数具有如下形式：

$$V_t = c_t^{1-\gamma}(\gamma_{t+1} n_t)^{\gamma} \tag{5.16}$$

效用现在是父母的消费和子女下一期潜在总收入 γ_{t+1} 的加权平均。卢卡斯模型中子女对于商品有一个固定成本，而盖勒－韦尔模型中子女仅对于时间有一个固定成本。这意味着当收入水平较低时，时间相对便宜，人们会有更多的孩子。在这种情况下，正如贝克尔模型（Becker et al.，1990）那样，我们就无法得到马尔萨斯稳态。为了得到人均收入保持稳定的马尔萨斯均衡，盖勒和韦尔引入了一个新假设，即假设存在一个最低物质消费水平 $\tilde{c}$。这意味着只要潜在收入低于某一水平 $\tilde{\gamma}$，那么收入的增加就会同生育率的提高有关。随着收入下降得足够低，我们就可以得到这样一种状态：存在足以超过 $\tilde{c}$ 的剩余，使得每个家庭能够有且只有一个孩子[19]。

每个劳动者的潜在收入为：

$$\gamma_t = A_t x_t^{1-\alpha} H_t^{\alpha} \tag{5.17}$$

其中，x 为人均土地，A 表示生产效率。即使是马尔萨斯均衡，现在也需要有人力资本。H 是为了教育子女所投入的时间 h 的函数：

$$H_{t+1} = H(h_t,\ g_{A_t}) \tag{5.18}$$

其中，H 是 g_{A_t} 的增函数。全要素生产率变量 A 的变化，遵循下述函数形式：

$$g_{A_t} = g(h_t,\ N_t) \tag{5.19}$$

⑲ 这类理论模型的一个基本特征是，基于产品和子女的偏好，除了使得建模者在约束最大化问题中求得子女数量和人力资本方面的结果之外，没有任何其他用处。它们既不能对真实世界做出更好的解释，也不能对生育行为做出进一步的洞察或预测。它们只不过是用数学公式，为观察到的行为提供一种复述的形式。

其中 N_t 是总人口数量。经济体越大，对每个孩子投入的时间资源越多，则效率的提高速度就越快。效率的提高，增加了每个孩子拥有的人力资本，进而提高了人均产出水平。盖勒和韦尔（Galor and Weil，2000）试图在人力资本和全要素生产率之间做出某种区分，但精准的区分是否具有实质性意义不是太清楚。就经验观察而言，对于拥有较高产出水平的经济，我们没有办法分辨出它究竟是因为全要素生产率较高，还是因为相对于教育投入水平的人力资本存量较多。

效用函数的具体形式，满足如下条件：一旦家庭达到生存消费水平，那么养育子女所占的时间比例总是 γ。因此，子女的质量和数量之间存在一种内置式权衡：要想提高受教育程度，就必须降低生育率。于是，盖勒和韦尔（Galor and Weil，2000）构建了一个生育率和潜在收入之间的倒U型关系：当潜在收入水平较低时，生育率随着潜在收入的增长而提高，其原因在于低端生存约束；而在较高的潜在收入水平下，生育率的下降则源于教育投资价值的增加。当然，这种效用函数并不是对真实世界的阐释，而是对观测到的经验规律的反映。

模型的构建，是使得在每个孩子身上投入的时间，随着预期技术进步率的提高而增加，而技术进步率则随着投入到每个孩子身上的时间而提高。在马尔萨斯均衡中，父母对每个孩子投入的是最低可能的时间，技术进步的唯一决定因素是人口数量 N。若假设 g_A 为正，那么即使在没有任何教育投入的情况下，马尔斯斯均衡中仍会存在人口增长，潜在收入的稳态水平则由人均土地的下降和技术效率的提高之间的平衡来维持。

随着人口的增加和技术进步率的提高，父母们会逐渐投入超过最低水平的时间来教育子女。当人口达到一定的水平，就会出现一种马尔萨斯状态：人均消费仍处于最低水平，但更多的孩子获得了某种教育，技术进步率也会变得更快。最终，当人口足够多时，教育的生产性会足够高，以至于家长会选择数量更少、但质量更高的子女，这时人口增长率开始下降，潜在收入水平开始持续增加。

不过，盖勒和韦尔（Galor and Weil，2000）仍然像早期的人力资本模型一样，面临着一个基础性问题，即工业革命时代促使家长投入更多教育的因素，应该是可察觉到的教育收益的提高。但正如前文已经提到的，我们没有观察到教育收入在工业革命时期的增加；对于子女数量－质量权衡关系，我们在1500～1920年间也没有观察到这种反向关系进一步加深。

盖勒和莫阿夫（Galor and Moav，2002）采用了盖勒和韦尔（Galor and Weil，2000）的诸多模型化要素，只是替换掉了工业革命的克雷默驱动机制、技术进步是人口规模的增函数等。在马尔萨斯时代，新的驱动因素是经由基因或文化传递的某类个体的自然选择。假设类型为 i 的个体，按照如下形式的效用函数，在消费、子女数量和子女质量之间进行选择：

$$V_t^i = (c_t^i)^{1-\gamma}(n_t^i(H_{t+1}^i)^{\beta^i})^{\gamma} \tag{5.20}$$

在这里，人们关心的不是子女的潜在收入水平，而是其子女拥有的人力资本数量。类型为 i 的个体对其子女的人力资本给予了以 β^i 进行指数化的权重。β^i 因个体类型的不同而有异，高 β 家庭的孩子有着更多的人力资本和更高的潜在收入水平。为简化分析，假设只有两种类型的个体，分别为高 β 型和低 β 型，其潜在收入 γ_t^i 是土地－劳动比 x、技术水平 A 和人力资本水平 H_t^i 的函数：

$$\gamma_t^i = A_t x_t^{1-\alpha}\ (H_t^i)^{\alpha} \tag{5.21}$$

这时，部分教育收益被外部化了：高 β 型个体的人力资本投资引起了 A 的增加，而低 β 型个体将从中受益。与此同时，一旦效率的提高开始加速，则在教育上所花费的给定时间就会产生更多的人力资本。也就是说，你从每年的教育中得到的人力资本更多。这意味着工业革命时代，熟练工人的工资溢价应该是上升的，但正如前文所述，我们并没有观察到有关迹象。

该模型再次表明，马尔萨斯时代的最低消费水平 $\tilde{c}$ 具有约束作用，且潜在收入的任何收益都将用于抚养子女。不过，“高质量”类型的个体，选择为子女提供更多的人力资本，这意味着其子女未来会拥有更高的潜在收入水平，其结果是他们的子孙后代不仅会有更高质量的孩子，而且会有数量更多的孩子。这样，马尔萨斯时期的人口构成将向着“高质量”类型的方向变化[20]。平均教育投入的增加，通过提升技术进步率，提高了教育的私人收益，它将诱使高 β 型和低 β 型个体增加教育投资和减少子女数量。

盖勒和莫阿夫（Galor and Moav，2002）模型有一个有用的特征：在人口增长率和收入水平仍然较低的马尔萨斯状态中，人口构成的变动可以持续数代人的时间。这同欧洲教育水平在工业革命之前300多年间的缓慢提高是一致的。

因此，盖勒和莫阿夫（Galor and Moav，2002）模型能够拟合前述英国前工业化时期的生育率和财富、社会经济地位之间的正相关关系。不过，该模型未必适用于其他情形，如英国1800年前的人口统计就与该模型不一致。在盖勒和莫阿夫（Galor and Moav，2002）模型中，只有当水平收入低到足以接近消费约束 C^2 时，才能在收入水平和生育率之间发现这种正相关性。即使在前工业化时期，一旦收入水平足够高，那么正如在现代社会一样，我们就会在收入和生育率之间看到一种负相关关系。在前工业化时代，质量最高和质量最低的类型，都会逐渐消失。盖勒和莫阿夫（Galor and Moav，2002）模型中的个

⑳ 有趣的是，后马尔萨斯时代的人口构成，会重新回到向着“低质量”方向的变化。这是因为，一旦即使低质量类型的潜在收入也超过了某特定界限，那么由于在养育孩子方面，低质量类型的家庭会比高质量家庭投入同样多的时间、但在每个孩子身上投入的时间相对更少，其结果是低质量家庭会有更多的孩子。

体选择，针对的是收入水平稍高于生存消费约束的那些类型的个体。

尽管有充分的实证证据表明，在工业革命发生前500年内的英国，至少那些拥有较高社会经济地位的群体确实有着不同的生育率，但却没有任何证据表明有关行为是盖勒和莫阿夫（Galor and Moav，2002）所设想的类型所做的选择。特别地，质量－数量权衡是盖勒和莫阿夫（Galor and Moav，2002）的核心，尽管它在现代社会也许是成立的，但在1920年之前英国的所有历史时期，缺乏有力证据证明这种权衡关系。

对于从技术进步较低的前工业化社会向现代社会的转变，盖勒和莫阿夫（Galor and Moav，2002）与其他内生增长模型一样，预测这种转变是一个相当缓慢的过程，而我们实际观测到的英国全要素生产率的转变要快得多。

5.4 工业革命之前的技术进步

迄今为止，我们遵循的是传统假设，即工业革命是1780年前后发生的、向着现代生产率增长率的快速转变，如图5.2和图5.3所示。正如图5.2所表明的，英国整体而言的经济效率，在整个1250～1780年间基本没有什么增长，工业革命前的生产率增长率实际上为零。正如前文所述，我们很难辨析出转变为快速经济增长的原因。这种转变背后的制度、政治和社会变量，即便在1700～1870年间的英国有变化，这种变化也是非常缓慢的。

然而，基于整体经济生产率水平的这一结论，即转变为现代增长是一个快速的过程，却与英国社会在1200～1780年间展现的历史图景不一致：英国的教育和科学知识、航海和军事技术以及音乐、绘画、雕塑、建筑等方面的技能，在此期间都有了缓慢却显著的提高。即使以食物、服装、居住、取暖和照明等方面的平均消费水平来度量的生活水平并没有太大的变化，1780年的英国与1250年的英国仍然有着很大的不同。

二者之间出现不一致的原因在于：正如前述方程（5.3）所示，国家整体生产率的增长与各个部门生产率的增长间的关系为如下方程式：

$$g_A = \sum \theta_j g_{Aj}$$

其中，g_{Aj}为部门生产率增长率，θ_j为部门j占整个经济增加值的份额。一国整体上的效率进步是各部门产出增加值的加权总计，故创新对国家生产率的影响主要取决于相对于各部门的消费模式。

1250～1780年间的技术进步之所以对国家整体上的生产率影响很小，是因为在这些产品上的支出在前工业化经济中的份额很小。例如，印刷术使得英国1450～1600年间的出版物增长了约25倍，但由于1600年人们在出版物方面的支出仅占收入份额的约0.0005，故在国家层面从这种创新中获得的生产率收益可以说是微乎其微（Clark and Levin，2001）。

我们在图5.21中也可以看到，1780年前铁钉、玻璃器皿等制造品的生产率已经发生了很大进步，但由于在前工业化时期的英国。这类效率进步对国家生产率增长的影响基本可以忽略不计，这是因为当时铁钉的用途有限，而玻璃器皿只有最富裕的社会群体才会用，使得这些产品在产出总增加值中占比很小。

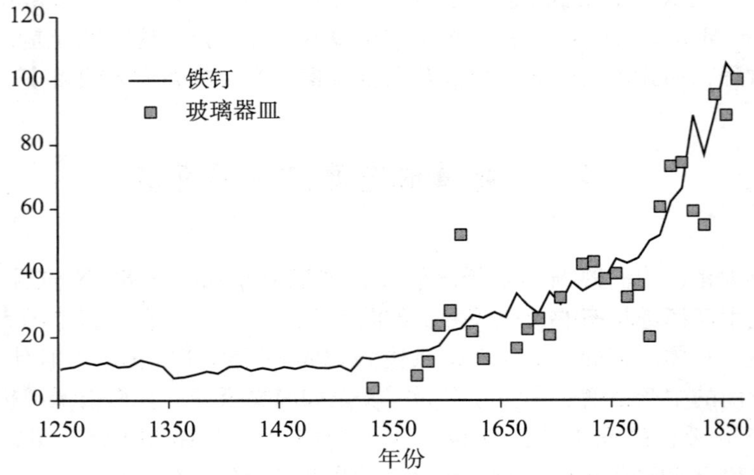

图5.21　铁钉和玻璃器皿的生产效率（1250～1869年，以10年为单位）

资料来源：克拉克（Clark，2010）。

不仅如此，对于因技术进步而使得生产效率提升的许多产品而言，我们难以计算出一系列的可比价格。例如，1250～1780年间，英国等欧洲国家的军事技术有了很大的进步：1780年的步兵部队或海军编队可以轻松消灭中世纪同等规模的军事力量，1780年的英国部队可以快速突破1250年的防御工事，而1780年的防御工事对于中世纪的部队来说则是坚不可摧的。然而，所有这些都没有反映在生产率的传统度量之中，传统的度量方法完全没有反映出英国海军战斗力在此阶段的提升。

国家层面的生产率度量也没有考虑到文学、音乐、绘画和报纸的质量改进，没有反映出诸如使得孕妇分娩死亡率在1600～1750年间降低三分之一等方面的医疗进步[21]。

㉑　里格利等（Wrigley et al.，1997），第313页。

上述所有这一切，就使得以创新和新想法的数量度量的技术进步率，很可能在工业革命爆发的很久以前就有了显著的提高。不过，只有在这些技术进步碰到巨大的消费需求之后，才在 1780 年前后最终表现出一种技术上的跃升。不妨设想一下，在工业革命之前，经济中的不同部门随机发生了一系列创新，如枪支、火药、眼镜、窗户玻璃、书籍、钟表、绘画、新建筑技术、航运和航海方面的进步等，但这些创新不仅是偶然出现的，而且只是出现在消费支出仅占较小比例的部门。在这种情况下，工业革命之前的这些创新就不会在人均产出或生产率方面表现出明显的技术进步。

为进一步说明，不妨考虑这样一个消费者，其消费习惯与现代社会的大学教授类似：与前工业化时代英国经济中的普通消费者相比，他们在印刷品、纸张、香料、酒、糖、制造品、电灯、肥皂和服装等方面的消费要多得多。按照他们的消费，比起 1760～1869 年间和 1860～2009 年间的效率增长率，1250～1769 年间会表现出什么样子呢？图 5.22 表明了这种结果，其中效率以指数形式度量，在纵轴上以对数值显示。图中的曲线倾斜显示了每段时期的效率增长率或降低速度。对于一个大学教授消费的产品而言，1300～1770 年间的年均效率增长率的估计值为 0.09%，1760～1870 年间为 0.6%，1860～2010 年间为 0.9%。前工业化时期的效率进步估计值仍然比较缓慢，但我们可以把这段时期的经济，视为在前工业化增长率和现代增长率之间所经历的持久过渡。

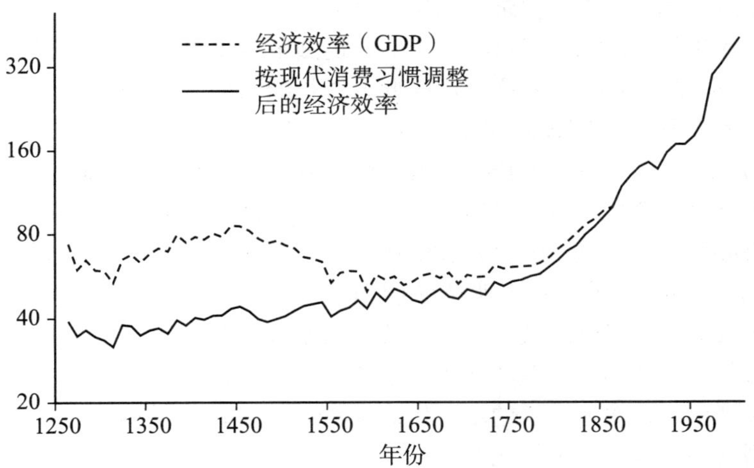

图 5.22 基于现代消费者视角的经济效率（1250～2009 年，英国）

注：假设现代消费者的加权消费，一半来自前工业化时期劳动者的消费组合，另一半的构成则是：书籍（0.1）、制造品（0.1）、服装（0.1）、食糖（0.03）、调料（0.03）、饮料（0.05）、照明（0.05）、肥皂（0.02）和纸张（0.02）。

资料来源：克拉克（Clark，2010）。

上述思考方式重新打开了依据内生增长理论解释工业革命的大门，且这种内生理论必须能够说明高速技术进步从中世纪或更早时期开始就经历了一个相当漫长的过渡时期。但正如前文所示，诸如盖勒和韦尔（Galor and Weil，2000）、盖勒和莫阿夫（Galor and Moav，2002）等现有的内生增长模型，其本身的一系列假设和结论难以与现实世界的实证证据相一致。尽管如此，盖勒和莫阿夫（Galor and Moav，2002）模型的核心思想，即马尔萨斯模式中的偏好必须随着净生育率的不同而变化，却似乎是一种颇具前景的研究思路。对于1250～1780年间的英国，我们确实看到，1250～1780年间英国的不同社会阶层在生育率方面存在很大差别。并且有充分的证据表明，家长在财富、地位和教育水平等方面的个体特征，在英国前工业化时期有着非常强的传承性，这就使得即使在历经数代之后，生育率上的差异仍会对不同群体的个体特征有显著影响[22]。虽然我们在人们关于更小家庭规模和更高子女质量的数据集中，没有发现存在特定选择偏好的证据，但对于同经济成功相联系的更一般性的个体特征选择来说，则确实存在明显的证据。

5.5　结　　论

工业革命迄今仍是人类最大的历史谜团之一。本文的探究表明，经济学家对工业革命进行模型化的尝试，迄今为止仍然很不成功。第一种方法强调政治变革所引发的外生性产权转变。尽管此方法长期盛行，但却无法解释政治变革发生的时间以及政治变革对创新激励的影响。第二种方法是寻求自我强化的均衡之间的转换，它失败的原因是，几乎没有迹象表明1780年前后核心经济参数的变化导致了个体行为的变化。最有前景的模型是那些基于内生增长的模型，其核心问题是寻找到某种随着时间变化并诱发创新率变动的“驱动因素”。过去，研究者很难对工业革命期间生产率增长的突飞猛进建模。不过，随着我们收集了越来越多关于工业革命及工业革命之前时期的实证证据，发现这种技术创新率的非连续性跃升程度远低于先前的假设，且从生产率零增长的传统社会到生产率快速增长的新时代的这一转变似乎更为缓慢渐进。对于内生增长模型来说，这是一个好兆头！

㉒　1300～2012年间英国姓氏在地位上的延续性，对此提供了证据：父子之间社会地位的相关系数始终为0.75左右，其相关性是相当高的。参见：克拉克等（Clark et al.，2014）。

参考文献

Acemoglu, Daron, Robinson, James A., Johnson, Simon, 2001. The colonial origins of comparative economic development: an empirical investigation. American Economic Review 91, 1369 – 1401.

Acemoglu, Daron, Robinson, James A., Johnson, Simon, 2002. Reversal of fortune: geography and institutions in the making of the modern world. Quarterly Journal of Economics 117, 1231 – 1294.

Acemoglu, Daron, Robinson, James A., 2012. Why Nations Fail: The Origins of Power, Prosperity, and Poverty. Crown Business, New York.

Angrist, Joshua, Lavy, Victor, Schlosser, Analia, 2010. Multiple experiments for the causal link between the quantity and quality of children. Journal of Labor Economics 28 (4), 773 – 824.

Becker, Gary, Murphy, Kevin, Tamura, Robert, 1990. Human capital, fertility and economic growth. Journal of Political Economy 98, S12 – 37.

Boberg-Fazlic, Nina, Sharp, Paul, Weisdorf, Jacob, 2011. Survival of the richest? Testing the Clark hypothesis using English pre-industrial data from family reconstitution records. European Review of Economic History 15 (3), 365 – 392.

Bresnahan, Timothy F., Trajtenberg, Manuel, 1996. General purpose technologies: engines of growth? Journal of Econometrics, Annals of Econometrics 65, 83 – 108.

Clark, Gregory, 1996. The political foundations of modern economic growth: England, 1540 – 1800. Journal of Interdisciplinary History 26 (4), 563 – 588.

Clark, Gregory, 2005. The condition of the working-class in England, 1209 – 2004. Journal of Political Economy 113 (6), 1307 – 1340.

Clark, Gregory, Hamilton, Gillian, 2006. Survival of the richest. The Malthusian mechanism in pre-industrial England. Journal of Economic History 66 (3), 707 – 736.

Clark, Gregory, Jacks, David, 2007. Coal and the industrial revolution, 1700 – 1869. European Review of Economic History 11 (1), 39 – 72.

Clark, Gregory, 2007. A Farewell to Alms: A Brief Economic History of the World. Princeton University Press, Princeton.

Clark, Gregory, 2010. The macroeconomic aggregates for England, 1209 – 2008. Research in Economic History 27, 51 – 140.

Clark, Gregory, Levin, Patricia. 2001. How Different Was the Industrial Revolution? The Revolution in Printing, Working Paper, University of California, Davis, pp. 1350 – 1869.

Clark, Gregory, Cummins, Neil et. al. 2014. The Son Also Rises: Surnames and the History of Social Mobility, Princeton University Press, Princeton.

Clark，Gregory，Cummins，Neil，2013a. Malthus to Modernity：England's First Fertility Transition，1500 – 1880. Working Paper，UC Davis.

Clark，Gregory，Cummins，Neil，2013b. The Beckerian Family and the English Demographic Revolution of 1800. Working Paper，UC Davis.

Cressy，David，1977. Levels of illiteracy in England，1530 – 1730. Historical Journal 20，1 – 23.

Diamond，Jared M.，1997. Guns，Germs，and Steel：The Fates of Human Societies. W. W. Norton，New York.

Duncan-Jones，Richard，1990. Structure and Scale in the Roman Economy. Cambridge University Press，Cambridge.

Fitton，1989. The Arkwrights：Spinners of Fortune. Manchester University Press，Manchester.

Galor，Oded，Weil，David N.，2000. Population，technology and growth：from Malthusian stagnation to the demographic transition and beyond. American Economic Review 90，806 – 828.

Galor，Oded，Moav，Omer，2002. Natural selection and the origin of economic growth. Quarterly Journal of Economics 117，1133 – 1191.

Galor，Oded，2011. Unified Growth Theory. Princeton University Press，Princeton.

Greif，Avner，2006. Institutions and the Path to the Modern Economy：Lessons from Medieval Trade. Cambridge University Press，Cambridge.

Greif，Avner，Iyigun，Murat，Sasson，Diego L.，2012. Social Institutions and Economic Growth：Why England and Not China Became the First Modern Economy. Working Paper.

Hansen，G.，Prescott，Edward C.，2002. Malthus to solow. American Economic Review 92（4），1205 – 1217.

Harley，Knick，1998. Cotton textile prices and the industrial revolution. Economic History Review 51（1），49 – 83.

Harley，C. Knick，2010. Prices and Profits in Cotton Textiles during the Industrial Revolution. University of Oxford Discussion Papers in Economic History，#81.

Hopkins，Keith，1966. On the probable age structure of the Roman population. Population Studies 20（2），245 – 264.

Houston，R. A.，1982. The development of literacy：Northern England，1640 – 1750. Economic History Review，New Series，35（2），199 – 216.

Jones，Charles I.，2002. Introduction to Economic Growth，second ed. W. W. Norton，New York.

Kremer，Michael，1993. Population growth and technological change：one million B. C. to 1990. Quarterly Journal of Economics 107，681 – 716.

Lagerlöf，Nils-Petter，2006. The Galor-Weil model revisited：a quantitative exercise. Review of Economic Dynamics 9（1），116 – 142.

Li，Hongbin，Zhang，Junsen，Zhu，Yi，2008. The quantity-quality trade-off of children in a developing country: identification using Chinese twins. Demography 45 (1), 223 –243.

Lindberg, Erik, 2009. Club goods and inefficient institutions: why Danzig and Lübeck failed in the early modern period. Economic History Review, New Series 62 (3), 604 –628.

Long, Pamela, 1991. Invention, authorship, intellectual property, and the origin of patents: notes towards a conceptual history. Technology and Culture 32, 846 –884.

Lucas, Robert, 1988. On the mechanics of economic development. Journal of Monetary Economics 22, 3 –42.

Lucas, Robert E., 2002. The industrial revolution: past and future. In: Lucas, Robert E. (Ed.), Lectures on Economic Growth. Harvard University Press, Cambridge.

Mitchell, Brian R., 1988. British Historical Statistics. Cambridge University Press, Cambridge.

Mitchell, Brian R., Deane, Phyllis, 1971. Abstract of British Historical Statistics. Cambridge University Press, Cambridge.

North, Douglass C., 1994. Economic performance through time. American Economic Review 84 (3), 359 –368.

North, Douglass, Thomas, Robert P., 1973. The Rise of the Western World. Cambridge University Press, Cambridge.

North, Douglass, Weingast, Barry, 1989. Constitutions and commitment: evolution of institutions governing public choice in 17th century England. Journal of Economic History 49, 803 –832.

Romer, Paul M., 1986. Increasing returns and long-run growth. Journal of Political Economy 94, 1002 –1037.

Romer, Paul M. 1987. Crazy Explanations for the Productivity Slowdown. In: Fischer, Stanley (Ed.), NBER Macroeconomics Annual 1987, MIT Press, Cambridge, Mass.

Romer, Paul M., 1990. Endogenous technological change. Journal of Political Economy 98, S71 –102.

Rosenzweig, Mark R., Wolpin, Kenneth I. 1980. Testing the quantity-quality fertility model: the use of twins as a natural experiment. Econometrica 48 (1), 227 –240.

Rubinstein, William D., 1981. Men of Property: The Very Wealthy in Britain Since the Industrial Revolution. Croom Helm, London.

Schofield, Roger, 1973. Dimensions of illiteracy, 1750 – 1850. Explorations in Economic History 10, 437 –454.

Schultz, T. Paul, 2007. Population Policies, Fertility, Women's Human Capital, and Child Quality. Economic Growth Center Yale University, Discussion Paper No. 954.

Wrigley, E. A., Davies, R. S., Oeppen, J. E., Schofield, R. S., 1997. English Population History from Family Reconstruction: 1580 – 1837. Cambridge University Press, Cambridge, New York.

第 6 章
二十世纪的经济增长

尼古拉斯·克拉夫茨
华威大学经济系
凯文·约肖伊·奥罗克
牛津大学万灵学院

摘要

本文旨在探究20世纪的经济增长，并重点关注领先经济体的技术进步和后进经济体的经验教训。借助于历史国民核算数据，本文对增长情况进行了详细的阐释，对经济增长来源的增长核算证据进行了评述。对于经济增长的差异，本文强调“定向”技术进步、制度质量和地理特征的重要性。为了进一步阐述有关论点，本文还对若干国家进行了简要的案例分析。

关键词

追赶型增长，大分化，增长核算，技术进步

JEL 分类号

N10，O33，O43，O47

6.1 引　　言

本文无意全面综述关于20世纪经济增长的大量文献，因为这远远超出一章甚至一本书的内容。相反，本文只是一篇解释性文章，目的是在更广阔的历史背景下探讨 20 世纪的经济增长经验，同时表明经济史能够在诸多方面裨益于经济增长研究。

本文的一个研究主题是：20 世纪仍是工业革命长期影响逐渐显现的时期。工业革命对世界经济的冲击力量巨大但影响不均，在诸多方面引起了迄今仍在进行中的长期调整，且似乎还将继续影响 21 世纪的经济轨迹。

现有经济史文献，有两个重要特征值得强调：一种遵循诺思（North，1990）等的观点，强调制度的重要性。尽管制度已成为主流经济增长实证分析的核心内容（如：Acemoglu et al.，2001），但经济史学家仍基于对不同制度环境在不同时期和不同国家适宜性的认识，试图对制度如何发挥作用进行更细致入微的探究。

另一种对于技术进步机制的进一步研究。技术进步的内生性质及其对领先国家和后进国家经济增长的影响，将是本文重点探究的不变主题。尽管近几年阿西莫格鲁（Acemoglu，2002）等理论经济学家才将这一问题带入增长理论的研究前沿，但其实在几十年前，哈巴卡克（Habakkuk，1962）等经济史学家已经对此予以了高度关注。

6.2　研究背景

本节探究工业革命的产物及其对 19 世纪的影响。在此期间，那些在 20 世纪成为发达经济体的国家开始步入现代经济增长阶段（Kuznets，1966），世界经济的重心也从亚洲转移到欧洲和北美洲。就技术能力、领先经济体的收入水平、全球化水平、国际生产分工程度等方面而言，1900 年的世界经济与 1700 年存在巨大差别。

6.2.1　现代经济增长的发端

在对工业革命以前的世界经济增长进行定量分析方面，近期研究取得了相当的进展。表 6.1 展示了经过购买力平价调整（1990 年国际元）的若干国家的收入水平估计值。一般认为，基本生存收入水平大约为年均 400 国际元。表 6.1 中的估计结果表明，欧洲国家在工业革命之前很久、中国在中古时期，就已经超过了这一水平，这意味着不应把前工业化时代视为一种收入水平极低的马尔萨斯陷阱式均衡。

表6.1　　人均GDP：1086～1850年（经调整的1990年国际元）

年份	英国	荷兰	意大利	西班牙	中国	印度	日本
1086	754				1 244		
1348	777	876	1 376	1 030			
1400	1 090	1 245	1 601	885	948		
1500	1 114	1 483	1 403	889	909		
1600	1 123	2 372	1 244	944	852	682	791
1650	1 100	2 171	1 271	820		638	838
1700	1 630/1 563	2 403	1 350	880	843	622	879
1750	1 710	2 440	1 403	910	737	573	818
1800	2 080	2 617/1 752	1 244	962	639	569	876
1850	2 997	2 397	1 350	1 144	600	556	933

资料来源：布罗德伯里（Broadberry，2013）。

不过，表6.1从整体上表明，前工业化时期的增长即便在其最高点也是非常缓慢的。一方面，作为一个相对成功的例子，英国在1270～1700年间人均真实收入的年均增长率为0.2%（Broadberry et al.，2010）；另一方面，作为一个相对极端的例子，中国在1086～1800年间的收入水平降低为原先的一半。以上收入水平估计数据再次证实了关于“大分化”的传统观点，即早在工业革命之前，欧洲的部分成功经济体就已经赶上并明显超过了中国；同时，它也反映出欧洲内部存在着南北之间的“小分化”，如英国和荷兰将意大利和西班牙远远甩到了后面。

前工业化时代的英国，能够实现这种中等水平经济增长的基础是什么？答案似乎不是任何技术进步方面的贡献，而是人均劳动时间的增加和斯密式增长的共同作用。从14世纪中叶到18世纪末叶，人均年劳动时间大约翻了一番（Allen and Weisdorf，2011），它在很大程度上解释了人均收入长期缓慢增长的趋势——尽管无法否定真实工资率直至1800年仍为平稳序列的零假设（Crafts and Mills，2009）。经济上成功的那些欧洲国家，其增长也与贸易扩张密切相关。在面对人口压力时，这些因素有助于改善生产率水平和维持工资水平（Allen，2009）。

“工业革命”一词，通常被用来描述英国在 18 世纪后期和 19 世纪初期之间前所未有的情况。从字面上讲，这是一个误导性的短语；但仔细分析，就会发现它是一个有用的隐喻。同更早的时期相比，工业革命期间取得了巨大的经济成就；但若按后来的标准，就许多方面而言，它只不过是一种相对温和的开端。

工业革命的提法，让人联想到的是令人惊叹的技术突破、工业制度和蒸汽动力的胜利、以农业为基础的工业化、快速的经济增长等。事实上，所有这些都只是英国经济前行的方向，但一旦对它们进行量化，尽管有关数字仍然可观，但综合考虑当时的实际情况后，就会发现它们并没有那么夸张。尽管经济经受了巨大的、若放在 17 世纪则无法想象的人口压力，但是人均真实收入仍然极其缓慢地增长。即使到了 18 世纪中叶，农业部门仍拥有不超过三分之一的劳动力。1851 年，国内服务和经销行业的劳动力人数仍然超过纺织、钢铁和机器制造业的总和。直至 1830 年前后，英国工业中的水力仍然比蒸汽动力更为重要。

尽管如此，至少同 100 年前相比，19 世纪中期的经济运行在一个完全不同的轨道之上。具体而言，持续的技术进步和更高水平的投资持续提升了劳动生产率，故尽管人口仍然快速增长，但人均真实收入水平仍然显著提高。这种现代经济增长不同于斯密式增长和更努力工作引起的真实收入增加。当然，按照 20 世纪的标准，潜在增长水平仍然非常有限：科技教育水平仍然非常低，技术引进的范围仍然有限，制度和经济政策仍受到明显限制等。

表 6.2 表明，全要素生产率增长率从 1760 ~ 1801 年间的 0.3% 增至 1831 ~ 1873 年间的 0.7%，提高了一倍多。这当然可以解释为技术进步率加速的结果，不过全要素生产率的增长并不限于此。增长核算方程并不对人力资本或工作时间进行直接折算。一般认为，在 1830 年以前，增加受教育程度或提高识字率对全要素生产率的贡献可以忽略不计，但在 1831 ~ 1873 年间，教育对于表 6.2 中的全要素生产率增长的贡献大约是 0.3%（Mitch，1999）。有理由认为，1760 ~ 1801 年间每个工人的年均工作时间有了足够多的增加，以至于如果不计工作时间的增加，该时期的全要素生产率增长率会降至接近于零的水平（Voth，2001）。简言之，对于技术进步对全要素生产率增长的贡献，一种最为合理的估计是：它从零开始，到工业革命完成时增加到了年均 0.4% 左右的水平。

表 6.2 **增长核算估计（年均增长率）** 单位：%

（a）产出增长率

	资本贡献	劳动贡献	全要素生产率增长率	GDP 增长率
1760～1801 年	0.4×1.0＝0.4	0.6×0.8＝0.5	0.3	1.2
1801～1831 年	0.4×1.7＝0.7	0.6×1.4＝0.8	0.2	1.7
1831～1873 年	0.4×2.3＝0.9	0.6×1.3＝0.8	0.7	2.4

（b）劳动生产率增长率

	资本深化贡献	全要素生产率增长率	劳动生产率
1760～1801 年	0.4×0.2＝0.1	0.3	0.3
1801～1831 年	0.4×0.3＝0.1	0.2	0.3
1831～1873 年	0.4×1.0＝0.4	0.7	1.1

（c）劳动生产率增长的因素分析：1780～1860 年

资本深化	0.22
现代部门	0.12
其他部门	0.1
全要素生产率增长率	0.42
现代部门	0.34
其他部门	0.08
劳动生产率增长率	0.64
备注	
劳动力增长率	1.22
资本收入占 GDP 份额	40
现代部门	5.9

注：（a）和（b）部分采用的是标准新古典增长核算公式。为了探究技术进步的体现效应，（c）部分对标准增长核算方程进行了调整，以区分不同部门的不同资本：$\Delta\ln\left(\frac{Y}{L}\right)=\alpha_O\Delta\ln\left(\frac{K_O}{L}\right)+\alpha_M\Delta\ln\left(\frac{K_M}{L}\right)+\gamma\Delta\ln(A_O)+\Phi\Delta\ln(A_M)$。其中，下标 O 和 M 分别表示传统部门和现代部门，γ 和 Φ 是相应部门在总产出中的所占份额，α_O 和 α_M 是这些部门中的资本要素份额。

资料来源：克拉夫茨（Crafts，2004a，2005），布罗德伯里等（Broadberry et al.，2010）。

新古典增长核算是一种标准技术，其价值主要在于提供了一种基准。不过，如果技术进步体现在资本品新种类之中，那么这种新古典方法确实会低估新技术对经济增长的贡献，巴罗（Barro，1999）曾对此做出了详细说明。而体现的技术进步，正是工业革命时期的实际情形，正如范斯坦所言："许多技术进步，……只有当'体现'在新资本品之中时，才能够得以发生。珍妮纺纱机、蒸汽机和高炉都是工业革命的'体现'"（Feinstein，1981，第 142 页）。

表 6.2 还显示了允许存在体现效应时的估计结果。在 1780～1860 年间年均 0.64% 的劳动生产率增长中，"现代部门"（包括棉纺、毛纺、钢铁、运河、船舶和铁路等）贡献了 0.46%，其中 0.34% 来自于该部门的全要素生产率增长，0.12% 来自于该部门的资本深化。如果把技术进步对劳动生产率增长的贡献，视为现代部门的资本深化和全要素生产率增长，那么在劳动生产率年均 0.64% 的增长中，现代部门的贡献将达到每年 0.54%。正因如此，尽管工业革命时期的劳动生产率加速增长（即库兹涅茨所说的历史非连续性）远没有过去所认为的那样剧烈，但把技术创新视为这种生产率加速增长的原因仍然合理。

工业革命期间诞生了很多非常有名的发明，如与蒸汽动力有关的通用技术（general purpose technology，GPT），但技术进步的速度却并非特别快，这似乎略显怪异。全要素生产率（TFP）增长等于加权平均的要素报酬增长（Barro，1999），真实工资率在工业革命期间广为人知的停滞，进一步证实了我们关于工业革命期间全要素生产率增长并不高的判断。

基于上述分析，我们可以直接得出如下两点结论：其一，正如表 6.2 的估计结果所表明的，技术进步的影响非常不均匀：除了交通部门，大部分服务业基本未受影响；直至 1851 年，纺织业、冶金业和机械制造业的就业，仍然不到工业部门就业量的三分之一（或总就业的 13.4%），它们基本上仍然属于"传统"部门。其二，技术进步的特征，是通过持续改进和不断学习，逐渐实现最初发明的潜力；在科技能力还非常薄弱的时代，这显然需要一定的时间。

蒸汽动力就是一个很好的例子。1830 年，投入使用的蒸汽总动力只有 16.5 万马力左右，蒸汽机资本仅占 GDP 的 0.4%，即使经过多马加权调整后也只有 1.7%（Crafts，2004b）。随着蒸汽机从低压力发动机转向高压力发动机（归功于工厂、铁路和蒸汽动力船舶），煤炭的高消费在某种程度上抵消了蒸汽动力的成本优势并阻碍了蒸汽动力的扩散，这一过程一直持续到 19 世纪后半叶。尤其是在 1850 年以前，蒸汽机的科学原理还没有被人们很好地理解，蒸汽动力的价格下降得很慢。直到 19 世纪中后期，蒸汽动力对英国生产率增长的影响才达到最大，此时蒸汽动力对劳动生产率增长的贡献约为年均

0.4%，而这已经是詹姆斯·瓦特取得专利后的几乎100年的事情了。从那时起，处于领先地位的经济体开始能够更好地利用通用技术，这个结论似乎合理。可能的原因包括：更高的教育水平和更多的科学知识、资本市场的发展、政府政策对研发的支持，与之相关的更多的创新活动及其更高的预期收益等。

从内生增长的角度看，19世纪早期的英国经济实际上仍然存在不少缺陷。当现代意义上的经济全球化在1820年左右开始时，市场规模仍然很小（O'Rourke and Williamson，2002），英国真实GDP仅相当于一个世纪后的美国的二十分之一。在科学知识和正规教育的贡献仍然有限的时代，发明的成本仍然比较高。显然，当时大学入学率并不高，且大学专业多为传统专业，而不是科学和工程学；投资，尤其是机器设备投资，占GDP的比例仍然很小。由于专利提供的法律保护仍然不太可靠，故至少在1830年之前，知识产权仍然比较弱。另外，英国的寻租程度虽然较法国更轻，但正如在财产遗赠活动中所发现的证据那样（Rubinstein，1992），在法律和官僚体系、教会和军队中进行寻租，仍然比创业更具吸引力。故而，尽管到18世纪30年代为止，英国的全要素生产率增长仍然高于美国（1800~1855年间的年均增长为0.2%），但其增长速度其实并不是很高（Abramovitz and David，2001）。

6.2.2 定向型技术进步与第一次工业革命[①]

从传统经济增长向现代经济增长的转变，如果要求技术进步率出现持续的加速，那么它为什么发生在18世纪末叶的英国？对于这个问题，长期以来已经出现了多种解释，但目前广为流传的则是最近艾伦（Allen）基于哈巴卡克（Habakkuk，1962）和戴维（David，1975）的解释。他的结论貌似非常简单："工业革命……之所以发生在英国，是因为它在那里比较划算"（Allen，2009）。艾伦的观点源于内生创新的视角，但它不是基于英国相对于其他欧洲国家的制度优势和政策优势，而是基于英国在要素相对价格和市场规模方面的优势：换句话说，它侧重于创新需求，而不是创新的供给。具体而言，高工资和廉价能源在英国的独特组合，再加上对新技术的较大市场需求，使得采用新技术有利可图，这才是问题的关键。

对好想法的进一步完善并使得它们在商业上具有可行性，需要大量的固定资本投资，而艾伦的分析则强调了预期盈利能力对于这种固定投资的重要性。英国在纺织、蒸汽动力和炼焦中采用新发明的回报率要远远高于其他地区，有

① 本节部分内容摘自：克拉夫茨（Crafts，2011）。

关发明的潜在市场也远较其他地区更大。这非常类似于阿西莫格鲁（Acemoglu，2002）的“定向技术进步”模型[②]。艾伦借助于英国和法国的相对价格，通过对几项著名发明（哈格里夫斯的珍妮纺纱机、阿克赖特的水力纺纱机和炼焦技术）赢利能力的经验分析，为阿西莫格鲁（Acemoglu，2002）的结论提供了经验支持：对于每一种新发明来说，在英国而不是法国采用该项新发明才是合理的。微观发明的累积效应使得这些技术不断改善，并在数十年之后最终达到这样一个点，即其他国家采用这些新发明也可以实现盈利，于是，工业革命开始蔓延至其他国家。

尽管还需要对艾伦的假说做进一步研究，以使得其建立在更坚实的经验基础之上，但该假说看起来是有道理的，具有理论上的合理性。例如，克拉夫茨（Crafts，2011）提供的证据表明，珍妮纺纱机在法国受阻的主要因素，可能是高昂的机械设备费，而不是低工资。值得注意的是，在高工资的美国，发明和采用珍妮纺纱机应该是非常有利可图的[③]，其最主要的抑制因素或许是：同该项发明的固定研发成本相比，美国的市场规模太小了。艾伦的专著引起了很大的学术争论，对于其估算的稳健性，还存在不少其他细节性问题[④]。艾伦本人也承认，就创新而言，市场供给因素与需求因素同样重要：断言工业革命的关键因素仅仅是要素的相对价格，多多少少有点武断。即便如此，艾伦高度强调创新者所面临的激励，这是他做出的具有重大价值的学术贡献。在随后英国经济地位相对下降、美国逐渐赶超的情形下，艾伦关于工业革命中处于领先地位的关键因素是相对要素价格和较大市场规模的观点，意味着英国的领先地位是非常脆弱的。正如关于哈巴卡克（Habakkuk，1962）假说的文献所清晰地表明的，只要高工资、廉价能源以及足以容纳固定研发成本的市场规模，能够持续促进技术进步，那么后来的美国就是 19 世纪更适合新发明的地方。

6.2.3　追赶与超越：美国领先地位的确立

到 19 世纪后期，现代经济增长已经扩散到大部分西欧地区，如表 6.3 所示。尽管按照后来的标准，人均真实 GDP 增长率仍不算高，但已明显超过了

② 阿西莫格鲁（Acemoglu，2010）对此做了进一步拓展，以考虑劳动短缺程度对于技术进步率、而不仅仅是技术进步偏向的影响。研究结果表明，如果技术进步是劳动节约型的，即能够降低劳动的边际产出，那么劳动短缺程度对技术进步率的影响就是正的。正如泽拉（Zeira，1998）的分析，当机器的作用是替代以前由工人承担的工作时，就会出现这种情况。

③ 对于阿克赖特水力纺纱机，该结论同样成立，此时的预期收益率为 32.5%（Crafts，2011）。

④ 进一步讨论参见克拉夫茨（Crafts，2011）以及格拉尼奥拉蒂等（Gragnolati et al.，2011）和艾伦（Allen，2011）、汉弗莱斯（Humphries，2013）和艾伦（Allen，2013）之间的争论。

英国工业革命时期（年均0.4%）和19世纪中期（年均1%）的增长率。较快的经济增长往往伴随着工业化进程，1913年的工业产出和人均GDP之间有着明显但不完全的相关关系。到1913年，英国在欧洲仍然处于领先地位，但其他欧洲国家正慢慢追赶上来，而早在19世纪末期，英国的领先地位就已被美国所取代。不过，欧洲在1870～1913年间的经济增长，否定了无条件收敛假说（Crafts and Toniolo，2008）。南欧各国的经济增长明显落后于北欧国家，而中国与它们的差距则更大。

表6.3　西欧的经济增长（19世纪末）

国家	人均GDP（1990年国际元）		年均增长率（%）	工业化水平	
	1870年	1913年	（1870～1913年）	1870年	1913年
奥地利	1 863	3 465	1.46	13	32
比利时	2 692	4 220	1.05	36	88
丹麦	2 003	3 912	1.58	11	33
芬兰	1 140	2 111	1.45	13	21
法国	1 876	3 485	1.46	24	59
德国	1 839	3 648	1.61	20	85
希腊	880	1 592	1.39	6	10
爱尔兰	1 775	2 736	1.01		
意大利	1 499	2 564	1.26	11	26
荷兰	2 757	4 049	0.91	12	28
挪威	1 360	2 447	1.38	14	31
葡萄牙	975	1 250	0.59	9	14
西班牙	1 207	2 056	1.25	12	22
瑞典	1 359	3 073	1.92	20	67
瑞士	2 102	4 266	1.67	32	87
英国	3 190	4 921	1.01	76	115

续表

国家	人均 GDP（1990 年国际元）		年均增长率（%）	工业化水平	
	1870 年	1913 年	（1870～1913 年）	1870 年	1913 年
欧洲	1 971	3 437	1.31	20	45
美国	2 445	5 301	1.83	30	126
中国	530	552	0.1	4	3

注：工业化水平定义为相对于1900年英国（1900＝100）的人均工业产出指数。
资料来源：麦迪逊（Maddison，2010）和贝罗克（Bairoch，1982）。

表6.4表明，19世纪末期或所谓第二次工业革命前后，少数几个国家的全要素生产率增长显著加快，而此前的全要素生产率增长仍然极慢。索洛（Solow，1957）对20世纪上半叶美国经济增长的探究表明，索洛余项能够解释劳动生产率增长的八分之七。不过，在欧洲各国中，没有哪一个国家的增长符合索洛的这种描述：在几乎所有的欧洲国家中，技术进步主要源自于其他领先国家的技术扩散，但技术扩散的过程则是相当缓慢的⑤。

表6.4　　劳动生产率增长核算（年均%）　　单位：%

国家	时间	劳动生产率增长	资本深化的贡献	全要素生产率增长
奥地利	1870～1890 年	0.9	0.64	0.26
	1890～1910 年	1.69	0.66	1.03
德国	1871～1891 年	1.1	0.39	0.71
	1891～1911 年	1.76	0.58	1.18
荷兰	1850～1870 年	1.02	0.5	0.52
	1870～1890 年	0.94	0.61	0.33
	1890～1913 年	1.35	0.46	0.89

⑤　在美国的全部外国专利中，德国和英国在1883年共占53%，在1913年共占57%（Pavitt and Soete，1982）。1925年前的发明，其扩散率低于1925年后发明的三分之一（Comin et al.，2006）。

续表

国家	时间	劳动生产率增长	资本深化的贡献	全要素生产率增长
西班牙	1850～1883年	1.2	1	0.2
	1884～1920年	1	0.7	0.3
瑞典	1850～1890年	1.18	1.12	0.06
	1890～1913年	2.77	0.94	1.83
英国	1873～1899年	1.2	0.4	0.8
	1899～1913年	0.5	0.4	0.1
美国	1855～1890年	1.1	0.7	0.4
	1890～1905年	1.9	0.5	1.4
	1905～1927年	2	0.5	1.3

注：全部估计均按照基于 $Y=AK^{\alpha}L^{1-\alpha}$ 的标准新古典核算方程（且取 $\alpha=0.35$）。

资料来源：本文利用了下述增长核算文献提供的原始数据：奥地利：舒尔策（Schulze，2007）；德国：布罗德伯里（Broadberry，2010）；荷兰：阿尔贝斯和格罗特（Albers and Groote，1996）；西班牙：普拉多斯－德拉埃斯科苏拉和罗塞斯（Prados de la Escosura and Roses，2009）；瑞典：克兰茨和舍恩（Krantz and Schön，2007）；英国：范斯坦等（Feinstein et al.，1982）；美国：阿布拉莫维茨和戴维（Abramovitz and David，2001）。

虽然受限于数据可得性，我们难以进行完整的条件收敛分析，但表6.5仍然提供了某些线索。欧洲每个国家的受教育年限都在增加，而北欧国家增长得更快。到1913年，英格兰和威尔士相同出生群组的人，要比1805年时的受教育程度高2.3年（Matthews et al.，1982）。在第一次世界大战之前，受益于市场潜力和低价煤炭（Crafts and Mulatu，2006；Klein and Crafts，2012），北欧比南欧吸引了更多的工业部门。赫尼什（Henisz，2002）构建的政治约束指数表明，投资收益的安全性与私人部门的基础设施投资有着正相关性，而欧洲尤其是北欧国家在保证投资收益安全性的制度方面有了更明显的改善。在充分发挥资本市场功能方面，有关法律有了普遍的改善（Bogart et al.，2010）。尽管如此，近来的一项研究（Kishtainy，2011）表明，只有瑞士（1848年之后）和挪威（1899年之后）才可以被归类为“开放型”社会，即拥有诺思等（North et al.，2009）所说的要想成为发达经济体必须具有的政治竞争和社会竞争。欧洲大部分地区即将步入开放型社会，而中国仍然固守由扼杀创新的寻租联盟所主导的封闭型社会，这形成了一种非常鲜明的对比（Brandt et al.，即出）。

表6.5　条件收敛有关变量

国家	投资/产出		受教育年限		政治约束		市场潜力
	1870年	1913年	1870年	1913年	1870年	1913年	1910年
奥地利			3.48	5.58		0.07	55
比利时			4.45	5.39	0.40	0.48	28
丹麦	8.0	12.5	4.74	6.08		0.45	20
芬兰	12.4	12.0	0.51	1.12			
法国	10.3	12.2	4.04	7.35		0.56	59
德国	20.8	23.2	5.25	6.92		0.11	62
希腊			1.45	2.79			7
爱尔兰			2.15	5.50			
意大利	8.8	17.7	0.88	3.06		0.27	40
荷兰	12.4	21.2	5.33	6.07	0.45	0.55	30
挪威	12.2	20.7	5.67	6.06		0.39	15
葡萄牙			0.79	2.03	0	0	11
西班牙	5.2	12.2	2.43	4.93	0.17	0	26
瑞典	7.7	12.0	4.86	6.70		0.45	22
瑞士			6.17	7.65	0.34	0.45	22
英国	7.7	7.5	4.13	6.35	0.33	0.47	89
美国	16.9	19.7	5.57	7.45	0.28	0.39	100

注：投资/产出是投资与GDP的百分比率。“政治约束”是对行政约束的度量，其中美国近期的得分略大于0.4。“市场潜力”度量的是市场接近程度，它反映了贸易成本和GDP的空间分布等。

资料来源：投资比率：卡雷拉斯和约瑟夫森（Carreras and Josephson，2010）、罗德（Rhode，2002）；受教育年限：莫里松和米尔坦（Morrisson and Murtin，2009）；政治约束：赫尼什（Henisz，2002）；市场潜力：刘丹和迈斯纳（Liu and Meissner，2013）。

在增长核算项目中（如表6.4所示），美国全要素生产率在19世纪后期开始加速增长⑥，其增长率远超工业革命时期所能达到的水平，而这正是美国实现赶超的时期，但英国全要素生产率的增长率却没有出现同样的加速。美国之所以能够实现快速的技术进步，很可能因应了哈巴卡克（Habakkuk，1962）的著名论断：充裕的土地和稀缺的劳动力，推动美国实现了快速的、劳动节约型的技术进步。为此，新经济史学家曾争论了很长一段时间，并最终发现：许多美国制造企业能够利用资本和自然资源之间的互补性，减少了对熟练劳动的使用（James and Skinner，1985）；制造业普遍存在资本和原材料偏向型的规模经济和技术进步（Cain and Paterson，1986）等等。这可能部分源于戴维（David，1975）所说的本地化学习效应，部分源于阿西莫格鲁（Acemoglu，2002）所说的定向型技术进步。

美国的技术进步更快，其来源暂且不论，有关情况还有相反的一面：在英国维多利亚时代后期，美国的创新在大西洋彼岸往往会被贴上“不适用”的标签，这是因为按照英国的要素相对价格和/或市场规模，美国的创新不具有成本效益；否则，假若它能实现利润最大化，那么产品市场上的竞争就能保证有关创新很快得到采用（Crafts，2012）。其含义是，英国工业的全要素生产率普遍较低。当然，与发展经济学文献中的不适用技术概念不同，这一插曲涉及的是“北北”技术差异而不是“南北”技术差距。

尽管人们通常把美国的赶超视为以工业为中心的赶超，但这只是一个方面。1871～1911年间，英国和美国在服务业的劳动生产率增长差距，甚至比工业部门还要大一些，同时这两个国家的就业都明显地出现了向服务业的转移。此外，由于通信成本的下降，监督工人的成本大幅降低，新的科层制组织形式有了很大的发展，而这正是美国服务业技术进步的重要基础（Broadberry，2006）。更为普遍的是，美国各产业部门在此期间的生产率提升，主要受组织创新的驱动，这是因为组织创新推动了现代企业的发展，并引领美国经济转向大规模的批量生产和分配时代（Chandler，1977）。

6.2.4 大分化时代

现代经济增长发轫于英国、继之于欧陆和北美的事实，对国际收入分配有重要的含义。确实，工业化国家的市场繁荣为世界其他经济体提供了新的出口机会，但这并不足以阻止工业化富国和非工业化穷国之间的收入差距越拉

⑥ 有关估计没有考虑教育因素，但应该不会有太大差别。按照阿布拉莫维茨和戴维（Abramovitz and David，2001），考虑教育因素之后的调整TFP增长率，在1855～1890年、1890～1905年和1905～1927年间分别会减少0.0%、0.1%和0.2%。

越大。

全球主要地区的人均收入数据如表 6.6 所示。有关数据主要摘自博尔特和范赞登（Bolt and Van Zanden，2013）版本的麦迪逊（Maddison，2010）数据，但非洲部分我们更倾向于麦迪逊的原始数据⑦。由于工业革命率先发轫于西欧国家，因此我们对西欧和东欧进行了区分，并把以英语移民为主体的北美和大洋洲的经济体划归在“英国分支”之下。表 6.6 中最令人瞩目的是“英国分支”人均收入的爆炸式增长：其人均收入在 1820 ~ 1913 年间翻了两番，到第一次世界大战前夕已成为世界上最富裕的地区。作为欧洲的另一个分支，东欧和拉美在这段时期的人均收入增长了一倍半，仅次于作为 1820 年最富裕地区的西欧国家。亚洲尤其是非洲国家的人均收入则增长得很少。由于亚洲和非洲早在 1820 年就已成为世界上最贫穷的地区，而英国分支地区则成为最富裕的地区之一，这意味着不同地区的生活水平严重分化，普里切特（Pritchett，1997）称之为“大分化时代”。

表 6.6　　人均 GDP：1820 ~ 1913（1990 年国际元）

项目	1820 年	1870 年	1913 年
西欧	1 455	2 006	3 488
东欧	683	953	1 726
英国分支	1 302	2 419	5 233
拉美	628	776	1 552
亚洲	591	548	691
非洲	420	500	637
世界	707	874	1 524

资料来源：博尔特和范赞登（Bolt and Van Zanden，2013）、麦迪逊（Maddison，2010）。

之所以会出现这种大分化，主要是因为领先者的快速增长，而不是后进者的衰落。表中的数据显示，尽管亚洲在 1820 ~ 1870 年间的平均收入水平或因去工业化进程（Williamson，2011）而略有下降，但世界上每一个地区在 1820 ~

⑦　博尔特和范赞登对可得数据进行了加权平均，但由于只有北非国家以及加纳和南非的数据是可得的，这种做法几乎肯定会高估非洲的平均收入水平。麦迪逊的数据包含着对非洲其他地区收入水平的特别处理，并进而对全球人均收入进行了调整，故本文更倾向于采用该数据。

1913年间的人均收入水平都是上升的。从1870年开始，所有地区都在增长，从而在19世纪结束之时，整个世界远比19世纪初繁盛得多。1820～1913年间，非洲的平均收入水平增加了52%，但亚洲仅增加了17%。

这一过程的净效应是国际收入差距的急剧扩大。1820年，作为世界最富裕地区的西欧，其平均收入水平是世界平均水平的一倍，是非洲平均水平的两倍半；到1913年，西欧的人均收入比世界平均水平高出129%，差距相对有限；但却是非洲平均水平的四倍半，差距相当大。同一时期，英国分支的收入水平从比世界平均水平高出84%增加到高出243%，到1913年是非洲平均收入水平的七倍多。布吉尼翁和莫里松（Bourguignon and Morrisson，2002）发现，国家之间的泰尔不平等系数在1820～1913年间几乎增加了三倍（第734页）[⑧]。

显然，全球不平等在19世纪有了巨大的增加，其主要原因是某些国家的收入水平有了快速的增加。同样显而易见的是，欧洲和北美的工业化是收入快速增加的主要原因。不过，有一个现象颇令人惊奇，此即某些国家（如澳大利亚和阿根廷）的生产活动仍主要局限于初级部门，但却能够跻身于世界上最富裕国家之列。为了解释这一明显的悖论，不妨沿着阿瑟·刘易斯（Arthur Lewis，1978）的思路，对这些资源丰裕型国家的移民政策做一番探究。尽管我们在缅甸能够看到来自于中国或印度的大规模移民，但澳大利亚和阿根廷等温带移民国家则仅限于欧洲移民。种族主义无疑是其中的一个重要因素，但这种政策确实也有利于维持一定的生活水平。正如刘易斯（Arthur Lewis，1978）所言："为了与美国竞争，温带定居点能够提供的收入水平，只有在高于西北欧当地水平的情况下，才能吸引和留住欧洲移民"（第188页）。通过适当的移民管制并吸收经济中心地区的资本和新技术，这些资源丰裕型的移民国家就可以"进口"不断上升的英国生活水平。

6.2.5 国际贸易"大分工"

19世纪期间，先进经济体的制造业成本随着工业革命的进展有了显著的下降，这就为国际分工的进一步深化提供了潜在可能性；同时，运输成本的不断降低和相对自由的贸易政策，逐渐使得这种潜在可能性成为现实。西北欧尤其是英国主要出口制成品并进口初级产品，而澳洲、拉美和非洲的出口则几乎完全由初级产品构成。北美则属于中间情形：它所拥有的丰富自然资源，意味着它最初是初级产品的净出口者；但快速的工业化进程，则使得美国早在第一

⑧ 按照麦迪逊（Maddison，1995）数据的估算。

次世界大战爆发前即转变为制成品的净出口国。亚洲是另一种中间情形：虽然它在国际贸易中遵循的是初级产品净出口和制成品净进口的外围模式，但其制造品出口却是国际贸易中不可忽视的重要组成部分。

由此可见，丹尼斯·罗伯逊（1938）所称的初级产品出口国和工业化国家之间的南北贸易“大分工”，可以追溯到 19 世纪。南北分工的原因很简单，主要是技术进步的不平衡地理分布和运输成本的急剧降低；它所造成的后果，尤其对南方而言，则并非如此简单。一方面，北方市场的蓬勃发展和运输成本的降低，意味着贸易条件的改善，这对出口方比较有利，这一点在 19 世纪 70 年代以前尤为明显（Williamson，2011）；另一方面，南北贸易分工和南方国家的去工业化进程，通过剥夺南方国家充分利用工业化在促进经济增长方面的外部性、引发过度依赖于资源密集型生产所造成的寻租行为，或者使得南方国家暴露在贸易条件大幅波动的风险之下等等，有可能对南方国家的经济发展带来一种动态成本（Williamson，2011）。正因如此，20 世纪的许多重大政策争论，其实可以在这一时期找到历史根源。发展中国家应该依靠初级产品出口来促进经济增长吗［这正是少数几个国家在 19 世纪末期采取的经济发展战略（Lewis，1969，1970）］？抑或这种外向型战略引起的荷兰病问题，意味着（基于工业拥有有利于促进经济增长的外部性）有必要采取促进工业生产的政策干预措施（如进口替代战略）？一旦发展中经济体在 20 世纪重新获得政策独立性，能够影响政策决策的这些争论就会对区域经济增长产生重大影响。

不过，应该注意的是，不少当初的外围经济体目前已重新实现了工业化。最著名的例子是日本，但也有一些亚洲经济体从很低的基础起步并最终实现了快速的工业增长，如韩国、菲律宾、中国台湾和中国的部分地区。墨西哥、巴西和拉美南锥体国家，也实现了较快的工业增长（Gómez Galvarriato and Williamson，2009）。工业化在发展中经济体的扩散，是 20 世纪经济增长的一个重要特征。

6.3　二十世纪的经济增长：究竟发生了什么？

在这一节中，我们将简要描述世界主要地区经济总量增长的基本事实。

6.3.1　世界经济增长及地区分解

1870～2007 年间的人均 GDP 数据如表 6.7 所示，其中数据主要源于博尔特和范赞登（Bolt and Van Zanden，2013）更新版本的麦迪逊（Maddison，2010）数据。正如前文所述，对于1913年及以前的非洲数据，我们倾向并采用了麦迪逊的原始数据，同时对全球数据进行了相应的调整。另外，由于日本较早地实现了工业化，故我们参考麦迪逊的做法⑨，把日本从亚洲其他地区中区分开来（为行文简洁，后文将把不包括日本的其他亚洲地区称为“亚洲”）。我们同样借鉴了麦迪逊的做法，把西欧、日本和英国分支（美国、加拿大、澳大利亚和新西兰）归为一组，称之为“西方”国家；把其他四类地区称为“其他”国家，用以表示发展中国家。

表6.7　　人均GDP：1870～2007年（1990年国际元）

地区	1870年	1913年	1950年	1973年	1990年	2007年
西欧	2 006	3 488	4 517	11 346	15 905	21 607
英国分支	2 419	5 233	9 268	16 179	22 346	30 548
日本	737	1 387	1 921	11 434	18 789	22 410
“西方”	**1 914**	**3 690**	**5 614**	**13 044**	**18 748**	**25 338**
亚洲（不含日本）	539	652	639	1 223	2 120	4 830
拉美	776	1 552	2 505	4 517	5 065	6 842
东欧和苏联		1 519	2 594	5 741	6 458	7 731
非洲	500	637	889	1 387	1 425	1 872
“其他”		**853**	**1 091**	**2 068**	**2 711**	**4 744**
全球	**874**	**1 524**	**2 104**	**4 081**	**5 149**	**7 504**

资料来源：博尔特和范赞登（Bolt and Van Zanden，2013）、麦迪逊（Maddison，2010）。该表主要是对麦迪逊（Maddison，2005）表4的修订。

表6.8提供了连续五个时期的人均GDP增长率，包括：19世纪末20世纪初（1870～1913年）、动荡年代（1913～1950年）、“黄金时代”（1950～1973）、第一次石油危机之后的1973～1990年以及1990年之后⑩。麦迪逊将1973年以来的整个时期作为一段时期，但考虑到1990年之后发生了苏联解体、全球化加速和国际金融危机等一系列标志性事件，故我们把它分作两段时期。

---

⑨　我们还利用麦迪逊的人口数据，计算出了“西方”、“其他”、亚洲（不含日本）、东欧和苏联的人均数据。

⑩　东欧和苏联的数据是这两个地区经过人口加权的平均增长率。其中，由于1870年的数据缺失，1870～1913年间的增长率其实只是计算了1885～1913年的数据。

表6.8表明，20世纪（1913～2007年）的全球经济增长（年均1.7%）要快于19世纪末晚期20世纪初（1870～1913年，年均1.3%）；拉丁美洲是唯一的例外，当然该地区在这两个时期的增长率比较接近。英国分支在这两段时期的增长率也很接近，在某种程度上反映了美国长期经济增长相对比较稳定（Jones，1995）。

20世纪经济增长的这些总量数据，在很大程度上掩盖了不同历史时期经济增长的巨大波动性。1913～1950年间的标志性事件是两次世界大战和经济大萧条，但全球经济增长率只是降至0.9%。在此期间，除了非洲以外的所有地区，经济增长率都有所下降；其中，英国分支的降幅较小，这主要是由于相对强劲的战时经济增长部分抵消了1929年之后的经济大萧条，而东欧和苏联经济增长下降较少，则主要是斯大林在两次世界大战之间推行的工业化对经济增长的驱动作用。1950～1973年间显然是名副其实的全球经济增长“黄金时代”，该时期的全球经济增长率超过了历史上的任何一个时期。世界各个地区都在这20多年内见证了有史以来的最高经济增长率，唯一的例外可能是亚洲地区：1973年之后的亚洲出现了经济加速，1990年之后再次加速。

表6.8 人均GDP增长率：1870～2007年（年均增长率）

地区	1870～1913年	1913～1950年	1950～1973年	1973～1990年	1990～2007年	1913～2007年
西欧	1.29	0.70	4.09	2.01	1.82	1.96
英国分支	1.81	1.56	2.45	1.92	1.86	1.89
日本	1.48	0.88	8.06	2.96	1.04	3.00
“西方”	**1.54**	**1.14**	**3.73**	**2.16**	**1.79**	**2.07**
亚洲（不含日本）	0.45	-0.06	2.87	3.29	4.96	2.15
拉美	1.63	1.30	2.60	0.68	1.78	1.59
东欧和苏联	1.64	1.46	3.51	0.69	1.06	1.75
非洲	0.57	0.90	1.95	0.16	1.62	1.15
“其他”	**0.73**	**0.67**	**2.82**	**1.61**	**3.35**	**1.84**
全球	**1.30**	**0.87**	**2.92**	**1.38**	**2.24**	**1.71**

资料来源：博尔特和范赞登（Bolt and Van Zanden，2013）、麦迪逊（Maddison，2010）。该表主要是对麦迪逊（Maddison，2005）表6的修订。

1973年第一次石油危机之后，除了上述亚洲地区例外以外，世界各地的经济增长率出现了普遍的下降。1990年以后，“西方”国家继续下降，但表中的四类发展中国家均出现了经济增速的回升。其结果是，1990 年以后的人均经济增长率，“其他”国家自 1870 年以来首次超过“西方”国家。

表 6.9 提供了各地区在全球 GDP 中所占的份额。我们在计算有关数据时，不仅需要人均 GDP 水平，而且需要有人口规模数据；其中，人口规模数据源于麦迪逊（Maddison，2010）。正如表中所示，“西方”国家在全球 GDP 中所占的份额于 1950 年达到峰值，几乎占 60%；1990 年以前，该份额就出现了缓慢的下降，其后下降速度进一步加快，到 2007 年已降至 45% 左右。当然，尽管“西方”国家的 GDP 份额出现了整体下降趋势，但在它的内部则存在很大的差异：英国分支的 2007 年全球 GDP 份额（22%）比 1913 年略高，但它在二战之后曾一度超过 30%，其后缓慢下降；与之不同，西欧的 GDP 份额几乎降低了一半，由 33% 降至 17%；日本则从 1913 年的 2.6% 增至 1990 年的 8.6%，其后则有了显著的下降。至于发展中国家，亚洲在全球 GDP 中的份额在 1913 ~ 1950 年间显著下降，至 1990 年开始回升，其后快速增加；拉丁美洲所占份额在 20 世纪早期是上升的，但自 1950 年起则没有多少变动；非洲在 1913 ~ 1950 年间的份额也是上升的，其后也基本保持不变。该表最引人注目的一点，是东欧和苏联的 GDP 份额：直至 1973 年，该份额仍基本保持稳定，但其后则几乎是轰然垮塌。该地区份额的下降，并不只是发生在其社会主义的最后 20 年，而且在 1990 年之后继续下挫。2007 年，该地区的 GDP 份额仅仅为 6%，还不到 1973 年时的一半。

表 6.9　各地区的全球 GDP 份额：1870 ~ 2007 年　单位：%

地区	1913 年	1950 年	1973 年	1990 年	2007 年
西欧	33.3	26.0	25.5	22.2	17.4
英国分支	21.3	30.8	25.4	24.6	22.1
日本	2.6	3.0	7.8	8.6	5.8
“西方”	**57.3**	**59.7**	**58.6**	**55.4**	**45.2**
亚洲（不含日本）	22.1	15.6	16.4	23.3	37.0
拉美	4.6	7.8	8.7	8.3	7.9
东欧和苏联	13.1	13.0	12.9	9.8	6.3
非洲	2.9	3.8	3.4	3.3	3.6
“其他”	**42.7**	**40.3**	**41.4**	**44.6**	**54.8**
全球	**100.0**	**100.0**	**100.0**	**100.0**	**100.0**

资料来源：博尔特和范赞登（Bolt and Van Zanden，2013）、麦迪逊（Maddison，2010）。

6.3.2　领先者、后进者与掉队者

自摩西·阿布拉莫维茨（Moses Abramovitz，1986）的美国经济史学会会长就职演说正式发表以来，对处于技术前沿的领先者的经济增长和处于追赶阶段的后进者的经济增长进行区分，已成为一种很常见的做法。领先者的经济增长取决于那些推动技术前沿的力量，而后进者的增长则取决于它们在何种程度上能够从领先者那里引入前沿技术，并把这些技术体现在自己的资本存量之中。阿布拉莫维茨认为这种追赶存在着内在的自我限制，而后来的增长经济学家则对这种看法进行了模型化表述，如罗伯特·卢卡斯（Robert Lucas，2000，2009）。阿布拉莫维茨关于追赶有赖于足够"社会能力"的观点，引发了关于条件收敛的大量文献。阿布拉莫维茨还认为，在给定的社会能力下，还必须存在有利于知识的国际扩散的整体环境。后来的研究大致延续了阿布拉莫维茨的思路，研究重点既包括技术扩散（Comin et al.，2006；Comin and Hobijn，2010），又包括贸易对于这一扩散过程的推动作用或阻碍作用。目前，尽管人们对于经济增长的国际机制细节还存在不少争论，但把增长区分为领先者的增长和后进者的增长已成为基本的共识。

经济史中的一个共同主题是，在上一个千年中，世界经济的领导者究竟是如何在国家之间发生转移的。如何解释这一问题，迄今仍不清楚（其中的一个尝试，参见：Brezis et al.，1993）。幸运的是，考虑到人们普遍认为美国是整个20世纪的世界经济领导者，故仅就本文的研究目的而言，该问题可以暂时悬置。当然，直至第二次世界大战之后，美国才愿意把自身的技术优势转化为经济政策的领导者。图6.1是1800～2007年间美国人均GDP的变化趋势，我们可以利用该图对20世纪和更早时期的美国经济表现进行比较。正如众所周知（Jones，1995）并已引起广泛注意的，美国在不同历史时期的人均经济增长率保持了相当的稳定性。图中的粗实线是对美国19世纪后期（1870～1913年）的增长趋势进行前推和后推得到的线性预测值，阴影区域分别表示美国内战（1861～1865年）、第一次世界大战（1917～1918年）和第二次世界大战（1941～1945年）时期，而垂直虚线表示的分别是大萧条（1929年）和第一次石油危机（1973年）的开始时间。

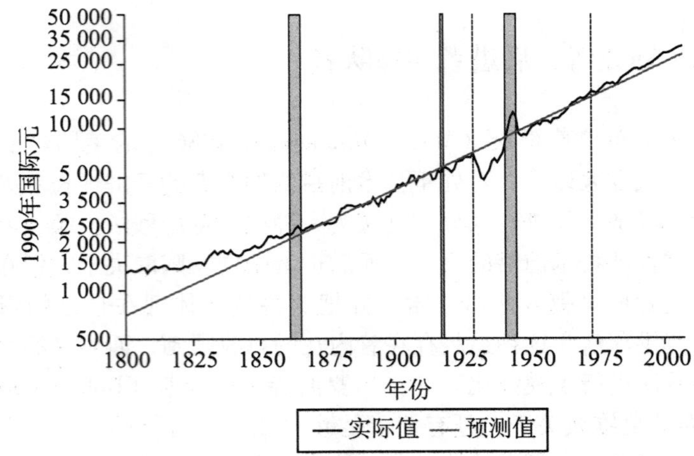

图 6.1　美国人均 GDP：1800～2007 年（1990 年国际元）

资料来源：博尔特和范赞登（Bolt and Van Zanden，2013）。

我们在图 6.1 中可以看到，1870 年之后的美国人均 GDP 开始加速，从 1820～1870 年间的年均 1.2% 增加到 1870～1913 年间的年均 1.8%[11]。我们还可以看到，除了大萧条时期的收入暴跌和二战期间人均产出的增加之外，美国 20 世纪的长期增长趋势与 19 世纪后期基本一样。1913～2007 年间，美国年均经济增长率为 2.1%，其中从 20 世纪 80 年代初开始有一个明显的轻微加速。这与卢卡斯（Lucas，2000，2009）的研究结论一致，即：在一个较长的时期内，领先经济体的人均经济增长率约为年均 2% 左右。

出于多样性和戏剧性的考虑，我们有必要讨论一下后进者。在后进者这里，20 世纪不乏增长奇迹、财富逆转和稳步下滑的情况（Pritchett，2000）。图 6.2 描绘的是世界主要经济体或主要地区的人均 GDP 相当于美国 GDP 的百分比，从而表明了有关国家或地区是不断向技术前沿国家收敛，还是保持同步，抑或越拉越远。为叙述简洁，下面把这种相对于美国 GDP 的百分比，称为这些国家或地区的相对 GDP 或相对收入。我们的主要兴趣是 20 世纪的经济增长经验，但为了提供背景情况，我们还在图中绘制了从 1870 年开始的趋势线。另外，图中的大部分数据是地区平均值，因此在很大程度上平均掉了个别国家的经济增长经验。

⑪　此处及本文他处，年均增长率是用人均产出对数值对时间进行回归得到的。

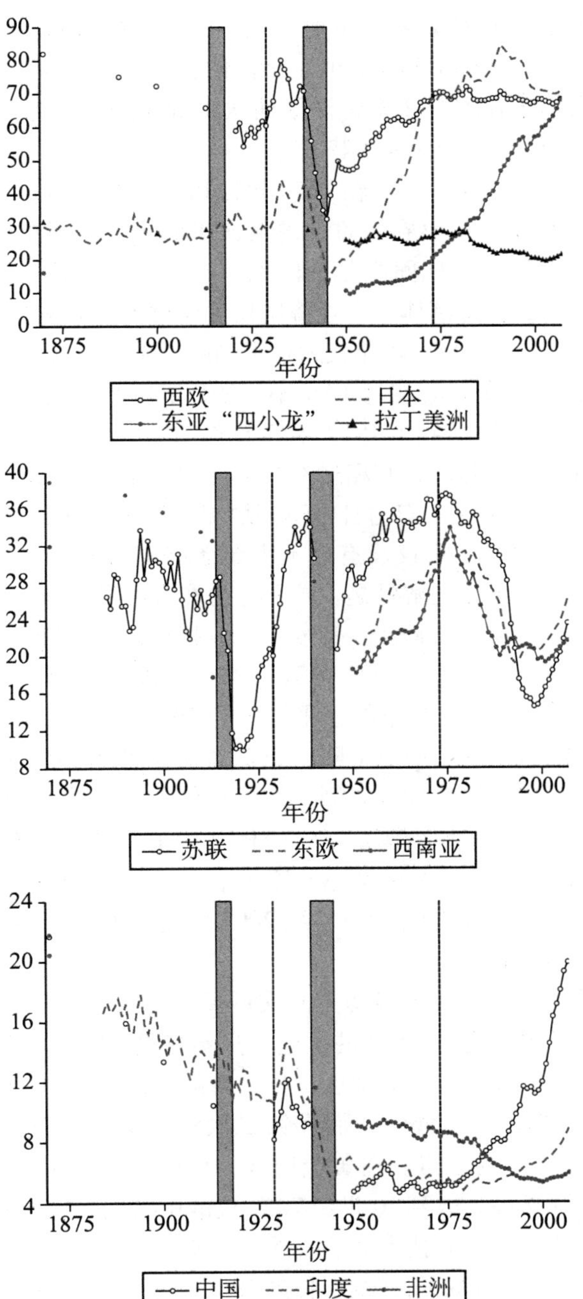

图6.2　不同地区的人均GDP：1870～2007年（相对于美国百分比）

资料来源：博尔特和范赞登（Bolt and Van Zanden，2013）、麦迪逊（Maddison，2010）。

19世纪后期的数据所表明的重要一点是：美国在内战以后的经济增长开始加速，而除了三个例外情形外，其他地区的相对收入则有了明显的下降。为了更为直观，我们还在图6.2中标注了两次世界大战（以欧洲为标准）的时间，即1914~1918年和1939~1945年。

第一个例外情形是日本，它在1870年以后基本与美国同步变化。与其他地区类似，日本的相对GDP在灾难性的两次世界大战之间的那段时期是增加的，但在第二次世界大战期间则是下降的。在此之后，日本以非比寻常的方式，追赶上了技术领先经济体，在经济增长黄金时代（见表6.8）的年均人均增长高达8%，并在20世纪70年代超过了西欧。随后，日本的相对GDP出现了令人吃惊的下降：日本的相对GDP在1991年达到峰值（约85%），但到2007年则只有70%，回落到了1979年的水平。

第二个例外是拉丁美洲，其相对GDP像日本一样，在1870~1913年间基本保持不变，略低于30%。但与日本不同的是，拉丁美洲直至1940年的相对GDP仍保持在原有水平，不仅没有碰上大萧条时期的追赶，而且也避免了二战期间的暴跌。一种可能的解释是，拉美经济在这段时期与美国经济有比较密切的联系，故能够大致保持同步。事实上，在随后的40年中，拉美的相对收入水平仍保持了相当的稳定：20世纪五六十年代稍降至25%~26%左右，到1980年则基本回升到了20世纪的水平，约为29%。然而，在接下来的30年中，拉美的相对收入出现了稳定下降，到20世纪末仅为20%左右。

图6.2中呈现出的典型成功案例，除了日本就是东亚“四小龙”，即中国香港、韩国、新加坡和中国台湾。它们的相对GDP从1870年的16%降至1913年的13%，且直至1950年大致保持在该水平上。20世纪60年代末，该地区的相对GDP开始了急剧的加速上升，到2007年达到了接近70%的水平，大致可以同西欧和日本相媲美。

欧洲在经济增长黄金时代经历了真实的增长奇迹，年均增长率达到4%，但从长期来看，欧洲在这25年中的插曲，只不过是整体而言令人失望的经济增长的一个例外。同其他大多数地区一样，西欧的相对GDP在1870~1913年间明显下降，由82%降至66%，而在第二次世界大战期间出现了暴跌，到1945年下降到了32%的低点。在黄金时代，西欧的相对GDP恢复到了1913年的水平，甚至还略高，故到20世纪70年代的中前期大致处于70%左右。从那时起，再也没有出现过向技术前沿收敛的迹象。

从追赶的角度看，苏联的情况也许最富有戏剧性。该地区是19世纪末大致与美国保持同步的第三个地区（尽管我们只有1885年以来的数据），但它在该时期的相对GDP具有高度波动性。其相对GDP在第一次世界大战期间出现了暴跌，但在两次世界大战之间的那段时期迅速回升并超过了以前的峰值，到 1938 年时达到 35%。第二次世界大战期间，它的相对 GDP 再次出现了暴跌，其后同样再次出现了迅速回升，到 1975 年达到 38% 的峰值。在此之后，又发生了惊人的下降，1998 年降至 14.5% 的最低点。其后又是快速回升，2007 年上升到 24%。

鉴于东欧经济体在 1945 年以后与苏联的经济联系程度，其相对 GDP 经历了类似于苏联的 1975 年前的上升期和 1975 年后的下降期，也就毫不令人感到奇怪了。1993 年，东欧比苏联更早地遏制住了下降势头，此后开始了较快的回升。真正让人奇怪的是西南亚地区，它主要包括中东和波斯湾的富油国以及以色列、黎巴嫩和土耳其等国，但其相对 GDP 却遵循了非常近似于东欧和苏联的轨迹：1976 年以后一路下滑，一直延续到 2001 年。

最后一组是非洲、中国和印度。直至 20 世纪较晚时期，它们的相对收入一直是稳定下降的。中国的相对 GDP 在早期经历了大幅下降，然后从 1950 年开始一直停留在一个非常低的水平（约 5%），直至 20 世纪 70 年代末开始了非比寻常的快速增长。2007 年，中国的相对 GDP 约为 20%。印度相对 GDP 的下降相对慢一些，同时约比中国滞后十年开始了追赶过程，且开始追赶时的相对 GDP 也处于 5% 左右的水平。在这一组中，非洲相对 GDP 的下降是最慢的，迟至 20 世纪 90 年代中期才降至 5% 的水平；从 2000 年开始，非洲开始了非常缓慢的追赶过程，2007 年的相对 GDP 为 7%。

6.4　经济增长的直接源泉

本节拟探究增长核算技术所揭示的经济增长的直接源泉。我们对 20 世纪经济增长概况进行了回顾，并对增长核算方法以及如何解释增长核算结果等问题进行了进一步探讨。我们相信，谨慎地运用增长核算方法，能够为我们提供一种非常重要的基准或诊断工具，但同时也存在做出误导性比较或推论的可能。

6.4.1　传统增长核算结果

传统的增长核算方法假设 GDP 由下式给出：

$$Y = AK^{\alpha}L^{1-\alpha}$$

其中，Y 为产出、K 为资本、L 为劳动、A 为全要素生产率（TFP），α 和（$1-\alpha$）分别是资本和劳动的产出弹性。全要素生产率的度量方法，通常是在度量完资本项和劳动项后，以剩余项作为 TFP 的度量。

上式可以转换为基本增长核算公式，即：

$$\Delta\ln\left(\frac{Y}{L}\right) = \alpha\Delta\ln\left(\frac{K}{L}\right) + \Delta\ln A$$

该式将劳动生产率增长率分解为单位劳动投入的资本增长率（资本深化）和TFP增长率两部分。在作为基准的增长核算中，一种简便的方法是对α采用一个标准值⑫。

假设公式中作为剩余项的TFP增长捕捉的是技术进步对劳动生产率增长的贡献，是一种诱人但充满误导性的做法。一方面，如果存在规模经济或所使用的要素投入的效率得到了提高，那么技术进步就会小于TFP增长；另一方面，如果技术进步部分地体现为资本的新形式（而非“天上掉馅饼”），那么在运用这种方法时，技术进步的部分贡献就会表现为资本的增加。

更一般的方法是考虑到人力资本，并把生产函数改为：

$$Y = AK^{\alpha}\left(L^{*}\left(\frac{HK}{L}\right)\right)^{1-\alpha}$$

其中，$\frac{HK}{L}$是劳动力的平均教育质量，通常用平均受教育年限来近似计算。相应地，增长核算公式变为：

$$\Delta\ln\left(\frac{Y}{L}\right) = \alpha\Delta\ln\left(\frac{K}{L}\right) + (1-\alpha)\Delta\ln\left(\frac{HK}{L}\right) + \Delta\ln A$$

于是，现在的分解中包括了劳动力质量增长率的贡献一项，在核算实践中通常是根据受教育年限所获得的额外收入来计算。当然，一旦考虑到教育因素，TFP增长贡献的估计值通常就变小了。

表6.10和表6.11是按照上述方法进行的增长核算估计结果，这种方法的好处是能够进行国际比较。仅从估计结果的表面数据，我们就可以发现不少有趣的现象：第一，即便考虑到教育因素，发达经济体在20世纪70年代黄金时代结束之后的TFP增长仍然可以与19世纪相媲美；第二，东亚经济体在1960年之后的崛起，有一个引人注目的特点，即：劳动生产率的增长受益于一个非常强劲的资本深化过程，其程度甚至远大于欧洲19世纪向现代经济增长转型之时；第三，就TFP增长而言，撒哈拉以南非洲在20世纪最后30年间是灾难性的，拉丁美洲在1980年之后是最令人失望的，且这两个地区在1980年以后实际上都没有来自于资本深化的贡献。

⑫ 通常取α=0.35，它大致等于许多国家的利润在GDP中的份额。利润份额很可能是对资本产出弹性的一种误导性估计，尤其是在存在显著外部性或市场势的情形下，但在核算实践中可能还是可以接受的（Aiyar and Dalgaard，2005；Bosworth and Collins，2003）。

表 6.10　　OECD 国家的劳动生产率增长核算：1913～1950 年（年均百分率）　　单位：%

国家	K/L	HK/L	TFP	Y/L
法国	0.59	0.36	1.06	2.01
德国	0.19	0.22	0.74	1.05
日本	0.62	0.61	0.49	1.72
荷兰	0.43	0.27	0.88	1.58
英国	0.42	0.32	0.83	1.57

资料来源：麦迪逊（Maddison，1987）。

增长核算方法提供的是全要素生产率的增量估算，将它应用于全要素生产率“水平”后计算得到的生产率差距估算结果如表 6.12 所示。在其经典论文中，霍尔和琼斯（Hall and Jones，1999）首次使用了这种估算方法，我们的估算结果与他们非常相似，只不过把数据更新到了 2005 年。估算结果很令人吃惊：迄今为止，劳动生产率差异（从而人均收入差距）的最主要原因是不同国家在 TFP 水平上所存在的差距⑬！显然，它有力地批驳了标准索洛增长模型的核心假设，即：技术是外生的、普遍的，技术是全要素生产率的基础。而索洛模型的这一核心假设，正是关于“β 收敛”和“σ 收敛”的新古典预测的基础。

表 6.11　　劳动生产率的直接来源：1960～2003 年（年均百分率）　　单位：%

项目		K/L	HK/L	TFP	Y/L
工业化国家	1960～1970 年	1.4	0.3	2.3	4
	1970～1980 年	1	0.5	0.4	1.9
	1980～1990 年	0.6	0.2	0.9	1.7
	1990～2003 年	0.8	0.2	0.6	1.6
东亚	1960～1970 年	1.7	0.4	1.6	3.7
	1970～1980 年	2.7	0.6	1	4.3
	1980～1990 年	2.5	0.6	1.3	4.4
	1990～2003 年	2	0.5	0.6	3.1

⑬　对于“发展核算”方程及其度量方法的设定，有着多种不同的方式，尤其是在人力资本方面。尽管如此，人们似乎普遍认为 TFP 余项在核算结果中占有最大的比重，能够解释 50%～70% 的各国间收入差距（Hsieh and Klenow，2010）。

续表

项目		K/L	HK/L	TFP	Y/L
拉丁美洲	1960～1970年	0.8	0.3	1.7	2.8
	1970～1980年	1.3	0.3	1.1	2.7
	1980～1990年	0	0.5	-2.3	-1.8
	1990～2000年	0.1	0.3	-0.1	0.3
撒哈拉以南非洲	1960～1970年	0.8	0.2	1.9	2.9
	1970～1980年	1.3	0.1	-0.4	1
	1980～1990年	-0.1	0.4	-1.5	-1.2
	1990～2000年	0	0.4	-0.5	-0.1

资料来源：博斯沃思和科林斯（Bosworth and Collins，2003）与更新网页。

全要素生产率水平存在差距的原因主要有两个方面，即技术和效率。技术方面存在差异的最明显原因是：技术进步的地区分布是不均匀的，技术进步仅对拥有某种要素密集度的生产函数（如资本劳动比率或人力资本劳动比率较高的生产函数）有改善作用等。有证据表明，这正是20世纪实际发生的情形（Allen，2012），同时也是在定向技术进步的世界中（发达经济体提供了一种能够为定向的研发提供激励的经济环境）应该预期到的情形。换句话说，对于TFP差距，存在着一种源于“不适技术”的解释。至于TFP差距的效率解释，则主要同制度质量有关，因为不同的制度质量会对配置效率和生产效率产生影响。对于这种解释，同样存在不少证据，最引人注目的是谢长泰和克莱诺（Hsieh and Klenow，2009）的如下研究发现：如果中国和印度的制造业在资本和劳动的使用效率上能够达到美国的水平，那么它们的TFP将分别提高30%～50%和40%～60%。

表6.12　　各国人均GDP差距的分解：2005年（美国=100）

项目	Y/P	K/Y	HK/L	L/P	TFP
美国	100.0	100.0	100.0	100.0	100.0
日本	72.6	130.7	100.4	105.1	52.6
欧盟27国+欧洲自由贸易联盟	64.7	114.1	91.2	91.3	67.8

续表

项目	Y/P	K/Y	HK/L	L/P	TFP
俄罗斯	28.6	97.4	84.9	99.3	31.5
巴西	20.5	103.1	70.1	96.8	29.3
中国	9.8	105.2	57.3	119.5	13.6
印度	5.2	98.3	47.7	87.1	12.7
全球	22.8	104.2	64.2	95.8	27.9

注：人均 GDP$\left(\frac{Y}{P}\right)$使用的是购买力平价。有关估算基于对生产函数 $Y=K^{\alpha}(AhL)^{1-\alpha}$的推导，其中 h 是每个工人拥有的人力资本$\left(\frac{HK}{L}\right)$。生产函数可以重新记为：$\frac{Y}{L}=\left(\frac{K}{Y}\right)^{\frac{\alpha}{(1-\alpha)}}Ah$，故有$\frac{Y}{P}=\left(\frac{K}{Y}\right)^{\frac{\alpha}{(1-\alpha)}}Ah\left(\frac{L}{P}\right)$，而这正是分解时使用的公式。

资料来源：杜瓦尔和德拉迈松纳夫（Duval and De la Maisonneuve，2010）。

耶日马诺夫斯基（Jerzmanowski，2007）曾对技术和效率这两种假设进行了分解，表 6.13 摘录了部分估算结果。耶日马诺夫斯基（Jerzmanowski，2007）的基本结论是：在 1995 年（1960 年）的人均产出差距中，要素投入占 31%（45%），TFP 占 69%（55%）；其中在 TFP 部分，43%（28%）源于效率差距，26%（27%）来自于技术差距。这些估计结果意味着，尽管效率和技术都是解释 TFP 差距的重要因素，但平均而言，效率相对更具重要性，且这种重要性随着时间的推移趋于提高。上述研究结论表明，快速的追赶型增长可能主要源于效率和技术的改进，而表 6.11 所显示的非洲所经历的漫长 TFP 负增长，则主要是要素使用效率恶化的迹象，而不是技术方面的倒退。

表 6.13　　相对于美国的 TFP 水平的分解（美国 =1.00）

国家	1960 年			1995 年		
	TFP	E	T	TFP	E	T
法国	0.72	0.71	1.01	0.77	0.87	0.89
希腊	0.49	0.57	0.86	0.56	0.58	0.97
西班牙	0.64	0.74	0.86	0.76	0.85	0.9

续表

国家	1960年			1995年		
	TFP	E	T	TFP	E	T
意大利	0.67	0.71	0.94	0.84	0.88	0.96
英国	0.85	0.89	0.95	0.82	0.85	0.97
印度	0.3	0.41	0.74	0.29	0.44	0.67
印度尼西亚	0.31	0.55	0.57	0.37	0.54	0.69
日本	0.48	0.56	0.86	0.68	0.79	0.86
韩国	0.33	0.37	0.88	0.49	0.49	0.99
新加坡	0.47	0.54	0.87	0.85	1	0.85
阿根廷	0.76	0.79	0.96	0.57	0.65	0.88
巴西	0.42	0.49	0.86	0.5	0.6	0.84
智利	0.51	0.57	0.89	0.58	0.73	0.8
墨西哥	0.65	0.72	0.9	0.49	0.58	0.84
刚果（金）	0.38	0.58	0.65	0.23	0.35	0.67
马拉维	0.23	0.39	0.6	0.16	0.27	0.61
毛里求斯	0.62	0.71	0.88	0.8	1	0.8
坦桑尼亚	0.15	0.22	0.69	0.11	0.17	0.64

注：$TFP_i = Efficiency_i \times Technology_i = E_i T_i$，其中，$E_i$ 得自对有效生产前沿的估计，TFP_i 得自对“水平”层面的增长核算估计，然后可以推断出 T_i。

资料来源：耶日马诺夫斯基（Jerzmanowski，2007）。

6.4.2 关于度量与解释的若干问题[⑭]

如果我们试图对19世纪末、20世纪初的增长核算和20世纪后期的增长核算进行比较，那么我们就必须先解决一系列重要问题。例如，为了得到真实GDP的估计，我们就需要知道准确的GDP价格平减指数。博斯金等（Boskin et al.，1996）认为，在20世纪七八十年代生产率下降时期的国民核算中，通

⑭ 本节内容部分取材于克拉夫茨（Crafts，2009a，2010）。

货膨胀由于多方面的原因而被高估了（从而真实 GDP 增长和 TFP 增长被低估了），为纠正这种高估需要把该时期的通货膨胀率平均每年调低 0.6%。与此同时，通货膨胀度量的“博斯金偏差”似乎并不能推广到其他历史时期（Costa，2001）。

一个更为重要的问题，也许是资本投入度量的指数问题。在估计资本存量时，几乎为所有文献所采用的标准方法，是基于资产价格加权的永续盘存法。理论上讲，更为适宜的方法（但需要更多的数据）是以资产租赁价格为权数估算资本服务流量，而这就要求估计不同资产的资本使用者成本。当投资更多地转向短期资产（如计算机）或对长期资产（如建筑物）的投资更少时，由于前者的使用者成本相对资产价格来说更大，故这两种方法之间的差异就会变得尤为明显。毫不奇怪的是，自信息通信技术（ICT）革命以来，该问题已日渐突出⑮。一般而言，资本服务方法会提高资本对增长的贡献、降低 TFP 的增长贡献。不过正如表 6.14 所示，在 20 世纪后半叶之前，即便是在美国，这种差异相对而言也并不大；然而，当我们分析近期经济增长时，这种差异就非常重要了⑯。

表 6.14　　美国劳动生产率的增长源泉（年均百分率）　　单位：%

时期	*K/L*	原始 TFP	劳动质量	资本质量	修订 TFP	*Y/L*
1800 ~ 1855 年	0.19	0.2	0	0	0.2	0.39
1855 ~ 1871 年	0.53	-0.39	0	0	-0.39	0.14
1871 ~ 1890 年	0.84	1	0	0	1	1.84
1890 ~ 1905 年	0.55	1.38	0.1	0	1.28	1.93
1905 ~ 1927 年	0.48	1.57	0.19	0	1.38	2.05
1929 ~ 1948 年	0.07	1.89	0.38	0.08	1.43	1.96
1948 ~ 1966 年	0.81	2.3	0.43	0.4	1.47	3.11
1966 ~ 1989 年	0.57	0.66	0.31	0.31	0.04	1.23

注：资本质量反映了从基于资本存量转变为基于资本服务之后需要进行的调整。
资料来源：阿布拉莫维茨和戴维（Abramovitz and David，2001；表 1：IVA）。

⑮ 针对英国的一项估计表明，按照资本存量数据的传统方法，1950 ~ 2006 年间资本投入的年均增长率为 3.1%，但按照资本服务方法则为 3.5%。这种差异涉及 1980 年之后的所有时期，尤其是在 1990 年之后更为明显（Wallis，2009）。

⑯ 涵盖最近几十年数据并能够进行国际比较的 EUKLEMS 数据库，采用的就是资本服务法，参见：奥马霍尼和蒂默（O'Mahony and Timmer，2009）。

长期以来人们就认识到，研发是一种无形投资，应该把研发形成的知识存量作为一种投入纳入增长核算估计之中。在近来的研究中，不少人认为应该按照这种方式，来处理通常意义上的无形投资，如：产品设计和产品开发、品牌投资、包括培训和咨询在内的企业专属人力资本和组织资本的形成、计算机化信息尤其是软件等。在“知识经济”时代，英国和美国在上述项目上的支出快速增加，在量级上已经与有形资产方面的投资旗鼓相当。如果我们把这些支出项视为最终投资而不是中间品，那么对于增长核算来说，这将意味着更多的产出、更多的投入以及重新修订的要素份额权重。

理论上讲，在增长核算中纳入无形投资对 TFP 增长的影响是不确定的；但正如表6.15所示，在实践中，至少是在信息与通信技术时代，其影响则是比较明确的：对劳动生产率增长的估计略有增加，对资本深化贡献的估计有相当大的增加，并明显降低了所度量的 TFP 增长。表中并没有对较早时期进行这种考虑到无形投资的增长核算估计，但有关影响肯定不会这么明显，这是因为在20世纪50年代，美国的无形投资仅占 GDP 的4%左右，而50年后则增加到当时的三倍左右。

表6.15　　美国非农部门的劳动生产率增长源泉：1973～2003年（年均百分率）

单位：%

项目		1973～1995年	1995～2003年
传统增长核算	劳动生产率增长	1.36	2.78
	资本深化	0.6	0.98
	信息技术资本	0.33	0.7
	其他有形资本	0.27	0.28
	劳动质量	0.28	0.38
	全要素生产率（TFP）	0.48	1.42
考虑无形投资的核算	劳动生产率增长	1.63	3.09
	资本深化	0.97	1.68
	有形资本深化	0.55	0.85
	信息技术资本	0.3	0.6
	其他有形资本	0.25	0.24

续表

项目		1973 ~ 1995 年	1995 ~ 2003 年
考虑无形投资的核算	无形资本深化	0. 43	0. 84
	软件	0. 12	0. 27
	其他无形资本	0. 31	0. 57
	劳动质量	0. 25	0. 33
	全要素生产率（TFP）	0. 41	1. 08

注：包含无形资本的增长核算公式是：$\Delta\ln\left(\frac{Y^*}{L}\right)=s^*_{TK}\Delta\ln\left(\frac{TK}{L}\right)+s^*_{IK}\Delta\ln\left(\frac{IK}{L}\right)+\frac{\Delta A}{A}$，其中 Y^* 包括无形投资支出，s^*_{TK}和 s^*_{IK}分别是 Y^* 中有形资本和无形资本的要素份额。

资料来源：科拉多等（Corrado et al.，2009）。

新古典增长核算通常是通过柯布—道格拉斯生产函数进行的。在某些情形下，允许资本和劳动之间相互替代且令替代弹性小于 1 的 CES 生产函数则可能更为合适。在这种情形中，尤其是在资本劳动比率快速提高和资本偏向型技术进步的情形下，传统方法就会低估 TFP 增长。例如，我们从表 6. 14 的估计结果（假设 $\sigma=1$）似乎可以直接得出如下结论：美国经济在 19 世纪的绝大多数时期里并没有表现出明显的技术进步，而只是在所谓第二次产业革命中基于科学和研发产业的兴起之后，美国经济才表现出明显的技术进步。然而，这不仅与历史争论中的标准看法背道而驰，而且也肯定不是阿布拉莫维茨和戴维（Abramovitz and David，2001）的解释。正如阿布拉莫维茨和戴维（Abramovitz and David，2001）所认为的那样，如果生产要素和资本偏向型技术进步之间的替代弹性很低是 19 世纪美国经济的一个基本特征，那么其 TFP 增长就应该远大于表 6. 14 中的数字。如果在估计中假设 $\sigma=0.3$，而这是阿布拉莫维茨和戴维认为较为合适的值，那么 1835 ~ 1890 年间的 TFP 增长就是年均 0. 9%，远较假设 $\sigma=1$ 时的年均 0. 24% 的初始估计值更大[17]。类似的问题还会出现在其他情形中，包括下文将要讨论的“东亚奇迹”（Rodrik，1997）和苏联在 20 世纪 70 年代的增长减速（Allen，2003）。

---

⑰ 这里的计算运用了罗德里克（Rodrik，1997）对 TFP 增长的修正方法。修正项为 $0.5\alpha((1-\sigma)/\sigma(1-\alpha)(\Delta k/k-\Delta L/L)(\Delta A_L-\Delta A_K/A_K))$，其中最后一项是用劳动增进率和资本增进率之间的差异来度量的技术进步的生产要素偏向程度。

传统增长核算还存在一些问题，即假设不存在调整成本、没有固定生产要素、不存在规模经济等，这些问题在某些情形下会造成较大的偏差。莫里森（Morrison，1993）提出了一种经济计量方法以解决这些问题，其研究结论表明，美国制造业在20世纪70年代的TFP增长放缓，在很大程度上是规模经济减弱而非技术进步放缓的结果。克拉夫茨和米尔斯（Crafts and Mills，2005）利用莫里森的方法发现，考虑到调整成本之后，英国和德国制造业在1950～1973年间的技术进步率将比传统方法计算的TFP增长大约高两个百分点，但在其后的时间里则没有太大差异。这些实证分析以及前述例子再次表明，由于测量误差会随着时间发生较大的波动，对传统方法估算的TFP增长进行跨期比较也许是一种危险的做法。

新古典传统下的增长核算的理论基础，当然是新古典增长模型[18]。其后，随着内生增长模型的发展，越来越要求有不同的增长核算公式或对标准结论有不同的解释（Barro，1999）。正如利用增长核算对信息通信技术的影响进行估计的大量文献（如：Oliner et al.，2007）所表明的，在这一点上最为明显的是人们认识到了新资本种类对于体现型技术进步的重要性。信息通信技术文献中通常采用的增长核算公式是：

$$\Delta\ln\left(\frac{Y}{L}\right)=\alpha_{KO}\Delta\ln\left(\frac{KO}{L}\right)+\alpha_{KICT}\Delta\ln\left(\frac{KICT}{L}\right)+\phi\Delta\ln A_{ICT}+\eta\Delta\ln A_{O}$$

其中，ϕ 和 η 是总产出权重，$KICT$ 是信息通信技术（ICT）生产中使用的资本，KO 是其他资本存量，A_{ICT}是信息通信技术生产的TFP，A_O 是经济中其他生产的TFP。新的信息通信技术对劳动生产率增长的贡献是式中第二项和第三项之和。由于最初的 ϕ 和 α_{KICT}很小，由此也就不难理解：为什么一项新的通用技术（GPT）刚开始时对总劳动生产率增长的贡献是如此微不足道！不过，在把信息通信技术的资本深化项加进来之后，就意味着TFP增长严重低估了技术进步对增长的贡献。

应该注意的是，这种方法只是在生产率增长中，为探明信息通信技术在事后所占的直接比例中寻求一种基准，它并没有回答那些更难的问题，如“信息通信技术如何进一步促进了生产率增长?”若对此做出回答，就必须先弄清楚其他资本在不存在信息通信技术情况下的反事实增长率贡献，而这将是需要同时考虑挤出效应和拥挤效应的一个复杂模型才能探讨的问题。福格尔（Fogel，

⑱ 正如格里利克斯（Griliches，1996）强调指出的，索洛（Solow，1957）的一个重要贡献是借助于这种联系把经济学与增长核算联系在了一起。

1964）认为，由于在不存在新技术的情况下，其他替代性投资也会提供类似收益，故不应该在有关估算中计入有关资本深化项。不过，并非每个人都同意这种看法，尤其是在存在通用技术的情况下[19]。

正如阿布拉莫维茨（Abramovitz，1993）曾明确指出的，上述讨论又会引出一个更深层面的问题，即如何利用增长核算来识别经济增长的源泉。这是一个以技术进步演进轨迹为一方、以物质资本和人力资本形成为另一方的双向的相互依存的问题。虽然不少内生增长模型强调后者的相互依赖性，但通过比较美国 19 世纪和 20 世纪的增长过程可以发现，实际上前者具有更大的重要性[20]。

有三点值得注意。其一，运用传统增长核算方法估计 TFP 增长，并不总是评估其背后的技术进步的良好指引，因为正如前文所述，TFP 增长既可能低估也可能高估技术进步对经济增长的贡献。其二，在不同的历史时期或不同类型的经济体中，新古典增长核算导致的偏差大小和偏差方向存在很大的不同，无疑加大了历史比较的难度。其三，尽管增长核算使得我们可以对资本增长和技术进步进行独立的、可加的处理，但这种假设很可能存在很大的误导性并损及我们对增长源泉的深入理解。

6.4.3　“经济奇迹”各有不同[21]

不同经济体的追赶过程各有不同，从增长核算的角度对追赶型快速增长进行比较，是增长核算最有趣的应用之一[22]。表 6.16 提供了黄金时代的西欧、东亚奇迹、凯尔特之虎（爱尔兰）、金砖四国和苏联等的有关估计结果。其中，最后一个案例（苏联）以追赶失败而告终，尽管在 20 世纪 60 年代，人们普遍认为苏联会在 21 世纪前赶超美国（Levy and Peart，2011）。

---

⑲ 福格尔（Fogel，1964）通过“社会储蓄”项（对技术进步影响交通供给曲线所带来的使用者收益的一种度量）估算了铁路对美国经济增长的贡献。容易表明，它等价于 $\phi\Delta\ln A_{ICT}$ 项（Foreman-Peck，1991）。

⑳ 当然，在新古典增长模型中，外生的 TFP 增长提高了资本存量的增长率；在这一点上，赫尔滕（Hulten，1979）曾探究了它对增长核算的含义。不过，阿布拉莫维茨在谈到美国 19 世纪的增长时，心中想到的故事要丰富得多，其中包括：运输技术进步引起的国内市场扩张，导致了规模更大、资本密集度更高的生产方法。

㉑ 本节部分内容摘自：克拉夫茨和托尼奥洛（Crafts and Toniolo，2008）。

㉒ 这里的所有实例均取材于 20 世纪后期，故前文强调的跨期可比性问题应该不会很严重，但还是请参阅一下后面两个脚注中的告诫。

表 6.16　“经济奇迹”期间的增长核算（年均百分率）　单位：%

A. 劳动生产率来源

经济体		K/L	HK/L	TFP	Y/L
西欧：1960~1970年	法国	2.02	0.29	2.62	4.93
	德国	2.1	0.23	2.03	4.36
	意大利	2.39	0.36	3.5	6.25
	西班牙	2.45	0.38	3.73	6.56
东亚：1960~2003年	韩国	2.7	0.7	1.28	4.68
	新加坡	2.86	0.46	1.2	4.52
	中国台湾	3.04	0.54	2.16	5.74
爱尔兰	1990~2003年	0.49	0.26	2.24	2.99
苏联	1928~1940年	2		0.5	2.5
	1940~1950年	−0.1		1.6	1.5
	1950~1970年	2.6		1.4	4
	1970~1985年	2		−0.4	1.6
中国	1978~1993年	2.1	0.4	3.9	6.4
	1993~2004年	3.7	0.3	4.5	8.5
印度	1978~1993年	0.8	0.3	1.3	2.4
	1993~2004年	1.6	0.4	2.6	4.6

B. 产出增长来源

经济体		K	L=就业+教育	TFP	Y
西欧：1960~1970年	法国	2.24	0.42+0.29	2.62	5.57
	德国	2.13	0.06+0.23	2.03	4.45
	意大利	2.2	−0.35+0.36	3.5	5.71
	西班牙	2.74	0.55+0.38	3.73	7.4

续表

B. 产出增长来源

经济体		K	L = 就业 + 教育	TFP	Y
东亚：1960 ~ 2003 年	韩国	3. 64	1. 75 + 0. 70	1. 28	7. 37
	新加坡	4. 03	2. 18 + 0. 46	1. 2	7. 87
	中国台湾	3. 97	1. 74 + 0. 54	2. 16	8. 41
爱尔兰	1990 ~ 2003 年	1. 7	2. 24 + 0. 26	2. 24	6. 44
苏联	1928 ~ 1940 年	3. 2	2. 1	0. 5	5. 8
	1940 ~ 1950 年	0. 1	0. 5	1. 6	2. 2
	1950 ~ 1970 年	3. 1	0. 9	1. 4	5. 4
	1970 ~ 1985 年	2. 4	0. 8	−0. 4	2. 8
中国	1978 ~ 1993 年	3	1. 6 + 0. 4	3. 9	8. 9
	1993 ~ 2004 年	4. 1	0. 8 + 0. 3	4. 5	9. 7
印度	1978 ~ 1993 年	1. 5	1. 4 + 0. 3	1. 3	4. 5
	1993 ~ 2004 年	2. 3	1. 2 + 0. 4	2. 6	6. 5

注：爱尔兰和苏联的数据是 GNP 而不是 GDP；苏联的 TFP 增长中包含了教育。

资料来源：博斯沃思和科林斯（Bosworth and Collins，2003）及网页更新；苏联数据摘自奥弗（Ofer，1987）；中国和印度数据引自博斯沃思和科林斯（Bosworth and Collins，2008），其中均假定 $\alpha = 0.35$。

在经济增长黄金时代的欧洲，不论是资本深化还是 TFP 增长，都对劳动生产率增长做出了较大贡献；但在相对较穷且经济增速较高的那些国家，TFP 增长的贡献通常更大些。究其根源，主要不在于各国的国内研发，而主要是技术转移、从农业向工业的结构性转型、规模经济以及生产要素的更有效利用等多种因素的组合。小规模家庭农场“剩余劳动力”的转移，是上述过程的重要组成部分（Crafts and Toniolo，2008）；对外贸易自由化和欧洲市场一体化程度的提高是推动技术转移的重要因素，它有利于欧洲缩小欧美之间的技术差距（Badinger，2005；Madsen，2007）。纳尔逊和赖特（Nelson and Wright，1992）还特别强调了美国技术在欧洲的成本效益改善、技术知识出版物的大量编纂、人力资本投资和研发对欧洲技能的提升等等。总而言之，黄金时代的欧洲清晰地表明，TFP 增长的内涵，远不止于技术进步本身。

与之相比，“东亚奇迹”则有很大的不同。表 6.16 表明，与黄金时代的欧洲相比，TFP 增长对东亚奇迹的贡献较少，而资本深化的作用则要大得多。高投资率支撑了资本存量的快速增加：韩国和中国台湾的投资率高达地区生产总值（GDP）的35%，约比20 世纪60 年代欧洲的平均水平高出10 个百分点。东亚增长的另一个引人注目的特点是劳动投入的强劲增长，它主要受益于人口转型的年龄结构效应所产生的人口红利，且这种人口红利恰好与高速增长叠加，在这一点上非常不同于欧洲。尽管东亚国家或地区在技术引进方面是成功的，但整体而言，它们的成功经验更多地表现在要素投入的动员上，而不是如何取得出色的 TFP 增长（Young，1995；Crafts，1999）[23]。

“凯尔特之虎”不仅不同于那些东亚国家或地区，而且与黄金时代的欧洲国家形成鲜明对比（Crafts，2009）。爱尔兰的劳动生产率增长要低得多，这主要是因为其经济中的资本深化成分较少，投资仅相当于 GDP 的 20%。爱尔兰的 TFP 增长很强劲，但却高度依赖于信息通信技术的生产，在 20 世纪 90 年代几乎可以解释三分之二的 TFP 增长（van Ark et al.，2003），而这又主要是因为爱尔兰在吸引国外直接投资尤其是美国投资方面的出色能力：国内研发仅占其 GNP 的 1.4%左右。正如表 6.16 所示，除了信息通信技术生产外，凯尔特之虎的另一个突出特征是就业增长远超过人口增长。随着失业率的下降、女性劳动参与率的提高以及移民由移出变为移入，爱尔兰经济增长在很大程度上受益于一种非常有弹性的劳动供给（Barry，2002）。

如果采用标准的增长核算假设，那么苏联追赶型增长的一个显著特征就是高度依赖于“外延式增长”。在经济增长黄金时代，尽管苏联的资本深化对增长的贡献与西欧各国相仿或略小，但它的 TFP 增长则绝对差得多！即便与同样有着追赶潜力的意大利相比，苏联的 TFP 增长也是非常低的[24]。苏联增长模式的主要问题是，它似乎很快步入了一种边际资本产出比率快速提高的状态，这意味着一个固定的投资产出比率所产生的资本存量增长率，将随着时间的推移而稳步下降。到了 20 世纪 70 年代，随着 TFP 停止增长，并且进一步提高投资率（从 1950 年到 1970 年翻了一番，达到 30%）亦因巨额国防支出承诺而变得不具备可行性，这一问题变得日趋严峻。

㉓ 罗德里克（Rodrik，1997）认为，在存在技术进步偏向和较高程度的资本深化的情况下，由于 σ 小于 1，标准核算方法很可能低估了 TFP 增长。这种效应到底有多大，目前尚不清楚。

㉔ 有学者认为，这一结论有可能源于方法上的问题，并认为描述苏联经济的更好方法，是使用资本和劳动之间的替代弹性极低、从而资本收益严重递减的生产函数（Weitzman，1970）。对于这种说法，艾伦（Allen，2003）提供了一种令人信服的反驳意见，认为西方和东方存在相似的技术可能性，且有明确的证据表明苏联体系存在着巨大的资本浪费，这意味着标准核算方法在这里是合适的。

最后，我们探究一下金砖四国中增长轨迹相当不同的两个国家。自 20 世纪 70 年代末开始改革开放后，中国人均真实 GDP 快速增长。在这一过程中，资本深化和 TFP 增长的贡献都非常突出。其中，资本深化主要来自于高投资率，以历史上的标准视之是非常高的，到 21 世纪初达到了 GDP 的 40% 以上；TFP 增长的来源主要有两部分，一是与外国直接投资密切相关的技术转移（Whalley and Xin，2010），二是从计划经济时代的极低效率开始的效率提升。就 TFP 的增长而言，初期主要表现为 20 世纪 80 年代农业部门的去集体化引起的 TFP 激增（McMillan et al.，1989），其后则主要表现为国有企业占 GDP 份额的快速下降以及工业部门 TFP 的巨大增长。印度在度过了一段时期的令人失望的所谓印度式增长（Rodrik and Subramanian，2005）之后，也经历了一个生产率快速增长的过程，但其资本深化程度和投资率水平却比中国低得多。印度的 TFP 增长也是如此，当然它在 20 世纪 90 年代初的印度改革之后略有提高。博斯沃思和科林斯（Bosworth and Collins，2003）进行的详尽比较表明，印度工业部门的 TFP 增长令人失望（1978 ~2004 年间工业部门年均 TFP 增长率为 0.6%，而中国同期则为 4.3%），但服务业的 TFP 增长则相当强劲（1993 ~2004 年间的年均增长率为 3.9%，而中国则为 0.9%）。

6.5　领先者的经济增长：美国

美国在 20 世纪初的人均真实 GDP 就已超过了英国，并在整个“美国世纪”中维持了领先地位。到 20 世纪中叶，美国确凿无疑地已经成为了技术领先者，并建立了一种完全不同于 1900 年盛行情形的“国家创新体系”。尽管在 20 世纪 60 ~80 年代之间，部分 OECD 国家尤其是日本缩小了与美国的技术差距，但美国在信息通信技术革命浪潮中再次巩固了它的技术领先地位。本节试图从内生创新的角度，探究美国的出色表现及其科技实力。

6.5.1　技术领先地位

对于 20 世纪最重要的那些新技术来说，美国始终处于技术发展的最前沿，如内燃机、电力、石化、航空和信息通信技术等。这是技术进步的新时代：技术进步越来越成为以科学和工程学为基础的系统的研究与开发的结果，越来越多地与企业研究实验室和公共投资而非独立的个体发明有关。

也就是说，二战以前和二战以后的技术进步存在着明显的差异（Mowery and

Rosenberg，2000）。在第二次世界大战以前，美国通常对源于欧洲的技术进行大规模的商业开发，并取得了令人叹为观止的纪录；到两次大战之间的时候，美国在出口中表现出的比较优势，已经与研究强度存在着很强的相关性（Crafts，1989）。到第二次世界大战之后，随着美国的大学成为全球学术研究的领先者以及联邦研究经费在冷战背景下的飙升，美国的科学研究和科技发明扮演了越来越重要的角色。汽车和计算机就是其中的一个缩影：对于汽车，美国的贡献是大规模生产；对于计算机，美国发明了晶体管和集成电路。20世纪30年代，联邦经费占研发经费的比例不到20%，但从20世纪50年代直至70年代却平均超过一半；1950年以前（1950年至今），德国共有41（44）位诺贝尔奖获得者，而同期美国的诺奖得主则分别为27（229）位（不包括诺贝尔和平奖和经济学奖）。

在20世纪前半叶，美国主要通过企业的实验室投资建立起了工业研究体系。尽管到20世纪20年代末，单独发明人取得的专利仍占专利总数量的50%，但这是在20世纪初的80%降下来的，到20世纪50年代则进一步下降到仅占25%（Nicholas，2010）。20世纪80年代初，与国防有关的研发支出约占研发总支出的四分之一；在由企业提供经费的研发中，约四分之三是由雇员超过一万人的大企业进行的。到2001年，上述情况则发生了显著的变化：大企业所占的份额下降到刚刚超过一半，国防相关份额已经下降到15%以下，越来越多的研发外包给了专家和小企业，在某种程度上更类似于20世纪初的情形，而不是战后经典的美国国家创新体系（Mowery，2009）。

表6.17　美国的知识经济

研发支出/GDP（%）		研发存量/GDP（%）		人均高等教育年数（年）	
1920年	0.2	1900~1910年	0.03	1913年	0.200
1935年	1.8	1929年	4.5		
1953年	1.4	1948年	13.0	1950年	0.420
1964年	2.9	1973年	38.2	1970年	0.674
1990年	2.7	1990年	47.7	1995年	1.474
2007年	2.7			2005年	1.682

资料来源：（1）研发支出：埃杰顿和霍罗克斯（Edgerton and Horrocks，1994）、纳尔逊和赖特（Nelson and Wright，1992）和美国国家科学委员会（National Science Board，2012）；（2）研发存量：阿布拉莫维茨和戴维（Abramovitz and David，2001）；（3）高等教育：巴罗和李（Barro and Lee，2012）和麦迪逊（Maddison，2010）。

表 6.17 反映了美国对研发和更高教育水平进行大量投资的发展历程。与工业革命时期的英国相比，美国显然是非常不同的技术领先者。这类投资的巨大规模，使得美国在 OECD 国家中鹤立鸡群，这在 20 世纪第三个四分之一世纪里表现得尤为突出。美国的研发支出，不仅在相对于 GDP 的比例上远高于其他国家，而且在绝对规模上更为巨大：迟至 1969 年底，美国的研发支出仍超过法国、德国、日本和英国支出总和的一倍（Nelson and Wright，1992）。同样，美国民众的受教育程度亦远超其他 OECD 国家：1970 年，位列第二的国家（丹麦）的人均高等教育年数只有美国的一半。表 6.18 清晰地表明了美国在作为 OECD 国家生产率增长来源的研发中的优势地位（相对于其他所有国家）。

表 6.18　美国科学研究所导致的生产率增长（在每个国家中所占的百分比） 单位：%

国家	占比
法国	42
德国	42
日本	36
英国	33
美国	60

资料来源：伊顿和科图姆（Eaton and Kortum，1999）。

6.5.2　解释美国的技术进步

目前已有大量的分析性文献，对美国 20 世纪技术进步的现实基础进行了探讨，并试图对其强度及其要素节约偏向做出解释。人们普遍认为，美国在国内市场规模、主要人口中心城市的距离、自然资源禀赋等方面的地理特征是一个重要的影响因素（尤其是在 20 世纪之初）。美国的这些地理特征有利于促进某些关键技术的集聚，如那些依托内燃机和化学工业的关键技术等（Mowery and Rosenberg，2000）。铁路时代兴起的大规模生产，在某种程度上可视为“两条技术大河的汇流，即大批量标准化商品生产中不断提升的机械操作和金属加工技能”和矿产资源的勘探和利用技术（Nelson and Wright，1992）。表 6.19A 显示了 1913 年全球矿物产量集中于美国的程度，它同时也意味着美国在较早时期就已在矿物勘测开发方面拥有了较高的效率。此外，相对较低的电力价格（见表 6.19B）有利于工厂的电气化，进而导致 20 世纪 20 年代美国制造业生产率的飙升（David and Wright，1999）。

表 6.19　资源丰裕程度

A. 美国在全球中的份额（%）

矿产资源	1913 年产量	1989 年储量	1913～1989 年 累积产量 +1989 年储量
石油	65	3.0	19.8
铜	56	16.4	19.9
磷酸盐	43	9.8	36.3
煤	39	23.0	23.3
铝土矿	37	0.2	0.5
锌	37	13.9	14.0
铁矿石	36	10.5	11.6
铅	34	15.7	18.1
金	20	11.5	8.6
银	30	11.7	16.3

B. 小时劳动成本与小时电力成本比率（%）

年份	英国	美国
1909		8.8
1919		31.8
1929	14.8	44.6
1938	20.3	57.0
1950	35.6	157.5

资料来源：A. 戴维和赖特（David and Wright，1997）；B. 梅尔曼（Melman，1956）。

随着时间的推移，上述因素的重要性开始下降，而人力资本的重要性则与日俱增。不论是中等教育还是高等教育，美国都起到了主导性的作用。美国 14～17 岁人口的高中入学率，从 1900 年的 10.6% 增加到 1930 年的 51.1% 和 1960 年的 86.9%，而此时英国 15～18 岁人口的入学率还只有 17.5%（Goldin and Katz，2008）。1880年出生的美国人只有5%左右能够上大学，而20世纪60年代出生的那代人则有接近60%能够上大学。在20世纪第三个25年里，美国成年人的平均大学受教育年限远超欧洲最先进的国家（Barro and Lee，2012）。即便如此，根据阿布拉莫维茨和戴维（Abramovitz and David，2001）对19世纪和20世纪之间从无形资本到有形资本的要素使用偏向变化所产生反应的探究，1990年时的大学教育年均收益率仅仅比1915年略低[25]。值得强调的是，二战之后美国在电子技术方面的领导地位，更多地受益于科学和工程领域的人力资本和联邦研究经费的充裕，而不是自然资源禀赋方面的原因。

美国在二战以前的技术进步相对较快，主要反映了企业的研发能力及其面对的激励结构。内生创新模型表明，美国经济拥有的若干特征不仅优于当时的欧洲，更远远优于工业革命时期的英国，包括：更完善的知识产权制度（Nicholas，2010）、更严厉的反垄断政策（Mowery and Rosenberg，2000）、更大的市场潜力（Liu and Meissner，2013）以及随着实验科学的进展和专用性人力资本供给的快速增加所引起的研究成本的显著下降等（Abramovitz and David，2001）。

以上因素或许足以解释技术进步的加速，但其本身的趋向则值得做进一步探讨。美国经济在20世纪的情况，曾被描述为教育与技术之间的“竞赛”（Goldin and Katz，2008）。戈尔丁和卡茨（Goldin and Katz）强调指出，从20世纪早期开始，技术进步和人力资本运用之间就明显表现出了越来越强的互补性。人力资本需求随着技术进步不断提高，而人力资本供给亦随着教育系统的扩张而不断增加，二者之间的“竞赛”结果则反映在了大学工资溢价上（见表6.20）。长期而言的最终结果着实难以确定，但相对需求的增加在1960年之后明显加快，并在1980年以后逐渐超过了相对供给。

表6.20　大学教育程度的工人供求与大学工资溢价的变化：1915～2005年（100×年均对数变化）

时期	相对工资	相对供给	相对需求
1915～1940年	-0.56	3.19	2.41
1940～1960年	-0.51	2.63	1.92
1960～1980年	-0.02	3.77	3.74

[25] 阿布拉莫维茨和戴维所说的无形资本是包括研发和人力资本在内的复合概念，不同于本文第6.4节中提到的近期增长核算文献中的定义。

续表

时期	相对工资	相对供给	相对需求
1980～2005年	0.90	2.00	3.27
1915～2005年	-0.02	2.87	2.83

注：在估算过程中，假设大学和高中毕业生之间的替代弹性等于1.64。
资料来源：戈尔丁和卡茨（Goldin and Katz，2008）。

阿西莫格鲁（Acemoglu，2002）提出的“定向技术进步”模型，也许是分析这种趋势的适宜框架。该模型的核心要素是把市场规模效应和相对价格效应（对创新努力的激励）结合起来：如果市场规模效应占主导，那么技术进步将偏向于那些相对供给扩张的生产要素，而不是出现通常那样的相反情形，即供给增加要素在其他情况不变时出现相对价格的下降。这种引致的创新反过来又会通过要素需求曲线的外移，提高要素的收益率。

6.5.3 信息通信技术革命的经验教训㉖

索洛生产率悖论是1987年提出来的，且附有如下评论：“计算机时代的烙印随处可见，但在生产率统计中却了无踪影”。随后，不少文献试图对这一悖论做出解释（Triplett，1999）；同时，该悖论也引发了学术界对于通用技术（GPT）的进一步研究，并提出了具有下述性质的模型：通用技术在第一阶段对生产率的影响可以忽略不计甚至产生负面影响，但随后会对生产率表现产生显著的正向效应。事实上，我们可以把通用技术定义为：“一种最初具有诸多改进余地但最终获得广泛使用的技术，它有多种用途并具有许多希克斯互补品或技术互补品”（Lipsey et al.，1998，第43页）。

表6.21对信息通信技术和其他两种通用技术即电力和蒸汽进行了比较。电力和蒸汽，因对当时领先国家的生产率增长产生了重大影响而永载史册。比较结果表明，信息通信技术的影响不仅相对更大，而且相对更快。表6.21中信息通信设备价格的下降速度和幅度，反映了这种新的通用技术在技术进步率方面是史无前例的。1973～2006年间，信息通信技术对生产率增长率的影响自始至终都超过了任何时期的蒸汽，至20世纪80年代末就已经接近了蒸汽对生产率影响的峰值的两倍。事实上，这些估计表明，到2006年为止，信息通

㉖ 本小节内容部分摘自克拉夫茨（Crafts，2013a）。

信技术对劳动生产率的累积贡献已经大致相当于蒸汽在 150 年时间里（1760 ~ 1910 年）对劳动生产率的贡献。

表 6.21　　通用技术及其对劳动生产率增长的贡献（年均百分率）　　单位：%

<table>
<tr><th colspan="3">项目</th><th>年均百分率</th></tr>
<tr><td rowspan="2">蒸汽（英国）</td><td colspan="2">1760 ~ 1830 年</td><td>0. 01</td></tr>
<tr><td colspan="2">1830 ~ 1870 年</td><td>0. 30</td></tr>
<tr><td rowspan="2">电力（美国）</td><td colspan="2">1899 ~ 1919 年</td><td>0. 40</td></tr>
<tr><td colspan="2">1919 ~ 1929 年</td><td>0. 98</td></tr>
<tr><td rowspan="2">信息通信技术（美国）</td><td colspan="2">1973 ~ 1995 年</td><td>0. 74</td></tr>
<tr><td colspan="2">1995 ~ 2006 年</td><td>1. 45</td></tr>
<tr><td rowspan="3">真实价格的下降（%）</td><td rowspan="2">蒸汽马力</td><td>1760 ~ 1830 年</td><td>39. 1</td></tr>
<tr><td>1830 ~ 1870 年</td><td>60. 8</td></tr>
<tr><td>电动机（瑞典）</td><td>1901 ~ 1925 年</td><td>38. 5</td></tr>
<tr><td rowspan="2">信息通信设备</td><td colspan="2">1970 ~ 1989 年</td><td>80. 6</td></tr>
<tr><td colspan="2">1989 ~ 2007 年</td><td>77. 5</td></tr>
</table>

注：增长核算贡献既包括源于技术使用的资本深化，又包括源于技术生产的 TFP。信息通信设备包括计算机、软件和电信；其中计算机价格的下降速度更快，第一段时期为年均 22. 2%，第二段时期为年均 18. 3%。

资料来源：增长核算源于克拉夫茨（Crafts，2002，2004b）和奥利纳等（Oliner et al.，2007），价格降幅源于克拉夫茨（Crafts，2004b）、埃德奎斯特（Edquist，2010）和奥尔顿（Oulton，2012）。

由此，我们似乎可以得到这样的推论，即在如何利用信息通信技术提供的新机会方面，我们正做得越来越好！这可能反映了我们这个社会在许多方面取得的进展，包括：更多的人力资本投资、更丰富的科学知识、更趋完善的资本市场以及公共政策对研发提供的更多支持等。从历史的角度看，按照早期的标准，美国经济中的信息通信技术对生产率表现的贡献，早在 20 世纪 80 年代后期就已经是相当惊人的了；在这种情况下，对于我们来说，真正的悖论是如何理解索洛的信息通信技术悖论。

信息通信技术革命的一个显著特征是：整体而言，美国比欧洲国家更好地利用了这种新机会（Oulton，2012）。表 6. 22 表明，1995 ~ 2005 年间，在信息通信技术的资本深化对劳动生产率的贡献上，美国大约是欧盟国家的两倍。确实，从20世纪50年代初期开始，西欧就步入了生产率追赶的长期过程，但到这一时期基本可以算是结束了。

表6.22　市场部门的劳动生产率增长来源：1995~2005年（年均百分率） 单位：%

国家和地区	劳动质量	ICT资本（单位工时）	非ICT资本（单位工时）	TFP	劳动生产率增长
欧盟	0.2	0.5	0.4	0.4	1.5
法国	0.4	0.4	0.4	0.9	2.1
德国	0.1	0.5	0.6	0.4	1.6
英国	0.5	0.9	0.4	0.8	2.6
美国	0.3	1.0	0.3	1.3	2.9

资料来源：蒂默等（Timmer et al.，2009）。

对上述经验进行探究的一种方法，是思考一下不同类型的资本主义（Hall and Soskice，2001）。该方法的核心是对两种理想类型的资本主义进行比较研究，即协调型市场经济（CME）和自由市场经济（LME），它们为企业运营提供了不同的环境。德国和美国分别是协调型市场经济和自由市场经济的典型（Schneider and Paunescu，2012），它们各自拥有不同的一系列互补性制度，并在生产、贸易、人力资本形成以及最重要的创新等方面形成不同的比较优势。自由市场经济的特点是发达的股票市场和灵活的劳动力市场，而协调型市场经济的特点则是提供较高程度的就业保护，并有着以银行监督、缺少敌意收购为基础的公司治理体系。比较而言，自由市场经济更为重视大学教育而不是职业培训，并且按照OECD计算的标准指数来衡量的监管程度相对更低。

霍尔和索斯凯斯（Hall and Soskice，2001）认为，协调型市场经济在“以对现有生产线和生产工艺进行持续小规模改进为特征的渐进性创新”中享有相对优势，而自由市场经济则在“使得生产线发生重大改变、全新产品的开发或生产工艺发生重大变化的突破性创新”中表现更优（第38~39页）。对渐进性创新和突破性创新进行的经验检验，目前尚存在不少问题，但阿克曼斯等（Akkermans et al.，2009）提出了一种基于专利引证的方法，即认为突破性创新通常是那些得到更多引证的专利，并通过该方法发现美国确实更强烈地倾向于突破性创新。

如果投资于信息通信技术还伴随着经营管理方面的组织变革，那么信息通信技术资本就会因为调整成本的下降而产生更大的盈利性并获得更高的生产率回报；正因如此，我们可以预期，在充分利用信息通信技术提供的机会方面，协调型市场经济和自由市场经济必定存在很大的差异（Brynjolfsson and Hitt，2003）。经验证据表明，无形资产和高级人力资本方面的互补性投资有助于信息通信技术的扩散，但在就业保护和限制竞争等方面的较多管制（尤其是在分配领域）会削弱信息通信技术的扩散（Conway et al.，2006）。

信息通信技术是特别适合于美资企业管理模式（Bloom et al.，2012）和美国国内经济环境的一种技术。或许，我们由此可以做出更一般的推论，即每当一种全新的通用技术出现时，美国企业总会占有一定优势。

6.6　经济史视角下的经济追赶

我们在第 6.3 节看到，1945 年以后，尽管有些地区（尤其日本和东亚“四小龙”）引人注目地赶上了世界技术前沿，但有些地区（尤其是拉美和非洲）却停下了追赶的步伐。20 世纪的增长奇迹，不仅包括日本和东亚“四小龙”的经历，而且包括黄金时代的西欧、20 世纪 70 年代末以来的中国以及 20 世纪 90 年代的爱尔兰，它们首先是一种向着世界技术前沿收敛的奇迹。自从格申克龙（Gerschenkron，1962）的作品出版以来甚至在此之前，经济史学家就已经知道，经济落后在某些情况下能够导致更快的经济增长。越是落后于技术前沿的国家，其潜在的经济增长就越快，这是因为它可以通过进口最新的技术和机器设备，比那些更接近技术前沿的国家更快地提高其全要素生产率。格申克龙（Gerschenkron，1962）指出，“正如凡勃仑高度强调和正确强调的，借鉴技术是保证落后国家在进入工业化阶段时实现高速增长的重要因素之一”（第 8 页）。事实上，工业化或现有工业的现代化，正是 20 世纪各个增长奇迹的核心所在。

问题在于，尽管经济落后意味着实现更快追赶增长的潜力，但同时也意味着存在实现这种增长的障碍，否则那些落后的国家或地区也就不会在一开始就落后了。正因如此，经济史学家同时也强调，现实社会中并不存在必然的或自动的追赶。在这一小节中，我们将从一个国家能否把握追赶机会的角度，结合经济史上的案例提出具有一定普遍性的若干洞察。在本文第 6.7 ~ 第 6.9 节中，我们将把这些普遍性的洞察，分别应用于三种情形，即在经过了一段引人注目的成功追赶后分别出现的三种情况：失望、迄今仍然成功和失败。

6.6.1 追赶并非自动实现

落后国家通过引入最适用的技术应该能够比富裕国家实现更快经济增长的基本逻辑是没有问题的，但我们在现实社会中发现，穷国并不总是比富国增长得更快。如果这些穷国经济增长得更快，那么我们也就不会把明显地实现经济与富国收敛的例子视作经济增长奇迹了。我们看到的实际情况是，有些国家已经成功地实现了向美国技术前沿的收敛，但其他国家则没有。我们还看到，某些时期的收敛是相当普遍的（如1950～1973年间的黄金时代），但其他时期则很少或根本不存在收敛。事实上，在某些历史时期，更常见的是偏离而不是收敛，例如，在19世纪后期，世界上大部分地区被美国甩得越来越远。对追赶美国前沿的那些国家的增长变动情况进行简单的探究就可以发现，不同国家在收敛和偏离方面有天壤之别，它通常取决于我们探究的国家属于哪一组国家以及我们探究的是哪一段时期。在二战之后的40年间，富裕国家整体上表现出了绝对收敛，但却不存在穷国比富国增长得更快的全球性收敛趋势（Abramovitz，1986；De Long，1988；Barro，1991）。

为什么有时会发生收敛但并不总是会出现收敛？为什么某些国家发生了收敛但其他国家则没有？为什么它有时会在一个充满希望的开始之后戛然而止？收敛的逻辑，本身就意味着自我限制性：随着追赶上技术前沿，也就失去了进一步追赶的空间。随着劳动力从生产率较低的农业部门转移到生产率较高的服务业和制造业部门，能够发生这种重新配置的劳动力存量慢慢就消失了。故正如卢卡斯所述（Lucas，2000，2009），我们可以预期处于收敛过程的经济体，也许会持续不断地向着领先者追赶，但追赶的速度却必定随着时间的推移而不断下降。在第一次石油危机之后，西欧就停止了收敛过程，其当时的相对GDP水平只有70%；而苏联和西南亚国家，不仅在同一时间内停止了收敛，而且在其后20多年的时间里经历了剧烈的偏离。从20世纪90年代开始，日本也从收敛转为偏离。更一般地讲，有证据显示，如果一个国家经历了一个远远比基本收敛逻辑本身所预示的快得多的快速增长阶段，那么它通常会在快速增长之后经历一种增长放缓过程。艾肯格林等（Eichengreen et al.，2012）发现，这种增长放缓的概率峰值大约出现在人均GDP达到1.7万美元（2005年国际价格）左右，并且更可能在快速增长之后出现。

尽管有后发优势，但为何没有发生收敛？许多经济史学家曾对此进行过探讨。格申克龙（Gerschenkron，1962）关注的重点是欧洲，认为主要障碍是“存在诸如农奴制或极度缺乏政治统一等严重的制度障碍”（第8页）以及

（某些国家）缺乏自然资源。确实，落后国家之所以落后，也在于它们缺乏那种英国曾经在数十年甚至数百年间发育出来的经济增长的先决条件。当然，对于格申克龙来说，全能银行或发展型政府等制度性替代物，在某种程度上可以弥补这些先决条件的缺失。

格申克龙的著作写于 20 世纪 60 年代初，当时的苏联及其盟友正向着美国快速收敛，且非殖民化与相应政策实验仍处于起步阶段。到 20 世纪 80 年代，更多的人开始对落后国家是否具有推进有序收敛的能力产生了怀疑。对于为何不会发生收敛，阿布拉莫维茨（Abramovitz，1986）曾列出了若干原因（第 387 页、390 页、393 页、397 页），主要包括：国家可能缺乏实现潜在追赶所需要的“社会能力”；全球经济有可能不以有利于技术转移的方式运行；落后经济体可能在结构调整方面存在障碍；短期宏观经济政策可能损害投资并产生长期负面影响；最适技术可能不适用于发展中经济体的规模和资源禀赋；可能发生破坏收敛进程的战争等重大冲击；等等。在随后各节中，我们将一一简要回顾这些论点。

6.6.2　定向技术进步的后果

技术进步不是外生的，而是对现实社会经济条件的内生性反应。正因如此，一个国家，不论拥有什么样的制度或采取什么样的政策，在追赶技术前沿的过程中都可能存在很大的困难。发明前沿技术所需要的条件，也许根植于领先国家深处，那些相对较穷的国家或许很难轻松地或有利可图地予以利用。

巴苏和韦尔（Basu and Weil，1998）、阿西莫格鲁和齐利伯蒂（Acemoglu and Zilibotti，2001）等增长经济学家在争论适用技术时曾提出了上述可能性，但它同时也是经济史学家长期以来的研究主题。人们通常把技术发明旨在更好利用当地要素禀赋的观点，同哈巴卡克（Habakkuk，1962）联系在一起；正如我们已经提及的，他认为美国丰富的土地禀赋导致了高工资，而高工资能够解释美国大规模生产技术所具有的相对节约劳动的基本性质。有证据表明，19 世纪以来的生产方式进展，主要表现为富国的资本劳动比率。例如，在 1939 ~ 1965 年间，当资本劳动比率介于 15 000 ~ 20 000 美元（1985 年价格）时，每个工人平均产出的增长最快；而在最近几十年，资本劳动比率则基本没有发生什么大的变化。事实上，当资本劳动比率很低时，每个工人在 1990 年的产出并不高于 1820 年时的产出（Allen，2012）。这是定向型技术进步模式的典型表征，而定向型技术进步则是与富国（特别是美国）的市场条件所提供的市场激励相伴而生的。

这就出现了这样一个可能：欠发达经济体的相对要素价格，使得这种源于发达经济体的新技术难以盈利。格申克龙（Gerschenkron，1962）提到了这一问题，并注意到："欠发达经济体的劳动力相对于资本品比较便宜，以稀缺性资本替代相对充裕的劳动存在诸多困难；若以此为判断依据，那么我们就会对欠发达国家的工业化前景……做出相反的判断"（第8~9页）。他还注意到，这种观点与下述相反的看法是相悖的，即人们通常认为低工资使得发展中国家拥有了强大的竞争优势。不过，他结合19世纪的欧洲对此进行了反驳，其主要依据是：在人们仍被束缚在土地上的那些落后国家，"稳定、可靠和训练有素"的劳动力仍然稀缺，并不充裕。事实上，他认为这使得俄罗斯等国的企业家更有动力引入现代、高效和节约劳动的技术。

与之不同，正如前文已经提到，艾伦（Allen，2012）认为其他国家没有立即采用英国工业革命的新技术是合理的，这意味着英国继续加速发展而其他国家相对落后。只有随着时间的推移，当这些新技术更具生产性时，其他国家采用这些新技术才是有利可图的。然而，英国到19世纪后期在创新领域已不再领先，这时的问题是美国的发明是否适合英国的国情。英国的企业家经常被批评为不采用最先进的技术，例如：棉纺厂似乎更愿意继续使用走锭纺纱法，在采用环锭纺纱法方面进展缓慢；制碱厂迟迟不愿放弃吕布兰制碱法而改用更先进的索尔维制碱法等。马吉（Magee，2004）研究了大量文献后认为，英国企业家实际上是对英国相对要素价格（熟练工人比美国便宜、自然资源比美国昂贵）和不同需求条件（特别是同质性的程度更低）的理性反应。如果兰开夏的某一家棉纺厂采用的是走锭纺纱法，那么这是因为相较于美国棉纺厂，它纺的纱更细、用于出口的纱线更多，而走锭纺纱在这两方面都拥有一定的优势（Leunig，2001）。更一般地讲，正是由于碎片化的需求和相对丰富的熟练工人，使得英国制造企业的下述行为是理性的，即：避开资源密集型和劳动节约型的大规模生产技术，而尽量采用"以通用设备、熟练劳工和定制化需求为基础的更为灵活的生产形式"（Magee，2004，第95页）。通过类似的分析，我们可以解释当实业界盛行钱德勒组织形式之时，为何英国的企业没有采用这种组织形式（Harley，1991）。

我们将在后文中对英国案例做进一步探究，现在只需要记住以下一点即可：如果前沿技术并不适合发展中国家的需要，那么这些国家就有可能进一步落后于领先国家；这种进一步落后的原因完全合情合理，并不一定需要涉及所谓"失败"问题。如何才能扭转这一趋势呢？教育政策显然是一个选项，另一个选项则是20世纪末的全球化。正如赖特（Wright，1990）所指出的，20世纪的全球化是一个转折点，它把矿产资源由一种资源禀赋转变为所有国家可以按照大致相同的价格使用的商品，这意味着资源密集型的美国技术变成了更易为世界各国所采用的技术。类似地，其他 OECD 国家在国际贸易领域的进一步开放，使得美国的大规模生产技术更容易被其他地区采用，而收敛本身又通过进一步扩大海外市场规模而强化了这一趋势。最后，战后美国技术实力主要体现在半导体等行业，其基础主要在于科学教育和科技研究；而由于科技活动具有内在的国际属性，故其他国家相对容易复制美国的研发活动（Nelson and Wright，1992；Abramovitz and David，1996）。正如艾丽斯·阿姆斯登（Alice Amsden，1989）所指出的，“尽管即便是基础产业中的技术也会保留某种独特性，但越来越多的科学知识能够提高科学的系统性和明确性并使之拥有更多的商品属性，进而能够增强其在技术上和商业上的可获得性以及在国与国之间的扩散性”（第 7 页）。跨国公司进一步提高了技术的国际可扩散性。正是由于上述原因，至少就欧洲和日本等相对发达的经济体而言，目前美国前沿技术远较过去更容易扩散至其他地区。其他地区能够采用美国前沿技术的程度取决于一系列因素，下文将对其中若干因素做进一步讨论。

6.6.3　经济追赶与社会能力

阿布拉莫维茨（Abramovitz，1986）指出，固守原有的社会特征有可能阻碍一个国家引入最实用的技术，因此，只有当一个穷国和一个富国的社会特征或阿布拉莫维茨所称的“社会能力”大致相近时，我们才可以预期该穷国比相应的富国增长得更快。也就是说，“技术落后但社会先进”（第 388 页）的国家最有可能实现快速增长。阿布拉莫维茨（Abramovitz，1986，第 200～201 页）认为，二战之后的欧洲和日本满足这样的条件。这两个地区都拥有受过良好教育的人口，都有在企业界影响愈加重要的科学家和工程师，这有助于它们实施国外发明的新技术。它们的企业和政府都致力于推进研发，它们的大企业的管理日臻完善。国际贸易、航空运输、新闻媒体以及与美国的合作的恢复，促进了技术知识的引进。此外，由于农业劳动生产率的增长促进了劳动力向经济中新的快速增长部门的释放，农业人口占据较大比例的落后人口结构能够转化为一种优势。由于快速的结构调整是追赶过程的重要组成部分，因此社会能力还包括对变化和竞争所具有的必不可少的开放性。阿布拉莫维茨引用了奥尔森（Olson，1982）的观点，认为通过清除现存的既得利益者，战争本身会为变化和竞争腾出新空间，有利于结构调整。

我们可以把社会能力视为熊彼特增长理论中的参数 μ_m（Aghion and Howitt，2006），这里指的是在某种程度上，一个国家与技术前沿的距离有助于提高其增长率。阿布拉莫维茨在谈到社会能力时，讨论的主要是教育，但他也提到了制度，而制度则是经济史学家在解释各国经济增长经验时的重要关注点。与增长有关的制度的标准清单包括："财产的安全性、腐败的盛行程度、金融部门的结构、对公共基础设施和社会资本的投资、努力工作或创业的倾向性等"（Sokoloff and Engerman，2000，第218页）。另外，工会化的程度和性质、对于卡特尔和竞争的态度、社会福利和税收制度、政府参与经济活动的程度等，也应该加进这一清单。从收敛的角度看，社会能力还应包括制度和政策所形成的激励结构，这是因为激励结构会通过影响创新的预期盈利能力或者通过缓解或加重对新技术进行投资的企业的代理问题等，影响到新技术在后进国家中的吸收和扩散。经济史学家强调，不存在放之四海而皆准的东西，最优制度设计应该随着落后程度、所处技术时代等而有所不同㉗。

格申克龙认为，落后国家为了满足经济追赶的需要，能够对制度组合做出适应性调整。在资本市场不如成熟的英国经济运作良好、企业家精神相对稀缺的那些国家，能够集中大量储蓄资金并能为重工业提供资金和创业指南的全能银行可以弥补这种缺失，而在像俄罗斯这样经济如此落后以至于全能银行难以成为选项的国家，国家可以介入进来。格申克龙认为，俄罗斯的全能银行在第一次世界大战之前不久的经济繁荣时期发挥的作用，要比在19世纪90年代发挥的作用大得多，这反映了第一次世界大战前的俄罗斯已不再像25年前那样如此落后㉘。如果制度能够以这种方式加以适应，那么尽管它对经济表现有可能是至关紧要的，但它同时也必定是内生的，而内生性变量不可能成为令人信服的解释变量。认为历史上的制度能够为经济问题提供有效答案的观点，是计量史学或新经济史学领域包括道格拉斯·诺思（如：North and Thomas，1973）在内的多数早期研究的重要特征。然而，制度也可能源于其他原因，例如：制度可能是路径依赖过程中某种偶然事件的结果；它也可能是文化信仰体系或分配冲突的结果（Ogilvie，2007）。现代经济史中的一个常见话题是：某项制度最初可能是为了有效解决某种现实背景下的特定问题而建立起来的，但对它进行改革却可能存在政治上的困难并受制于路径依赖问题（North，1990）；结果是，当制度得以建立的现实背景发生变化时，制度本身却仍然保持不变，并从一种有益物变为障碍物。在后文的案例研究中，我们会看到这种逻辑得以存在的例子。

有一种可能性特别令人感兴趣，即：一旦国家完成了收敛过程，那么帮助

㉗ 这是阿吉翁和豪伊特（Aghion and Howitt，2006）的重点。

㉘ 当然，格申克龙的观点是有争议的。西拉（Sylla，1991）在探究了有关证据以后认为，银行在19世纪90年代所发挥的作用，远较格申克龙所认为的大得多，而格雷戈里（Gregory，1991）则强烈主张，国家的介入绝对没有格申克龙所认为的那么大的好处。

国家追赶技术前沿的制度也许就不再是合适的了。例如，罗森斯坦 - 罗丹（Rosenstein-Rodan，1943）认为，产业之间的互补性，意味着只有在穿越了一片广阔地之后，现代工业化才得以成行。在格申克龙（Gerschenkron，1962，第 10 ~ 11 页）看来，这正好为工业化转型为何往往以激烈甚至不连续方式发生提供了一种解释（但后来的定量研究却对此表示质疑，参见：Sylla and Toniolo，1991）。这种"大推进"观点自然意味着工业化早期的国家介入具有重要的协调作用（Murphy et al.，1989），但我们并不清楚的是，这种国家介入在达到了技术前沿之后是否还有什么意义，因为这时的问题不再是如何引入和推行现有技术，而是如何开发出新技术。更根本的问题是，鲍德温（即出）认为，以跨国公司主导的现代全球化和他所说的"第二次分工"已经摧毁了大推进观点，即不久前或许有效的以国家为主导的工业化进程；现在，发展中小国可以通过在全球供应链中占有属于自己的生态位，开始自己的工业化进程。当然，这种看法有赖于全球化能够在未来持续下去，而这种想当然却是靠不住的（Findlay and O'Rourke，2007）。

以上观点表明，随着一个国家的经济进步，有必要进行制度层面的改革。遗憾的是，如果制度存在路径依赖性，那么这种改革就不总是会像格申克龙所认为的 1914 年前的俄国那样平稳进行。

6.6.4　地理因素

一个令人惊奇的现象是，世界各地的收入水平是高度空间相关的。由于不同地区的收入水平是长期历史演进的结果，因此在现代工业化进程中出现一定程度上的区域集聚就不足为奇了。19 世纪 70 年代以来的东欧和拉美，19 世纪末叶以降的部分亚洲国家，都出现了快速工业化迹象（Bénétrix et al.，2013）。为什么我们能够在数据中观察到这种地理相关性？它对收敛究竟意味着什么？

一种可能是，那些拥有相似资源禀赋的国家通常地理位置相近，从而在长期经历了比较近似的收入和增长过程。这或者是因为地理条件与资源禀赋与增长直接相关（Sachs and Warner，1997），或者是因为这些因素通过影响制度而对增长产生间接的影响（Easterly and Levine，2003）。长期以来，经济史学家就认为，制度在某种程度上是对禀赋的反应；例如，多马（Domar，1970）认为，在劳动稀缺、土地充裕的社会里，农奴制和奴隶制等强迫劳动制度是一种可预测的结果；其原因在于，如果不存在这样的剥削制度，那么拥有土地的收益就会下降到零，而这显然有违有可能成为土地贵族的那些人的利益。恩格曼和索克洛夫（Engerman and Sokoloff，1997）引用了多马的观点，认为美国和加拿大之所以逐渐成为远较其他美洲国家为富的国家，主要是因为地理差别导致的制度差异，而不是因为文化上的优越性[29]。巴西和加勒比地区是糖料作物的理想生产地区，故无论是欧洲的哪一个列强对该地区进行殖民，都会发展出一种以奴隶为基础的经济制度、社会制度和政治制度。英国、法国、葡萄牙和斯堪的纳维亚国家的糖料作物殖民地，建立起来的都是基于奴隶劳动的高度不平等的社会，甚至在废除奴隶制之后仍然维持了高度的不平等。西班牙的美洲殖民地的发展，主要是通过剥削美洲原居民的劳动（农业与矿业皆然），同样也是高度不平等的。这就使得其政治制度和经济政策的主要目的是维护精英阶层的特权，如：限制性的特许经营权、阻碍欧洲移民、有限的教育投资、保守性的税收制度、高成本的专利保护等等（Sokoloff and Engerman，2000；Sokoloff and Zolt，2007）。

重要的是，不要美化美国和加拿大的经验，不要对美洲土著的遭遇视而不见，不要忘记美国迟至20世纪60年代才实现全民普选。不过，美国和加拿大白人之间的不平等相对较小，并且，由于糖料作物不是美国的主要农作物，并且19世纪美国土著居民数量非常少，故白种人在这两个国家总人口中占据了相当大的比例；白人之间相对较低的不平等程度和白人相对较大的人口比例相结合，使得美国和加拿大整体上表现为相对平等的社会。这种平等性反过来又不仅促进了白种人的包容性制度，而且通过促进商业活动和培育大规模市场，进一步刺激了经济增长。加拿大和美国还通过地方性的所得税和财产税筹集公共资金，对公共教育进行了大量投资，使得多数人可以低代价地利用专利制度，并通过各种方式促进经济增长。恩格曼和索克洛夫（Engerman and Sokoloff，1997）曾经描绘了这样一个故事：通过促进斯密式分工、充分利用规模经济、鼓励市场导向的创新，快速增加和相对平等的美国人共同推动了19世纪的美国增长。这是一条经济繁荣之路，但在制度上坚守历史上长期不平等模式的拉美经济体却无法走上这样一条路。

这种观点是以资源禀赋的地理相关性来解释GDP的地理相关性的。即使每个国家都与邻国彼此孤立，这种观点也仍然成立。不过，经济表现出的这种地理相关性，有可能是通过彼此地理距离更近或更远的国家之间的相互作用而形成的。新经济地理学强调的一种可能性是，市场准入（尤其是对各国之间的工业布局而言的市场准入）能够决定收入水平（Krugman and Venables，1995），例如雷丁和维纳布尔斯（Redding and Venables，2004）发现，人均

---

[29] 对于地理因素通过影响制度而影响发展，阿西莫格鲁等（Acemoglu et al.，2002）提出了另一种机制。有关讨论，参见阿尔布伊（Albouy，2012）。

GDP 与市场准入和供应商的邻近程度高度相关，并认为这种相关性能够延缓人均收入和工作的收敛。另一种可能性是技术扩散本身是地理距离的减函数（Comin et al.，2013）。近年来，经济史学家已经越来越多地采用这种地理视角（Crafts and Venables，2003）。

6.6.5　重大事件

伊斯特利等（Easterly et al.，1993）表明，对于一个国家十年左右的经济增长表现来说，短期冲击与长期因素有着同样的重要性。正如两次世界大战之间的灾难性经济表现所表明的，我们也不能忽视短期冲击的长期影响。

由此不难理解，卢卡斯（Lucas，2009）等理论经济学家倾向于构建这样的模型：在模型中，诸如“经济增长在全球范围的逐渐扩散”等特定模式，可以应用于不存在“战争、国内秩序崩溃、陷入误导性的中央经济计划”等非经济干扰的情形之中（第 23 页）。

与之相反，经济史高度依赖于这种个别事件或短期冲击，理由至少包括：第一，尽管经济史学家像其他经济学家一样试图寻求一般性的解释，但他们还会像其他历史学家那样试图理解某特定国家在某特定时期究竟发生了什么。例如，加勒比地区经济的相对下降，部分原因可能是上文提到的制度后遗症，但确实也是因为英国主导的废除奴隶制以及欧洲甜菜制糖业的发展。这种特殊与一般的关系是该研究领域的一个重要特征。第二，经济史学家接受的学术训练，是按照路径依赖的思路进行思考（David，1985），且不少重大危机确实能够造成长期影响，例如通过影响政策选择而造成长期影响等（Buera et al.，2011）。第三，经济史具有内在的跨学科性质：正如希克斯（Hicks，1969）所言，“经济史的主要作用……是成为一个平台，经济学家、政治学家、律师、社会学家和历史学家（包括史实派历史学家、思想派历史学家和技术派历史学家）可以在这里相遇并彼此交流”（第 2 页）。正因如此，同其他经济学家相比，经济史学家更愿意去了解“非经济冲击”并把它们纳入自己的分析之中。

限于篇幅，我们不可能对此做深入的探究，但如果不对 20 世纪发生的那些重大冲击予以初步的描述并揭示出其相应的后果，那么我们就不可能讲述一个令人信服的 20 世纪的增长故事。两次世界大战、大萧条、非殖民化、20 世纪 70 年代的石油冲击、冷战及其结局，都对我们这个时代的区域经济增长模式产生过重要的影响。图 6.2 为此提供了充分的证据，它表明了不同地区经济表现相对于美国的突变，往往恰逢世界大战、1929 年大萧条的开始以及 1973 年第一次石油危机等重大冲击。

第一次世界大战不仅终结了此前的全球化时代，而且重塑了20世纪的经济格局和地缘政治格局：它导致了德国、奥匈帝国和俄罗斯帝国的崩溃，使得欧洲产生了许多新的国家；它引发了1917年的俄国革命，不仅对后来的苏联经济而且对1945年后的东欧和中国经济产生了重大影响；它永久性地削弱了英国经济，使得两次世界大战之间的时期失去了能够并愿意提供全球性公共品的霸主（Kindleberger，1973）；它导致了国际贸易结构的严重失衡和巨额战争债务与战争赔款，从而为两次世界大战之间试图以金本位为基础重振全球经济的不完美尝试，再添巨大的阴影。大萧条之所以会爆发，主要源于第一次世界大战的这些影响以及其他后遗症（Eichengreen，1992）；而大萧条和德国人在战后的怨恨相结合，导致了希特勒的上台，并最终导致了第二次世界大战的爆发。

第二次世界大战的爆发，反过来又固化了欧洲的相对衰落，不仅为持续至20世纪80年代末的美苏争霸铺平了道路，而且引起了遍布亚洲和非洲的去殖民化。全球化与欧洲帝国主义的历史性联结、两次世界大战之间的灾难性经历自然生成的对市场的不信任等，都使得新独立国家的领导人更倾向于追求一种通常以进口替代工业化战略为基础的国家主导型的增长政策。西欧和北美发展起来了各种或多或少带有社会民主主义性质的社会经济制度：整体而言（但不完全是），利用市场机制创造财富，利用国家对财富进行再分配，提供安全保障并纠正市场失灵。其他地区则存在更为严重的反市场倾向；只有在20世纪70年代糟糕的经济表现之后，这种倾向才有所扭转。当然，70年代糟糕的经济表现，至少在某种程度上同1973年第四次中东战争引起的石油危机有关，而这次石油危机又是造成重要长期影响的另一个重大事件。苏联解体后，政策转型开始加速，迄今仍在进行之中。作为历史学家，我们不敢预测未来的政策不会因为某种意外冲击而再次发生逆转。

之所以在这类重大事件及其现实后果上反复解释，主要是为了表明这样的观点，即经济史学家并不仅仅关注深厚的历史积淀和制度性的路径依赖。如果所有这一切都是重要的，那么人们就不能期望总是能看到那些拥有不同历史和制度积淀的国家，同时出现经济政策和经济增长经验的逆转。当然，全球各主要地区的经济增长，在两次世界大战之间的表现非常差，而在经济增长的黄金时代则相当好，这与这两段历史时期的具体历史环境以及环境的变化密切相关。现实世界既不缺少变化又不缺少持续性，历史学家需要同时关注这两个方面。

6.6.6 经济开放与其他经济政策

在以上各小节中，我们探究了一个国家在与先进水平趋近时可能遭遇的困难。由于任何一个国家都很难改变国外技术的适用性，很难改变自身的地理位置和地缘政治国际环境，甚至很难改变自身的制度，因此这些困难也许难以克服。不过，一个国家可以改变自己的经济政策（不管经济政策是变好还是变差）。现在的问题是，这种政策转变能否提升经济绩效？如果能，那么究竟哪些政策有利于经济增长呢？

现有文献的关注重点是市场友好型政策的影响，特别是其中的贸易政策。关于贸易政策，比较重要的参考指标是萨克斯和沃纳（Sachs and Warner，1995）提出的贸易开放度指数，该指数后来由瓦克扎格和韦尔奇（Wacziarg and Welch，2008）进行了更新。萨克斯和沃纳利用该指数，对1970～1989年间贸易政策的影响进行了研究，发现贸易开放度与更高的增长率相关，并且非条件收敛是开放型经济的特征，但不是封闭型经济的特征。后来的研究基本沿用了这种方法（如Rodríguez and Rodrik，2001），而且不少研究者（如Buera et al.，2011）更愿意把该指数解释为一种能够表明一个国家是否采取了市场友好型政策的指标。

豪斯曼等（Hausmann et al.，2005）在对20世纪50～90年代经济加速增长的基本特征和决定因素进行研究的过程中，亦对如何运用该指数进行了讨论。他们发现，尽管市场友好型经济改革是持续加速增长的一个统计显著的预测指标，但却不是一个可靠的定量预测指标。许多市场倾向型的改革并没有引起这种加速增长，且大多数加速增长并不存在稍早时候的这类改革。他们的研究表明，尽管加速增长是很难预测的，但它确实具有一些共同特征。具体而言，加速增长通常与高投资率、贸易增长、真实汇率走低等相联系，我们在下文中会看到具体的例子。我们还注意到，近几十年来对人类福祉有重大意义的两大加速增长，即中国和印度的加速增长，显然与市场友好型的政策改革密切相关。

贸易开放能否加快经济增长问题引起了激烈的争论，罗德里格斯和罗德里克（Rodríguez and Rodrik，2001）等对萨克斯和沃纳的研究结论提出了强烈的质疑。近期的一项研究（Estevadeordal and Taylor，即出）发现，1975～2004年间的较快经济增长与资本品进口关税的降低有关。一种相对合理的说法是，目前大多数经济学家认为，贸易开放和经济增长是相伴随行的。不过，经济史学家则倾向于认为，“正确的”政策有赖于具体环境并会随着时间不断变化。例如克莱门斯和威廉姆森（Clemens and Williamson，2004）发现，两次世界大战之间的关税就与经济增长正相关，其原因也许是：在需求萎缩且其他国家封闭自身市场的环境下，个别国家单独维持贸易开放政策的收益很低。在这样的环境中，集体不理性的政策对于个别国家则可能是理性的。

在由10个相对发达的经济体所构成的样本中，奥罗克（O'Rourke，2000）在控制了国家固定效应后发现，关税和增长在19世纪后期也是正相关的。当时并不存在总需求不足问题，因此，只要这种相关性不是伪相关，那么我们就需要寻求另外的解释。工业部门在促进增长方面的外部性，可以为此提供一种解释：众所周知，美国的工业化是在极高的关税壁垒的背景下进行的，德国和其他欧陆国家同样对它们的重工业提供了贸易保护。促进高增长的是工业关税、而不是农业关税，正是这一点增加了这种解释的说服力（Lehmann and O'Rourke，2011）。不过，即使这种观点是正确的，但也不能得出这种政策在同一时期的欠发达国家或同样这些国家的不同时期也是可取的这一结论。由于经济增长的面板回归对不同国家、不同时期的一致估计有可能具有误导性，因此在阐释经济政策对经济增长的影响时，各个国家的具体历史有着不可忽视的重要作用。

6.7 案例研究Ⅰ：开始时成功，随后令人失望

在接下来的三节中，我们拟进行案例研究，以对本文涉及的若干主题做进一步的深入探讨。我们首先探究的是最初成功地实现了增长但随后的表现却令人失望的两个例子。一个例子是西欧，它在黄金时代表现出强烈的向美国收敛的趋势，但从20世纪70年代开始，其人均GDP就停止了收敛。第二个例子是英国，它是现代经济增长转型的先行者，但在20世纪尤其是黄金时代的表现则非常令人失望。

6.7.1 欧洲的黄金时代与随后的经济放缓[30]

在1950～1973年的黄金时代，我们见证了西欧实现了有史以来的高速增长，年均增长率达到4%左右。第二次世界大战和第一次石油危机之间的这段时期，已经作为“光辉三十年”或“经济奇迹”成为民间记忆的重要组成部分。尽管东欧和苏联的经济增长较西欧略慢，但它们的增长速度仍然算是比较快的，当然从收敛的角度来看它们原本应该增长得更快。与东亚等其他经济奇迹相比，西欧的快速增长在很大程度上得益于技术追赶和结构变迁引起的全要素生产率提高（Crafts and Toniolo，2008）。但应如何解释欧洲的增长奇迹与随后的经济增长放缓？

1945年，西欧的人均GDP仅相当于美国的31%，奥地利的GDP倒退到

[30] 本节部分内容摘自克拉夫茨（Crafts，2013a）。

1886年的水平，法国和德国的GDP分别相当于1891年和1908年的水平（Crafts and Toniolo，1996，第4页）。在这种情况下，战后重建阶段的快速增长，也就没有什么可令人吃惊的了。然而，西欧的GDP最迟于1951年已经恢复到了战前水平；更令人惊奇的是，就在1951年，西欧的相对GDP只是相当于美国的47%。

西欧经济增长的追赶潜力是显而易见的，若考虑到一系列补充性因素，那么这种显而易见就更为明显了。首先，与几十年前相比，由于欧洲企业更容易获得自然资源和更大的市场，因而美国的技术和欧洲的条件有了更高的技术上的一致性（Abramovitz and David，1996）；而20世纪50年代欧洲经济一体化的进展则使欧美双方进一步彼此受益。其次，西欧社会能力水平较高，如普遍受过良好教育的人口、完善的政治制度和经济制度等。按照阿布拉莫维茨和戴维的说法，战争扫除了残存的旧制度下人们对大众教育、大规模生产、产业发展和经济增长等方面的落后态度，进一步增进了西欧的社会能力。最后，大萧条和战争期间的灾难性经历，为欧洲一体化注入了强大的动力，从而彻底逆转了两次世界大战之间那段时期的贸易保护主义政策。

经济落后但拥有较高水平的社会能力的社会，或者按照桑德伯格（Sandberg，1979）用过的流传甚广的说法，“贫困的精明”的社会，应该是最有利于实现快速增长的；特别是如果这个社会正在经历一种从不同民族国家到经济上一体化的大陆共同市场的过程，那么就更有利于经济增长了。许多经济史学家强调的另一个重要因素是，大多数欧洲国家有大量能够被重新配置到生产率更高的非农职位的农业劳动力（Kindleberger，1967；Broadberry，1997；Temin，2002）；这种结构变化能够解释很大一部分黄金时代的劳动生产率增长（Crafts and Toniolo，2008）。因此，按照前文提出的收敛框架，我们可以比较容易地来解释欧洲的增长奇迹；当然，这也没有什么可奇怪的，因为收敛范式在很大程度上就是基于欧洲经验提出来的。西欧不仅整体上比美国增长得更快，而且在西欧内部也存在着明显的非条件收敛。不过，对于这段时期的西欧，有必要做两点说明：其一，某些国家的经济增长，如果只考虑战后重建和收敛因素，原本应该增长得更快（Crafts，1992a，第401页表6）；其二，即使考虑到初始收入因素，某些国家在黄金时代的经济表现还是要优于其他国家。

艾肯格林（Eichengreen，1996）表明，西欧各国的经济增长与投资增长和出口增长都是正相关的，这与豪斯曼等（Hausmann et al.，2005）的研究结论一致。艾肯格林（Eichengreen，2007）对有关问题做了进一步深入探讨。艾肯格林的研究表明，较高的投资水平和贸易水平受益于国内和国外的一系列制度安排。国内制度可以笼统概括为社团主义，它确保了工人在工资方面能够保持克制，从而保证了较高的利润水平；同时，它又能提供一种补偿机制，确保利润主要用于再投资而不是支付股息红利，从而保证了未来较高的工资增长率。公司董事会中的工人代表，有助于保证雇主不会背叛这种互利均衡；政府对集体工资谈判的监督及其奉行的“胡萝卜加大棒”原则，能够保证工人们不会背叛这种互利均衡。福利国家制度，在某种程度上是对工人在工资方面的克制予以短期补偿的一种方式。这些国内制度安排的最终结果，就是高投资、资本深化、TFP 高增长率和经济奇迹。

国际制度方面，那些对西欧较高投资和贸易水平有重要影响的制度安排主要与欧洲一体化有关，如欧洲支付同盟、欧洲煤钢共同体、欧洲经济共同体和欧洲自由贸易联盟等。这些举措促进了欧洲多边贸易的恢复，具有重要的效率方面的意义，使得企业在投资决策时就能够较好地把握国外市场。美国试图利用马歇尔计划推进欧洲的市场友好型结构改革，欧洲国际一体化就是美国方面的要求之一（DeLong and Eichengreen，1993）。克拉夫茨和托尼奥洛（Crafts and Toniolo，2008）则这样描述黄金时代：通过取消两次世界大战之间的错误政策而实现快速增长的一段时期，仅此而已。

如果艾肯格林的看法是正确的，那么拥有适当的国内制度并较早实现贸易自由化的那些国家，应该有着更高的投资、贸易和增长。一方面，爱尔兰到20 世纪 50 年代末 60 年代初才开始推行贸易自由化，而英国则拥有更为碎片化和更缺少社团主义属性的工会结构，它们在黄金时代的表现都比较令人失望；另一方面，比利时、联邦德国、荷兰和斯堪的纳维亚国家都拥有社团主义式的劳资关系，并相对较早地推行了贸易自由化政策。尽管很难对艾肯格林的假说进行经济计量检验（Crafts，1992b），但他的观点至少在先验上是合理的。

如何解释 1973 年之后的经济放缓？本文前述分析表明，随着欧洲逐渐追赶上技术前沿以及能够重新配置的农业劳动力的逐渐消失，这种经济放缓在很大程度上是不可避免的。当然，这无法代表全部情况，理由至少有如下几个方面（Crafts and Toniolo，2008）。第一，尽管人均 GDP 在 20 世纪 70 年代就停止了向美国的收敛，但劳动生产率的收敛则一直持续到 20 世纪 90 年代。二者之间的差别，主要是因为欧美在工作小时数方面的不同趋势：至于如何解释这种不同，目前仍不清楚（Blanchard，2004；Prescott，2004；Alesina et al.，2006）。第二，与 20 世纪 70 年代的石油危机相联系的分配冲突，可能极大地削弱了合作性政治制度的基础，而这种合作性制度正是艾肯格林所认为的黄金时代促进增长的关键因素。第三，即便这些制度仍然像以前那样是可行的，但它们是否能很好地适应于新时代却是不清楚的；这个新时代就是，同欧洲仍然比较落后的时期相比，以最适技术的国外进口为基础的增长将不再是件容易的事（Eichengreen，2007；Aghion and Howitt，2006）。过去是在充分理解其他地区开发出来的技术的基础上，通过调动大量资本进行大规模生产；与之不同，现在的问题是如何创新，而这就要求更具竞争性的产品市场、不同的融资手段和不同的培训系统。

从 1973～1995 年间到 1995～2007 年间，美国单位工时的真实 GDP 增长率由年均 1.28% 提高到了 2.05%。相比之下，欧盟 15 国则从年均 2.69% 下降到了 1.17%。绝大多数欧洲国家的劳动生产率增长率都是下降的，其中意大利和西班牙在 1995 年之后已经下降到 1% 以下。瑞典的生产率一度有所恢复，而爱尔兰在一段时期内继续成为凯尔特之虎；这两个国家的生产率增长率都超过了美国。因此，虽然平均而言欧洲在生产率方面落在了美国的后面，但欧洲不同国家之间的表现还是有着相当大的差异性。

美国生产率增长的加速，主要是因为信息通信技术。正如前文的历史比较所表明的，信息通信技术的影响不仅很大而且很快。信息通信技术对经济增长的影响，主要是通过它作为一种资本设备新形式的扩散，而不是信息通信技术设备生产过程中的 TFP 增长。其原因在于，使用者主要通过更低的价格受益于这种技术进步；同时，随着价格的下降，更多的这类资本品得到了安装和使用[31]。这意味着信息通信技术为欧洲提供了一个提高生产率增长的巨大机会。但正如表 6.22 所示，就抓住这一机会而言，欧洲国家远不如美国成功。

经验证据表明，无形资产和高质量人力资本方面的互补性投资有利于促进信息通信技术的扩散，但在就业保护和限制竞争等方面相对较强的监管（尤其是分配部门的监管）则会削弱信息通信技术的扩散（Conway et al.，2006）。由于此类监管实际上是随着时间的推移而逐渐减弱的，故完整的情况说的不是欧洲的监管越来越严格，而是原有的监管措施在新技术时代的代价越来越大。当然，欧洲各国在这些方面存在很大差异，如英国和瑞典的情况就略好于意大利和西班牙。

信息通信技术的例子，有助于为我们对欧洲在危机前数十年的供给侧政策做出一般性评论提供启发。欧洲的供给侧政策措施，在某些方面提供了更有利于经济增长的条件：作为欧洲单一市场的结果，欧洲国家的贸易变得更为开放并促进了生产率的提高；平均受教育年限稳定提高，产品市场上阻碍竞争的政策得到了消除；从 20 世纪 80 年代初期开始，企业的税率有了明显的下降等

---

[31] 假如一个国家不存在信息通信技术的生产，那么有着两种资本（信息通信技术和其他资本）的柯布—道格拉斯生产函数的新古典增长模型表明，其稳态增长率等于全要素生产率增长加上一个 ICT 资本的真实价格下降率与 ICT 资本在国民收入中的份额的乘积并除以劳动在国民收入中的份额的项目（Oulton，2012）。

等。然而，如果想要恢复追赶并彻底解决令人失望的经济增长表现问题，那么就有必要对供给侧政策进行进一步改革。阿吉翁和豪伊特（Aghion and Howitt，2006）强调指出，随着一个国家越来越接近技术前沿，高质量的教育和产品市场上更充分的竞争将变得越来越重要。就此而言，欧洲各国仍有进一步改善的巨大空间。

最近的研究表明，许多欧洲国家的教育质量存在严重的问题，欧洲经济放缓在某种程度上是教育质量问题带来的增长惩罚。以考试成绩衡量的认知能力与经济增长表现有很强的相关性（Hanushek and Wössmann，2012），但令人吃惊的是，即便像芬兰这样的欧洲顶尖国家也已经落在了日本和韩国后面，而德国尤其是意大利等国更是不断趋于恶化。按照这些学者的估计，如果意大利的认知能力能够达到韩国的标准，那么其长期经济增长率平均每年将提高0.75个百分点。韦斯曼等（Wössmann et al.，2007）表明，能够解释各国认知能力差异的主要是教育体系的组织方式，而不是教育支出的多少。

欧洲的竞争程度和竞争政策通常弱于美国，这就提高了企业定价的加成率，降低了管理者在投资和创新方面的竞争压力，进而对全要素生产率增长产生了消极影响（Buccirossi et al.，即出；Griffith et al.，2010）。在许多欧洲国家，市场部门的生产率增长令人极其失望（Timmer et al.，2010），其中的一个原因是竞争程度的持续减弱，它存在于欧洲单一市场形成过程之中并反映为较高的价格成本加成（Høj et al.，2007）。通过减少各成员国所维持的这类进入障碍来解决这些问题，能够显著地提高生产率表现；不过，尽管有欧洲服务指令，但各国政府仍然在维持进入障碍方面拥有相当大的自由裁量权（Badinger and Maydell，2009）。

尽管相对增长率有所放缓，但西欧仍然是非常富裕和非常成功的经济体。在写作本文时，西欧面临的主要问题是破碎的银行体系和功能失调的货币联盟，这提醒我们：即便是非常长期的经济增长，亦可能受到我们通常视之为短期的货币因素的影响。一旦解决了这些短期问题，某种形式的长期问题依然存在：如何才能重塑欧洲经济才能使之更具活力，而不必放弃战后沉淀下来并为欧洲人民最为珍视的那些最有价值的元素？

6.7.2 黄金时代及其后的英国[32]

作为在19世纪大部分时间里毫无争议的经济领先者，英国其后进入了长

[32] 本节部分内容摘自克拉夫茨（Crafts，2012，2013b）。

期持续的经济相对衰落的阶段。这一点在黄金时代是如此明显，以至于到黄金时代结束时，英国人均真实 GDP 已被其他 7 个欧洲国家超过，劳动生产率则已被其他九个欧洲国家超越。英国的年均增长至少比其他国家低 0.7 个百分点，而不论这些国家的期初人均收入水平是高于还是低于英国。同西德等相对成功的那些经济体相比，英国相对较低的劳动生产率增长的直接原因是单位工人的资本增长和 TFP 增长更弱。尽管更慢的增长部分是由于收敛因素，但不断被其他国家超越显然是一种经济上的失败。

该时期特别有趣的事情是，长期以来的制度与不断变化的政治经济环境之间的相互作用，几十年来延续了一种不仅相互侵害而且排除改革的模式。经济政治环境的主要变化是：产品市场的竞争遭到了严重的侵蚀，政府为了重新上台而维持了极低的失业水平。当快速增长的黄金时代这一机会来临的时候，由此导致的两种制度后遗症变得代价异常高昂：其一，公司治理表现出了大公司在缺乏大股东情形下所有权和控制权异乎寻常的高度分离（Foreman - Peck and Hannah，2012）。在公司收购使得市场难以成为有效约束的情况下（Cosh et al.，2008），弱竞争最终导致了普遍的管理业绩不善。其二，劳资关系呈现出了行会成员控制、多重工会以及劳动行动的司法豁免等特点（Crouch，1993）。

英国没有能够像欧洲其他国家那样，实现劳资关系的转变或艾肯格林的合作均衡，这意味着一种相当大的增长惩罚（Gilmore，2009）[33]。在达成有约束力的劳资合同条款根本不可能的情况下，不论是没有工会还是有一种强有力的社团主义式工会，对于特殊的英国来说似乎都更好一些。由于劳资谈判都是与多个工会或仅代表某家企业部分员工的工人代表进行的，因此英国的劳资谈判通常很难达成有利于促进投资和创新的社团主义条款。作为充分就业和弱竞争的结果，这些工会有着强大的议价能力，但却没有把工资限制的好处予以内部化的激励。这就阻碍了作为沉没成本的投资，并在投资和增长方面产生了一系列连锁反应[34]。

20 世纪 50 ~ 70 年代，英国政府的一个重要施政缺陷是没能进行成功的劳资关系改革。不过，政府在整段时期内也一直在努力说服隶属于工会组织的劳工在工资方面保持克制以促进投资，甚至在政府认为战争创伤之后的低失业有

㉝ 吉尔摩（Gilmore，2009）发现，1975 年以前的工资协调谈判对投资和增长有正向作用，但其后则没有。这符合卡梅伦和华莱士（Cameron and Wallace，2002）的下述见解：艾肯格林均衡的关键在于双方都要有耐心，而在 20 世纪 70 年代的宏观经济陷入动荡后，各方都失去了耐心。

㉞ 利用艾肯格林模型（Eichengreen，1996）或其纳入内生创新的扩展形式，我们可以很容易地理解这一点。

助于其选举成功的情况下，劝说工会成员进一步将工资水平维持在保持较低水平的失业率且不会引发通货膨胀的程度。充其量，这相当于给予了工会组织的经济改革否决权。总而言之，英国在战后和解时期所形成的供给侧政策，至少在下述几个方面是不利于经济增长的：坦齐（Tanzi，1969）所表明的在OECD国家中最不利于经济增长的、以极高的边际税率为特征的税收体系；20世纪30年代的贸易保护主义一直保留到了60年代，从而错失了贸易自由化带来的利益（Oulton，1976）；致力于技术发明而不是技术扩散的方向错误的技术政策（Ergas，1987）；无效地补贴物质资本投资的产业政策（Sumner，1999）；通过补贴来保护僵尸产业从而减缓了结构调整进程（Wren，1996）等。

英国经济在黄金时代的一个重要特征，是产品市场的竞争程度很弱，它形成于20世纪30年代并在随后的时期里进一步强化。竞争政策在很大程度上是无效的，而市场势力在很大程度上是政治性的、根深蒂固的（Crafts，2012）。缺乏竞争性至少部分地通过劳资关系和管理失效，对英国在黄金时代的生产率表现产生了负面影响。布罗德伯里和克拉夫茨（Broadberry and Crafts，1996）对1954～1963年间制造业横截面数据进行分析后发现，卡特尔化与生产率增长显著负相关，西梅奥尼迪斯（Symeonidis，2008）进行的双重差分分析进一步证实了这一结论。20世纪70年代和80年代，竞争程度的提高促进了创新（Blundell et al.，1999）并显著提高了那些没有外部大股东的企业的生产率增长（Nickell et al.，1997）。以上研究结论，揭示了竞争性通过影响代理成本而对生产率表现产生的重要影响。

案例研究表明，与工会进行的讨价还价所引起的管理不善和劳动限制，会导致更差的生产率结果。普拉滕和阿特金森（Pratten and Atkinson，1976）探究了25个这类案例，发现其中23个案例存在这种问题。普雷斯（Prais，1982）在10个行业的案例研究中，发现有8个行业存在类似的问题，且每个案例都显示出竞争性显著受损。多重工会、非强制执行合同、工厂与工人代表的讨价还价等，打造出了企业和员工不能就“良好行为”做出承诺的一种不同于西德的环境，而这显然会削弱投资和创新方面的激励（Bean and Crafts，1996；Denny and Nickell，1992）。

1914年以前的那种在某种程度上能够防范经济失败的竞争性环境消失了。由此引起的管理不善和劳资关系失调，通常被视为英国经济在黄金时代持续存在的阿喀琉斯之踵。经济政策的政治化运作阻止了供给侧改革，而这种改革本可以通过提高社会能力来阻止相对经济下滑。只有在持不同政见的新首相于1979年当选以后，才结束了这一切。

后黄金时代的政府政策转变了方向，调整为提高产品市场上的竞争性，因此该时期有助于为上文的解释提供一种检验。具体而言，贸易保护主义被丢弃了，各种形式的贸易自由化减少了价格与成本之间的差额（Hitiris，1978；Griffith，2001）。贸易保护的平均税率由1968年的9.3%降至1979年的4.7%和1986年的1.2%（Ennew et al.，1990）。产业政策随着补贴的削减而减少，对国有企业进行了私有化，同时也解除了管制。此外，通过劳资关系的法律改革，降低了工会的议价能力，尽管在开始的时候因失业率的提高而遭到了削弱。财政政策进行了改革，其中包括提高增值税和降低所得税的税制结构调整。撒切尔政府见证了工会否决经济政策改革时代的结束。英国在20世纪80年代发生的许多变化，在20世纪60年代和70年代看来都是不可想象的。

黄金时代以后，欧洲的生产率增长显著放缓，但英国放缓的程度要比其他大多数国家轻得多。20世纪后期竞争性和开放性的提高，使得英国有着更好的生产率表现。普劳德曼和雷丁（Proudman and Redding，1998）探究了1970～1990年间英国各行业的不同经历后发现，开放度提高了英国与技术领先者之间的生产率收敛率。在对欧洲各行业的追赶进行的一项研究中，尼科莱蒂和斯卡尔佩塔（Nicoletti and Scarpetta，2003）发现全要素生产率增长与产品市场监管（PMR）之间具有负相关关系。英国在产品市场监管方面的得分低于法国和德国，这使得英国在20世纪90年代的全要素生产率增长优势，平均每年达到0.5个百分点。在行业层面上，英国20世纪80年代的行业集中度下降，对劳动生产率增长产生了显著的正效应。行业进入与退出在制造业生产率增长中所占的比例不断上升，从1980～1985年间的25%增加到了1995～2000年间的40%（Criscuolo et al.，2004）。

至少通过管理人员面临的更大压力和企业与工人之间为提高努力程度和改进操作规程所进行的讨价还价，人们普遍感受到了这种影响。作为拥有多家工厂的企业的一部分，单个工厂很容易遭遇代理问题；欧洲单一市场导致的竞争性的增强，不仅提高了单个工厂的TFP水平而且提高了其TFP增长率（Griffith，2001）。资本市场的自由化为现任管理者提出了实实在在的挑战，1980年之后的一个显著特征是大企业的股份转让和重组，尤其是经常借助于私募股权融资的管理层收购，而这又引起了1988～1998年间全要素生产率水平的大幅提升（Harris et al.，2005）。

20世纪80年代和90年代，英国劳资关系的行为和结构发生了重大变化，工会成员及其议价能力受到了严重的侵蚀。这部分是因为20世纪80年代的高失业率和反工会立法，但同时也是竞争程度增强的结果（Brown et al.，2008）。20世纪80年代，面对日趋激烈的竞争，那些拥有工会的企业中涌现出了一种组织变革浪潮；由此可见，竞争程度的提高对于英国经济表现也许有着更为重要的作用（Machin and Wadhwani，1991）。在国际竞争加剧背景下的"去工会化"，对20世纪80年代后期的生产率增长产生了重要影响（Gregg et al.，1993）。20世纪50~70年代，多重工会对TFP增长造成了显著的负面影响，但这种影响在1979年之后就基本消失了（Bean and Crafts，1996）。简言之，劳资关系改革和产品市场竞争相互作用，共同促进了英国的生产率增长。

6.8 案例研究Ⅱ：迄今仍然成功的成功者

在这一节中，我们将探究二战以后在时间上更靠后的两个经济奇迹案例，即东亚和爱尔兰。尽管人们在1997年危机之后对东亚奇迹表达过疑虑，但该地区还是不久就恢复了增长。爱尔兰的经济增长是否会步日本在20世纪90年代的后尘尚有待观察，但爱尔兰目前的收入水平确实已远超20世纪80年代。

6.8.1 东亚奇迹

20世纪的东亚"四小龙"，在第二次世界大战之后经历了一种最突出的经济增长。这四个国家或地区的人口规模、历史文化和政治制度各有不同。1950年，人口最多的是韩国，约为2 000万人；中国台湾地区的人口约为780万人，而中国香港和新加坡作为地区或城市国家，人口分别仅仅为200万人和100万人。韩国曾沦为日本殖民地，中国台湾也曾被日本殖民统治，都曾处于冷战斗争的前沿。新加坡曾是英国的殖民地，中国香港也曾被英国殖民统治，其中：新加坡一直寻求并最终获得了独立，首先于1963年成为马来西亚联邦的一部分，其后于1965年成为一个独立的国家；而中国在1997年恢复对香港行使主权之前，香港一直被英国殖民统治。韩国和中国台湾的人均GDP约为900国际元（1990年不变价格），约相当于或低于撒哈拉以南一些非洲国家的水平；中国香港和新加坡则略高于2 000国际元。不同于韩国、新加坡和中国台湾，在制度上，中国香港地区在1997年以前一直直接接受英国的殖民统治。然而，这四个国家或地区都实现了惊人的经济增长，其结果是到2007年，韩国和中国台湾的人均GDP达到了西欧的水平，而中国香港和新加坡则要更高一些。暂且不论要素积累和TFP增长在其中的相对贡献，单单这种突出的经济增长表现，就足以值得为它们贴上"奇迹"这一标签了。

上述经济增长经验的若干特征，使得我们可以采用前述一般性的收敛框架予以分析。1950年，这四个国家或地区都是相对比较穷的，但它们却拥有较高的社会能力。著名的阿德尔曼和莫里斯（Adelman and Morris，1967）指数表明，韩国和中国台湾在 20 世纪 50 年代末 60 年代初的社会经济发展水平是相当高的；而坦普尔和约翰逊（Temple and Johnson，1998）则发现，该指标与随后的经济增长具有很强的相关性。与其他地区一样，东亚“四小龙”的特点是包括人力资本和物质资本在内的高投资率以及快速增长的国际贸易。1980 年，韩国和中国台湾的投资均占地区生产总值的 30% 左右（Rodrik，1995，第 59 页）。通过行政许可、技术援助以及跨国公司和合资企业投资等形式的技术转让得到了积极鼓励；当然，不同地区的鼓励政策各有不同，如新加坡积极鼓励外商直接投资，而韩国则不鼓励这种技术转移形式。东亚增长的另一个特征是依托于工业化：首先是纺织业，然后是重工业，最后是电子工业和高科技产业。随着后来步入工业化进程的东南亚国家开始生产东亚地区不再生产的制造品，这种随着时间的推移从劳动密集型产业向资本密集型进而向技术密集型产业的转换模式，为这些东南亚周边国家带来了技术溢出效应，或所谓的雁形现象（Ito，2001）。

20 世纪 80 年代末 90 年代初涌现出了大量研究东亚奇迹的文献，它们认为这些经济体在发展过程中的政策基础，包括公共企业、积极的产业政策、出口促进政策和贸易保护制度等，与华盛顿共识提供的不干预处方存在天壤之别。在阿姆斯登（Amsden，1989）看来，韩国具有重要作用的制度基础包括“奉行干预主义的政府、多元化经营的大型企业集团、称职的领薪管理人员的充足供给和大量低成本且受过良好教育的劳动者”（第 6 页）；最重要的政策包括：有助于提高企业经营表现、扩大出口份额的政府补贴；通过补贴或其他政策措施，为资本和外汇构建一种有效的价格多轨制等。按照阿姆斯登的观点，为了协调相互冲突的目标，这种价格多轨制在某种程度上是有必要的，如在鼓励储蓄的同时维持企业的低资本成本，或在鼓励出口的同时维持低进口成本等。韦德（Wade，1990）认为，东亚政府的积极干预主义具有一定的好处，它不仅能够影响经济增长率，而且会影响产出的部门结构。在上述 TFP 研究文献引发出激烈的学术争论之前，世界银行已在 1993 年的一项研究中（World Bank，1993），吸收了上述研究中的部分结论，但不是全部结论。东亚增长所引发的学术争论是，东亚奇迹究竟是否真的像表面上那样出色：毕竟，如果 TFP 增长很低，那么以“干中学”或促进增长外部性等为理论基础的干预主义论点就是难以令人信服的（Krugman，1994，第 78 页）。

阿姆斯登和韦德比较强调出口表现，后来的研究则降低了出口的作用。罗德里克（Rodrik，1995）认为，出口本身不能成为工业化的主要原动力。这是因为，如果出口是工业化的原动力，那么它就必然体现为伴随着世界需求增加的出口相对价格的上升。由于并不存在这种价格上升，故经济增长的最终源泉必定是内部的，而出口增加只是其结果而已。在罗德里克看来，增长的核心是投资，而这又与增长核算所提供的证据是相一致的。政府干预是必要的，其原因不仅在于通过补贴、公共投资和其他措施来提高储蓄率和投资率，而且在于通过对一系列互补性行业的投资进行协调以实现“大推进”。罗德里克发现，韩国和中国台湾的投资和进口之间存在着很强的相关性，而下述事实可以解释这种相关性：投资，通常需要进口大量机器和其他资本设备。同时，为了支付进口款项，就需要有出口，故出口对于投资驱动型增长是必不可少的。当然，出口并非快速增长的直接原因，但这并不意味着出口是可有可无的：出口不仅为资本品的进口提供资金，而且为高投资率下的更多产出提供了销售渠道。其言外之意是：尽管像韩国和中国台湾这样的经济体，其本身并非自由贸易者，但它们却受益于西方主要经济体在此期间的开放性国际贸易政策。

东亚经济体还有其他一些类似的特征，如政府和当局与大型企业之间的紧密关系、严重依赖银行贷款等，一度被视为有利于促进该地区向技术前沿的快速收敛，但在1997年东亚金融危机爆发后却备受批评。考虑到近期关于东亚经济体TFP的争论，有人在金融危机之后提出如下观点也就毫不令人奇怪了：东亚经济的这些制度特征，向来都是经济增长的一种阻碍因素而非促进因素。当然，很难想象如何才能够令人信服地构造出这种反事实的观点。例如，大推进政策的理论基础是部门之间的互补性，但现有研究没有在不同部门发现补贴或其他政策干预措施与生产率或其他结果之间存在相关性，这就使得大推进政策很可能是难以令人信服的。在20世纪60～90年代东亚快速增长的来源问题上，关于金融危机是否能够证明什么的看法，在2007～2008年间全球性金融危机的背景下多少显得有点过时了。近期全球金融危机对目前一些世界上最为富裕的国家形成了很大的冲击，而这些国家与韩国等东亚经济体有着非常不同的制度结构。欧元区外围国家在此次金融危机的经历，表明了货币挂钩经济体有可能面临资本流动带来的风险；与韩国或泰国不同，这些国家没有选择货币贬值的自由，因此迟至2013年仍然没有走出危机。与此形成鲜明对比的是，东亚经济在1999年已经恢复了快速增长。因此，我们同意伊滕（Ito，2001）的观点，他认为关于东亚增长奇迹，必须明确区分开两种争论，此即：关于何种制度和政策对东亚增长最为重要的争论以及关于如何对银行和国际资本流动进行监管的争论。当然，这并不意味着东亚经济体在某些经济发展阶段不必重新思考其制度结构，尤其是在它们越来越接近于国际技术前沿的过程中。

6.8.2　爱尔兰：凯尔特之虎

爱尔兰作为小型经济体利用经济全球化浪潮实现了巨大的经济成功，取得了所谓凯尔特之虎时期的惊人增长，并吸引了人们的普遍关注。显而易见的是，它在外商直接投资出口平台和信息通信技术生产方面享有近水楼台之优势，但让人不太好理解的事实是：直至 20 世纪 80 年代中期，爱尔兰仍然是一个失败者（Ó Gráda and O'Rourke，1996）。正如前文所述，富裕的西方经济体在 1950 年以后经历了一个非条件收敛过程，即相对较穷的国家比那些相对较富的国家增长得更快。从这个角度看，正如图 6.3 所示，爱尔兰在 1987 年前的表现明显欠佳：与非条件收敛和它在 1950 年相对较穷的处境所预示的应该实现的增长率相比，其实际增长率明显要低得多。尽管爱尔兰在 1950 年的人均收入水平介于奥地利和意大利之间，但它在 1950 ~ 1987 年间的年均增长率只有 2.8%，大致相当于比荷卢联盟成员国（比利时、荷兰和卢森堡）的水平。在经济增长的黄金时代，这显然是一种严重的经济失败。

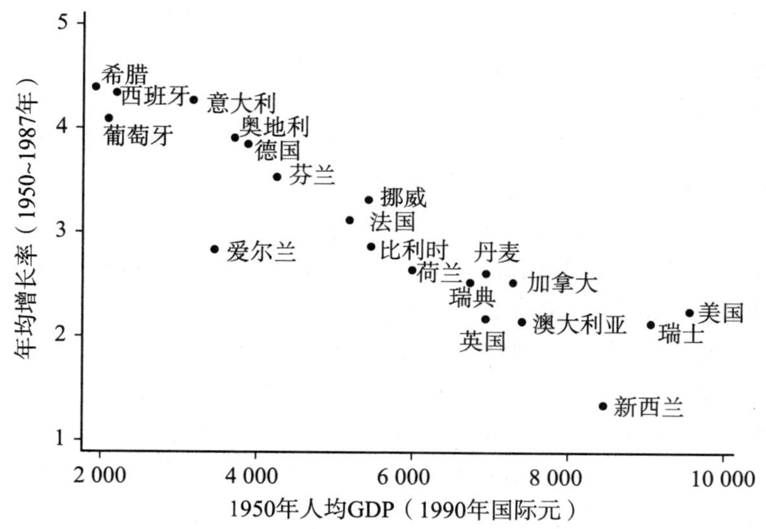

图 6.3　人均 GDP 增长：1950 ~ 1987 年

资料来源：博尔特和范赞登（Bolt and Van Zanden，2013）。

爱尔兰失败的原因与同时期其他欧洲国家成功的原因有关。20 世纪 50 年代的爱尔兰，情况特别糟糕，人均增长率只有 1.7%，教育仍然面临资金不足和供给不足。与欧陆国家社团主义的劳动力市场制度不同，爱尔兰拥有的是支离破碎的英式工会体系，无法通过节制工资以实现较高的投资水平。即便能够实现工资节制，爱尔兰的企业也太小，它们都是小型的、非生产性的并专注于国内市场，同时国家也不鼓励外商投资。这种颇如20世纪30年代保护主义的政策也许能正确应对大萧条，但确实应该更早地抛弃而不是坚持得那么久。由于政治方面的原因，爱尔兰的储蓄更多的是基于相对缺乏生产性的目的投向那些低收益的项目。毫不奇怪，按照欧洲1960年的标准，爱尔兰的TFP非常低（Crafts，2009）。

随着时间的推移，爱尔兰逐渐消除了上述阻碍经济增长的因素。20世纪50年代末60年代初，爱尔兰开始实行出口税收减免，并采取了一系列吸引外商直接投资的措施，这成为爱尔兰开始向技术前沿收敛的关键因素。贸易逐渐实现了自由化：1965年加入了盎格鲁—爱尔兰自由贸易区，1973年加入了欧洲经济共同体。20世纪60年代末，终于开始了姗姗来迟的教育改革并普及了中等教育。爱尔兰在20世纪60年代的增长是50年代的两倍，但仍然低于西欧的平均水平；爱尔兰仍然没有开始收敛，到1973年仍然比希腊、葡萄牙和西班牙差。欧洲经济共同体成员国的身份，在多个方面促进了爱尔兰的经济现代化，但石油危机以及同时陷入的低增长、巨额政府预算赤字乃至后来的财政危机，使得爱尔兰在20世纪80年代陷入了战后第二个失去的十年。

1987年之后，爱尔兰的经济表现发生了彻底的改变。1987～2000年间，爱尔兰的人均增长率高达5.7%，到2000年已经达到了发达经济体的“收敛线”（见图6.4）。现在的问题是，爱尔兰是如何实现华丽转身的呢？图6.3和图6.4为此提供了直观的解释：爱尔兰奇迹只不过是20世纪50年代和60年代西欧增长奇迹的后来翻版（Ó Gráda and O'Rourke，2000；Honohan and Walsh，2002）。20世纪60年代和70年代，爱尔兰逐渐消除了实现收敛的诸多结构性障碍，从而能够更好地利用20世纪90年代欧洲一体化深化和世界经济繁荣所提供的机遇。20世纪80年代的惨痛经历，使得工会组织更愿意接受一种社团主义式的社会合作关系，以实现限制工资和就业与增长的协调。目前爱尔兰工人的受教育水平远远高于20世纪60年代。1987年和1993年的货币贬值有助于提高爱尔兰的竞争力。现在，更为健康的劳动力市场与爱尔兰长期以来的低公司税率良性互动，引起了一股对内投资热潮，并进而提高了TFP水平和就业水平。

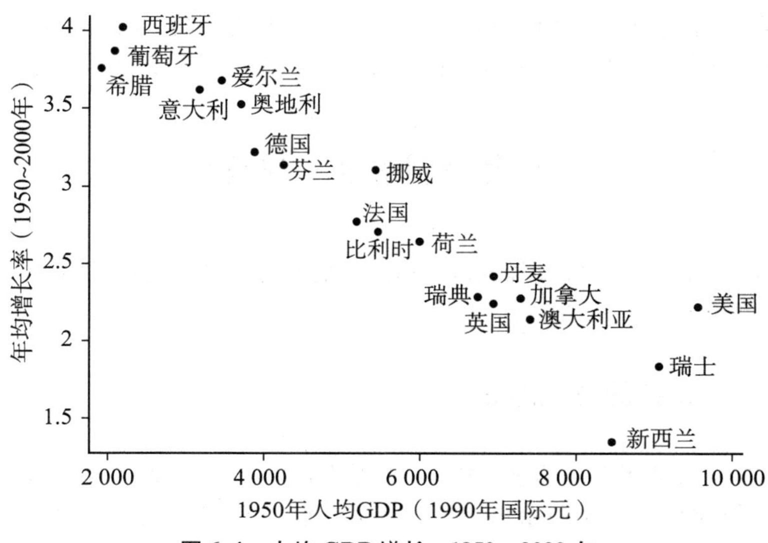

图 6.4　人均 GDP 增长：1950 ~ 2000 年

资料来源：博尔特和范赞登（Bolt and Van Zanden，2013）。

技术引进、促进投资的社团主义劳资谈判以及对出口的依赖，所有这些都让人回想起了三四十年前的西欧奇迹。当然，二者之间也存在重要区别，这主要反映了时代的差异。爱尔兰的大多数投资都是通过外商直接投资而不是国内企业的留存利润进行的。对工人的工资限制所进行的补偿，更多的是通过税收减免而不是福利国家的扩张。另外，与 20 世纪 50 年代、60 年代的高增长国家相比，爱尔兰没有经历过工业化的所有阶段，其工业化更集中于信息通信技术和其他高新技术部门。爱尔兰的这种专业化产业布局，反映的并不仅仅是市场这只看不见的手，而是政府积极发展信息通信技术产业、制药业和其他类似产业部门的结果（Barry，2002）。

随着加入欧元区后引发的大规模跨境资本流动，爱尔兰于 2000 年或 2001 年结束了高速增长的凯尔特之虎时代，并在 2001 ~ 2007 年间代之以凯尔特泡沫。不论是经济泡沫还是随后的泡沫破灭，都令人回想起 1997 年的东亚危机，但二者之间的重要区别是：爱尔兰不能通过汇率调整来应对危机。爱尔兰经济到 2013 年仍然没有复苏的迹象，而东亚则在危机不久就开始了快速的、持续的复苏过程；对于爱尔兰模式，外部观察者迄今仍没有像对 1997 年以后的东亚模式那样进行深入的探究，这或许颇具讽刺意味。最终的结果是，截至本文写作之时，爱尔兰面临着继 20 世纪 50 年代和 80 年代之后，陷入战后第三个“失去的十年”的风险。判断爱尔兰或其他欧元区外围国家到底是否能够恢复增长以及何时恢复增长，现在尚为时过早。尽管如此，凯尔特之虎绝非浪得虚名：目前，爱尔兰已是西欧最富裕的国家之一，而绝非最贫穷的国家。

6.9 案例研究Ⅲ：失败者

在本节中，我们将简要探究两个称得上是追赶的失败者的情形，此即苏联和非洲。

6.9.1 苏联的失败追赶[35]

苏联长期以来的人均真实GDP一直低于美国水平，如1950年约低30%、1973年约低36%；尽管前途貌似光明，但美苏之间的差距缩小是非常缓慢的。苏联在黄金时代的年均增长率为3.37%，即使同初始相对收入水平较低的意大利和西班牙等西欧国家所实现的增长率相比，苏联的表现仍然很难令人满意（Crafts and Toniolo，2008）。

直至20世纪70年代，苏联仍没有出现生产率增长严重放缓的迹象。从20世纪50年代到70年代初期，苏联的投资/GDP大约翻了一番达30%，故苏联在黄金时代实现的是一种粗放型的增长。该时期的资本存量增长率约为8.5%（Ofer，1987）。不过，由于全要素生产率的低增长进一步加剧了资本积累的收益递减性质，这意味着随着时间的推移，既定投资率导致的资本存量增长率不断降低：资本存量的年均增长率从20世纪60年代的7.4%下降到了20世纪80年代的3.4%。20世纪70年代以后，随着旧工厂的设备更新和西伯利亚地区自然资源产业的扩张，“大规模的资本浪费”（Allen，2003，第191页）最终导致了TFP的负增长。

到20世纪70年代，苏联的研发投入约占GDP的3%，与世界标准相比并不低。因此，苏联全要素生产率增长相对较低并非研发不足的结果，问题主要在于企业层面缺乏驱动创新的激励机制。这是社会能力不足导致失败的典型案例。计划经济体制奖励的是那些实现短期生产目标的管理者，而不是那些找到降低成本或提高产品质量的长期方法的管理者。在这种情况下，有关风险收益平衡非常不利于企业的组织创新和技术创新，并且也不存在任何竞争压力（Berliner，1976）。

㉟ 本节部分内容摘自克拉夫茨和托尼奥洛（Crafts and Toniolo，2008）。

领导层用于激励管理人员和工人的激励机制结合了奖励、惩罚和监督。随着时间的推移，每一种激励手段的代价都变得越来越大，这意味着整个激励制度的可行性不断遭到侵蚀。产品创新提高了监督成本，并阻碍了产品生产从大规模生产向柔性生产的转变。而随着受教育人口的增加，惩罚措施从人力资本角度来看的代价越来越大，这就要求有更高的收益。生产率增长放缓使得政府部门必须寻求旨在改善经济表现、降低监督成本的改革，但这又会削弱政权在冷酷性方面的名声；而在惩罚成本特别高的情况下，这种政权的冷酷性原本有助于维持人们较高的努力程度。如果各种奖励和惩罚不再具有可信性并且工人们都认识到了这一点，那么从高强制性和高努力程度的均衡转变为低强制性和偷懒性的均衡，就是这种激励制度的一个很有意思的特征。哈里森（Harrison，2002）认为，这种转变可以解释苏联在 20 世纪 80 年代末的解体。

6.9.2　殖民时期之后的撒哈拉以南非洲地区

正如前文已经表明的，从 20 世纪 70 年代中期到 90 年代后期，该地区的平均经济增长表现十分惨淡：人均真实 GDP 是停滞的（表 6.8），TFP 增长实际上是负的（表 6.11），它们已成为人们公认的长期以来增长失败的典型（Collier and Gunning，1999）。不过，在 21 世纪的第一个十年，该地区却呈现出了较为强劲的经济增长。如果我们以长期视角来看待非洲增长，那么更准确的说法应该是：正如非洲最近的强劲增长所表明的那样，商品价格高涨引发了加速增长，而加速增长很可能会使得原有增长趋势得到逆转（Jerven，2010）。不幸的是，经济计量分析表明，尽管商品价格暴涨能够在短期内提高收入水平，但其长期效应则是会在某种程度上降低收入水平。

对于非洲地区令人失望的增长及其在 20 世纪末的低收入水平，最显而易见的解释是该地区的制度质量非常差。从世界银行的治理指标和营商指标来看，撒哈拉以南非洲的表现一直很差。即便是在首次编制该指标的 1996 年，撒哈拉以南非洲的“法治”指标得分只有 -0.7（该指标的取值范围为 -2.5 ~ 2.5），而西欧的平均得分则为 +1.6。类似地，该地区不同区域之间的社会规范存在较大差别，意味着不同区域是相对封闭的社会（Kishtainy，2011）。而如果贫困的根本原因在于财产权的不安全性（Acemoglu and Johnson，2005），那么撒哈拉以南非洲就是最好的证明。事实上，目前人们通常把“专制主义的弱小国家”将“缺乏提供公共品的能力和兴趣”并会维持一种“新世袭式”的运作方式，视为一种典型事实（Acemoglu and Robinson，2010，第 23 页、第 40 页）。当然，在这幅惨淡景象中也有例外情形，如博茨瓦纳和毛里求斯；不过，它们是证明了基本规则的例外情形，其在世界银行的治理指标的得分也相对较高。这也是完全符合新制度经济史学传统的一种解释。

不过，还有一个有趣的问题有待探究，即：在解释非洲失败的过程中，地理因素能够扮演什么样的角色。就包括气候、海岸距离、疾病环境和人口密度等在内的一系列指标而言，非洲的得分都比其他地区的发展中国家低得多（Sachs et al.，2004）。由于这些因素会对投资和生产率产生负面影响，因此假设它们会带来一种增长惩罚就是一个合理的假定。"纯"增长回归表明，实际情况确实如此；并且，对于20世纪后期非洲和东亚的经济增长表现而言，这些地理因素与制度有着同样的解释力（Bleaney and Nishiyama，2002）。如果我们把关注点转向具有"第二自然"属性的地理因素，那么撒哈拉以南非洲在市场潜力方面的得分就几乎比世界上所有其他地区都差得多；其中，实证研究表明，即便在控制了制度质量以后，市场潜力与收入水平之间亦存在很强的相关性（Redding and Venables，2004）。

表6.23提供了一种按照地理类型对经济增长表现进行的简单但很有效的分类汇总。其中，地理类型分为"资源稀缺且为沿海""资源稀缺且为内陆"以及"资源富裕"三种类型；表中括号内的数字，表示的是分别是非洲和其他发展中地区的人口中，生活在每一种类型中的人口所占的百分比。该表还提供了这六类地区在1960～2000年间的平均增长率。正如表中所示，对于增长来说，内陆地区和资源稀缺是一种最差的组合；就此而言，非洲在这一点上非常不幸，因为该类别中的人口比例相对较高。非洲在资源稀缺和沿海地区类别中的人口比例相对较低；而不论是非洲还是其他地区，该类别的增长率都是最高的。故整体而言，地理因素对非洲地区相对不利。当然，由于该表还表明，非洲在每一种地理类别中经济增长表现都远远低于其他发展中地区，故地理性因素并非非洲失败的全部原因。

表6.23　　人均真实GDP增长：1960～2000年　　单位：%

地区	资源稀缺&沿海	资源稀缺&内陆	资源丰富
非洲	0.50（33）	-0.36（33）	0.29（33）
其他发展中国家或地区	3.79（88）	1.40（1）	2.89（11）

注：括号中的数字指的是该地区在每种类别中的人口百分比。
资料来源：科利尔（Collier，2007）。

对于殖民时期之后非洲地区失败的增长，一种更令人满意的解释方式是考虑制度因素和地理因素的相互作用。探讨这种相互作用的一个重要方面，是“第一自然”属性的地理因素是否能够通过影响制度而产生强有力的影响（Easterly and Levine，2003）。但同样重要的是要认识到，“除了自然地理因素和距离远近之外，政治地理因素和经济地理因素的支离破碎，也是非洲增长的重要阻碍因素”（Venables，2010，第 481 页）；毕竟，位处非洲中央的国家只有 800 万人口。这种支离破碎，意味着更小的城市规模、更弱的产品市场竞争、更为不足的公共品供给以及避免糟糕政策的更大困难等一系列严重问题（Venables，2010）。一项好的政策，其收益通常高度依赖于邻近地区的改革努力，而这方面的不足会进一步阻碍经济发展。

关于非洲增长失败的最后一种观点，更多地采取了历史视角，也许在这个问题上相对而言更为乐观。贝茨等（Bates et al.，2007）指出，拉美国家在 19 世纪 20 年代获得独立后，最初 50 年的经济表现也非常令人失望，只有到了 19 世纪晚期才开始了持续的经济增长。不仅如此，正如 6.3 节所示，拉美的这种持续增长，在速度上基本达到了英国分支的水平。贝茨等认为，初期的这种糟糕表现主要源于当时的政治不稳定性，如国内外战争、外国军队的入侵以及暴力充斥的氛围等。这是一种颇具启发性的观点：独立之后的非洲各国，同样充斥着战争与暴力，而这正是人们通常认为的非洲大陆经济增长表现糟糕的原因之一。国界被任意划定等因素，使得殖民时期之后各国在向独立国家的转型之路上存在着诸多固有困难。如果实际情况确实如此，那么随着这些转型中的问题逐步得到解决，21 世纪对于非洲来说或许充满光明。

6.9.3　自然资源诅咒

关于长期增长的失败，有一种重要原因吸引了大量文献的关注，此即所谓的自然资源诅咒。它指的是那些自然资源出口或矿物生产在 GDP 中占据较大比例的国家所具有的如下倾向：在最好的情况下，只有相对较低的增长率；在最差的情况下，会经历长期的负增长。为了解释自然资源和增长率之间的这种相关性，人们提出了大量的理论假设，并通过大量的实证研究来检验其稳健性和因果性[36]。能够解释自然资源诅咒的标准机制，包括：对更具生产率增长潜力的可贸易品部门的挤出效应、形成削弱增长基础的低质量的制度、更易引发内战和宏观经济波动等。所有这些观点都可以得到某些经验证据的支持（Van der Ploeg，2011）。同时，显然也存在大量有待解释的历

---

[36] 近期一篇出色的综述文章，参见范德普洛格（Van der Ploeg，2011）。

史经验。有些国家确实遭到了自然资源的诅咒，如安哥拉、刚果、塞拉利昂和苏丹等；但也有不少国家受到了自然资源的保佑，如澳大利亚、加拿大、智利和美国等。

自然资源给不同国家带来的意外收获很可能因制度的好坏而异。如果制度好，那么我们可以预期这种来自自然资源的惊喜会促进生产活动；而如果制度不好，那么更多的资源将会被投入寻租活动中去。增长回归结果与这种预测是一致的。梅勒姆等（Mehlum et al.，2006）利用一个经过纳克和基弗（Knack and Keefer，1995）调整的国际国家风险指数来度量、且与制度质量和资源丰裕度具有相互作用的变量，发现对于该指数大于0.6的国家来说，矿产资源丰富有利于其经济增长。该研究结论符合常识：石油很好地促进了挪威的经济增长，但对尼日利亚则正好相反。

从经济史的角度，我们可以对有关问题做进一步深入讨论。首先，近期非洲经济史上最著名的成功案例是博茨瓦纳。它是一个自然资源丰富的国家，其中钻石占据了GDP的很大份额。博茨瓦纳的成功，并不仅仅是因为钻石，而且还因为高质量的制度、安全的财产权再加上良好的政策措施。好的制度，其基础是历史偶然性和前钻石时代的精英即牧场主的经济利益的组合（Acemoglu et al.，2003），它能够有力地避免博茨瓦纳像安哥拉和尼日利亚等其他非洲国家那样，因追求矿产租金而导致寻租、因国家制度而导致现代化不力（Isham et al.，2005）。

其次，除了好的制度能够使得自然资源成为一种保佑而非诅咒之外，我们还应该注意的是：自然资源禀赋实际上还反映了一个国家在发现和有效开发自然资源方面所付出的努力程度，而这又特别依赖于制度质量和政策质量。一个经典的例子是19世纪的美国：作为全球领先的矿产国，美国在良好的产权制度下大量投资于勘探和人力资本（David and Wright，1997）。

最后，矿产资源对于经济增长的含义很可能随着时间的推移而发生变化，其背后的原因仍有待更深入的研究，但必定会与新经济地理学所熟知的那些想法有一定的联系。19世纪和20世纪初期，邻近煤炭资源有助于促进工业化；而在20世纪后期，邻近石油资源似乎成为一种阻碍因素。在对自然资源诅咒进行回归分析时，有关样本仅选自离现在比较近的时期；对于当前的和过去的样本来说，其回归结果的差异很可能同过去矿产资源较高的运输成本（尤其是陆路运输成本）有关，且这种差异将随着能源来源的电气化而发生变化（Wright and Czelusta，2007）。

6.10 结　　语

一些国家发生的向技术前沿的收敛，是一个可以追溯到19世纪大分化时代的过程。造成大分化的原因在于，世界上某些地区出现了新的工业技术，而其他地区则没有出现这种新技术；同时，由于技术分布的不对称性，全球化引发的工业化西方和非工业化地区之间的分工，在短期内进一步加大了大分化时代的各国差异。

降低这种地区之间不均等程度的关键一点，是通过现代工业化的传播，减少技术分布的不对称性。前文简要回顾的一系列增长奇迹，让我们回想起了卢卡斯（Lucas，2000，2009）对收敛过程的模型化描述。工业技术可以发生跨越国界的转让，故我们并不会对收敛现象感到惊奇，但我们也不能假设收敛可以像简单增长模型所假设的那样是一个平滑的过程：20世纪的经济增长史同时充斥着各种不和谐，甚而增长进程也一度被阻断。除了成功，亦不乏各种各样的失败。

正如本文中多次提及的，创新通常反映了领先经济体在当时的整体经济环境。在19世纪末以前，领先者是英国，其后是美国。即使制度层面都是好的，也不存在政治或其他方面的摩擦，且拥有像斯堪的纳维亚国家那样较高的社会能力，但仅仅是定向型技术进步本身就有可能阻止或至少减缓技术收敛过程。采用最适技术在经济上并不一定可行，这并不仅仅是发展中国家面临的问题；即便是欧洲经济体甚至英国，它们在采用美国按照自己的要素价格和市场所开发出来的技术时，也可能会发现采用这些美国技术得不偿失。

不仅如此，在我们生活的世界，制度并非全都最优，各种摩擦十分普遍，并且我们也并不都是斯堪的纳维亚人。社会能力对于增长具有重要意义，但并非所有的国家都拥有良好的社会能力。制度具有路径依赖性，有可能成为增长的障碍。随着时间的推移，好的制度也许会随着向技术前沿的收敛或技术前沿本身的变化而发生变化，因此，即使是在那些拥有良好制度的国家，这些制度也有可能从一种资产变为一种负债。在历史具有重要意义的世界里，追逐一个不断变化的目标可能是一件非常棘手的事情。

现实中的收敛并不像我们在理论中所看到的那样平滑，地理因素是另一个重要原因。“第一自然”地理具有重要作用，尽管这种重要作用也许会在不同的时点以不同的方式体现出来：丰富的自然资源，在某些时期可能是一种祝福，但在其他时期则可能是一种诅咒，它取决于自然资源的可贸易性、自然资源的性质以及前沿技术的资源使用程度等。它究竟是一种祝福还是诅咒，还取决于一个国家的制度环境，而这种制度环境很可能又是该国地理和历史的反映。另外，远离贸易路线，在过去肯定不利于经济增长，但在未来则未必如此。

最后，经济史学家强调战争、思想革命、金融危机和其他事件的重要性；这些事件是我们所生活的世界必不可少的组成部分，但经济模型通常视之为外生冲击。第一次世界大战或大萧条并不仅仅是20世纪增长故事的并发症，而是其必然结果。即使是通常被视为同宏观经济或金融政策有关的、属于短期性质的那些小插曲，如果得不到妥善处理，也很有可能会对我们最为关注和一生面对的经济增长产生异乎寻常的影响。历史以及经济史，还没有结束。

参考文献

Abramovitz，M.，1986. Catching up，forging ahead，and falling behind. Journal of Economic History 46，385 –406.

Abramovitz，M.，1989. Thinking About Growth and Other Essays on Economic Growth & Welfare. Cambridge University Press，Cambridge.

Abramovitz，M.，1993. The search for the sources of growth：areas of ignorance，old and new. Journal of Economic History 53，217 –243.

Abramovitz，M.，David，P. A.，1996. Convergence and delayed catch-up：productivity leadership and the waning of American exceptionalism. In：Landau，R.，Taylor，T.，Wright，G.（Eds.），TheMosaic of Economic Growth. Stanford University Press，Stanford，pp. 21 –62.

Abramovitz，M.，David，P. A.，2001. Two centuries of American macroeconomic growth：from exploitation of resource abundance to knowledge-driven development. Stanford Institute for Economic Policy Research Discussion Paper No. 01 –05.

Acemoglu，D.，2002. Directed technical change. Review of Economic Studies 69，781 –809.

Acemoglu，D.，2010. When does labor scarcity encourage innovation? Journal of Political Economy 118，1037 –1078.

Acemoglu，D.，Johnson，S.，2005. Unbundling institutions. Journal of Political Economy 113，949 –995.

Acemoglu，D.，Johnson，S.，Robinson，J. A.，2001. The colonial origins of comparative development：an empirical investigation. American Economic Review 91，1369 –1401.

Acemoglu，D.，Johnson，S.，Robinson，J.，2003. An African success story：Botswana. In：Rodrik，D.（Ed.），In Search of Prosperity：Analytic Narratives on Economic Growth. Princeton University Press，Princeton，pp. 80 –119.

Acemoglu，D.，Robinson，J. A.，2010. Why is Africa poor? Economic History of Developing Regions 25, 21 –50.

Acemoglu, D., Zilibotti, F., 2001. Productivity differences. Quarterly Journal of Economics 116, 563 –606.

Adelman, I., Morris, C. T., 1967. Society, Politics, & Economic Development: A Quantitative Approach. Johns Hopkins University Press, Baltimore.

Aghion, P., Howitt, P., 2006. Appropriate growth policy: a unifying framework. Journal of the European Economic Association 4, 269 –314.

Aiyar, S., Dalgaard, C.-J., 2005. Total factor productivity revisited: a dual approach to development accounting. IMF Staff Papers 52, 82 –102.

Akkermans, D., Castaldi, C., Los, B., 2009. Do "liberal market economies" really innovate more radically than "coordinated market economies"?: Hall and Soskice reconsidered. Research Policy 38, 181 –191.

Albers, R., Groote, P., 1996. The empirics of growth. De Economist 144, 429 –444.

Albouy, D. Y., 2012. The colonial origins of comparative development: an empirical investigation: comment. American Economic Review 102, 3059 –3076.

Alesina, A. F., Glaeser, E. L., Sacerdote, B., 2006. Work and leisure in the US and Europe: why so different? In: Gertler, M., Rogoff, K. (Eds.), NBER Macroeconomics Annual 2005. MIT Press, Cambridge, Massachusetts, pp. 1 –64.

Allen, R. C., 2003. Farm to Factory: A Reinterpretation of the Soviet Industrial Revolution. Princeton University Press, Princeton.

Allen, R. C., 2009. The British Industrial Revolution in Global Perspective. Cambridge University Press, Cambridge.

Allen, R. C., 2011. The spinning jenny: a fresh look. Journal of Economic History 71, 461 –464.

Allen, R. C., 2012. Technology and the great divergence: global economic development since 1820. Explorations in Economic History 49, 1 –16.

Allen, R. C., 2013. The high wage economy and the industrial revolution: a restatement. University of Oxford Discussion Paper in Economic and Social History No. 115.

Allen, R. C., Weisdorf, J. L., 2011. Was there an "industrious revolution" before the industrial revolution? Economic History Review 64, 715 –729.

Amsden, A. H., 1989. Asia's Next Giant: South Korea and Late Industrialization. Oxford University Press, Oxford.

Badinger, H., 2005. Growth effects of economic integration: evidence from the EU member states. Review of World Economics 141, 50 –78.

Badinger, H., Maydell, N., 2009. Legal and economic issues in completing the EU internal market for services: an interdisciplinary perspective. Journal of Common Market Studies 47, 693 –717.

Bairoch，P.，1982. International industrialization levels from 1750 to 1980. Journal of European Economic History 11，269 –331.

Baldwin，R.，forthcoming. Trade and industrialisation after globalisation's second unbundling：how building and joining a supply chain are different and why it matters. In：Feenstra，R. C. Taylor，A. M. （Eds.），Globalization in an Age of Crisis：Multilateral Economic Cooperation in the Twenty-First Century. University of Chicago Press，Chicago.

Barro，R. J.，1991. Economic growth in a cross section of countries. Quarterly Journal of Economics 106，407 –443.

Barro，R. J.，1999. Notes on growth accounting. Journal of Economic Growth 4，119 –137.

Barro，R. J.，Lee，J. -W.，2012. A new data set of educational attainment in the world，1950 –2010. Journal of Development Economics 104，184 –198.

Barry，F.，2002. The Celtic Tiger era：delayed convergence or regional boom? ESRI Quarterly Economic Commentary，Summer，84 –91.

Basu，S.，Weil，D. N.，1998. Appropriate technology and growth. Quarterly Journal of Economics 113，1025 –1054.

Bates，R. H.，Coatsworth，J. H.，Williamson，J. G.，2007. Lost decades：postindependence performance in Latin America and Africa. Journal of Economic History 67，917 –943.

Bean，C.，Crafts，N.，1996. British economic growth since 1945：relative economic decline... and renaissance? In：Crafts，N.，Toniolo，G. （Eds.），Economic Growth in Europe Since 1945. Cambridge University Press，Cambridge，pp. 131 –172.

Bénétrix，A. S.，O'Rourke，K. H.，Williamson，J. G.，2013. The spread of manufacturing to the poor periphery 1870 –2007. NBER Working Paper No. 18221.

Berliner，J. S.，1976. The Innovation Decision in Soviet Industry. MIT Press，ambridge，Massachusetts.

Blanchard，O.，2004. The economic future of Europe. Journal of Economic Perspectives 18，3 –26.

Bleaney，M.，Nishiyama，A.，2002. Explaining growth：a contest between models. Journal of Economic Growth 7，43 –56.

Bloom，N.，Sadun，R.，van Reenen，J.，2012. Americans do IT better：US multinationals and the productivity miracle. American Economic Review 102，167 –201.

Blundell，R.，Griffith，R.，van Reenen，J.，1999. Market share，market value and innovation in a panel of British manufacturing firms. Review of Economic Studies 66，529 –554.

Bogart，D.，Drelichman，M.，Gelderbloom，O.，Rosenthal，J. –L.，2010. State and private institutions. In：Broadberry，S.，O'Rourke，K. H. （Eds.），The Modern Economic History of Europe：1700 –1870. Vol. 1，Cambridge University Press，Cambridge，pp. 70 –95.

Bolt，J.，van Zanden，J. L.，2013. The first update of the Maddison project：re-estimating growth before 1820. Maddison Project Working Paper 4. Data available at < http：//

www. ggdc. net/maddison/maddisonproject/data/mpd_2013 –01. xlsx >.

Boskin，M. J.，Dulberger，E. R.，Gordon，R. J.，Griliches，Z.，Jorgenson，D. W.，1996. Towards a More Accurate Measure of the Cost of Living. US Government Printing Office，Washington，D. C.

Bosworth，B. P.，Collins，S. M.，2003. The empirics of growth：an update. Brookings Papers on Economic Activity 2，113 –206.

Bosworth，B. P.，Collins，S. M.，2008. Accounting for growth：comparing China and India. Journal of Economic Perspectives 22，pp. 45 –66.

Bourguignon，F.，Morrisson，C.，2002. Inequality among world citizens：1820 – 1992. American Economic Review 92，727 –744.

Brandt，L.，Rawski，T. G.（Eds.），2008a. China's Great EconomicTransformation. Cambridge University Press，Cambridge.

Brandt，L.，Rawski，T. G.，2008b. China's great economic transformation. In：Brandt and Rawski（2008a），pp. 1 –26.

Brandt，L.，Rawski，T. G.，Sutton，J.，2008. China's industrial development. In：Brandt and Rawski（2008a），pp. 569 –632.

Brandt，L.，Hsieh，C. -T.，Zhu，X.，2008. Growth and structural transformation in China. In：Brandt and Rawski（2008a），pp. 683 –728.

Brandt，L.，Ma，D.，Rawski，T.，forthcoming. From divergence to convergence：re-evaluating the history behind China's economic boom. Journal of Economic Literature.

Branstetter，L.，Lardy，N.，2008. China's embrace of globalization. In：Brandt and Rawski（2008a），pp. 633 –682.

Brezis，E. S.，Krugman，P. R.，Tsiddon，D.，1993. Leapfrogging in international competition：a theory of cycles in national technological leadership. American Economic Review 83，1211 –1219.

Broadberry，S.，1997. Anglo-German productivity differences 1870 – 1990：a sectoral analysis. European Review of Economic History 1，247 –267.

Broadberry，S.，1998. How did the United States and Germany overtake Britain? A sectoral analysis of comparative productivity levels，1870 –1990. Journal of Economic History 58，375 –407.

Broadberry，S.，2006. Market Services and the Productivity Race，1850 – 2000：British Performance in International Perspective. Cambridge University Press，Cambridge.

Broadberry，S.，2013. Accounting for the Great Divergence. Paper presented to CAGE/CEPR Conference，Long-Run Growth：Unified GrowthTheory and Economic History，University of Warwick.

Broadberry，S.，Campbell，B.，Klein，A.，Overton，M. van Leeuwen，B.，2010. British economic growth：1270 – 1870. University of Warwick CAGE Working Paper No. 35.

Broadberry，S.，Crafts，N.，1996. British economic policy and industrial performance in the early post-war period. Business History 38，65 –91.

Brown，W.，Bryson，A.，Forth，J.，2008. Competition and the retreat from collective bargaining. National Institute of Economic and Social Research Discussion Paper No. 318.

Brynjolfsson，E.，Hitt，L. M.，2003. Computing productivity：firm-level evidence. Review of Economics and Statistics 85，793 –808.

Buccirossi，P.，Ciari，L.，Duso，T.，Spagnolo，G.，Vitale，C.，forthcoming. Competition policy and productivity growth：an empirical assessment. Review of Economics and Statistics.

Buera，F. J.，Monge-Naranjo，A.，Primiceri，G. E.，2011. Learning the wealth of nations. Econometrica 79，1 –45.

Cain，L. P.，Paterson，D. G.，1986. Biased technical change，scale，and factor substitution in American industry：1850 –1919. Journal of Economic History 46，153 –164.

Cameron，G.，Wallace，C.，2002. Macroeconomic performance in the Bretton Woods era and after. Oxford Review of Economic Policy 18，479 –494.

Carreras，A.，Josephson，C.，2010. Aggregate growth，1870 – 1914：growing at the production frontier. In：Broadberry，S.，O'Rourke，K. H.（Eds.），The Cambridge Economic History of Modern Europe：1870 to the Present. Vol. 2. Cambridge University Press，Cambridge，pp. 30 –58.

Chandler，A. D.，1977. TheVisible Hand：The Managerial Revolution in American Business. Harvard University Press，Cambridge，Massachusetts.

Clemens，M. A.，Williamson，J. G.，2004. Why did the tariff-growth correlation change after 1950？Journal of Economic Growth 9，5 –46.

Collier，P.，2007. Growth strategies for Africa. Commission on Growth and Development Working Paper No. 9.

Collier，P.，Goderis，B.，2012. Commodity prices and growth：an empirical investigation. European Economic Review 56，1241 –1260.

Collier，P.，Gunning，J. W.，1999. Explaining African economic performance. Journal of Economic Literature 37，64 –111.

Comin，D.，Dmitriev，M.，Rossi-Hansberg，E.，2013. The spatial diffusion of technology. Mimeo.

Comin，D.，Hobijn，B.，2010. An exploration of technology diffusion. American Economic Review 100，2031 –2059.

Comin，D.，Hobijn，B.，Rovito，E.，2006. Five facts you need to know about technology diffusion. NBER Working Paper No. 11928.

Conway，P.，de Rosa，D.，Nicoletti，G.，Steiner，F.，2006. Regulation，competition and productivity convergence. OECD Economics DepartmentWorking Paper No. 509.

Corrado, C., Hulten, C., Sichel, D., 2009. Intangible capital and US economic growth. Review of Income and Wealth 55, 661 – 685.

Cosh, A. D., Guest, P., Hughes, A., 2008. UK corporate governance and takeover performance. In: Gugler, K., Yurtoglu, B. B. (Eds.), The Economics of Corporate Governance and Mergers. Edward Elgar, Cheltenham, pp. 226 – 261.

Costa, D., 2001. Estimating real income in the United States from 1888 to 1994: correcting CPI bias using Engel curves. Journal of Political Economy 109, 1288 – 1310.

Crafts, N., 1989. Revealed comparative advantage in manufacturing: 1899 – 1950. Journal of European Economic History 18, 127 – 137.

Crafts, N., 1992a. Productivity growth reconsidered. Economic Policy 15, 387 – 414.

Crafts, N., 1992b. Institutions and economic growth: recent British experience in an international context. West European Politics 15, 16 – 38.

Crafts, N., 1999. East Asian growth before and after the crisis. IMF Staff Papers 46, 139 – 166.

Crafts, N., 2002. The Solow productivity paradox in historical perspective. CEPR Discussion Paper No. 3142.

Crafts, N., 2004a. Productivity growth in the industrial revolution: a new growth accounting perspective. Journal of Economic History 64, 521 – 535.

Crafts, N., 2004b. Steam as a general purpose technology: a growth accounting perspective. Economic Journal 114, 338 – 351.

Crafts, N., 2005. The first industrial revolution: resolving the slow growth/rapid industrialization paradox. Journal of the European Economic Association 3, 525 – 534.

Crafts, N. 2009a. Solow and growth accounting: a perspective from quantitative economic history. History of Political Economy 41, 200 – 220.

Crafts, N., 2009b. The Celtic Tiger in historical and international perspective. In: Mulreany, M. (Ed.), Economic Development 50Years On, 1958 – 2008. IPA, Dublin, pp. 64 – 76.

Crafts, N. 2010. Cliometrics and technological change: a survey. European Journal of the History of EconomicThought, 17, 1127 – 1147.

Crafts, N., 2011. Explaining the first industrial revolution: two views. European Review of Economic History 15, 153 – 168.

Crafts, N., 2012. British relative economic decline revisited: the role of competition. Explorations in Economic History 49, 17 – 29.

Crafts, N. 2013a. Long-term growth in Europe: what difference does the crisis make? National Institute Economic Review, 224, R14 – R18.

Crafts, N. 2013b. Returning to growth: policy lessons from history. Fiscal Studies 34, 255 – 282.

Crafts, N., Mills, T. C., 2005. TFP growth in British and German manufacturing: 1950 –

1996. Economic Journal 115，649 –670.

Crafts，N.，Mills，T. C.，2009. From Malthus to Solow：how did theMalthusian economy really evolve? Journal of Macroeconomics 31，68 –93.

Crafts，N.，Mulatu，A.，2006. How did the location of industry respond to falling transport costs in Britain before World War I? Journal of Economic History 66，575 –607.

Crafts，N.，Toniolo，G.，1996. Postwar growth：an overview. In：Crafts，N.，Toniolo，G.（Eds.），Economic Growth in Europe since 1945. Cambridge University Press，Cambridge，pp. 1 –37.

Crafts，N.，Toniolo，G.，2008，European economic growth：1950 – 2005：an overview. CEPR Discussion Paper No. 6863.

Crafts，N.，Venables，A. J.，2003. Globalization in history：a geographical perspective. In：Bordo，M. D.，Taylor，A. M.，Williamson，J. G.（Eds.），Globalization in Historical Perspective. University of Chicago Press，Chicago，pp. 323 –364.

Criscuolo，C.，Haskel，J.，Martin，R.，2004. Import competition，productivity and restructuring in UK manufacturing. Oxford Review of Economic Policy 20，393 –408.

Crouch，C.，1993. Industrial Relations and European State Traditions. Clarendon Press，Oxford.

Das，M.，N'Diaye，P.，2013. Chronicle of a decline foretold：has China reached the Lewis turning point? IMF Working Paper No. WP/13/26.

David，P. A.，1975. Technological Choice Innovation and Economic Growth：Essays on American and British Experience in the 19th Century. Cambridge University Press，Cambridge.

David，P. A.，1985. Clio and the economics of QWERTY. American Economic Review 75，332 –337.

David，P. A.，Wright，G.，1997. Increasing returns and the genesis of American resource abundance. Industrial and Corporate Change 6，203 –245.

David，P. A.，Wright，G.，1999. Early twentieth century productivity growth dynamics：an inquiry into the economic history of "our ignorance." University of Oxford Discussion Paper in Economic and Social History No. 33.

De Long，J. B.，1988. Productivity growth，convergence，and welfare：comment. American Economic Review 78，1138 –1154.

DeLong，J. B.，Eichengreen，B.，1993. The Marshall Plan：history's most successful structural adjustment program. In：Dornbusch，R.，Nölling，W.，Layard，R.（Eds.），Postwar Economic Reconstruction and Lessons for the EastToday. MIT Press，Cambridge，Massachusetts，pp. 189 –230.

Denny，K.，Nickell，S. J.，1992. Unions and investment in British industry. Economic Journal 102，874 –887.

Domar，E. D.，1970. The causes of slavery or serfdom：a hypothesis. Journal of Economic

History 30，18 –32.

Duval，R.，de la Maissonneuve，C.，2010. Long-run growth scenarios for the world economy. Journal of Policy Modeling 32，64 –80.

Easterly，W.，Kremer，M.，Pritchett，L.，Summers，L. H.，1993. Good policy or good luck? Country growth performance and temporary shocks. Journal of Monetary Economics 32，459 –483.

Easterly，W.，Levine，R.，2003. Tropics，germs and crops：how endowments influence economic development. Journal of Monetary Economics 50，3 –39.

Eaton，J.，Kortum，S.，1999. International technology diffusion：theory and measurement. International Economic Review 40，537 –570.

Edgerton，D. E. H.，Horrocks，S. M.，1994. British industrial research and development before 1945. Economic History Review 47，213 –238.

Edquist，H.，2010. Does hedonic price indexing change our interpretation of economic history? Evidence from Swedish electrification. Economic History Review 63，500 –523.

Eichengreen，B.，1992. Golden Fetters：The Gold Standard and the Great Depression：1919 –1939. Oxford University Press，Oxford.

Eichengreen，B.，1996. Institutions and economic growth：Europe after World War II. In：Crafts，N.，Toniolo，G.（Eds.），Economic Growth in Europe since 1945. Cambridge University Press，Cambridge，pp. 38 –72.

Eichengreen，B.，2007. The European Economy Since 1945：Coordinated Capitalism and Beyond. Princeton University Press，Princeton.

Eichengreen，B.，Park，D.，Shin，K.，2012. When fast-growing economies slow down：international evidence and implications for China. Asian Economic Papers 11，42 –87.

Engerman，S. L.，Sokoloff，K. L.，1997. Factor endowments，institutions，and differential paths of growth among new world economies：a view from economic historians of the United States. In：Haber，S.（Ed.），How Latin America Fell Behind：Essays on the Economic Histories of Brazil and Mexico：1800 –1914. Stanford University Press，Stanford，pp. 260 –304.

Ennew，C.，Greenaway，D.，Reed，G.，1990. Further evidence on effective tariffs and effective protection in the UK. Oxford Bulletin of Economics and Statistics 52，69 –78.

Ergas，H.，1987. Does technology policy matter? In：Guile，B. R.，Brooks，H.（Eds.），Technology and Global Industry：Companies and Nations in theWorld Economy. National Academy Press，Washington，DC，pp. 191 –245.

Estevadeordal，A.，Taylor，A. M.，forthcoming. Is theWashington consensus dead? Growth，openness，and the great liberalization，1970s –2000s. Review of Economics and Statistics.

Feinstein，C. H.，1981. Capital accumulation and the industrial revolution. In：Floud，R.，McCloskey，D. N.（Eds.），The Economic History of Britain since 1700. vol. 1. Cambridge University Press，Cambridge，pp. 128 –142.

Feinstein，C. H.，Matthews，R. C. O.，Odling-Smee，J. C.，1982. The timing of the climacteric and its sectoral incidence in the UK：1873－1913. In：Kindleberger，C. P.，diTella，G.（Eds.），Economics in the LongView：Essays in Honour of W. W. Rostow，Vol. 2. Macmillan，London，pp. 168－185.

Findlay，R.，O'Rourke，K. H.，2007. Power and Plenty：Trade，War，and theWorld Economy in the Second Millennium. Princeton University Press，Princeton.

Fogel，R. W.，1964. Railroads and American Economic Growth：Essays in Econometric History. Johns Hopkins Press，Baltimore.

Foreman-Peck，J.，1991. Railways and late Victorian economic growth. In：Foreman-Peck，J.（Ed.），New Perspectives on theVictorian Economy：Essays in Quantitative Economic History，1860－1914. Cambridge University Press，Cambridge，pp. 73－95.

Foreman-Peck，J.，Hannah，L.，2012. Extreme divorce：the managerial revolution in UK companies before 1914. Economic History Review 65，1217－1238.

Gerschenkron，A.，1962. Economic Backwardness in Historical Perspective：A Book of Essays. Harvard University Press，Cambridge Massachusetts.

Gilmore，O.，2009. Corporatism and Growth：Testing the Eichengreen Hypothesis. MSc. Dissertation，University of Warwick.

Goldin，C.，Katz，L. F.，2008. The Race Between Education and Technology. Harvard University Press，Cambridge，Massachusetts.

Gómez-Galvarriato，A.，Williamson，J. G.，2009. Was it prices，productivity or policy? Latin American industrialization after 1870. Journal of Latin American Studies 41，663－694.

Gragnolati，U.，Moschella，D.，Pugliese，E.，2011. The spinning jenny and the industrial revolution：a reappraisal. Journal of Economic History 71，458－462.

Gregg，P.，Machin，S.，Metcalf，D.，1993. Signals and cycles? Productivity growth and changes in union status in British companies：1984－1989. Economic Journal 103，894－907.

Gregory，P. R.，1991. The role of the state in promoting economic development：the Russian case and its general implications. In：Sylla，R.，Toniolo，G.（Eds.），Patterns of European Industrialization：The 19th Century. Routledge，London，pp. 64－79.

Griffith，R.，2001. Product market competition，efficiency and agency costs：an empirical analysis. Institute for Fiscal StudiesWorking Paper No. 01/12.

Griffith，R.，Harrison，R.，Simpson，H.，2010. Product market reform and innovation in the EU. Scandinavian Journal of Economics 112，389－415.

Griliches，Z.，1996. The discovery of the residual：a historical note. Journal of Economic Literature 34，1324－1330.

Habakkuk，H. J.，1962. American and BritishTechnology in the 19th Century：The Search for Labour-Saving Inventions. Cambridge University Press，Cambridge.

Hall，P. A.，Soskice，D.，2001. An introduction to varieties of capitalism. In：Hall，

P. A., Soskice, D. (Eds.), Varieties of Capitalism: The Institutional Foundations of Comparative Advantage. Oxford University Press, Oxford, pp. 1 – 68.

Hall, R. E., Jones, C. I., 1999. Why do some countries produce so much more output per worker than others? Quarterly Journal of Economics 114, 83 – 116.

Hanushek, E. A., Wössmann, L., 2012. Do better schools lead to more growth? Cognitive skills, economic outcomes, and causation. Journal of Economic Growth 17, 267 – 321.

Harley, C. K., 1991. Substitution for prerequisites: endogenous institutions and comparative economic history. In: Sylla, R., Toniolo, G. (Eds.), Patterns of European Industrialization: The 19th Century. Routledge, London, pp. 29 – 44.

Harris, R., Siegel, D. S., Wright, M., 2005. Assessing the impact of management buyouts on economic efficiency: plant-level evidence from the United Kingdom. Review of Economics and Statistics 87, 148 – 153.

Harrison, M., 2002. Coercion, compliance, and the collapse of the Soviet command economy. Economic History Review 55, 397 – 433.

Haskel, J., 1991. Imperfect competition, work practices and productivity growth. Oxford Bulletin of Economics and Statistics 53, 265 – 279.

Hausmann, R., Pritchett, L., Rodrik, D., 2005. Growth accelerations. Journal of Economic Growth 10, 303 – 329.

Henisz, W. J., 2002. The institutional environment for infrastructure investment. Industrial and Corporate Change 11, 355 – 389.

Heston, A., Sicular, T., 2008. China and development economics. In: Brandt and Rawski (2008a), pp. 27 – 67.

Hicks, J., 1969. A Theory of Economic History. Oxford University Press, Oxford.

Hitiris, T., 1978. Effective protection and economic performance in UK manufacturing industry: 1963 – 1968. Economic Journal 88, 107 – 120.

Honohan, P., Walsh, B., 2002. Catching up with the leaders: the Irish hare. Brookings Papers on Economic Activity 1, 1 – 57.

Hφj, J., Jimenez, M., Maher, M., Nicoletti, G., Wise, M., 2007. Product market competition in the OECD countries: taking stock and moving forward. OECD Economics Department Working Paper No. 575.

Hsieh, C.-T., Klenow, P. J., 2009. Misallocation and manufacturing TFP in China and India. Quarterly Journal of Economics 124, 1403 – 1448.

Hsieh, C.-T., Klenow, P. J., 2010. Development accounting. American Economic Journal: Macroeconomics 2, 207 – 223.

Hulten, C. R., 1979. On the "importance" of productivity change. American Economic Review 69, 126 – 136.

Humphries, J., 2013. The lure of aggregates and the pitfalls of the patriarchal perspective:

a critique of the high wage economy interpretation of the British industrial revolution. Economic History Review 66, 693 – 714.

Isham, J. , Woolcock, M. , Pritchett, L. , Busby, G. , 2005. The varieties of resource experience: natural resource export structures and the political economy of economic growth. World Bank Economic Review 19, 141 – 174.

Ito, T. , 2001. Growth, crisis, and the future of economic recovery in East Asia. In: Stiglitz, J. E. , Yusuf, S. (Eds.), Rethinking the East Asian Miracle. Oxford University Press, Oxford, pp. 55 – 94.

James, J. A. , Skinner, J. S. , 1985. The resolution of the labor-scarcity paradox. Journal of Economic History 45, 513 – 540.

Jerven, M. , 2010. African growth recurring: an economic history perspective on African growth episodes, 1690 – 2010. Economic History of Developing Regions 25, 127 – 154.

Jerzmanowski, M. , 2007. Total factor productivity differences: appropriate technology vs. efficiency. European Economic Review 51, 2080 – 2110.

Jones, C. I. , 1995. Time series tests of endogenous growth models. Quarterly Journal of Economics 110, 495 – 525.

Kindleberger, C. P. , 1967. Europe's Postwar Growth: The Role of Labor Supply. Harvard University Press, Cambridge, Massachusetts.

Kindleberger, C. P. , 1973. The World in Depression 1929 – 1939. University of California Press, Berkeley.

Kishtainy, N. , 2011. Social Orders, Property Rights and Economic Transition: a Quantitative Analysis. Ph. D. thesis, University of Warwick.

Klein, A. , Crafts, N. , 2012. Making sense of the manufacturing belt: determinants of US industrial location: 1880 – 1920. Journal of Economic Geography 12, 775 – 807.

Knack, S. , Keefer, P. , 1995. Institutions and economic performance: cross-country tests using alternative institutional measures. Economics and Politics 7, 207 – 227

Kraay, A. , 2000. Household saving in China. World Bank Economic Review 14, 545 – 570.

Krantz, O. , Schön, L. , 2007. Swedish Historical National Accounts, 1800 – 2000. Almqvist and Wiksell International, Lund.

Krugman, P. , 1994. The myth of Asia's miracle. Foreign Affairs 73, 62 – 78.

Krugman, P. , 2013. Hitting China's wall. NewYorkTimes, July 18.

Krugman, P. R. , Venables, A. J. , 1995. Globalization and the inequality of nations. Quarterly Journal of Economics 110, 857 – 880.

Kuznets, S. , 1966. Modern Economic Growth: Rate, Structure, and Spread. Yale University Press, New Haven.

Lee, I. H. , Syed, M. , Lui, X. , 2012. Is China over-investing and does it matter? IMF Working Paper No. WP/12/277.

Lehmann, S. H. , O'Rourke, K. H. , 2011. The structure of protection and growth in the late 19th century. Review of Economics and Statistics 93, 606 – 616.

Leunig, T. , 2001. New answers to old questions: explaining the slow adoption of ring spinning in Lancashire: 1880 – 1913. Journal of Economic History 61, 439 – 466.

Levy, D. M. , Peart, S. J. , 2011. Soviet growth and American textbooks: an endogenous past. Journal of Economic Behavior and Organization 78, 110 – 125.

Lewis, W. A. , 1954. Economic development with unlimited supplies of labour. The Manchester School 22, 139 – 191.

Lewis, W. A. , 1969. Aspects of Tropical Trade 1883 – 1965. Almqvist and Wiksell, Uppsala.

Lewis, W. A. , 1970. The export stimulus. In: Lewis, W. A. (Ed.), Tropical Development 1880 – 1913. Northwestern University Press, Evanston, pp. 13 – 45.

Lewis, W. A. , 1978. Growth and Fluctuations 1870 – 1913. George Allen & Unwin, London.

Lipsey, R. G. , Bekar, C. , Carlaw, K. , 1998. What requires explanation? In: Helpman, E. (Ed.), General Purpose Technologies and Economic Growth. MIT Press, Cambridge, Massachusetts, pp. 15 – 54.

Liu, D. , Meissner, C. M. , 2013. Market potential and the rise of US productivity leadership. NBER Working Paper No. 18819.

Lucas, R. E. , 2000. Some macroeconomics for the 21st century. Journal of Economic Perspectives 14, 159 – 168.

Lucas, R. E. , 2009. Trade and the diffusion of the industrial revolution. American Economic Journal: Macroeconomics 1, 1 – 25.

Machin, S. , Wadhwani, S. , 1991. The effects of unions on organisational change and employment. Economic Journal 101, 835 – 854.

Maddison, A. , 1987. Growth and slowdown in advanced capitalist economies: techniques of quantitative assessment. Journal of Economic Literature 25, 649 – 698.

Maddison, A. , 1995. Monitoring the World Economy: 1820 – 1992. OECD, Paris.

Maddison, A. , 2005. Measuring and interpreting world economic performance 1500 – 2001. Review of Income and Wealth 51, 1 – 35.

Maddison, A. , 2010. Statistics on world population, GDP and per capita GDP, 1 – 2008 AD. Available at < http: //www. ggdc. net/maddison/Historical _ Statistics/vertical-file _ 02 – 2010. xls >.

Maddison, A. , Wu, H. X. , 2008. Measuring China's economic performance. World Economics 9, 13 – 44.

Madsen, J. B. , 2007. Technology spillover through trade andTFP convergence: 135 years of evidence for the OECD countries. Journal of International Economics 72, 464 – 480.

Magee, G. , 2004. Manufacturing and technological change. In: Floud, R. , Johnson, P. (Eds.), The Cambridge Economic History of Modern Britain, vol. 2. Cambridge University

Press, Cambridge, pp. 74 –98.

Matthews, R. C. O. , Feinstein, C. H. , Odling-Smee, J. C. , 1982. British Economic-Growth: 1856 –1973. Oxford University Press, Oxford.

McMillan, J. , Whalley, J. , Zhu, L. , 1989. The impact of China's economic reforms on agricultural productivity growth. Journal of Political Economy 97, 781 –807.

Mehlum, H. , Moene, K. , Torvik, R. , 2006. Institutions and the resource curse. Economic Journal 116, 1 –20.

Melman, S. , 1956. Dynamic Factors in Industrial Productivity. Basil Blackwell, Oxford.

Mitch, D. , 1999. The role of education and skill in the British industrial revolution. In: Mokyr, J. (Ed.), The British Industrial Revolution: An Economic Perspective, second ed. Westview Press, Oxford, 241 –279.

Morrison, C. J. , 1993. A Microeconomic Approach to the Measurement of Economic Performance: Productivity Growth, Capacity Utilization, and Related Performance Indicators. Springer-Verlag, New York.

Morrisson, C. , Murtin, F. , 2009. The century of education. Journal of Human Capital 3, 1 –42.

Mowery, D. , 2009. Plus ca change: industrial R &D in the "third industrial revolution" . Industrial and Corporate Change 18, 1 –50.

Mowery, D. , Rosenberg, N. , 2000. Twentieth-century technological change. In: Engerman, S. L. , Gallmann, R. E. (Eds.), The Cambridge Economic History of the United States. The Twentieth Century. Vol. 3, Cambridge University Press, Cambridge, pp. 803 –925.

Murphy, K. M. , Shleifer, A. , Vishny, R. W. , 1989. Industrialization and the big push. Journal of Political Economy 97, 1003 –1026.

National Science Board, 2012. Science and Engineering Indicators, 2012. Washington, DC.

Naughton, B. , 2008. A political economy of China's economic transition. In: Brandt and Rawski (2008a), pp. 91 –135.

Nelson, R. R. , Wright, G. , 1992. The rise and fall of American technological leadership: the postwar era in historical perspective. Journal of Economic Literature 30, 1931 –1964.

Nicholas, T. , 2010. The role of independent invention in US technological development: 1880 –1930. Journal of Economic History 70, 57 –82.

Nickell, S. , Nicolitsas, D. , Dryden, N. , 1997. What makes firms perform well? European Economic Review 41, 783 –796.

Nicoletti, G. , Scarpetta, S. , 2003. Regulation, productivity and growth: OECD evidence. Economic Policy 36, 9 –72.

North, D. C. , 1990. Institutions. Institutional Change and Economic Performance. Cambridge University Press, Cambridge.

North, D. C., Thomas, R. P., 1973. The Rise of theWesternWorld: A New Economic History. Cambridge University Press, Cambridge.

North, D. C., Wallis, J. J., Weingast, B. R., 2009. Violence and Social Orders: A Conceptual Framework for Interpreting Recorded Human History. Cambridge University Press, Cambridge.

Ofer, G., 1987. Soviet economic growth: 1928 – 1985. Journal of Economic Literature 25, 1767 – 1833.

Ogilvie, S., 2007. "Whatever is, is right"? Economic institutions in pre-industrial Europe. Economic History Review 60, 649 – 684.

Ó Gráda, C., O'Rourke, K. H., 1996. Irish economic growth, 1945 – 1988. In: Crafts, N., Toniolo, G. (Eds.), Economic Growth in Europe since 1945. Cambridge University Press, Cambridge, pp. 388 – 426.

Ó Gráda, C., O'Rourke, K. H., 2000. Living standards and growth. In: O'Hagan, J. (Ed.), The Economy of Ireland: Policy and Performance of a European Region. Gill and Macmillan/St Martin's Press, Dublin, pp. 178 – 204.

Oliner, S. D., Sichel, D. E., Stiroh, K. J., 2007. Explaining a productive decade. Brookings Papers on Economic Activity 1, 81 – 152.

Olson, M., 1982. The Rise and Decline of Nations: Economic Growth, Stagflation, and Social Rigidities. Yale University Press, New Haven.

O'Mahony, M., Timmer, M. P., 2009. Output, input and productivity measures at the industry level: the EU KLEMS database. Economic Journal 119, F374 – F403.

O'Rourke, K. H., 2000. Tariffs and growth in the late 19th century. Economic Journal 110, 456 – 483.

O'Rourke, K. H., Williamson, J. G., 2002. When did globalisation begin? European Review of Economic History 6, 23 – 50.

Oulton, N., 1976. Effective protection of British industry. In: Corden, W. M., Fels, G. (Eds.), Public Assistance to Industry. Macmillan, London, pp. 46 – 90.

Oulton, N., 2012. Long-term implications of the ICT revolution: applying the lessons of growth theory and growth accounting. Economic Modeling 29, 1722 – 1736.

Pavitt, K., Soete, L., 1982. International differences in economic growth and the international location of innovation. In: Giersch, H. (Ed.), EmergingTechnologies. Mohr, Tübingen, pp. 105 – 133.

Prados de la Escosura, L., Rosés, J., 2009. The sources of long-run growth in Spain, 1850 – 2000. Journal of Economic History 69, 1063 – 1091.

Prais, S. J., 1982. Productivity and Industrial Structure. Cambridge University Press, Cambridge.

Pratten, C. F., Atkinson, A. G., 1976. The use of manpower in British industry. Department of Employment Gazette 84，571 –576.

Prescott，E. C.，2004. Why do Americans work so much more than Europeans? Federal Reserve Bank of Minneapolis Quarterly Review 28，2 –13.

Pritchett，L.，1997. Divergence，big time. Journal of Economic Perspectives 11，3 –17.

Pritchett，L.，2000. Understanding patterns of economic growth：searching for hills among plateaus，mountains，and plains. World Bank Economic Review 14，221 –250.

Proudman，J.，Redding，S.，1998. A summary of the openness and growth project. In：Proudman，J.，Redding，S.（Eds.），Openness and Growth. Bank of England，London，pp. 1 –29.

Redding，S.，Venables，A. J.，2004. Economic geography and international inequality. Journal of International Economics 62，53 –82.

Rhode，P.，2002. Gallman's annual output series for the United States：1834 – 1909. NBER Working Paper No. 8860.

Robertson，D. H.，1938. The future of international trade. Economic Journal 48，1 –14.

Rodríguez，F.，Rodrik，D.，2001. Trade policy and economic growth：A skeptic's guide to the cross-national evidence. In：Bernanke，B.，Rogoff，K.（Eds.），Macroeconomics Annual 2000. MIT Press，Cambridge，Massachusetts，pp. 261 –325.

Rodrik，D.，1995. Getting interventions right：how South Korea and Taiwan grew rich. Economic Policy 20，55 –97.

Rodrik，D.，1997. TFPG controversies，institutions and economic performance in East Asia. CEPR Discussion Paper No. 1587.

Rodrik，D.，Subramanian，A.，2005. From "Hindu Growth" to productivity surge：the mystery of the Indian growth transition. IMF Staff Papers 52，193 –228.

Rosenstein-Rodan，P.，1943. Problems of industrialisation of eastern and south-eastern Europe. Economic Journal 53，202 –211.

Rubinstein，W. D.，1992. The structure of wealth-holding in Britain，1809 –1839：a preliminary anatomy. Historical Research 65，74 –89.

Sachs，J. D.，McArthur，J. W.，Schmidt-Traub，G.，Kruk，M.，Bahadur，C.，Faye，M.，McCord，G.，2004. Ending Africa's Poverty Trap. Brookings Papers on Economic Activity 1，117 –240.

Sachs，J. D.，Warner，A. M.，1995. Economic reform and the process of global integration. Brookings Papers on Economic Activity 1，1 –95.

Sachs，J. D.，Warner，A. M.，1997. Fundamental sources of long-run growth. American Economic Review 87，184 –188.

Sandberg，L. G.，1979. The case of the impoverished sophisticate：human capital and Swedish economic growth beforeWorldWar I. Journal of Economic History 39，225 –241.

Schneider，M. R.，Paunescu，M.，2012. Changing varieties of capitalism and revealed comparative advantages from 1990 to 2005: a test of the Hall and Soskice claims. Socio-Economic Review 10, 731 –753.

Schulze, M. -S., 2007. Origins of catch-up failure: comparative productivity growth in the Habsburg Empire: 1870 –1910. European Review of Economic History 11, 189 –218.

Sokoloff, K. L., Engerman, S. L., 2000. History lessons: institutions, factor endowments, and paths of development in the NewWorld. Journal of Economic Perspectives 14, 217 –232.

Sokoloff, K. L., Zolt, E. M., 2007. Inequality and the evolution of institutions of taxation: evidence from the history of theAmericas. In: Edwards, S., Esquivel, G., Márquez, G. (Eds.), The Decline of Latin American Economies: Growth, Institutions, and Crises. University of Chicago Press, Chicago, 83 –136.

Solow, R. M., 1957. Technical change and the aggregate production function. Review of Economics and Statistics 39, 312 –320.

Song, Z., Storesletten, K., Zilibotti, F., 2011. Growing like China. American Economic Review101, 196 –233.

Sumner, M., 1999. Long-run effects of investment incentives. In: Driver, C., Temple, J. (Eds.), Investment, Growth and Employment: Perspectives for Policy. Routledge, London, pp. 292 –300.

Svejnar, J., 2008. China in light of the performance of the transition economies. In: Brandt and Rawski (2008a), pp. 68 –90.

Sylla, R., 1991. The role of banks. In: Sylla, R., Toniolo, G. (Eds.), Patterns of European Industrialization: The 19th Century. Routledge, London, pp. 45 –63.

Sylla, R., Toniolo, G., 1991. Introduction: patterns of European industrialization during the 19th century. In: Sylla, R., Toniolo, G. (Eds.), Patterns of European Industrialization: The 19th Century. Routledge, London, pp. 1 –26.

Symeonidis, G., 2008. The effect of competition on wages and productivity: evidence from the United Kingdom. Review of Economics and Statistics 90, 134 –146.

Tanzi, V., 1969. The Individual Income Tax and Economic Growth. Johns Hopkins University Press, Baltimore.

Temin, P., 2002. The GoldenAge of European growth reconsidered. European Review of Economic History 6, 3 –22.

Temple, J., Johnson, P. A., 1998. Social capability and economic growth. Quarterly Journal of Economics 113, 965 –990.

Timmer, M. P., Inklaar, R., O'Mahony, M., van Ark, B., 2010. Economic Growth in Europe: A Comparative Industry Perspective. Cambridge University Press, Cambridge.

Triplett, J. E., 1999. The Solow productivity paradox: what do computers do to productivity? Canadian Journal of Economics 32, 309 –334.

van Ark, B., Melka, J., Mulder, N., Timmer, M., Ypma, G., 2003. ICT investments and growth accounts for the European Union. Groningen Growth and Development Centre Research, Memorandum GD – 56.

van der Ploeg, F. , 2011. Natural resources: curse or blessing? Journal of Economic Literature 49, 366 – 420.

Venables, A. J. , 2010. Economic geography and African development. Papers in Regional Science 89, 469 – 483.

Voth, H. -J. , 2001. The longest years: new estimates of labor input in England: 1760 – 1830. Journal of Economic History 61, 1065 – 1082.

Wacziarg, R. , Welch, K. H. , 2008. Trade liberalization and growth: new evidence. World Bank Economic Review 22, 187 – 231.

Wade, R. , 1990. Governing the Market: Economic Theory and the Role of Government in East Asian Industrialization. Princeton University Press, Princeton.

Wallis, G. , 2009. Capital services growth in the UK: 1950 to 2006. Oxford Bulletin of Economics and Statistics 71, 799 – 819.

Weitzman, M. L. , 1970. Soviet postwar economic growth and capital-labor substitution. American Economic Review 60, 676 – 692.

Whalley, J. , Xin, X. , 2010. China's FDI and non-FDI economies and the sustainability of future high Chinese growth. China Economic Review 21, 123 – 135.

Williamson, J. G. , 2011. Trade and Poverty: When the Third World Fell Behind. MIT Press, Cambridge, Massachusetts.

World Bank, 1993. The East Asian Miracle: Economic Growth and Public Policy. Oxford University Press, Oxford.

Wössmann, L. , Lüdemann, E. , Schütz, G. , West, M. R. , 2007. School accountability, autonomy, choice, and the level of student achievement: international evidence from PISA 2003. OECD Education Working Paper No. 13.

Wren, C. , 1996. Industrial Subsidies: The UK Experience. Macmillan, London.

Wright, G. , 1990. The origins of American industrial success, 1879 – 1940. American Economic Review 80, 651 – 668.

Wright, G. , Czelusta, J. , 2007. Resource-based growth past and present. In: Lederman, D. , Maloney, W. F. (Eds.), Natural Resources: Neither Curse nor Destiny. Stanford University Press, Palo Alto, 183 – 211.

Xu, C. , 2011. The fundamental institutions of China's reforms and development. Journal of Economic Literature 49, 1076 – 1151.

Young, A. , 1995. The tyranny of numbers: confronting the statistical realities of the East Asian growth experience. Quarterly Journal of Economics 110, 641 – 680.

Zeira, J. , 1998. Workers, machines, and economic growth. Quarterly Journal of Economics 113, 1091 – 1117.

第 7 章
历史与发展

内森·纳恩
哈佛大学经济系

摘要

越来越多的证据表明，历史事件能够对当前经济发展产生重要影响，本文拟简要回顾有关研究文献。二十多年来，人们在不同时期、不同地区以及在相当长的时间跨度内，发现了存在历史持久性的证据。经济学界已在识别与理解其背后的机制方面取得了持续的进展。现有证据表明：文化特性和正式制度对理解历史持久性至关重要。

关键词

持久性，殖民主义，制度，规范，文化，路径依赖

JEL 分类号

H11，N00，O10，O50，P51，R58，Z13

7.1 引　　言

近年来涌现出了不少新的实证研究文献，旨在探究历史事件是否是当前经济表现的重要决定因素①。这些文献可以追溯到大约 15 年前开始的沿着三条

① 最新的文献综述，参见：纳恩（Nunn，2009）和斯波劳雷和瓦兹亚格（Spolaore and Wacziarg，即出）。

主线的研究，即恩格曼和索科洛夫（Engerman and Sokoloff，1997，2002）、拉波尔塔等（La Porta et al.，1997，1998）和阿西莫格鲁等（Acemoglu et al.，2001，2002）。尽管每条研究主线的研究动机各有不同，但它们都探究了欧洲在全球的殖民等重大历史事件对于长期经济增长的重要性，并提供了相应的分析方法和实证证据。

此后，有关文献按照不同方式进行了进一步扩展。其中最值得关注的是对其他重大事件的探究，包括强迫劳动制度、非洲奴隶贸易、中世纪远途贸易、大西洋贸易、新教改革、海外传教、法国大革命、墨西哥革命、中国被迫开放通商口岸、哥伦布大交换期间新粮食作物的引进、犁的引进、印刷术的发明、新石器革命以及各种环境灾害等等。

有关研究通常会涉及收集和整理夺人眼球的新数据。尽管数据的收集整理本身就是重要的贡献，但更重要的贡献则是利用有关数据，对关于历史发展的假设进行了令人信服的检验。最具启发性的论文是在探究历史事件所产生影响的具体途径和机制的同时，能够追踪某历史事件在不同时期的全部影响。

本文对最新文献进行了梳理总结。正如下文将要表明的，一旦我们开始对迄今为止的学术进展进行探究，就可以深切地感受到：近期关于历史上的经济增长和发展的定量历史研究浪潮，竟如此富有启发性。

7.1.1 早期文献

历史与发展方面的文献主要源于三组论文，其共同之处在于均以欧洲殖民统治为研究主题，但研究动机则有所不同。

第一项研究是经济史学家恩格曼和索科洛夫（Engerman and Sokoloff，1997）进行的以描述性统计为基础的历史叙事。他们探究了要素禀赋和殖民统治对美洲殖民地后来经济发展的影响，认为新大陆的土壤和气候条件适合种植在全球贸易中有利可图的商品，如糖类、烟草和棉花等，进而发展起了一种奴隶制种植园农业。土著人口众多、金银储备丰富的西班牙殖民地更是建立起了以强迫劳动为特征的经济发展模式。奴隶制度和强迫劳动，不仅会导致经济和政治上的不平等，还会抑制长期经济发展。

有意思的是，另两项开创性文献的本意并不是为了更好地理解欧洲殖民统治的历史。例如，阿西莫格鲁等（Acemoglu et al.，2001）旨在验证国内制度是否是当前经济繁荣的基本决定因素，而拉波尔塔等（La Porta et al.，1997，1998）则试图确定投资者保护对金融发展的因果影响。这两项研究之所以对殖民统治进行探究，是因为它们都认识到了国内制度（阿西莫格鲁等的研究）

或投资者保护（拉波尔塔等的研究）发展变化的主要来源是历史因素；它们都把欧洲的殖民统治作为一种自然实验，重点是为了探讨它们感兴趣的问题，对作为外生影响因素的欧洲殖民统治的不同层面或特征进行深入分析。

拉波尔塔等（La Porta et al.，1997，1998）认为，由于殖民地的法律传统是由殖民者移植过去的，故殖民者的身份对殖民地法律制度的演进和当前具体投资者保护措施具有重要影响。具体而言，他们发现同以普通法为基础的前英国殖民地的法律制度相比，以罗马法为基础的法国、西班牙和葡萄牙等国前殖民地的法典体系对投资者的保护较弱，金融发展亦相对不足。

阿西莫格鲁等（Acemoglu et al.，2001）认为，殖民统治方式及其长期影响的主要决定因素是欧洲殖民者面临的疾病环境。在加拿大、澳大利亚和美国等温带地区，欧洲殖民者的死亡率相对较低，从而有利于促进欧洲人的大规模移民，并为这些地区带来了欧洲人的信仰和价值观，进而建立起了注重产权保护的欧式制度。而在像撒哈拉以南的非洲等地区，疟疾、黄热病等疾病使得欧洲殖民者的死亡率很高，因此欧洲人不会在这些地区定居，而是代之以掠夺式的策略。他们不是去定居，而是不计后果地掠夺自然资源，从而不利于建立起产权保护及其他类似的制度。正是基于这种历史叙事，阿西莫格鲁等人以一个度量早期定居者死亡率的指标作为当前国内制度的工具变量，对制度对长期经济发展的因果影响进行了估计。

以上三项研究表明，从历史的角度对经济增长和发展进行探究，如何有助于深化我们的认识。具体而言，这类研究不仅显示了历史事件能够为我们的计量分析提供有用的外生影响来源，而且更为重要的是，它们还表明了历史的重要性：历史能够对当前的经济增长和发展产生长期的、持续的影响②。

在这些早期研究之后，涌现了大量从历史视角探究经济增长与发展的论文。在本文的随后各节中，我们首先对关于欧洲殖民统治不同侧面并引起广泛关注的历史事件的大量研究文献进行综述。然后，我们在第7.3节转而探究那些探讨其他历史事件长期影响的文献，有关历史事件包括：哥伦布大交换、各种促进贸易和全球化的事件、战争与武装冲突事件、人口驱逐和强制迁徙事件、宗教改革和重大技术创新等。第7.4节将探究文献中的下述观点：地理因素通过影响历史事件而对当前的经济发展产生重要影响。

② 几乎在这些开创性论文发表的同时，旋即涌现出了大量的扩展、评论、批判、对评论的批判、对批判的批判等等。为避免冲淡主题，本文不拟在这里细加讨论，详见：伊斯特利和莱文（Easterly and Levine，2003）、格莱泽（Glaeser，2004）、奥尔森（Olsson，2004）、罗德里克等（Rodrik et al.，2004）、奥斯汀（Austin，2008）、阿尔布伊（Albouy，2012）和阿西莫格鲁等（Acemoglu et al.，2012）。

历史对于当前的经济发展具有重要影响。在探究了有关证据后，我们进一步探讨了其内在的因果机制。历史事件对经济发展的影响具有持久性，且不同的实现途经具有不同的相对重要性，包括多重均衡与路径依赖、国内制度、文化价值观与信仰以及遗传性状等，本文第7.5节对揭示了有关途经相对重要性的实证证据进行了总结。

在最后两节即第7.6节与第7.7节中，我们讨论了文献中有待解决的问题，并进行了些许总结性思考。

7.2 欧洲的殖民统治

7.2.1 美洲

经济不平等和政治不平等不利于长期经济发展。研究欧洲在美洲殖民统治的文献往往注重检验如下假说：初始禀赋会对经济和政治不平等产生重要影响（Engerman and Sokoloff，1997）。随后，恩格曼和索科洛夫（Engerman and Sokoloff，2005）以投票权的包容性作为度量指标，发现了经济不平等和政治不平等之间的正相关性，从而为他们的假说提供进一步的实证证据；而索科洛夫和佐尔特（Sokoloff and Zolt，2007）则发现不平等与较低的财产税和所得税以及较低的教育等公共品支出有关。

对于上述假说，恩格曼和索科洛夫提供的证据主要是历史性叙事和描述性统计的形式，随后一些文献则对此进行了更为正式的检验。布鲁恩和加列戈（Bruhn and Gallego，2012）对南北美洲17个国家的345个地区进行了探究，发现长期经济发展与殖民地早期的专业化存在很强的负相关性；其中，他们把殖民地早期专业化中的某些经济活动称为“坏的”活动，也就是恩格曼和索科洛夫所说的具有规模经济并高度依赖于剥削劳动的那些产业中的活动，如糖类、咖啡、大米、棉花和采矿等。布鲁恩和加列戈（Bruhn and Gallego，2012）提供的其他实证证据，与恩格曼和索科洛夫（Engerman and Sokoloff，1997）假说其实也是一致的：除非生产过程中存在大量可供剥削的土著人口，否则那些仅够维持自身生存的农业、畜牧业和制造业活动并不是与长期经济发展负相关的。

娜丽托米等（Naritomi et al.，2012）提供的实证证据与布鲁恩和加列戈（Bruhn and Gallego，2012）一致，但样本选取的是巴西以及黄金和糖类制品等两种商品。她们以大约 5 000 个巴西自治市为样本，对每个自治市在历史上对黄金热（18 世纪）和甘蔗热（1530 ~ 1760 年）的参与程度进行了量化分析，发现经历过甘蔗热的自治市土地不均等情况更严重，而经历过黄金热的自治市国内制度则更不完善。

恩格曼和索科洛夫假说的核心机制是经济不平等和政治不平等。不少研究对关于经济不平等通常与政治不平等相关并导致经济欠发展的这种说法提出了质疑。德尔（Dell，2010）对西班牙人于 1573 ~ 1812 年间在秘鲁和玻利维亚设置的米塔强迫劳动制度进行了探究。按照当时的米塔制，西班牙人要求 200 多个村落各提供超过七分之一的成年男性人口，在玻利维亚的波托西银矿和秘鲁的万卡维利卡汞矿工作。该项研究利用了当时的家庭调查数据、地理数据和有关历史记录数据，运用断点回归的估计策略对米塔制的长期影响进行了估计。德尔在研究中还利用了如下事实：以米塔制强征劳动力的地区边界十分清晰，而其他相关因素在米塔边界附近的变动很可能非常平缓。基于这种认识，只要比较一下足够接近米塔边界的米塔区和非米塔区的结果，那么就可以提供一种米塔的长期影响的无偏估计。德尔发现，米塔制对长期经济发展具有负面影响：在其他所有条件保持相同的情况下，以前属于米塔地区的平均家庭消费水平比那些非米塔地区大约低 25% 左右。该项研究发现，较低的教育水平和欠发达的交通路网，可以解释米塔制地区和非米塔制地区之间的大部分差异。

德尔认为，米塔地区的落后主要是由于缺乏大型庄园，这是因为这类大庄园可以就教育和道路等公共品向政府进行游说或直接提供这类公共物品。她发现拥有较大庄园和更高不平等（而不是更低不平等）的地区，长期经济发展相对更好；在这一点上，德尔的研究结论与恩格曼 - 索科洛夫假说完全相反。

阿西莫格鲁等（Acemoglu et al.，2008）同样对恩格曼 - 索科洛夫的不平等假说提出了质疑。他们首先对哥伦比亚昆迪纳马卡省的各自治市进行了探究，发现 19 世纪末的土地不平等程度与 20 世纪末的中学入学率具有正相关性。他们还进一步对经济不平等和政治不平等密切相关的假设提出了质疑：他们首先利用 1875 ~ 1895 年间 2 300 个不同个体持有的 4 763 份市长任命状数据，构建了一个政治不平等的度量指标，并进而发现经济不平等与政治不平等并不存在正相关性。他们认为，更为严重的土地不平等实际上更有利于长期经济发展，这是原因在这种情况下，土地所有者能够在更大程度上控制政治精英。

纳恩（Nunn，2008b）分别以美国各州、各县以及美洲各县为样本，对不平等的作用进行了探究。尽管他确实也发现符合恩格曼 - 索科洛夫假说的实证证据，即历史上的奴隶劳动与当前的收入水平负相关，但却没有发现不平等能够成为中间渠道的证据。具体而言，尽管过去使用奴隶劳动与历史上的不平等和当前的不平等都具有正相关关系，但在估计中控制了历史上的土地不平等之后，并不能降低奴隶制对当前收入的负面影响。不仅如此，不论是过去还是现在的收入水平，都与不平等程度无关。

7.2.2 亚洲

欧洲与印度的早期交往主要是通过始于1613年的海外贸易，而欧洲对印度次大陆的殖民则主要是通过一系列的战争。始于1757年的普拉西战役，使得英国东印度公司获得了对孟加拉国和比哈尔邦的控制权；到19世纪初，英国人已经控制了印度次大陆的大部分区域，而其他部分则成为“土邦”。英国东印度公司在19世纪持续吞并土邦，直至1857年英国东印度公司发生士兵兵变（印度士兵的起义）。此后，英国政府统治了次大陆，并建立了英属印度领地。

最近有一系列论文对英国控制印度次大陆的长期影响进行了实证研究。其中，耶尔（Iyer，2010）分别探究了英国直接统治和间接统治（即土邦）的长期影响。

耶尔（Iyer，2010）针对英属印度的415个地区，估计了英国直接统治和间接统治对农业投资和当前农业生产率的影响。为了揭示二者之间的因果关系，她在估计中利用了“无嗣失权”数据；所谓“无嗣失权”，是英国政府于1848~1856年间在英属印度推行的一项政策，即英国政府不承认土邦首领收养子嗣的继承权。英国通过这一政策吞并了不少土邦，即那些没有亲生子嗣的土邦首领去世后缺乏法定继承人的地区。对于英国直接统治的地区，耶尔采用了针对每个地区的工具变量：如果该地区的土邦首领在去世时没有自然继承人，则取值为1。通过对截至1848年仍然没有被吞并的地区子集合进行工具变量估计，她发现英国直接统治地区和土邦之间并不存在具有统计显著性的差异。这明显不同于运用最小二乘法所得到的如下估计结果：英国直接统治与农业投资和农业生产率具有正相关性。对于两种估计方法所得到的不同结论，最可能的解释是：英国人吞并的地区，本来就是印度次大陆生产力最高的地区，从而也是最具增长前景的地区。

在接下来的一项研究中，耶尔（Iyer，2010）对健康、教育和道路设施等其他公共品的可得性问题进行了探究，发现就英国直接统治对公共品供给的影响而言，工具变量估计均小于最小二乘估计，从而再次表明了英国人选择的是那些更具长期增长潜力的“优质”地区。此外，耶尔进行的工具变量估计还表明，英国人的统治实际上会产生一种负的长期效应，这与早期班纳吉等（Banerjee et al.，2005）针对27种公共品进行的研究所得到的结论是一致的。

7.2.3 非洲

不少研究非洲殖民统治的文献发现，非洲的殖民统治的长期影响能够持续到当今。该结论多少令人意外，这是因为与其他地区相比，非洲绝大部分地区的殖民时期相对较短。非洲是最后一个被大规模殖民的大洲，其中1884/1885年柏林会议标志着大规模殖民非洲的开始。

关于非洲殖民统治的长期影响，于耶里（Huillery，2009）提供了重要的实证证据。她首先从巴黎和达喀尔档案馆中的历史文献中收集了有关数据，然后把这些数据与20世纪90年代以来的家庭调查数据结合起来，发现在法属西非的各个地区，教育、健康和基础设施等方面的殖民地早期投资与当前的卫生教育水平和水电燃料供给等存在正相关性。更有趣的是，她还提供了足够的证据，表明早期特定公共品供给与当前状况之间具有很强的历史持久性。具体而言，她发现殖民时期的较高教育支出与后殖民时代的更高教育水平有关，但与更高的卫生水平和更完善的基础设施无关。与之类似，她发现殖民时期更多的基础设施投资与当前更完善的基础设施有关，而与当前社会的教育水平和卫生水平等无关；而殖民时期更多的卫生投入也与当前更好的卫生状况有关，但与教育水平和基础设施无关。

于耶里（Huillery，2009）提供的实证证据表明，早期投资会在随后引发更多的同类投资，不过，对于这种多少有些极端的历史持久性，我们迄今仍对其背后的准确机制缺乏了解。一种可能的解释是，历史持续性背后可能存在被忽略的因素，这些因素能够影响特定公共品的投资并导致最终结果。不过，于耶里在具体分析中曾采用多种策略以排除这种可能，包括按照地理接近度对不同地区进行匹配等。

欧洲对非洲的殖民统治造成的一种广为人知的不良后果是：国家边界的划分，几乎没有或根本没有虑及先前存在的王国、国家或种族情况。1884/1885年柏林会议期间，欧洲列强只是对有待开发的土地和有待发现的湖泊、河流和山川进行了瓜分。尽管长期以来这样的假说就已存在，即非洲国家人为划定的边界的人为性质应归咎于殖民统治，但直至不久前才出现了正式检验该假说的文献。米哈洛普洛斯和帕帕约安努（Michalopoulos and Pappaioannou，2011）利用默多克（Murdock，1959）提供的前殖民地时期834个种族的地理分布数据，并把它与非洲国家的当前边界数据结合起来，然后对那些被国界线分隔的种族和未被国界分隔的种族之间的差异进行了检验。作者为每个种族设定了两个指标变量：如果一个种族被国界线分隔，且该种族在国界线两侧的分布面积均大于10%，则第一个指标变量的取值为1；如果被国界线分隔的种族，在国界线某一侧的分布面积小于10%，则第二个指标变量的取值为1。之所以引入度量国界线分隔情况的两个指标，是因为默多克（Murdock，1959）绘制的种族地理分布不太准确，引入这两个指标可以缓解度量误差问题。具体来说，即便某个种族并没有被国界线分隔，但度量误差却有可能使得数据表现出分隔，而第二个度量指标（小于10%）更容易存在这种情形。

作者在种族层面上对两个变量进行了探究：一个是以夜晚灯光密度来度量的经济发展水平，一个是1970～2005年间的国内冲突次数。他们发现，被国界线分隔的种族，其经济发展水平更低（灯光密度更小）、国内战争更多；并且，对于国界线分隔的两个度量指标，该估计结果在统计上都是显著的，只不过第二个指标（小于10%）的系数通常更小一些，但这又与该指标的度量误差更大是一致的。因此，该项研究进一步证实了如下传统看法：由于非洲的国界线是欧洲列强人为划定的，故非洲殖民统治对非洲后来的经济发展产生了不利影响。

殖民统治可能导致的另一种不良后果是加剧种族之间的敌意，其中尤以对殖民地的间接统治为甚。在卢旺达，殖民政策有意加深了胡图人和图西人之间的种族差异：1933～1934年间的人口普查，通过在身份证上标明每个人的种族信息，实现了不同种族身份差别的制度化；此外，教育制度也规定胡图人和图西人必须各自分班。在欧洲人到来之前，胡图人和图西人的区别，与其说是不同的种族，不如说是一种社会分层，且两个种族之间也多有身份转换。对于比利时人来说，把一群人准确地划分为胡图族或图西族实际上是非常困难的，这一事实就是这两个种族并非泾渭分明的有力例证。为了区分不同种族，比利时人提出了一种“十头牛规则”：当难以确定某人的种族归属时，如果他拥有十头以上的牛，则指定他为“图西人”，反之则归为“胡图人”。

许多学者尤其是马姆达尼（Mamdani，2001）认为，胡图族与图西族之间的敌对并最终导致1994年的种族灭绝大屠杀，其根源在于比利时的殖民统治。不过，该问题远未达成共识，例如万西纳（Vansina，2004）就根据一些口头证据和早期记述持反对意见。万西纳认为，胡图人和图西人的种族认同感，最初出现于17世纪，19世纪期间得到了进一步强化，而这均发生在殖民统治之前。

7.3 其他重要历史事件

欧洲殖民统治不仅是人类历史上的重大事件，而且也是塑造当前世界收入分配格局的重要因素，因此，学术文献把欧洲殖民统治作为最初的研究重点完全是自然而然的事情。不过，最近一段时间的学术界，开始转向其他重要历史事件，试图就这些历史事件对当前经济发展的长期影响和重要意义进行实证研究。下面就对有关研究略做探讨。

7.3.1 哥伦布大交换

哥伦布大交换指的是克里斯托弗·哥伦布1492年的新大陆航行之后，发生在美洲与世界其他地区之间的农作物、疾病、思想和人口的大交流。大交换带来的疾病几乎灭绝了美洲土著人口但却为东半球带来了大量新作物，这些作物后来被广泛种植，如西红柿、马铃薯、红薯、木薯、玉米、辣椒、胡椒、可可、香草和烟草等。此外，欧洲还引入了能够生产奎宁（用于预防疟疾）的金鸡纳树。同时，新大陆丰富的沃土也被用于种植糖和棉花等旧大陆的重要经济作物[③]。

不少论文探讨了这些新作物从美洲传到世界其他地区所产生的影响。纳恩和钱楠筠（Nunn and Qian，2011）对马铃薯引入欧洲、亚洲和非洲之后的影响进行了估计。由于马铃薯在热量和营养上优于小麦、大麦、黑麦和大米等旧大陆传统作物，故马铃薯向其他地区的扩散对农业生产率产生了很大的正向冲击。作者首先利用基于地理信息系统的气候数据和来自世界粮农组织的土壤数据，得到了一个地区是否适合种植马铃薯的指标；然后，针对适于引进和不适合引进马铃薯的地区，运用双重差分估计策略，估计了人口增长、城市化和成年人身高在引进马铃薯前后的差异。

他们对国别样本的估计结果表明，引进马铃薯能够对总人口和城市化率产生正向影响。他们还发现，不论对于全球还是欧洲各国，马铃薯均对城市增长具有正向影响，这与他们对城市化的估计结果是一致的。为了进一步探究其内在机制，作者对法国人的身高数据进行了探究，并发现在法国引入马铃薯后，出生于适合种植马铃薯村庄的个体，其成年后的身高平均会增加0.5至0.75英寸[④]。

其他一些研究探究了1492年以后美洲其他粮食作物的传播所产生的影响。陈婷和龚启圣（Chen and Kung，2012）探究了玉米传入中国的影响，并发现尽管玉米的引进对人口增长产生了积极影响，但却没有发现玉米引进有助于提升城市化率的证据。贾瑞雪（Jia，即出）探究了红薯的引进对中国的影响。

---

③ 对哥伦布大交换的进一步描述，参见：格伦内斯（Grennes，2007）、纳恩和钱楠筠（Nunn and Qian，2010）和曼（Mann，2011）等。

④ 库克（Cook，2013b）提供的证据表明，牛奶和马铃薯之间存在互补性，且纳恩和钱楠筠（Nunn and Qian，2011）中的人口效应在乳糖耐受性较强的群体中相对更大。

与中国已有的水稻和小麦等粮食作物相比，红薯的一个重要特性是抗旱能力强。她的分析表明，在引进红薯之前，旱灾与农民起义密切相关；而在引进了抗旱能力较强的红薯之后，两者之间的相关性有了显著的降低⑤。

哥伦布大交换不仅将新大陆的农作物引进到了旧大陆，同时也将旧大陆的农作物引入了新大陆。对于许多农作物来说，美洲的土壤气候条件比旧大陆更适于耕种，其中糖类作物就是最好的例子。赫尔施和弗特（Hersch and Voth，2009）估算了美洲大规模种植甘蔗导致的食糖供给增加为欧洲带来的福利收益，同时也计算了欧洲引进美洲盛行的烟草为欧洲带来的福利收益。他们的估算结果表明，到1850年为止，更多的食糖和烟草分别使英国的福利增加了大约6%和4%。这些结论对于我们深入理解欧洲的福利变迁来说意义深远。人们通常认为，依据不考虑新产品种类的真实工资数据，1800年以前的英国福利并没有提高（Clark，2005）；但按照赫尔施和弗特（Hersch and Voth，2009）的估算，作为哥伦布大交换的结果，“新”产品使得英国早在1800年之前就实现了福利的大幅提高。

7.3.2 国际贸易与全球化

许多文献探究了国际贸易增长在不同历史时期的影响，其中的一个重要发现是：通过改变国内制度的演进路径，国际贸易能够对长期经济增长产生重要影响⑥。

格赖夫（Greif，1993，1994）是指出这一点的开创性文献。该文献表明，从事远途贸易的马格里布人和热那亚人这两个群体，其发展路径如何取决于贸易合约的执行方式。在马格里布，商人主要依赖于集体策略，任何欺诈者都会遭到所有商人的共同惩罚；在热那亚，贸易合约的执行则取决于个体惩罚策略。除了商业环境之外，这些契约制度还发展出了其他不同的制度：热那亚发展出了一种正式的法律体系和便利交易的组织团体，而马格里布则一直依赖于集体惩罚等非正式的集体执行机制。

不少论文对国际贸易增长对国内制度和经济增长的长期影响进行了实证研究。现有的实证证据表明，国际贸易的长期影响存在很大的差异，主要取决于初始条件和特定环境。普加和特雷弗莱（Puga and Trefler，2012）通过探究800～1350年间威尼斯的中世纪贸易，清晰地表明了国际贸易影响的异质性。

⑤ 该项研究表明，气候冲击的影响取决于具体历史环境，故有关研究结论颇具启发性。在后文中，我们还会回到这一点。

⑥ 对于这一点，参见纳恩和特雷夫莱（Nunn and Trefler，即出）最近的综述。

他们的研究表明，贸易的发展，最初有助于打破原有的权力平衡，使得新崛起的商人得以争取更高程度的政治开放性（如世袭总督制的终结与威尼斯议会的开始）和更完善的契约制度（如有限责任合伙制），而这种制度进步则能够促进经济增长。不过，随着时间的推移，财富越来越集中在人数相对较少的商人手中，而这少数商人又会利用这种力量来限制其他人的政治权利并阻碍进一步的制度改革。因此，对于能够促进增长的包容性制度乃至经济增长本身，国际贸易起到的是一种先扬后抑的作用。

在横截面数据样本中，同样可以发现国际贸易影响的异质性。对于世界上的某些地区而言，有证据表明，国际贸易的增加能够产生有益的影响。杰哈（Jha，2008）探究中世纪印度各城市时发现，19 世纪末 20 世纪初宗教冲突较少的城市，往往是那些参与海外贸易的城市。为了克服在选择中世纪港口时存在的内生性问题，杰哈以是否存在天然港湾作为一个沿海城市是否是贸易港口的工具变量，同时也在估计中运用了倾向得分匹配技术。

按照他的估计，如果一个城镇在中世纪是一个贸易港口，那么它就很可能不会经历后来的印穆宗教冲突。利用历史上的证据，杰哈发现，由于穆斯林能够提供通往中东市场的渠道，这就使得那些从事海外贸易的城市更容易出现印度教徒与穆斯林的合作，进而形成了有利于印度教徒和穆斯林之间交换交流、和平共处的制度。

现有证据表明，国际贸易同样对欧洲各国有利。阿西莫格鲁等（Acemoglu et al.，2005）探究了大西洋三角贸易对欧洲制度的影响。他们首次表明西欧在 16 世纪以后的崛起，主要是由那些深度参与大西洋贸易的国家（和港口城市）的经济增长驱动的。他们认为，从贸易中获得的最重要收益并不是贸易利润的直接收益，而是贸易对国内制度的间接影响。贸易利润使得政治权力转向商业利益，进而形成了更有利于促进增长的制度。利用国家的政府约束指数，他们发现大西洋贸易能够导致更好的制度，这就证实了他们提出的假说。他们的实证分析还表明，在所有参与大西洋贸易的国家中，只有那些最初（即 15 世纪、16 世纪）实行的不是绝对主义制度的国家，贸易才会进一步改善其国内制度。如果最初的君主政体过于强大（如西班牙和葡萄牙），那么它就会垄断贸易，从而减少了商人阶级能够从贸易中获得的利益，并最终阻碍了制度变迁⑦。

⑦　迪特马尔（Dittmar，2011）提供了大西洋贸易异质性的另一种有趣来源。他对欧洲港口城市的增长进行了探究，发现在 15 世纪晚期就已采用印刷术的城市，其增长速度显著快于那些没有采用印刷术的城市。按照他的估计，一旦考虑到印刷术的重要性，那么大西洋港口城市的增长就不再快于大西洋之外的港口城市。这些发现进一步证实了迪特马尔的下述假说：印刷术通过使得更多的人可以得到印刷物，培育了人们的计算能力和识字能力，促进了账簿和会计方面的创新，所有这些都对由于海外贸易而获得诸多商业机会的那些城市具有重要价值。

贸易对制度和经济发展产生有利影响的反例，出现在大发现时代之后的非洲和拉丁美洲（后者略有争议）。正如前文所述，拉丁美洲专业化于布鲁恩和加列戈（Bruhn and Gallego，2012）所归类的“有害”或“低陋”的商品生产（不妨回顾一下7.2节）并导致了长期不发达。此外，正如后文将进一步讨论的，大西洋贸易对非洲产生了特别不利的影响。对于非洲而言，参与贸易意味着战争、偷窃和抢劫，以向美洲出口奴隶。纳恩（Nunn，2008a）、纳恩和万切康（Nunn and Wantchekon，2011）表明，参与奴隶贸易对非洲造成了长期的不良后果：深度卷入贸易的那些非洲地区，迄今仍然更为贫穷，国内制度更为落后，信任水平也更低。后文将对这些影响做进一步阐述。

7.3.3 战争与冲突

人类历史充满了战争与冲突的插曲。近来的许多研究表明，不少暴力事件对人类历史产生了重要影响。关于战争与长期发展之间的关系，最广为人知的假说是蒂莉（Tilly，1990）提出的如下假说：欧洲各国之间的战争促进了强国的发展，并成为欧洲崛起的一个重要决定因素。按照蒂莉的说法，始于近代早期的战争和国家竞争，导致了为投入战争而能够筹集足够资金、维持足够人口的中央集权政府和制度。换句话说，蒂莉认为战争造就了国家。

尽管蒂莉的观点很有影响力，但很少有研究能够为任何版本的蒂莉假说提供正式经验检验。阿吉翁等（Aghion et al.，2012）为在某种程度上接近蒂莉假说的看法提供了实证证据。他们发现，现代社会中的战争威胁与教育水平之间存在一定的相关性。他们以小学入学率和教育改革来度量教育，探究了1830～2001年间137个国家的年度面板数据；在控制了国家固定效应和年份固定效应后，他们发现教育水平与前十年的冲突数量和当期同其他国家进行的军事竞争，都存在正相关关系。换句话说，他们发现了战争造就教育的实证证据。

蒂莉的支持者们认为，该假设可能同样适用于欧洲以外的国家或地区。例如贝茨（Bates，即出）和里德（Reid，2013）认为，国家之间的冲突使得国家的规模更大、集权程度更高。贝茨（Bates，即出）表明，跨文化标准数据集（SCCS）中的非洲样本，便存在战争频次与政治集权程度之间的正相关关系。

其他证据则表明战争有可能造成长期的负面影响。在一篇颇具创新性的文献中，扬切茨（Jancec，2012）提供了国家冲突会对当今政治体系的信任度产生长期负面影响的实证证据。作者利用斯洛文尼亚、克罗地亚、塞尔维亚、黑山、罗马尼亚和乌克兰的微观数据，发现在1450～1945年间民族国家的统治阶层越是频繁变动的国家，生活其间的个体对当今政治制度的信任程度也就越低。换句话说，祖先被征服的次数越多，如今对政府的信任程度就越低。不仅如此，扬切茨（Jancec，2012）还发现，频繁变更的国界线会增加人们对其生活地区而非国家的认同感，并降低他们在国家层面上的政治参与度（以投票率计）。由于扬切茨（Jancec，2012）很好地控制了广义地区效应，因此他基本能够在实证分析中把糟糕的政府治理因素排除出去，故对有关发现的最合理解释是：被征服的历史减少了人们对民族国家的认同感，并降低了他们对国家领导人和制度的信任度。

文献中的另一条研究主线，是强调战争与宗教之间的重要历史联系。例如，博蒂奇尼和埃克斯坦（Botticini and Eckstein，2005，2007）认为，公元70年罗马人火烧犹太第二圣殿，对犹太教和后来的经济发展产生了持续的重要影响。火烧圣殿之后，犹太教从聚集在圣殿的宗教祭祀，转变为要求所有犹太男性在犹太教堂或聚集之地阅读犹太律法并要求他们的孩子同样如此。按照博蒂奇尼和埃克斯坦（Botticini and Eckstein，2005）的说法，这种宗教要求提高了犹太人的识字水平和计算能力，从五六世纪开始，犹太农民陆续迁往城市，从事各种城市职业。在巴比伦，犹太人进入市中心，从事店铺经营和制革、丝麻生产、印染、玻璃器皿制作等手工艺活动。在8世纪中叶至9世纪初叶，犹太人继续向阿拉伯帝国迁移，并进入各种技能型职业，如手工艺和珠宝生产、造船、放贷和远途贸易等。总之，他们的分析以令人信服的证据表明，一个重大的暴力事件（罗马人火烧犹太圣殿）能够产生重要影响，它深深改变了犹太人自此以后的人力资本积累和经济成功的发展轨迹。

欧洲和奥斯曼帝国之间的战争与欧洲新教兴起之间的联系是另一个例子。伊伊京（Iyigun，2008）检验了以下假设：奥斯曼帝国在15世纪中叶到16世纪晚期对欧洲大陆的军事入侵，为新教提供了发展契机。简单梳理可以发现，欧洲大陆与奥斯曼帝国的冲突和反宗教改革冲突至少在时间上是符合假设的。例如，神圣同盟（教皇庇护五世组织的海上天主教国家同盟）在勒班陀战役（1571）中击败奥斯曼帝国主力舰队，标志着奥斯曼帝国的衰落，随之而来的便是宗教战争中最为惨烈的三十年战争（1618～1648年）。伊伊京进行的更严格探究为其假设提供了进一步支持。他对1450～1700年间的年度数据进行了分析，发现在欧洲与奥斯曼帝国冲突较多的年份，欧洲大陆国家之间的冲突较少，天主教与新教之间的冲突也比较少。

阿西莫格鲁等（Acemoglu et al.，2011a）探究了欧洲历史上最为重大的事件即法国大革命的有利影响。法国大革命在短短数年之内（1789～1799），以平等、公民和天赋人权等启蒙价值观念，取代了人们在秩序和等级等方面的传统价值观念。1792 年，新成立的法兰西共和国对奥地利及其包括普鲁士在内的盟国宣战。阿西莫格鲁等表明，在被征服地区强制推行的制度改革，对德国和普鲁士产生了持久的影响。他们探究了 19 个地区在 1700～1900 年间的 6 个不同时点上的城市化率，发现在 1793～1815 年间被法国长期占领过的地区，随后的经济发展（以城市化率度量）速度更快。他们构建了一个量化废除封建行会制度、推行法国民法典的指标，为制度改革能够促进城市化率提供了实证证据。被法国长期占领过的地区，通常存在力度更大的改革。

7.3.4 人口驱逐与强制迁徙

人口驱逐和强制迁徙与战争和冲突紧密相关。最引人关注的人口强制迁徙案例，便是横跨大西洋、撒哈拉、印度洋和红海的非洲奴隶贸易。奴隶主要来源于绑架、劫掠和战争。历史资料表明，普遍存在的不安全感、暴力和战争对国家的形成、内外合作以及社会经济发展和制度完善产生了消极的影响。

刚果王国的经历是一个最能说明问题的例子。1493 年，迪奥戈·康发现了刚果王国。最初，刚果和葡萄牙之间的贸易包括多种产品，如铜、纺织品、象牙和奴隶等，且奴隶的主要来源是战犯和罪犯。然而，外部奴隶需求的增加、葡萄牙奴隶贩子的出现以及刚果国内的王位争夺等，所有这些都使得捕获和劫掠奴隶在全国范围内出现了不可控制的大幅增加。早在 1514 年，阿方索国王就在给葡萄牙人的信中，抱怨葡萄牙商人与当地贵族相勾结，把刚果公民变为奴隶。1526 年，阿方索国王要求所有葡萄牙商人离境并终止两国贸易。不过，这一尝试并没有成功，奴隶捕获和奴隶贸易在 16 世纪继续存在，并造成了 1568～1570 年间雅加人的入侵，而 1665～1709 年间的大规模内战最终导致了王国的彻底崩溃（Heywood，2009）。

纳恩（Nunn，2008a）针对奴隶贸易对非洲大陆长期发展的影响进行了实证分析。他结合发货纪录、种植园清单、婚姻档案、死亡档案和奴隶逃跑通告等反映非洲奴隶种族身份的各种历史数据，对不同奴隶贸易阶段中从非洲运出来的奴隶数量进行了估计。

纳恩发现，在非洲各地区中，运出奴隶最多的地区同时也是目前最为贫穷的地区。在解释这种相关性时，一个核心问题是不同地区对奴隶贸易的选择。例如，如果一个制度功能糟糕、未来增长前景惨淡的社会更愿意选择参与奴隶贸易，那么即便对外奴隶贸易对非洲社会没有任何直接影响，我们仍然能够观察到这种负相关性。纳恩通过探究奴隶贸易中关于选择性质的有关证据，对这种选择是否主导了最终结果进行了检验。他发现，不论是描述性证据还是数量性证据都表明：选择参与奴隶贸易的地区并不是最为贫穷的地区，反而是那些经济发达和人口密集的地区提供了更多的奴隶。另外，纳恩还按照每个国家与外部奴隶需求地点之间的距离，构造了一组工具变量。他认为奴隶需求地点会影响供给地点，但反之不成立，故二者之间的距离可以作为工具变量。工具变量估计与最小二乘估计的结果是一致的，从而可以得出如下结论：实证证据表明，非洲对外奴隶贸易确实对非洲地区的经济发展产生了显著的消极影响。

随后的研究探讨了非洲奴隶贸易在其他方面产生的重要影响。纳恩和万切康（Nunn and Wantchekon，2011）提供的证据表明，早期奴隶贸易对非洲地区后来的信任水平造成了消极影响。他们的分析表明，较低的信任水平主要有两种来源，一是有助于促进诚信行为的国内制度的恶化，一是助长不信任的文化规范的盛行。通过定量估算，他们发现后者的影响程度约为前者的一倍⑧。

多尔顿和梁天卓（Dalton and Leung，2011）和芬斯克（Fenske，2012）发现，大西洋奴隶贸易导致了长期以来的一夫多妻制的盛行，这主要是因为被抓到美洲的主要是成年男性，进而造成了非洲地区男性的短缺。有趣的是，印度洋奴隶贸易不存在明显的男性奴隶偏好，故印度洋奴隶贸易并没有造成类似影响。多尔顿和梁天卓（Dalton and Leung，2011）由此得出结论，认为历史上非洲地区的奴隶贸易是现今西非比东非更盛行一夫多妻制的主要原因。

对于欧洲地区，一些文献同样发现有证据表明强制迁徙具有持久的重要影响。阿西莫格鲁等（Acemoglu et al.，2011b）探究了苏联犹太人在第二次世界大战期间被大量迁移和屠杀所产生的长期影响。通过探究 278 个城市的人口变化，作者发现大屠杀期间的犹太人口减少与后来的人口增速放缓显著相关，且直至 50 年后的 1989 年（样本中的最后一年）仍可以看到二者之间的这种相关性。作者利用 48 个州的数据，对犹太人口减少与 2002 年较低人均收入之间的关系进行了估计，估计结果进一步证实了他们的研究结论。

不少文献还探究了 1609 年约 30 万摩里斯科人（西班牙穆斯林）被驱逐出伊比里亚半岛的持久影响。钱尼（Chaney，2008）、钱尼和霍恩贝克（Chaney and Hornbeck，2013）探究了瓦伦西亚王国驱逐穆斯林的影响，其间约 13 万穆斯林被驱逐出境，约占其总人口的三分之一。钱尼和霍恩贝克（Chaney and Hornbeck，2013）发现，驱逐之后的总产出有了快速的反映，但总人口的反映

---

⑧　德科南和弗波尔滕（Deconinck and Verpoorten，即出）利用“非洲晴雨表”的新近一轮调查数据（2008 年），对纳恩和万切康（Nunn and Wantchekon，2011）的研究进行了样本更新，使得样本中增加了两个国家（由 17 个增至 19 个），并把样本中的种族数量由 185 个增加到 228 个。他们在这种更新更大的样本中得到的估计结果，非常近似于纳恩和万切康（Nunn and Wantchekon，2011）的估计结果。也可以参见皮尔斯和斯奈德（Pierce and Snyder，2012），该项研究表明，那些在历史上受奴隶贸易影响较大的国家，其企业如今更难获得外部融资，在正式或非正式外部融资方面都是如此。

并不大，这就使得驱逐人口占比较大的地区人均收入水平更高。较高的人均产出水平之所以可以持续，在某种程度上是因为制度安排更具剥削性，如剥削性的高税率抑制了人口增长。钱尼（Chaney，2008）还探究了瓦伦西亚1609年驱逐穆斯林的影响，但同时也考虑到了移民迁至新的可开发土地后对周边地区的外溢效应。

美洲土著居民的强制迁移也很普遍。迪佩尔（Dippel，2011）探究了19世纪不同部落营居群被强制迁入同一块保留地的长期影响。他利用一个部落之内某营居群是否迁入某保留地（即某营居群体是否在19世纪之前迁入）和哪一个营居群体随后被强制迁入同一块保留地等两方面的信息，对强制迁移进行了度量。如果最初独立存在的营居群，被强制迁入同一块保留地，则认为发生了强制迁移。他发现，那些居民曾被强制迁移的保留地，2000年时的人均GDP要低30%。他展示的证据有力地说明这是一种因果性影响，且主要源于不正常的政治制度。

费尔（Feir，2013）探讨了强制让土著居民的孩子离家入读寄宿学校的政策影响。她发现，加拿大学校成功地实现了侵蚀土著文化的预定目标：入读寄宿学校的学生，其成年后参加传统活动的可能性要低16%，讲本族土语的可能性要低8%。寄宿学校由于精神、肉体和性等方面的虐待事件而声名狼藉。费尔通过收集各校在虐待索赔事件数量方面的数据，发现入读学校的虐待事件数量越少，学生成年后的受教育程度和就业水平就越高。反之，入读虐待事件数量较多的学校与其受教育程度无关，但往往导致就业率更低、结婚率更低，饮酒量更高。

7.3.5 宗教

大量研究表明，历史上的重大宗教事件具有持久的长期影响。新教改革便是研究文献最为关注的重大历史事件，它最早可以追溯到1517年10月31日，马丁·路德（Martin Luther）把辩论赎罪券效能的“九十五条论纲”贴遍维滕贝格诸教堂的大门。他反对天主教会的腐败，尤其是反对赎罪券的兜售。他的教义得到了迅速传播，部分原因是不久前印刷机的发明（Rubin，2011）。

按照韦伯（Weber，1930）的观点，新教的出现具有非常重大的意义。与天主教不同，新教认为勤奋工作和财富积累是一种美德，而这种价值观念则为推动以市场经济为基础的现代工业社会转型提供了道德基础。新教的另一个重要特征是强调每个人阅读圣经的能力，而这有助于形成重视教育的信念。

对新教的持久性历史影响进行的研究文献很多。贝克尔和韦斯曼（Becker

and Woessmann，2009）探究了新教产生的两种可能影响，即教育程度的提高以及与积累、节俭和勤奋有关的价值观的变迁。他们分析了 19 世纪晚期普鲁士 452 个县市的新旧教派，发现新教与较高的识字率具有相关性。为了深入理解这种相关性是否反映了新教的因果性影响，他们以各市县与新教改革起源地维滕贝格之间的距离，作为 1871 年新教徒所占人口比例的工具变量⑨。作者运用相同的经验估计策略，发现新教对于经济发展的其他度量指标同样具有积极影响。该研究结论证实了新教不仅能够通过促进教育而提高收入，而且能够通过影响信仰和价值观而提高收入。为了分解出这两种影响，作者先是借助于前项研究，直接估计了教育对收入水平的影响，然后针对收入中剔除教育影响的部分，估计了新教对该部分收入水平的影响。有关估计结果表明，新教对收入的积极影响，几乎完全可以由新教对教育的影响做出解释。

还有一些文献探究了欧洲以外地区的传教活动的长期影响，它们提供了支持新教与教育之间具有密切联系的进一步证据。目前已有记载不同地区和不同时期此类关系的大型文献。其中，伍德伯里（Woodberry，2004）属于较早的文献，它记载了各个早期非移居型殖民地，其历史上的传教活动与当前人均收入和民主状况之间的正相关性。根据伍德伯里的分析，传教活动的积极作用不仅在于提高人们的受教育程度，而且这些传教活动尤其是新教的传教，有助于对抗殖民时期针对当地群体的诸多不公正，进而有助于形成更好的制度并促进长期的公民自由和民主发展（Woodberry，2004，2012）。

其他文献同样探究了传教活动的影响，但更多的是应用更为微观的方法，对特定区域或国家进行探究。

该领域文献的一项近期进展，是探究新旧教之内的不同教派的差别。瓦尔丁格（Waldinger，2012）对墨西哥殖民地进行了探究，发现方济各会、多明我会、奥斯定会和耶稣会等天主教的四种教派具有不同的长期影响。她发现，致力于缓解贫困和促进穷人教育的方济各会、多明我会、奥斯定会等三种托钵修会，对提高教育水平具有长期影响。与之不同，仅仅关注殖民地精英教育的耶稣会，对于人们皈依天主教具有长期影响，但对教育程度的提升却没有什么长期影响。

安德森等（Andersen et al.，2011）分析了近现代早期的英国天主教西多会。西多会于 1098 年创立于法国，12 世纪迅即在英国传播，其核心特征是强调并信仰一种勤奋工作、厉行节约的道德准则。作者通过对 1377 ~ 1801 年间

⑨　新教的决定因素及动态进程，本身就是一个非常有趣的研究主题。进一步的讨论，参见：鲁宾（Rubin，2011）和坎托尼（Cantoni，2012）。

英国郡县数据的探究，发现西多会修道院越多的郡县，其同期的人口增长率越高。

阿克乔玛克等（Akçomak et al.，2012）对共同生活兄弟会成立后的影响进行了经验分析。共生兄弟会是海尔特·格鲁特（Geert Groote）于14世纪晚期成立的天主教修会，它的出现主要是因为对传统天主教会的不满，而试图通过教育进而使得人们能够以当地方言阅读圣经，来实现天主教的改革。共生兄弟会除了强烈推崇教育和识字率，还特别鼓励会友们勤奋工作和从事生产性劳动[⑩]。作者对荷兰共生兄弟会的历史影响进行了实证研究，他们以荷兰的城市为样本，发现那些拥有共生兄弟会的城市，其1600年的识字率更高，1470～1500年间出版的书籍更多，1400～1560年间的人口增速更快。当然，这种相关性也可能源于反向因果关系或遗漏变量偏差，故作者以各城市与代芬特尔（Deventer，海尔特·格鲁特的出生地和共生会的发祥地）之间的距离为工具变量，对这种相关性的因果关系进行了进一步检验。

文献中探讨的另一个方面是新教和天主教之间的性别差异。由于新教认为，直接阅读圣经即便对于女性的救赎而言也是十分重要的，因此新教比天主教更为重视女性教育。贝克尔和韦斯曼（Becker and Woessmann，2008）利用1816年普鲁士第一次人口普查数据，发现新教与较小的性别教育差距有关。纳恩（Nunn，即出）在分析新教与天主教的传教对非洲殖民教育的长期影响时，同样发现了新教更重视女性教育的实证证据。他发现，尽管二者都能够对教育产生积极的长期影响，但新教的影响更集中于女性，而天主教则对男性的影响更大。

7.3.6 技术创新

近期许多研究都发现，过去的创新活动与随后的经济表现之间具有一定的联系。例如，科明等（Comin et al.，2010）发现，一个社会在过去某时期（公元前1000年、公元元年或公元1500年）的技术水平与当前的技术水平或人均收入之间，都具有正相关性。作者推测这种正相关性，源于技术采用的规模报酬递增：一种较高的技术水平，能够降低发现新技术的成本。也就是说，过去较高的技术水平会使得随后的技术积累更为容易，进而对未来技术产生积极的影响。当然，科明等（Comin et al.，2010）没有分析能够同时影响过去

⑩ 正如马丁·路德在入读大学前对马格德堡共生兄弟会的研究那样，新教信仰与共生兄弟会之间的相似性并不是一种巧合。

和当前技术水平和经济发展的那些持久性因素，但二者的研究结论基本是一致的。博克施泰特等（Bockstette et al.，2002）属于后者，它探讨了治理水平和制度质量的持久性影响。

其他研究则通过聚焦于某种特定的创新，更为成功地发现了它们所具有的持久性的长期影响。迪特马尔（Dittmar，2011）探究了 1446 ~ 1450 年间采用印刷机的长期影响。他针对 1300 ~ 1800 年间的每一百年和各欧洲城市，构建了城市层面的面板数据，同时也利用了城市人口数据与早期的印刷机采用信息，发现那些 1450 ~ 1500 年间采用印刷机的城市，在 16 ~ 19 世纪期间经历了更快的人口增长。其估计结果表明印刷机影响巨大：1500 ~ 1600 年间城市增长的 18% 可归功于印刷机。

为了进一步验证根据横截面数据的初步发现，迪特马尔利用了其数据中的面板数据信息，发现迟至 15 世纪末才引入印刷机的城市，其随后的增长率并不比引入印刷机之前更快。这意味着这一结果并不是由城市间不随时间变化的不可观测差异造成的。此外，他还以各城市与印刷机发明地（即德国的美因茨市）之间的距离，作为 15 世纪末引入印刷机的工具变量，从而可以对估计结果做出进一步的因果解释。工具变量估计结果与最小二乘估计结果是一致的。

在随后的研究中，迪特马尔（Dittmar，2012）估算了印刷机对整体福利的影响。利用 15 世纪 90 年代至 1700 年间英国印刷书籍的价格数据、消费数据以及关于消费者效用函数的基本假定，他估算的结果是：印刷书籍带来的福利增加，约等于 4% 的收入增长；到 17 世纪中期，该数字约为 3% ~7% 。

对于印刷书籍对于长期增长的重要性，巴腾和范赞登（Baten and van Zanden，2008）提供了额外的补充性证据。他们针对 1450 ~ 1800 年间八个西欧国家的印刷书籍出版状况，构建了令人印象深刻的每隔 50 年的数据集。作者发现，印刷书籍的出版与识字率之间具有强相关性；并且，考虑时间固定效应的面板回归表明，图书出版的最初人均数量与此后 50 年的真实工资增长之间存在正相关性。

犁是农业中的重要技术创新，阿莱西纳等（Alesina et al.，2013）探究了农业活动中使用犁所带来的长期影响。与之前的农具相比，犁能够在较短的时间内使得大量土壤适于耕种。它最早发明于公元前 6000 ~ 前 4000 年间的美索不达米亚地区（Lal et al.，2007）。犁的使用影响广泛，但作者仅集中探讨了博塞拉普（Boserup，1970）所强调的如下一点：由于犁的操作者必须上半身强壮，因而它倾向于形成这样的性别分工，即男性在外从事田间劳作，女性则专门从事于家庭生产和家务活动。博塞拉普认为，性别分工使得人们对于女性的社会角色形成了根深蒂固的观念。如果一个社会在传统农业中使用过犁，那么它就会逐渐形成一种男女角色不平等的观念。阿莱西纳等（Alesina et al.，2013）借助于人种学数据和当前个体或国家层面关于性别角色态度的度量指标，对该假说进行了检验，发现在传统农业中使用过犁的社会，迄今仍在男女角色方面更缺乏相对平等的信念[⑪]。

阿莱西纳等的发现，与农业社会早期阶段的实证证据相一致。采用耕犁之前的社会，通常是以性别平等为特征的母系氏族社会（Gimbutas，2007），而近期对恰塔霍裕克（Çatalhöyük）的考古挖掘更是为早期的性别平等提供了进一步证据。恰塔霍裕克位于土耳其中部平原，它是一个距今约9000年的新石器时代小镇，约有8 000居民（Hodder，2005）。对男女残存骸骨的分析表明，由于室内用火和通风不足，其肋骨中有积碳残留：吸入肺中的浓烟逐渐积聚，并导致肋骨中存留了部分积碳。霍德（Hodder，2005）发现，男女肋骨中的平均积碳数量基本是相同的，这意味着男性和女性在室内外的停留时间大致相同。不仅如此，恰塔霍裕克的考古挖掘还表明，男性和女性的饮食结构、埋葬位置和方位也基本相似，而这都意味着二者在社会地位方面是平等的。

阿莱西纳等（Alesina et al.，2013）分析了犁的使用对经济增长的促进作用。作者对公元500～1300年间316个欧洲地区的探究表明，重型犁的使用与更快的人口增长和更高的城市化水平有关：按照他们的双重差分估计，在该时期人口增加和城市化水平的提升中，有10%可归功于重型犁的使用。

7.4 地理与历史

7.4.1 地理因素的历史影响

地理与当代经济发展息息相关，此为经济发展史文献的一个重要发现。具体而言，有关文献普遍发现，地理因素能够通过持续性的历史效应，对当前经济发展产生重要影响。不仅如此，有关证据表明，地理因素的这种历史性影响很可能远大于它在当时产生的影响。例如，阿西莫格鲁等（Acemoglu et al.，2001）发现，欧洲殖民时代的疾病环境对后来的制度演变产生了重要影响。他们认为，一个国家的疾病环境所造成的影响，主要是通过历史的、而不是当时

⑪ 另见汉森等（Hansen et al.，2012），作者发现一个社会的农业历史越长，则性别角色方面就越缺少平等性。

的渠道。恩格曼和索科洛夫（Engerman and Sokoloff，1997，2002）同样发现，地理上的细微差异可以被历史事件所放大，并对长期经济发展造成重大影响。正如他们所指出的，美洲的不同地区土壤和气候各异，导致种植园农业及其所依赖的奴隶制盈利性不同，而这反过来又会影响到长期经济发展。

贾雷德·戴蒙德（Jared Diamond）在《枪炮、病菌与钢铁》（*Guns，Germs and Steel*）中记载了地理因素能够造成长期历史影响的更多例子。该书试图回答这样一个问题：为什么是欧洲人对世界其他地区进行殖民，而不是相反？戴蒙德的回答，部分源于如下事实：与世界其他地区相比，欧亚大陆在农作物种植和家畜饲养方面的时间更早、品种更多。

不仅如此，动植物的驯化在欧亚大陆可以迅速地沿着东西方向传播，但向南扩散至非洲大陆则缓慢得多。在东西方向传播的过程中，白天的时长不会发生变化，气候条件通常也不存在巨大差异；然而，由北向南的扩散则不同，白天的时长和气候条件都会发生巨大的变化。更一般地，对于美洲或非洲等南北走向的大洲而言，动植物驯化或技术进步的传播速度不会像东西走向的欧亚大陆那样迅速。

由于欧亚大陆对动物的驯化更早、扩散更快，人类更为近距离地接触动物，故出现了麻疹、结核病、流感和天花等源于动物的新型疾病，而人类则逐渐产生了针对这些疾病的遗传性抗体。与之不同，世界上那些没有驯化动物的地区则没能产生出这样的疾病和相应的遗传性抗体。戴蒙德认为，这可以解释为什么是欧洲疾病导致了大量土著居民的死亡而不是相反。正如戴蒙德所说，在欧洲人征服美洲的过程中，疾病传播与军事手段拥有同样的重要性。

戴蒙德对欧洲全球性主导地位的解释，清晰地表明了地理因素在历史进程中的重要作用。欧洲之所以能够殖民全球，其历史根源主要在于两大因素：其一，拥有适于驯化的动植物；其二，位于东西走向的大陆上。

尽管戴蒙德假说符合人们多方面的直觉，但我们仍有理由表示质疑。首先，动植物驯化具有某种内生性。如戴蒙德曾断言，马是一种能够被驯化的动物，但其近亲斑马却是不能被驯化的（Diamond，2002）。由于我们无法观察到马的野生祖先并把它同斑马进行对比，因此这一断言也就无法被证实或证伪。我们能够观察到的只是已经被驯化的马，而它们都已经过了数世纪的选择性育种。欧亚大陆的马能够被驯化而非洲斑马没有被驯化，也许存在经济、文化或制度方面的其他历史决定因素。有趣的是，历史上也有欧洲人试图驯养斑马的例子。罗森多·里贝罗（Rosendo Ribeiro）是一名肯尼亚医生，他就曾为斑马建了一座马厩；英国的沃尔特·罗斯柴尔德（Walter Rothschild）勋爵则经常驾着斑马拉的马车穿行于伦敦的街道（见图7.1）。不过，尽管存在此类例子，但斑马却从未被广泛驯养过。

图7.1　莱昂内尔·沃尔特·罗斯柴尔德勋爵与他的斑马车（1895年）

资料来源：图片杂志。

奥尔森和希布斯（Olsson and Hibbs，2005）利用有关数据对戴蒙德假说进行了检验。作者以当前的国家为分析单位，发现生物条件和地理环境较好的那些国家更早地过渡到了农业社会并在1997年拥有更高的人均GDP水平，而这与戴蒙德的描述性解释是一致的。其中，作者以包括大陆轴线走向、气候的农业适宜度、纬度、某国所处大陆的面积大小等在内的指标来度量地理环境，而对生物条件进行度量的指标则包括两项：一是史前存在且平均千粒重大于10毫克的一年生或多年生的野草种类数量，二是史前存在且体重超过45公斤的可驯化哺乳动物种类数量。总体而言，作者的估计结果证实了戴蒙德假说。

其他领域的实证研究为地理因素的重要历史影响提供了进一步的证据。阿什拉夫和米哈洛普洛斯（Ashraf and Michalopoulos，2011）提供的证据表明，地理因素是新石器革命得以发生的重要决定因素，而新石器革命无疑是人类历史上最重大的历史事件。在世界各国以及欧洲或中东的考古遗址中，他们都观察到了气温年度变化与早期农业之间存在一种倒U型关系[⑫]。

米哈洛普洛斯（Michalopoulos，2012）发现，地理要素是种族认同及种族

⑫　由于难以获得1500年以前的准确气温数据，作者不得不利用1500年以后的气温变异性作为代理变量，并假设1500年以前和以后的变异性排序相同。通过比较1500～1900年间和1900～2000年间的数据，作者表明这种假设是成立的。

多样性的重要决定因素，而它们又与当前的经济发展密切相关。米哈洛普洛斯（Michalopoulos，2012）提供的证据表明，农业的适宜模式与地形坡度是影响各种族之间的相互关系及其是否愿意融合为一个更大族群的重要决定因素。他的分析结合了精准的地理数据和全球各种族的区位信息这两组数据，其中整个地球被细分为2.5°×2.5°的网格单元。米哈洛普洛斯（Michalopoulos，2012）发现，一个网格单元的土壤质量和海拔高度的变化程度越大，其语言的多样化程度就越高。对此最合理的解释是：较大的地理变化会阻碍不同群体之间的贸易、迁移以及相互征战，进而阻碍了不同群体之间的同质化进程。

值得玩味的是，米哈洛普洛斯（Michalopoulos，2012）表明，地理与种族多样性之间的联系主要源于1500年之前的地理因素的影响。在1500年之后由于死亡、自愿迁移或强制迁移等原因而发生了显著人口变动的地区，则不存在地理多样性与语言多样性之间的相关性。

杜兰特（Durante，2010）表明，欧洲在历史上的气候条件变化，使得合作能够带来更大的收益，并进而提高了整个社会的合作水平。他假设气温和降水量的空间变异性越大则产出冲击的相关性就越小，进行能够提供更大的贸易诱因、更高的信任和合作水平。同时，天气的时间变异性越大，则大型仓储和灌溉设施带来的收益就越大，而此类设施需要大规模的合作。因此，杜兰特认为，空间和时间变异性越大的地区，目前拥有的信任和合作水平就越高。他利用欧洲各网格单元在1500～2000年间的月度气候数据对该预测进行了检验，发现气温或降水量的年均变异性越大、气候冲击的空间相关性越小，则现今的信任水平越高。

当然，这种相关性也可能存在许多其他解释。为了提供进一步的检验，他分别度量了生长期月份的变异性和生长期之外月份的变异性，发现只有生长期的历史变异性才与当今的信任水平具有相关性。此外，他还探究了工业革命之前欧洲尚以农业为主的1500～1750年间的天气变异性和工业化以后的1900～2000年间的天气变异性，发现只有农业时代的天气变异性才与当今的信任水平具有相关性[13]。

在一项近期研究中，阿尔桑（Alsan，2012）发现，地理因素的重要历史影响同样也出现在非洲大陆。非洲拥有诸多独有的特征，大部分文献将其归因于非洲土地广袤、人口稀少。对于这种地广人稀的现象，阿尔桑（Alsan，

⑬　在一项随后进行的研究中，阿赫尔和奇科内（Ager and Ciccone，2012）提出了这样一个问题：杜兰特（Durante，2010）观察到的信任水平的提高，是否部分源于宗教虔诚度的提高。阿赫尔和奇科内（Ager and Ciccone，2012）在19世纪的美国这一不同情形中发现，不同县市年降雨量的更大变异性与教堂数量的增加有关。

2012）考虑了一种可能的解释，此即舌蝇。舌蝇是非洲特有的生物，它能够传播锥虫病，即一种引起人类昏睡病和家畜"那加那病"的寄生虫病。舌蝇对人类造成的直接影响或通过家畜所产生的间接影响，很可能是非洲历史上人口密度较低的原因。

作者利用19世纪的气候网格数据，构造了各网格单元的舌蝇历史适宜度指数，它是气温和湿度的非线性函数。通过探究该指数在非洲各族群之间的变化，她发现19世纪末的气候条件越是适宜于舌蝇的族群，就越不可能在商业和农业活动中使用畜力，越不可能在农业中使用耕犁，而更可能采取刀耕火种方式而不是采用更为集约的农业技术。由于适宜于舌蝇的地区没有发展出犁耕农业，因而女性更有可能参与到农业活动之中；同时，由于难以利用畜力，故更有可能使用奴隶。不仅如此，农业技术集约程度低还导致人口密度更低、城市中心更少以及国家更不发达。她的研究发现充分表明，适宜于舌蝇的地理因素对非洲社会的性质和繁荣程度具有非常重要的影响。

由于非洲以外地区没有舌蝇，因此，通过探究世界其他地区的舌蝇适宜度指数与有关变量之间的相关性，阿尔桑可以对前述研究发现进行证伪检验。如果她的估计确实捕捉到了舌蝇对长期经济发展的因果性影响，那么在不存在舌蝇的世界其他地区则不应观察到同样的相关性。检验结果确实证实了这一点：在非洲以外的地区，舌蝇适宜度指数没有任何预测能力。总之，她的研究发现提供了充分的证据，表明舌蝇通过抑制使用畜力的集约型农业的发展，导致人口更少、城市化水平更低、国家发展程度更低。

芬斯克（Fenske，2011）同样探究了地理条件如何影响非洲国家的发展历史问题，并试图检验如下假说：生态多样性通过增进不同地方得自于和平交易的好处，为建立一种更能促进交易的制度提供了更大的需求，而这种制度又导致了更多更为发达的地区。利用非洲各族群在19世纪的边界数据和非洲18个生态区的有关信息，芬斯克构建了度量每个族群生态多样性的指标，并发现生态多样性程度越高的族群，其拥有的发达区域就越大越多。

许多文献对历史上的气候冲击进行了探究，并发现它们具有重要的历史影响，其中不少还延续至今。例如，芬斯克和卡拉（Fenske and Kala，2013）发现，在奴隶贸易时期，奴隶运输港口附近的气温越低，则奴隶的出口量就越高。由于奴隶贸易具有持久性影响，因此奴隶贸易时期的气温波动就具有了长期性影响。白营和龚启圣（Bai and Kung，2011a）探究了公元前220年至公元1839年间的降雨量对北方游牧民族侵犯中原地区的影响，发现军事冲突与降雨量之间存在负相关性，从而表明了气候条件同样是该地区战争冲突的重要决定因素。

钱尼（Chaney，即出）表明，尼罗河洪水异常对古埃及的政治影响重大。洪水异常加剧了社会动荡，提高了宗教领袖相对于军事领袖的议价能力。钱尼（Chaney，即出）发现，公元641～1437年间，洪水异常与食物价格上涨、冲突变多、最高宗教领袖更迭变多、宗教建筑物建造量上升（相对于世俗建筑物）等具有相关性。

哈伯和梅纳尔多（Haber and Menaldo，2010）同样认为，气候能够产生重要的政治影响。他们的分析表明，平均降雨量与民主之间存在着一种倒U型关系。他们认为，由于定居农业比游牧方式能够为民主提供一种更适宜的土壤，因此这种倒U型关系可以由一个地区的降雨量和该地区对于定居农业的适宜度之间的非线性关系来解释。本特森等（Bentzen et al.，2012）同样认为地理或气候因素与现代政治制度有关，但他们在维特福尔格（Wittfogel，1957）的启发下，探讨的主要是一个地区的水利投资对农业产出的提高程度。他们认为，水利建设需要大规模投资和诸多协调性工作，进而能够催生出强有力的威权领导和专制制度，并产生持久性的影响，甚而延续至今。利用世界粮农组织提供的灌溉情形和无灌溉情形下的产出数据，作者构造了一个度量灌溉能力的指标。他们以160个国家为样本，发现灌溉能力越高的国家，其当前的民主程度越低。本特森等（Bentzen et al.，2012）表明，一旦在他们的模型设定中控制住了灌溉能力指标，那么就不会再有哈伯和梅纳尔多（Haber and Menaldo，2010）所发现的非线性效应。

总之，大量的证据（本文仅回顾了其中一部分）表明，地理因素对当前经济发展的显著影响（即便不是最大的影响），更多地源自于它对历史事件的影响，而不是它对当前经济结果的直接影响。

7.4.2　地理影响的时空变化

一旦我们认识到地理因素在过去和当前都具有重要影响的事实，那么自然就会产生这样的疑问：地理因素的影响，究竟是在不同历史时期大致保持不变的，还是会随着时间或空间的变动而发生系统性变化？这也正是阿西莫格鲁等（Acemoglu et al.，2001）试图回答的问题。在经验分析和历史描述部分，他们认为疾病环境通常不会对经济发展（尤其是当前的经济发展）产生过大影响，但在欧洲人对全球许多地区进行殖民的时期疾病环境则影响重大。一个地方的疾病环境若威胁到欧洲人生存，欧洲人便不会移居至此，也不会建立起有利于经济增长的制度。欧洲人并未迁徙至那些威胁到欧洲人生存的地方，也未在那里设立促进发展的制度。阿西莫格鲁等（Acemoglu et al.，2001）关于疾病环境仅在特定历史时期具有影响的假设，使得他们在解释现时人均收入时，可以把初始移民死亡率作为度量一个国家基本制度的工具变量。按照他们的说法，这种特定的地理特征（即疾病环境对欧洲人的严重性）仅仅在殖民时代具有影响。

不少沿着类似研究思路的文献发现，气候冲击在某些特定时期会产生非常重要的长期影响，而在其他时期则不具有长期影响。如德尔（Dell，2012）发现，墨西哥各地区在1906~1910年间遭受的旱灾，对墨西哥革命时期（1910~1918）的暴力和混乱程度产生了很大的正向影响，而这又导致了现今在经济上相对落后的村社制度（集体农场）在当时的普遍推行。这意味着1906~1910年间的旱灾，对墨西哥的经济欠发达产生了持久的长期影响。她的分析表明，其他时期（1960~1995年）的干旱则与长期发展没有相关性。

奥萨福-夸科（Osafo-Kwaako，2012）同样发现了特定时间窗口的天气冲击能够产生重要影响的实证证据。他的分析表明，在坦桑尼亚政府于20世纪70年代初开始农村发展建设时，旱灾为农民赞同“村有化”进程提供了诱因。正因如此，我们可以在1973~1975年间的旱灾与随后的村有化程度之间，观察到一种正相关关系。作者随后探讨了村有化的持久性影响，并发现：尽管村有化提高了教育水平、政治意识和公众参与，但同时也造成了现今更为严重的贫困和更低的消费水平；正如德尔（Dell，2012），奥萨福-夸科同样发现，仅仅是这一相对较短的特定时间窗口中的旱灾才具有这种长期影响。

芬斯克和卡拉（Fenske and Kala，2013）在研究气候与18世纪、19世纪非洲奴隶出口之间的关系时提供了不少颇具启发性的实证证据，表明了气候在奴隶贸易高峰期的特殊重要性。他们对当前的灯光密度（一种度量不同地区经济发展水平的常用方法）与历史上的天气冲击之间的截面关系进行了估计，结果表明天气冲击在跨大西洋奴隶贸易的高峰期能够产生更为重要的影响，这与有关冲击主要通过影响历史上的奴隶供给而影响当代经济发展的看法是一致的。

纳恩和普加（Nunn and Puga，2012）对地理因素进行了集中探讨，并通过具体案例阐述了地理因素的影响在时间和空间上的变化。他们发现，对于世界大部分地区而言，地形崎岖程度都会对经济发展造成即时的负面影响。假定其他条件相同，崎岖的地形不仅会增加道路桥梁、厂房楼宇及其他基础设施的建造难度，而且使得农业耕作和农田灌溉更为困难，同时也提高了运输费用和贸易成本。他们的进一步分析表明，就地形崎岖程度的影响而言，非洲与世界其他地区存在非常大的不同：在非洲，地形崎岖程度越大的地区，其收入水平通常更高而不是更低。

作者认为，这可以由地理因素的间接历史影响来解释，且这种间接历史影响是拥有独特的奴隶贸易经历的非洲所独有的。对于这一点，作者提供了具体的实证证据。在奴隶贸易的过程中，崎岖地形可以保护一个社会免于奴隶劫掠和绑架，从而使得个人、村庄乃至整个社会能够抵御纳恩（Nunn，2008a）所说的奴隶贸易的负面影响。也就是说，对于面临奴隶贸易冲击的非洲大陆而言，崎岖的地形还能够产生一种有助于间接提高收入水平的历史影响。简言之，崎岖的地形使得部分地区能够规避奴隶贸易，进而有利于长期经济增长。

纳恩和钱楠筠（Nunn and Qian，2011）在研究哥伦布大交换时期马铃薯引入旧大陆时，直接利用了地理因素的影响将随着时间而发生变化的事实。具体而言，他们的分析依赖于这样一种事实：只有在从美洲引入马铃薯之后，是否拥有适宜种植马铃薯的气候和土壤才是一件重要的事情。尽管难以得到马铃薯在不同时间和不同空间的生产与消费数据，他们还是通过对比适宜和不适宜种植马铃薯的地区在引进马铃薯前后的人口、城市规模、城市化率和成人身高等指标的变动情况，对马铃薯的影响进行了估计和推断。他们的估计结果表明，在引进了马铃薯之后，那些适宜种植马铃薯的地区经历了更显著的人口增长、城市扩张以及城市化率和成人身高的增加。

总之，越来越多的证据表明：地理因素在不同时间、不同地点可以产生非常不同的影响；地理因素的影响，高度依赖于特定的历史背景。

7.5　历史持久性的深层机制

下面，我们转而探讨另一个重要问题：历史事件为何具有持久性影响？具体而言，路径依赖、文化、制度和遗传性状等都是导致历史持久性的重要途径，我们将对现有证据予以讨论。

7.5.1　多重均衡与路径依赖

历史事件为何会产生持久性影响？这一点并不是显而易见的，尤其是对长期而言。不过，一旦我们承认存在多重均衡的可能性，那么，如果某历史事件使得一个社会从一种均衡转变为另一种均衡，则它就具有了长期影响。不少模型表明，即便在非常简单的模型中，多重均衡的出现也并非什么难事，如墨菲等（Murphy et al.，1993）、阿西莫格鲁（Acemoglu，1995）、梅勒姆等（Mehlum et al.，2003）以及纳恩（Nunn，2007）。

在日常生活中，我们也可以看到不少多重均衡的例子，尽管它们没有那么正式。一个最广为人知的例子是，电脑键盘采用的是相对低效的QWERTY键盘，而不是德沃夏克键盘等更高效的按键布局（David，1985）。QWERTY键盘是克里斯托弗·肖尔斯（Christopher Sholes）发明的。肖尔斯于1873年获得了专利权，并于同一年卖给了雷明顿公司，后者则把这种按键布局用在了其生产的打字机上。之所以会选择这种按键布局，主要是因为把那些最常用的按键分隔开来，有助于减少打字机出现卡键现象。换句话说，选择这种键盘的原因，就在于它能够有效地降低打字速度[14]。

不少研究文献对多重均衡的存在性进行了正式检验。它们普遍运用的检验策略是：首先考虑对于均衡的一种非常大的暂时性冲击，然后检验这一暂时性冲击是否引起了永久性变动并导致了新的均衡。如果确实如此，那么它也就是存在多重均衡的证据。

戴维斯和温斯坦（Davis and Weinstein，2002，2008）探究了第二次世界大战期间的轰炸对114个日本城市的影响，发现在遭到轰炸后，这些城市的人口以及它们在制造业总产出中的份额，仍然恢复到了轰炸前的水平；更令人惊奇的是，它们以前的产业结构也重新恢复了。总之，这一结果似乎可以表明，这些城市的生产活动存在着唯一的稳定均衡，而不是存在多重均衡。

尽管这些结果似乎表明存在一种唯一的均衡，但还有另一种可能，此即暂时性冲击仍然太小，还没有大到足以使得社会远离当前均衡的程度。美国在第二次世界大战期间的轰炸是灾难性的，但它并没有改变原有的产权或资产所有权，而它们很可能是人们选择在哪里生产和生活的基础性决定因素。

米格尔和罗兰（Miguel and Roland，2011）分析了美国对越南进行轰炸的长期影响，并得到了与戴维斯和温斯坦（Davis and Weinstein，2002，2008）完全一致的研究结论。作者发现，就25年以后的人口数量、贫困程度和消费水平而言，轰炸并没有什么长期影响。不过，作者在该案例研究中发现，这种恢复到原有水平的现象，可以由国家针对遭受重创地区的有意识的重建努力来解释。换句话说，政策有意为之，进而恢复初始均衡。

在雷丁等（Redding et al.，2011）所做的一项创新性研究中，作者在非常不同的背景下对多重均衡的存在性问题进行了检验。该项研究探究了第二次世界大战以后德国枢纽机场在该国分裂前后的位置变动，发现德国的枢纽机场在

⑭ 利博维茨和马戈利斯（Liebowitz and Margolis，1990）认为QWERTY键盘与德沃夏克键盘之间的效率差异，要比戴维（David，1985）的估计为小，并为此提供了多方面的证据。不过，即便效率差异低于当初的估计，QWERTY键盘仍然是多重均衡和路径依赖的典型案例，而这正是戴维（David，1985）的核心论点。

两德分裂后从位于民主德国的柏林转移至联邦德国的法兰克福。1990年德国统一后，枢纽机场所在地并没有从法兰克福重新搬回柏林。雷丁等的分析表明，该时期的基本面变化无法解释德国枢纽机场的位置变动，这也就意味着德国的暂时分裂导致了德国最大枢纽机场的位置发生了永久性变动。

布利克利和林（Bleakely and Lin，2012）对一种非常具体且看似无关痛痒的地理特征进行了探究，并发现尽管它只是在一个很短的时间窗口发挥作用，但对美国的城市发展却产生了持续的重要影响。他们探究的地理特征是：是否存在因河流穿过断层线而形成的急流或瀑布。在这些地点，河上运输需要借助于地面上的货物搬运和船只拖曳，这就是所谓的陆上转运。这些地点同时也是商业活动中心和转口贸易中心。

直至19世纪初期运河和铁路发展起来以前，船运一直是占主导地位的货物运输方式。作者利用普查区层面上的地理数据和人口数据进行的分析发现，无论是沿着河流还是沿着断层线，目前人口聚集的地方都是河流与断层线相交的地方，亦即历史上的陆上转运点。作者接着转向历史上的人口数据，分析了1790~2000年间陆上转运与人口密度的关系。作者发现，1850年以后（水上运输和陆上转运开始减少）的人口，实际上更加集聚于陆上转运点，而不是减少了在这些地点的聚集。他们的发现进一步表明，作为商业活动中心，陆上转运点有助于在诸多可能的多重均衡中确定早期城市的位置（人口分布的均衡）。

7.5.2　国内制度

即便不存在多重均衡，如果历史事件能够改变长期经济发展的深层决定因素，那么这些历史上的事件就仍然能够影响长期经济发展。在这些深层决定因素中，学术文献最为关注的便是国内制度。例如，在阿西莫格鲁（Acemoglu et al.，2001，2002）、恩格曼和索科洛夫（Engerman and Sokoloff，1997，2002）和拉波尔塔（La Porta et al.，1997，1998）等开创性论文中，几乎无一例外地都把制度作为殖民统治影响当前发展的基本机制。

把制度视为一种因果机制并作为研究重点，为后来的文献所延续，阿西莫格鲁等（Acemoglu et al.，2005）关于大西洋早期贸易对欧洲影响的研究即为一例。阿西莫格鲁等认为，那些能够参与获利丰厚的大西洋三角贸易的国家，其经济和政治权力不断向着商业利益转换。随着商人阶层的崛起，他们能够改变国内制度，以保护自身利益免受皇室利益的侵犯，而这些制度变化反过来又对长期经济繁荣产生了积极影响。利用城市化率和人均收入等历史数据，作者发现欧洲的崛起实际上是那些参与获利丰厚的大西洋贸易的国家的崛起，即英国、法国、荷兰、西班牙和葡萄牙。

作者认为，利润本身不足以解释大西洋贸易参与者的增长差异，而国内制度的演变在该进程中发挥了非常重要的作用[15]。为了检验这一假说，作者将政策工具变量数据追溯到了1350年，发现大西洋贸易提高了以行政约束指数度量的国内制度质量。他们还进一步假设，只有最初实行非专制主义政治制度的国家才会出现这种制度变迁。他们的研究表明，这一假设得到了历史数据的证实：初始国内制度越好的国家（同样以行政约束指数度量），大西洋贸易所带来的经济增长的增幅就越大。

历史上的制度具有持久的重要影响。证实这一点的其他文献还包括：德尔（Dell，2010）分析了殖民时代秘鲁和玻利维亚的早期强制劳动制度的影响，班纳吉和耶尔（Banerjee and Iyer，2005，2008）分析了殖民时期印度的早期土地保有权制度的影响，等等。

真纳约利和雷纳（Gennaioli and Rainer，2007）的近期研究，亦为早期制度的持久影响提供了证据，不过他们探讨的是非洲情形。作者利用人种学数据，构建了一种度量前殖民地时期非洲发展水平的指标。他们进行的最小二乘估计表明，前殖民时期的政治发展与当前的公共品供给之间存在正相关性。在更近的一篇文献中，米哈洛普洛斯和帕帕约安努（Michalopoulos and Pappaioannou，2013）结合真纳约利和雷纳（Gennaioli and Rainer，2007）使用的人种学数据和夜晚灯光密度的卫星数据对一国之内的变动情况进行了探究，发现只有一个种族在前殖民地时代的政治发展水平才与夜晚灯光密度具有稳健的相关性。该研究发现深化了真纳约利和雷纳关于该变量重要性的研究发现。

这些研究结论可以与纳恩（Nunn，2008a）提供的证据结合在一起，其中纳恩（Nunn，2008a）表明：奴隶出口越多的非洲地区，它们在奴隶贸易结束以后（以及殖民统治以前）的政治制度发展就越落后[16]。尽管这些证据均来自于有关变量的相关性，故在得出结论时必须慎之又慎，但综合考虑米哈洛普洛斯和帕帕约安努（Michalopoulos and Pappaioannou，2013）、真纳约利和雷纳（Gennaioli and Rainer，2007）和纳恩（Nunn，2008a）提供的实证证据，可以发现它们与下述因果链条基本是一致的：奴隶贸易恶化了国内政治制度，而国内政治制度的恶化又对公共品供给造成了长期的负面影响。总之，大量证据为下述观点提供了支持：通过影响早期制度的演变及其持续性，历史具有重要的

---

⑮ 伊尼科里（Inikori，2002）提出了不同的观点，认为西欧从大西洋三角贸易中获得的利润，能够解释西欧在该时期的大部分经济增长。

⑯ 关于这种关系的微观层面的证据，参见：惠特利（Whatley，即出）。

作用。

总而言之，自从阿西莫格鲁等（Acemoglu et al.，2001）的开创性研究以来，研究文献成功地提供了越来越多的证据，表明历史能够通过制度这一重要途径产生重要作用。尽管如此，在我们能够更清晰地理解历史事件对早期制度形成的影响、历史事件对长期发展的重要性和持久性等之前，我们仍然面临大量有待进一步研究的问题。例如，在过去（通常限于宏观层面）的研究中，制度通常是高度概念化的，对制度的度量也是五花八门；其结果是，制度迄今仍是难窥其详的黑箱[17]。随着实证研究文献继续在微观层面对各种制度变迁及其持久性进行探讨，我们对各种具体制度的原因和后果的理解自然会不断改善。

7.5.3　文化与行为规范

历史事件能够产生长期影响的另一种方式是：过去发生的那些事件，是否对文化或行为规范产生了永久性影响。在经济学领域，文化的概念通常是模棱两可的；尽管如此，其他学科则下了更大的气力，试图对文化做出精准的定义。例如，进化人类学家很早就认识到，对于文化等现象的解释有着明确的微观基础（如 Cavalli – Sforza and Feldman，1981；Boyd and Richerson，1985）。如果信息获取是不完美的或代价高昂的，那么进化过程中的“选择”就更愿意通过学习来走捷径。个体在进行决策时更愿意利用“拇指规则”，而不是运用稀缺资源以获取所有的必要信息。当个体开始相信特定行为是特定环境下的“正确行为”时，那么他也就把“走捷径”内在化了[18]。对于文化的这一定义的详细阐述，参见纳恩（Nunn，2012）。

行为规范也许是历史得以影响长期经济发展的重要途径，并不是什么新想法。在有关想法中，马克斯·韦伯（Max Weber，1930）关于新教改革促进了西欧工业资本主义崛起的假说，是将历史、文化和经济发展联系在一起的最有名的例子。韦伯认为，新教不同于天主教，它认可勤奋工作和财富积累的美德；正是这些被称为“新教伦理”的价值观，为推动西欧转向以市场为基础

⑰　阿西莫格鲁和约翰逊（Acemoglu and Johnson，2004）的研究是一个例外。作者对“产权制度”与“契约制度”进行了区分：根据他们的定义，产权制度保护个人财产免于盗窃或政府与特权阶层的掠夺，而契约制度则是为了确保个体之间所订契约的履行。他们发现，产权制度对收入、投资和金融发展均具有显著的积极影响，而契约制度的影响则有限得多，它仅对金融中介的具体形式有显著影响。

⑱　在经济学领域，文化演进模型方面的文献包括维迪尔（Verdier，2000，2001）和塔贝里尼（Tabellini，2008）。

的现代工业经济提供了道德基础[19]。

文化规范很可能是由历史决定的，一群社会心理学家对这种可能性所做的探究或许是最早的实证研究（Cohen et al.，1996）。他们对美国南部是否存在一种荣誉文化进行了检验。美国南部特别强调捍卫自身的名誉和荣誉，即便这种捍卫需要诉诸于暴力和攻击性行为。他们用南北美国的不同定居历史，来解释为何这种文化存在于美国南部而不是北部。在美国北部定居的群体通常具有农业背景，而美国南部的定居者主要是凯尔特人，他们自史前时代起就是游牧者，几乎从来没有从事过大规模农业活动。作者认为，在游牧文化中，由于人口密度低、政府相对弱小，对个人财产的保护不得不依赖于自己，故为了保护自家牧群发展出了具有攻击性的行为规范。

为了检验荣誉文化假说，科恩等（Cohen et al.，1996）进行了一系列由美国南北方成年男性白人参加的试验。在这些试验中，每位受试者都会遭到工作人员的冲撞并被骂作“混蛋”，而受试者并不知道这是实验的一个组成部分。科恩等采用了包括直接观察、心理测试和唾液检验等在内的多种方法，来比较有关行为对南方人和北方人的不同影响。他们发现，南方人变得更为狂躁不安，更容易感到自己的男子气概遭到了威胁，更在心理和认知方面做好了攻击准备（以睾酮和皮质醇水平的增加来度量），随后更有可能采取攻击性行为。

不少研究为当前文化差异的历史根源提供了进一步的证据。例如，圭索等（Guiso et al.，2008）对帕特南等（Putnam et al.，1993）提出的如下假说进行了经验检验：在意大利，那些在1000～1300年间获得独立的城邦国家，发展出了更高水平的社会资本，并且这种更高的社会资本水平一直持续到了今天。作者按照社会资本的多种度量指标，收集了城市层面的有关数据，对帕特南等的假说进行了检验。他们的研究结果表明，在400多个意大利城市组成的样本中，城市的社会资本水平与该城市在1176年是否是自由城市存在正相关性。

纳恩和旺谢孔（Nunn and Wantchekon，2011）对非洲的信任水平的历史决定因素进行了探究，分析了跨大西洋奴隶贸易和印度洋奴隶贸易是否会影响一个社会的不信任程度。作者利用家庭调查数据以及他们对非洲各种族群体被掠夺的奴隶数量的估计，发现人们对其他人（包括邻居、亲戚、地方政府、相同种族的人和不同种族的人）的信任程度与他们所属的种族群体在奴隶贸易期间被掠夺的奴隶数量存在负相关性。

---

⑲ 更近的一个例子是莫基尔（Mokyr，2008）的观点：工业革命的重要决定因素是他所称的“绅士文化”（强调诚信、承诺和合作）这一社会规范的发展。

对于奴隶贸易对信任水平的负面影响，作者试图从中识别出两种最为可能的渠道：其一，遭受过奴隶贸易的种族群体改变了自身的文化规范，使他们从根本上更少信任他人；其二，奴隶贸易导致了法律政治制度的长期恶化，进而使得当今社会的人们更缺乏对他人的信任。

为了识别这两种渠道，作者进行了一系列检验。一种检验是在控制国内制度质量的情况下，探究人们对地方政府的信任程度。其中，作者对国内制度质量的度量，利用了人们对地方政府质量、腐败程度、地方议员是否倾听他们的声音等方面的感知以及公共品供给质量方面的度量指标等。

另一种检验是控制第二种奴隶出口度量指标，即每个人目前所居住地理位置在历史上被掠夺奴隶的平均数量。与第一种度量指标（即每个人所属的种族群体在历史上被掠夺的平均奴隶数量）不同，第二种奴隶出口度量指标主要是基于下述事实：当人们离开原来的地方时，其内在的规范会跟随他们一起迁移，但外部的制度环境却会留在原处。换句话说，相对于人们内在的文化信仰而言，制度对一个人来说是外在的，更具有地理位置固定性。因此，度量奴隶出口的这两个不同变量，可用于识别奴隶贸易对信任水平的影响，在多大程度上经由文化渠道，在多大程度上经由制度渠道。如果奴隶贸易对信任水平的影响，主要经由内在规范与文化信仰，而它们通常专属于种族并内在于个体，故当我们审视不同个体时，其祖先是否曾被大量掠夺为奴，就应该具有非常重要的作用。如果奴隶贸易对信任水平的影响，主要经由国内制度的恶化，而它在地理上是不可移动的、对于个体而言是外在的，故一个人所生活的外部环境是否受到奴隶贸易的严重影响，就应该具有非常重要的作用。

两种检验的估计结果均表明，奴隶贸易对信任水平的负面影响，既经由文化规范渠道又经由制度渠道，但经由文化渠道的影响总是比制度渠道为大。

在奴隶贸易对文化所造成的影响方面，一夫多妻制是研究文献关注的另一个问题。由于跨大西洋奴隶贸易中的男性奴隶明显比女性奴隶多得多，故非洲的男女比例显然受到了极大影响。据此可以提出如下假说：奴隶贸易导致了一夫多妻制的推行。利用家庭调查数据和纳恩与旺谢孔（Nunn and Wantchekon，2011）对各种族奴隶出口的估计结果，多尔顿与梁天卓（Dalton and Leung，2011）和芬斯克（Fenske，2012）发现奴隶出口与一夫多妻制的发生率之间存在着正相关性。

关于当前文化特性的历史渊源，不少文献还提供了其他方面的证据，包括：阿莱西纳等（Alesina et al.，2013）关于过去的耕犁使用与当前性别角色之间的关系的研究，杜兰特（Durante，2010）对历史上的天气变异性与当前信任水平之间关系的研究，等等。前文已探讨过这两篇文献，此处不再赘述。

7.5.4 文化与制度的相互作用

对于文化的历史影响和制度的历史影响，有关研究通常是彼此孤立地进行的。不过，有证据表明，文化和制度之间存在着重要的互补性和相互依存性，下面我们就来讨论这一问题。

7.5.4.1 文化影响正式制度

在人类历史上，文化影响制度演进的例子有很多，而欧洲人在大航海时代之后在世界各地建立的移民聚居区也许是最为显而易见的例子。对该例子的宏观层面的阐述，参见阿西莫格鲁等（Acemoglu et al.，2001）的殖民地起源假说，而戴维·哈克特·费希尔（David Hackett Fischer，1989）的《阿尔比恩的种子》（*Albion's Seed*）一书，则提供了一种更微观层面的分析。费希尔在该书中表明，欧洲移民最初建立的制度以及形成的社会结构，源于他们从旧大陆带来的信念和价值观。换句话说，最初建立的制度内生于早期移民的文化信仰。

费希尔探究了早期北美的四次移民浪潮，即清教徒（1629～1641 年）、圣公会保王党人（1642～1675 年）、贵格会教徒（1675～1725 年）以及苏格兰—爱尔兰人（1717～1775 年），并表明了各批移民的价值观差异如何导致他们建立了不同的制度。清教徒强调教育普及和社会良性运转，他们建立了全民教育、高税率、大政府和严格司法的制度。弗吉尼亚的保王党人相信天然的不平等并致力维护现有等级制度，因此他们建立了实行有限教育、低税收、低政府支出的制度以及以等级暴力为基础的非正式司法制度。贵格会教徒在特拉华河谷建立的制度，则反映了他们以个人自由为核心的信念：所有公民享有平等的法律权利，限制政府对个人以及宗教事务的干涉，税收亦较为有限。苏格兰—爱尔兰人实行的制度则源于他们关于自由就是免于政府强制的信念，进而形成了有限的正式司法体系（更多依赖于治安会的自治司法）、有限的政治机构、极低税收以及充分保障人们武装反抗政府的权利。

欧洲的大规模殖民是人类社会的一段重要经历，它清晰地表明了制度对于文化的内生性。其他研究也在其他情形下提供了相似的证据，例如：泽布和安德森（Zerbe and Anderson，2001）表明，1848 年加州淘金热时建立的早期产权制度，就反映了随同矿工们一同西去的信念和价值观，包括个人主义、尊重财产以及“一分耕耘一分收获”的看法等。在正式变为法律条文之前，这些信念和价值观首先成为集体实践的行为规范（即非正式制度）。

此外，格赖夫（Greif，1994）对马格里布和热那亚中世纪商人的文化差异的研究，同样表明了文化在政治制度形成过程中的重要作用。热那亚人建立的制度来自于他们的个人主义文化信念，包括正式法律制度以及其他便利贸易的正式组织。相比之下，马格里布人的制度结构则脱胎于他们的集体主义文化信念。由于马格里布人始终依赖于非正式的执行机制，因此他们的组织机构在规模和范围上都非常有限。

7.5.4.2　制度影响文化

也有可能存在反馈效应，即正式制度会影响文化特性的演进，近来的许多研究发现了支持这一点的证据。例如，吉多·塔贝利尼（Guido Tabellini, 2010）探究并解释了欧洲不同地区在信任水平、相互尊重以及是否相信个人努力能带来回报等方面的差异。作者发现，这些文化特性的盛行程度和1600～1850年间各国国内制度的平均质量指标，存在着很强的正相关性。该估计表明，对于欧洲的不同地区而言，过去的制度越是不完善，如今就越缺乏对他人的信任和尊重，就越不相信个人努力的价值。

运用断点回归策略对历史上重要的边界（但目前位于一国之内）所进行的一些研究，同样发现了制度对文化具有重要影响的证据。贝克尔等（Becker et al., 2011）对现今位于同一个国家但历史上却地处哈布斯堡边界两侧的东欧村庄进行了探究，发现过去地处哈布斯堡帝国境内的那些村庄，因其在历史上具有颇受尊重且运作良好的官僚制度，现今对地方政府的信任程度更高。格罗让（Grosjean, 2011b）对东欧两两成对的地方进行了探究，发现一对地方在历史上属于同一个国家的时间越长，那么当地居民现今的社会信任水平就越相似。佩萨欣（Peisakhin, 2010）调查了生活在乌克兰227个村庄的1 675个人，这些村庄在1772～1918年间均位于哈布斯堡—俄罗斯边界的25公里范围内。利用人们在回答调查问卷时所提供的关于文化特性的信息，佩萨欣（Peisakhin, 2010）在两组之间发现了范围广泛的具有统计显著性的文化差异。

7.5.4.3　制度与文化的共同演进

塔贝利尼（Tabellini, 2008）在文化和制度都是内生且共同演进的情形下，提出了一个文化和制度相互发生作用的正式模型。该模型包含两种潜在的文化特性，其中一种特性比另一种更重视合作（或认为合作是正确的事情）。作者对这些价值观的纵向传递进行了明确的模型化处理，即它取决于父母努力（有成本地）向孩子灌输合作的价值观。这篇论文的一个重要创新是：借助于多数投票机制，对（旨在推动合作的）制度的内生形成过程进行了模型化。

塔贝利尼表明，文化与制度的共同演进会导致策略互补性和多重均衡。重视合作的文化更愿意建立强力推进合作的制度，而这种制度反过来又提高了合作的收益，从而进一步强化了这种文化特性。反之，不重视合作的文化更倾向于弱化合作的制度，而这种制度又会减少合作的收益，进而强化了这种不重视合作的文化特性。

对当前制度和文化进行实证研究的近期文献，为文化和制度之间的相互作用提供了进一步证据。阿吉翁等（Aghion et al.，2011）对当前的劳动力市场进行了探究，发现各国劳动关系的合作程度与该国最低工资管制的严苛程度之间存在着负相关性。类似地，阿吉翁等（Aghion et al.，2010）发现各国的普遍信任与政府管制之间也存在负相关性。

在上述两项研究中，作者为制度（政策）和文化（信念）之间的相互作用构建了模型，并发现政府管制在两种情形下均会对人们的互惠行为产生挤出效应。正因如此，更严厉的最低工资管制会"挤出"企业和工人们之间的合作，而更缺乏合作性的企业工人关系，反过来又产生了更高的最低工资管制需求。这种相互依存性，能够解释我们所观察到的最低工资和劳动关系合作程度之间的负相关性。

在阿吉翁等（Aghion et al.，2010）中，缺乏公民意识会提升管制需求，以保护人们免受那些缺乏公德心的人所带来的负外部性影响。由于缺乏公民意识的个体更愿意行贿受贿，因此更高的管制水平会进一步强化公民意识的匮乏状态，其结果就是我们在经济中观察到的高信任水平与低政府管制几乎总是如影随形。

上述研究的共同点是分析了文化与制度之间的双向关系。由于文化与制度是相互依存的，文化和制度都是共同演进的，因此能够形成对应于不同制度和文化规范集合且具有自我强化特征的多重稳定均衡。

7.5.5 遗传学

影响人口地理分布的历史事件，如种族屠杀、强制驱逐和自愿迁移等，有可能通过遗传渠道产生长期影响。鉴于遗传特性不太容易随着时间而发生变化，因此，如果遗传特性能够影响经济产出，那么影响人口基因分布的历史事件，至少在理论上会产生长期经济影响。

近期不少研究提供了遗传能够影响人类行为的证据。例如，切萨里尼等（Cesarini et al.，2008）针对来自于瑞士和美国的同卵双胞胎和异卵双胞胎，通过比较他们在标准信任博弈中的行为差异，探究了同卵双胞胎和异卵双胞胎在基因差异方面的差别。通过假设双胞胎的行为相似性可以分解相同的环境、相同的基因和其他个体特征变量，并假设同卵双胞胎拥有相同的环境和相同的基因，而异卵双胞胎拥有相同的环境并分享半数的等位基因，作者据此可以估计行为由基因决定的程度。他们发现，同卵双胞胎始终比异卵双胞胎展现出了更多的相似性行为，再结合其基本假设，故可以得出遗传能够决定很大一部分行为的结论。切萨里尼等（Cesarini et al.，2009）基本重复了上述步骤，不过探究的是独裁者博弈下的行为，度量的是个体的风险规避。

宏观层面的不少研究表明，遗传指标和经济表现之间存在相关性。斯伯劳雷和瓦克扎格（Spolaore and Wacziarg，2010）发现，遗传相似度较高的两个群体，彼此之间更有可能发生战争。斯伯劳雷和瓦克扎格（Spolaore and Wacziarg，2009）发现，在各个成对的国家中，两国之间的遗传距离与他们的当前收入差距正相关。换句话说，基因相似的国家在经济上也更为相似。

阿什拉夫和盖勒（Ashraf and Galor，2012）提供的证据表明，一个国家的遗传多样性与人均收入之间的关系并不是单调性的，二者之间存在倒U型关系：人均收入在中等多样性水平达到最大值，过高或过低的多样性均与低人均收入水平联系在一起。

库克（Cook，2013a）同样对遗传多样性进行了探究，但与阿什拉夫和盖勒（Ashraf and Galor，2012）不同，他研究的是与抗病性和疾病易感性有关的一组特定基因，即主要组织相容性复合体。它在人体中位于第六号染色体，是包含239个基因的基因簇。库克（Cook，2013a）对该组基因中等位基因频率的变化情况进行了度量，并表明：在不同国家中，他的这一遗传变异指标与奥尔森和希布斯（Olsson and Hibbs，2005）关于可驯化动物数量的指标以及普特曼（Putterman，2008）关于进入农业社会时间点的指标，均存在正相关性。此外，该指标也与20世纪60年代的健康指标正向相关；但有趣的是，到90年代，它与健康指标之间的这种相关性便不复存在了。

在接下来的一项研究中，库克（Cook，2013c）研究了遗传能够对经济发展产生长期影响的另一种渠道，即乳糖酶的耐受性（即童年之后的牛奶消化能力）。库克假设，历史上那些拥有导致乳糖酶耐受的遗传变异的人类群体，相当于获得了额外来源的卡路里、维生素和营养物质，从而能够带来更高的人口密度。作者的研究表明，就1500年的世界各国而言，乳糖酶耐受人口所占的人口比例越大，其人口密度通常也就越高。

7.6 尚未解决的问题与未来研究方向

7.6.1 持久性还是逆转?

许多研究提供的证据表明，经济发展具有跨越历史长河的持久性：历史上经济更为发达、技术更为进步、制度更为完善的社会，仍是目前发展水平最高的社会。例如，科明等（Comin et al.，2010）发现，世界上不同地区在历史上（追溯至公元前1000年）的技术水平与目前人均收入存在正相关性。博克施泰特（Bockstette et al.，2002）按照类似的研究路线进行的实证研究发现，一个社会的古代表现与现代经济表现存在正相关性。历史上政治发展水平越高的社会，目前的经济发展水平也就越高。于耶里（Huillery，2011）在更微观层面和更短时间跨度内对法属西非地区进行了实证研究，发现殖民时代前后的经济繁荣具有很大的持久性。

上述关于持久性的研究发现，与阿西莫格鲁等（Acemoglu et al.，2002）发现的“财富的逆转”正好相反：在前殖民地样本中，那些1500年最为繁荣的地区，目前却是最不发达的地区。这种逆转现象亦为其他研究所证实，如纳恩（Nunn，2008a）对非洲国家的研究表明，那些在前奴隶贸易时代经济发展水平最好的国家，在奴隶贸易时期被掠走的奴隶最多，其当前收入水平也是最低的[20]。

这两组研究发现显然是彼此相反的：前者表明存在跨越历史长河的持久性，而后者则表明了一种彻底的逆转。哪一种研究发现是正确的呢？事实上，它们都是正确的，二者之间的差别主要源于所探究的样本的不同。关于持久性的研究，探究的通常是世界上的所有国家，而关于逆转的研究，其样本则仅限于前殖民地。

为了说明这一点，不妨探究一下1500年的人均收入自然对数和2000年的人均GDP自然对数这两个变量之间的关系，如表7.1中的列（1）至列（3）所示。样本包括科明等（Comin et al.，2010）所探究的85个前殖民地和65个以前的非殖民地。列（1）显示了这两个变量在前殖民地样本中的关系，它与

---

[20] 与此有关的一个问题是：非洲是否一直落后于世界其他地区？传统观点认为，非洲一直是世界上最不发达的大陆，但也有证据表明这是一种错误的看法（Ehret，即出）。

阿西莫格鲁等（Acemoglu et al.，2002）的回归估计大致相仿：1500 年的人口密度与当前人均收入是负相关的。显然，这是一种逆转。列（2）是对其他样本（即那些从未被殖民的国家）进行的同样的估计，但我们可以看到完全不同的结果：这两个变量是正相关的！也就是说，对于这一组样本而言，估计结果表明了持久性。列（3）是对全部样本进行的估计，并表明平均而言显示的是一种持久性：系数为正，且在 10% 的水平上统计显著。这一估计结果与科明等（Comin et al.，2010）、博克施泰特等（Bockstette et al.，2002）以及其他关于持久性的研究发现大致相仿。

表 7.1　　持久性与逆转

项目	被解释变量：2000 年人均 GDP 的对数						
	殖民地	非殖民地	全部	殖民地	非殖民地	殖民地	非殖民地
	（1）	（2）	（3）	（4）	（5）	（6）	（7）
1500 年人口密度							
基于地理	−0.228*** （0.070）	0.276*** （0.090）	0.115* （0.061）			−0.316*** （0.058）	0.003 （0.319）
基于血统				0.475*** （0.098）	0.319*** （0.100）	0.581*** （0.086）	0.316 （0.355）
样本数	85	65	150	85	65	85	65
R^2	0.114	0.129	0.023	0.222	0.140	0.430	0.140

注：该表显示的是系数的 OLS 估计值，括号中的数字是标准误。被解释变量是 2000 年真实人均 GDP 的自然对数，解释变量是 1500 年各国人口密度的自然对数。其中，作为解释变量的人口密度有两种度量方式，一是按各国土地的历史平均值（基于地理），一是按各国人口先辈的历史平均值（基于血统），二者之间的相关系数在殖民地国家是 0.23、在非殖民地国家是 0.96。

* 表示在 0.10 水平上显著异于 0；** 表示在 0.05 水平上显著异于 0；*** 表示在 0.01 水平上显著异于 0。

阿西莫格鲁等（Acemoglu et al.，2002）认为，前殖民地之所以会发生逆转，主要是因为初始的繁荣程度会影响欧洲人建立的制度。在初始收入低、人口稀少的殖民地，欧洲人会定居下来并建立起保护财产权等能够促进经济增长的制度。而在初始收入较高的地区，欧洲人采取的则是榨取型策略：他们在某些情形下会借鉴当地的强制劳动传统，在某些情形下则采取奴隶制并出售土著人口。其结果是，1500 年贫穷落后的地区，如今反而比当初的富裕地区更为发达。

关于逆转，还有一种相似但略显另类的解释，同时也是伊斯特利和莱文（Easterly and Levine，2012）特别强调的一种解释，此即：人口稀少的地区会历经更为繁荣地区的人口的持续迁入，而后者拥有更高的人力资本水平、更有利于经济增长的文化以及其他垂直传播的特质，故现今更为富裕。按照这种另类解释，逆转只不过是社会层面的迁移与繁荣持久性的反映。

我们可以利用基于血统的1500年人口密度数据和2000年人均GDP数据，来检验上述另类解释。具体而言，我们利用普特曼和韦尔（Putterman and Weil，2010）的世界迁移矩阵，来构造基于血统的初始人口度量指标。在表7.1中，列（1）至列（3）中基于地理的度量指标，指的是1500年生活在该国土地上的人们的平均收入水平（以人口密度为代理变量），而基于血统的度量指标指的则是那些现今生活在该国的人，其祖先在1500年的平均收入水平（同样以人口密度为代理变量）。

列（4）的估计结果表明，在其他条件不变的情况下，那些母国繁荣的前殖民地，其现时的人均收入更高。由此观之，从繁荣地区向殖民地的人口迁移，似乎可以合理地解释逆转现象。有意思的是，非殖民地（很少发生人口迁移）和前殖民地（大量人口迁移）表现出了同样明显的由血统（而不是地理位置）延续的收入持久性[21]。

人口迁移与经济繁荣的跨代持久性相结合，是否能够解释阿西莫格鲁等（Acemoglu et al.，2002）所说的逆转？一种简单的检验方法，是在控制基于血缘的度量指标的基础上，探究基于地理的1500年人口密度度量指标的系数，结果如第6列所示。该列所示的估计结果表明，基于地理的1500年经济繁荣度量指标的系数值并没有降低，实际上还有所增加，而基于血统的1500年经济繁荣度量指标，则有一个数值很大且在统计上十分显著的正系数。也就是说，这两种渠道是并存的，其中一种渠道是来自于更繁荣社会的人口迁入，另一种渠道是阿西莫格鲁等（Acemoglu et al.，2002）所讨论的财富逆转。当然，关于血统较地理位置具有更强持久性的这一研究发现，实际上并不是全新的，普特曼和韦尔（Putterman and Weil，2010）、科明等（Comin et al.，2010）和钱达（Chanda et al.，2013）都曾提到过这一点。

第7列探究的问题与第6列相同，但样本则是非殖民地。由于非殖民地很少存在人口迁移，故两种人口密度度量指标之间是高度相关的（相关系数为

---

[21] 如何更深入地理解这种持久性背后的具体传递机制，是当前学术研究和学术争论的重要主题。对有关文献的出色综述，参见：斯伯劳雷和瓦克扎格（Spolaore and Wacziarg，即出）。

0.96）。正是由于存在严重的多重共线性，两个变量在统计上都是不显著的。尽管如此，由于基于血统的变量的系数，其估计值与殖民地样本情形相仿但稍小，因而仍然提供了存在跨代持久性的证据。与预期的一样，基于地理的变量的系数估计值表明，没有证据表明非殖民地存在着财富逆转机制。

总之，表7.1列示的相关关系，至少意味着如下事实：其一，对于前殖民地而言，确实存在财富逆转现象（以地理位置为观察单位）；其二，对于非殖民地来说，不存在这样的财富逆转；其三，一旦以社会群体（及其子孙后代）为观察单位，则不存在财富逆转现象，且不论是对于殖民地还是非殖民地而言，我们都可以观察到普特曼和韦尔（Putterman and Weil，2010）述及并为斯伯劳雷和瓦克扎格（Spolaore and Wacziarg，即出）详尽地讨论的高度持久性；最后，即便考虑到殖民时代从富裕地区向落后地区的人口迁移，阿西莫格鲁等（Acemoglu et al.，2002）所说的财富逆转依然存在，即人口迁移不足以完全解释财富逆转问题。

上述事实表明，至少就经验数据而言，逆转与持久性问题似乎是可以调和的。然而，沿着这一研究思路进行的最新研究，却发现了无法用上述逻辑做出解释的逆转现象。奥尔森和派克（Olsson and Paik，2012）发现，新石器时代以来的欧洲存在逆转现象：较早进入农耕社会的那些欧洲地区（虽有争议但仍可视之为新石器时代经济更为发达的地区），目前的经济发展水平相对更低。尽管作者对此提出了一些解释，但关于这种逆转的确切原因仍然是不太清楚的。另外，对于撒哈拉以南非洲和东亚地区，他们同样发现了财富逆转的证据，但这些财富逆转的背后原因同样也是不清楚的。他们更为有趣的发现是：如果样本是全球性的，则存在持久性现象，即越早进入农业社会的地区，目前的经济发展水平就越高。也就是说，地区之内存在逆转，地区之间（或更一般地，国家之间）则表现为持久性。

7.6.2　何时不具有历史持久性？

到目前为止，研究文献主要是从经验上对国内制度或文化特性等途径引起的历史冲击的持久性影响进行分析，而很少或根本不去关注历史事件在什么情况下不会产生持久性影响。由于人们之所以关注历史事件，首先是因为历史事件的重要性，故人们自然而然地会关注那些具有持久影响的历史事件。因此，现有文献对历史事件持久性的强调，实际上是比较合乎逻辑的。

不过，也有少量的文献探讨了历史事件何时具有持久性影响、何时不具有持久性影响问题，并提供了初步的证据。例如，福格特伦德和弗特（Voigtlaender and Voth，2012）对德国14～20世纪反犹主义价值观和信念的持久性进行了探究。他们对德国各个村庄的探究表明，黑死病期间（1348～1350年）的集体杀戮程度与20世纪初期的反犹情绪之间的相关性十分显著。作者接着分析了这种持久性强弱的相应历史背景。他们最有趣的发现是，在深度参与获利丰厚的远途贸易的汉萨同盟这些德国自治城市中，这种反犹主义文化特性的持久性要弱得多。其原因或内在机制，或许是这些城市的人口迁移率更高，或许是它们的经济增长更快、经济机会更多，从而更有活力。福格特伦德和弗特（Voigtlaender and Voth，2012）还发现，那些人口增长更快的城市和1933年工业化程度更高的城市，这种文化特性的持久性相应更弱；显然，前者与两种机制都是一致的，后者则符合第二种机制。

格罗让（Grosjean，2011a）对尼斯比特和科恩（Nisbett and Cohen，1996）"荣誉文化"假说进行了研究，表明苏格兰—爱尔兰荣誉文化具有持久性影响，但这种持久性却仅限于美国南部各州。一种显而易见的解释是，南方的法治相对不成熟、产权制度相对不健全，攻击性行为可以获得更多好处就成为一种潜移默化的文化。但北方则有所不同，那里的法治更为成熟、产权制度更为完善，暴力和攻击性的文化规范难以带来好处，因此也就难以持续下去。换句话说，通过影响文化规范的相对成本与收益，外部环境（这里是国内制度）会对不同文化规范的持久性产生重要影响。

在非洲的奴隶贸易中，同样可以看到这一点。奴隶贸易会对信任造成负面影响，一个自然而然的假设是，这种负面影响在那些法治不健全的国家将更具持久性。法治不健全，意味着无法在法律上约束人们采取值得信赖的行为；而正是这种外在环境，使得形成于奴隶贸易之初的不信任规范，始终是一种相对有利的文化规范，并使得它一直持续下去。

我们可以通过重新估计纳恩和万切康（Nunn and Wantchekon，2011）中的估计方程来直接检验该假设，不过需要对原方程略作扩展，以允许早期奴隶出口对当前信任的影响取决于不同国家的制度质量，如方程（7.1）所示。其中，国家层面上的国内制度质量，以2005年调查中政府治理"法治"变量来度量。"法治"指数的原始取值介于－2.5～2.5之间，本文对它进行了标准化，以使得它介于0～1之间[22]。修正后的扩展方程为：

$$trust_{i,e,d,c} = \alpha_c + \beta_1 slave\ exports_e + \beta_2 slave\ exports_e \times rule\ of\ law_c + X'_{i,e,d,c}\Gamma + \ + X'_{d,c}\Omega + X'_e\Phi + \varepsilon_{i,e,d,c} \quad (7.1)$$

其中，i为指数个体、e为族群、d为地区、c为国家；$trust_{i,e,d,c}$是个体层面上

[22] 把度量指标加上2.5再除以5即可。

的信任指数，取值介于 0 ~ 3；$slave\ exports_e$ 是印度洋和大西洋奴隶贸易来自于族群 e 的奴隶数量[23]；$rule\ of\ law_c$ 是 2005 年各国法治指数，取值介于 0 ~ 1；c 是国家固定效应；$X'_{i,e,d,c}$、X'_d 和 X'_e 分别是个体、地区和族群层面上的控制变量向量。对方程（7.1）中的各个变量的更完整描述，参见：纳恩和万切康（Nunn and Wantchekon，2011）。

方程（7.1）的估计结果如表 7.2 所示。表中列示了 β_1 和 β_2 的估计值，最下面分别是对于法治程度最低（法治指数值为 0.17）和最高（法治指数值为 0.63）国家而言[24]，奴隶贸易对信任影响程度的估计值。正如表中所表明的，尽管估计精度各有不同，但交互项 β_2 在所有情形下均为正，这意味着一个国家的国内制度越是完善，奴隶贸易对信任的负面影响就越弱。不仅如此，不论是信任的哪一种度量，所得到的奴隶贸易影响信任的估计值，对于法治程度最低的国家来说都是正的和统计上显著的，而对于法治程度最高的国家来说则不能在统计上显著地异于零。这与奴隶贸易的不利影响，在法治更为完善的国家更不具有持久性是一致的。在这些国家中，完善的制度促使人们采取值得信任的行为，进而使得源自于奴隶贸易的不信任更不具有持久性。

表 7.2　　奴隶贸易对信任的异质性影响：纳恩和万切康（Nunn and Wantchekon，2011）的检验

项目	对亲属的信任（1）	对邻里的信任（2）	对地方政府的信任（3）	组内信任（4）	组间信任（5）
$\ln\left(1+\frac{出口}{面积}\right)$	-0.172 (0.141)	-0.341*** (0.115)	-0.170*** (0.064)	-0.461*** (0.102)	-0.344*** (0.082)
$\ln\left(1+\frac{出口}{面积}\right)$ ×2005 年法治指数	0.111 (0.360)	0.512* (0.302)	0.169 (0.173)	0.891*** (0.263)	0.695*** (0.208)
个体控制变量	Yes	Yes	Yes	Yes	Yes
地区控制变量	Yes	Yes	Yes	Yes	Yes
国家固定效应	Yes	Yes	Yes	Yes	Yes
样本数	20 062	20 027	19 733	19 952	19 765
族群聚类数	185	185	185	185	185

㉓ 该指标的计算方法是：以土地面积对奴隶出口的总数量进行标准化，然后加上 1 再取自然对数。

㉔ 在非洲晴雨表调查的样本中，津巴布韦是法治指数最低的国家，而博茨瓦纳是该指数最高的国家。

续表

项目	对亲属的信任（1）	对邻里的信任（2）	对地方政府的信任（3）	组内信任（4）	组间信任（5）
地区聚类数	1 257	1 257	1 283	1 257	1 255
对非洲晴雨表中法治程度最低国家影响的估计值	-0.153 * (0.082)	-0.252 *** (0.066)	-0.141 *** (0.036)	-0.305 *** (0.059)	-0.223 *** (0.049)
对非洲晴雨表中法治程度最高国家影响的估计值	-0.102 (0.098)	-0.018 (0.087)	-0.064 (0.054)	0.102 (0.073)	0.095 (0.058)

注：表中结果是OLS估计，观测单位是个体。$\ln\left(1+\frac{出口}{面积}\right)$是族群层面上经过国土面积标准化后的奴隶出口数量。2005年法治指数是六项治理指标中的法治指数（2005年度），且对其进行了标准化以使得取值介于0~1之间。标准误经过了基于族群和地区的双向聚类调整。个体控制变量包括年龄、年龄平方、一个性别指标变量、五个生活条件固定效应、十个教育固定效应、十八个宗教固定效应以及一个表示被调查者是否生活在城市地区的指标。地区控制变量包括某地区的族群分化度以及该地区人口中与受访者属于同一个族群的人口所占的比例。进一步细节，请参见：纳恩和万切康（Nunn and Wantchekon，2011）。

* 表示在0.10水平上显著异于0；** 表示在0.05水平上显著异于0；*** 表示在0.01水平上显著异于0。

这种估计方法的一个重要缺点是：国家层面上的法治度量指标存在内生性。特别地，它很可能内生于奴隶贸易。理论上讲，估计的性质在很大程度上依赖于那些用于检验异质性的变量的外生性变动程度。然而，不论是表7.2还是纳恩和万切康（Nunn and Wantchekon，2011），它们在估计过程中都仅仅利用了变量在国家内部的变动情况：由于存在国家固定效应项，这就使得奴隶贸易对国家特征的任何影响，都在回归过程中给予了直接控制。换句话说，尽管法治度量指标是一个内生变量，但它对信任的直接（线性）影响，却体现在了国家固定效应之中。

β_1 和 β_2 的估计值在五个信任度量指标中的差异清晰地表明，在奴隶贸易对信任的异质性影响中，奴隶贸易对亲属信任和地方政府信任的影响相对较弱。不论是系数 β_2 的大小与统计上的显著性，还是表7.2底部对法治程度最高和最低国家的估计结果，以上结论都是成立的。有意思的，与邻里纠纷、种族纠纷和种群纠纷相比，亲属之间的纠纷、市民和地方政府之间的争端似乎更不可能通过法律途径解决，因此我们应该预期到：在后一种情形中，法治应该更难以在促进良好行为方面取得成效，故也应该是不信任之持久性的更不重要的决定因素。表 7.2 中的估计结果，与我们的这种预期完全一致。

7.7　结语：回顾与展望

本文对关于历史上经济发展的各种探究与比较进行了概括，对范围广泛的历史事件进行了探讨，包括新石器革命、殖民统治、非洲奴隶贸易、工业革命、新教改革、法国大革命和哥伦布大交换等。

历史总是迷雾重重，尽管本文所回顾的研究文献已经澄清了诸多方面，但仍有更多方面仍属未知。不仅如此，如何将历史事件的方方面面恰当地拼接在一起，是我们面临的更为艰巨的任务，也是本文概述的绝大多数文献尚未触及的方面。几乎所有的文献，探究的都是隔绝于其他事件的特定历史事件，少许的例外也不过是在实证研究中把其他事件解释为协变量。然而，一旦我们开始思考真实的历史，那么我们马上就会发现，任何历史事件总会以微妙或复杂的方式对其他历史事件产生重要影响。进一步讲，事件之间通常存在着复杂的相互作用，这意味着文献中通常所做的线性模型设定很可能是不准确的。

这种相互依存的例子比比皆是。例如，欧洲对非洲大陆的殖民能力和统治能力，高度依赖于在安第斯山脉发现金鸡纳树以及英国人在亚洲的大批量生产。这是因为，金鸡纳树皮中可以提取奎宁（俗称金鸡纳霜），而它是最早能够有效治疗疟疾的药物。类似地，欧洲人从美洲土著那里获得的如何有效处理野生橡胶的知识，对利奥波德国王统治下的刚果数百万被折磨和杀害的非洲人造成了严重后果。

这种相互依存性的另一个例子，是印刷机与新教改革（Dittmar，2011；Rubin，2011）以及大西洋贸易（Dittmar，2011）之间的关系。我们在前文已经看到，天主教与奥斯曼帝国之间的冲突，促进了新教在欧洲范围的传播（Iyigun，2008）。

我们已经知道，非洲的舌蝇导致当地农业更缺乏集约性，没有在农业活动中使用牲畜和耕犁（Alsan，2012）。由于不使用耕犁，妇女更积极地参与农业活动，这就产生了一种持续至今的较为平等的社会规范（Alesina et al.，2013）。对于我们在当今非洲所观察到的女性劳动力的高参与度，这是一种重要的解释。

我们已经知道，非洲奴隶贸易导致了非洲国家在前殖民地时代的欠发达状态（Nunn，2008a），而前殖民地时代的落后，反过来又与后殖民地时代的公共品提供不足和较低的收入水平有关（Gennaioli and Rainer，2007；Michalopoulos and Pappaioannou，2013）。

展望未来，研究文献着力解决的第二项重要研究任务，是更好地理解因果关系的作用渠道。过去十余年间，我们在历史事件是否具有持久影响的经验检验方面取得了重大进展。对这些实证证据的回顾，构成了本文的主要内容，它清晰地表明历史确实具有重要作用。至于历史究竟如何起作用，目前还不是很清楚。本文简要评述了其中最有可能的机制，包括多重均衡、行为文化规范和国内制度等。这些机制究竟在何种程度上、在何种情形下发挥作用，迄今仍没有得到充分的理解。此外，正如前文所讨论的，不同渠道之间很可能存在重要的互补性。例如，信念和价值观往往会嵌入正式制度，而正式制度反过来又会对这些价值观的演变产生影响。对于大部分具有长期持续性影响的历史事件来说，文化特性和正式制度之间的互补性很可能是其重要组成部分。

总之，我们已经取得了巨大的进展，其中取得的一项重要成就是认识到：为了理解目前的经济增长与发展，有必要深入研究我们的过去。越来越多的经济学文献开始认识到：我们之“所在”（进而“所往”），在很大程度上与我们之“所来”密切相连。

致　　谢

感谢伊曼纽尔·阿基安蓬（Emmanuel Akyeampong）、罗伯特·贝茨（Robert Bates）、塞缪尔·鲍尔斯（Samuel Bowles）、克劳迪娅·戈尔丁（Claudia Goldin）、约瑟夫·亨里奇（Joseph Henrich）和詹姆斯·鲁滨逊（James Robinson）对本文内容的有益讨论，感谢伊娃（Eva Ng）的出色研究助理工作。

参考文献

Acemoglu，Daron，1995. Reward structure and the allocation of talent. European Economic Review 39，17 –33.

Acemoglu，Daron，Johnson，Simon，2004. Unbundling Institutions. Journal of Political Economy 113，949 –995.

Acemoglu，Daron，Johnson，Simon，Robinson，James A.，2001. The colonial origins of comparative development：an empirical investigation. American Economic Review 91，1369 –1401.

Acemoglu, Daron, Johnson, Simon, Robinson, James A., 2002. Reversal of fortune: geography and institutions in the making of the modern world income distribution. Quarterly Journal of Economics 117, 1231 - 1294.

Acemoglu, Daron, Johnson, Simon, Robinson, James A., 2005. The rise of Europe: atlantic trade, institutional change and economic growth. American Economic Review 95, 546 - 579.

Acemoglu, Daron, Bautista, María Angélica, Querubin, Pablo, Robinson, James A., 2008. Economic and political inequality in development: the case of Cundinamarca, Colombia. In: Helpman, Elhanan (Ed.), Institutions and Economic Performance, Harvard University Press, Cambridge, MA, pp. 181 - 245.

Acemoglu, Daron, Cantoni, Davide, Johnson, Simon, Robinson, James A., 2011a. The consequences of radical reform: the french revolution. American Economic Review 101 (7), 3286 - 3307.

Acemoglu, Daron, Hassan, Tarek A., Robinson, James A., 2011b. Social structure and development: a legacy of the Holocaust in Russia. Quarterly Journal of Economics 126 (2), 895 - 946.

Acemoglu, Daron, Johnson, Simon, Robinson, James A., 2012. The colonial origins of comparative development: an empirical investigation: reply. American Economic Review 102 (6), 3077 - 3110.

Ager, Philipp, Ciccone, Antonio, 2012. Rainfall Risk and Religious Membership in the Late Nineteenth-Century US. Universitat Pompeu Fabra, Mimeo.

Aghion, Philippe, Algan, Yann, Cahuc, Pierre, Shleifer, Andrei, 2010. Regulation and Distrust. Quarterly Journal of Economics 125 (3), 1015 - 1049.

Aghion, Philippe, Algan, Yann, Cahuc, Pierre, February 2011. Civil society and the state: the interplay between cooperation and minimum wage regulation. Journal of the European Economic Association 9 (1), 3 - 42.

Aghion, Philippe, Persson, Torsten, Rouzet, Dorothee, 2012. Education and Military Rivalry. Harvard University, Mimeo.

Akçomak, I. Semih, Webbink, Dinand, Weel, Bas ter, 2012. Why did the Netherlands develop so early? The Legacy of the Brethren of the Common Life, Mimeo.

Albouy, David Y., 2012. The colonial origins of comparative development: an empirical investigation: comment. American Economic Review 102 (6), 3059 - 3076.

Alesina, Alberto, Giuliano, Paola, Nunn, Nathan, 2013. On the origins of gender roles: women and the plough. Quarterly Journal of Economics 128 (2), 155 - 194.

Alsan, Marcella, 2012. The Effect of the TseTse Fly on African Development. Harvard University, Mimeo.

Andersen, Thomas Barnebeck, Bentzen, Jeanet, Dalgaard, Carl-Johan, 2011. Religious Orders and Growth Through Cultural Change in Pre-Industrial England. University of Copenhagen,

Mimeo.

Andersen, Thomas Barnebeck, Jensen, Peter Sandholt, Skovsgaard, Christian Stejner, 2013. The Heavy Plough and the European Agricultural Revolution in the Middle Ages: Evidence from a Historical Experiment. University of Southern Denmark, Mimeo.

Ashraf, Quamrul, Galor, Oded, 2012. The out of Africa hypothesis. Human genetic diversity, and comparative economic development. American Economic Review 103 (1), 1 –46.

Ashraf, Quamrul, Michalopoulos, Stelios, 2011. The Climatic Origins of the Neolithic Revolution: Theory and Evidence. Brown University, Mimeo.

Austin, Gareth, November 2008. The "Reversal of Fortune" thesis and the compression of history: perspectives from African and comparative economic history. Journal of International Development 20 (8), 996 –1027.

Bai, Ying, Kung, James Kai-sing, 2011a. Climate shocks and sino-nomadic conflict. Review of Economics and Statistics 93 (3), 970 –981.

Bai, Ying, Kung, James Kai-sing, 2011b. Diffusing Knowledge while Spreading God's Message: Protestantism and Economic Prosperity in China, 1840 –1920. Hong Kong University of Science and Technology, Mimeo.

Banerjee, Abhijit, Iyer, Lakshmi, 2005. History, institutions and economic performance: the legacy of colonial land tenure systems in India. American Economic Review 95 (4), 1190 –1213.

Banerjee, Abhijit, Iyer, Lakshmi, 2008. Colonial Land Tenure, Electoral Competition and Public Goods in India. Harvard Business School Working Paper 08 –062.

Banerjee, Abhijit, Iyer, Lakshmi, Somanathan, Rohini, 2005. History, social divisions and public goods in rural India. Journal of the European Economic Association Papers and Proceedings 3 (2 –3), 639 –647.

Baten, Joerg, van Zanden, Jan Luiten, 2008. Book production and the onset of modern economic growth. Journal of Economic Growth 13, 217 –235.

Bates, Robert H., forthcoming. The imperial peace in colonial Africa and Africa's underdevelopment. In: Akyeampong, Emmanuel, Bates, Robert H., Nunn, Nathan, Robinson, James A. (Eds.), Africa's Development in Historical Perspective, Cambridge University Press, Cambridge.

Becker, Sascha O., Woessmann, Ludger, 2008. Luther and the girls: religious denomination and the female education gap in nineteenth-century Prussia. Scandinavian Journal of Economics 110 (4), 777 –805.

Becker, Sascha O., Woessmann, Ludger, 2009. Was weber wrong? a human capital theory of protestant economic history. Quarterly Journal of Economics 124 (2), 531 –596.

Becker, Sascha O., Boeckh, Katrin, Hainz, Christa, Woessmann, Ludger, 2011. The Empire is Dead, Long Live the Empire! Long-Run Persistence of Trust and Corruption in the Bureaucracy. Warwick University, Mimeo.

Bentzen, Jeanet Sinding, Kaarsen, Nicolai, Wingender, Asger Moll, 2012. Irrigation and Autocracy. University of Copenhagen, Mimeo.

Bleakely, Hoyt, Lin, Jeffrey, 2012. Portage and path dependence. Quarterly Journal of Economics 127, 587 –644.

Bockstette, Valeri, Chanda, Areendam, Putterman, Louis, 2002. States and markets: the advantage of an early start. Journal of Economic Growth 7, 347 –369.

Boserup, Ester, 1970. Woman's Role in Economic Development. Allen and Unwin, London.

Botticini, Maristella, Eckstein, Zvi, 2005. Jewish occupational selection: education, restrictions, or minorities? Journal of Economic History 65 (4), 922 –948.

Botticini, Maristella, Eckstein, Zvi, 2007. From farmers to merchants, voluntary conversions and diaspora: a human capital interpretation of Jewish history. Journal of the European Economic Association 5 (5), 885 –926.

Boyd, Robert, Richerson, Peter J., 1985. Culture and the Evolutionary Process. University of Chicago Press, London.

Bruhn, Miriam, Gallego, Francisco A., 2012. Good, bad, and ugly colonial activities: do they matter for economic development? Review of Economics and Stauistics 94 (2), 433 –461.

Cantoni, Davide, May 2012. Adopting a new religion: the case of Protestantism in 16th century Germany. Economic Journal 122 (560), 502 –531.

Cavalli-Sforza, L. L., Feldman, M. W., 1981. Cultural Transmission and Evolution: A Quantitative Approach. Princeton University Press, Princeton.

Cesarini, David, Dawes, Christopher T., Fowler, James H., Johannesson, Magnus, Lichtenstein, Paul, Wallace, Bjorn, March 2008. Heritability of cooperative behavior in the trust game. Proceedings of the National Academy of Sciences 105 (10), 3721 –3726.

Cesarini, David, Dawes, Christopher T., Fowler, James H., Johannesson, Magnus, Lichtenstein, Paul, Wallace, Bjorn, May 2009. Genetic variation in preferences for giving and risk taking. Quarterly Journal of Economics 124 (2), 809 –842.

Chanda, Areendam, Cook, C. Justin, Putterman, Louis, 2013. Persistence of Fortune: Accounting for Population Movements, There was no Post-Columbian Reversal. Brown University, Mimeo.

Chaney, Eric, 2008. Ethnic Cleansing and the Long-Term Persistence of Extractive Institutions: Evidence from the Expulsion of the Moriscos. Harvard University, Mimeo.

Chaney, Eric, Hornbeck, Richard, 2013. Economic Growth in the Malthusian Era: Evidence from the 1609 Spanish Expulsion of the Moriscos. Harvard University, Mimeo.

Chaney, Eric, 2013. Revolt on the Nile: economic shocks, religion and political power. Econometrica.

Chen, Shuo, Kung, James Kai-sing, 2012. The Malthusian Quagmire: Maize and Population Growth in China, 1550 –1910. Hong Kong University of Science and Technology, Mimeo.

Clark, Gregory, 2005. The condition of the working class in England, 1209 – 2004. Journal of Political Economy 113 (6), 707 – 736.

Cohen, Dov, Nisbett, Richard E., Bowdle, Brian F., Schwarz, Norbert, 1996. Insult, agression, and the southern culture of honor: an "Experimental Ethnography". Journal of Personality and Social Psychology 70 (5), 945 – 960.

Comin, Diego, Easterly, William, Gong, Erick, 2010. Was the wealth of nations determined in 1000 B. C.? American Economic Journal: Macroeconomics 2 (3), 65 – 97.

Cook, C. Justin, 2013a. The Long Run Health Effects of the Neolithic Revolution: The Natural Selection of Infectious Disease Resistance. Yale University, Mimeo.

Cook, C. Justin, 2013b. Potatoes, Milk, and the OldWorld Population Boom. Yale University, Mimeo.

Cook, C. Justin, 2013c. The Role of Lactase Persistence in Precolonial Development. Yale University, Mimeo.

Dalton, J., Leung, T., 2011. Why is Polygamy more Prevalent in Western Africa? An African Slave Trade Perspective. Wake Forest University, Mimeo.

David, Paul A., 1985. Clio and the economics of QWERTY. American Economic Review Papers and Proceedings 75 (2), 332 – 337.

Davis, Donald R., Weinstein, David E., 2002. Bones, bombs, and breakpoints: the geography of economic activity. American Economic Review 92 (5), 1269 – 1289.

Davis, Donald R., Weinstein, David E., 2008. A search for multiple equilibria in urban industrial structure. Journal of Regional Science 48 (1), 29 – 65.

Deconinck, Koen, Verpoorten, Marijke, 2013. Narrow and scientific replication of "The Slave Trade and the Origins of Mistrust in Africa". Journal of Applied Econometrics.

Dell, Melissa, 2010. The persistent effects of Peru's mining mita. Econometrica 78 (6), 1863 – 1903.

Dell, Melissa, 2012. Insurgency and Long-Run Development: Lessons from the Mexican Revolution. Harvard University, Mimeo.

Diamond, Jared, 1997. Guns, Germs, and Steel. W. W. Norton & Company, NewYork.

Diamond, Jared, 2002. Evolution, consequences and future of plant and animal domestication. Nature 418, 700 – 707.

Dippel, Christian, 2011. Coexistence, Forced Coexistence and Economic Development: Evidence from Native American Reservations. University of California Los Angeles, Mimeo.

Dittmar, Jeremiah E., 2011. Information technology and economic change: the impact of the printing press. Quarterly Journal of Economics 126 (3), 1133 – 1172.

Dittmar, Jeremiah E., 2012. The Welfare Impact of a New Good: The Printed Book. American University, Mimeo.

Durante, Ruben, 2010. Risk, Cooperation and the Economic Origins of Social Trust: An

Empirical Investigation. Science Po, Mimeo.

Easterly, William, Levine, Ross, 2003. Tropics, germs and crops: how endowments influence economic development. Journal of Monetary Economics 50, 3 –39.

Easterly, William, Levine, Ross, 2012. The European Origins of Economic Development. NBER Working Paper 18162.

Ehret, Christopher, forthcoming. Africa in world history before c. 1440. In: Akyeampong, Emmanuel, Bates, Robert H., Nunn, Nathan, Robinson, James A. (Eds.), Africa's Development in Historical Perspective, Cambridge University Press, Cambridge, (Chapter 2).

Engerman, Stanley L., Sokoloff, Kenneth L., 1997. Factor endowments, institutions, and differential paths of growth among new world economies: a view from economic historians of the United States. In: Harber, Stephen (Ed.), How Latin America Fell Behind, Stanford University Press, Stanford, pp. 260 –304.

Engerman, Stanley L., Sokoloff, Kenneth L., 2002. Factor Endowments, Inequality, and Paths of Development Among New World Economies, Working Paper 9259, National Bureau of Economic Research.

Engerman, Stanley L., Sokoloff, Kenneth L., 2005. The evolution of suffrage institutions in the Americas. Journal of Economic History 65, 891 –921.

Fairbank, John King, 1953. Trade and Diplomacy on the China Coast, 1842 –1854. Harvard University Press, Cambridge.

Feir, Donna, 2013. The Long Term Effects of Indian Residential Schools on Human and Cultural Capital. University of British Columbia, Mimeo.

Fenske, James, 2011. Ecology, Trade and States in Pre-Colonial Africa. Oxford University, Mimeo.

Fenske, James, 2012. African Polygamy: Past and Present. Oxford University, Mimeo.

Fenske, James, Kala, Namrata, 2013. Climate, Ecosystem Resilience and the Slave Trade. CEPR Discussion Paper 9449.

Fischer, David Hackett, 1989. Albion's Seed: Four British Folkways in America. Oxford University Press, New York.

Gennaioli, Nicola, Rainer, Ilia, 2007. The modern impact of precolonial centralization in Africa. Journal of Economic Growth 12 (3), 185 –234.

Gimbutas, Marija, 2007. The Goddesses and Gods of Old Europe: Myths and Cult Images. University of California Press, Berkeley.

Glaeser, Edward L., Porta, Rafael La, Lopez-De-Silanes, Florencio, Shleifer, Andrei, 2004. Do institutions cause growth? Journal of Economic Growth 9, 271 –303.

Greif, Avner, 1993. Contract enforceability and economic institutions in early trade: the Maghribi Traders' coalition. American Economic Review 83 (3), 525 –548.

Greif, Avner, 1994. Cultural beliefs and the organization of society: a historical and theoretical reflection on collectivist and individualist societies. Journal of Political Economy 102 (5), 912 – 950.

Grennes, Thomas, 2007. The columbian exchange and the reversal of fortune. Cato Journal 27 (1), 91 – 107.

Grosjean, Pauline, 2011a. A History of Violence: The Culture of Honor as a Determinant of Homicide in the US South. University of New South Wales, Mimeo.

Grosjean, Pauline, 2011b. The weight of history on European cultural integration: a gravity approach. American Economic Review Papers and Proceedings 101 (3), 504 – 508.

Guiso, Luigi, Sapienza, Paola, Zingales, Luigi, 2008. Long-Term Persistence, Mimeo.

Haber, Stephen, Menaldo, Victor, 2010. Rainfall and Democracy. Stanford University, Mimeo.

Hansen, Casper Worm, Jensen, Peter Sandholt, Skovsgaard, Christian, 2012. Gender Roles and Agricultural History: The Neolithic Inheritance. Aarhus University, Mimeo.

Hersch, Jonathan, Voth, Hans-Joachim, 2009. Sweet Diversity: Colonial Goods and the Rise of European Living Standards after 1492. Universitat Pompeu Fabra, Mimeo.

Heywood, Linda, 2009. Slavery and its transformation in the kingdom of Kongo: 1491 – 1800. Journal of African History 21, 1 – 22.

Hodder, Ian, January 2005. Women and men at Çatalhöyük. Scientific American 15, 34 – 41.

Huillery, Elise, 2009. History matters: the long-term impact of colonial public investments in French West Africa. American Economic Journal: Applied Economics 1 (2), 176 – 215.

Huillery, Elise, 2011. The impact of european settlement within French West Africa: did pre-colonial prosperous areas fall behind? Journal of African Economies 20 (2), 263 – 311.

Inikori, Joseph E., 2000. Africa and the trans-atlantic slave trade. In: Falola, Toyin (Ed.), Africa Volume I: African History Before 1885, Carolina Academic Press, North Carolina, pp. 389 – 412.

Inikori, Joseph E., 2002. Africans and the Industrial Revolution in England: A Study in International Trade and Economic Development. Cambridge University Press, Cambridge.

Inikori, Joseph E., 2003. The struggle against the trans-atlantic slave trade. In: Diouf, A. (Ed.), Fighting the Slave Trade: West African Strategies, Ohio University Press, Athens, Ohio, pp. 170 – 198.

Iyer, Lakshmi, 2010. Direct versus indirect colonial rule in India: long-term consequences. Review of Economics and Statistics 92 (4), 693 – 713.

Iyigun, Murat, 2008. Luther and Suleyman. Quarterly Journal of Economics 123 (4), 1465 – 1494.

Jancec, Matija, 2012. Do Less Stable Borders Lead to Lower Levels of Political Trust? Empirical Evidence from Eastern Europe. University of Maryland at College Park, Mimeo.

Jha, Saumitra, 2008. Trade, Institutions and Religious Tolerance: Evidence from Indi-

a. Stanford University, Mimeo.

Lal, R., Reicosky, D. C., Hanson, J. D., 2007. Evolution of the plow over 10, 000 Years and the rationale for no-till farming. Soil and Tillage Research 93 (1), 1–12.

La Porta, Rafael, Lopez-de-Silanes, Florencio, Shleifer, Andrei, Vishny, Robert, 1997. Legal determinants of external finance. Journal of Finance 52, 1131–1150.

La Porta, Rafael, Lopez-de-Silanes, Florencio, Shleifer, Andrei, Vishny, Robert, 1998. Law and finance. Journal of Political Economy 106, 1113–1155.

Liebowitz, S. J., Margolis, Stephen E., 1990. The fable of the keys. Journal of Law and Economics 33 (1), 1–25.

Mamdani, Mahmood, 2001. When victims become killers: colonialism, nativism, and genocide in Rwanda. Princeton University Press, Princeton, N. J.

Mann, Charles C., 2011. 1493: Uncovering the New World Columbus Created. Alfred A. Knopf, New York.

Mehlum, Halvor, Moene, Karl, Torvik, Ragnar, 2003. Predator or prey? parasitic enterprises in economic development. European Economic Review 47, 275–294.

Michalopoulos, Stelios, 2012. The origins of ethnolinguistic diversity. American Economic Review 102 (4), 1508–1539.

Michalopoulos, Stelios, Pappaioannou, Elias, 2011. The Long-Run Effects of the Scramble for Africa, NBER Working Paper 17620.

Michalopoulos, Stelios, Pappaioannou, Elias, 2013. Pre-colonial ethnic institutions and contemporary African development. Econometrica 81 (1), 113–152.

Miguel, Edward, Roland, Gérard, 2011. The long run impact of bombing Vietnam. Journal of Development Economics 96 (1), 1–15.

Mokyr, Joel, 2008. The institutional origins of the industrial revolution. In: Helpman, Elhanan (Ed.), Institutions and Economic Performance, Harvard University Press, Cambridge, MA, 64–119.

Murdock, George Peter, 1959. Africa: Its Peoples and Their Cultural History. McGraw-Hill Book Company, New York.

Murphy, Kevin M., Shleifer, Andrei, Vishny, Robert W., 1993. Why is rent-seeking so costly to growth. American Economic Review Papers and Proceedings 83 (2), 409–414.

Naritomi, Joana, Soares, Rodrigo R., Assuncao, Juliano J., 2012. Institutional development and colonial heritage within Brazil. Journal of Economic History 72 (2), 393–422.

Nisbett, Richard E., Cohen, Dov, 1996. Culture of Honor: The Psychology of Violence in the South. Westview Press, Boulder.

Nunn, Nathan, 2007. Historical legacies: a model linking Africa's past to its current underdevelopment. Journal of Development Economics 83 (1), 157–175.

Nunn, Nathan, 2008a. The long-term effects of Africa's slave trades. Quarterly Journal of

Economics 123 (1), 139 – 176.

Nunn, Nathan, 2008b. Slavery, inequality, and economic development in the Americas: an examination of the Engerman-Sokoloff hypothesis. In: Helpman, Elhanan (Ed.), Institutions and Economic Performance. Harvard University Press, Cambridge, MA, 148 – 180.

Nunn, Nathan, 2009. The importance of history for economic development. Annual Review of Economics 1 (1), 65 – 92.

Nunn, Nathan, 2012. Culture and the historical process. Economic History of Developing Regions 27, 108 – 126.

Nunn, Nathan, Puga, Diego, February 2012. Ruggedness: the blessing of bad geography in Africa. Review of Economics and Statistics 94 (1), 20 – 36.

Nunn, Nathan, Qian, Nancy, May 2010. The columbian exchange: a history of disease, food, and ideas. Journal of Economic Perspectives 24 (2), 163 – 188.

Nunn, Nathan, Qian, Nancy, 2011. The Potato's contribution to population and urbanization: evidence from a historical experiment. Quarterly Journal of Economics 126 (2), 593 – 650.

Nunn, Nathan, Trefler, Daniel, forthcoming. Domestic institutions as a source of comparative advantage. In: Gopinath, Gita, Helpman, Elhanan, Rogoff, Kenneth (Eds.), Handbook of International Economics, vol. 4, North-Holland, New York.

Nunn, Nathan, Wantchekon, Leonard, 2011. The slave trade and the origins of mistrust in Africa. American Economic Review 101 (7), 3221 – 3252.

Nunn, Nathan, forthcoming. Gender and missionary influence in colonial Africa. In: Akyeampong, Emmanuel, Bates, Robert, Nunn, Nathan, Robinson, James A. (Eds.), Africa's Development in Historical Perspective.

Olsson, Ola, 2004. Unbundling Ex-Colonies: A Comment on Acemoglu, Johnson, and Robinson, 2001. Goteborg University, Mimeo.

Olsson, Ola, Hibbs Jr., Douglas A., 2005. Biogeography and Long-Run Economic Development. European Economic Review 49, 909 – 938.

Olsson, Ola, Paik, Christopher, 2012. A Western Reversal Since the Neolithic? The Long-Run Impact of Early Agriculture. University of Gothenburg, Mimeo.

Osafo-Kwaako, Philip, 2012. Legacy of State Planning: Evidence from Villagization in Tanzania. Harvard University, Mimeo.

Peisakhin, Leonid, 2010. Living Historical Legacies: The "Why" and "How" of Institutional Persistence. Yale University, Mimeo.

Pierce, Lamar, Snyder, Jason A., 2012. Trust and Finance: Evidence from the African Slave Trade. University of California Los Angeles, Mimeo.

Puga, Diego, Trefler, Daniel, 2012. International Trade and Institutional Change: Medieval Venice's Response to Globalization. University of Toronto, Mimeo.

Putnam, Robert, Leonardi, Robert, Nanetti, Raffaella, 1993. Making Democracy Work.

Simon & Schuster, New York.

Putterman, Louis, 2008. Agriculture, Diffusion an Development: Ripple Effects of the Neolithic Revolution, Economica 75, 729 – 748.

Putterman, Louis, Weil, David N., 2010. Post – 1500 population flows and the long-run determinants of economic growth and inequality. Quarterly Journal of Economics 125 (4), 1627 – 1682.

Redding, Stephen J., Sturm, Daniel, Wolf, Nikolaus, 2011. History and industrial location: evidence from German airports. Review of Economics and Statistics 93 (3), 814 – 831.

Reid, Richard, 2013. The fragile revolution: rethinking ware and development in Africa's violent nineteenth century. In: Akyeampong, Emmanuel, Bates, Robert H., Nunn, Nathan, Robinson, James A. (Eds.), Africa's Development in Historical Perspective, Cambridge University Press, Cambridge, p. forthcoming.

Rodrik, Dani, Subramanian, Arvind, Trebbi, Francesco, 2004. Institutions rule: the primacy of institutions over geography and integration in economic development. Journal of Economic Growth 9 (2), 131 – 165.

Rubin, Jared, 2011. Printing and Protestants: Reforming the Economics of the Reformation. California State University, Fullerton, Mimeo.

Sokoloff, Kenneth L., Zolt, Eric M., 2007. Inequality and the evolution of institutions of taxation: evidence from the economic history of the Americas. In: Edwards, Sebastian, Esquivel, Gerardo, Márquez, Graciela (Eds.), The Decline of Latin American Economies: Growth, Institutions, and Crises, University of Chicago Press, Chicago, 83 – 136.

Spolaore, Enrico, Wacziarg, Romain, 2009. The diffusion of development. Quarterly Journal of Economics 124 (2), 469 – 529.

Spolaore, Enrico, Wacziarg, Romain, 2010. War and Relatedness. Tufts University, Mimeo.

Spolaore, Enrico, Wacziarg, Romain, forthcoming. How deep are the roots of economic development? Journal of Economic Literature.

Tabellini, Guido, 2008. The scope of cooperation: values and incentives. Quarterly Journal of Economics 123 (3), 905 – 950.

Tabellini, Guido, 2010. Culture and institutions: economic development in the regions of Europe. Journal of the European Economic Association 8 (4), 677 – 716.

Tai, En-Sai, 1918. Treaty Ports in China. Columbia University Press, New York.

Tilly, Charles, 1990. Coercion, Capital and European States, A. D. 990 – 1990. Blackwell Publishers, Cambridge.

Vansina, Jan, 2004. The Antecedents of Modern Rwanda: The Nyiginya Kingdom. The University of Wisconsin Press, Wisconsin.

Verdier, Thierry, Bisin, Alberto, 2000. Beyond the melting pot: cultural transmission. marriage and the evolution of ethnic and religious traits. Quarterly Journal of Economics 115, 955 –988.

Verdier, Thierry, Bisin, Alberto, 2001. The economics of cultural transmission and the dynamics of preferences. Journal of Economic Theory 97, 298 –319.

Voigtlaender, Nico, Voth, Hans-Joachim, 2012. Perpetuated persecution: the medieval origins of anti-semitic violence in Nazi Germany. Quarterly Journal of Economics 127 (3), 1339 –1392.

Waldinger, Maria, 2012. Missionaries and Development in Mexico. London School of Economics, Mimeo.

Wang, Ke-Wen, 1998. Modern China: An Encyclopedia of History, Culture, and Nationalism. Garland Publisher, New York.

Weber, Max, 1930. The Protestant Ethic and the Spirit of Capitalism. Routledge, London.

Whatley, Warren, forthcoming. The trans-atlantic slave trade and the evolution of political authority in West Africa. In: Akyeampong, Emmanuel, Bates, Robert H., Nunn, Nathan, Robinson, James A. (Eds.), Africa's Development in Historical Perspective, Cambridge University Press, New York.

Wittfogel, Karl A., 1957. Oriental Despotism: A Comparative Study of Total Power. Yale University Press, New Haven.

Woodberry, Robert D., 2004. The Shadow of Empire: Christian Missions, Colonial Policy, and Democracy in Post Colonial Societies. PhD Dissertation in Sociology, University of North Carolonia at Chapel Hill.

Woodberry, Robert D., 2012. The missionary roots of liberal democracy. American Political Science Review 106 (2), 244 –174.

Zerbe, Richard O., Anderson, C. Leigh, 2001. Culture and fairness in the development of institutions in the California gold fields. Journal of Economic History 61 (1), 114 –143.

第 8 章
历史视角下的制度与增长

希拉夫·奥格尔维
A. W. 卡勒斯
英国，剑桥大学经济学部

摘要

本文根据有关历史证据探究了制度在经济增长中的作用，并指出经济增长文献中广为接受的大量典型事实所存在的不足。本文对有关历史证据的分析表明，就确保市场正常运作而言，私序制度在历史上并不是公序制度的替代品；代表财富拥有者的议会，并不总是有利于经济增长；1688 年英国光荣革命，并不是产权保护和现代经济增长突然出现的标志。长期以来，人们利用经济史来阐述产权安全对于经济增长的重要性抑或无关性，但有关理由的概念模糊不清。我们需要对产权安全做更深入细致的研究，必须对所有权、使用权和转让权详加区分并审慎甄别其一般形式与具体表现。我们认为，应该通过类似的细致分析，进一步厘清经济增长对包括合同执行、行会、农奴制和家庭等在内的其他制度的影响。对于制度对经济增长影响的更深入研究，有赖于为传统制度标签提供更明确的应用标准，有赖于对制度进行强度或程度上的定量度量，并充分认识到每种制度所造成的影响取决于它与整个制度体系各组成部分之间的相互关系。

关键词

制度，经济增长，经济史，私序制度，公序制度，议会，产权，合同执行，行会，农奴制，家庭，马格里布商人，香槟集市

JEL 分类号

NO1，NO3，NO4，NO7，O17，P00，NO5

8.1 引　　言

不论是早期经济增长文献还是最新增长文献，大都建立在通常未经检验的许多历史假说之上，并由此带来了不少基础性问题。哪一个经济体的产权制度和市场功能在何时达到了新古典经济增长模型所隐含假定的阈值水平（Aron，2000）？作为二元经济增长模型基础的不同部门的非对称性，究竟具有怎样的制度根源（Lewis，1954，1958；Ranis and Fei，1961）？内生增长模型强调人力资本投资和创新对于经济增长的促进作用（Romer，1987，1990；Aghion and Howitt，1992；Grossman and Helpman，1991），究竟是什么样的制度安排，使得一些国家为此提供了激励而另一些国家却不能？为什么有些国家的制度规则催生了那些遏制技术创新的集体行动，而另一些国家却不是这样（Parente and Prescott，2000，2005）？什么样的制度安排，会影响到统一增长理论中的人口行为以及子女质量与数量的权衡（Galor，2005a，b）？数百年来的社会政治冲突，如何造就了那些促进或阻碍经济增长的制度（Acemoglu et al.，2005）？如此等等。

正是认识到此类问题的重要性，越来越多的经济增长文献开始填补这些空白，并对制度和经济史提出了许多更明确的说法。不过，认真考究起来，这些说法有不少尚缺少历史证据的支持。有一些说法则是有争议的，有必要结合人们的认知予以修正。另外还有一些说法，其本身也许是正确的，但却不是提出者所说的那个样子。就许多方面而言，迄今几乎还没有关于长期经济增长的制度根源的经济史研究。

任何一篇论文，都不可能全面探讨经济史对于制度对经济增长影响问题的所有含义，本文亦无意如此。故而，我们在历史研究能够为经济学家理解制度与增长之间的关系所提供的经验教训中，挑选出了八条最重要的经验教训。

经济增长文献存在以下共识：历史经验表明，就确保市场的正常运作而言，私序制度可以代替公序制度（North and Thomas，1970，1971，1973；North，1981；Milgrom et al.，1990；Greif，1989，2006c；Greif et al.，1994）。人们通常认为，传统社会缺乏一种能够并愿意为经济活动提供制度规则的公共部门，故部分文献接受了这样一种观点：联盟、网络、行会、社团、集体报复、私法法官和农奴制等私序制度，在这种情况下成功地取代了那些缺失的公序制度。然而，正如本文在综述有关实证文献时一再出现的那样，经济史并不支持这种看法，例如“经验教训Ⅰ”部分关于马格里布商人和香槟集市的论述、“经验教训Ⅲ”部分关于行会的论述、“经验教训Ⅳ”部分关于村庄共同体的论述以及“经验教训Ⅷ”关于农奴制的阐述等。简言之，历史证据充分表明，市场对于经济增长而言是必不可少的，而公序制度则是市场正常运作的必要前提。

不少文献已经认识到了公序制度对于经济增长的重要作用（Acemoglu et al.，2005）。目前普遍把财富拥有者控制下的议会，视为有益的公序制度的重要组成部分，而下述观点尤其引起了人们的关注：1688 年之后的英国，议会权力大大提升，进而为七八十年后的工业革命创造了制度前提（North andWeingast，1989；Acemoglu et al.，2005；Acemoglu and Robinson，2012）。“经验教训Ⅱ”对 18 世纪尤其是光荣革命时期欧洲议会的有关历史证据进行了探究，并发现历史上财富拥有者控制下的议会在促进经济增长方面好坏参半。财富拥有者控制下的强势议会是否有利于经济增长，取决于更低政治经济层面上的基础性制度机制：正是这种制度性机制，会对财富拥有者如何获得财富、如何拥有议会代表权以及如何利用议会推出促进而非抑制经济增长的政策和制度等，产生了重要影响。

在探讨公序制度对经济增长作用的过程中，文献中采用的另一种不同方式是：依据有关政治制度和经济制度是否在历史上有助于经济增长而对它们进行分类。其中，一部分文献把它们分为促进经济增长的开放式社会秩序和阻碍经济增长的封闭式社会秩序（例如：North et al.，2006，2009），另一种方法则是把政治制度和经济制度分为有利于经济增长的包容性制度和阻碍经济增长的榨取性制度（例如：Acemoglu and Robinson，2012）。“经验教训Ⅲ”对这些分类体系进行了评述，并认为更审慎地厘清普遍制度（其规则适用于所有经济主体而不论其身份或是否属于某特定群体）和特殊制度（其规则仅适用于部分经济主体）之间的区别有助于进一步深化我们的认识。在“经验教训Ⅲ”关于中世纪和近代远途贸易的制度基础以及“经验教训Ⅴ”关于英国在工业革命之前和工业革命期间的产权制度的探究中，我们进一步探讨了区分普遍制度和特殊制度所具有的巨大解释力。

关于制度与经济增长的所有文献，都非常重视产权所具有的重要作用，并以各种方式充分利用了各类历史证据。这些文献普遍利用历史证据来佐证下述观点：在影响经济增长的所有制度中，产权至少从中世纪开始就是最重要的一种制度（North and Thomas，1970，1971，1973；North，1981，1989，1991；North and Weingast，1989；Greif et al.，1994；Acemoglu and Johnson，2005；

Acemoglu et al.，2005；Acemoglu，2009）。与之相反，另外的文献则对这种观点表示质疑，并认为产权对于经济增长根本是无足轻重的（Clark，2007；McCloskey，2010）。尽管双方都利用经济史来支持自己的观点，但迄今仍未能充分利用历史研究来解决诸如产权的产生、产权影响经济增长的多重方式、产权相对于其他制度的重要性等问题，而这必然会带来各种理论挑战，本文试图在“经验教训Ⅳ”至“经验教训Ⅵ”部分对此做出回应。其中，“经验教训Ⅳ”部分考虑了这样一种观点，即产权制度不仅可以从契约制度中分离出来，而且是比契约制度更为重要的制度（Acemoglu and Johnson，2005）。历史证据似乎并不支持这种观点：不论是产权制度还是契约制度，都涉及普通民众与统治者之间的关系，并且只有这两种制度都得到了显著改善才有可能出现现代经济增长。“经验教训Ⅴ”部分提出了这样一个问题：为什么产权有利于经济增长？有利于经济增长的产权，究竟应该具有什么样的特征？纵观英国工业革命前后的历史证据可以发现，有利于经济增长的产权，不仅是清晰界定的、私有的和安全的，而且应该是普遍的，即它普适于所有的经济主体、而不是仅限于拥有特权的个别主体。尽管如此，不论是在历史上还是在现代社会中，安全性都是最被强调的产权特征，都被视为产权之所以有利于经济增长的关键。“经验教训Ⅵ”部分对产权的安全性进行了深入分析，并通过探究欧洲中世纪以来的证据发现：如果想对产权的安全性进行分析，就必须把该概念进一步分解成三类，即所有权的安全性、使用权的安全性和转让权的安全性。历史证据表明，无论是哪一个层面上的安全性，重要的都是安全性的程度问题，而不是安全性的有无问题。这也就解释了中世纪和近代欧洲经济史，为何可用于佐证截然不同的两种观点，即产权与经济增长无关的观点以及产权在触发现代经济增长的过程中扮演着核心角色的观点。

尽管经济增长文献通常每次只关注一种制度，但它们试图把各种制度按照有利或有害于经济增长而进行分类本身，就隐含地承认了任何一种制度都是更广泛的制度体系的组成部分。本文在梳理有关历史证据时，就强调了探讨某种制度如何与制度体系中的其他组成部分相互作用、而不是仅仅孤立地分析某种制度的重要性，“经验教训Ⅳ”部分就清晰地表明了这一点。我们在该部分的分析中可以看到，农业革命期间的契约制度和产权制度，在促进经济增长方面如何是缺一不可的。历史人口学在近期增长文献中扮演了愈加重要的角色，而“经验教训Ⅶ”的历史人口学探究，同样表明了作为整体的制度体系的重要性（Galor，2005a，b；Acemoglu，2009；Guinnane，2011）。历史经验表明，不论是经济信号的人口学反应、妇女的地位、人力资本的投资等促进因素，还是人口学行为与经济增长之间的整体互动关系，都不是任何一种特定类型的家庭制度所能够独立决定的，而是由更广泛的制度体系的多个组成部分之间的相互作用所导致的。

关于制度是否只是更基础性的自然因素和地理因素的附带现象（如 Sachs，2003）、是否是解决经济问题的有效手段（如 North and Thomas，1970，1973；Greif，2006c）以及是否只是社会政治就分配问题引发冲突后的产物等方面的争论持续了数十年，导致了增长文献的四分五裂。“经验教训Ⅷ”关于制度的历史探究，为以下说法提供了充分的证据：不论是对于制度的自身演变还是对于制度的经济增长影响而言，分配冲突都是问题的关键。在这一点上，农奴制可以清晰地表明制度冲突方法的强大解释力。具体而言，由于在工业化之前和工业化期间，农奴制对农业状况进而对整体的经济增长具有重要影响，故农奴制问题曾一再引起经济学家的关注（Domar，1970；North and Thomas，1970，1973；Acemoglu and Wolitzky，2011；Acemoglu et al.，2011）。关于农奴制的历史证据表明，对于历史上不少重要制度的兴起、发展与消失而言，分配冲突都具有非常关键的作用；同时，对于制度变革为何必须以解决政治科斯定理的存在性问题为先决条件，历史上的农奴制也提供了一个特别生动的案例。它同时也表明，对于任何一种制度的分析，都必须把它作为更广泛制度体系的一个组成部分，而这正是下文一再重申的分析出发点。

8.2　经验教训Ⅰ：公序制度对于市场运作是不可或缺的

市场对于经济增长来说是不可或缺的，而这必然产生这样一个问题：什么样的制度对于市场的有效运作而言是不可或缺的？一种普遍的看法是，经济史似乎支持这样的观点，即市场运作并不一定需要公序制度，因为私序制度可以替代之。由于私序制度在代替公序制度并维持经济增长方面具有良好的历史纪录，因此这也就意味着现代的落后经济体，可以在不拥有良好的政府和完善的法律制度的情况下，实现持续的经济增长（Helpman，2004；Dixit，2004，2009；Dasgupta，2000；World Bank，2002）。然而，正如我们进一步探究历史证据所表明的，以上观点实际上是错误的！

私序制度是在没有公共部门参与的情况下，由市场主体自愿的集体行动所形成的制度安排。相反，公序制度则是与一个社会的正式公共部门有关的制度安排，有关公共部门包括国家、地方政府、官僚机构、法律制度、统治阶层、法庭和议会等（Katz，1996，2000）。有少许例子似乎支持这样的观点，即私序制度作为市场运作的基础具有成功的历史纪录；在经济学领域，这些例子已被上升到了程式化事实的高度，并被经济学家一再地广泛引用（Aoki，2001；Bardhan，1996；Ba，2001；Bernstein，2001；Clay，1997；Dasgupta，2000；Dixit，2004，2009；Faille，2007；McMillan and Woodruff，2000；Miguel et al.，2005；Helpman，2004；O'Driscoll and Hoskins，2006；World Bank，2002）。然而，这些例子实际上是错误的或误导性的：一旦我们深入探究有关经验证据，就会发现那些众所周知的程式化事实已不复存在；并且，没有任何证据表明，单凭私序制度本身能够或曾经为市场提供过任何一种制度框架。

要想看清这一点，唯一的方法是更深入地探究有关证据的细节。我们不可能对每一个与程式化事实有关的例子都进行这种细节探究，为此我们选取了经济增长文献中引用得最为广泛的两个例子详加探讨。第一个例子说的是马格里布犹太商人，他们被认为是利用一种所谓“联盟”的私序制度，在10世纪末至12世纪初成功地实现了远途贸易的持续增长（Greif，1989，1993，2012）。第二个例子是香槟集市，它位于现在的法国北部，在12世纪末至13世纪末成长为欧洲最重要的贸易中心，通常认为它通过私法法官（Milgrom et al.，1990）和集体报复（Greif，2002，2006b，2006c）来保证合同的执行，并因此得到了发展壮大。本节将通过探究这些例子的细节，来说明为何这些说法是错误的，为何不能用这些说法来支持其理论或政策。后面的“经验教训”将讨论农奴制、村庄共同体、商业行会等其他制度安排：在促进增长方面，它们也是被广泛描绘成拥有良好记录的有效私序制度，而我们在后面的“经验教训”部分将表明后来的研究在哪些方面对其经验基础提出了质疑。

8.2.1 马格里布商人

在所谓公序制度无关紧要、私序制度能够予以有效替代的历史案例中，马格里布商人联盟得到了最为广泛的引用，同时也是本文详加探讨的第一个例子。马格里布商人是10世纪到12世纪在地中海穆斯林地区从事贸易活动的一群犹太商人。关于马格里布商人的所有信息，均来自于旧开罗的基尼扎（犹太教堂的储藏室），且由于这些犹太商人主要生活在这座城市，故人们又称其为“基尼扎商人”。关于这些犹太商人，目前存在不同的观点：一种观点认为，大部分基尼扎商人来自于马格里布地区（目前主要属于突尼斯和利比亚），且贸易活动主要限于马格里布犹太商人之间（Greif，1989，1993，2012）；另一种观点则认为，这些商人并不完全来自于马格里布地区，其贸易伙伴也并非局限于马格里布犹太商人（参见：Goldberg，2005，2012a，b，c；Toch，2010；Edwards and Ogilvie，2012a）。笔者不拟参与这两种观点的争论，故后文将采用“马格里布商人”一词；值得一提的是，“马格里布商人”常见于经济学文献，而历史学家则更愿意用“基尼扎商人”一词。

两篇颇具影响的论文认为，这些商人按照马格里布地区的犹太教和家庭出身，形成了一种边界清晰、组织紧密的商人联盟（Greif，1989，1993）。按照这种解释，在合同的监督和执行上，这些中世纪的犹太商人缺乏一种有效的法律制度，而是依赖于以排他性联盟内部的集体关系为基础的非正式制裁。按照这种观点，马格里布联盟的成员仅以联盟内的其他成员作为贸易伙伴。在这种封闭的宗教性种族联盟中，成员之间能够有效地相互传达关于各成员不端行为的信息，并集体排斥那些欺骗其他成员的人。由于不存在有效的法律制度，同时也由于他们拥有的是“犹太－穆斯林”集体主义文化信仰，故可以认为他们会选择这种契约制度；与之不同，中世纪的热那亚商人持有基督教的个人主义价值观，从而在执行合同时会选择正式的法律制度（Greif，1994）。按照这种看法，马格里布联盟的多边声誉机制，为10～12世纪初地中海穆斯林地区的远途贸易提供了制度基础，它促进了贸易增长并有效替代了它们所缺失的法律制度。

关于中世纪马格里布商人的这些描述，被广泛应用于为现代经济增长提供经验教训。一些文献利用“犹太－穆斯林”集体主义和欧洲个人主义的不同特征，认为文化差异才是制度和增长的关键（Aoki，2001；Mokyr，2009）。另外一些文献则认为，马格里布商人的例子表明，经济增长并不需要公共法律制度，它完全可以建基于私序制度之上（Clay，1997；Faille，2007；Greif，1989，2006b，c；McMillan and Woodruff，2000；O'Driscoll and Hoskins，2006），或者说，紧密联结的社会资本网络可以为基于市场的经济增长提供有效的支持（World Bank，2002；Miguel et al.，2005）。还有一些文献则把马格里布商人模式，纳入它们关于以声誉为基础的非正式制度何以能够促进长期生产率增长的分析框架（Helpman，2004；Dixit，2004，2009；Dasgupta，2000），例如赫尔普曼（Helpman，2004）曾指出，“如果我们能够获得相关数据，来计算中世纪时期的全要素生产率，那么我们也许就会发现，马格里布商人的制度创新……导致了全要素生产率的增长”（第118～119页）。

然而，关于马格里布商人联盟的经验描述（Greif，1989，1993，2006c），主要基于数量相当有限的文件资料，而不论是在早期还是在近期，都有不少学者对这些文件资料做出过非常不同的解读（Goitein，1966，1967/1993；Stillman，1970，1973；Udovitch，1977a，b；Gil，2003，2004a，b；Friedman，2006；Ackerman-Lieberman，2007；Margariti，2007；Goldberg，2005，2012a，b，c；Trivellato，2009；Toch，2010；Edwards and Ogilvie，2012a）。这种联盟

模式要求马格里布商人的业务关系仅限于他们在这种封闭性宗教种族联盟中的其他成员，但不少学者却指出，马格里布商人的业务活动是在一种开放性的多元化群体而不是封闭性的单一联盟中进行的（Udovitch，1977a，b；Goldberg，2005，2012a，b，c；Toch，2010）。还有一些学者指出，残存文件资料表明，马格里布商人还与马格里布以外的犹太人，甚至与穆斯林发生过业务关系（Goitein，1967/1993；Stillman，1970，1973；Goldberg，2005，2012a，b，c）。既然马格里布商人会与马格里布以外地区的商人发生业务关系，那么除了封闭性联盟内部的集体排挤，他们在合同执行方面一定还存在着其他机制。

格赖夫（Greif，1989，1993，2012）曾援引了五份基尼扎信件，用以证明马格里布商人联盟的存在性。爱德华兹和奥格尔维（Edwards and Ogilvie，2012a）重新分析了这些信件，发现它们都不能证明联盟的存在性问题：在这些信件中，并不存在马格里布商人曾经对任何机会主义契约方施加多边集体制裁的证据。戈尔德贝格（Goldberg，2012b，c）曾对基尼扎数百份商业文件进行了定量分析和定性研究，并没有发现"即便严重不端行为的指控传遍整个商业圈子，曾有人遭到集体排斥的任何情形"（Goldberg，2012b，第151页）。尽管也有一些证据表明，马格里布商人利用了声誉制裁措施，但涉及的只是与冲突方直接相关的当事人和事发地等信息的有限传递。在对包括现代经济体在内的许多经济体的商人进行的研究中，人们发现几乎都存在着类似于在马格里布商人中观察到的、作为法律制裁之补充措施的声誉制裁（Byrne，1930；De Roover，1948；Macaulay，1963；Goldthwaite，1987；McLean and Padgett，1997；Dahl，1998；Gelderblom，2003；Court，2004；Selzer and Ewert，2005，2010）。一个经济体利用声誉机制，并不意味着该经济体在合同执行方面缺乏一种有效的法律框架，也不意味着在没有法律制度下能够成功地实现经济增长。

实际上，其他一些学者已经指出，基尼扎文件不仅为马格里布商人之间的合同，而且为马格里布商人与其他犹太商人或穆斯林商人之间的合同，提供了存在一系列公序履约机制的证据（Goitein，1967/1993；Udovitch，1977a，b；Gil，2003；Goldberg，2005，2012a，b，c；Goitein，1967/1993；Harbord，2006；Goitein and Friedman，2007；Margariti，2007；Ackerman-Lieberman，2007；Trivellato，2009；Toch，2010；Cohen，2013）。与马格里布商人只以非正式的相互关系而不是法定的企业形式作为其商业联系之基础的看法不同，基尼扎文件表明这些商人之间不仅存在非正式的商业合作，还存在正式的法律关系；不仅如此，这种正式的法律关系还包含着不少法庭所认可的责任（Udovitch，1977a，b；Gil，2003；Goldberg，2005，2012a，b，c；

Harbord，2006；Ackerman-Lieberman，2007；Trivellato，2009；Toch，2010；Cohen，2013）。在不少情形下，马格里布商人会利用法律机制来执行协议：在解决纠纷时，他们只要有可能就尽量避免运用法律武器，但他们确实也看到了法庭判决作为最后手段所具有的优势（Goitein，1967/1993；Gil，2003；Goldberg，2005，2012a，b，c；Goitein and Friedman，2007；Margariti，2007；Ackerman-Lieberman，2007；Trivellato，2009；Cohen，2013）。该研究结论与商业社会中不少商人和商业团体古往今来的做法非常相似：只要有可能，他们尽可能避免诉讼，但会把它作为最后的手段（Gelderblom，2003；Edwards and Ogilvie，2008，2012a）。

我们可以用马格里布商人和意大利商人面临的更广泛的制度框架来解释其不同的商业模式；在该制度框架中，公序制度扮演了非常重要的角色（Goitein，1967/1993；Stillman，1970；Epstein，1996；Gil，2004a，b；Goldberg，2005，2012a，b，c；Van Doosselaere，2009；Edwards and Ogilvie，2012a）。马格里布商人在穆斯林政权中属于犹太少数族裔，而热那亚商人作为其自治城邦的公民则享有完全的政治权利，二者截然不同的社会政治地位必然会影响到各自的经济权利、法律权利、政治影响以及他们与多数人口之间的关系（Goitein，1967/1993；Epstein，1996；Goldberg，2005，2012a，b，c）。11 世纪中叶以来的政局动荡和军事冲突，大大提高了地中海中部地区的商业不安全性，这就使得马格里布商人缩小了贸易的地理范围，其经营活动更趋集中于区域内贸易和本地产业（Stillman，1970；Gil，2004a，b；Goldberg，2005，2012a，b，c）。与之不同，正是由于商人在热那亚政权中的重要性，热那亚商人得到了热那亚海军的保护，从而可以无安全之虞（Epstein，1996；Van Doosselaere，2009）。13 世纪初，卡里米人中的穆斯林商人组织得到了行政部门授予的特权，不仅拥有广泛的排他性法定垄断权，而且在远途贸易的许多方面把包括犹太商人在内的其他团体排除在外（Goitein，1967，1993）。

总之，马格里布商人通过私序联盟执行合同的看法，并没有为现有文献的经验研究所证实。马格里布商人采用的声誉机制，与古往今来大多数经济体中的商人所使用的声誉机制并不存在实质性区别，它们都受到包括法律合同、授权文件、法庭诉讼、向地方或中央政府申诉等在内的公序制度的支持。更广泛的公序制度在马格里布的商业增长中同样扮演了重要角色。因此，马格里布商人的例子并不能说明私序制度可以替代缺失的公序制度。

8.2.2 香槟集市

香槟集市是被广泛用以支持“私序有效替代因而公序制度对于增长无关紧要”论点的第二个历史上的例子。在1285年被法国国王吞并以前，香槟地区在政治上几乎完全由香槟伯爵自主管理，并于每年周期性地举办贸易集市。大约在1180年至1300年间，香槟集市是无可争议的欧洲最重要的国际贸易中心，同时也在被称为“中世纪商业革命”的欧洲贸易大幅提速的过程中处于核心地位（Bautier，1953，1970；Verlinden，1965；Edwards and Ogilvie，2012b）。

有经济学家在两篇很有名的论文中指出，与香槟集市的成功相伴随的，是私序制度对公序制度的有效替代。米尔格龙等（Milgrom et al.，1990）认为，在香槟集市这一中世纪欧洲最重要的贸易场所，商业增长主要是因为私法法庭的促进作用；其中，私法法庭通过商法来保证货物贸易和资本交易过程中的合同执行与产权保护。格赖夫（Greif，2002，2006b，c）则提出了另一种不同的解释，认为香槟集市主要是靠商人团体之间的集体报复所形成的“社团责任制度”来维持的。以上两种理论都基于这样的假设：13世纪的欧洲不存在能够或愿意提供产权保护或确保合同执行的公序机构，从而使得商人们不得不为自己设计出私序型的制度安排。这是经济学文献广泛采用的说法，但进一步的审慎探究却令我们不得不对它们的经验基础提出质疑。

8.2.2.1 *私法法官*

米尔格龙等（Milgrom et al.，1990）认为，香槟集市等国际贸易中心在中世纪的扩张之所以成为可能，主要在于私法法庭；私法法庭中的私法法官，拥有记录商人行为的卷宗。任何交易在达成协议之前，商人都会向私法法官查询其潜在贸易伙伴的声誉状况。通过了解贸易伙伴的声誉状况，商人们在私法法官的帮助下就可以拒绝那些曾经违约的贸易伙伴。私法法官可以对不端行为进行罚款，而商人们也会自愿缴纳罚金，因为不缴纳也就意味着失去了未来在香槟集市进行交易的所有机会。因此，尽管国家执法缺失，且贸易伙伴之间很少发生重复交易，但私法法官与商人个体声誉相结合的制度安排，仍为所有商人选择履行合同义务提供了足够的激励。通过对香槟集市的上述描述，作者得出了如下结论：借助于商人们自行创造的“他们自己的私法法典”、借助于实施这些法律的私法法官以及私人秩序对违反者的惩罚，中世纪的欧洲在不存在任何“国家强制执行合同的好处”的情况下实现了国际贸易的扩张（Milgrom et al.，1990，第 2 页）。

经济学家和政策制定者广泛接受了关于香槟集市的这种看法，并认为它为经济学家关于现代经济交易制度基础的各种影响深远的结论提供了历史依据。迪克西特（Dixit，2004，第 12～13 页、第 47～48 页、第 98～99 页）把在香槟集市上为商人提供合同执行服务的私法法官，视为一个“私人政府”良性运转的例子。戴维森和韦尔辛克（Davidson and Weersink，1998）以香槟集市为例，详细阐述了行政能力不足的发展中国家需要满足什么样的条件才能让市场良性运行。斯韦德贝里（Swedberg，2003，第 12～13 页）在其论述中世纪商人法“为现代资本主义奠定了法律基础”的观点时，则把关于中世纪香槟集市的这种描述作为其观点的核心。里奇曼（Richman，2004）则认为，香槟集市的私法法官表明了“商人团体内部的协调”如何“能够在不依赖于公共法庭的情况下推进多边交易”（第 2334～2335 页）。

相比之下，经济史学家则在数十年间一再指出，香槟集市并不存在什么私法法官；相反，香槟集市主要依赖于各国商人自愿接受的一系列公序型法律制度（Bautier，1953，1970；Terrasse，2005；Edwards and Ogilvie，2012b）。这些公序型法律制度的一个重要组成部分，是专门针对集市且在每次开办集市期间始终保持运转的集市法庭。集市法庭中的案件由集市管理者负责，而这些集市管理者是贵族官员，而不是私法法官。不过，这里也有少数几种其他等级的贵族司法体系，供外国商人履行其商业合同，如香槟伯爵高级法庭、伯爵执行法庭、地区邑长法庭等（Arbois de Jubainville and Pigeotte，1859－1866；Arbois de Jubainville，1859；Bourquelot，1839－1840；Benton，1969；Edwards and Ogilvie，2012b）。除此以外，举办集市的市镇通常拥有自己的市镇法庭，它们对各国商人也有一定的吸引力；当地的修道院同样有权在集市上开设法庭，而外国商人经常会利用这些修道院法庭处理商业纠纷（Bautier，1953；Terrasse，2005）。由于即便是市镇法庭和修道院法庭，其法律业务也不过是香槟伯爵的司法权授让，故香槟集市上用于保护产权和确保履约的各种法庭的司法权限，并非来源于集市中的商人，而是来源于行政部门。不仅如此，在与香槟集市有关的残存文件资料中，没有任何资料能够表明这些法庭曾经采用过任何由商人们制定的法典（Edwards and Ogilvie，2012b）。因此，对于私序制度可以替代缺失的公序制度并确保市场良性运行的经济增长理论，香槟集市并不能提供任何支持性证据；市场乃经济增长之必不可少，而香槟集市进一步证实了“公序制度乃市场之必不可少”的观点。

8.2.2.2 集体报复

关于香槟集市私序制度的第二种观点认为，不论是这些集市还是其他地方的欧洲中世纪集市，其商业增长均有赖于商人团体的集体报复机制（Greif，2002，2006b，c）。按照这种观点，尽管中世纪的欧洲确实存在公共法庭，但由于它们囿于地方利益而拒绝为外国商人提供产权保护或保证合同执行的公正性，故这些公共法庭并不能为经济增长提供支持；在这种情况下，一种被称作“社团责任制度”的私序制度，通过激励地方法庭做出公正的裁决而弥补了公序制度的不足。按照这种说法，所有远途贸易商都被组织成商人社团或商业行会。如果某社团成员对其他社团成员违约，且违约者所在的地方法庭不能提供赔偿方案，那么受损方所在的地方法庭就会对该商人社团的所有成员实施集体惩罚：扣押该社团的成员并没收其财产，并以此确保受损方得到赔偿。在这种情况下，违约者所在的社团只有通过停止与受损者所在社团的一切贸易往来，才能逃避这种制裁；如果这种做法的代价高昂，这就会激励违约者所在的社团进行公正裁决。按照这种观点，正是这种社团公正与集体报复的组合，为商业革命早期的经济增长提供了制度基础，而香槟集市则是这种私序制度良性运作的范例。不少经济学家利用对中世纪历史的这种解释，得出了其对经济增长的诸多含义，其中也包括这样的观点：政府介入合同执行过程，并不是非人格化交易的先决条件（Greif，2002，第201～202页；Greif，2006b，第232～234页）。

关于香槟集市上私序制度有效代替公序制度并为经济增长提供支撑的看法，目前提出的支持性论据主要来自于两种说法（Greif，2002，2006b）：其一，据说香槟集市并不存在涵盖外来商人的法律体系，集市管理者“放弃了他们对外来商人的法律权利，外来商人遵循的是其所在社团的法律（由领事代表），而不是集市所在地的当地法律”（Greif，2006b，第227页）。其二，据说商业合同的执行主要依赖于整个集市对违约者及其同伙的排斥，而这种集体报复机制所形成的威胁会促使该商人所在的社团法庭强迫违约者履行合同条款（Greif，2002，第185页）。

然而，上述私序理论存在严重缺陷。香槟地区的管理者并没有放弃他们对外来商人的法律权利，也从未允许这些商人可以只遵循其所属社团的法律。在香槟集市成为国际贸易中心的最初65年间（约1180～1245年），所有外来商人都必须遵守盛行于集市的公共法律制度；这些公共法律制度，包括香槟统治者的直辖法庭，以及统治者授权市镇政府或修道院设立的法庭（Bourquelot，1839－1840，1865；Tardif，1855；Arbois de Jubainville，1859；Arbois de Jubainville and Pigeotte，1859－1866；Goldschmidt，1891；Davidsohn，1896－1901；

Bassermann, 1911; Alengry, 1915; Chapin, 1937; Bautier, 1953, 1970; Terrasse, 2005; Edwards and Ogilvie, 2012b)。1245 年，香槟伯爵发放的特许状免除了政府部门对部分外来商人（可以在每年举办的六个集市中参加一个的罗马商人、托斯卡纳商人、伦巴第商人和普罗旺斯商人）的管辖，但这种豁免只不过是从政府部门转变为香槟伯爵的直接管辖（Bourquelot, 1865, 第 174 页）。香槟地区的统治者既没有放弃他对外来商人的法律权利，也没有允许他们可以仅遵守其各自社团的司法管辖。

有证据表明，商人社团在香槟集市中的作用微不足道（Bautier, 1953, 1970; Edwards and Ogilvie, 2012b）。在香槟集市成为国际贸易中心的最初 60 年（约 1180 ~ 1240 年），没有任何商人拥有社团领事（法官）；集市上不少重要的商人团体，甚至从来就不曾组织过社团、不曾拥有过社团领事。即便在香槟集市后期（约 1240 年以后）有过社团领事的几个商人团体，也不过是利用社团领事来处理社团内部的合同执行事宜，而他们与其他社团成员之间的合同执行则仍依赖于公共法律体系（Edwards and Ogilvie, 2012b）。在香槟集市作为欧洲最重要的国际贸易中心而兴旺繁盛的 80 多年间，并不存在关于集体报复的历史记载；只有到了香槟集市仍处于支配地位的最后阶段（约 1260 年之后），集体报复才以有限的方式得到了非常有限的使用（Bautier, 1953, 1970）。

上述证据对“集体报复是公序制度缺失下的私序替代”观点提出了质疑。事实上，报复机制完全可以纳入公共法律体系，报复权有赖于一系列公共法庭中的正式法律程序，而报复的实施则依赖于国家强制（Tai, 1996, 2003a, b; Boerner and Ritschl, 2002; Ogilvie, 2011）。香槟集市上的商人社团数量有限，它们对报复的实施也不存在什么明显的作用。总之，对于香槟集市的经济史探究无法证实下述看法：在公序制度缺位的情况下，私序型集体报复可以构成经济增长的基础。

8.2.2.3　公序制度与香槟集市

香槟集市表明，公共部门的政策措施对中世纪的商业革命起到了至关重要的作用（Ogilvie, 2011; Edwards and Ogilvie, 2012b）。11 世纪中叶至 12 世纪晚期的香槟地区统治者，为集市上的所有商人提供了产权保护，而不管他到底属于哪类社团（Bautier, 1953, 1970; Bourquelot, 1865）。早在 1148 年起，历代香槟伯爵都通过深思熟虑的综合性措施，来确保香槟集市上来往客商的人身财产安全；为了把这种人身财产安全保障扩大到领土边界之外，香槟地区的统治者投入了大量的政治资源和军事力量，这在中世纪各个集市的管理当局当中是相当不同寻常的（Bautier，1953；Laurent，1935）。另外，香槟伯爵还通过允许外来商人借助于自己的法庭来保护其财产权利、雇用自己的公职人员来维持治安、与地方政府和教会组织合作以保障所在市镇的安全等，为集市上外来商人的人身财产安全提供了充分的安全保障（Bourquelot，1839 - 1840；Bourquelot，1865；Laurent，1935；Terrasse，2005）。

前文曾经提及，公共部门还会为集市上的合同执行提供法律服务。香槟伯爵构建了一种多层次的公共法庭体系，它们对各类诉讼进行判决并为随后的合同执行提供法律依据。在这一公共法律体系中，各个层次的公共法庭大多都会碰到涉及外国商人的案件（Arbois de Jubainville and Pigeotte，1859 - 1866；Arbois de Jubainville，1859；Bourquelot，1839 - 1840；Benton，1969）。到了12世纪70年代，香槟伯爵通过任命前文提及的集市管理员（属于政府官员），开始为集市提供日常的公共法律服务（Goldschmidt，1891）。当然，在贵族法庭体系之外还存在着来自于公共部门的其他选择，而这种司法竞争必然激励着各个法庭作出公正的判决，进而有利于合同的执行。在香槟集市的所在地之中，有三个市镇拥有市镇法庭。这些市镇法庭有权对商业纠纷做出判决，它们从中取得了法庭所需的大部分收入，并成功吸引了许多国际商人到它们那里打官司（Bourquelot，1865；Bautier，1953；Arbois de Jubainville，1859；Tardif，1855；Terrasse，2005）。教会为集市上商人的合同执行，提供了可供选择的另一种公共法庭；在参与商业诉讼的过程中，这些教会法庭成功地与贵族法庭和市镇法庭进行了竞争（Bautier，1953）。

除了构建法庭体系并提供管理人员，香槟伯爵还通过提供基础设施和贷款担保，在制度上对香槟集市的兴盛颇多贡献（Bautier，1953；Bourquelot，1865；Edwards and Ogilvie，2012b）。香槟伯爵沿着集市市镇构筑了防御要塞，修筑了连接各要塞和市镇的道路，开凿了从塞纳河到特鲁瓦市镇的运河，并修建了许多大型建筑群以改善外来客商的住宿条件。香槟伯爵授予了一些组织（尤其是教会）的税收减免优惠，以激励它们为商人提供住宿、仓库、货栈等方面的基础设施支持。伯爵通过授予各市镇市民安全的私有产权和不动产自由交易权，鼓励人们对市镇基础设施进行投资（Terrasse，2005）。此外，由于商人们在出借款项时会因为借款者拥有的较高社会地位或法律特权，而使得商人们面临着回款的困难，香槟伯爵通过提供贷款担保，即作为统治者保证借出款项免于被权贵们没收，促进了香槟集市作为金融市场的发展（Bassermann，1911；Schönfelder，1988）。

最后，香槟伯爵通过在其领地之内的“有所不为”，为商业增长创造了良好的制度环境：他们尽可能不为当地商人或其他精英群体授予法律特权，以免造成对外来商人的歧视（Chapin，1937；Edwards and Ogilvie，2012b）。最初，这基本不是什么问题，因为在香槟集市兴起之前，这四个香槟市镇并非国际贸易中心，也还没有制度上根深蒂固的、强大的本地商业行会为获得特权而进行游说。其后，集市的发展为香槟伯爵带来了大量财富，他们也就无需为了维持自身支出而向市镇和市镇上的精英群体出售特权。难能可贵的是，香槟伯爵同样抵制住了向特殊利益群体出售特权的诱惑：它可以为香槟伯爵带来短期收益，但却以牺牲长期增长为代价。因此，香槟伯爵管理下的香槟集市，一方面提供了一种连续性的国际贸易平台，另一方面又不存在针对任何商人群体的制度性歧视，这在 13 世纪的欧洲几乎是独一无二的（Alengry，1915；Chapin，1937）。

市场经济活动的蓬勃发展需要具备一定的最低要求，政治当局对此具有不可或缺的重要作用，香槟伯爵即为一例。他们保证人身安全、私有产权安全并确保合同的执行；他们建造基础设施、规范度量衡；他们保护外国商人的债权人，使其免于权贵债务人的侵害；他们保证外来商人与本地商人享有同等待遇；等等。所有这些制度规则，都具有一个显著的特征：香槟伯爵所建立的这些制度规则，并不是授予给某些商业行会或商人团体的特权，而是针对“所有商人、所有商品以及集市上各色人等”的普遍性制度保障（Alengry，1915，第 38 页）。为了保护“集市”能够带来可观收入流，历任伯爵基本都维持了这些制度规则并有所扩展。在这段历史时期（约 1180 年至 1300 年），香槟集市逐渐成长为欧洲贸易枢纽；在随之而来的经济增长中，公序制度具有非常重要的作用。

公序制度对于经济增长的重要作用是一把双刃剑：良好的公序制度能够促进经济增长，不好的公序制度则会危及经济增长。香槟集市，无疑是该命题的现实案例。1285 年，香槟地区被法国王室吞并（Alengry，1915；Bautier，1953），而接管香槟集市的法国政权逐渐终止了这些普遍性的制度性机制：自约 1180 年起，这些制度性机制就一直吸引着各国商人并维持了国际贸易的繁荣（Laurent，1935；Bautier，1953；Strayer，1980；Boutaric，1867；Schulte，1900；Edwards and Ogilvie，2012b）。私有产权的安全、合同的执行、商业基础设施的利用等，不再作为普遍性保障规则适用于每一个人，而是变成一种向特定商人群体提供的各种特权，以服务于法国王室的短期利益。新的负责管理集市的行政部门，不再保证集市上的所有商人（外来与本地、联盟与非联盟）能够平等竞争，而是把有利于某些群体而歧视其他群体的各类特权授予了某些群体（Alengry，1915；Bourquelot，1865；Strayer，1969；Laurent，1935）。法国王室开始向某些商人群体征税，并强制他们服务于王室的财政目标、军事目标和政治目标。到13世纪90年代后期，远途贸易就开始抛弃香槟集市，并转向在财产保护和合同执行等方面相对更为公正的荷兰南部的布鲁日等其他贸易中心（Schulte，1900；Bautier，1953；Munro，2001；Edwards and Ogilvie，2012b）。香槟集市之所以成功，是因为公共当局提供了适用于所有商人的普遍的制度性机制，香槟集市之所以衰落，是因为执政者转向有利于某些商人群体而不利于其他群体的制度性特权（Munro，1999，2001；Ogilvie，2011；Edwards and Ogilvie，2012b）。香槟集市清晰地表明，早在中世纪商业革命之时，公共当局的政策措施就已对经济增长产生了至关重要的作用：它可能促进经济增长，也可能损及经济增长。

这些研究发现对于经济增长有哪些更具普遍性的含义呢？人们经常会假设私序制度能够替代公序制度在产权和合同执行等方面的作用而促进经济增长，但关于私序制度的这种作用并不存在有史可查的纪录。当然，这并没有排除私序制度对于经济增长的重要作用，但这种作用似乎在于私序制度对公序制度的补充而不是替代。数百年来，公共当局在为经济活动界定制度规则方面发挥了核心作用，当然这种作用有可能是好的也有可能是坏的。没有任何历史证据可以表明，单靠私序制度就可以确保产权的安全和合同的执行。不过，这并不意味着公序制度对于经济增长的影响始终是一种有利影响。公正的、普遍性的公序制度是市场良性运行的必要条件，但不公正的、特殊的公序制度则不仅不能促进增长，反而有可能扼杀增长。

8.3 经验教训Ⅱ：强大的议会并不能保证经济成功

本节将直接聚焦于公序制度。正如香槟集市所表明的，公共当局对经济增长具有重要影响，当然此种影响可好可坏。问题是，有利于经济增长的公序制度，究竟具有何种特征呢？在经济增长文献中颇受推崇的一种看法是：经济增长需要有一种强有力的、代表财富拥有者利益的议会制度（North and Weingast，1989；Acemoglu et al.，2005；Acemoglu and Robinson，2012）。对于当前的穷国来说，这意味着增强议会力量就可以奠定经济成功的制度基础。有理由认为，代议制政府本身就是一个好东西，因而上述观点自然是一种颇具吸引力的看法。不过，强势议会总是有利于经济增长的看法，是否能够得到经济史的实证支持呢？

诺思和魏因加斯特（North and Weingast，1989）最早提出了这种看法。他们认为，1688年的光荣革命强化了英国议会的力量，形成了有利于经济增长的制度；而 1688 年之后的英国，则为关于议会制度为何有利于经济增长的下述两种观点，提供了强有力的历史证据。他们认为，议会政体中的声音比君主政体更加多元化，这提高了特殊利益集团的寻租成本，而有关寻租活动试图寻求的往往是有利于自身但有害于整体经济增长的国家规管（对于该观点的最初阐述，参见：Ekelund and Tollison，1981，第 149 页），此其一；代表财富拥有者的议会，自然会守护其自身利益，其中包括保护私有产权的安全和抵制特殊利益集团的寻租活动（North and Weingast，1989，第 804 页），此其二。尽管诺思和魏因加斯特并没有给出“财富拥有者”的精确定义，但他们在描述 18 世纪英国的财富拥有者时，包括了大地主、商人、实业家和国债持有者（North and Weingast，1989，第 810 ~ 812 页、第 815 页、第 817 ~ 818 页）。他们认为，1688 年以后，议会对行政部门拥有了更大的控制力，这些财富拥有者借助于议会扩大了他们的影响，进而在人类历史上首次确立了私有产权的安全性，并使得英国比法国等其他可比性的西欧国家更早地实现了工业化、取得了更快的经济增长（North and Weingast，1989，第 830 ~ 831 页）。对于“议会等包容性政治组织创造了有利于经济增长的制度”的看法，以上观点提供了不少看似显而易见的支持性历史证据，并对经济增长文献产生了很大影响。最近的一个说法是：“英国之所以比埃及富裕，是因为英国（确切地说是英格兰）在 1688 年发生了一场革命。这场革命改变了这个国家的政治，进而改变了这个国家的经济”（Acemoglu and Robinson，2012，第 4 页）。

尽管这些观点看似颇具吸引力，但它们在理论和经验方面其实都是存在问题的。理论上的问题是，没有理由认为大地主、商人或实业家等财富拥有者，必然会去追求那些有利于整体经济增长的政策和制度。他们也许旨在寻求有利于自身利益的政策和制度，而完全不顾及它们是否有损于整体经济增长。经验方面的问题是，即便那些代表财富拥有者的议会确实创造了有利于保护产权的制度、压制了寻租活动乃至成功地实现了经济增长，但从更大范围的样本中所得到的历史证据，究竟是否支持“通过议会控制统治者”的想法，最多也不过是模棱两可的。

8.3.1　强势议会总会创造出有利于经济增长的制度吗?

近代欧洲有不少经济体拥有类似于英国的强势议会。这些议会都处于财富拥有者控制之下，都对政府行政部门具有相当大的控制力、对经济政策具有强有力的影响。然而，它们并没有创造出有利于经济增长的制度和政策。

波兰就是一个典型的例子。波兰以强势议会（色姆）闻名于世：其议会是如此强而有力，以至于未经议会同意，任何一位波兰统治者都不可能颁布任何法律法规或实施任何政策（Czaplinski，1985；Maczak，1997；Czaja，2009）。波兰议会代表的是财富拥有者，他们主要由贵族大地主组成，该群体在英国议会同样占据优势。不过，波兰议会中的财富拥有者并没有表现出多元化的声音（Maczak，1997；McLean，2004），而是表现出了一种极为整齐的声音：为了维护他们在要素市场和产品市场上的法律特权，“第二次农奴制”下的国家权力应该无孔不入（Kaminski，1975；Kula，1976；Maczak，1997；Frost，2006）。这就在两个方面导致了有损经济增长的经济政策：其一，波兰议会阻止了许多经济政策的实施，而这些经济政策能够很好地激励市场主体更有效地配置资源和进行生产性投资，且近代欧洲已经具备了实施这类经济政策的条件（Topolski，1974；Kula，1976；Guzowski，2013）；其二，波兰议会成功地推行了有利于特殊利益群体的经济政策，尤其是那些有利于在议会中的人数庞大得不成比例的贵族大地主（什拉赫塔）利益的经济政策（Kaminski，1975；Kula，1976；Maczak，1997；Frost，2006）。

从16世纪到19世纪，波兰经历了第二次农奴制。农奴制赋予了地主大量强制性法律特权，使得地主在广大农村人口的经济选择中、在农业部门的要素市场和产品市场上拥有优势地位，有关细节可参阅本文“经验教训Ⅷ”（Topolski，1974；Kaminski，1975；Kula，1976）。在所有前工业化经济体中，农业都是最大的产业部门，而农奴制则制约了农业的增长。从1000年前后到最终废除农奴制的18世纪末叶或19世纪初叶，东欧比西欧的人均GDP更低、经济增长更慢，这或许正是第二次农奴制造成的结果（Brenner，1976；Ogilvie，2013b）。从中东欧到东欧，各经济体在第二次农奴化的程度及其对经济增长的负面影响等方面存在着很大差别，而统治者与议会组织之间的力量对比则是造成这种差别的重要因素（Brenner，1976；Harnisch，1986，1994；Cerman，2012；Ogilvie，2013b）。在统治者比议会更为强势的社会中，第二次农奴制对经济增长的制约作用相对小一些，这是因为统治者在这种情况下可以抵制那些作为议会主要代表者的贵族大地主的极端寻租活动（Ogilvie，2013b；Harnisch，1986，1989b）。而诸如波兰和梅克伦堡等拥有强大的、代表财富拥有者利益的议会的那些东欧社会，往往也是第二次农奴制造成的压迫最重、经济增长最为窒息的社会。当然，强势议会与超强第二次农奴制之间是否存在因果关系、二者孰因孰果等，尚有待进一步明确（Harnisch，1986，1989b；Maczak，1997；Cerman，2008，2012；Ogilvie，2013b）。

对于经济增长而言，我们可以从中得到十分明确的经验教训。在一个通过广泛的制度体系赋予财富拥有者强制性特权并使之享有大量经济租的社会中，这些财富拥有者可以利用这些经济租，在议会中获得代表权。然后，他们可以利用他们对议会的控制力，通过有利于自身甚至以牺牲其他经济主体为代价的财富再分配，进一步强化他们的特权。在这种情形下，议会对行政部门的控制不仅不会促进增长，反而会遏制经济增长。

也许有人会质疑说，以近代波兰议会为例是有问题的，因为波兰议会所代表的财富拥有者只是地主，并不包括诺思和魏因加斯特（North and Weingast）所强调的商人和实业家，故以波兰作为例子来检验他们的理论是不公正的。对此，我们可以举出德国符腾堡的例子，它同样是强势议会控制行政部门的欧洲政治体，但却不必面对上述质疑。符腾堡是德国一个高度民主的小王国，它拥有非常强势的议会：从 15 世纪末直至 19 世纪，议会始终对最高统治者拥有很强的影响力（Grube，1954，1957，1974；Carsten，1959；Vann，1984；Ogilvie，1999）。符腾堡议会对王权和政府行政权的影响是如此广为人知，以至于查尔斯·詹姆士·福克斯（Charles James Fox）有一句名言：欧洲只有两部宪法，即英国宪法和符腾堡宪法（Anon，1818，第 340 页）。此外，符腾堡本地的土地贵族很少，符腾堡议会几乎完全处于资产阶级代表的控制之下，议会成员主要是从 60 个左右行政选区的市民中选出来的活跃于工商界的商人和实业家（Vann，1984；Ogilvie，1997，1999）。因此，符腾堡在政治上拥有一个强大的议会，议会代表主要来自于工商业资产阶级的财富拥有者，且这些议会代表对国家经济政策拥有异乎寻常的强大影响力（Vann，1984）。在符腾堡议会支持的政策中，包括为手工业行会、零售业行会、工商业卡特尔组织等特殊利益集团，授予法定的垄断权或其他排他性的特权（Troeltsch，1897；Gysin，1989；Flik，1990；Dormois，1994；Medick，1996；Ogilvie，1997，1999，2004a）。即便是经济中最为商业化的部门，这类特权也几乎无处不在，以至于哥根廷大学的迈纳斯教授（Meiners，1794）描述到，符腾堡的对外贸易如何“因长期以来所采取的形式而日趋难以为继。绝大部分贸易份额和生产份额，基本都集中在那些封闭的、拥有特权的公司手中”（第 292 页）。这些传统利益集团通过强势议会所获得的根深蒂固的制度化特权，使得符腾堡在整个近代处于经济停滞；即使与德国其他地区相比，符腾堡的工业化也是比较晚的（Boelcke，1973，1984；Schomerus，1977；Gysin，1989；Hippel，1992；Twarog，1997；Fliegauf，2007；Burkhardt，2012；Kollmer-von Oheimb-Loup，2012）。

对于经济增长，我们再次得到了明确的经验教训。一个社会的基础性制度安排，会对强势议会究竟是促进还是阻碍经济增长产生重要影响；其原因在于，这些基础性制度安排，会对如何成为财富拥有者、如何进入议会以及如何制订出符合议会代表意愿的政策等的内在机制，产生重要影响。一个财富拥有者掌控下的议会（即便这些财富拥有者来自于工商业部门）对政府行政部门的强势控制，只有在下述情形下才能促进经济增长：控制议会的那些财富拥有者，把有益于整体经济增长的普遍性制度安排、而非通过再分配使自己获得更多财富的特殊性制度安排，作为符合自身利益的制度安排并予以推进。历史经验表明，没有任何东西可以保证他们会这么做。

在德国，一些更为专制的王国与拥有强势议会的符腾堡王国形成了鲜明的对比，并对"商业利益集团掌控下的强势议会通过影响政府行政部门而必然导致促进增长的经济政策"这一观点的普遍有效性提出了进一步质疑。与符腾堡王国相比，德国的普鲁士王国等，其君主远比议会强势得多（Carsten，1950，1959；Feuchtwanger，1970；Koch，1990；Clark，2006；Wheeler，2011），结果是到19世纪初，普鲁士的政府行政部门已经变得如此强而有力，以至于不仅能够抵制住来自于财富拥有者控制下的议会所施加的大部分寻租压力，而且普鲁士的统治者反而能够推行一系列制度改革以削弱行会、城市社团和村庄共同体所享有的特权（Rosenberg，1958；Tipton，1976；Brophy，1995；Wheeler，2011）。普鲁士约于1808年废除了行会制度，而符腾堡则一直保留到1864年。1808年后的普鲁士政府变得如此强大，以至于能够废除农奴制度，并逐步限制了贵族地主和农民公社所享有的大量其他扭曲市场的制度性特权（Schmoller，1888；Henderson，1961a,b,c；Tipton，1976；Sperber，1985）。政府部门对传统制度性特权的这种侵犯，在更为民主的符腾堡王国等其他德国邦国中基本是不可能的；当然，这些更为民主的邦国并不存在形如易北河以东地区的那种农奴制，但农业部门的共同体、各行业的行会以及商业部门的卡特尔组织及其享有的特权，则不仅素来有之，而且在议会的支持下一直持续到很晚时期（Tipton，1976；Schomerus，1977；Medick，1996；Ogilvie，1992，1999）。普鲁士专制政府在议会的抗议声中强行推行的经济政策，废除了特殊利益集团的特权制度和租金制度，为更大范围的经济活动创造了即便不是最好也是更好的激励（Tipton，1976；Hohorst，1977）。按照经济发展水平度量指标中最具数据可得性的代理变量即城市化率，在整个1750～1900年期间，普鲁士的经济发展水平都要高于符腾堡，并且普鲁士的经济增长率也远高于符腾堡（Edwards and Ogilvie，2013）。

关于财富拥有者掌控下的强势议会未能为持续经济增长提供制度基础的最后一个来自于欧洲社会的例子，是荷兰共和国。从1581年成立到1795年解散，尼德兰联省是一个议会统治下的共和国；其中，议会政府由来自于七个省份的代表组成，而每个省则由省议会来统治（Blockmans，1988；Israel，1989；

Koenigsberger, 2001)。也就是说，荷兰共和国不存在一个共同的统治者，并且不论是中央政府还是省政府的行政部门都处于议会控制之下。荷兰的政体是如此民主，以至于对 1776 年美国宪法的基本框架亦曾产生过很大影响。掌控荷兰议会的，不仅有像符腾堡议会中那样的中小商人，而且还有从事大规模经营和远途贸易的大商人和大实业家。荷兰共和国在成立之后的第一个百年，创造了近代欧洲的经济奇迹：生产率很高的农业、处于技术前沿的创新性产业、拥有全球竞争力的商人、发达的金融市场、很高的生活水平、快速的经济增长等（De Vries, 1974; Israel, 1989; Bieleman, 1993, 2006, 2010; De Vries and Van der Woude, 1997)。然而，大约在 1670 年之后，尽管荷兰共和国依然保留着强大的议会机构，但它的经济发展却停滞不前了（De Vries and Van der Woude, 1997; Van Zanden and Van Riel, 2004）①。荷兰共和国的经济停滞，至少部分归因于商业精英的权力固化：他们在议会中拥有的地位，使得他们得以实施确保其自身租金利益的制度安排，而他们所获得的这种利益却是以整个经济为代价的（Mokyr, 1974, 1980; Buyst and Mokyr, 1990; De Vries and Van der Woude, 1997; Van Zanden and Van Riel, 2004)。法国大革命期间的军事占领，迫使荷兰在 1795 年以后进行了制度改革。这一制度改革使得荷兰逐渐恢复了经济增长，但即便如此，荷兰直到 19 世纪晚期仍没有实现工业化，按照欧洲标准无疑是相当迟缓的（Mokyr, 1974, 1980; Buyst and Mokyr, 1990; De Vries and Van der Woude, 1997; Van Zanden and Van Riel, 2004; Van den Heuvel and Ogilvie, 2013)。综上所述，荷兰共和国拥有诺思和魏因加斯特（North and Weingast, 1989）所强调的全部要素，包括强势议会对行政部门的控制、财富拥有者掌控下的议会、来自于大型企业的财富拥有者等，但这并没能阻止 1670 年后的荷兰共和国陷入制度性腐败和经济增长停滞的泥淖。

甚至在 18 世纪的英国，我们也能看到有不少力量阻碍了财富拥有者掌控下的代议制机构制定出良好的经济政策。诺思和魏因加斯特（North and Weingast, 1989, 第 817 页）曾经发问：究竟什么力量，才能使英国议会不会像王室那样，过滥地制定出使得寻租集团受益但整体经济受损的规章制度。他们的答案是："立法机构必须存在多种声音"。然而，近代欧洲其他政治体的例子表明，立法机构之内并不总是存在多种声音；而英国自身的例子也表明，即便是在英国式的议会中，那些良好的经济政策也并不总是能够获得通过。

---

①　范赞登和范莱文（Van Zanden and Van Leeuwen, 2012）所做的宏观经济估计表明，荷兰省的经济在 1670～1800 年间是停滞的、而不是下降的，但他们的数据仅指荷兰省，而该省是尼德兰联省中经济最为成功的一个省份。即便只是荷兰省，他们也发现 1665～1800 年间的工业增长率接近于零，而 1720～1800 年间的贸易则平均每年收缩 0.13%（Van Zanden and Van Leeuwen, 2012, 表 4)。

英国在18世纪实施的奴隶所有权政策和奴隶贸易政策，就是议会为了维护它所代表的财富拥有者的产权而实行的经济政策的一个例子。亚当·斯密认识到了这一点。斯密指出，尽管奴隶制在经济上是没有效率的，在道德上是不得人心的，但要在实行议会制的政府中对奴隶制进行限制，则面临着更大的困难；其原因在于，议会制下的奴隶主在议会中拥有代表权，他们能够对地方长官施加压力，要求地方长官保护他们对于奴隶所拥有的财产权利（Adam Smith，1776，第四篇第七章）[②]。奴隶制，确实是有利于保证私有产权安全但却有损整体经济增长的一个历史案例，我们在"经验教训V"部分将对有关论点进行更充分的探讨。

另一个例子是英国议会对重商主义管制措施和维护英国殖民地的军事行动的支持。经济学家让·巴蒂斯特·萨伊（Jean-Baptiste Say）早在1817年就指出，维持海外殖民地的费用远远超过了它所带来的好处。萨伊认为，依靠政府补贴和议会支持所维持的殖民政策，其实是把资源从国内消费者那里转移到殖民者和商人阶层手中[③]。尽管有人争论说，殖民地贸易促进了未充分利用资源的更充分利用（如：O'Brien and Engerman，1991），但不少现代经济史学家却认为，殖民地为英国经济带来的成本要远大于收益（如：Thomas and McCloskey，1981）。奥罗克等（O'Rourke et al.，2010）的结论是，国际贸易在重商主义限制措施于19世纪消除后的快速增长，表明在18世纪推行"多边自由贸易体制应该优于实行重商主义"；当然，作者也承认，在其他国家仍遵循重商主义的世界里，每个国家似乎仍有参与（并赢得）重商主义竞争的必要。不过，正如这场争论所揭示的，尽管英国议会在18世纪对重商主义和殖民主义的支持，对更大范围的经济增长的影响难下定论，但它有助于为农场主和商人

---

② 斯密（Adam Smith，1776）在第四篇第七章（论殖民地）第76~77段指出，"但凡能够对奴隶提供少许保护、以使其免于主人欺凌的法律，在那些拥有专制政府的殖民地似乎总比完全自由的殖民地，施行得更好些。在任何一个不幸设有奴隶制法规的国家，地方长官在保护奴隶时，都在某种程度上干涉了奴隶的主人对私有财产的管理；但在自由的国家，奴隶的主人也许是殖民地的议会成员，也许是议会成员的选举者，在这种情况下的地方长官，非经再三斟酌绝不敢越雷池半步。地方长官不得不对奴隶的主人保持足够的尊重，这就使得他要保护奴隶，实在是难上加难。……我相信，一切时代、一切国家的历史表明，专制政府下的奴隶比自由政府下的奴隶，拥有更好的境遇。"

③ 萨伊（Say，1817）在其作品第一篇第十九章第25段指出，"所有这些损失，基本都落在了国内消费者阶级头上，而这个阶级在人数上是所有阶级中最重要的阶级，且由于下述理由是最值得予以照顾的阶级：任何影响到这个阶级的不良制度，其危害必定广泛散布；社会机器的运转，每一个部件都离不开它的参与；它向国库缴纳税收，而政府权力依存于此。这些损失可以分为两部分：一部分损失是取得殖民地产品所支付的多余费用，若从他处购买本可以更便宜。这部分损失是消费者的净损失，任何人都没有从中得到好处。另一部分损失同样由消费者负担，但它变成了西印度农场主和商人的财产。这样得来的财富，实际上是向人口课征的赋税，但由于它集中于少数人手中，所以很容易使人眩惑，误认为是得自于殖民活动和商业活动的财富。18世纪的所有战争，欧洲各国为了在地球两端维持民政与司法、海军与陆军而认为不得不花费的巨额费用，几乎全都是为了保护这种虚幻的利益。"

创造更多的经济租却是毋庸置疑的。

在经济政策中，谷物法是伤害整体经济但仍获英国议会支持的另一个例子。1815 年，英国议会出台了一系列贸易方面的法律，对谷物进口征收很重的关税（Gash，1961，1972；Prest，1977；Hilton，1977，2006；Ward，2004；Schonhardt-Bailey，2006）。廉价谷物的进口可以使农业劳动者、产业工人和制造业者获益，但在英国议会中拥有强大代表权的地主则会受损（Fairlie，1965，1969；Vamplew，1980）。谷物法提高了拥有土地的财富拥有者的利润，而土地拥有者的利益在议会中被很好地代表；故直至 1846 年，谷物法才被废除，并且还是在农业歉收和爱尔兰饥荒等不同寻常的外在压力之下（Gash，1961；Hilton，1977，2006）。即便是在当时，废除谷物法也在议会中遭到了普遍反对，其理由是废除谷物法会削弱拥有土地的财富拥有者的地位、增强商业利益群体的地位（McCord，1958；Hilton，1977，2006）。谷物法的最终废除，有赖于一位政治领袖的政治英雄行为，此即罗伯特·皮尔（Robert Peel）；尽管谷物法的废除降低了英国的粮食价格、促进了欧洲的市场一体化、推动了经济增长（Semmel，1970；Peet，1972；Williamson，1990；Ward，2004；Sharp and Weisdorf，2013），但皮尔还是为此结束了自己的政治生涯并导致了其所属党派整整一代的分裂（Gash，1961，1972）。因此，财富拥有者在英国议会中拥有的代表权，并不必然导致有益于整体经济增长、而不是增加那些强势特殊利益集团所享有利润的经济政策。

英国并没有像许多欧洲大陆国家那样，推行了那么多有利于特殊利益集团但有损整体经济的经济政策。这也许是事实，但这并不是因为英国议会更为强而有力，因为英国早在 1688 年以前就是如此（如参见：Archer，1988；Ogilvie，1999；Brewer，1989）。一种可能的解释是：近代英国有碍增长的经济政策之所以相对较少，并不是因为议会对王权有太多限制，而是因为近代英国缺少一支领取薪酬的地方官僚队伍，从而使得有害的经济政策即便得到了议会颁布或国王推行，也很难得到贯彻落实（Brewer，1989）。大多数欧洲大陆经济体则有所不同，它们在近代欧陆战争的熏陶下，更早地经历了大范围的国家管制（Ogilvie，1992），并通过任命领取薪酬的地方管理人员，不仅为寻租集团授予了大量垄断特权或其他经济特权，而且提高了这些有碍增长的经济政策的执行效率（Brewer and Hellmuth，1999；Ogilvie，1992，1999）。英国则存在很大的不同：尽管在 17 世纪最初几十年，斯图亚特国王试图推进集权化的行政体制创新，但 17 世纪 40 年代的内战却使之毁于一旦（North and Weingast，1989，第 818 页）。英国并没有在 18 世纪建立起一支支付薪酬的地方管理队伍；直至 1800 年左右，英国仍不存在有效执行国内经济管制措施的官僚体系

（Brewer，1989）。

关于历史的这些研究发现，既不意味着一个国家的议会所支持的那些经济政策是无关紧要的，也不意味着代表着多种声音（包括商人的声音和财产所有者的声音）的议会是不可取的。不过，一个纯粹代表财富拥有者利益并影响政府行政部门的议会，无法保证其所代表声音的多元性，也就不能保证它所推行的经济政策是有利于经济增长的政策。近代不少欧洲经济体具有能够影响政府行政部门并为财富拥有者所掌控的强势议会，其中不少议会代表来自于工商企业界。然而，这些强势议会并不总是能够代表多元化的声音，也不能保证它所推行的总是好的经济政策。事实上，如果议会所代表的那些财富拥有者，认为好的经济政策就是有利于他们自身的那些经济政策，那么，强势议会所强化的政策往往就是那些阻碍更大范围经济增长的政策。不少拥有财富拥有者掌控下的强势议会的欧洲经济体的经历就表明了这一点，如陷入极端贫困的波兰、经历长期停滞的符腾堡、从增长走向停滞的荷兰共和国等。不论是第二次农奴制下的东欧，还是社团组织相对发达的中欧，抑或相对商业化的西北欧，基本情形大致相仿。其原因在于，财富拥有者（即便来自于大企业）并不总是了解（亦未必关心）什么样的经济政策最有利于普遍的经济增长，他们了解（或在意）的只是他们自己的特殊利益。其结果必然是，工商代表掌控下的议会，支持的总是那些为特殊利益集团带来经济租金的政策，而不是为整体经济提供良好激励的政策。结果，商业代表控制下的议会能够支持给特殊利益集团带来租金的政策，而不支持那些给整个经济带来激励的政策。对于英国，诺思和魏因加斯特（North and Weingast，1989）在论及这一重要问题时指出，“1688 年以后的制度结构演进并没有为议会替代王权并采取‘不负责任’的行为提供激励”（第 804 页），但他们并没有做出进一步解释。总之，历史经验表明，对于经济增长而言，重要的不是一个国家是否拥有强势议会（或弱政府），而是它的议会（或政府）究竟是什么样子的。对于经济增长而言，更为重要的是一个社会的基础性制度框架，它决定了人们如何成为财富拥有者以及人们通过政治行动寻求的是什么样的政策。

8.3.2 英国是否在1688 年以后出现了制度突变和增长加速？

关于1688 年以后更为强势的英国议会释放出了经济增长潜力的看法，第二种检验来自于英国自身的独特经历。一种更具针对性的理论也许会认为，1688 年以后的英国议会，其风格发生了某种变化，而这种变化对于经济增长具有重要含义；当然，我们并没有在欧洲历史上的其他类型的议会中，观察到这种有利于增长的变化。然而，即便对于英国，关于 1688 年光荣革命标志着制度突变或经济突破的看法，亦没有得到经验证据的支持。

早在 1688 年以前，英国议会就对王权拥有广泛的控制（Goldsworthy，1999）。从中世纪开始，英国君主如果想要征税，就必须先得到议会的同意（Harriss，1975；Hartley，1992；Hoyle，1994）。1603 ~ 1642 年间，斯图亚特王朝的早期君主（詹姆士一世和查理一世）试图限制长期以来议会拥有的这种权力，这也是英国内战时期的一个重要问题（Lambert，1990；Braddick，1994）。英国内战结束于 1651 年，它确立了未经议会同意君主不得治理国家的先例（Braddick，1994）。1660 年恢复君主制后，查理二世（1660 ~ 1685 年）和詹姆士二世（1685 ~ 1688 年）都曾试图通过王室特权，在未经议会同意的情况下通过有关法案。1689 年权利法案明确宣布，利用王室特权通过法案是违法的；不过，尽管权利法案确实扩大了议会在监管王室支出方面的权利，但它只不过是对英国议会数百年来拥有的立法否决权的简单重申（Goldsworthy，1999；Harris，2004）。因此，尽管 1688 年发生的事情确实扩大了议会相对于政府的权力，但它在很大程度上只是对至少可以追溯到 1651 年的议会控制统治者的重新表述，而这又是对中世纪直至斯图亚特王朝（始于 1603 年）期间就已存在的、议会长期拥有的权利的重申（Harrison，1990；Goldsworthy，1999）。只有很少一部分议会权利是 1689 年新提出来的，而绝大部分则是很久以前就有的。因此，我们必须把 1689 年权利法案视为长期演进中的一个量变过程，而不是议会与行政部门的关系发生了某种革命。这就为 1688 年光荣革命是 18 世纪经济增长重要动因的观点提出了质疑，更不要说它对工业革命的作用了：工业革命，只是在 1760 年之后才正式启动，且直到 1820 年前后，英国的经济增长仍相对比较缓慢（Crafts，1987；Mokyr，1987；Williamson，1987；Broadberry et al.，2013）。

1688 年光荣革命也不是经济出现跃升的标志。如果 1688 年之后的英国议会，发生了某种对于经济增长具有重要含义的风格转变，那么我们就应该观察到英国的经济增长率在 1688 年前后发生了跳跃。然而，关于 1500 ~ 1820 年间英国经济增长率的任何估计，都没有表明英国经济增长在 1688 年前后发生了跃升。麦迪逊（Maddison，http://www.ggdc.net/MADDISON/oriindex.htm）表明，英国在 1500 ~ 1820 年间几乎保持了相当稳定的经济增长率，不同之处仅在于 16 世纪的经济增长稍快于 17 世纪和 18 世纪；也就是说，麦迪逊的时间序列数据表明，英国经济在 1688 年前后并没有出现跃升。范赞登（Van Zanden，2001）发现，英国在 17 世纪后半叶的经济增长有所加快，但 1700 ~ 1820 年间的增速则有所放缓；也就是说，范赞登的时间序列数据同样表明，英国经济在1700年左右并没有出现跃升。布罗德伯里等（Broadberry et al.，2011，特别是表10）发现，英国在17世纪50～90年代的人均GDP增长较快（年均增长率为0.69%），但17世纪90年代至18世纪60年代的增长率则慢得多（年均增长率为0.27%）。默雷尔（Murrell，2009）通过探究时间跨度在1688～1701年间的50多个不同的时间序列数据，对结构突变的具体时间点进行了估计，并发现整个17世纪后半叶是英国经济发生明显变化的时期，但在1688年以后的时间段内却不存在结构突变点。克拉克（Clark，2010）提出了一个不同的数据序列，它表明英国的真实人均GDP在17世纪几乎没有任何变化，而在18世纪有了缓慢上升、在1800～1820年间出现了强劲增长。不过，正如布罗德伯里等（Broadberry et al.，2011）所指出的，克拉克的估计遭到了多方面的质疑；因此，我们更偏向于麦迪逊（Maddison）、范赞登（Van Zanden）、布罗德伯里（Broadberry）、坎贝尔（Campbell）、克莱因（Klein）、奥弗顿（Overton）和范莱文（Van Leeuwen）等做出的大致近似的三种估计，似乎也就没有什么不合理的了。当然，如果觉得这样做不合理，那么关于1688年后英国经济加速增长的说法，只不过是在它本身就不存在情况下的夺人眼球而已。

因此，即便对于英国，我们在解释其经济增长或工业化时，也不能把1688年后议会扩权视为一种重要因素。英国的经济增长并没有在1688年前后出现跃升。当然，我们并不是要否认制度因素在近代英国经济良好表现中所起到的作用；我们想要强调的是，使得英国经济良性运行的有关制度安排，至少在1500年以前就已存在。就长期经济增长的制度来源而言，有关制度安排更多地属于长期以来的渐进演变，而不是突然出现的制度突变。

对于更为普遍的经济增长问题，上述历史发现究竟具有什么样的含义呢？公序制度对于市场经济的良性运行无疑是很重要的，但代表商业利益的议会并非这种公序制度必备的核心特征。在拥有强势议会的经济体中，有些经济体在历史上经历了成功的经济增长，但另一些则陷入经济停滞甚至出现经济倒退；其部分原因在于，这些强势议会所推行的制度和政策，对资源进行了有利于自身利益的再分配。而议会异常软弱的其他一些经济体，则在较长的历史跨度内实现了较为成功的经济增长，其部分原因在于议会的软弱，使得这些议会无法在破坏性创新面前，维护根深蒂固的商业既得利益。历史经验表明，对于任何一个社会，都有必要对影响下述问题的基础性制度安排做深入分析：财富拥有者是如何致富的？他们是如何获得议会代表权的？对于促进或阻碍经济增长的经济框架，议会政策究竟会产生怎样的影响？等等。

8.4　经验教训Ⅲ：关键在于普遍制度与特殊制度的不同

上述讨论带给我们哪些启发呢？“经验教训Ⅰ”告诉我们，对于市场来说，公序制度是不可或缺的。不过，究竟是什么样的公序制度决定了经济增长呢？在“经验教训Ⅱ”中，我们回顾并驳斥了“议会使得一切有所不同”这一颇为盛行的观点。现在的问题是：公序制度的哪些特征，使得它会对经济增长产生影响？在回答这一问题的过程中，经济史能够为我们提供某种启发，但要求我们以不同于传统的方式重新审视制度问题。与政治学家和政治史学家对政府进行的诸如议会、统治者、权力斗争或革命等高度概括的探究不同，我们探讨的重点是制度如何适用于相应的人群，以及它究竟适用于所有群体还是随着群体的不同而发生系统性的变化。一旦从这个角度来看待制度，那么我们就可以把有关制度分为两类：一是有利于经济增长的普遍制度，它们普遍适用于所有群体，能够为所有社会成员提供一种相对公平的竞争机会；二是阻碍经济增长的特殊制度，其适用性因人而异，提供的是有利于某些群体的不公平竞争机会。

现有文献按照制度对经济增长的影响，提出了各种各样的制度分类方式。近来一些文献通过认识到政治制度对经济增长的重要性并结合历史上的经验证据，在制度分类方面取得了重大进展并产生了很大的影响。例如，诺思等（North et al.，2006，2009）区分了有益于经济增长的开放式社会秩序与阻碍经济增长的限制式社会秩序。阿西莫格鲁和鲁滨逊（Acemoglu and Robinson，2012）沿着类似的思路，区分了包容性制度与榨取性制度；其中，包容性制度鼓励大多数人参与到经济活动中去，鼓励人们最充分地利用自身技能并选择自己的职业，允许人们做出自由选择，确保私有产权的安全，提供公正的法律判决，维护契约制度的公正与公开，允许新企业的自由进入等（第 74 ~ 75 页）。包容性经济制度的存在与否，反过来又取决于包容性政治制度，而包容性政治制度则被宽泛定义为“足够集中与多元”的制度，其中“集中”意味着国家拥有垄断性的法律强制力，而“多元”意味着权力广泛分布于整个社会（Acemoglu and Robinson，2012，第 81 页）。所谓榨取性制度，则不论是经济制度还是政治制度，均定义为包容性制度以外的那些制度。

文献中提出的这些区分是很有用的：这些制度分类，关注的都是制度对长期增长的历史影响，它们都体现了有关制度在政治和分配方面的含义。不过，由于它们的具体定义模棱两可，其有用性亦相对有限。上述两种制度分类都非常宽泛，它们都没有清晰地表明：究竟是制度体系的哪些方面，构成了作者阐述其观点的关键。我们认为，迄今为止的历史研究，使得我们能够把制度更准确地区分为我们所说的“普遍制度”和“特殊制度”。

普遍制度指的是制度规则统一适用于整个社会每个成员的制度，而不管这些社会成员的具体身份或是否属于某类特殊群体，如法治水平达到某种程度的国家、允许自由进入的竞争性市场等（Ogilvie，2005d，2011；Puttevils，2009；Hillmann，2013）。这样的国家或市场，其制度规则一视同仁地适用于任何经济个体，它针对的是市场交易本身，而不是个体或者他或她所属群体的任何个体性特征（Ogilvie，2005d，2011）。相比之下，特殊制度各有其特殊性，对于经济中的不同群体具有不同的适用性（Ogilvie，2005d，2011；Puttevils，2009；Hillmann，2013），而对不同群体的划分，所依据的通常是与市场交易没有多少关系的个体性特征。这些个体性特征五花八门，但在现实社会通常包括性别、宗教、种族、出身、社会阶层、团体成员以及是否拥有某种依据自身利益扭曲市场的社会政治特权等。特殊制度，既包括那些有利于特定阶层、团体或行会的制度，也包括农奴制和奴隶制。例如，中世纪行会依据其成员所拥有的法律特权制订相应的规则和权利，而这些规则和权利仅适用于它们的成员，非行会成员的待遇则完全不同；同时，有关法律特权所依据的，通常又是那些经济之外的标准，如性别、出身、宗教和其他个体特征（Ogilvie，2005d，2011）。同样地，正如我们在“经验教训Ⅷ”部分将要看到的，农奴制赋予了农奴主（在土地、劳动、资本和产出的占有和交易方面拥有特权）和农奴（其财产权利和各种交易存在制度性限制）非常不同的规则和权利。行会规则和农奴规则可以保障你的财产权利并确保合同的执行，但这只是因为你作为某一类经济主体的成员所拥有的特殊身份和特殊权利，而这种身份和权利所依据的通常又是与交易无关的标准，如是否是行会成员、是否具有农奴身份等（Ogilvie，2005d，2011）。

当然，现实生活中并不存在具有完全普遍性的制度；即使是历史上那些最为接近普遍性的法律规则，也经常存在明显的缺失和不一致。我们最好把普遍制度和特殊制度的不同之处，视为一个连续统，而将历史上的各种制度视为它们在该连续统中的分布。此外，普遍制度与特殊制度的组合方式，在每一个社会均有所不同，有关细节将在“经验教训Ⅶ”部分考虑综合性的制度体系时做进一步讨论。换句话说，任何经济体都既存在普遍制度又存在特殊制度；但历史经验表明，普遍制度逐渐居于主导地位的社会，正是得以实现持续经济增长的社会。

大量历史事例表明，一种制度框架究竟是促进长期增长还是阻碍长期增长，其核心问题正在于它在普遍性与特殊性方面的不同。为了揭示有关制度的具体特征及其内在因果机制，本小节拟详加探讨经济学家广为提及的一个历史事例，此即中世纪至工业革命期间促进远途贸易发展的那些制度性框架。在本文稍后几节中，我们可以在讨论产权（“经验教训Ⅴ”）和农奴制（“经验教训Ⅷ”）时看到这种制度分类的用处。

让我们从普遍制度与特殊制度在国际贸易增长中的不同作用开始我们的分析吧。大约从公元1000年到1800年，远途贸易开始了一个显著且持续的增长过程：这些远途贸易，最初主要发生在欧洲各国及其近邻之间，大约从1500年开始发展到欧洲与其他大洲之间。近期经济学文献大多持有如下看法：一种被称作商业行会（一种批发商社团协会）的特殊制度，促进了这一商业革命（Greif et al.，1994；Greif，2006c；Ostrom，1998；Maggi，1999；Taylor，2002；Anderson，2008；Dixit，2009）。商业行会早在古希腊古罗马时期就已存在，但到1000～1500年左右才成为欧洲大部分地区的一种非常重要的制度（Ogilvie，2011）。尽管它们在荷兰、英国等地逐渐衰落了，但在南欧、中欧、北欧和东欧则从16世纪一直持续到18世纪甚至19世纪初期。前工业化产品的出口和跨越大洲的贸易等新兴行业，出现了一种新式商会（以及与行会非常相似的商业特权公司），它们一直持续到1800年左右。商业行会同样扩展到了欧洲殖民地（尤其是西班牙的美洲殖民地），直至19世纪才随着各殖民地独立而最终废除（Woodward，2005，2007）。

毫无疑问，这种特殊制度与中世纪和近代欧洲的贸易增长是相伴而生的。不过，最近有学者争论说，这种特殊制度之所以促进贸易增长，主要在于它们确保了远途贸易商人的产权和合同执行（Greif et al.，1994；Greif，2006c；Gelderblom and Grafe，2004；Ewert and Selzer，2009，2010；Volckart and Mangels，1999）。而另一些学者则对此表示质疑，认为商业行会和商业社团古已有之，千百年来就被寻租商人用于打造符合自身利益的竞争环境；促进中世纪贸易增长和近代商业革命的，是更具普遍性的制度性机制，而不是商业行会等特殊制度（Boldorf，1999，2006，2009；Dessí and Ogilvie，2003，2004；Lindberg，2008，2009，2010；Ogilvie，2011）。

理解商业为什么增长，核心在于认识到特殊制度与普遍制度的区别，而私有产权则是其关键所在。在一篇颇具影响的论文中，格赖夫等（Greif et al.，1994）提出了一个理论模型。按照该模型，如果从属于某商业行会的那些商人，能够对统治者形成具有可信性的集体威胁，那么该行会就可以迫使统治者做出承诺，保证不去侵害行会成员的财产，并在外来侵入者面前为行会成员提供足够的保护。该文认为，这正是商业行会之所以兴盛于欧洲中世纪的真实缘由：商业行会是解决远途贸易商人所面临的私有产权安全问题的一种有效方式。

不过，更深入审慎的经验研究，却对商业革命时期的特殊制度有助于保护私有产权安全的观点提出了质疑。尽管商业行会在理论上有益于商业财产权利的安全，但在现实中的作用却相当有限；即便有这种作用，从中受益的也只是行会成员，而不是整体经济或当地经济（Dessí and Ogilvie，2003，2004；Ogilvie，2011，Ch. 6；Lambert and Stabel，2005；Henn，1999；Briys and De ter Beerst，2006；Blondé et al.，2007；Harreld，2004a，b）。不仅如此，为了维护它们在特定商品、交易种类和交易路线等方面的卡特尔特权，商业行会还会通过损害竞争对手的贸易（或游说政府这么做）等方面的活动，降低其他商人的商业财产权的安全；这不仅会损害竞争对手的私有财产安全，而且还会外溢到并不相关的第三方（Barbour，1911；Katele，1986；Pérotin-Dumon，1991；Tai，1996，2003a，b；Reyerson，2003；Ogilvie，2011）。

历史研究表明，在商业革命期间真正改善了私有产权安全状况的是普遍制度（Lindberg，2008，2009，2010；Ogilvie，2011，Ch. 6）。正如“经验教训Ⅰ”讨论过的香槟集市一样，在远途贸易得以扩张的时期和地方，君主制的国家和城市的市政府会为所有远途贸易商人提供具有普遍性的安全保障。为了吸引包括非行会成员在内的商人们，城市政府和王国的统治者还会组织起基础设施建设，如商队护送、要塞城堡、军事防御和法律法规等（Byrne，1916；Williams，1931；Laurent，1935；Bautier，1953；Lane，1963；Lopez，1987；Doumerc，1987；Nelson，1996；Tai，1996；Dotson，1999；Stabel，1999；Laiou，2001；Middleton，2005；Ogilvie，2011；Edwards and Ogilvie，2012b）。为享有特权的行会成员提供特殊性保障可以换取好处，而为所有商人提供普遍性保障则可以从扩大贸易中获得更多税收；如何平衡二者之间的关系，欧洲的不同社会存在很大的不同。不过，那些奉行普遍性制度的欧洲地区，通常也是远途贸易商人大量入驻并极大地受益于贸易活动的地区，如13世纪的香槟领地、14世纪的布鲁日、15世纪的安特卫普、16世纪及17世纪初的阿姆斯特丹、17世纪和18世纪的伦敦等（Ogilvie，2011；Gelderblom，2005a，2013）。与通过特殊方式为享有特权的行会成员提供财产安全保障相比，在那些政府部门通过普遍方式保证所有经济主体产权安全的时期和地区，远途贸易得到了更为成功的发展。

普遍制度与特殊制度的区别及其在商业增长中的关键作用，还体现在合同的执行上。近来有一种观点，认为商业行会还是解决国际贸易合同执行问题的一种有效方式。按照这种观点，由于商业行会拥有更多的商业经验、更充分的信息，共享相同的商业价值观和特定法律法规，故商业行会的裁决在促进合同执行方面要优于公共法庭的判决（Milgrom et al.，1990；North，1991；Benson，1989）。该观点的一种变体是：通过利用内部社会资本向违反合同的行会成员施加压力，商业行会可以解决合同执行问题；如果某行会成员背弃了商业合约，那么有关信息就会很快传遍整个行会，其他成员就会因为该成员的行为有损行会的集体声誉而对他实施集体制裁（North，1991；Benson，1998，2002；Grafe and Gelderblom，2010；Ewert and Selzer，2009，2010；Selzer and Ewert，2005，2010）。在该观点的另一种变体中，商业行会能够通过“经验教训Ⅰ”所讨论的报复制度，来有效地解决合同执行问题：如果某行会成员没有履行他同另一个行会的成员签订的合同，那么受害方的行会就会对违约方行会的所有成员实施集体报复，这就为商业行会通过内部同侪的压力或行会法庭的裁决对违约者进行处罚提供了激励（Greif，1997，2002，2004，2006b，c；Boerner and Ritschl，2005）。

然而，对于远途贸易大发展时期商业行会通过为合同执行提供特殊制度安排而对合同执行具有重要作用的观点及其各种变体，更深入审慎的经验研究却提出了质疑。行会裁决并不具有普遍性，公共司法部门下放司法管辖权而形成的行会特别法庭，并不能处理那些复杂的商业纠纷，不少行会成员仍然更愿意诉诸于公共法庭的判决；并且，没有证据能够表明，行会法庭曾采用过自治的商人法（Woodward，2005，2007；Gelderblom，2005b；Sachs，2006；Ogilvie，2011；Harreld，2004a，b；Jacoby，2003；Paravicini，1992；Lambert and Stabel，2005；Baker，1979，1986；Edwards and Ogilvie，2012b；Kadens，2012）。同侪压力留下的经验证据甚至更少，而商业行会利用同侪压力促进合同执行的证据则几乎没有：为数不多的几个案例，虽然引人关注，但即便是最强势的商业行会也没能对违约成员进行惩罚，而不得不诉诸公共部门以寻求合同的执行（Ogilvie，2011；Sachs，2006；Gelderblom，2005b；Ashtor，1983）。

商业行会之间的集体报复确实存在，但逐渐输给了更具优势的替代方式，也就是下面拟简要探讨的针对商业合同执行的普遍制度。商业行会之间的集体报复，不仅有损于整个远途贸易商人群体，而且也提高了无辜第三方所面临的贸易风险，因此，中世纪的商人大多不喜欢采用这种方式（Wach，1868；Planitz，1919；De Roover，1963；Lloyd，1977；Lopez，1987；Tai，1996；Sachs，2006）。对于集体报复存在的这些严重缺陷，人们当时就有了足够的认识，因此当贸易在 1050 年左右开始扩张时，人们就试图限制或废除这种报复制度（Mas-Latrie，1866；Wach，1868；Goldschmidt，1891；Del Vecchio and Casanova，1894；Planitz，1919；Tai，1996，2003a，b；Volckart and Mangels，

1999；Laiou，2001；Boerner and Ritschl，2002；Ogilvie，2011）。当有人提请集体报复时，有关争议即被完全纳入公共法律体系之中；集体报复，只是查阅书证、动员担保人、诉诸仲裁委员会和公共法庭诉讼等一系列正式程序的最后一步（Boerner and Ritschl，2002；Ogilvie，2011；Edwards and Ogilvie，2012b）。对于违规者所在团体进行集体报复，是可以追溯到古代社会的一种古老的实践（Dewey and Kleimola，1970，1984；Dewey，1988）；中世纪商业革命时期的不同之处，在于通过渐进的、不同的方式，努力把集体报复限制在正式法律程序之内（Mas-Latrie，1866；Wach，1868；Goldschmidt，1891；Planitz，1919；Cheyette，1970；Lloyd，1977；Tai，1996，2003a，b；O'Brien，2002；Boerner and Ritschl，2002；Fortunati，2005；Sachs，2006；Ogilvie，2011；Edwards and Ogilvie，2012b）。

据我们所知，同侪压力、集体报复和团体寻租是古代贸易和中世纪贸易的共同特征，直至商业革命开始时仍是如此（Ogilvie，2011）。商业革命时期，欧洲许多地区的制度体系出现了一种新的特征，此即普遍制度的形成，有关规则和权利适用于所有经济主体、而非仅限于特定群体的成员。在这些普遍性机制中，第一类是契约型工具，如债权的质押、担保和转让等（一个商人可以通过这种方式把他作为债权人的权利出售或转让给更有条件履约的第三方），它们都是欧洲中世纪大型贸易中心的商业人士和法律专家创造的正式的、创新性的普遍制度（Szabó，1983；Reyerson，1985；Greve，2001，2007；González de Lara，2005；Gelderblom，2005b；Sachs，2006）。另一项制度创新是地中海地区的贸易中心在商业革命之初所创造的合同登记和公证制度，有关商业合同在提交仲裁小组或法庭之前，先要经过书写、寄存、保管，并最终获颁证明文件。公证制度先前归国王和教会管理，11 世纪开始出现了为私人提供服务的公证员，进而促进了早期的南欧商业革命（Doehaerd，1941；Lopez and Raymond，1955；Reyerson，1985；Greve，2000；Gelderblom，2005b；Ogilvie，2011）。此后不久，西北欧地区出现了另一种形式的制度创新，即市政部门开始为远途贸易合同提供中世纪早期所没有的登记、寄存和颁发证明文件等方面的服务（Wach，1868；Dollinger，1970；Gelderblom，2005b；Dijkman，2007；Ogilvie，2011）。在商业革命早期阶段，我们可以观察到的另一项制度创新是仲裁委员会：仲裁委员会由从经验丰富的世俗法官和中立商人中选出的仲裁员组成，公共法庭认可并执行仲裁委员会的裁决（Price，1991；Epstein，1996；Basile et al.，1998；Volckart and Mangels，1999；Gelderblom，2003，2005b；Lambert and Stabel，2005；Sachs，2006；Aslanian，2006；Ogilvie，2011）。最后，如果以上所有机制都不能发挥作用，那么国王法庭、领主法庭、宗教法庭以及地方政府法庭就会参与进来，在 1050 年之后远途贸易大发展的任何地方、任何时期，竞相为国际商人提供司法服务（Baker，1979；Reyerson，1985；Basile et al.，1998；Boerner and Ritschl，2002；Gelderblom，2005b；Munzinger，2006；Sachs，2006；Dijkman，2007；Harreld，2004a，b；Ogilvie，2011；Edwards and Ogilvie，2012b）。这些不同于传统模式的普遍制度，大多可以追溯到中世纪商业革命的最初阶段，它们在成功地促进增长方面发挥了积极作用。远途贸易快速扩张的时期和地方，同时也是通过市场、公共法律体系、市政部门以及各类其他公共部门提供的普遍性契约制度，能够为所有贸易商人、而不是个别特权行业成员提供可接受的合同执行机制的时期和地方。

为财产权利和合同执行提供保障的这些新制度，其关键特征并不在于它们是否表现为一种开放性的社会秩序，也不在于它们究竟发生在集权还是足够多元化的政权中：这类特征，有时是这些新制度所具有的，有时是不具有的（Ogilvie，2011，特别是第五章）。毋宁说，这些新制度创造了有利于经济增长的激励机制：有关规则和权利客观公正地适用于所有经济主体，而不是仅仅适用于特定团体的成员。欧洲不同社会的政治因素，无疑会影响普遍制度与特殊制度之间的平衡，但强势代议机构并不是这类社会政治因素的充分或必要组成部分。这是因为，正如“经验教训Ⅱ”所表明的，代议政治制度实际上也可以进一步巩固特权性商业卡特尔集团等特殊经济制度。

除了议会等代议机构，现实社会中还存在着一系列的社会政治因素，它们都有助于经济中更广泛地采用更具普遍性的制度。第一类研究文献，强调财政制度的出现和金融市场的发展，使得国家在财政上可以不必依赖于向特殊利益集团出售特权取得收入（Schofield，1963，2004；Elton，1975；‘T Hart，1989，1993；Hoyle，1994；Fritschy，2003；Davids，2006）。第二类研究文献，强调高度多元化的城市体系的重要性：在多元化的城市体系中，各城镇之间相互竞争而非一致行动，从而彼此限制了从政治当局那里获取特权的能力（Rabb，1964；Ashton，1967；Croft，1973；Archer，1988；‘T Hart，1989；Britnell，1991；Lis and Soly，1996；De Vries and Van der Woude，1997；Harreld，2004a，b；Van Bavel and Van Zanden，2004；Gelderblom，2005a，b；Van Zanden and Prak，2006；Nachbar，2005；Price，2006；Murrell，2009）。第三类研究文献强调社会结构多样性的重要性；其中，社会中拥有朝气蓬勃、表达清晰、具政治影响力的人，他们愿意从事创业活动但不属于任何特权利益集团，因而倾向于反对那些实施进入壁垒的特殊制度（Rabb，1964；Ashton，1967；Croft，1973；De Vries，1976；De Vries and Van der Woude，1997）。在这些社会政治因素中，有不少因素促进了经济制度从特殊制度向普遍制度的转变；在所有经历过成功的商业增长的中世纪社会和近代欧洲社会，这些因素都占据了上风。大约在1500年以后，这些因素同时在两个欧洲政治实体发力，此即荷兰和英国；在这两个国家，普遍制度站稳了脚跟，经济增长显著加速（De Vries and Van der Woude，1997；Ogilvie，2000，2011）。普遍制度和特殊制度共存于任何近代社会，但只有普遍制度占主导地位的那些社会，才能享有更快的经济增长；不仅贸易领域如此，而且正如我们在后文将要看到的，农业和工业领域同样如此。

对于经济增长来说，这些历史研究发现具有丰富的含义，其中一个重要原因还在于特殊制度与社会资本之间存在的诸多潜在联系。众所周知，社会资本通常包括某种建构性制度；其中，有关制度所规定的规则与权利具有“封闭性”，即对谁是群体的成员有着清晰的界定（参见：Coleman，1988，第104~110页；Sobel，2002，第151页；Ogilvie，2005d，2011；Hillmann，2013）。为了形成社会资本，有关制度必须具有封闭性，必须拥有信息优势、集体惩罚和承诺机制；也就是说，它必须具有一定的特殊性。不过，这种制度一旦形成，就很难避免被滥用：为了抵制那些威胁其既得利益的改变，享有封闭性利益的封闭性群体往往会滥用制度的特殊一面。经济史表明，就社会资本产生于建构性的特殊制度（其规则排他性地适用于固有群体）而非普遍制度（其规则适用于所有人）而言，社会资本具有黑暗的一面。

8.5 经验教训Ⅳ：产权制度与契约制度缺一不可

正如前文所述，对经济增长来说，有两种制度是比较重要的，此即保障私有产权的制度和确保合同执行的制度。不过，它们究竟是如何对经济增长产生影响的呢？二者之间是否有一个更为重要呢？阿西莫格鲁和约翰逊（Acemoglu and Johnson，2005）认为，有必要对这两种制度做出严格的区分：产权制度保护普罗大众免受权势阶层的掠夺，而契约制度则确保普通人之间能够签订私人契约。基于上述原因，他们认为产权制度对于长期经济增长具有更为重要的影响，而契约制度的影响则要小得多：为了避免有缺陷的契约制度所造成的负面影响，人们可以通过多种方式来改变合同条款；但是，对于统治者和精英阶层的掠夺风险，人们却很难通过类似方式予以化解（Acemoglu and Johnson，2005）。

不过，对于这种观点，经济史提供的证据则是模棱两可的。从历史的角度看，契约制度和产权制度存在很多重叠之处。正如“经验教训Ⅴ”和“经验教训Ⅵ”所表明的，我们确实有必要对产权制度中究竟有哪些关键特征会对经济增长造成重要影响，予以更多的关注和更深入的分析。不过，即便在进行这种分析之前，历史证据本身已经足够清晰地表明了其中的一个关键特征，此即产权在何种程度上能够通过契约从一个人手里转移到另一个人手中。人们在进行交易时，同时也转让了财产权利并签订了契约。契约的可执行性取决于产权的安全性，而产权的安全性则取决于一个人能否订立与其财产有关的契约。不仅如此，统治者和精英阶层不仅会干涉产权（如征用人们的财产），而且会干预人们订立的契约（如为了他们自己或服务对象的利益而使得协议无效）。以欧洲中世纪为例，支配各种资产所有权（不仅包括土地，而且包括金融资产和其他动产）的产权，其安全基本能够得到法律的保护（Pollock and Maitland，1895；Campbell，2005；Clark，2007；McCloskey，2010），但支配这些产权转让的契约，在很多情况下则非常缺乏安全保障，尤其是在财产转让涉及统治者、社会精英以及从统治者或社会精英手中取得特权的权势群体（享有按照自身利益扭曲市场的合法权利）的情形下（Ogilvie，2011，2013b）。显然，历史经验证据并不完全支持关于制度可以明确区分为产权制度和契约制度的想法。

经济史同样质疑下述观点：由于普通老百姓可以设计出非正式的替代性条款，故契约制度是否存在缺陷并不重要。正如“经验教训Ⅰ”所讨论的，人们曾经认为，历史上的那两个广为人知的案例，可以表明非正式制度可以成功地取代糟糕的契约制度，但最后表明这种看法是完全错误的。既没有历史证据能够表明，11 世纪的马格里布商人可以通过非正式的私序联盟来弥补契约履行过程中的公序制度缺失；也不存在任何历史证据，能够表明 12 世纪、13 世纪的香槟集市，可以在合同执行方面依赖于私法法官或集体报复以避免公序制度的不足。用私序制度来规避糟糕的契约制度是一件非常困难的事情，中世纪商人和近代商人选择的是用脚投票：把他们的生意从公序糟糕的地方，搬到公序优良的地方（Ogilvie，2011；Gelderblom，2005a，2013）。经济史表明，为糟糕的公序契约制度设计出非正式的替代物，从来就不是轻而易举的事。

经济史告诉我们的第三件事是，长期经济增长存在若干重要节点：在这些节点上，至少就一种制度在促进经济增长方面离不开另一种制度而言，产权制度和契约制度都是必不可少的。其中，欧洲农业革命是最重要的节点之一。农业是传统经济最重要的部门，大多数经济史学家把农业生产率的持续提高视为欧洲工业革命的重要因素。这样的农业革命在荷兰始于 15 世纪晚期、在英国始于 16 世纪晚期，而法国部分地区在 18 世纪、欧洲各德语地区在 19 世纪同样发生了类似的农业革命（Mingay，1963；Chorley，1981；Bairoch，1989；

Brakensiek，1991，1994；Allen，1992；Overton，1996a,b；Campbell and Overton，1998；Kopsidis，2006；Olsson and Svensson，2010）。农业要出现这样的增长，必须发生一系列的制度变革，其中某些制度变革属于产权制度变革，另一些则属于契约制度范畴。除非发生了这两类制度变革，否则农业通常无法实现这样的增长。

对于农业增长来说，土地私有产权的安全性几乎总是必不可少的；值得指出的是，经济史学家在这个问题上仍然存在争议（Allen，1992，2004；Neeson，1993；Overton，1996a,b；Shaw-Taylor，2001a,b）。正如我们在“经验教训Ⅵ”中将要看到的，中世纪和近代的大多数欧洲社会，都存在着相对安全的土地私有产权；不过，这种私有产权不是完全独立的：它与其他类型的财产权利共存，并受到后者的限制。村庄共同体会集体拥有一部分牧场、森林和荒地，同时也会对私有耕地的具体利用方式做出某种限制（Allen，1992；Neeson，1993；Brakensiek，1991；Kopsidis，2006）。这种共有产权的重要性及其对私有产权的限制程度，不仅在近代欧洲的不同社会、在同一个社会的不同地区甚至彼此相邻的两个村庄之间存在着极大的差异（Whittle，1998，2000；Campbell，2005），而且也会随着时间而不断发展演变：从1500年前后到1900年左右，大多数欧洲社会的共有产权均逐渐被私有产权所取代（Overton，1996a,b；Brakensiek，1991，1994；Olsson and Svensson，2010）。

在这一过程中，一个重要方面是牧场从共有产权向私有产权的转变（在英国被称为圈地运动）。由于村庄共同体对集体牧场进行管理的主要目的是防止过度放牧，因此这种转变有助于解决“公地悲剧”问题（Hardin，1968），但对经济增长的好处则相当有限（参见：Neeson，1993）。毕竟，在英国，共有产权的占有和交易往往是由个人进行的，多数情形下是村庄共同体中最大的农场主（Shaw-Taylor，2001a,b）。实际上，共有牧场私有化促进农业增长的主要机制是降低交易成本，其中包括灵活转变牧场用途的成本：对于该时期涌现的大量具有更高生产率的农业新技术而言，把牧场转变为其他用途几乎是必不可少的（Slicher van Bath，1963，1977；Overton，1996a,b）。

圈地运动的第二方面是对可耕地（种植农作物）的影响。在欧洲，每个村庄的耕地通常划分为三大片，并通过三圃轮作的耕种方式来补充土壤养分（Slicher van Bath，1963，1977；De Vries，1976）。在每一大片土地上，每位村民都拥有并耕种分散的条块，但农作物的种植收割、耕地的轮作以及其他农业技术等问题则由整个村庄共同体来决定；同时，在农作物收割之后，整个村庄在村民个人的耕地上拥有集体拾穗权和放牧权（Overton，1996a,b；Brakensiek，1991，1994）。从1500年左右到1900年前后，欧洲不同国家和不同地区在不同时期对这些分散的条块状敞地进行了重新调整，使得个体农民可以持有更大的连片土地并对这些土地拥有排他性的私有产权。它通过降低时间成本（包括每位村民在不同条块之间的往来时间）提高了规模经济性，减少了采用新的耕作技术的交易费用，并增加了个体通过投资来提高农业生产率的激励（Overton，1996a,b）。

这种产权变迁对经济增长究竟会产生怎样的影响呢？对此，学术界一直存在很大的争论。艾伦（Allen，1992）认为，英国的这种产权变迁并没有导致农业生产率的提高；但奥弗顿（Overton，1996a,b）却对此提出质疑，认为这种看法基于不准确的历史分期和错误的证据解读，并存在样本选择偏差问题，并进而得出如下结论：尽管私有产权的改善提高了不平等程度，但确实提升了农业生产率并有助于实现更快的农业增长。大约在 1770 ~ 1870 年间，德国的不少地区也经历了类似的农业产权变迁（通常是借鉴英国模式和荷兰模式），而德国的这种圈地运动同样引发了类似的争论（Brakensiek，1991，1994；Kopsidis，2006）。目前的共识是，德国社会所发生的以私有产权代替共有产权的制度变迁，同样促进了农业的创新、种植面积的扩大、土地用途的转变以及农业增长的提高（Brakensiek，1991，1994；Kopsidis，2006；Fertig，2007）。基于上述分析，我们可以认为私有产权的改善，确实有助于促进农业增长。

不过，私有产权的改善，通常并不能直接导致农业生产率的提高和农业增长，其增长效应往往经过很长时间才能体现出来。其原因在于，产权制度本身并不足以保证农业生产率的提高。对于拥有更完善产权的土地所有者来说，要想使得他们具有提高生产率的积极性，还必须让他们对农业创新所需要的更多投资，具有获得相应回报的合理预期，而这就需要某种契约制度，以保证他们能够获得他们所需要的资本和劳动、出售剩余农产品以及购买那些专业化新型农场自身不再生产的其他物品。

农业革命首先需要一种能够把一定数量和质量的劳动力灵活配置到农业生产过程之中的契约制度（De Vries，1974，1976；Overton，1996a,b；Ogilvie，2000）。通过产权的改善，农民就可以引入新的作物和轮作制度，而这就需要更为紧张的开垦、耕种、施肥和除草等工作。谷物产量和牛奶产量的增加，在收割、脱粒、黄油搅拌和奶酪制作等方面创造了更多的工作机会（Chambers，1953；Caunce，1997）。在这种情况下，农场主不仅需要更高强度地利用其家庭劳动，而且需要雇用足够多的、灵活供给的家庭之外的劳动力。然而，劳动力市场上的劳动合同，经常会受到权贵或权势群体为了自身利益而出台的、同他们占有更大份额的劳动力有关的诸多限制性措施的阻碍，例如，对农奴强制劳动的榨取、对劳动力迁移的限制、有利于雇主的工资上限、对女性做出的工作限制以及其他劳动力限制措施等（De Vries，1976；Harnisch，1989a，b；Klein，2013；Ogilvie，2004a，b，2013a，b）。对于劳动合同的这类限制，通常是通过农奴制、村庄共同体、城市社团和手工业行会等特殊制度施加的，而这些特殊制度不是通过允许每位经济个体可以在自由进入的竞争性市场中自愿提供或雇用劳动来公正地对待所有经济个体，而是按照农奴身份、性别、宗教、种族、团体身份、行会成员等非经济标准予以区别对待（Sharpe，1999；Ogilvie，1997，2000，2004a，b；Ulbrich，2004；Wiesner，1989；Wiesner-Hanks，1996；Wiesner，2000）。即使是在相对比较进步的汉诺威，那里的地主直至1820年仍在使用农奴的强制劳动，其原因是：在地主看来，这种劳动是没有成本的；不过，一位英国旅游者曾对此评论说，“如果地主不得不雇佣劳动者，想必他会要求工作被做得相当好，但现在的情况是工作做得极为糟糕。这是因为不得不去做这项工作的人，对如何做好这项工作没有任何兴趣，他们关心的只是在规定的时间里尽可能地少干一点”（Hodgskin，1820，第85页）。与之不同，在农业革命开始得比较早的地方（弗兰德、荷兰和英格兰），劳动力市场拥有完善的契约制度，对于农场职员和流动性农业工人都是如此，这就保证了在不同的农业季节中有大量熟练且干劲十足的劳动力，可以按照适当的工作强度在适当的地方配置适当的数量（De Vries，1974，1976；Van Lottum，2011a，b；Kaal and Van Lottum，2009；Kussmaul，1981，1994）。

对于农业增长来说，影响信贷（不是针对精英阶层或国家的高级金融信贷，而是针对普通民众的小额投资贷款）的契约制度同样是必不可少的。正如对现代欠发达经济体中的农业小额信贷（World Bank，1982）以及欧洲历史上农村经济（De Vries，1976；Holderness，1976）的研究所表明的，农业生产方式的改变总会需要一定的投资，至少是小额投资。尽管近代农业革命并不涉及机械化农业生产，但它仍然需要资本投入（Habakkuk，1994；Holderness，1976；Lambrecht，2009；Thoen and Soens，2009；Van Cruyningen，2009；Ogilvie et al.，2012）。例如，圈占牧场和敞地需要栅栏、篱笆和壕沟，种植新作物需要购买种子，改良土壤需要肥料、沙子、石灰和泥灰，大型收割需要购置更多更有力气的挽畜，新技术转型时期的农民和工人需要得到资金支持，等等。英国和荷兰相对完善的契约制度，使得英国和荷兰的农民可以利用多种渠道获得资金（De Vries and Van der Woude，1997；Schofield and Lambrecht，2009）。资金充裕的荷兰市民会直接投资土地，或通过该国发达的信贷市场向农民出借资金（De Vries，1974，1976；Van Cruyningen，2009）。英国的地主则由于在解决契约纠纷方面难以享受到类似于中东欧地主的特权，而不得不依赖于财产性收益，这就为他们提供了借钱给租户进行土地改良的强烈动机：为了改良土地，他们甚至亲自到金融市场上融资，而 16 世纪、17 世纪的英国金融市场已经达到了荷兰的发达程度（Holderness，1976；Muldrew，1993，1998，2003；Spufford，2000）。完善的契约制度，意味着英国的谷物商人愿意并能够向农民发放贷款；这些商人顺便还可以通过投机收获情况，来冲抵谷物价格波动，或如笛福（Defoe，1727）所述："这些粮商在乡下的农民间骑行穿梭，向农民购买粮食，甚至是在谷物尚未脱粒的谷仓里。而且，他们有时会在田间地头购买粮食，不仅是在收割之前，而且是在成熟之前"（第二卷，第 36 页）。

为农业发展提供资金支持的契约制度，在欧洲其他地区的发展要缓慢得多。这些经济体中的可用资金，大部分是统治者通过税收、公债以及出售垄断权或政府职位积累而来的，然后则浪费在战争或宫廷炫耀上（Brewer，1989；Brewer and Hellmuth，1999）。另有相当比例的可用资金是地主贵族作为地租征收上来的，然后花费在购买官职、购买垄断权或用于炫耀性消费（Ogilvie，2000）。在法国、西班牙、意大利和德国等许多经济体中，甚至连商业利润和工业利润也往往会流向地产、贵族身份（享有税收自由）、官僚职位或特定业务的合法垄断（De Vries，1976）。在购置土地或赢得皇家垂青具有最高回报、最低风险的社会中，糟糕的契约制度必然意味着用于土地改良等风险性经济项目的资金是极度匮乏的。在欧洲的许多经济体中，享有特权的特殊利益群体可以利用契约制度获得信贷支持，但包括大部分乡下农民在内的普通老百姓则基本被排除在外；尽管农民有时也可以通过口头约定或非正式借贷合约，部分地绕过这种信贷限制，但通常需要承担很高的交易成本（Ogilvie et al.，2012）。除荷兰和英国以外的欧洲地区在 1750 年以前迟迟难以引入新的农业技术，这主要是因为它们很难储蓄或借到足够的资金，尤其是普通农村居民，而大部分农业决策正是由他们做出的。信贷市场上存在的诸多限制性措施，通常是经由农奴制、村庄共同体、城市社团等特殊制度施加的。我们不妨举一个例子：按照 17 世纪、18 世纪德国的村庄共同体制度，即便借贷双方都愿意借贷，但也不允许他们基于共同体成员的身份、财富、性别、婚姻状况以及借款人是否受村长或村务委员的欢迎等，签署贷款协议（Sabean，1990；Ogilvie，1997；Ogilvie et al.，2012）。信贷市场上的这些限制性做法，反映了强势个体或权势群体的自身利益：他们关心的是资源再分配如何更有利于自己，并试图利用有利的制度安排来实现这一目的。

农民不仅需要良好的契约制度来保障新型农业技术所需要的劳动投入和资本投入，而且在产品市场上也需要一种良好的契约制度，使得他们可以通过出售剩余农产品获利并购买他们不再生产的其他产品（Britnell，1996；Grantham and Sarget，1997；Bolton，2012）。然而，现实社会中的许多制度，不仅会阻碍订立劳动契约和资本契约，而且也会阻碍食品、原材料和工业品的交换。西班牙、法国以及意大利和德国地区的统治者和市镇政府，通常会推行一种被称为“供应地”的特殊制度安排，使得周边村庄的农民不得不以远低于市场的价格在城镇上出售农产品，而城镇居民则享有优先购买的合法权利（De Vries，1976；Ogilvie，2011）。这是意大利北部地区和德国南部地区虽然实现了较高程度的城市化，但却没有能够在16世纪出现农业革命的重要原因；相比之下，荷兰和弗兰德地区的城市居民，则不得不向农民支付市场水平的价格。西班牙在产品市场上推行的粮食最高限价制度以及其他契约限制性制度，迫使农民纷纷离开土地，至1797年仅卡斯蒂利亚农村地区就有近1 000个村庄被完全废弃，不得不通过粮食进口来缓解饥荒（De Vries，1976）。

好的契约制度使得农民可以通过投资于农业新技术获得利润，而形成良好契约制度的障碍并不仅仅体现为城镇所享有的各种特权，封建领主的通行费（内部关税壁垒）同样阻碍了良好契约制度的形成。例如，在法国国内的粮食市场上，领主的通行费对农民造成了严重打击并进一步恶化了饥荒，这种情形一直持续到1789年（ó Gráda and Chevet，2002）。在波希米亚、波兰以及德国东部地区，大地主迫使农民以固定价格（低于市场价格）出售粮食，其后由地主向西欧出口粮食或把粮食用于自家酿酒厂的啤酒酿造，然后再迫使农民以固定价格（高于市场价格）购买他们生产的啤酒（Cerman，1996；Ogilvie，2001，2005c；Dennison and Ogilvie，2007）。农民们即便在土地的私有产权方面享有安全保障，但受困于糟糕的契约制度，他们难以从粮食盈余中获得足够的利润，新技术也就不值得投资了。产品市场上的这些限制性措施，同样是由地主、村庄共同体或城市社团施加的。以近代波希米亚为例，地主利用他们在农奴制下的制度权势，迫使农民以低于市场的价格出售粮食，并惩罚那些把粮食和家畜外销而不是优先向庄园提供的农民（Ogilvie，2001，2005c）。产品市场上的这些限制性做法，再一次反映了强势个体或权势群体的自身利益：他们关心的是资源再分配如何更有利于自己，并试图利用有利的制度安排来实现这一目的。

16～19世纪期间，欧洲不同地区在契约制度和产权制度方面的差异，在很大程度上决定了它们是否能够实现农业增长，以及在何时何地能够实现农业增长。对于农业增长来说，仅有私有产权的安全是不够的，还必须使得农民能够轻易地雇用劳动力、轻松地借到资金、盈利性地销售，且对自身不再生产的产品可以找到廉价的供应渠道。在这些方面，英国和低地国家比较幸运：正如我们在“经验教训Ⅷ”将要看到的，它们在中世纪时期的农奴制很薄弱或根本就不存在农奴制，这就使得那里的地主虽然有一定经济实力但很少享有法律特权，村庄共同体的组织相对比较松散，城镇特权则不仅难以得到有力执行而且在高度多样化的城市体系中面临着其他城市的竞争（正如我们在“经验教训Ⅲ”所看到的）。当然，正如我们在“经验教训Ⅵ”和“经验教训Ⅶ”将要看到的，英国和低地国家仍然会有一些特殊制度遗留下来；不过，大量具有普遍性特征的新型契约制度在 16 世纪、17 世纪的涌现，使得普遍制度得以在任何利益集团有组织地加以阻止之前得到了蓬勃发展，并有效地弥补了这种制度的空隙。然而，直到 18 世纪，欧洲大部分其他地区的地主、特权城镇和村庄共同体仍然广泛地保留了干预私人契约的权利，在某些地区甚至持续到了 1800 年以后。尽管法国在大革命期间、普鲁士和德国其他地区在 1808 年废除了封建领主特权，但它们的契约制度却仍然保留有诸多限制性措施。直到民众革命、军事战败或长期的社会冲突彻底破坏了传统契约制度，那里的农民才最终从阻碍增长的农业生产率陷阱中摆脱出来（Slicher van Bath，1963，1977；De Vries，1976）。

对欧洲各地区（即便除荷兰和英国以外）农业革命之制度前提进行的各种研究，基本都会明确强调：产权的改善，并不足以导致农业增长。只有在劳动力市场、信贷市场和产品市场上的契约制度也得到改善的情况下，产权改善才能导致农业增长。泰勒（Theiller，2009）表明，诺曼底地区只是在中世纪晚期出现了便于农民出售剩余农产品的区域性贸易中心之后，才引发了土地产权的完善（根据土地出租市场提供的证据）。塞朗（Serrão，2009）揭示了 17～19 世纪葡萄牙的城市需求，如何在产权自由化改革之前，为农民采用新技术、增加农场投资提供了激励。奥尔森和斯文森（Olsson and Svensson，2009）对 18 世纪、19 世纪的瑞典进行的分析表明，不论是 19 世纪初期瑞典激进圈地运动的产权私有化，还是农产品市场上更完善的契约制度所提供的激励，均对剩余农产品的市场可交易数量产生了显著影响。至于 18 世纪和 19 世纪的德国，有关研究则特别强调了市场结构的调整和贸易障碍的消除，如何使得农民能够以更具吸引力的价格和更低的交易成本出售农产品（Brakensiek，1991，1994）。更重要的一点是，德国农民最初普遍抗拒私有化，其原因不仅在于私有化往往与更高的风险有关，而且在于当地缺乏能够确保投资收益的健全市场。其结果是，德国农业产权改革进行得异常缓慢，从 1770 年前后到 1890 年左右持续了百余年时间；并且，不同地区甚至不同村庄的改革步伐和改革程度存在很大差异，这主要取决于它们能否建立起良好的契约制度、制度改革的再分配效应以及政府官员、地主、农民和乡村劳动者之间的力量对比（Brakensiek，1994，第 139 页）。这些研究结果表明，产权制度与契约制度之间不仅存在着密切的联系，而且都与分配问题有关。在“经验教训Ⅶ”和“经验教训Ⅷ”部分，我们还会重新回到这个问题。

这些研究结论对于经济增长意义重大。首先，产权制度与契约制度是密不可分的。正如我们在“经验教训Ⅵ”中将要看到的，对私有产权的安全性进行度量的一种方法，是探究产权能够从一个人手中安全地转移到另一个人那里的程度。它并不是产权的可有可无的附带性特征，而是私有产权安全能够促进增长的核心机制，亦即确保资源能够被配置到最有价值的用途中去。如果契约制度是不安全的，那么私有产权促进经济增长的一个重要方面也就失去了保障。

其次，对于经济增长来说，产权制度和契约制度都是必不可少的。要想充分发挥私有产权安全对于经济增长的促进作用，就必须有完善的契约制度，从而使得财产所有者能够储蓄和借贷资本以进行投资，从而提高其财产生产力、能够雇佣劳动对其财产进行操作、能够出售他们利用财产所生产的产品并从中获利。

再次，不论是把产权制度定义为普通民众免受统治者和精英阶层的剥夺，还是仅仅把契约制度视为普通民众之间的私人契约，都是一种过于简化的做法。统治者和精英阶层出于自身利益或出于特权群体（拥有统治者或精英阶层所出售的特权）的利益，而拒绝履行契约，不仅干预了产权，而且干涉了人们之间的契约关系。在这种情况下，不论是产权制度还是契约制度，都包含着以普通民众为一方、以统治阶层为一方的经济关系。经济史表明，分配冲突和精英阶层与统治者拥有的强制性权力，不仅对私有产权的安全性，而且对契约制度都具有非常重要的影响。贫穷落后的经济体，在处理好权力问题和分配冲突问题之前，不可能改善其契约制度。

最后，在契约履行方面，非正式的替代性措施不能取代糟糕的公序制度。历史上的经济增长通常发生在下述情形：政治当局不再支持特殊利益集团的那些有违契约安全的各种特殊的干预措施，并对普遍性的契约履行机制进行了完善。贫穷落后的经济体，不可能通过非正式契约制度实现经济增长；它们必须解决契约履行方面所存在的公序制度薄弱问题。

8.6 经验教训Ⅴ：普遍产权比特殊产权更有利于经济增长

产权不见得比其他制度安排更重要，但它无疑会对经济增长产生更为重要的影响，故可以无条件地视之为有利于经济增长。不过，“产权”一词包含内容丰富的一系列制度安排，而历史证据表明，其中只有一部分才真正是对经济增长有利的。

事实上，经济史上的研究发现，要求我们进一步思考这样一个问题：为什么产权应该是有利于经济增长的？对于这一问题，可以给出三种答案（De Soto，1989；Milgrom and Roberts，1992；Besley and Ghatak，2010）：其一，产权可以促使资产转移到对其估价最高的那些人手中，故能够激励人们把资产配置到最具生产性的用途上；其二，产权能够激励人们更为生产性地使用资产，以实现该项资产的保值增值；其三，产权使得财产所有者能够以其资产为抵押，借入资金进行投资（特别参见：De Soto，2000）。

产权究竟应该具有什么样的特征，才能通过以上三种机制实现其促进经济增长的作用呢？第一个特征是：产权应该是明晰的。也就是说，对于经济中的每一个人而言，某一资产属于何人所有应该是确定无疑的，包括：对于某一资产，他或她可以如何使用、如何转让、可以转让给谁以及应该签订什么样的合同等等。为了使得对某些资产估价最高的人愿意为获得该项资产进行支付，为了激励当前的资产拥有者进行投资，为了保证资产所有者能够利用资产进行抵押，明晰的产权是必不可少的。

人们普遍强调的第二个特征是：产权必须是私有的，即单个实体拥有某项资产的排他性使用权。有学者指出，私有产权能够很好地激励个体所有者，对资产进行更具生产性的使用、为资产的保值增值进行投资、出售或出租给其他使用者等等（Besley and Ghatak，2010）。

第三个特征是各种文献普遍强调的产权安全性（参见：North and Thomas，1973；North，1989，1991）。不过，正如我们在“经验教训Ⅵ”中将要看到的，产权的安全性至少应该分为三部分：所有权的安全、使用权的安全和转让权的安全。为了保证能够把某项资产转移到对其估价最高的人手中，为了保证对该项资产的投资、生产性使用以及进行抵押，所有权、使用权和转让权的安全都是必不可少的。

产权应该是明晰的、私有的和安全的，但仅仅具备这三个特征并不够。为了给经济增长提供制度基础，产权还必须具有普遍性（参见我们在“经验教训Ⅲ”部分对该概念的定义），即某项资产的所有权、使用权和转让权必须适用于一个经济体中所有的经济主体，而不是仅仅适用于其中的一部分经济主体。为了使得产权能够保证某项资产转移到对其估价最高的人手中（从而会对该资产做最有生产性的使用），该项资产的所有权、使用权和转让权必须适用于每一个人，而无论其个体特征或群体属性如何；并且，与该项资产有关的交易必须是竞争性开放市场中的非人格化自愿交易，而不是与个体特征有关的交易或强制交易。同样地，由于对资产进行生产性使用的一个重要动机是维持资产的价值，以便在未来把它转让或出租给其他人，因此，如果产权是普遍的，那么它在激励人们投资于资产的生产性使用方面就会更有效率，而如果某项资产的产权是特殊的，即它在未来的转让或出租仅限于有限的经济主体，则必定降低了当前资产所有者通过生产性使用而维持该项资产价值的激励。与之类似，产权不能适用于所有经济主体、不能自由转让给所有经济主体的程度，会极大地限制它在保证人们利用资产进行抵押贷款方面的能力。因此，如果产权是特殊的，那么在产权能够促进经济增长的所有这三个方面，其作用都会受到限制。事实上，如果把特殊的特权群体之外每个人（如女性、有色人种、奴隶、农奴、平民、行会成员等）的资产所有权、使用权和转让权排除在外，那么，特殊性产权几乎确凿无疑地会损害经济增长。

从历史角度探讨制度与增长关系的某些文献，曾经偶尔阐述过明晰的、私有的、安全的产权并不总是能够促进经济增长的可能性。例如，诺思（North，1991）指出，历史上曾经存在的产权制度由于是“对收入进行再分配而不是增加收入”（第110页）而没能促进经济增长。不过，对于产权的哪些特征使得产权只是对收入进行重新分配、而不是增加收入，作者并没有做进一步分析。这种区分的全部含义并没有引起现有文献的足够重视：现有文献仍以产权的安全性是产权最重要甚至唯一重要的特征为假设前提，且产权安全性这一概念的准确含义仍是含糊不清的。

在产权与增长的历史上，由于产权的特殊性而使得明晰的、个体私有的、免于剥夺从而完全安全的产权却不能促进经济增长的例子不胜枚举。换句话说，历史上有许多规则，旨在建立并维护这样的产权：某类资产的使用，仅限于按照非经济标准或群体属性划定的特定范围的人；对该项资产的转让或与之有关的合同，也仅仅限于这些特定范围的人。在历史上的欠发达经济体中，这种特殊性产权是如此种类繁多、广为分布，以至于最好的分析方法也只能是具体的案例分析。其中，关于英国工业革命之前和工业革命期间的产权究竟是更有利于还是更不利于经济增长的争论，就是一个很好的例子。

这并不仅仅只是历史上的一场争论，而是产权对于经济增长历史作用的核心问题。许多经济史学家并不赞同诺思和魏因加斯特（North and Weingast，1989）的观点，而是认为英国在1688年以后实际上增加了对私有产权的限制，而对私有产权的这种更多限制反而有利于英国18世纪的持续增长以及1780年以后的工业革命（Harris，2004；Hoppit，2011；Allen，2011）。正如霍皮特（Hoppit，1996）的总结：“专制权力在1688年前只是间歇性的，其后则成为常态”（第126页），该观点的支持者认为，国家对产权的限制在第一次工业革命之前和第一次工业革命期间的进一步加强，意味着经济增长需要的不是安全、明晰和私有的产权，而是一个愿意并能够违背个人意愿对私有产权进行限制的强有力干预主义国家。

英国在 1688 年以后开始限制的究竟是哪一类产权呢？霍皮特（Hoppit，2011）对英国 18 世纪期间予以限制或废除的一系列财产权利进行了梳理。大约在 1690 年以后，英国政府授出了越来越多的收费公路特权和运河开凿许可证，其中，公路特权拥有者可以强制土地买卖，而运河许可证持有者则能够强制废止人们的用水权。1748 年，英国政府废除了苏格兰的世袭司法权，即人们继承自贵族祖先的、某些司法职位的私人所有权。1787 ~ 1833 年间，政府先是限制而后废除了对于奴隶的财产权利。1825 ~ 1850 年间，英国政府授予铁路公司特许权，使得它们拥有了强制买卖数万英亩私有土地的权利。1750 ~ 1830 年间，议会通过了逾 5200 项针对敞地、共有地和荒地的圈地法令，对约占英国土地面积 21% 的土地产权进行了重新界定和再分配，其中有不少情形有违原土地所有者的意愿。

私有产权究竟是促进还是阻碍增长，属于截然相反的两种论断，人们又怎么能够以 18 世纪、19 世纪的英国作为支持性论据呢？之所以会出现这种矛盾，在很大程度上是因为混淆了普遍产权与特殊产权。在这两种类型的产权中，促进经济增长的是普遍产权：它将某项资产明确地配置给某一特定实体，并使得该实体能够在市场上自由自愿地交易该项资产。在市场经济条件下，只要交易成本不是特别高，那么普遍产权所创造的激励，就能够保证：资产会配置给那些对其估价最高的使用者；他或她有动机把它投向最具生产性的用途；为了投资，他或她可以利用该项资产进行抵押贷款。而这正是我们可以认为这种产权的安全有利于经济增长的原因。英国 18 世纪所限制的产权则与之不同，它们主要属于特殊产权：特殊产权把资产的使用权、转让权及其所涉及的契约，仅局限于经济主体中的一小部分，而对这一小部分经济主体的界定，依据的通常是经济之外的标准。

这种特殊私有产权的第一类，可称为封建所有权。早在封建所有权能够带来经济租的数百年之前，统治者和精英阶层就已提出了这种特殊性产权。在这些封建所有权中，一类封建所有权是限制土地的自由处置权，以维持土地的集中并使之大到足以供养封建军队的程度，此尤适用于贵族或乡绅的土地。另一类封建所有权是将特定种类土地的使用权和转让权，限定于按照共同体身份或社会层级界定的某一部分经济主体，如是否是某村庄的殷实农户等（Shaw-Taylor，2001a，b）。封建所有权还会赋予某特定社会阶层成员（如贵族阶层）在土地所有、占有或使用等方面相对于其他社会阶层的若干特权。这些封建性产权依附于财产拥有者的个体或群体特征，通常不能在市场上进行非人格化的买卖，结果必然是土地很难转移到能够对它做最有效利用的那些人手中。

正因如此，我们不能把18~19世纪初叶英国的诸多产权改革，视为对私有产权安全的侵害，而应视之为从特殊产权到普遍产权的重新整合。博加特和理查森（Bogart and Richardson，2011）认为，英国在1688~1830年间并没有对私有产权的安全性进行限制，而是为了回应整个社会的诉求对土地等资源的财产权利进行了重构，以使得个人、家庭和社会团体能够更好地利用新技术或其他新机会。中世纪以来的僵化的特殊性所有权，显然难以适应这种新技术或新机会的要求：一方面，许多土地是在所谓“衡平法地产”的法律安排下持有的，而“衡平法地产”对土地的抵押、租赁和出售有很大的限制；另一方面，许多土地的使用权存在限制，它们不能转让给那些按照个人身份或是否属于当地共同体成员来界定的一部分人。此外，在某些类型的村庄（土地共有村庄）中，有关产权安排要求土地所有者必须维持土地的传统用途，且土地用途或土地所有权的任何改变都必须征得其他各方的同意，而这必然会遇到诸多法律挑战并加大合同执行的难度（Bogart and Richardson，2011，第242页）。因此，英国为圈地、公路、运河和铁路授予的特许状，并没有侵害有利于增长的普遍性私有产权，而是增强了特许状持有者削弱特殊所有权（它意味着资产的使用与转让仅限于部分经济主体）的能力：正是由于这些产权的特殊性质，使得有关资产难以转移到能够对其进行更高效使用的人手中，从而难以把它们配置到最有价值的用途中去，亦难以及时对技术创新提供的新机遇做出回应。

博加特和理查森（Bogart and Richardson，2009，2011）的观点，可能高估了1866年光荣革命所引起的特殊产权重整为普遍产权的程度。早在16世纪和17世纪，英国在特殊所有权方面就已出现了范围广泛的重整，包括最初两轮圈地运动以及土地租赁和土地使用权的诸多变化（Overton，1996a，b；Allen，1999）。尽管某些特殊所有权的重整在18世纪有所增强，但早在1688年的很久以前就已迈出了关键的一步。博加特和理查森（Bogart and Richardson，2009，2011）指出，1688年以后，封建性产权在首次重构之后的变化其实并不大，变化较大的主要是通过议会与皇室之间的相互角力，而大大降低了这种重构的交易成本；这意味着作者实际上已经默认了上述事实。

公共职位所有权是英国在18世纪开始限制的第二类特殊产权。例如，苏格兰的世袭司法权拥有审判民事案件和刑事案件的权利，但只有很少一部分经济主体才享有这种世袭权利，英国于1748年废除了这种世袭权利；实际上，世袭司法权仅仅限于族长的继承人，而该族长的这种权利又是从他的祖先那里继承而来的（Chambers，1869）。正如布鲁尔（Brewer，1989）所强调的，18

世纪的许多欧洲社会仍然具有大量世袭性公共职位（如法官、税吏等）。世袭性公共职位的所有者有动机利用该职位所赋予的强制性权力为自己谋利，而由于大量经济租金源源不断地流向世袭性公职的所有者，故在存在大量世袭性公职的欧洲社会中，其政府相对于英国的效率要低得多：收税官职位的所有者，在征收的税款中拿走了很大的比例；而法官职位的所有者，则向诉讼当事人提出了诉讼费和贿赂要求（Brewer，1989）。英国于 18 世纪废除了公共职位的财产权利，并不是压缩了使得资产能够配置到最具价值用途的普遍性权利，而是废除了通过强制和有利于自己的资源再分配而维护既得利益的特殊性权利。

我们必须以同样的方式来看待 1787 ~ 1833 年间逐步废除的奴隶制。对奴隶的所有权是一种从劳动和其他服务的原所有者（即作为奴隶的个体）那里，强制性地榨取劳动和其他服务的权利。对于奴隶的财产权利并不是一种普遍产权，因为它并不平等地适用于所有经济主体：奴隶主能够享有这种权利而奴隶却不能，且奴隶主与奴隶之间的身份转换存在着极大的限制。废除奴隶主对于奴隶的财产权利，国家限制的并不是使资产配置到最具价值用途的权利，而是废除了作为特殊性制度体系的组成部分并按照完全不同的规则对待奴隶和奴隶主的强制性权利。

英国 18 世纪发生的最后一类产权重整与征用权有关，即国家享有的为了公共目的而取走私有财产的合法权利④。征用权是私有产权与公共利益之间存在冲突的体现，这种冲突也是现代经济体仍没有圆满解决的问题（Fischel，1995；Benson，2005，2008）。一个可能对经济增长有利的项目（如基础设施建设项目），有时却受阻于安全的私有产权：由于存在市场失灵，无法通过自愿交易和竞争性价格购得有关私有产权。为了修筑公路、铁路和运河而由私人购得多个相邻地块也许是不可能的：要么因为与多个业主的协商存在着过高的交易成本（协调问题），要么因为交易的偶然性赋予了土地所有者一种垄断地位并鼓励他们索要过高的价格（“钉子户”问题），而“协调问题”有可能进一步强化“钉子户问题”。这些市场失灵属于一种特殊情形，它要求对私有产权进行某种限制，而这也是 18 世纪的英国对那些与经济增长存在实际冲突的普遍性私有产权进行限制的唯一案例（Bogart and Richardson，2011）。不过，普遍性私有产权与经济增长之间的这种冲突主要源于市场失灵，它普遍存在于

④　荷兰法学界格劳秀斯（Grotius，1625）最早使用了这一概念，参见诺瓦克和罗通达（Nowak and Rotunda，2004）所引用的如下一段原文：“国家享有国民财产的征用权（dominium eminens），故不仅在危急情势之下（甚至个人在此情形下亦对他人财产拥有权利），而且在基于公共利益的情况下（市民社会下的个人目标应为公共目标让路），国家可以使用、取走甚至破坏有关财产。但应该补充的是，国家在行使征用权时，应该补偿财产被征用者的损失”（第 263 页）。

所有经济体中，即便现代社会亦没有很好地解决这一问题。正因如此，我们不能以这种特殊情形为例来表明：在市场尚未失灵的情况下，国家对私有产权的限制会有利于经济增长。另一方面，征用权情形确实意味着：在市场不完美的情况下，国家对普遍性私有产权的限制，有可能有利于经济增长。这就为安全的、普遍性的私有产权总是有利于经济增长的理论提出了一个重要的限定条件，同时也要求我们必须对经济增长的制度基础进行更审慎的研究。

这些研究发现对经济增长有何意义？并不是任何形式的产权都有利于经济增长，即便这种产权是明晰的、私有的、安全的和可转让的。在竞争性的市场下，任何经济主体不论其个体身份或群体归属都能够占有、使用和转让的普遍产权，能够将资产配置到最具生产力的用途，能够激励产权所有者有效地使用该项资产，并使得产权所有者能够利用该项资产进行抵押贷款。与之不同，特殊产权只能由按照非经济标准划分的一小部分经济主体所占有、使用和转让，故将极大地限制产权对于经济增长的好处。一个生产性地使用某项资产的人，若不属于可以拥有该项资产的特殊产权的那个小圈子，那么他就不能占有、使用、出租、出借或购买该项资产。对于有可能占有和使用某些资产的人所施加的这些限制，会降低对这些资产进行投资的激励，同时也降低了这些资产能够成为抵押物的能力。特殊产权不仅难以像普遍产权那样促进经济增长，而且通过把特权群体以外的人（也许包含了全部经济主体的很大比例）排除在有关资产的使用、转让和租赁之外，而对经济增长造成直接的伤害。因此，经济增长不仅受益于“普遍”产权在安全性方面的改善，而且受益于对“特殊”产权安全性进行更多的限制。

8.7 经验教训Ⅵ：私有产权的安全性主要是一个程度问题

正如我们在“经验教训Ⅴ”看到的，关于私有产权的安全性这一概念，并不是一目了然的。私有产权安全对经济增长具有不同的影响，它主要取决于有关私有产权是普遍产权还是特殊产权。但就本节拟讨论的私有产权安全而言，即便产权的“安全性”概念本身，要想使它成为一个有用的概念，也必须对该概念做进一步分析。探讨制度对增长的历史作用的经济学文献，通常强调产权安全的重要性，但正如上述“经验教训Ⅴ”所表明的，此类文献对于“安全性”的理解，至少包括下述三个组成部分：所有权的安全性、使用权的安全性和转让权的安全性。

安全的所有权，意味着任何人都不可以任意地把一项资产从你那里拿走：你拥有明晰的所有权，意味着你可以合理地预期通过法律制度或其他制度机制，来行使你的所有权。安全的使用权，意味着没有人能够阻止你通过下述方式来行使你的权利：为了提高有关资产的生产力而进行投资，或者为了提高资产的产出水平而改变资产的用途等。安全的转让权，意味着没有人能够干预或阻止你通过出售、抵押、借贷、出租、遗赠或其他转让方式，临时性或永久性地把资产转让给其他人。

私有产权安全的上述三个组成部分，在文献中通常是混在一起的，但不论是在理论分析还是在经验探究中，它们都是存在明显区别的。之所以说它们在理论分析上是有区别的，是因为这三种类型的产权安全对经济增长的影响方式和影响程度都是不一样的；之所以说它们在经验上是有区别的，是因为它们在现实生活中的组合方式可以不同：一个人也许对他的土地拥有绝对安全的所有权，但对于如何使用或转让他的土地，则可能在有关权利的安全性方面存在（或不存在）各种限制；类似地，一个人拥有的所有权也许是相对不安全的（如皇室或领主可以没收这些土地），但一旦拥有有关资产的使用权，就可以获得绝对安全的使用权，同时也有权选择卖给谁、租给谁或遗赠给谁。我们已经从产权影响经济增长的角度看到了财产所有权、使用权和转让权的重要性："经验教训Ⅴ"表明了特殊产权所施加的那一类限制，但本节拟探究的则是另一类限制。结合本节的研究目的，我们将区分所有权的安全、使用权的安全和转让权的安全，同时也充分认识到任何一种简单的分类方法都存在某种缺陷：现实生活中的安全性，至少在某一范围内更可能是一种连续分布。

经济学文献对于安全的私有产权在经济增长中发挥的历史作用，存在着截然相反的两种观点。在一定程度上，这与他们把私有产权安全的三个不同组成部分混为一谈有关。第一种观点认为，中世纪欧洲和近代欧洲并不存在安全的私有产权（如：North and Weingast，1989；Olson，1993；Acemoglu et al.，2005；Acemoglu and Robinson，2012），安全的私有财产是在某特定经济体（英国）的特定时间点（1688 年光荣革命以后）突然降临的（North and Weingast，1989）。按照这种观点，不安全的私有产权突然转变为安全的私有产权，使得英国得以超越其他欧洲经济体，并在大半个世纪之后成为第一个启动工业化进程的国家（参见：North and Weingast，1989；Olson，1993；Acemoglu et al.，2005；Acemoglu and Robinson，2012）。

不过，其他一些经济学家则持有完全相反的观点，认为英国在 1688 年前的很久以前（事实上可以追溯到有记录以来）就已存在绝对安全的私有产权。例如，克拉克（Clark，2007）认为，英国早在 12 世纪就已存在安全的私有产权和自由的土地市场：它们是如此完善，以至于中世纪的英国就已完全满足世界银行和国际货币基金组织所开列的、适用于现代发展中经济体的制度清单。麦克洛斯基（McCloskey，2010）同样指出，英国至少从11世纪起就拥有了安全的私有产权，“1700年前后的英国产权制度基本没有什么新东西”；不论是欧洲还是欧洲以外的其他中世纪社会和近代社会，它们大多在中世纪和近代时期就已拥有了安全的私有产权（McCloskey，2010，第25页）。

对于前现代英国产权所做出的这些截然不同的解释，并不仅仅是专业文献的吹毛求疵，它们对制度与经济增长之间的关系具有颇为丰富的含义。那些认为英国在1688年由不安全私有产权转变为安全私有产权的看法，通常认为产权对于经济增长具有重要的基础性作用；反之，那些认为英国在中世纪（或更早时期）就已拥有安全的私有产权的看法，则认为产权（或一般而言的制度）与经济增长无关（Clark，2007，第148页起；McCloskey，2010，第318页起）。

这是关于产权对于经济增长作用的两种相互矛盾的观点，我们如何能利用中世纪和近代时期的英国经济史，为这两种截然不同的观点提供实证支持呢？要想回答这一问题，就必须对安全性的不同组成部分（所有权安全、使用权安全和转让权安全）做出明确的区分，并深入了解我们对产权在英国的历史发展究竟知道多少。诺思和魏因加斯特（North and Weingast，1989）认为，至少三个重要群体的私有产权在1688年变得安全了：对于土地所有者而言，安全的私有产权为他们提供了良好的投资激励；对于政府债权人来说，安全的私有产权促进了资本市场的崛起；对于纳税人来说，安全的私有产权保护他们免于政府贪欲的掠夺。在下文中，我们先从土地着手：由于农业是当时最重要的部门，因此，农业部门主要投入物的产权安全，对经济增长具有重要的潜在影响。

8.7.1 土地的产权安全

诺思和魏因加斯特（North and Weingast，1989）结合其关于英国1688年以后议会变得更为重要性的观点（参见“经验教训Ⅱ”的讨论）认为，在1688年以前，即便是在政治体制相对稳定的时期，英国的土地财产也是非常不安全的，其原因在于最高统治者为了有利于自己，可以按照自己的意愿对财产权利进行重新界定。诺思和魏因加斯特（North and Weingast，1989）指出，1688年的光荣革命在人类历史上第一次从制度上对统治者没收私人土地和资本的能力进行了限制，而这种限制反过来又培育了人们“安全地、跨越时间和空间地签订和履行合同的能力”（第 831 页）。奥尔森（Olson，1993）持有同样的看法，认为英国在 1688 年之后的“私有产权和合同执行”比其他任何国家都更为安全，而这正是英国率先步入工业化进程的重要原因（第 574 页）。目前，许多经济增长文献接受了下述观点：中世纪和近代欧洲之所以没能经历经济增长，是因为它们的“土地所有者、商人、乡村企业家缺乏财产权利”（Acemoglu et al.，2005，第 393 页）。财产权利的缺乏，不仅关乎所有权的不安全性，而且在于转让权和使用权同样缺乏安全（至少就投资而言）：“多数土地受困于古老的产权形式，不仅很难出售，而且土地投资存在很大的风险。光荣革命以后，这一切都发生了巨大的改变。……英国的法律史无前例地适用于全体公民”（Acemoglu and Robinson，2012，第 102 页）。因此，这类增长文献认为 1688 年的光荣革命在所有三个方面都创立了一种安全的私有产权：不仅是所有权的安全，而且包括使用权和转让权的安全。

不过，上述观点并没有得到经验证据的支持。英国的土地私有产权从 11 世纪开始就是安全的（Smith，1974；Macfarlane，1978；Harris，2004；Campbell，2005；Clark，2007；McCloskey，2010；Bekar and Reed，2012）。从小农户、乡绅地主到大贵族乃至君主本人，他们在当时普遍认为他们的财产权利是相当安全的，是不会被没收的（Pollock and Maitland，1895；McCloskey，2010）。因此，就可以免于被政府或其他强势群体强制没收的意义而言，人们拥有的所有权是安全的。不仅如此，就人们有权出售、出租、抵押、遗赠土地或按照其他方式让渡土地而言，人们拥有的转让权也是安全的。王室法庭、教会法庭、修道院法庭和庄园法庭相互竞争，使得即便底层老百姓拥有的所有权和转让权也可以得到很好的保障（Smith，1974；Macfarlane，1978；Britnell，1996；Whittle，1998，2000；Campbell，2005；Clark，2007；McCloskey，2010；Briggs，2013）。不过，由于“经验教训Ⅳ”部分曾经讨论过的原因，使用权的安全会受到某些限制：在某些地区，村庄共同体拥有限制土地所有者使用土地方式的某些权利，特别是通过共同体的公共规则对农业技术做出限定等；当然，在其他一些地区，这类限制可能微乎其微。

就私有产权的所有权安全和使用权安全而言，英国自中世纪以来的证据是如此之强而有力，以至于诺思和魏因加斯特（North and Weingast，1989）也不得不承认：“自大宪章以来，英国产权和普通法演变出深厚的根基和力量”（第 831 页）。光荣革命之后于 1689 年颁布的权利法案，实际上并没有对政府没收私人财产的能力施加任何新的限制，也没有要求政府在没收私人财产时做出任何补偿（Harris，2004，第 226 页）。幸运的是，11 世纪以来的英国普通法为所有权的安全和转让权的安全提供了广泛的保障；正如哈里斯（Harris，

2004，第228页）所指出的，早在1688年之前很久，英国的司法就表现出了很强的独立性。

17世纪的英国经历了重大的政治变革，而这些政治变革导致了英国的土地产权发生了某种临时性改变。1603～1641年间，斯图亚特王朝的君主们进行过数次拟把欧洲大陆的专制政府模式引入英国的失败尝试，其中就包括土地财产的所有权在王权面前的不安全。与任何内战一样，1642～1651年间的内战同样加大了所有权的不安全性，1660年的王朝复辟则使得所有权发生了某种临时性改变。不过，正如麦克洛斯基（McCloskey，2010）所指出的，对于受到这类重大政治变革侵害的投资者来说，他们原本就应该预见到此类事件的发生。实际上，上述所有事件对近代英国产权制度的影响都不具有可预测性，故不能把它们视为有碍投资活动的事前不确定性。不仅如此，我们在18世纪的英国可以看到类似的不安全性，其原因在于英国的政治制度继续面临着不确定性：1690年，议会与王室之间爆发的严重冲突，使得英国国王（奥兰治的威廉）不得不重返荷兰；自那时起直至1745年，旨在复辟斯图亚特王朝并有组织地反对政权的詹姆斯党人，发起了一系列叛乱活动。政府的不安定性总会造成私人所有权的某种不安全性，但其影响的途径却主要是通过人们的预期。英国的投资者不太可能预期到17世纪的政治变革，他们也不太可能完全无视詹姆斯党人在18世纪初期推翻君主制的可能性。

量化分析同样对英国1688年前后土地产权曾在任何方面（所有权、使用权和转让权）出现过拐点的看法提出了质疑。克拉克（Clark，1996）编制了1540～1750年间英国土地租金和土地价值的时间序列数据，发现不论是1688年还是1540～1750年间的其他政治动荡时期，都不曾留下存在任何突变的痕迹。克拉克据此断定，人们拥有的财产权利想必自1540年起就是相当安全的。

不过，正如克拉克（Clark，2007）或麦克洛斯基（McCloskey，2010）所指出的，这并不意味着从中世纪到工业革命时期的产权是完全静止不变的。从1350年左右到1500年前后，英国的地主庄园权利、耕地与牧场的公共规则、执法成本和执法公正性、耕种期限与土地租约的复杂性等，都发生了重大变化（Wrightson，1982；Wrightson and Levine，1995；Campbell，2000，2005，2009；Harris，2004；Briggs，2009，2013）。正如“经验教训Ⅳ”所讨论的，在1550年左右到1800前后的农业革命期间，英国的产权出现了不少新变化：对共有产权进行了限制或予以了废除，土地保有形式得到了简化，消除了继承制度对土地转让的限制，改善了财产纠纷方面的执法，等等（Overton，1996a，b；Allen，1999）。这些变化对产权三个组成部分的安全性都造成了影响。其中，影响所有权和转让权安全的主要途径，是通过进一步完善法律制度的具体条款，保证人们的财产权利免于没收或侵害；而影响使用权安全的主要途径，则源于改变关于农业活动的共同体规则和庄园规则，尤其是针对圈地和土地租约的规定。土地所有权、使用权和转让权的安全性在中世纪和近代英国所出现的这种改善，是一种渐进的量变过程，18 世纪是这一进程的进一步延续；也就是说，1688 年前后并没有发生任何形式的突变（Neeson，1984，1993，2000；Allen，1992；Overton，1996a，b；Shaw-Taylor，2001a，b）。到 18 世纪 60 年代工业革命来临之际，英国的财产所有权、使用权和转让权的复杂程度以及与这些权利相关的交易成本，相比于中世纪时期都有了大幅下降。总之，至少自 11 世纪以来，英国的财产所有权和转让权就是安全的，而使用权在许多地区也是相当安全的；在随后数世纪中，这些产权的运行方式及其产生的现实经济激励，以渐进的方式进一步发展完善。

迄今为止，我们的讨论主要限于英国，它也是经济增长文献的关注重点。不过，对于其他国家，我们也可以得到类似的研究结论。从中世纪开始，许多欧洲经济体在土地财产的占有、使用和转让方面就具有安全的私有产权。意大利的经济体最迟在 9 世纪就有了安全的私人所有权，同时在财产转让权方面也显示出了相当安全的迹象（Feller，2004；Van Bavel，2010，2011；McCloskey，2010）。荷兰自中世纪以来就存在安全的私人所有权和转让权，且不少人认为其安全的程度和广度甚至超过了英国；至于财产的使用权安全，最晚在 15 世纪末荷兰爆发农业革命之初就已变得相当普遍（Van Bavel，2010，2011；De Vries，1974；Bieleman，2006，2010）。最晚从 15 世纪开始，德国符腾堡地区就有了安全的土地私人所有权和转让权：这种安全性适用于包括穷人、妇女在内的所有社会成员，它不受贵族特权的限制（符腾堡不存在持有土地的贵族）；而土地转让权亦具有相当的普遍性质，如所有土地可以随意细分、女性拥有平等的继承权等等。在土地使用权方面，由于符腾堡地区村庄共同体很强势，故土地使用权的安全性相对较差，但若干种类的私有土地仍具有一定程度的安全使用权，例如土地所有者可以把土地调整到更具生产性的用途，如种植纺织作物等（Hippel，1977；Sabean，1990；Röhm，1957）。自中世纪以来，许多中欧和中东欧社会的农民就对自己的土地拥有安全的私人所有权以及继承、出售、出租和抵押等方面的安全转让权；土地使用权面临着较多的限制，但某些种类的土地还是拥有相对安全的使用权的（Cerman，2008，2012；McCloskey，2010）。不过，同前述英国情形一样，这并不意味着这些社会的产权在中世纪至 19 世纪期间没有发生任何可能影响到经济增长的变化。正如我们在“经验教训Ⅳ”中看到的，绝大多数欧洲社会在土地所有权、使用权和转让权方面经历了某种变迁；这些产权制度变迁与契约制度演变一起，促进了中世纪末期至19世纪期间欧洲农业生产率的提高和更快的农业增长。

8.7.2 政府债权人的产权安全

上述分析同样适用于第二类产权的安全，而这种产权安全正是文献中所强调的18世纪英国经济增长的重要基础。诺思和魏因加斯特（North and Weingast，1989）认为，1688年的光荣革命通过确立议会在公共财政方面的优势地位，创造了一种贷款人可以放心地信赖国家能够履行其财务承诺的环境。他们辩称，正是由于这种环境，使得投资者可以信任自己的国家并把资金交付给英国政府而非其他外国竞争者，进而为金融革命创造了条件；金融革命，则极大地促进了信贷市场的发展，推动了英国经济在1688～1815年间的加速增长。这些学者据此总结说，英国的政府债权人在1688年后获得的私有产权安全保障，表明了“在实现经济增长和政治自由的过程中，制度何以能够发挥必不可少的重要作用”（North and Weingast，1989，第831页）。在他们看来，政府债权人在1688年间突然获得了私有产权的安全。这种安全的私有产权主要是所有权的安全（国家不能通过拒绝偿还债务而没收债权人的资产），但由于诺思和魏因加斯特同时强调了政府债权人的私有产权安全还包括“创建了非人格化的资本市场”以及“签订和履行涵盖不同时间和空间的契约的能力”，故这种私有产权的安全也可以扩展到转让权的安全（North and Weingast，1989，第831页）。卡梅伦（Cameron，1989）指出，为政府债权人提供了安全性的光荣革命，“在私人资本市场上引发了良性反应，为农业投资、商业投资和工业投资提供了资金来源”（第155页）；也就是说，不论是所有权还是转让权，它们的安全性都在1688年有了明显提升。

然而，经验研究再次表明，政府债权人的产权变迁，其特征并不是突然从不安全转变为安全，不论是所有权还是转让权都是如此！事实上，尽管英国政府债权人所持有资产的所有权安全和转让权安全在较长时期内是不断增强的，但在重大政治事件期间仍会出现很大的变动。对1600～1850年间英国税收和政府借款的制度规则和具体做法所进行的分析表明，内战期间（1642～1651年）虽然谈不上发生了明显的突变，但其变化幅度仍然远远超过了1688年（O'Brien，2001；Harris，2004）。尽管如此，从17世纪初期至19世纪初期，政府债权人财产权利的总体发展依然呈现出明显的连续性特征。奥布赖恩（O'Brien，2001）提供的详细证据表明，英国政府债权人的财产权利早在17世纪初就是安全的，且英国早在光荣革命之前就已拥有了良好的公共财政治理所需要的各种必要制度。哈里斯（Harris，2004）认为，由于直至19世纪，英国的公共债权人仍然缺乏有效监督公共财政的制度性手段，故此前政府债权人的财产权利（至少是所有权）所面临的不安全性仍然是很高的，即便 1688 年之后存在着不可忽视的制度连续性。

当然，这并不意味着政府债权人的所有权或转让权安全没有随着时间发生变化，也不意味着它们对经济增长没有做出什么贡献。对英国政府借款利率的分析表明，资本所有者的产权安全性在整个近代时期是连续的，而不是在某个特定时间点突然从不安全转变为安全。诺思和魏因加斯特（North and Weingast，1989）曾结合其前述观点进一步断言，政府债权人的财产权利在 1688 年突然从不安全转变为安全，这种突然出现的变化使得政府为借款所需支付的利率发生了突然下降。但斯塔萨维奇（Stasavage，2002）对英国 17 世纪后半叶和 18 世纪前半叶的国债利率进行的追踪研究却发现，政府债权人的私有产权安全并不是在 1688 年不可逆转地建立起来的，而是在 1688～1740 年间呈现出明显的波动，尤其会受到哪一个政党控制部长职位和议会两院的强烈影响。投资者是否愿意把资金借给政府，最重要的影响因素是政治事件而不是制度变革（Stasavage，2002）。萨斯曼和亚费（Sussman and Yafeh，2006）同样发现，英国国债利率并没有在光荣革命之后表现出任何不连续性，而是在随后四十年间持续高位振荡。总之，有关经验证据表明，英国政府债权人的财产权利，既没有在 1688 年前后突然出现了从不安全向安全的转变，又没有在中世纪至 19 世纪期间完全保持不变。

8.7.3　纳税人的产权安全

类似问题同样出现在第三类产权中：人们通常认为这种产权在 1688 年变得更为安全，并推动了英国后来的经济成功。有学者认为，英国王室在 1688 年前经常通过税收没收其臣民的财富；借助于这种缺乏约束的强制性财政手段，最高统治者不仅控制了英国经济的很大一部分资源，而且降低了其臣民手中剩余部分的安全性（North and Weingast，1989；Acemoglu et al.，2005，第 393 页）。按照这种观点，1688 年的光荣革命在人类历史上首次对国家对于个人财产的要求权进行了限制。

然而，这种看法与以下历史证据不符：1688 年之后，英国政府通过税收从个人那里筹集收入的能力有了明显的提高（Harris，2004）。1689 年颁布的权利法案，规定国家的征税权必须经过议会批准，但由于绝大多数纳税人并不具有议会代表资格，他们无法对议会的征税权进行限制，议会在批准征税时也不必征得这些纳税人的同意。拥有大量土地的人、金融集团和商业团体在议会中被过度代表，而广大的普通纳税人要么代表人数过低，要么根本没有任何投票权。

1689～1815年间，英国从税收和借款中获得的财政收入，不论是绝对数额还是占国民收入的比例都有了大幅增加（Mathias and O'Brien，1976，1978；O'Brien，1988）。值得庆幸的是，英国只是在人均收入和经济增长已经达到很高水平的时候，国家才开始抽走大量的国民财富（O'Brien，1988，第23～24页；Brewer，1989）。尽管如此，1689～1815年间英国的真实国民生产总值只不过增加了三倍，但承平时期的真实税额却增加了15倍（O'Brien，2001，第8页、10页）。政府所控制的国家资源在1688年以后的增幅是如此之大，以至于我们不得不对英国纳税人的所有权安全在1688年有了明显改善的看法产生严重质疑。即便是在1603～1641年间，即斯图亚特王朝早期的君主们试图把欧洲大陆式的专制主义引入英国的时期，政府总支出最高不过只占国民收入的1.2%～2.4%，而1688年后该份额却快速增至8%～10%（McCloskey，2010，第318～319页）。国家在国民收入中占有更高份额是对英国拥有更安全私有产权的否定：不论是私有财产的所有权还是使用权，它们在1688年以后都是下降的。

理论上讲，国家能力的这种增强也有可能为提供公共物品等活动提供支持，从而能够使私有产权间接受益，或通过其他方式有益于经济增长。1688年之后的英国政府大大增强了资金筹集能力，这确实使得它有能力进行许多新活动。不过，英国的实际经济增长却很可能没有受益于这种理论上的可能性。英国的新国王在公共财政于1688年拥有了稳固基础之后，最先做的事情就是利用这种财政能力发动了一场针对法国的战争。这不是一个小插曲，而是一种长期趋势的开端。英国在1688年以后的大量政府支出，并不是花费在有利于长期经济增长的基础设施、教育或其他公共物品等民用方面，而是主要运用于军事目的或军事支出所产生的国家债务（O'Brien，1988，2001）。

这种军事支出并不利于经济增长。正如威廉姆森（Williamson，1984）所表明的，不论是与英国后来的经济表现相比，还是相对于现代发展中经济体的经济状况，1776～1820年间的英国经济增长其实都很一般，其原因在于“英国试图同时做两件事情，即工业化与进行代价高昂的战争，而英国的资源并不足以同时做好这两件事”（第689页）。对于18世纪英国的战争对于经济的影响，尽管人们在具体影响程度方面仍然存在争议，但大多数学者都认为这种影响是负面的、不可忽略的（Williamson，1987；Crafts，1987；Mokyr，1987）。因此，英国政府借款能力和征税能力在18世纪的显著提高，很可能并没有促进经济增长：尽管政府支出不断提高、经济不断增长，但前者并不是后者的原因。总之，经验证据既没有表明纳税人的所有权、使用权或转让权，曾经在任何时刻发生过从不安全到安全的突然转变，又没有表明它们在中世纪至 19 世纪之间完全保持不变。

8.7.4　产权的安全性：理论挑战与未决问题

上述研究结论对于经济增长究竟有什么含义呢？经济增长文献中关于经济增长与私有产权安全性（不论指的是所有权、使用权还是转让权）之间关系的两种流行观点，都没有得到历史研究发现的支持。经济史表明，土地所有者、债权人、纳税人的所有权、使用权和转让权的安全，并不是突然出现或最近出现的，也不是首先形成于某一个超前的发达经济体，然后扩散至其他落后经济体。在大部分欧洲社会中，土地、资本或其他资产在过去 500 余年间逐渐拥有了安全的所有权、使用权和转让权。在这些欧洲社会中，没有任何社会能够保证每个人的财产所有权、使用权或转让权是完全安全的，但也没有任何社会完全缺乏这种安全性。对于中世纪和近代欧洲的大多数社会而言，私有财产的所有权、使用权和转让权既不是完全安全的也不是完全不安全的，而是在很长的历史时期内不断渐进改善。我们不能把经济增长归因于所有权、使用权和转让权突然从不安全转变为安全，但正如“经验教训Ⅳ”所表明的，我们也不能认为产权制度的渐进改善对经济增长完全没有影响。

上述基于历史视角的经验研究结论，对经济学家提出了一个理论问题。如果英国的私有财产的所有权、使用权和转让权早在 1200 年就是相当安全的（当然从那时起直至 1800 年也发生了些许改变），那么，当我们说为实现经济增长而需要“足够安全的”私有产权时，我们想说的到底是什么？所有经济学家和历史学家也许都会同意，为了保护人们所拥有的一切或通过交换、投资、创新等所获得的一切免于被掠夺或课征，某种程度上的所有权安全是经济增长的必要条件。大多数经济学家和历史学家可能也会同意，经济增长还需要保证人们在其财产使用权方面拥有某种程度的安全性，而不论这种使用是通过投资予以改进，还是做更具生产性的使用。大多数经济学家和历史学家也许还会同意，经济增长还需要保证人们在转让权方面拥有某种程度的安全性，而不论人们是把其资产用于出售、出租还是用作抵押贷款。问题是，在财产安全的所有这些组成部分中，哪一种对于经济增长才是最重要的呢？安全性究竟应该达到什么样的程度呢？我们如何来度量安全性呢？

如果不对安全性进行更为准确的分类分析，我们不可能更深入地理解产权对经济增长的贡献。即便把产权安全分类为所有权的安全、使用权的安全和自由转让权的安全，我们所能达到的也只不过是目前的认知水平。为了深入探讨私有产权的安全性问题，经济学家必须开发出新的分析性工具，而基于历史视角的经验研究发现则对此提供了两方面的启示。

其一，私有财产安全的制约因素来自于方方面面。所有权安全的制约因素包括各种各样的财产侵害，如国家没收、政府征用、庄园驱逐、贪婪税收、贷款违约、难以通过法律手段维护一个人的财产权利等等。使用权安全的制约因素甚至更多，包括无法利用劳动力市场和产品市场（如农奴制下）、集体使用权、共同轮耕规则、庄园特权等等。自由转让权安全的制约因素包括限制出售、抵押禁令、村民身份、贵族限嗣继承、家族赎回权、对女性继承和婚姻财产的限制、继承习俗等等。这些制约私有财产所有权安全、使用权安全和转让权安全的形形色色因素，并不需要在同一时间或沿着同一方向全部改变；不仅如此，制约私有财产安全的这些形形色色的因素，也不需要在不同社会具有完全的相关性。如历史证据就表明，按照欧洲的标准，近代英国在私有财产的使用权方面具有较高的安全性（保护私有财产的所有者免于共同体或庄园的干预），但在已婚女性私有财产的所有权安全和转让权安全方面却比较弱；18 世纪，前者发生了巨大变化，后者则基本没变。对于每一个前现代的欧洲经济体来说，我们都可以针对产权的不同组成部分在安全和不安全方面的复杂组合举出类似的例子。在人们如何拥有、使用和转让财产所面临的诸多制约因素中，经济学需要一定的分析性工具，来决定究竟应该以哪些制约因素为标准来定义“产权安全”，来确定“产权安全”的哪些方面有可能对经济增长产生更重要或更不重要的影响。

其二，经济学在产权安全性问题上之所以需要一定的分析性工具，还与下述事实有关：产权只不过是一个社会更广泛制度体系的组成部分；该制度体系的其他组成部分，可能会增进所有权、使用权和转让权的安全性，也可能会制约所有权、使用权和转让权的安全性，前者如我们在“经验教训Ⅳ”所看到的契约制度，后者如村庄共同体或庄园制。正如我们在“经验教训Ⅴ”中所看到的，历史上的经验证据表明，在所有的（甚至最发达的）前工业化欧洲经济体中，普遍产权总是会受到制度体系中特殊制度的制约。因此，经济学需要一定的分析性工具，来进一步探讨私有产权安全与更广泛制度体系其他组成部分之间的相互作用。

8.8　经验教训Ⅶ：任何制度都处于一个更广泛的制度体系之中

一个较为普遍且易于理解的假设是：对于所有经济体和各个时间段而言，某特殊制度对经济增长具有大致相同的影响。例如，一旦某经济体拥有了安全的私有产权，那么假定这种安全的私有产权可以对经济增长产生影响而不必依赖于其他因素就是一个颇具吸引力的假设。然而，来自于不同社会的历史证据表明，该假设是不正确的。事实上，每一种制度都处于一个更广泛的制度体系之中并受到该制度体系其他制度的制约；制度标签只是一种近似，它掩盖了有关制度对经济增长所产生影响的巨大差异。尽管我们对于制度体系本身仍然缺乏很好的理解，但为了把握这些差异如何影响经济增长，我们必须认真考虑制度体系的其他组成部分，这是因为任何特殊制度对经济增长的影响都受到它所处于的整个制度体系的制约。

在经济增长文献中，近期一些文献把家庭视为一种特别重要的制度，并且这一点已被不少历史研究发现所证实。这类文献认为，西方国家早期的成功经济增长，在很大程度上受益于被称为欧洲婚姻模式（European Marriage Pattern，EMP）的独特家庭制度，包括女性结婚较晚、女性独身较多、核心家庭而非大家庭等。但正如下文将要表明的，关于家庭制度与经济增长高度相关的历史研究结论，由于没有考虑到更大范围的制度背景而有失偏颇。

随着经济学家在解释长期增长时开始考虑到生育率下降和人口增长等因素，近期经济增长理论已经愈加关注历史人口统计（Galor，2005a，b；Acemoglu，2009；Guinnane，2011）。尤其是统一增长理论，它们把生育率的下降和人口增长的放缓，视为一个经济体把要素积累和技术创新所导致的产出增长，更大比例地转化为人均收入增长的重要前提（Galor，2005a，b，2012）。人口在近期经济增长理论中扮演的重要角色，为我们提出了人口行为的决定因素及其与长期经济增长的关系等一系列问题。

对于这一问题，近来的一种方法是试图把欧洲在工业革命以前和工业革命期间向持续经济增长的转变，归因为一种被称为欧洲婚姻模式（EMP）的独特家庭制度，包括女性结婚较晚、女性独身较多、核心家庭而非大家庭等。按照这种说法，欧洲与世界其他地区之间、西北欧与其他欧洲大陆地区之间以及英国和其他国家之间在经济增长方面的近代分歧，正是由于这种独特的家庭制度（Greif，2006a；Greif and Tabellini，2010；De Moor，2008；De Moor and

Van Zanden，2010；Foreman-Peck，2011；Voigtländer and Voth，2006，2010）。这类文献认为，欧洲婚姻模式（EMP）通过提高女性地位、增加人力资本投资、人口增长按照经济趋势的调整、维持有益的文化规范等，能够对经济增长产生有利的影响。如果这些说法是正确的，那就意味着生活在贫穷经济体的那些人，在能够享受到经济增长的好处之前，必须对其私人生活中根深蒂固的诸多方面做出深刻改变。

不过，历史人口统计并没有为欧洲婚姻模式（或任何特定类型的家庭制度）影响经济增长的观点提供任何支持性证据。一项利用Meta分析方法对历史人口统计文献进行的研究（Dennison and Ogilvie，2013）发现，欧洲婚姻模式（EMP）的三个核心组成部分（即晚婚、高度独身和核心家庭）并不总是紧密相连的，而当它们一起出现时却并非总会导致经济增长。事实上，在EMP三个核心组成部分同时出现的极端情形下（德语地区和斯堪的纳维亚地区），其经济增长比EMP更不明显的英国和荷兰等地区更慢，其工业化过程也更晚。英国是欧洲经济增长最快的地区，但它同时也是在工业革命之前和工业革命期间更为偏离EMP的地区。总之，关于EMP对经济增长具有显著因果影响的看法，并没有得到历史证据的支持。

任何一个盛行EMP的社会，都处于一个更广泛的制度体系之中。不过，这种更为广泛的制度体系，在不同的欧洲经济体之间却存在着巨大差异。正是这一更广泛的制度体系、而不是孤立于制度体系之外的家庭制度，决定了女性是否拥有良好的经济地位、人力资本投资是高是低、人口是否能对经济信号做出灵活反应、是否实行特定的文化规范等。决定经济是增长还是停滞的，是作为整体的制度体系，而不是孤立的家庭制度或任何其他制度。

我们可以通过探究女性地位的制度性决定因素来看到这一点，而女性地位被普遍地视为贫穷国家实现经济增长的重要促进因素（Birdsall，1988；Dasgupta，1993；Ray，1998；Mammen and Paxson，2000；Ogilvie，2003，2004c；Doepke and Tertilt，2011）。近期不少文献认为，EMP通过提高女性经济地位而对欧洲的经济增长贡献良多（De Moor，2008；De Moor and Van Zanden，2010；Foreman-Peck，2011；Voigtländer and Voth，2006，2010）。不过，历史上并不存在支持下述命题的证据：近代欧洲的女性经济地位，完全或主要是由家庭制度而不是更广泛的制度体系决定的（Ogilvie，2003，2004b，c，2013a；Dennison and Ogilvie，2013）。关于前现代欧洲女性经济地位的许多经验研究表明，某些EMP社会的女性拥有良好的经济地位，但另一些EMP社会的女性经济地位则很差。英国和荷兰的女性经济地位要好于其他欧洲社会［参见Ogilvie（2003）第7章的综述］，它们同时也是近代欧洲最为成功的经济体。但英国和荷兰还有其他方面的独特之处，如它们拥有的要素价格、资源禀赋、地缘政治、贸易参与、国会、法律制度、金融体系等，如它们很早就对庄园制度、共同体制度和社团制度进行了自由化；所有这些独特之处，都曾被援引为它们取得早期经济成功的原因（Mokyr，1974；De Vries and Van der Woude，1997；Van Zanden and Van Riel，2004）。关于英国和荷兰独特之处的起源，目前颇多争论。尽管有各种各样的解释，但显而易见的是，任何合理的解释都应该是那些主要限于英国和荷兰的因素，而不是英国和荷兰与那些经济增长更慢、工业化更晚的其他西欧、北欧、中欧、中东欧等经济体所共有的诸如 EMP 之类的东西。

英国和荷兰是较早进入发达市场经济的地区，其他地区的女性经济地位则要差得多：这不是因为 EMP 或任何其他家庭制度，而是因为这些家庭所处的更广泛的制度体系。在德国、法国、斯堪的纳维亚地区和其他许多地区，尽管盛行 EMP，但女性参与工商业却受到手工业行会、零售业行会和批发业行会的限制（Wiesner，1989，2000；Ogilvie，2003，2004b，c，2005d，2013a；Hafter，2007）。正如微观研究所表明的，瑞士、德国和法国的不少地区盛行 EMP，但女性在工作、工资、财产权利甚至消费选择等诸方面却受到当地的共同体制度和社团制度的限制（Wiesner，1989；Wiesner-Hanks，1996；Wiesner，2000；Ogilvie，2003，2010，2013a；Hafter，2007）。波希米亚（现捷克共和国）同样以 EMP 为特征，但女性户主的经济地位很低，女儿没有继承权；如果一个家庭的户主不是男性，那么该家庭女性成员在独立工作时往往会受到共同体成员和庄园管理者的百般骚扰（Ogilvie and Edwards，2000；Ogilvie，2001，2005a，b；Velková，2012；Klein and Ogilvie，2013）。EMP（或任何其他家庭制度）下的女性能否享有经济自主权，主要取决于其他制度之间的力量平衡。意大利的北部地区（不存在 EMP）和中欧的德语地区（存在 EMP）的行会非常强大，这些行会成功地将女性排除在工商业活动和工商业培训之外。东欧（不存在 EMP）比英国和荷兰（存在 EMP）的行会要弱得多，它们很难把女性排除在训练有素的技能型工作之外（Ogilvie，2003，2004b，c，2005d，2007b）。俄国（不存在 EMP）和德国（存在 EMP）拥有非常强大的其他社团制度，如村庄共同体等（Ogilvie，1997，2003，2004b，2006；Dennison and Ogilvie，2007；Dennison，2011）；这些社团制度在降低女性经济地位方面发挥了核心作用，但它们与 EMP 或任何其他家庭制度则不存在任何系统性的关系。

我们在探究人力资本投资时，同样可以看到更广泛的制度体系、而非孤立的家庭制度的重要性。按照有些学者的看法，欧洲婚姻模式（EMP）还与人们的生命周期阶段有关：人在年轻的时候会从事家庭以外的工作，这就给了他们进行人力资本投资的机会和激励。据称，晚婚和终生独身会降低生育率，而低生育率有助于实现后代从高数量、低受教育程度向低数量、高受教育程度的转变，进而能够提高人力资本水平（Foreman-Peck，2011）。不过，只有在这类投资可以获得正收益的情况下，父母们才会对子女教育进行投资，而不是把子女教育作为一种只需要购买较少数量的消费品。这种投资激励，主要有两种实现机制。第一种机制是通过子女成年后的财富转让，使得父母预期可以分享到子女们的教育收益。然而，这种机制违背了 EMP 的基本特征，即净财富的代际流动方向是从父母流向子女一代：子女很早离家，到其他家庭工作，移居其他地方，通过结婚形成独立家庭，成年后不再与父母居住在同一个家庭（甚至同一个地区），亦很少向父母一代汇款（Caldwell，1976，1982）。在具有这些特征的家庭体系中，由于父母预期难以在子女成年后分享到有关收益，故无法激励父母们对子女进行人力资本投资。

利他主义是父母有动力投资于子女教育而不是把子女教育作为消费品而购买少许的第二种机制：子女的未来福祉能够提高父母的自身福祉。不过，只有技能型工作对每一位社会成员都敞开大门时，这种激励机制才能生效。只有在女性能够从事技能型工作而不是只能从事那些仅依赖“干中学”而非正规培训的工作时，父母才会投资于女孩的教育。即便对于男孩，其教育投资亦要求该社会的技能型职位必须对所有社会成员开放，而不是仅限于特定群体的成员。然而，在前工业化时代的欧洲，能否从事技能型工作并不唯一地或系统地取决于家庭制度，而是取决于规管劳动力市场的更广泛制度性体系：手工业行会、商人协会、城市特权、村庄共同体和庄园制度等。在存在 EMP 的社会中，只有荷兰和英国等少数社会才允许女性从事技能型工作（如手工业和商业），但即便如此也不是完全不加限制（Van Nederveen Meerkerk，2006a,b，2010；Van den Heuvel，2007，2008；Van der Heijden et al.，2011）。在德国、法国、斯堪的纳维亚地区等其他存在 EMP 的社会中，手工业行会把女性（以及许多外来男性）排除在技能型工业工作之外，而批发业行会和零售业行会则限制女性从事商业活动（Wiesner，1989；Wiesner-Hanks，1996；Wiesner，2000；Hafter，2007；Ogilvie，2003；Ogilvie et al.，2011）。在这种情况下，尽管家境较好的父母仍会把女孩教育作为消费品购买少许，但大大降低了投资于女孩教育的激励。由于 EMP 既存在于允许女性从事技能型工作的社会，又存在于强制性地把女性排除在技能型工作之外的社会，因此，EMP 本身并不是为女性教育提供激励的决定性因素。事实上，决定女性是否能够学习职业技能的，主要是社团制度所施加的准入障碍的大小；其中，这种准入障碍的目的，是通过限制女性等低成本竞争者来保证内部成员的经济租（Ogilvie，1986，2003；

Wiesner-Hanks，1996；Wiesner，2000；Sanderson，1996）。

18 世纪和 19 世纪欧洲社会的人力资本指标表明，教育水平在不同 EMP 社会中存在巨大差异（Lindert，2004，第 91 ~92 页；A'Hearn et al.，2009，第 801 页；Reis，2005，第 203 页；Dennison and Ogilvie，2013，特别是表 4）。由于家庭制度并不是影响教育水平的唯一制度或主要制度，这一结果并不令人奇怪。近代欧洲的教育、识字和识数，更多地受其他制度的强烈影响，如市场、教会、国家、地方性共同体、职业行会等（Ogilvie，1986，2003；Wiesner-Hanks，1996；Wiesner，2000）。这些非家庭性制度与 EMP 的盛行程度之间，并没有呈现出显著的相关性。在德国和斯堪的纳维亚地区等社会，教会、国家和地方性共同体一起，强制推行儿童义务教育（不分性别）、监督义务教育实施状况并对违反者予以惩罚，由此导致了较高的教育水平（Ogilvie，1986，2003；Johansson，1977，2009）。另一些社会（如英国）则缺少这种制度压力，其入学率和识字率相应地要低得多。至少从某种程度上讲，识数和计算能力通常是为了适应商业化社会的市场需求而在经济活动中非正式地学会的，由此也可以解释下述现象：为什么英国的入学率和识字率只有中等偏下的水平，但其计算能力却基本能够达到德国和斯堪的纳维亚等存在强制性义务教育制度的社会的水平（A'Hearn et al.，2009）。

对于 19 世纪以前的欧洲来说，没有历史证据表明人力资本投资对经济增长产生了积极影响。近代英国的经济增长很快，其工业化比其他任何社会都要早，但它的教育和识字率在 18 世纪基本是停滞不前的；直至 19 世纪，按照欧洲的标准，英国的教育水平和识字率都不算高。经济史学家几乎在其他所有问题上都存在不同意见，但一致认为英国工业革命期间的人力资本投资是不重要的（Mokyr，2009；Allen，2003）。与之相反，其他欧洲社会在教育指标方面非常出色，但它们的经济增长却很缓慢。荷兰拥有很高的入学率、识字率和计算能力，但自 1670 年荷兰黄金时代结束后，荷兰经济就陷入了停滞，其工业化也是很晚才起步。德国各地区的入学率和识字率远远超过英国甚至高于低地国家，但整个近代却陷入经济停滞，且直至 1840 年以后才开始工业化进程。在信奉路德宗教义的斯堪的纳维亚地区，我们可以看到类似的模式：它们的入学率和识字率很高，但经济增长很慢、工业化起步很晚（Dennison and Ogilvie，2013）。

现有充分证据表明，在 19 世纪末叶之前，人力资本投资既不是 EMP 的产物，也没有对经济增长产生任何因果性影响。在中欧和北欧的许多地区，入学率和识字率是由教会、统治者、地主、共同体和职业行会强制推进实施的，这些组织出于精英集团的利益并利用制度性权力把“社会训练”强加给普通民众（Ogilvie，2006）。在许多社会，教育水平并不是普通民众基于经济或其他原因自主选择的结果，而是精英阶层为了服务于自身利益而强加给普通民众的，因而高度依赖于精英阶层享有的权力或依赖于教会、国家、农奴制、共同体和行业等更广泛的制度体系。正是这种更广泛的制度体系而不是 EMP，可以解释欧洲在19世纪末叶之前，教育指标与经济增长之间为何不存在系统的相关性。

不过，近期关于 EMP 的文献，提出了把 EMP 与欧洲经济增长相联系的另一种方式。按照这种看法，英国属于 EMP 的极端版本，由此导致的晚婚与高终生独身率令英国的人口增长对经济信号做出了颇为独特的反应，从而确保英国的经济剩余能够用于资本积累，并使得英国能够出现大幅提高生产率的创新，进而为实现比法国和中国更快的经济增长提供了动力（Voigtländer and Voth，2006，2010）。不过，关于英国属于 EMP 极端版本的这种想法，并没有得到历史人口统计文献的支持（Dennison and Ogilvie，2013），同时也没有任何证据表明英国人口对经济趋势有更大的反应。例如，一项针对法国人口行为的经济计量分析，发现“在1670～1830年间的任何时期，都没有发现法国的婚姻状况对经济条件的反应要比英国小的证据”，并得出了“没有在人口行为的差异中找到”法国和英国在经济状况方面存在差别的原因（Weir，1984，第43～44页）。在整个19世纪，德国生育率的经济信号弹性均大于英国而略低于法国（Guinnane and Ogilvie，2008，第23～27页）。在加洛韦（Galloway，1988）研究的九个欧洲经济体中，英国的生育率对粮食价格变动的反应，要比奥地利、瑞典、比利时、荷兰等经济增长更慢的经济体或意大利托斯卡纳地区等不怎么盛行 EMP 的地区小得多。18世纪的中国家庭制度非常不同于 EMP，但近期研究同样表明，其生育率同样会对粮食价格做出反应（Wang et al.，2010；Campbell and Lee，2010）。针对英国的多篇研究文献发现，英国人口增长的预防性抑制在1750年前后弱化甚至完全消失了，这意味着恰恰在经济增长开始加速并开始将西欧其他经济体甩在后面的时候，英国的生育率失去了对经济信号的灵敏反应（Galloway，1988；Nicolini，2007；Crafts and Mills，2009）。总之，欧洲各经济体的历史经验证据表明，家庭制度和更广泛制度体系其他组成部分（尤其是村庄共同体、城市特权团体、职业行会和农奴制）之间的相互作用，至少可以部分地对有关研究发现做出解释（Ehmer，1991；Ogilvie，1995；Guinnane and Ogilvie，2008，2013）。

一些文献对与 EMP 相关的文化态度进行了研究。这些文献在研究过程中注意到，特殊制度同样处于更广泛的制度体系之中。有关文献认为，EMP 使得核心家庭在泛亲属群体中脱颖而出，进而诱导出有利于经济增长的文化态度，尤其是超越亲属群体的信任和性别平等观念。而中世纪天主教的宗教意识形态，又进一步推动了这类文化规范的普及，它在这方面的作用完全可以与伊斯兰教等非基督教所传播的意识形态规范相媲美（Greif，2006a；Greif and Tabellini，2010；De Moor，2008；De Moor and Van Zanden，2010）。不过，这类看法很难从经验上进行验证。不少学者发现，在中世纪的天主教欧洲中，不同社会对家庭和性别的宗教态度存在很大差别，其主要原因在于这些宗教态度取决于更广泛的社会性制度体系，而有关制度体系在每个天主教欧洲社会存在极大不同（Biller，2001；Bonfield，2001；Donahue，1983，2008；Dennison and Ogilvie，2013）。在中世纪的天主教欧洲中，不同社会的人口行为和家庭结构也存在极大差异，其中某些社会以核心家庭为主导，而另一些社会则以大家庭为主，包括意大利、伊比利亚半岛等天主教占绝对优势的社会（Smith，1981a，b；Pérez Moreda，1997；Reher，1998a，b；Sonnino，1997；Micheletto，2011）。因此，对于 EMP 有助于维持独特文化规范（不论是关于非亲属群体信任问题的文化规范还是关于性别问题的文化规范）的看法，要想找到支持性证据是一件非常困难的事：欧洲的家庭制度千差万别，很难将它与任何一组独特的文化态度联系在一起；并且，没有证据能够表明，这种文化态度对于欧洲的经济增长具有因果性影响。

因此，关于近代欧洲持续经济增长源自于特定家庭制度的看法，并没有得到历史证据的支持，事实上多数历史证据反而是否定了它。不论拥有何种家庭制度，一个社会能否经历持续的经济增长主要取决于其经济体系和制度体系的整体特征。近代英国的 EMP 存在于这样的经济体系和制度框架之中：明晰的、私有的、可转让的以及在很大程度上安全的产权框架；良性运转的要素市场和产品市场；制约女性（或男性）经济自主的特殊制度相对较少等等。进而，近代英国在大部分时间里实现了经济的正增长，最终实现了颇为壮观的增长。近代荷兰的 EMP，最初存在于类似的产权框架、良性运转的市场和成功的经济增长之中，但大约在 1670 年以后，荷兰的经济陷入停滞、迟迟无法进入工业化阶段，其原因迄今仍充满争议，但至少应该包括特殊化的制度性特权在荷兰的重新兴起（Mokyr，1974，1980；DeVries and Van der Woude，1997；Van den Heuvel and Ogilvie，2013）。在中欧德语地区、斯堪的纳维亚地区和捷克地区，其 EMP 存在于诸多强制性制度框架之中，包括限制人们的流动性（包括某些地区的农奴制）、劳动力市场的社团性进入障碍（绝大多数女性和许多男性）等；在这些制度性障碍被消除之前，它们的经济增长始终异常缓慢（Ogilvie，1997，2003；Dennison and Ogilvie，2013）。

历史人口统计研究发现，家庭制度通过多种方式与更广泛的制度体系发生联系（Laslett，1988；Ehmer，1991；Solar，1995；Guinnane and Ogilvie，2008，2013）。正是这种整体制度体系之下不同制度之间的相互作用，而不是任何一种孤立的制度，不仅影响了经济增长本身，而且影响了经济增长的诸重要影响因素，如女性地位、人力资本投资、人口反应以及某种程度上的文化态度（之所以说某种程度，主要是考虑到经验上的可观测性）。目前不少学者认为，EMP 需要在家庭制度之外有一种强有力的社会性制度框架，以代替核心家庭难以提供、独身人士无法享有的家庭劳动、家庭保险和家庭福利（Laslett，1988；Solar，1995；Dennison and Ogilvie，2013）。不过，这种更广泛的社会性制度框架并不必然由那些刚好有利于经济增长的制度组成，如普遍性私有产权、良性运行的市场或公正的法律制度等；事实上，这种更广泛的社会性制度框架更有可能是（在许多情形下实际上是）由那些阻碍经济增长的特殊制度组成的，如农奴制、行会、共同体、宗教团体或专制国家等（Ehmer，1991；Ogilvie，1995，2003；Guinnane and Ogilvie，2008，2013；Dennison and Ogilvie，2013）。在欧洲经济增长期间，这种更广泛的制度体系不仅影响人口决策而且影响经济决策，未来的研究必须以这种更广泛的制度体系作为分析重点。任何孤立的家庭制度，都不能被视为经济增长的必要条件，当然也就更谈不上什么充分条件了。

这些研究发现清晰地表明，任何一种制度对经济增长的影响在不同社会和不同时期通常是不一样的。例如，不同社会的更广泛制度体系存在着很大的差别，而身处更广泛制度体系之中的私有产权对经济增长的影响，在不同社会也必定是不同的。正如我们在“经验教训Ⅳ”中看到的，如果一种制度（如契约制度）不能融入更广泛的制度体系之中，那么它也就不能释放出经济增长潜力。类似地，同一种家庭制度可以存在于不同的、制度体系存在巨大差别的社会之中，其影响经济增长的方式自然也是千差万别。现有的证据表明，任何一种制度对经济增长的影响都受到更广泛制度体系其他组成部分的制约，而不同社会所拥有的制度体系存在很大差异；对于经济增长产生重要影响的，是整个制度体系，而不是任何一种孤立的制度。

为了洞悉制度的基本特征，经济学家也许总是希望简化制度分析。这是可以理解的，但重要的还是应该记住爱因斯坦所说的“任何事情都应该尽可能地简化，但不能为简化而简化”⑤。尽管把特定制度放在更广泛的制度体系之中，无疑会大大增加分析的复杂性（尤其是经验分析），但一个不可否认的事实

⑤ 参见卡拉普里斯（Calaprice，2011，第 384 ~ 385 页和第 475 页）。该书还记载了爱因斯坦于 1933 年 6 月 10 日在牛津大学所做的赫伯特·斯宾塞演讲（Herbert Spencer Lecture）“论理论物理学方法”（On the Method of Theoretical Physics）中提到的略显冗长但更为准确的另一个版本的说法：“无法否认的是，任何理论的最高目标，是在不损害对单个事实经验的充分描述的情况下，尽可能地简化和减少那些难以减少的基本元素”。

是：我们不能通过简化把问题本身简化掉。任何一种制度，我们只是不容易把它从有关背景中分离出来，不容易在传统标签或常规称谓下把它识别出来，但我们必须把它作为整个制度体系的一个组成部分进行分析。

8.9　经验教训Ⅷ：分配冲突至关重要

我们在“经验教训Ⅰ”至“经验教训Ⅶ”中已经看到，许多关注经济增长的经济学家，把增长主要归结为制度的因果性影响，并对制度的历史根源进行了追溯。不过，对于独立于地理因素和文化背景的制度体系能够促进经济增长的看法，也有不少人提出了质疑和挑战。一些学者认为，制度本质上属于上层建筑，地理资源禀赋或文化态度等其他变量才是经济增长的根本原因，而经济增长随后又会引起制度变革（例如：Sachs，2003）。另一些学者则认为，任何一个社会所拥有的制度，总是在给定禀赋、技术或文化态度下最有效率的制度（例如：North and Thomas，1970，1973；Greif，2006c）。甚至还有学者认为，随机冲击是制度和增长的根本原因，而随后的路径依赖则进一步放大了随机冲击的有关影响（例如：Crafts，1977；Crafts et al.，1989）。

在历史视角下的制度与增长文献中，从效率的角度来审视地理因素是一种比较盛行的做法。许多学者试图以地理和资源禀赋来解释制度和增长的历史演进。例如，戴蒙德（Diamond，1997）利用地理特征来解释过去9000年来的经济增长和人类制度；彭慕兰（Pomeranz，2000）通过煤矿、疾病、生态以及是否靠近可利用的外围地区等因素来解释欧洲与中国1750年以来的“大分流”；萨克斯（Sachs，2001）认为现代欠发达国家经济增长缓慢的原因，在于它们地处农业技术水平较低、疾病负担较高的热带地区。多马（Domar，1970）利用土地供给与劳动供给之间的关系（外生地决定于人口增长和土地征服），对东西欧从中世纪到19世纪的经济大分流以及作为这种大分流之制度表现的农奴制进行了解释，后文还会对此做进一步分析。

正如我们在前面的“经验教训”中所看到的，不少经济学家习惯于从效率的角度来分析制度与增长问题。按照他们的看法，经济史学家的主要任务不是试图找出哪些制度是最有利于经济增长的，而是试图发现过去那些有碍经济增长的、明显无效率的制度，如何在特定的自然条件和文化背景下实际上是非常有效率的，而不必虑及其实际表现如何。本着这一精神，不少经济学家从效率的角度对前述“经验教训”中提及的历史制度以及诸多其他制度进行了重新阐释，如商业行会（Greif et al.，1994；Greif，2006c）、手工业行会（Hickson and Thompson，1991；Epstein，1998；Zanden，2009）、村庄共同体（McCloskey，1976，1991；Townsend，1993；Richardson，2005）、农奴制（North and Thomas，1970，1973；Fenoaltea，1975a,b）、贵族世仇（Volckart，2004）、民间执法（Little and Sheffield，1983；Hine，1998）和私刑［参见 Carrigan（2004）所做的综述］等，并把这些制度视为有助于克服这种或那种交易障碍的解决方案。

如果果真像这些经济学家所认为的那样，制度始终是对自然禀赋的反应或解决经济问题的有效方案，那么它们对于经济增长就是无关紧要的了。然而，正是由于制度对于经济增长具有重要意义，才激励经济学家试图去理解制度为什么会出现以及制度为何会变迁等问题。

幸运的是，对于制度，经济学界还存在着另一种视角：他们把制度视为基础性自然力量的上层建筑，或视为对这种自然力量的有效反应。按照这种方法，一个社会所拥有的制度，部分或完全是分配冲突的结果（参见：Knight，1995；Acemoglu et al.，2005；Ogilvie，2007b）。这种冲突视角的背后思想是：制度不仅影响一个社会的经济效率，而且会对如何分配资源产生重要影响。也就是说，制度不仅会影响蛋糕的大小，而且会影响到谁会分到多大一块。一个经济中的绝大多数人，都会希望蛋糕尽可能地大，这也是经济理论家做出效率假设的依据，但人们通常很难就如何分配蛋糕达成一致意见。由于制度不仅影响蛋糕的大小（通过影响效率），而且影响蛋糕的分配（通过产出的分配），故人们往往在何种制度是最优制度问题上存在分歧。这就产生了冲突：对于特定的制度，有些人会想方设法继续维持，有些人只是选择配合，其他一些人则悄悄地蓄意破坏，当然还有一些人会坚决反对。个人会与制度做斗争，团体也是如此，而且不少团体就是为了这种目的而组织起来的。这种冲突所导致的制度或制度体系，不仅会受到该制度或制度体系自身效率的影响，而且会受到它们对强势个体或强势群体所产生的分配效应的影响（Knight，1995；Acemoglu et al.，2005；Ogilvie，2007b）。

诚然，效率理论有时也会提及制度源于冲突，但却很少把冲突纳入到它们的解释之中，而是把冲突作为旨在提高效率的制度的偶生副产品。例如，诺思在早期著述中经常提及制度的分配效应，但在解释制度的兴起与演变时，却只是依据制度的经济效率（North and Thomas，1970，1973；North，1981）。同样，格赖夫（Greif，2006c）有时也承认制度可以在分配方面产生影响，但他在分析他所选择的特定制度即马格里布商人联盟这种欧洲商业行会时，依据的却只是该制度对中世纪商业效率及其与主流文化信念的兼容性。如果我们承认寻租的合理性，那么，马格里布商人联盟就是一种有效的制度，理由是“垄断权产生的租金流有赖于联盟成员的支持，它同时也成为联盟成员之间的一种纽带，进而使得联盟成员承诺采取集体行动”（Greif et al.，1994，第 749 页、758 页）。

然而，将制度的分配效应纳入分析之中的冲突视角，却能够对效率视角无法解释的许多近代制度做出解释，同时也不必像效率视角那样做出有效性假设。经济学家常常以特殊制度的持久性问题为例，通过把某种特殊制度重新诊断为有效制度，来证明效率视角的合理性。如果我们认为特殊制度是没有效率的，那么我们就会面临这样的挑战：它们为什么能够持续数世纪之久？如果它们对产出和增长有非常负面的影响，不是应该很快就会消失吗？事实上，对于历史上严重危害经济增长的制度却依然得以持续存在的现象，冲突视角同样可以做出强有力的解释。

例如，冲突视角也许会同意，诸如行会之类的商人社团为何会在 12 世纪至 19 世纪如此长的时间内广泛存在（正如我们在“经验教训Ⅲ”所看到的），确实存在着经济方面的理由。但这并不是因为它们通过保障产权和契约而提高了总产出，而是因为它们通过把手工业者、农民、女性、犹太人、外国人和城市无产者排除在最有利可图的商业部门之外，限制了竞争、减少了交易。商业行会和商人社团之所以在如此广大的地区存在得如此之久，不是因为它们有效地解决了经济问题并改善了每个人的境况，而是因为它们有效地把资源配置到了一个强势的城市精英阶层手中，同时也使得最高统治者能够从中受益（Lindberg，2009，2010；Ogilvie，2011）。这是一种政治当局与经济利益集团之间的寻租协定，在当时也明确地得到了认可。例如，德国符腾堡王国的统治者，1736 年时就曾把乡村工业时代合法垄断全国毛纺织业的商业行会描述为“国家的重要财富”，并以成千上万穷苦潦倒的纺纱工和织布工的利益为代价，进一步扩大了该商业行会的商业特权，其理由是“值近来法国入侵威胁日增、军事负担日重的特别时刻，我们不应该浪费掉（让该商业行会）施以援手的任何机会”（引自：Troeltsch，1897，第 84 页）。

冲突视角也许同样会认为，手工业行会之所以在许多世纪里广泛分布于欧洲各地，确实存在经济方面的理由，但这并不是因为这些手工业行会有益于整体经济。针对行会从事的实际活动所进行的微观研究（而不是文献或法规中对其好处的夸张鼓吹），表明了它们是如何向雇员支付过低的工资、向顾客索要过高的价格以及抑制竞争、排斥女性和犹太人、阻碍创新等。行会之所以广泛分布于各地，不是因为它们对每个人有好处，而是因为有组织的利益集团可以从中受益。它们减少了经济总产出，但却把更大的份额给予有控制力的男性，同时也在财政和监管等方面为市镇政府和统治者带来了附加利益（Ogilvie，

1997，2003，2004a,b,c，2005d，2007a，2008）。

冲突视角也许会同意，势力强大的农民公社的持续存在（正如我们在"经验教训Ⅳ"中看到的，它们在欧洲大部分地区存在了数百年），同样具有经济方面的理由，但这并不是因为它们对于整体经济而言是有效率的。农民公社对于土地市场、迁移、技术、协议和女性的规管，往往阻碍了资源的配置；这类规管是如此不可胜数，以至于关于乡村的微观研究，迄今仍难以弄明白它们实际上所达到的程度以及它们所具有的真实含义。它们不仅降低了总产出，而且粗暴地缩小了贫困阶层、女性、少数族裔和移民在消费和生产等方面的选择范围。势力强大的农民公社之所以能够持续存在，并不是因为它们能够有效地使整体经济的总产出最大化，而是因为他们把更少产出的更大份额分配给了乡村精英阶层（富裕农民、男性户主），同时也在财政、军事和监管等方面为统治者和地主带来了附加利益（Melton，1990；Ogilvie，1997，2005a，b，2007b；Dennison and Ogilvie，2007；Dennison，2011）。

最后，冲突视角也许会同意，农奴制的长期存在也许有经济方面的原因，但这并不是因为它能有效地解决公共物品、农业创新或农业投资等方面的市场不完全性。事实上，农奴制创造了一种经济特权，而这种经济特权阻碍了土地、劳动、资本等要素市场和产品市场上的资源有效配置。不过，尽管农奴制在提高总产出方面是极度低效的，但它在把更大的份额分配给地主方面则是极其高效的，同时还能为统治者提供财政和军事方面的附加利益、为农奴制下的精英阶层提供经济上的特权。

事实上，从冲突的视角来解释制度，要优于按照地理资源禀赋或经济效率等其他视角来解释制度，而农奴制则为此提供了一种绝佳例证。关注制度与增长的经济学家之所以一再聚焦于农奴制，正是由于农奴制在中世纪至19世纪各欧洲经济体的巨大增长差异中扮演了重要角色。农业是中世纪时期最重要的经济部门，而农奴制则为农业部门设定了制度规则（Campbell，2000）。到中世纪晚期，一些欧洲经济体废除了农奴制（主要在欧洲西部），但另一些欧洲经济体则强化或引入了农奴制（主要在欧洲东部）；当然，不论是在欧洲西部还是欧洲东部，不同经济体的有关进程在时间进度和表现形式上存在着巨大的差别（最新的综述参见：Cerman，2013；Ogilvie，2013b）。不过，在整个这段历史时期内，包括欧洲最为发达的经济体在内，农业部门始终是最重要的产业部门：它消费掉了最多的土地、劳动和资本；生产出了绝大多数的食物和原材料；工业和商业部门的增长，均有赖于农业部门释放出来的投入与产出（De Vries，1976；Crafts，1985；Ogilvie，2000）。欧洲不同经济体在农业状况方面的差别、进而在中世纪至工业革命时期增长方面的差异，在很大程度上取决于它们在农奴制的产生、崩溃及其程度等方面的情况。

正是由于农奴制在长期经济增长与经济停滞中所扮演的重要角色，几乎关于制度与增长的每一种视角都以农奴制作为检验案例，包括资源禀赋视角（如 Postan，1966；Domar，1970）、经济效率视角（如 North and Thomas，1970，1973；Fenoaltea，1975a，b）和分配冲突视角（Brenner，1976；Acemoglu and Wolitzky，2011）。人们普遍把农奴制的衰落视为西欧农业增长的重要因素，并把中东欧在法国大革命影响下从政治上废除农奴制视为制度影响增长的重要案例（Acemoglu et al.，2011）。然而，农奴制并不是一种孤立存在，它在不同的欧洲经济体中以不同方式置身于不同的制度体系之中；同时，正如下文将要表明的，它对经济增长的影响取决于它与制度体系其他组成部分之间的相互作用。因此，农奴制为比较关于制度的不同视角提供了绝佳案例，不仅揭示了冲突视角所具有的强大解释力，而且有助于表明：为了从历史角度探讨制度对经济增长的影响，我们还应该在哪些方面继续努力。

8.9.1　资源禀赋、农奴制与增长

农奴制是一种强迫农民为了占用土地而不得不向地主提供强制性劳动服务的制度体系。农奴通过各种方式被合法地束缚在地主那里，如禁止农奴在没有获得地主允许的情况下迁移、结婚、从事特定职业、销售特定产品、参与某种要素市场和产品市场、参与特定类型的消费等。因此，农奴制是一种特殊制度（按“经验教训Ⅲ”中的定义），它通过限制农奴参与要素市场和产品市场、阻碍资源配置到更具生产性的用途以及减少人们在人力资本投资、土地改良和技术创新等方面的激励等，对经济增长产生不利影响。

从公元 800 年前后到 1350 年左右，绝大多数欧洲经济体都存在着某种形式的农奴制。此后，农奴制在某些经济体（如英国）开始逐步减少，但在其他经济体（如法国与联邦德国）则继续存在了很久。在没有存在过传统农奴制，从而谈不上农奴制逐步减少的一些中东欧和东欧地区，包括俄罗斯、捷克、斯洛伐克、波兰、匈牙利以及普鲁士等东德境内的某些地区，在 16 世纪和 17 世纪经历了一种地主逐步增强对庄园的控制的过程，这被人们称为“第二次农奴制”。这种“第二次农奴制”在正式被废除之前，一直存在于这些经济体中；大致在 1760～1860 年间，这些经济体主要通过国家行动的方式正式废除了这种制度，当然，具体废除时间在中东欧的不同社会各有不同。

经济学界的一种普遍看法是：农奴制是一个社会对资源禀赋（尤其是土地和劳动的相对供给）的制度反应。这种观点主要源于多马的一篇论文。多马

（Domar，1970）认为，农奴制可以解释为一个社会对较高的“土地劳动比率”的反应。劳动力稀缺导致雇主们（地主）相互激烈竞争，以获得在其土地上劳作的劳动者（农民）。同时，丰富的土地意味着从地主那里撤回劳动并成为独立农民，对于农民来说是一种更具吸引力的选择。在这种情况下，为了阻止农民采取此类做法，地主就有强烈的动机来建立某种限制农民做出此类选择的制度，如将农民合法地绑定在地产上、禁止农民通过迁移选择其他雇主、迫使农民向地主的农场（领地）提供一定数量的强迫劳动等。多马认为，这就可以解释农奴制在17世纪俄罗斯的兴起：莫斯科的殖民征服提高了土地劳动比率，农奴制是地主们想出的保护其稀缺农民劳动力供给的一种方式。

然而，历史上有很多这样的例子：一个经济体的土地劳动比率很高，但却既没有出现农奴制又没有出现奴隶制。对于农奴制的多马模型来说，最引人注目的反例是黑死病之后的欧洲。在1348～1350年间，这种致命的流行病导致了30%～60%人口的死亡，从而大大提高了欧洲大部分地区的土地劳动比率。按照多马的理论，这会强化农奴制，或者在以前不存在农奴制的社会产生农奴制。然而，这一切并没有发生。相反，在黑死病爆发之后，农奴制在很多西欧地区衰落了，且不论其后土地劳动比率如何变化，农奴制再也没有在这些地区重新出现过。

农奴制在黑死病之后的西欧的衰落，促使波斯坦（Postan，1966）提出了基于资源禀赋的农奴制新理论。波斯坦的理论与多马模型截然相反，它认为土地劳动比率在黑死病后的提高之所以会引起农奴制的衰落，是因为地主为了争夺农民而不得不为农民提供更好的条件。当然，波斯坦只是把这一点推进了一步，用它来解释西欧农奴制在黑死病之后的衰落，但并没有把它作为适用于所有社会的一般性农奴制模型，而多马（Domar，1970）则把自己提出的模型视为一种基于相对资源禀赋的一般性农奴制模型。尽管如此，由于多马对历史文献有足够的了解，他认识到了较高的土地劳动比率，只是为地主建立一种防止劳动力流失的制度提供了激励；至于地主能否建立起这样的制度，则取决于他们是否有足够的政治力量，即是否强大到足以强迫农民提供强制性劳动，并避免其他地主通过为农民提供更好的条件而争夺到这些农民（如农民是否能够未经地主同意而自由地做出经济决策或人口决策）。因此，多马模型实际上是这样一个模型：农奴制的产生，是相对资源禀赋和不同社会群体的政治力量共同作用的结果。也就是说，多马模型与我们马上探讨的农奴制冲突模型基本是一致的。

8.9.2　效率、农奴制与增长

尽管经济学家和经济史学家几乎一致认为农奴制不利于经济增长⑥，但它却是最早被重新诊断为具有效率的一种制度。诺思和托马斯（North and Thomas，1970，1971，1973）在 20 世纪 70 年代初提出了“西方世界的兴起”模型；按照该模型，农奴制是中世纪的经济体“有效解决当时所存在问题的方案”，是农民为了交换“保护与公正等公共品”而自愿与地主签订的提供劳动服务的合同（North and Thomas，1973，第 21 页）。诺思和托马斯明确指出，“西欧的农奴制并不是一种剥削性的制度安排，（它）本质上是一种以劳动服务来交换保护和公正等公共品的契约制度”（North and Thomas，1971，第 778 页）。农奴之所以不得不为这些公共品付出代价，是因为保护和公正具有非排他性，进而使得单个农奴有动机搭便车。按照诺思和托马斯的观点，农奴以被地主（保护的垄断供给者）和制度规则（庄园惯例）剥削以及失去低成本退出选择权（从地主那里逃走）为代价，交换到了地主和庄园的保护。农奴之所以不得不以强制性劳动服务、而不是现金或实物进行支付，是因为不确定性（地主很难在事前知道农奴究竟能够生产多少）、交易成本（一个地主与大量农民达成协议所产生的成本）和缺乏市场（地主没有什么东西可买，故现金或实物没什么用处）。

以上及其他效率理论（如 Fenoaltea，1975a，b，1984）的基本含义是：在拥有农奴制的经济体中，农奴制是在给定该经济体基本特征下的最有效率的制度安排；除非这些经济体的基本特征发生改变，否则农奴制总是有利于该经济体的经济增长的。然而，很少有证据能够证明这一点。事实上，保护和公正是可以排他的。领主的庄园或城堡能够为农奴提供保护，但它也可以把没有提供支付的农奴排除在外。不仅如此，中世纪社会发生的暴力事件更多地属于不可预测的随机性劫掠，在发生此类事件时，领主的防御工事通常不会为农奴提供保护。公正同样也是可以排他的：地主或其管家管理下的庄园法庭，可以拒绝为任何人提供公正的裁决，可以通过剥夺农奴的合法权利来剥夺对农奴的法律保护，可以为弥补法律冲突裁决的成本而收取诉讼费用等。此外，在提供公正这一公共品方面，中世纪确实还存在着其他的替代性选择，如王室法庭、教会法庭、修道院法庭和市镇法庭等，它们不仅是庄园法庭的替代性选择，而且甚

⑥　一些学者提出了农奴制并不会损害经济的修正看法（最近文献参见：Cerman，2012，2013），但这种看法在经验分析面前并不能很好地经受住检验（参见：Briggs，2013；Dennison，2011，2013；Guzowski，2013；Klein，2013；North，2013；Ogilvie，2013b；Rasmussen，2013；Seppel，2013）。

至可以不承认农奴的身份差异，这就进一步质疑了关于农奴制是提供公正的有效方式的观点。另外，面对处于垄断地位的地主，不论是逃跑还是庄园惯例都不能为农奴提供有效的保护：一个强势的地主可以对庄园惯例置之不理，事实上不少地主也是这么做的；而逃跑则是一种代价高昂的选择，因为这意味着农奴需要放弃他所拥有的土地、财产、家庭和社会资本。

农奴制的效率视角还存在着一个更为根本的问题，此即理应受地主“保护”的农奴所面临的大部分不安全和不公正，其实恰恰是由这些封建地主造成的。因此，农奴制更像是一种“保护骗局”：作为更有权势的一方，地主既是问题的解决者又是问题的制造者。农奴制并不是有助于提高经济效率的自愿性契约集合，而是一种把资源从农民手中重新配置到地主手中的寻租性制度安排⑦。另外，诺思和托马斯认为，农民不得不以劳动、而不是现金或实物的形式进行支付的原因在于缺乏市场，事实上他们的这种看法是错误的。任何已为我们所了解的农奴制社会，都既存在产品市场又存在要素市场，对此下文将予以更详尽的讨论。

关于农奴制的研究发现，清晰地表明了纯粹从效率视角来解释制度所具有的危害。一个显而易见的事实是，农奴制包含一定的强制力，而原本应该由它来解决的不少问题，恰恰是由这种强制力本身所造成的。这充分地表明，我们所观察到的任何一种制度，即便它已经存在了数百年，我们也不能认为它之所以能够长期存在，是因为它是一种能够有效实现经济总产出最大化的社会规则集合。我们必须深入探究它对产出分配的影响（Acemoglu et al.，2005；Ogilvie，2007b）。

8.9.3 分配冲突、农奴制与增长

资源禀赋视角下的农奴制对于经济增长是中性的，而经济效率视角下的农奴制则是有利于经济增长的，布伦纳（Brenner，1976）的研究则是对这两种视角的重要突破。布伦纳指出，不论是认为劳动力稀缺（如黑死病之后的欧洲）强化了农奴制的观点，还是认为劳动力稀缺引起了农奴制衰落的看法，都是存在严重问题的。鼠疫引发的劳动力稀缺，同时改变了农奴和地主的经济诱

⑦ 诺思（North，1981）后来承认，“把现代契约概念运用于农奴与领主之间的关系，是简单套用现代概念的误导性做法。农奴受到领主的制约，农奴的行为和迁移严重受阻于他们的农奴身份，此间并不包含自愿性契约。尽管如此，再次重申我们在分析中强调的如下一点却是至关重要的：正是领主和农奴所面对的机会成本的边际变化，引起了庄园制度的逐渐演变并最终导致了庄园制度的消亡”（第131页）。不过，这并没有解决诺思模型中的所有问题，尤其是领主所提供的保护和法律服务的排他性问题，以及本应为农奴提供保护的领主事实上却是大部分不安全和不公正的来源等。

因。当然，正如诺思和托马斯曾经指出的，劳动力稀缺增强了农奴利用其更为有利的谈判地位打破农奴制的诱因。不过，它同时也增强了地主为确保稀缺的劳动力供给而进一步强化农奴制的诱因（多马的观点）。从实际表现看，土地和劳动相对供给在黑死病之后的变动，在欧洲不同社会引起了农奴制截然相反的变化：大部分西欧经济体的农奴制在黑死病之后崩溃了，尽管趋于崩溃的速度和时间各有不同；在大部分东欧经济体中，庄园权力不仅在黑死病之后保存了下来，而且在第二次农奴制中大大加强了。

这并不是因为农奴制在西欧不再有效率、不再能够促进经济增长而在东欧仍然有效率、仍然能够促进增长，而是因为农奴制在不同经济体中的演进路径是“一个权力问题，实际上是一种强制力问题”（Brenner，1976，第 51 页）。农奴制在每个社会的最终结局，是由农民和地主在各自群体中集体绑定在一起并与国家强权结为盟友的能力所决定的。在西欧，形成于中世纪末期的强而有力的中央政府，求的是一种“保护农民”的政策，目的在于维护农民向国家纳税的能力、而不是向地主提供地租和劳动服务的能力；在东欧，国家则选择与地主结盟，并以允许地主加强对农民的控制为交换条件，来从中分得一杯羹。布伦纳认为，农奴制始终是一种把资源从农民向地主进行重新分配的剥削性制度安排，而这种资源再分配会对经济增长产生有害的影响：第二次农奴制的影响是“摧毁了经济增长的可能性，造成了东欧数百年来的落后局面”（Brenner，1976，第 60 页）。

阿西莫格鲁和沃利茨基（Acemoglu and Wolitzky，2011）对布伦纳模型进行了扩展，提出了一个将资源禀赋与权力相结合的强制劳动模型。该模型以劳动和土地的相对稀缺性为基础，并对布伦纳关于劳动稀缺性对于农奴制具有两种抵消性效应（一种效应是强化农奴制，另一种效应是削弱农奴制）的观点进行了模型化。阿西莫格鲁和沃利茨基的模型表明，通过影响产出价格和强制带来的收益，劳动稀缺性会导致农奴制的进一步强化，而这正是多马（Domar，1970）的看法；与此同时，劳动稀缺性通过改善农民的外部选择，还会导致农奴制的进一步削弱，而这正是波斯坦（Postan，1966）以及诺思和托马斯（North and Thomas，1971）的看法。阿西莫格鲁和沃利茨基认为，劳动力稀缺究竟是强化还是削弱了农奴制，取决于产出的价值和强制带来的收益是否超过了农民外部选择的价值。他们认为，东欧缺乏相应市场，这意味着农奴的外部选择很少，故这类选择的价值远远低于强制带来的收益，进而使得人口下降进一步强化了农奴制；相比之下，西欧存在相应市场，这就增强了农奴外部选择的赢利性，而西欧的这种赢利超过了强制带来的收益的价值，故人口下降削弱了农奴制。

这是对前期研究的一项重要推进，但它并没有涉及历史研究中所表明的、与农奴制共存并对农奴制有重要影响的三种重要制度：国家、社会和市场。对于国家，正如阿西莫格鲁和沃利茨基（Acemoglu and Wolitzky，2011，第569～571）所承认的，他们的模型把农奴的每一个雇主视为一个单独的个体，而不是像现实中的地主那样通常联合起来实施集体强制，并利用这种集体强制力（通常通过国家）来控制农奴的外部选择。尽管阿西莫格鲁和沃利茨基声称，他们的观点在将国家纳入模型的情况下仍然成立，但事实上它仍然无法处理布伦纳问题（Brenner，1976），即劳动力稀缺究竟会强化还是削弱农奴制的最重要决定因素是政治，尤其是农奴和地主各自采取的集体行动以及农奴群体和地主群体各自与国家具有怎样的关系。

对于社会，阿西莫格鲁和沃利茨基模型将每个农奴视为单独的个体，而没有认识到农奴在现实社会中所形成的共同体，至少在某些方面是像实体机构那样运作的。正是由于存在这种公共性实体机构，使得农奴能够针对地主和国家采取集体行动。当然，地主和国家也可以与这些农奴组织进行谈判，以对那些试图违抗农奴制、纳税、征募等方面约束的个别农奴采取强制措施，而农奴共同体则提供了一种可供地主和国家与之谈判的实体。

对于市场，阿西莫格鲁和沃利茨基（Acemoglu and Wolitzky，2011）只是简单地假定东欧缺乏市场，而没有认识到现实中的东欧农奴可以利用并参与劳动力市场、土地市场、资本市场和产品市场。这些市场的存在，意味着农奴确实可以进行外部选择，但农奴能够参与这些市场本身，也为地主提供了更具吸引力的额外租金来源。正如下文将要表明的，在现实生活中，许多地主会利用他们所拥有的制度性权力，在农奴参与市场的过程中从农奴那里榨取更多的租金；这些租金会进一步增加地主的财富，而地主则会把部分财富用于政治行动，以维护和强化他们在农奴制下拥有的经济特权。

8.9.4 农奴制与制度体系

进一步探究导致农奴制产生、发展乃至最终崩溃的各种因素，可以发现分配冲突和政治力量是其中最重要的因素，同时可以表明把我们的关注点从一种孤立的制度拓广至更广泛的制度体系所具有的重要性。制度规则决定了农民和地主之间的关系，我们不能把我们的注意力仅仅局限在农奴制本身，我们必须同时分析与农奴制相关的那些制度，特别是上一节提及的市场、社会和国家。

不论是在中世纪西欧还是在近代东欧，对于生活在农奴社会的农奴而言，他们的生活中不可能没有市场，他们的活动也不可能与市场无关。过去数十年来的微观研究清晰地表明，中世纪和近代农奴社会中的农奴可以广泛利用市场。他们利用市场来购买和出售土地（Cerman，2008，2012，2013；Campbell，2009），提供劳动和雇佣劳动力（Campbell，2009；Dennison，2011），借出和借入资金（Briggs，2004，2009；Campbell，2009；Ogilvie，2001；Bolton，2012），购买和销售食品和手工艺品等（Kaminski，1975；Smith，1996；Britnell，1996；Cerman，1996；Ogilvie，2001；Bolton，2012）。不仅在中世纪的英国，而且在中世纪的德国、瑞士、奥地利、意大利和法国，乃至包括波兰、匈牙利、捷克和俄罗斯在内的实行第二次农奴制的近代中东欧和东欧的许多地区，都可以观察到农奴对市场的广泛参与（Kaminski，1975；Dennison，2011；Cerman，2012；Ogilvie，2012）。这种市场参与并不仅仅局限于最富裕的农奴，而是涉及农奴社会的各个阶层，包括妇女、体力劳动者、无地雇农以及那些在饥饿边缘挣扎的人（Kaminski，1975；Cerman，2012；Ogilvie，2001，2012）。

因此，农奴经济存在市场，而市场则为农奴提供了具有吸引力的外部选择。不过，市场同时也为地主提供了具有吸引力的外部选择。其结果是，农奴对于市场的利用，经常会受制于地主为获取额外租金而行使的权力。尽管地主为了获得租金或者在觉得干预市场会使自己受益时，会利用他们在农奴制下拥有的权力对市场交易进行干预（Harnisch，1975；Ogilvie，2001，2005c，2012；Dennison and Ogilvie，2007；Velková，2012），但农奴仍然能够广泛地利用市场来出租自己的劳动、雇佣其他劳动力以及购买和出售土地（Topolski，1974；Dennison，2011；Klein，2013；Ogilvie，2001，2005c，2012，2013b）。同样，即便地主能够利用他们在农奴制下拥有的权力，通过迫使农奴购买许可、支付强制性收费、按照指定价格优先把产品卖给地主、只能从地主那里购买若干特定产品等，而对产品市场进行干预，但农奴仍然可以在市场上购买或出售其农业产品和工业产品（Cerman，1996；Ogilvie，2001，2005c，2012，2013b；Klein，2013）。因此，农奴社会并不是不存在市场、进而使得农奴缺乏外部选择，而是地主会对这些市场进行干预，并通过这种市场干预把农奴在参与市场的过程中获得的部分利润，重新分配到地主手中。这种市场互动使得地主以农奴的利益为代价而受益，并进一步巩固了农奴制度，进而有助于农奴制在较长时期的持续存在。

村庄共同体对于农奴制的产生与发展也发挥了非常重要的作用。布伦纳（Brenner，1976）等认为，农奴制下的地主压迫，严重压制了村庄共同体。但后来的微观研究清晰地表明，事实并非如此（Wunder，1978，1996；Ogilvie，2005a，b；Dennison and Ogilvie，2007；Cerman，2008，2012）。作为农奴制下的自治团体，村庄共同体的正常运作是不存在任何问题的（Peters，1995a,b，1997；Wunder，1995）。农民组织起村庄共同体的直接目的，是为了抵制地主强化农奴制的企图，并吁请王室或城市管辖者来反对地主（Harnisch，1972；Ogilvie，2005a,b，2012，2013b）。农奴的共同体组织所具有的力量及其与国家、地主、城镇等外部组织进行谈判的能力，决定了地主在何种程度上能够对他们的市场交易活动进行干预。

不过，村庄共同体在农奴制中扮演的角色是比较复杂的，它们并非只是为了成功地、一心一意地保护农奴的利益。村庄共同体并不能完全不受庄园的干预。村庄的最大村官通常都是由地主选择和任命的（Harnisch，1975；Peters，1995a,b）。甚至是那些由农奴独立选出的共同体公共官员，通常也是不成比例地由最上层的富裕农奴指派或担任的。村庄共同体的这些官员寡头，将按照自身利益经营村庄，并受益于共同体自治（Melton，1988；Rudert，1995a,b；Hagen，2002；Ogilvie，2005a,b，2012；Dennison and Ogilvie，2007）。这些共同体组织推行的措施往往是最强势成员的选择，并部分地以限制弱势成员的选择为代价，其中强势成员与弱势成员的例子分别如：大农场主与体力劳动者、男性成员与女性成员、已建立家庭的户主与未婚的年轻人、村庄内部成员与外来迁移者等（Ogilvie，2005a,b，2012，2013b；Dennison and Ogilvie，2007）。

以上特点并不是农奴共同体的附带性特征，而是农奴制能够正常运作的核心组成部分。在正常情况下，即在农奴与地主之间不存在法律冲突或暴力对抗的情况下，这种农奴共同体制度能够胜任各类庄园管理工作并确保农奴制的平稳运行（Harnisch，1986，1989a，b；Dennison and Ogilvie，2007；Ogilvie，2012，2013b）。地主把组织劳动服务、筹措庄园费用等工作移交给共同体官员（Peters，1995a,b），而这些行政官员会通过精心设计的共同体责任体系，使得整个农奴共同体对任何个体所犯的错误来承担共同体责任（Harnisch，1989b；Peters，1997）。如果在未得到地主允许的情况下，一个农奴逃避劳动服务或荒弃农场，那么他所在的共同体就不得不按制度规定，出面收拾残局。这就为共同体把那些经济上不尽责或不称职的成员向庄园汇报提供了强有力的激励；事实上，这种共同体报告正是许多农奴驱逐事件的真实原因（Harnisch，1989b）。在向地主提供强制劳动和其他支付方面，农奴共同体具有集体责任，国家也会促使共同体限制农奴的流动和迁移；在许多情形下，我们可以看到共同体官员为了地主的利益而追捕逃跑的农奴（Peters，1997）。反过来，如果一个农奴希望获得他是一个好农民的证明，那么得到共同体官员和村庄寡头的认同和喜爱就是必不可少的，而这又有助于在他申请土地和其他资源时获得地主的正面评价（Harnisch，1975；Hagen，2002；Dennison and Ogilvie，2007；Ogilvie，2005a,b，2012，2013b）。农奴共同体通常处于强势农奴的控制之下，而强势阶层的农奴有强烈的动机与地主和国家进行合作（Melton，1988；Blaschke，1991；Rudert，1995a,b；Hagen，2002；Ogilvie，2005a,b,c；Dennison，2011）。因此，农奴共同体是整个制度体系的重要组成部分，它有助于农奴制的维持，有助于在维护地主利益的同时强化其阻碍经济增长的负面效应（Ogilvie，2005a,b，2012，2013b；Dennison and Ogilvie，2007）。

最后，农奴制的生存与发展还会受到国家的影响。农奴是国家征纳税收和征募士兵的最主要来源（Harnisch，1989a,b；Seppel，2013；Ogilvie，2013b）。由于贵族阶层通常会利用他们在议会中的优势地位得以免除纳税义务，故农奴往往是税收征纳的唯一来源。这就使得国家对于农奴制度具有两种抵消性的动机。一方面，财政利益使得国家有动机与地主争夺农奴的钱财和劳动（Hagen，1989；Cerman，2012）。在近代中东欧许多农奴社会中，每当地主要求有更多的强制劳动时，国家法庭往往予以纠正，以期维护农奴的财政能力。另一方面，维持国家官僚队伍所需要的庞大成本，为国家把征税、征兵等移交给地方人员提供了强大的激励，这就意味着国家对地主的行政管理乃至整个农奴制度采取合作的态度。因此，国家一方面会与地主竞争农奴的产出，另一方面会在榨取这些产出的过程中与地主合作（Hagen，1989；Ogilvie，2005c，2013b；Cerman，2008，2012；Rasmussen，2013；Seppel，2013）。

另外，国家还是农奴能够利用法律体系的守护者。在大多数农奴社会中，农奴自身的村庄法庭享有较低层次的司法权，主要是对轻微罪行、邻里冲突和土地交易等进行裁决（Kaak，1991）。对于较高层次的针对重大罪行的司法权而言，有关案件的初审却不是在王室法庭，而是在地主法庭中进行的（Cerman，2012；Ogilvie，2013b）。地主通常会从王室那里获得这种司法控制权，并以财政和政治上的好处作为交换；当然，不同农奴社会在具体程度上存在着一定差异（Kaak，1991；Ogilvie，2013b）。在某些欧洲农奴社会，如波希米亚和俄罗斯等，地主还成功地获得了国家的法律保障，对农奴向王室法庭上诉的权力进行了限制（Ogilvie，2005c；Dennison，2011）。但在包括普鲁士在内的许多其他农奴社会，农奴拥有（或被明确授予）为了反对地主而向国家法庭上诉的制度性权利（Harnisch，1975，1989a,b；Hagen，2002）。

在不同的政治实体中，农奴和地主之间的法律权利平衡，主要受统治者与贵族阶层权力对比的影响（Harnisch，1989a, b；Cerman，2012；Ogilvie，2013b）。在统治者相对比贵族弱势的地方，地主相对比农奴拥有更大的权利。但这并不意味着在这样的社会中，国家对农奴制完全没有影响：在统治者严重依赖贵族支持的地方，统治者不仅尽量不去纠正针对农奴的判决，而且在绝大多数冲突中明确支持地主。正如我们在“经验教训Ⅱ”中看到的，在统治者缺乏其他财政来源和政治支持并为了获得议会允许其征税以支付王室债务而需要地主支持的那些地方，统治者更有可能默认贵族阶层的绝大多数要求，包括以国家手段进一步强化农奴制。而在统治者拥有更多其他收入来源（如通过矿产税）和政治支持（如来自于城镇的政治支持）的地方，他就能够在更大程度上抵制贵族阶层的要求（通常部分地通过议会表达出来）。

国家对于农奴制的最重要作用，也许是通过立法来形成、维持乃至最终废除整个农奴制度体系（Harnisch，1986，1994；Ogilvie，2013b）。在农奴制下，地主对劳动力稀缺的反应主要是：通过限制农奴的流动性，防止农奴用脚投票移居到条件更好的地方；通过与其他领主合作，把那些逃跑的农奴遣返回来。与任何卡特尔制度安排一样，这种地主卡特尔同样面临着搭便车问题：每个庄园主都会集体得益于其他庄园主的承诺，但单个庄园主却可以从违反卡特尔安排中得到好处。这一搭便车问题以及对诸多庄园的管辖进行协调所存在的交易成本，使得地主们有强烈动机寻求政治当局支持、为农奴制施加制度性约束（Ogilvie，2013b）。这样，国家在农奴制得以维持的过程中扮演了重要角色。

不过，国家在最终废除农奴制的过程中也发挥了重要作用。中东欧和东欧在18、19世纪陆续废除了农奴制，当然不同社会最终废除农奴制的具体日期略有不同。许多农奴社会，如普鲁士和俄罗斯，国家废除农奴制的改革包括建立起一种法定义务体系，要求昔日的农奴及其后代向过去的地主及其后代支付一定的赎回款项，以补偿后者在废除农奴制后在土地、现金地租和劳役等方面的损失（Harnisch，1986，1994）。在废除农奴制的过程中，国家对于这种制度变革发挥了必不可少的决定性作用：通过国家调解，促使农奴和地主达成一种可执行的协议，令昔日农奴向过去地主做出可信性承诺，保证偿付后者在制度转型中遭受的损失。

因此，农奴制经济史为揭示阿西莫格鲁（Acemoglu，2003）所说的不存在“政治科斯定理”时制度变迁的重要性提供了绝佳例证。拥有（或获得）某种制度性权力的一方，不可能就限制自身未来行动做出一种可信承诺，除非存在一种拥有强制力的外部力量来保证这种承诺得以履行。政治科斯定理的不存在性，意味着能够令整体经济受益的制度变革，却经常由于下述现象而难以成行：很难让制度变革的潜在受益者做出可信的承诺，保证他们能够在制度变革的潜在受损者失去制度性权力之后仍会为后者提供补偿（Acemoglu，2003；Acemoglu et al.，2005，第436页；Ogilvie，2007，第666～667页）。农奴制经济史为这一原理能够对制度改革进程产生影响提供了绝佳的案例。在诸如俄罗斯和普鲁士等社会中，只有在国家通过协调和实施受益者补偿受损者的承诺，而能够解决“政治科斯定理”缺失问题时，农奴制才得以废除。例如，普鲁士在 1807 年废除农奴制时，国家通过立法规定：每一位昔日农奴都可以获得一块土地并被免除劳役，但同时也必须通过数十年间的系列赎回支付，对他的地主在土地和劳动方面的损失予以法定补偿（Knapp，1887；Harnisch，1986，1994）。于是，国家出面调解并执行了如下承诺：作为废除农奴制受益者的农奴，会对作为受损者的地主进行补偿。

因此，经济史在很大程度上支持下述命题，即：制度并不仅仅是对资源禀赋或是对经济问题的高效解决的反应（在这种情形下，制度对于增长是无关紧要的），而是部分或全部地是分配冲突的结果，从而能够对一个经济体究竟会增长还是陷入停滞具有重要的因果性影响。然而，经济增长文献在试图对制度进行基于冲突视角的探究中，并没有充分利用历史经验证据，而是过分强调高层政治和自上而下革命的重要性。现有证据表明，欧洲社会那些严重危害长期经济增长的重要制度（如农奴制），通常是特殊利益群体之间根深蒂固的、持久的分配争斗的结果；这些制度的运行基本限于地方层面，而远离首都所发生的议会吵闹和行政角力，且通常完全发生在正式的政治舞台之外。反过来说，一个试图把特殊利益集团对经济政策的影响最小化的社会，必定是一个逐步减少特殊制度之羁绊并逐渐提高普遍制度之牵引的社会，从而使得该社会得以实现经济增长。因此，经济史提供的经验证据充分表明，制度会（正面或负面）影响经济增长，而社会政治冲突对于制度的形成和发展具有重要作用。但经济史同时也表明，我们必须进一步扩展我们对于冲突的定义，把它从传统认识中的国家政治层面的冲突，扩展至更低层面的分配冲突以及这种分配冲突在省市层面缓慢的、渐进的、非革命性的演变过程。

8.10　经验教训之案例分析：农奴制与增长

农奴制是我们在“经验教训Ⅷ”中使用最多的例子，本节拟进一步详细阐述农奴制如何能够为所有八个经验教训提供例证。由于农奴制主导了大多数农业人口的经济选择，而农业又几乎是每一个欧洲经济体自中世纪以来、在许多地区直至 19 世纪晚期的最大的经济部门，故农奴制本身也很容易引起人们的兴趣。农奴制自中世纪晚期以来在西欧的衰落和在东欧的兴盛，恰逢（也许促进了）欧洲大陆这两部分地区的人均收入增长在中世纪晚期至 19 世纪的显著分化（Ogilvie，2013b），因此，如果一个人想理解欧洲社会在中世纪至工业革命期间在长期增长状况方面的分化和趋同，那么深入了解农奴制就是必不可少的。

第一，农奴制清晰地表明了公序制度对于经济增长的重要性，这也是我们在“经验教训Ⅰ”中提出的观点。对于农奴制是在公序制度缺失下的有效私序替代的看法，不论就保障私有产权还是就确保合同执行而言（North and Thomas，1970，1971，1973；Fenoaltea，1975a,b），都不存在来自于经验证据的支持。西欧农奴制在中世纪晚期的衰落，与西欧的公共当局不愿意为地主强化其相对于农奴的制度性特权提供支持密切相关；与之相反，中东欧和东欧社会的农奴制自16世纪以来的进一步强化，离不开国家对地主提供的强力支持。最后，东欧社会在18世纪80年代至19世纪60年代废除第二次农奴制，有赖于公共当局出面解决了政治科斯定理不存在性所引起的问题。

第二，农奴制清晰地表明，一个强势议会，即便它代表的是财富拥有者的利益，也并不总是有利于经济增长。在某些农奴社会中，如波兰等，议会相对于统治者尤为强势；在所有农奴社会中，议会代表的都是财富拥有者的利益，并以贵族土地利益为主要表现形式。在农奴社会中，议会越强势，土地贵族就越有能力要求国家支持赎金的支付，这就需要国家支持地主在农村人口中的相对权力，并以此作为议会在税收和军事方面支持统治者的先决条件。欧洲农奴制的历史表明，经济增长并不取决于一个社会是否拥有一种控制行政部门、代表财富拥有者利益的所谓议会的制度，而是取决于该社会是否拥有下述更为基础性的制度：这些制度决定了人们如何获得财富，决定了财富拥有者如何获得议会代表权，以及他们获得议会代表权后，实施的究竟是有利于自身的资源再分配的制度规则，还是有利于整体经济增长的制度规则。

第三，农奴制表明了把制度区分为普遍制度与特殊制度的重要性。农奴制完全是一种特殊制度，它所施加的规则、它所发挥的作用完全取决于个体作为农奴或非农奴的身份地位及其所拥有的特权。在农奴制下，并不是每个人都可以公平地使用或转让土地、劳动、资本和产出，而是取决于经济主体作为地主、自由民或农奴的身份。此外，大多数农奴制还严重依赖于它们与另一种特殊制度的合作，此即村庄共同体。村庄共同体的运行规则同样是特殊性的：投入品与产出品的占有、使用与转让，有赖于人们的身份地位和拥有的特权，如村庄成员与外来移民、男性户主与女性或单身男性、富裕农民与无地劳工等。不过，在欧洲的农奴社会中，农奴制和村庄共同体等具有完全特殊性的制度是与国家和市场相共存的，而国家和市场则至少是部分具有普遍性的制度。在农奴社会中，特殊制度与普遍制度的平衡程度决定了农奴制能够存续多久，决定了农奴制对经济增长有多大的制约以及农奴制会在何时废除、如何废除。

第四，农奴制表明，产权制度和契约制度都很重要，并且二者是密不可分的。在农奴社会中，当一个人进行交易时，他同时也把财产权利转让给了另一个人并签署了一份契约。地主不仅会干预财产权利，而且还会通过基于自身利益或他们授予市场特权的那些人的利益而宣布某些契约无效，对有关契约进行干预。此外，中东欧和东欧废除农奴制改善了土地私有产权的安全性，但农业部门的经济增长却没有出现任何改善。一个重要的原因是，为了使得产权改善对经济增长的好处充分释放出来，还必须进一步完善契约制度，从而为农民承担人力资本投资、土地改良和创新的成本和风险提供足够的激励。也就是说，政治当局不仅要建立起普遍性的财产权利，而且还要建立起普遍性的契约机制。这就要求政治当局不再支持特殊利益集团的特殊性干预，正是这种特殊性干预降低了契约的安全性。只有采取了此类措施之后，财产权利得以促进经济增长的好处才能充分释放出来，经济才能加速增长。简言之，农奴制表明，恰如在产权制度方面一样，分配冲突和精英阶层的强制力在契约制度中同样扮演了重要的角色。

第五，农奴制表明，私有产权安全有可能促进经济增长、也有可能阻碍经济增长，最终取决于它们是普遍性的还是特殊性的。在农奴制下，地主拥有非常安全、明晰和广泛的私有产权，但它们属于特殊性的私有产权，基于的是土地所有者的非经济性特征：个人身份、作为土地贵族享有的特权、对农奴拥有的强制力等。同这些安全私有产权有关的交易，受到包括地主所拥有的强制力在内的地主个人特征的支配。这种安全的、明晰的私有产权，通过限制把资源分配给那些能够对它们做最有效利用的人，阻碍了经济增长。农奴制下盛行的特殊性产权，反而是把资产分配给那些拥有法律特权和强制能力的人。农奴制下私有产权的特殊性质，限制了农奴为提高土地生产力而进行的投资，也限制了农奴以土地为抵押获得投资贷款的能力。

第六，农奴制表明，不论是所有权、使用权还是转让权，私有产权的安全性主要是一个程度问题，而不是有或者没有的问题。在许多欧洲农奴社会，农奴对其占有物拥有一定的所有权：在某些农奴社会，地主实际上是不可能把农奴从土地上驱逐出去的；在绝大多数其他农奴社会，对于农奴的驱逐需要通过法律诉讼，来表明该农奴确实违反了土地保有条件，如不支付地租或不履行劳役。在大多数被研究的欧洲农奴社会中，农奴对于土地还拥有安全的使用权：农奴可以选择种植何种农作物（如亚麻等经济作物），可以对他的持有物进行投资（如建造房屋或田地施肥等）。在大多数欧洲农奴社会中，农奴还可以购买、出售和遗赠他们的持有物，至少可以出租部分地块并收取租金。在所有的土地转让中，原则上农奴都应该获得地主的许可，但在绝大多数情形下农奴实际上自动获得了这种许可。农奴制下的英国确实就是这种情形；同时，由于英国的农奴制大约在1350年以后就衰落了，故农奴早在1688年之前很久就享有了相对安全的私有产权。不仅如此，并不仅仅是中世纪的英国农奴对其财产拥有了相当程度的（如果不是完全的）所有权安全和使用权安全，实际上每一个被研究过的其他欧洲农奴社会都是如此。几乎每一个中世纪和近代欧洲社会都存在安全的所有权和使用权，但其普遍性属性却通常会受到与之相关或与之冲突的特殊性制度安排的制约。对于私有产权安全为什么重要的是程度而不是有无问题，农奴制提供了一个清晰准确的案例。农奴制案例还清晰地表明下述工作的重要性：有必要把私有财产“安全”概念分解为不同组成部分，并在对不同组成部分分别予以深入探究的同时，进一步探讨各组成部分对经济增长的影响。

第七，农奴制清晰地表明了充分认识到任何制度都处于更广泛制度体系之中，且任何制度都受到制度体系中其他制度的制约所具有的重要性。农奴制背后存在一系列的制度安排，这些制度安排在不同的欧洲社会、在不同的历史时期存在很大的差别。这是因为，作为支配农民和土地贵族之间关系的一系列制度安排，农奴制并不是孤立存在的，而是存在于更广泛的其他制度体系之中，如市场、村庄共同体、国家、家庭等等。农奴制的运作、生存及其对经济增长的影响，无不受到其他制度可得性的影响，亦经常受到其他制度的积极干预。

第八，农奴制揭示了分配冲突在制度体系演进及其经济增长影响的重要性。尽管农奴制改变了资源禀赋、造成了普遍的低效率，但它仍然存在了数百年之久，原因在于它对权势集团有好处，包括地主、统治者、农奴寡头等。农奴制导致了分配冲突，但分配冲突的平息却不仅仅甚至主要不在于高层政治，而是特殊利益集团之间在更低层面上更为持久的分配斗争，且主要位于国家政治舞台之外。

8.11 结　　语

本文试图就制度如何影响长期经济增长问题寻求历史经验证据。尽管对于过去数世纪以来影响经济增长的制度，我们仍然需要做进一步了解，但即便按照目前已经掌握的历史证据，我们也可以对经济增长的有利条件和不利条件做一番阐述。关于制度和经济史，经济增长文献已有了不少态度鲜明的看法。本文所做的探讨表明，在现有的这些看法中，有些看法并没有得到历史证据的支持而必须舍弃，另外一些看法则是有争议的，而本文通过梳理有关历史证据，表明了应该按照什么样的方向来调整这些有争议的看法。还有一些看法大致是正确的，本文试图表明：如果能够更好地利用历史证据，它们如何能够在理论和政策上有更大的用处。

我们可以明确排除某些广为接受的假说，即那些认为某些特定制度能够单独对经济增长产生重要因果影响的看法。私序制度被广泛地认为能够在促进经济增长方面代替公序制度，但正如我们在“经验教训Ⅰ”和“经验教训Ⅲ”中看到的，那些被视为支持这种看法的历史案例实际上并不是那么回事。私序制度能够补充公序制度，但不能代替公序制度。公序制度对于市场的运转是必不可少的。议会是被广泛视为有利于经济增长的第二种制度，但正如我们在“经验教训Ⅱ”中看到的，历史上的议会对于经济增长可谓劣迹斑斑；在极少数情形下，议会确实起到了促进经济增长的作用，但这时的议会似乎需要拥有十分特殊的特征并身处于一种有利于经济增长的更广泛制度体系之中。即使是被广泛视为经济增长关键的私有财产安全，历史证据表明它并非总是能够促进经济增长的。在安全的私有产权对经济增长具有重要因果影响的情形（如欧洲农业革命）中，它们也需要具备某些特定特征（如它们是普遍性的），同时也需要得到制度体系其他组成部分（尤其是契约制度）的支持。这些研究结论使得我们可以排除任何单一的制度处方，避免牺牲制度体系的其他部分而仅关注于私序社会网络的构建、议会的建立或产权的完善等。

我们可以从这些研究发现中做出明确的推论：制度并不是孤立运作的，而是更广泛制度体系的组成部分。产权制度得益于契约制度，但受到共同体制度和庄园制度的制约。契约制度运行得好坏有赖于公序制度、城乡共同体的组织能力、社团性职业协会的特权、农奴制等庄园制度体系下地主的权力等。家庭制度与更广泛框架下的非家庭制度相互依赖。农奴制依赖于国家、村庄共同体甚至市场。过去千余年来，大多数核心经济制度只有在与更广泛制度体系其他组成部分的互动中，才会最终影响到经济增长。

尽管如此，我们从对制度和增长进行的历史探究中所得到的大部分重要经验教训，却关乎我们对未来的看法。我们在经验教训中所得到的结论，使得我们有必要再次重申“经验教训Ⅶ”结尾处的评论：“任何事情都应该尽可能地简化，但不能为简化而简化”。两种明显对立的简化特别引人关注。一种简化是试图寻找到一组不可或缺的制度出现的准确时间点。1688 年发生的光荣革命，恰好发生在英国工业革命发轫的三代人之前，于是正如我们在“经验教训Ⅱ”“经验教训Ⅴ”和“经验教训Ⅵ”中看到的，有人紧紧抓住它并把它视为开始构建有利于增长的制度的历史转折点。另一种简化与上述简化截然相反，认为许多没有实现经济增长的社会，依然拥有包括安全产权在内的良好制度。

特别地，他们指出13世纪的英国拥有影响增长的所有制度，但仍然没能在那时出现工业化。

正如我们在本文的多个经验教训中所看到的，这两种简化方式之间显而易见的不一致只是一种表面上的不一致，更重要的是它们之间的一致性，即假设可以用诸如产权安全、公序制度或议会等非正式的日常用语，详细地描述这些制度及其对经济增长的全部含义。这一假设意味着每一种此类标签都可以准确无误地指向某种特定的、可识辨的社会形态。本文的分析表明，这一假设是站不住脚的。我们既可以用英国经济史来表明产权对于经济增长是必不可少的，又可以用它来表明产权与经济增长无关，其原因在于产权涉及大量不同种类的异质性现象。正如本文对于历史证据的探究所表明的，许多非正式的制度标签是不精确的、模棱两可的，在许多情形下甚至是语义重叠的，它们从来不曾有过确凿无疑的清晰定义。

本文的一个重要研究主题是：这些制度标签所对应的现实存在物并没有被很好地定义，即这两种明显不一致的简化方式所共有的假设是错误的。传统的制度标签之所以没有被很好地定义，至少表现在如下三个方面：它们缺乏准确的应用标准（它们所对应的是大量不同的社会形态）；它们缺乏一种强度或程度上的度量标准（它们被假定为有或者没有，而不存在中间标度）；它们没能反映出其明确指向的社会形态与整个制度体系（该社会形态是其必要组成部分）之间的相互连接，更不必说随着制度体系的变迁以及该社会形态与制度体系之间相互依存关系的变化，究竟会使得该社会形态发生怎样的变化。因此，本文所梳理的历史研究发现，揭示了关于制度和增长的未来研究必须面对的三大挑战。

第一个挑战是进一步明确传统制度标签的应用标准。在分析经济增长的过程中，目前使用的每一种制度标签，对应的都是大量不同的社会形态。议会，即便只是我们在“经验教训Ⅱ”中探讨过的代表财富拥有者利益的那些议会，对应的可以是从1688年之后的英国议会（即便腐化但仍是相对多元的）到18世纪符腾堡的权贵议会（欧洲的另一种君主立宪政体，主要由行会成员和享有特权的寻租集团控制）乃至波兰的色姆国会（远比波兰虚弱的行政部门更为强势，但主要用于加强农奴制下土地贵族的权力）等任何形式的议会。本文提供的历史证据表明，经济学家有必要通过分析财富拥有者如何获得财富、拥有什么样的财富、如何在议会获得代表权、他们的经济利益如何纷繁多样、各种议会制度赋予议会成员哪些经济干预机制和手段等，对财富拥有者控制下的议会作进一步分解归类。同样，经济学家和经济史学家颇为看重的传统制度标签“产权安全”，亦应该按照9世纪意大利、13世纪英国、17世纪德国以及21世纪初富裕的欧洲经济体等区别对待。“经验教训Ⅴ”和“经验教训Ⅵ”提及的历史证据表明，我们有必要把安全的私有产权划分为所有权、使用权和转让权；并且，对于每一种权利，应该分析它究竟是适用于所有经济主体的普遍权利，还是仅适用于特权群体的特殊权利。对于包括契约制度、共同体和行会在内的其他传统制度标签，如果我们能够通过分析它们是如何定义和度量的、其各自特征通过何种方式影响经济增长等而进一步明确其应用标准，那么我们很可能会从中受益。

未来研究中的第二个挑战，是提供一种制度强度或程度的度量指标。经济增长分析中使用的现有制度标签，通常只是假定存在或不存在这些制度，而无法考虑介于二者之间的中间情形。经济增长文献充斥着关于某种制度完全存在或完全不存在的断言。正如我们在“经验教训Ⅰ”和“经验教训Ⅲ”部分所看到的，增长文献假定中世纪的贸易世界完全不存在公序制度，并认为私序制度在实现经济增长的过程中发挥了主要作用，但经验研究却发现当时同样存在公序制度；并且，尽管这些公序制度在接下来的几个世纪里经历了诸多变迁，尽管这些变迁并非总是有利于经济增长，但这些公序制度确实在中世纪有关经济体的贸易增长中扮演了重要的角色。正如我们在“经验教训Ⅱ”中所看到的，增长文献假定英国议会在 1688 年以前完全无法控制英国的政府行政部门，而在 1688 年以后则实际拥有了完全控制力，并认为民主化对于实现经济增长具有重要作用，但经验研究却表明，除了革命期间（以及某些情形下革命之后的一段时期）以外，议会权力只是一个增量问题。至于产权，正如我们在“经验教训Ⅴ”中看到的，增长文献或者把它描绘为在 1688 年前完全不存在，或者视之为在 1300 年就已完全存在，前者意味着产权对于经济增长具有关键作用，而后者则意味着经济增长完全与产权无关；但经验研究却表明，产权只是一个程度问题和增量问题。本文对历史研究发现的探究表明，经济学家有必要花费更多的精力，对产权、公序制度等传统制度标签的强度和程度等设计出合适的度量指标，最好是为这些制度的每一个与众不同的特征设计出适当的度量指标，而识别出这些特征则构成了我们最先需要面对的挑战。

我们在未来研究中面临的第三个挑战，是以适当方式对同传统制度标签有关的制度形态之间的相互联系进行分析和度量，即对制度与更广泛制度体系之间的相互联系进行分析和度量。正如“经验教训Ⅳ”部分所表明的，在农业革命期间，即便相似的产权制度也会导致完全不同的经济后果，它在很大程度上取决于契约制度的质量，而契约制度的质量又取决于村庄共同体、农奴制、城市社团和国家等诸多制度性机制所具有的基本特征。正如“经验教训Ⅶ”所表明的，同样的欧洲婚姻模式家庭制度对应于非常不同的增长结果，它取决于家庭制度所处制度体系中的其他制度，尤其是行会、共同体等能够对女性地位、人力资本投资和人口决策产生影响的社团性制度。正如我们在“经验教训Ⅷ”中看到的，即便对于农奴制度，我们也不能脱离村庄共同体、国家和市场等制度体系的其他组成部分而予以孤立的理解。本文对历史研究发现的探究表明，为了理解制度对长期经济增长的影响，经济学家有必要通过某种方式搞清楚更广泛制度体系的基本特征：不仅包括每一种制度作为制度体系组成部分的基本特征，而且包括该制度形态的基本特征如何随着制度体系背景和制度间相互依存关系的变化而变动。

上述挑战并不容易被战胜，但本文对历史研究发现的探究亦表明，如果我们能够勇敢地迈出一步，我们还是能够应对这些挑战的。面对这一任务，我们取得成功的最大希望在于：把经济学尽可能简化一切的能力，与历史学在复杂数据中辨认出何处不能再做进一步简化的能力结合起来，并进而告诉我们必须开发出何种更好的分析工具。

致　谢

作者感谢杰里米·爱德华兹（Jeremy Edwards）对本文部分初稿提供的极具启发性的建议，感谢特雷西·丹尼森（Tracy Dennison）对本文终稿有益的评论。

参考文献

Acemoglu, D., 2003. Why not a political Coase theorem? Social conflict, commitment and politics. Journal of Comparative Economics 31 (4), 620 –652.

Acemoglu, D., 2009. Introduction to Modern Economic Growth. Princeton University Press, Princeton, NJ.

Acemoglu, D., Cantoni, D., Johnson, S., Robinson, J. A., 2011. The consequences of radical reform: the French Revolution. American Economic Review 101 (7), 3286 –3307.

Acemoglu, D., Johnson, S. H., 2005. Unbundling institutions. Journal of Political Economy 113 (4), 949 –995.

Acemoglu, D., Johnson, S., Robinson, J. A., 2005. Institutions as a fundamental cause of long-run growth. In: Aghion, P., Durlauf, S. N. (Eds.), Handbook of Economic Growth, vol. 1A. Elsevier, Amsterdam/London, pp. 385 –472.

Acemoglu, D., Robinson, J. A., 2012. Why Nations Fail: The Origins of Power, Prosperity and Poverty. Crown Publishers, New York.

Acemoglu, D., Wolitzky, A., 2011. The economics of labor coercion. Econometrica 79 (2), 555 – 600.

Ackerman-Lieberman, P., 2007. A partnership culture: Jewish economic and social life seen through the legal documents of the Cairo Geniza. Columbia University, Ph. D. Dissertation.

Aghion, P., Howitt, P., 1992. A model of growth through creative destruction. Econometrica 60 (2), 323 – 351.

A'Hearn, B., Baten, J., Crayen, D., 2009. Quantifying quantitative literacy: age heaping and the history of human capital. Journal of Economic History 69 (03), 783 – 808.

Alengry, C., 1915. Les foires de Champagne: Etude d'histoire économique. Rousseau et Cie, Paris.

Allen, R. C., 1992. Enclosure and the Yeoman: The Agricultural Development of the South Midlands, 1450 – 1850. Clarendon, Oxford.

Allen, R. C., 1999. Tracking the agricultural revolution in England. Economic History Review 52 (2), 209 – 235.

Allen, R. C., 2003. Progress and poverty in early modern Europe. Economic History Review 56 (3), 403 – 443.

Allen, R. C., 2004. Agriculture during the Industrial Revolution, 1700 – 1850. In: Floud, R., Johnson, P. (Eds.), The Cambridge Economic History of Modern Britain, vol. 1: Industrialisation, 1700 – 1860. Cambridge University Press, Cambridge, pp. 96 – 116.

Allen, R. C., 2011. Global Economic History: A Very Short Introduction. Oxford University Press, Oxford.

Anderson, J. E., 2008. Trade and informal institutions. In: Anon. (Ed.), Handbook of International Trade. Blackwell Publishing, Oxford, pp. 279 – 293.

Anon., 1818. The states of Wirtemberg. Edinburgh Review 29, 337 – 363.

Aoki, M., 2001. Toward a Comparative Institutional Analysis. MIT Press, Cambridge, MA.

Arbois de Jubainville, M. H. de, 1859. Histoire de Bar-sur-Aube sous les comtes de Champagne. Durand, Dufay-Robert, Jardeaux-Ray, Paris, Troyes, Bar-sur-Aube.

Arbois de Jubainville, M. H. de, Pigeotte, L., 1859 – 66. Histoire des ducs et des comtes de Champagne. A. Durand, Paris.

Archer, I. W., 1988. The London lobbies in the later sixteenth century. Historical Journal 31 (1), 17 – 44.

Aron, J., 2000. Growth and institutions: a review of the evidence. The World Bank Research Observer 15 (1), 99 – 135.

Ashton, R., 1967. The parliamentary agitation for free trade in the opening years of the reign of James I. Past & Present 38, 40 – 55.

Ashtor, E., 1983. The LevantTrade in the Later Middle Ages. Princeton University Press,

Princeton，NJ.

Aslanian，S.，2006. Social capital，trust and the role of networks in Julfan trade：informal and semi-formal institutions at work. Journal of Global History 1（3），383－402.

Ba，S.，2001. Establishing online trust through a community responsibility system. Decision Support Systems 31（3），323－336.

Bairoch，P.，1989. Les trois révolutions agricoles du monde développé：rendements et productivité de 1800 à 1985. Annales. Histoire，Sciences Sociales 44（2），317－353.

Baker，J. H.，1979. The law merchant and the common law before 1700. Cambridge Law Journal 38，295－322.

Baker，J. H.，1986. The law merchant and the common law. In：Baker，J. H.（Ed.），The Legal Profession and the Common Law：Historical Essays. Hambledon Press，London，pp. 341－386.

Barbour，V.，1911. Privateers and pirates of the West Indies. American Historical Review 16（3），523－566.

Bardhan，P.，1996. The nature of institutional impediments to economic development. Center for International and Development Economics Research Papers C96－066.

Basile，M. E.，Bestor，J. F.，Cocquillette，D. R.，Donahue，C.（Eds.），1998. Lex Mercatoria and Legal Pluralism：A Late Thirteenth-CenturyTreatise and Its Afterlife. Ames Foundation，Cambridge.

Bassermann，E.，1911. Die Champagnermessen. Ein Beitrag zur Geschichte des Kredits. Mohr，Tübingen.

Bautier，R.-H.，1953. Les foires de Champagne. Recherches sur une évolution historique. Recueils de la Société Jean Bodin 5，97－147.

Bautier，R.-H.，1970. The fairs of Champagne. In：Cameron，R.（Ed.），Essays in French Economic History. R. D. Irwin，Homewood，IL，pp. 42－63.

Bekar，C. T.，Reed，C. G.，2012. Land Markets and Inequality：Evidence from Medieval England. Simon Fraser University Department of EconomicsWorking Papers 12－14.

Benson，B. L.，1989. The spontaneous evolution of commercial law. Southern Economic Journal 55（3），644－661.

Benson，B. L.，1998. Law merchant. In：Newman，P.（Ed.），The New Palgrave Dictionary of Economics and the Law. Macmillan，London.

Benson，B. L.，2002. Justice without government：the merchant courts of medieval Europe and their modern counterparts. In：Beito，D.，Gordon，P.，Tabarrok，A.（Eds.），TheVoluntary City：Choice，Community and Civil Society. University of Michigan Press，Ann Arbor，pp. 127－150.

Benson，B. L.，2005. The mythology of holdout as a justification for eminent domain and public provision of roads. The Independent Review 10（2），165－194.

Benson，B. L.，2008. The evolution of eminent domain：a remedy for market failure or an effort to limit government power and government failure? The Independent Review 12（3），423－432.

Benton，J. F.，1969. Philip the Fair and the Jours of Troyes. Studies in Medieval and Renaissance History 6，281－344.

Bernstein，L.，2001. Private commercial law in the cotton industry：value creation through rules，norms，and institutions. Michigan Law Review 99（7），1724－1790.

Besley，T.，Ghatak，M.，2010. Property rights and economic development. In：Rodrik，D.，Rosenzweig，M. R.（Eds.），Handbook of Development Economics，vol. 5. North Holland，Amsterdam，pp. 4526－4595.

Bieleman，J.，1993. Dutch agriculture in the Golden Age，1570－1660. Economic and Social History in the Netherlands 4，159－185.

Bieleman，J.，2006. Dutch agricultural history c. 1500－1950. In：Thoen，E.，Van Molle，L.（Eds.），Rural History in the North Sea Area：An Overview of Recent Research，Middle Ages-Twentieth Century. Brepols，Turnhout.

Bieleman，J.，2010. Five Centuries of Farming：A Short History of Dutch Agriculture，1500－2000. Wageningen Academic Publishers，Wageningen.

Biller，P.，2001. The Measure of Multitude：Population in Medieval Thought. Oxford University Press，Oxford.

Birdsall，N.，1988. Analytical approaches to population growth. In：Chenery，H.，Srinivasan，T. N.（Eds.），Handbook of Development Economics，vol. I. North Holland，Amsterdam/NewYork，pp. 477－542.

Blaschke，K.，1991. Dorfgemeinde und Stadtgemeinde in Sachsen zwischen 1300 und，1800. In：Blickle，P.（Ed.），Landgemeinde und Stadtgemeinde in Mitteleuropa. Ein struktureller Vergleich. Oldenbourg，Munich，pp. 119－143.

Blockmans，W. P.，1988. Alternatives to monarchical centralization. In：Koenigsberger，H. G.（Ed.），Republik und Republikanismus in Europea der Frühen Neuzeit. Oldenbourg，Munich.

Blondé，B.，Gelderblom，O.，Stabel，P.，2007. Foreign merchant communities in Bruges，Antwerp and Amsterdam，c. 1350－1650. In：Calabi，D.，Christensen，S. T.（Eds.），Cultural Exchange in Early Modern Europe，vol. 2：Cities and Cultural Exchange in Europe，1400－1700. Cambridge University Press，Cambridge，pp. 154－174.

Boelcke，W. A.，1973. Wege und Probleme des industriellen Wachstums im Königreich Württemberg. Zeitschrift für Württembergische Landesgeschichte 32，436－520.

Boelcke，W. A.，1984. Industrieller Aufstieg im mittleren Neckarraum zwischen Konjunktur und Krise. Zeitschrift für Württembergische Landesgeschichte 43，287－326.

Boerner，L.，Ritschl，A.，2002. Individual enforcement of collective liability in premodern Europe. Journal of Institutional and Theoretical Economics 158, 205 – 213.

Boerner, L., Ritschl, A., 2005. Making financial markets: contract enforcement and the emergence of tradable assets in late medieval Europe. Society for Economic Dynamics 2006 Meeting Papers 884.

Bogart, D., Richardson, G., 2009. Making property productive: reorganizing rights to real and equitable estates in Britain, 1660 – 1830. European Review of Economic History 13 (1), 3 – 30.

Bogart, D., Richardson, G., 2011. Property rights and parliament in industrializing Britain. Journal of Law and Economics 54 (2), 241 – 274.

Boldorf, M., 1999. Institutional Barriers to Economic Development: The Silesian Linen Proto-industry (17th to 19th Century). Institut für Volkswirtschaftslehre und Statistik, Universität Mannheim, Working Papers 566 – 99.

Boldorf, M., 2006. Europäische Leinenregionen imWandel. Institutionelle Weichenstellungen in Schlesien und Irland (1750 – 1850). Böhlau, Cologne/Weimar/Vienna.

Boldorf, M., 2009. Socio-economic institutions and transaction costs: merchant guilds and rural trade in eighteenth-century Lower Silesia. European Review of Economic History 13 (2), 173 – 198.

Bolton, J. L., 2012. Money in the Medieval English Economy 973 – 1489. Manchester University Press, Manchester.

Bonfield, L., 2001. Developments in European family law. In: Kertzer, D. I., Barbagli, M. (Eds.), The History of the European Family, vol. 1: Family Life in Early Modern Times, 1500 – 1789. Yale University Press, New Haven, CT, pp. 87 – 124.

Bourquelot, F., 1839 – 40. Histoire de Provins. Lebeau, Paris.

Bourquelot, F., 1865. Études sur les foires de Champagne, sur la nature, l'étendue et les règles du commerce qui s'y faisait aux XIIe, XIIIe et XIVe siècles. L'Imprimerie Impériale, Paris.

Boutaric, E. P., 1867. Actes du Parlement de Paris, Première série: De l'an 1254 à l'an 1328. H. Plon, Paris.

Braddick, M. J., 1994. Parliamentary Taxation in Seventeenth-Century England: Local Administration and Response. Royal Historical Society, Woodbridge, Suffolk.

Brakensiek, S., 1991. Agrarreform und Ländliche Gesellschaft: die Privatisierung der Marken in Nordwestdeutschland 1750 – 1850. Schöningh, Paderborn.

Brakensiek, S., 1994. Agrarian individualism in North-Western Germany, 1770 – 1870. German History 12 (2), 137 – 179.

Brenner, R., 1976. Agrarian class structure and economic development in pre-industrial England. Past & present 70, 30 – 75.

Brewer, J., 1989. The Sinews of Power: War, Money and the English State, 1688 – 1783. Unwin Hyman, London.

Brewer, J. , Hellmuth, E. (Eds.), 1999. Rethinking Leviathan: The Eighteenth-Century State in Britain and Germany. Oxford University Press, Oxford.

Briggs, C. , 2004. Empowered or marginalized? Rural women and credit in later thirteenth- and fourteenthcentury England. Continuity and Change 19 (1).

Briggs, C. , 2009. Credit and Village Society in Fourteenth-Century England. Oxford University Press, Oxford.

Briggs, C. , 2013. English serfdom, c. 1200-c. 1350: towards an institutional analysis. In: Cavaciocchi, S. (Ed.), Schiavitu e servaggio nell'economia europea. Secc. XI-XVIII. /Slavery and Serfdom in the European Economy from the 11th to the 18th Centuries. XLV settimana di studi della Fondazione istituto internazionale di storia economica F. Datini, Prato 14 – 18 April 2013. Firenze University Press, Florence.

Britnell, R. H. , 1991. The towns of England and Northern Italy in the early fourteenth century. Economic History Review 44 (1), 21 –35.

Britnell, R. H. , 1996. The Commercialisation of English Society, 1000 –1500. Manchester University Press, Manchester.

Briys, E. , De ter Beerst, D. J. , 2006. The Zaccaria deal: contract and options to fund a Genoese shipment of alum to Bruges in 1298. Paper presented at the XIV International Economic History Congress, Helsinki, August.

Broadberry, S. , Campbell, B. , Klein, A. , Overton, M. , et al. , 2011. British economic growth, 1270 – 1870: an output-based approach. University of Kent Department of Economics Studies in Economics 1203.

Broadberry, S. , Campbell, B. , Van Leeuwen, B. , 2013. When did Britain industrialise? The sectoral distribution of the labor force and labor productivity in Britain, 1381 – 1851. Explorations in Economic History 50 (1), 16 –27.

Brophy, J. M. , 1995. Salus publica suprema lex: Prussian Businessmen in the New Era and Constitutional Conflict. Central European History 28 (2), 122 –151.

Burkhardt, M. , 2012. Zentren und Peripherie zu Beginn der Industriellen Revolution in Württemberg-ein kartografischer Nachtrag. Zeitschrift für Württembergische Landesgeschichte 71, 479 –480.

Buyst, E. , Mokyr, J. , 1990. Dutch manufacturing and trade during the French Period (1795 – 1814) in a long-term perspective. In: Aerts, E. , Crouzet, F. (Eds.), Economic Effects of the French Revolutionary and Napoleonic Wars, Leuven University Press, Leuven, pp. 64 – 78.

Byrne, E. H. , 1916. Commercial contracts of the Genoese in the Syrian trade of the twelfth century. Quarterly Journal of Economics 31 (1), 128 –170.

Byrne, E. H. , 1930. Genoese Shipping in the Twelfth and Thirteenth Centuries. The Medieval Academy of America, Cambridge, MA.

Calaprice，A.（Ed.），2011. The Ultimate Quotable Einstein. Princeton University Press，Princeton，NJ.

Caldwell，J. C.，1976. Toward a restatement of demographic transition theory. Population and Development Review 2（3/4），321 – 366.

Caldwell，J. C.，1982. Theory of Fertility Decline. Academic Press，London，New York.

Cameron，R. E.，1989. A Concise Economic History of the World：From Paleolithic Times to the Present. Oxford University Press，Oxford.

Campbell，B. M. S.，2000. English Seigniorial Agriculture，1250 – 1450. Cambridge University Press，Cambridge.

Campbell，B. M. S.，2005. The agrarian problem in the early fourteenth century. Past & Present 188，3 – 70.

Campbell，B. M. S.，2009. Factor markets in England before the Black Death. Continuity and Change 24（1），79 – 106.

Campbell，C.，Lee，J. Z.，2010. Demographic impacts of climatic fluctuations in northeast China，1749 – 1909. In：Kurosu，S.，Bengtsson，T.，Campbell，C.（Eds.），Demographic Responses to Economic and Environmental Crisis. Reitaku University Press，Kashiwa，pp. 107 – 132.

Campbell，B. M. S.，Overton，M.，1998. L'histoire agraire anglaise jusqu'en 1850：revue historiographique sur l'état actuel de la recherche'. Histoire et Sociétés rurales 9（1），77 – 105.

Carrigan，W. D.，2004. The Making of a Lynching Culture：Violence and Vigilantism in Central Texas，1836 – 1916. University of Illinois Press，Urbana/Chicago，IL.

Carsten，F. L.，1950. The Great Elector and the foundation of the Hohenzollern despotism. English Historical Review 65（255），175 – 202.

Carsten，F. L.，1959. Princes and Parliaments in Germany. Clarendon，Oxford.

Caunce，S.，1997. Farm servants and the development of capitalism in English agriculture. Agricultural History Review 45（1），49 – 60.

Cerman，M.，1996. Proto-industrialisierung und Grundherrschaft. Ländliche Sozialstruktur，Feudalismus und Proto-industrielles Heimgewerbe in Nordböhmen vom 14. bis zum 18. Jahrhundert（1381 – 1790）. Ph. D. Dissertation，Vienna.

Cerman，M.，2008. Social structure and land markets in late medieval central and east-central Europe. Continuity and Change 23（1），55 – 100.

Cerman，M.，2012. Villagers and Lords in Eastern Europe，1300 – 1800. Palgrave Macmillan，Houndmills/New York.

Cerman，M.，2013. Seigniorial systems in east-central and eastern Europe，1300 – 1800：regional realities. In：Cavaciocchi，S.（Ed.），Schiavitu e servaggio nell'economia europea. Secc. XI-XVIII. /Slavery and Serfdom in the European Economy from the 11th to the 18th Centuries. XLV settimana di studidella Fondazione istituto internazionale di storia economica F. Datini, Prato 14 – 18 April 2013. Firenze University Press, Florence.

Chambers, R., 1869. History of the Rebellion of 1745 – 6, W. & R. Chambers, London.

Chambers, J. D., 1953. Enclosure and labour supply in the Industrial Revolution. Economic History Review 5 (3), 319 – 343.

Chapin, E., 1937. Les villes de foires de Champagne des origines au début du XIVe siècle. Champion, Paris.

Cheyette, F. L., 1970. The sovereign and the pirates, 1332. Speculum 45 (1), 40 – 68.

Chorley, G. P. H., 1981. The agricultural revolution in northern Europe, 1750 – 1880: nitrogen, legumes, and crop productivity. Economic History Review 34 (1), 71 – 93.

Clark, G., 1996. The political foundations of modern economic growth: England, 1540 – 1800. Journal of Interdisciplinary History 26 (4), 563 – 588.

Clark, C. M., 2006. Iron Kingdom: The Rise and Downfall of Prussia, 1600 – 1947. Allen Lane, London.

Clark, G., 2007. A Farewell to Alms: A Brief Economic History of the World. Princeton University Press, Princeton, NJ.

Clark, G., 2010. The macroeconomic aggregates for England, 1209 – 1869. Research in Economic History 27, 51 – 140.

Clay, K., 1997. Trade without law: private-order institutions in Mexican California. Journal of Law, Economics and Organization 13 (1), 202 – 231.

Cohen, M. R., 2013. A partnership gone bad: a letter and a power of attorney from the Cairo Geniza, 1085. In: Wasserstein, D., Ghanaim, M. (Eds.), The Sasson Somekh Festschrift [not yet titled], Tel Aviv.

Coleman, J. S., 1988. Social capital in the creation of human capital. American Journal of Sociology 94, S95 – S120.

Court, R., 2004. "Januensis ergo mercator": trust and enforcement in the business correspondence of the Brignole family. Sixteenth Century Journal 35 (4), 987 – 1003.

Crafts, N., 1977. Industrial Revolution in Britain and France: some thoughts on the question, "Why was Britain first?" Economic History Review 2nd ser. 30, 429 – 441.

Crafts, N., 1985. British Economic Growth during the Industrial Revolution. Clarendon, Oxford.

Crafts, N. F. R., 1987. British economic growth, 1700 – 1850; some difficulties of interpretation. Explorations in Economic History 24 (3), 245 – 268.

Crafts, N., Mills, T. C., 2009. From Malthus to Solow: how did theMalthusian economy really evolve? Journal of Macroeconomics 31 (1), 68 – 93.

Crafts, N., Leybourne, S. J., Mills, T. C., 1989. Trends and cycles in British industrial production, 1700 – 1913. Journal of the Royal Statistical Society Series A (Statistics in Society)

152 (1), 43 – 60.

Croft, P., 1973. Introduction: the revival of the Company, 1604 – 6. In: Croft, P. (Ed.), The Spanish Company. London Record Society, London, pp. xxix – li.

Czaja, R., 2009. Die Entwicklung der ständischen Versammlungen in Livland, Preußen und Polen im Spätmittelalter. Zeitschrift für Ostmitteleuropa-Forschung 58 (3), 312 – 328.

Czapli'nski, W., 1985. The Polish Parliament at the summit of its development. Zakład Narodowy Imienia Ossoli'nskich, Wrocław.

Dahl, G., 1998. Trade, Trust and Networks: Commercial Culture in Late Medieval Italy. Nordic Academic Press, Lund.

Dasgupta, P., 1993. An Inquiry into Well-Being and Destitution. Clarendon Press, Oxford.

Dasgupta, P., 2000. Economic progress and the idea of social capital. In: Dasgupta, P., Serageldin, I. (Eds.), Social Capital: A Multifaceted Perspective. World Bank, Washington, pp. 325 – 424.

Davids, K., 2006. Monasteries, economies and states: the dissolution of monasteries in early modern Europe and T'ang China. Paper presented at the Global Economic History Network (GEHN) Conference 10, Washington, 8 – 10 September 2006.

Davidsohn, R., 1896 – 1901. Forschungen zur Geschichte von Florenz. E. S. Mittler und Sohn, Berlin.

Davidson, J., Weersink, A., 1998. What does it take for a market to function? Review of Agricultural Economics 20 (2), 558 – 572.

Defoe, D., 1727. The Complete English Tradesman. Charles Rivington, London.

Del Vecchio, A., Casanova, E., 1894. Le rappresaglie nei comuni medievali e specialmente in Firenze. C. e G. Zanichelli, Bologna.

De Moor, T., 2008. The silent revolution: a new perspective on the emergence of commons, guilds, and other forms of corporate collective action in western Europe. International Review of Social History 53, 179 – 212.

De Moor, T., Van Zanden, J. L., 2010. Girlpower: the European Marriage Pattern and labour markets in the North Sea region in the late medieval and early modern period. Economic History Review 63 (1), 1 – 33.

Dennison, T., 2011. The Institutional Framework of Russian Serfdom. Cambridge University Press, Cambridge.

Dennison, T., 2013. The institutional framework of serfdom in Russia: the view from 1861. In: Cavaciocchi, S. (Ed.), Schiavitu e servaggio nell'economia europea. Secc. XI – XVIII. /Slavery and Serfdom in the European Economy from the 11th to the 18th Centuries. XLV settimana di studi della Fondazione istituto internazionale di storia economica F. Datini, Prato 14 – 18 April 2013. Firenze University Press, Florence.

Dennison, T., Ogilvie, S., 2007. Serfdom and social capital in Bohemia and Russia. Economic History Review 60 (3), 513 – 544.

Dennison, T., Ogilvie, S., 2013. Does the European Marriage Pattern Explain Economic Growth? CESifo Working Paper 4244.

De Roover, R., 1948. The Medici Bank: Its Organization, Management, Operations and Decline. New York University Press, New York.

De Roover, R., 1963. The Rise and Decline of the Medici Bank, 1397 – 1494. Harvard University Press, Cambridge, MA.

De Soto, H., 1989. The Other Path: The Invisible Revolution in the Third World. Harper & Row, New York.

De Soto, H., 2000. The Mystery of Capital: Why Capitalism Triumphs in the West and Fails Everywhere Else. Basic Books, NewYork.

Dessí, R., Ogilvie, S., 2003. Social Capital and Collusion: The Case of Merchant Guilds. CESifo Working Papers 1037.

Dessí, R., Ogilvie, S., 2004. Social Capital and Collusion: The Case of Merchant Guilds (Long Version). Cambridge Working Papers in economics 0417.

De Vries, J., 1974. The Dutch Rural Economy in the Golden Age, 1500 – 1700. Yale University Press, New Haven, CT.

De Vries, J., 1976. The Economy of Europe in an Age of Crisis, 1600 – 1750. Cambridge University Press, Cambridge.

De Vries, J., Van der Woude, A., 1997. The First Modern Economy: Success, Failure, and Perseverance of the Dutch Economy, 1500 – 1815. Cambridge University Press, Cambridge.

Dewey, H. W., 1988. Russia's debt to the Mongols in suretyship and collective responsibility. Comparative Studies in Society and History 30 (2), 249 – 270.

Dewey, H. W., Kleimola, A. M., 1970. Suretyship and collective responsibility in pre-Petrine Russia. Jahrbücher für Geschichte Osteuropas 18, 337 – 354.

Dewey, H. W., Kleimola, A. M., 1984. Russian collective consciousness: the Kievan roots. Slavonic and East European Review 62 (2), 180 – 191.

Diamond, J., 1997. Guns, Germs and Steel. W. W. Norton, New York, NY.

Dijkman, J., 2007. Debt litigation in medieval Holland, c. 1200 – c. 1350. Paper presented at the GEHN conference, Utrecht, 20 – 22 September 2007.

Dixit, A. K., 2004. Lawlessness and Economics: Alternative Modes of Governance. Princeton University Press, Princeton, NJ.

Dixit, A. K., 2009. Governance institutions and economic activity. American Economic Review 99 (1), 5 – 24.

Doehaerd, R., 1941. Les relations commerciales entre Gênes, la Belgique, et l'Outremont d'après les archives notariales gênoises aux XIIIe et XIVe siècles. Palais des académies, Brussels.

Doepke, M., Tertilt, M., 2011. Does Female Empowerment Promote Economic Development? World Bank Policy Research Working Paper 5714.

Dollinger, P., 1970. The German Hansa. Macmillan, London.

Domar, E. D., 1970. The causes of slavery or serfdom: a hypothesis. Journal of Economic History 30 (1), 18–32.

Donahue, C., 1983. The canon law on the formation of marriage and social practice in the later Middle Ages. Journal of Family History 8 (2), 144–158.

Donahue, C., 2008. Law, Marriage, and Society in the Later Middle Ages: Arguments about Marriage in Five Courts. Cambridge University Press, Cambridge.

Dormois, J.-P., 1994. Entwicklungsmuster der Protoindustrialisierung im Mömpelgarder Lande während des 18. Jahrhunderts. Zeitschrift für Württembergische Landesgeschichte 53, 179–204.

Dotson, J. E., 1999. Fleet operations in the first Genoese-Venetian war, 1264–1266. Viator: Medieval and Renaissance Studies 30, 165–180.

Doumerc, B., 1987. Les Vénitiens à La Tana (Azov) au XVe siècle. Cahiers du monde russe et soviétique 28 (1), 5–19.

Edwards, J., Ogilvie, S., 2008. Contract Enforcement, Institutions and Social Capital: The Maghribi Traders Reappraised. CESifo Working Papers 2254.

Edwards, J., Ogilvie, S., 2012a. Contract enforcement, institutions, and social capital: the Maghribi traders reappraised. Economic History Review 65 (2), 421–444.

Edwards, J., Ogilvie, S., 2012b. What lessons for economic development can we draw from the Champagne fairs? Explorations in Economic History 49 (2), 131–148.

Edwards, J., Ogilvie, S., 2013. Economic growth in Prussia and Württemberg, c. 1750–c. 1900. Unpublished paper, University of Cambridge, June 2013.

Ehmer, J., 1991. Heiratsverhalten, Sozialstruktur und ökonomischer Wandel. England und Mitteleuropa in der Formationsperiode des Kapitalismus. Vandenhoeck & Ruprecht, Göttingen.

Ekelund, R. B., Tollison, R. D., 1981. Mercantilism as a Rent-Seeking Society: Economic Regulation in Historical Perspective. Texas A&M University Press, College Station, TX.

Elton, G. R., 1975. Taxation for war and peace in early Tudor England. In: Winter, J. M. (Ed.), War and Economic Development: Essays in Memory of David Joslin. Cambridge University Press, Cambridge.

Epstein, S. A., 1996. Genoa and the Genoese, 958–1528. University of North Carolina Press, Chapel Hill, NC.

Epstein, S. R., 1998. Craft guilds, apprenticeship, and technological change in preindustrial Europe. Journal of Economic History 58, 684–713.

Ewert, U.-C., Selzer, S., 2009. Building bridges, closing gaps: the variable strategies of Hanseatic merchants in heterogeneous mercantile environments. In: Murray, J. M. , Stabel, P. (Eds.), Bridging the Gap: Problems of Coordination and the Organization of International Commerce in Late Medieval European Cities. Brepols, Turnhout.

Ewert, U. -C. , Selzer, S. , 2010. Wirtschaftliche Stärke durch Vernetzung. Zu den Erfolgsfaktoren des hansischen Handels. In: Häberlein, M. , Jeggle, C. (Eds.), Praktiken des Handels: Geschäfte und soziale Beziehungen europäischer Kaufleute in Mittelalter und früher Neuzeit. UvKVerlag, Konstanz, pp. 39 – 70.

Faille, C. , 2007. Trading on reputation. Reason (January, 2007).

Fairlie, S. , 1965. The nineteenth-century corn law reconsidered. Economic History Review 18 (3), 562 – 575.

Fairlie, S. , 1969. The Corn Laws and British wheat production, 1829 – 76. Economic History Review 22 (1), 88 – 116.

Feller, L. , 2004. Quelques problèmes liés à l'étude du marché de la terre durant le Moyen Âge. In: Cavaciocchi, S. (Ed.), Il mercato della terra: secc. XIII – XVIII: atti della trentacinquesima Settimana di studi, 5 – 9 maggio 2003, Le Monnier, Florence, pp. 21 – 47.

Fenoaltea, S. , 1975a. Authority, efficiency, and agricultural organization in medieval England and beyond: a hypothesis. Journal of Economic History 35 (3), 693 – 718.

Fenoaltea, S. , 1975b. The rise and fall of a theoretical model: the manorial system. Journal of Economic History 35 (2), 386 – 409.

Fenoaltea, S. , 1984. Slavery and supervision in comparative perspective: a model. Journal of Economic History 44, 635 – 668.

Fertig, G. , 2007. Äcker, Wirte, Gaben. Ländlicher Bodenmarkt und liberale Eigentumsordnung im Westfalen des 19. Jahrhunderts. Akademie Verlag, Berlin.

Feuchtwanger, E. J. , 1970. Prussia: Myth and Reality. The Role of Prussia in German History. Wolff, London.

Fischel, W. A. , 1995. Regulatory Takings: Law, Economics, and Politics. Harvard University Press, Cambridge, MA.

Fliegauf, U. , 2007. Die Schwäbischen Hüttenwerke zwischen Staats-und Privatwirtschaft. Zur Geschichte der Eisenverarbeitung in Württemberg (1803 – 1945). Thorbecke, Ostfildern.

Flik, R. , 1990. Die Textilindustrie in Calw und in Heidenheim 1705 – 1870. Eine regional vergleichende Untersuchung zur Geschichte der Frühindustrialisierung und Industriepolitik in Württemberg. Steiner, Stuttgart.

Foreman-Peck, J. , 2011. The Western European marriage pattern and economic development. Explorations in Economic History 48 (2), 292 – 309.

Fortunati, M. , 2005. The fairs between lex mercatoria and ius mercatorum. In: Piergiovanni, V. (Ed.), From Lex Mercatoria to Commercial Law. Duncker & Humblot, Berlin, pp. 143 – 164.

Friedman, M. A., 2006. Qusayr and Geniza documents on the Indian Ocean trade. Journal of the American Oriental Society 126 (3), 401 – 409.

Fritschy, W., 2003. A "financial revolution" reconsidered: public finance in Holland during the Dutch Revolt, 1568 – 1648. Economic History Review 56 (1), 57 – 89.

Frost, R. I., 2006. The nobility of Poland-Lithuania, 1569 – 1795. In: Scott, H. M. (Ed.), European Nobilities in the 17th and 18th Centuries: Northern, Central and Eastern Europe. Palgrave-Macmillan, New York, NY, pp. 266 – 310.

Galloway, P. R., 1988. Basic patterns in annual variations in fertility, nuptiality, mortality, and prices in preindustrial Europe. Population Studies 42 (2), 275 – 303.

Galor, O., 2005a. The demographic transition and the emergence of sustained economic growth. Journal of the European Economic Association 3 (2/3), 494 – 504.

Galor, O., 2005b. From stagnation to growth: unified growth theory. In: Aghion, P., Durlauf, S. N. (Eds.), Handbook of Economic Growth, vol. 1, Part A. Elsevier, Amsterdam/London, pp. 171 – 293.

Galor, O., 2012. The demographic transition: causes and consequences. Cliometrica 6 (1), 1 – 28.

Gash, N., 1961. Mr Secretary Peel: The Life of Sir Robert Peel to 1830. Longman, London.

Gash, N., 1972. Sir Robert Peel: The life of Sir Robert Peel After 1830. Longman, Harlow.

Gelderblom, O., 2003. The governance of early modern trade: the case of Hans Thijs (1556 – 1611). Enterprise and Society 4 (4), 606 – 639.

Gelderblom, O. 2005a. The decline of fairs andmerchant guilds in the Low Countries, 1250 – 1650. Economy and Society of the Low Countries Working Papers 2005 – 1.

Gelderblom, O. 2005b. The Resolution of Commercial Conflicts in Bruges, Antwerp, and Amsterdam, 1250 – 1650. Economy and Society of the Low Countries Working Papers 2005 – 2.

Gelderblom, O., 2013. Cities of Commerce: The Institutional Foundations of International Trade in the Low Countries, 1250 – 1650. Princeton University Press, Princeton, NJ.

Gelderblom, O., Grafe, R., 2004. The costs and benefits of merchant guilds, 1300 – 1800: position paper. Paper presented at the Fifth European Social Science History Conference, Berlin, 24 – 27 March 2004.

Gil, M., 2003. The Jewish merchants in the light of eleventh-century Geniza documents. Journal of the Economic and Social History of the Orient 46 (3), 273 – 319.

Gil, M., 2004a. Institutions and events of the eleventh century mirrored in Geniza letters (Part I). Bulletin of the School of Oriental and African Studies 67 (2), 151 – 167.

Gil, M., 2004b. Jews in Islamic Countries in the Middle Ages. Brill, Leiden.

Goitein, S. D., 1966. Studies in Islamic History and Institutions. Brill, Leiden.

Goitein, S. D., 1967/93. A Mediterranean Society: The Jewish Communities of the Arab-

World as Portrayed in the Documents of the Cairo Geniza. University of California Press, Berkeley/Los Angeles.

Goitein, S. D., Friedman, M. A., 2007. India Traders of the Middle Ages: Documents from the Cairo Geniza ("India Book"). Brill, Leiden/Boston.

Goldberg, J., 2005. Geographies of trade and traders in the eleventh-century Mediterranean: A study based on documents from the Cairo Geniza. Columbia University, Ph. D. Dissertation.

Goldberg, J., 2012a. Trade and Institutions in the Medieval Mediterranean: The Geniza Merchants and their Business World. Cambridge University Press, Cambridge.

Goldberg, J., 2012b. The use and abuse of commercial letters from the Cairo Geniza. Journal of Medieval History 38 (2), 127 – 154.

Goldberg, J. L., 2012c. Choosing and enforcing business relationships in the eleventh-century mediterranean: reassessing the "Maghribi traders". Past & Present 216 (1), 3 – 40.

Goldschmidt, L., 1891. Handbuch des Handelsrechts. Enke, Stuttgart.

Goldsworthy, J. D., 1999. The Sovereignty of Parliament: History and Philosophy. Clarendon Press, Oxford.

Goldthwaite, R. A., 1987. The Medici Bank and the world of Florentine capitalism. Past & Present 114, 3 – 31.

Gonzălez de Lara, Y., 2005. The Secret of Venetian Success: The Role of the State in Financial Markets. InstitutoValenciano de Investigaciones Económicas (IVIE) Working Paper WP-AD 2005 – 28.

Grafe, R., Gelderblom, O., 2010. The rise and fall of the merchant guilds: re-thinking the comparative study of commercial institutions in pre-modern Europe. Journal of Interdisciplinary History 40 (4), 477 – 511.

Grantham, G. W., Sarget, M. -N., 1997. Espaces privilégiés: Productivité agraire et zones d'approvisionnement des villes dans l'Europe préindustrielle. Annales. Histoire, Sciences Sociales 52 (3), 695 – 725.

Greif, A., 1989. Reputation and coalitions in medieval trade: evidence on the Maghribi traders. Journal of Economic History 49 (4), 857 – 882.

Greif, A., 1993. Contract enforceability and economic institutions in early trade: the Maghribi traders' coalition. American Economic Review 83 (3), 525 – 548.

Greif, A., 1994. Cultural beliefs and the organization of society: a historical and theoretical reflection on collectivist and individualist societies. Journal of Political Economy 102 (5), 912 – 950.

Greif, A., 1997. On the Social Foundations and Historical Development of Institutions that Facilitate Impersonal Exchange: From the Community Responsibility System to Individual Legal Responsibility in Pre-modern Europe. Stanford University Working Papers 97 – 016.

Greif, A., 2002. Institutions and impersonal exchange: from communal to individual responsibility. Journal of Institutional and Theoretical Economics 158 (1), 168-204.

Greif, A., 2004. Impersonal exchange without impartial law: the community responsibility system. Chicago Journal of International Law 5 (1), 109-138.

Greif, A., 2006a. Family structure, institutions, and growth: the origins and implications of western corporations. American Economic Review: Papers and Proceedings 96 (2), 308-312.

Greif, A., 2006b. History lessons. The birth of impersonal exchange: the community responsibility system and impartial justice. Journal of Economic Perspectives 20 (2), 221-236.

Greif, A., 2006c. Institutions and the Path to the Modern Economy: Lessons from Medieval Trade. Cambridge University Press, Cambridge.

Greif, A., 2012. The Maghribi traders: a reappraisal? Economic History Review 65 (2), 445-469.

Greif, A., Milgrom, P., Weingast, B., 1994. Coordination, commitment, and enforcement: the case of the merchant guild. Journal of Political Economy 102 (4), 912-950.

Greif, A., Tabellini, G., 2010. Cultural and institutional bifurcation: China and Europe compared. American Economic Review: Papers and Proceedings 100 (2), 135-140.

Greve, A., 2000. Brokerage and trade inmedieval Bruges: regulation and reality. In: Stabel, P., Blondé, B., Greve, A. (Eds.), International Trade in the Low Countries 14th-16th Centuries. Garant, Leuven/Apeldoorn, pp. 37-44.

Greve, A., 2001. Die Bedeutung der Brügger Hosteliers für hansische Kaufleute im 14. und 15. Jahrhundert. Jaarboek voor middeleeuwse geschiedenis 4, 259-296.

Greve, A., 2007. Hansen, Hosteliers und Herbergen: Studien zum Aufenthalt hansischer Kaufleute in Brügge im 14. und 15. Jahrhundert. Brepols, Turnhout.

Grossman, G. M., Helpman, E., 1991. Innovation and Growth in the Global Economy. The MIT Press, Cambridge, MA.

Grotius, H., 1625. De jure belli ac pacis libri tres, in quibus jus naturae et gentium, item juris publici praecipua explicantur. Buon, Paris.

Grube, W., 1954. Dorfgemeinde und Amtsversammlung in Altwürttemberg. Zeitschrift für Württembergische Landesgeschichte 13, 194-219.

Grube, W., 1957. Der Stuttgarter Landtag, 1457-1957. Ernst Klett Verlag, Stuttgart.

Grube, W., 1974. Stadt und Amt in Altwürttemberg. In: Maschke, E., Sydow, J. (Eds.), Stadt und Umland: Protokoll der X. Arbeitstagung des Arbeitskrieses für südwestdeutsche Stadtgeschichtsforschung, Calw, 12. - 14. November 1971, Kohlhammer, Stuttgart, pp. 20-28.

Guinnane, T. W., 2011. The historical fertility transition: A guide for economists. Journal of Economic Literature 49 (3), 589-561.

Guinnane, T. W., Ogilvie, S., 2008. Institutions and demographic responses to shocks:

Württemberg, 1634 – 1870. Yale University Economic Growth Center Discussion Paper 962.

Guinnane, T. W. , Ogilvie, S. , 2013. ATwo-Tiered Demographic System: "Insiders" and "Outsiders" in Three Swabian Communities, 1558 – 1914. Yale University Economic Growth Center Discussion Paper 1021.

Guzowski, P. , 2013. The role of enforced labour in the economic development of church and royal estates in 15th and 16th-century Poland. In: Cavaciocchi, S. (Ed.), Schiavitu e servaggio nell'economia europea. Secc. XI – XVIII. /Slavery and Serfdom in the European economy from the 11th to the 18th Centuries. XLV settimana di studi della Fondazione istituto internazionale di storia economica F. Datini, Prato 14 – 18 April 2013. Firenze University Press, Florence.

Gysin, J. , 1989. "Fabriken und Manufakturen" in Württemberg während des ersten Drittels des 19. Jahrhunderts, Scripta Mercaturae Verlag, St. Katharinen.

Habakkuk, J. , 1994. Marriage, Debt, and the Estates System: English Landownership 1650 – 1950. Clarendon, Oxford.

Hafter, D. M. , 2007. Women at Work in Pre-industrial France. Penn State Press, University Park, PA.

Hagen, W. W. , 1989. Seventeenth-century crisis in Brandenburg: the Thirty Years War, the destabilization of serfdom, and the rise of absolutism. American Historical Review 94 (2), 302 – 325.

Hagen, W. W. , 2002. Ordinary Prussians. Brandenburg Junkers and Villagers 1500 – 1840. Cambridge University Press, Cambridge.

Harbord, D. , 2006. Enforcing Cooperation among Medieval Merchants: the Maghribi Traders Revisited. Munich Personal Repec Archive Working Paper.

Hardin, G. , 1968. The tragedy of the commons. Science 162 (3859), 1243 – 1248.

Harnisch, H. , 1972. Zur Herausbildung und Funktionsweise von Gutswirtschaft und Gutsherrschaft. Eine Klageschrift der Bauern der Herrschaft Neugattersleben aus dem Jahre 1610. Jahrbuch für Regionalgeschichte 4, 179 – 199.

Harnisch, H. , 1975. Klassenkämpfe der Bauern in der Mark Brandenburg zwischen frühbürgerlicher Revolution und Dreißigjährigem Krieg. Jahrbuch für Regionalgeschichte 5, 142 – 172.

Harnisch, H. , 1986. Peasants and markets: the background to the agrarian reforms in feudal Prussia east of the Elbe, 1760 – 1807. In: Evans, R. J. , Lee, W. R. (Eds.), The German Peasantry: Conflict and Community in Rural Society from the Eighteenth to the Twentieth Centuries. Croom Helm, London, pp. 37 – 70.

Harnisch, H. , 1989a. Bäuerliche Ökonomie und Mentalität unter den Bedingungen der ostelbischen Gutsherrschaft in den letzten Jahrzehnten vor Beginn derAgrarreformen. Jahrbuch fürWirtschaftsgeschichte 1989 (3), 87 – 108.

Harnisch, H. , 1989b. Die Landgemeinde in der Herrschaftsstruktur des feudalabsolutistischen Staates. Dargestellt am Beispiel von Brandenburg-Preussen. Jahrbuch für Geschichte des Feudalismus 13，201 –245.

Harnisch，H.，1994. Der preußische Absolutismus und die Bauern. Sozialkonservative Gesellschaftspolitik undVorleistung zur Modernisierung. Jahrbuch für Wirtschaftsgeschichte 1994（2），11 –32.

Harreld，D. J.，2004a. High Germans in the Low Countries：German Merchants and Commerce in Golden Age Antwerp. Brill，Leiden.

Harreld，D. J.，2004b. Merchant and guild：the shift from privileged group to individual entrepreneur in sixteenth-century Antwerp. Paper delivered at the Fifth European Social Science History Conference. Berlin，24 –27 March 2004.

Harris，R.，2004. Government and the economy，1688 –1850. In：Floud，R.，Johnson，P.（Eds.），The Cambridge Economic History of Modern Britain，vol. 1：Industrialisation，1700 –1860. Cambridge University Press，Cambridge，pp. 204 –237.

Harrison，G.，1990. Prerogative revolution and Glorious Revolution：political proscription and parliamentary undertaking，1687 – 1688. Parliaments，Estates and Representation 10（1），29 –43.

Harriss，G. L.，1975. King，Parliament，and Public Finance in Medieval England to 1369. Clarendon Press，Oxford.

Hartley，T. E.，1992. Elizabeth's Parliaments：Queen，Lords，and Commons，1559 –1601. Manchester University Press，Manchester.

Helpman，E.，2004. The Mystery of Economic Growth. Harvard University Press，Cambridge，MA.

Henderson，W. O.，1961a. Die Struktur der preußischen Wirtschaft um 1786. Zeitschrift für die Gesamte Staatswissenschaft 117，292 –319.

Henderson，W. O.，1961b. T he Industrial Revolution on the Continent：Germany，France，Russia，1800 –1914. F. Cass，London.

Henderson，W. O.，1961c. The rise of the metal and armament industries in Berlin and Brandenburg，1712 –1795. Business History 3（2），63 –74.

Henn，V.，1999. Der "dudesche kopman" zu Brügge und seine Beziehungen zu den "nationes" der übrigen Fremden im späten Mittelalter. In：JÖrn，N.，Kattinger，D.，Wernicke，H.（Eds.），"Kopet uns werk by tyden"：Beiträge zur hansischen und preussischen Geschichte. Walter Stark zum 75. Geburtstag. Thoms Helms Verlag，Schwerin，pp. 131 –142.

Hickson，C. R.，Thompson，E. A.，1991. A new theory of guilds and European economic development. Explorations in Economic History 28，127 –168.

Hillmann，H.，2013. Economic institutions and the state：insights from economic history. Annual Review of Sociology 39（1），215 –273.

Hilton，B.，1977. Corn，Cash，Commerce：The Economic Policies of the Tory Governments, 1815 – 1830. Oxford University Press, Oxford.

Hilton, B., 2006. Mad, Bad, and Dangerous People? England, 1783 – 1846. Clarendon Press, Oxford.

Hine, K. D., 1998. Vigilantism revisited: an economic analysis of the law of extra-judicial self-help or why can't Dick shoot Henry for stealing Jane's truck. American University Law Review 47, 1221 – 1255.

Hippel, W. von, 1977. Die Bauernbefreiung im Königreich Württemberg. Harald Boldt, Boppard am Rhein.

Hippel, W. von, 1992. Wirtschafts-und Sozialgeschichte 1800 bis 1918. In: Schwarzmaier, H., Fenske, H., Kirchgässner, B., Sauer, P., Schaab, M. (Eds.), Handbuch der baden-württembergischen Geschichte: vol. 3: Vom Ende des Alten Reiches bis zum Ende der Monarchien. Klett-Cotta, Stuttgart, pp. 477 – 784.

Hodgskin, T., 1820. Travels in the North of Germany: Describing the Present State of the Social and Political Institutions, the Agriculture, Manufactures, Commerce, Education, Arts and Manners in that Country Particularly in the Kingdom of Hannover. A. Constable, Edinburgh.

Hohorst, G., 1977. Wirtschaftswachstum und Bevölkerungsentwicklung in Preußen 1816 bis 1914. Arno, New York.

Holderness, B. A., 1976. Credit in English rural society before the nineteenth century, with special reference to the period 1650 – 1720. Agricultural History Review 24, 97 – 109.

Hoppit, J., 1996. Patterns of parliamentary legislation, 1660 – 1800. The History Journal 39, 109 – 131.

Hoppit, J., 2011. Compulsion, compensation and property rights in Britain, 1688 – 1833. Past & Present 210, 93 – 128.

Hoyle, R. W., 1994. Parliament and taxation in sixteenth-century England. English Historical Review 109 (434), 1174 – 1196.

Israel, J., 1989. Dutch primacy in world trade, 1585 – 1740. Clarendon, Oxford.

Jacoby, D., 2003. Foreigners and the urban economy in Thessalonike, ca. 1150 – ca. 1450. Dumbarton Oaks Papers 57, 85 – 132.

Johansson, E., 1977. The history of literacy in Sweden, in comparison with some other countries. Educational Reports, Umeå 12, 2 – 42.

Johansson, E., 2009. The history of literacy in Sweden, in comparison with some other countries. In: Graff, H. J., Mackinnon, A., Sandin, B., Winchester, I. (Eds.), Understanding Literacy in its Historical Contexts: Socio-cultural History and the Legacy of Egil Johansson. Nordic Academic Press, Lund, pp. 28 – 59.

Kaak, H., 1991. Die Gutsherrschaft: theoriegeschichtliche Untersuchungen zum Agrarwesen im ostelbischen Raum. Walter de Gruyter, Berlin/New York.

Kaal, H., Van Lottum, J., 2009. Immigrants in the Polder. Rural-rural long distance migration in northwestern Europe：the case of Watergraafsmeer. Rural History 20，99 –117.

Kadens，E.，2012. The myth of the customary law merchant. Texas Law Review 90（5），1153 –1206.

Kaminski，A.，1975. Neo-serfdom in Poland-Lithuania. Slavic Review 34（2），253 –268.

Katele，I. B.，1986. Captains and corsairs：Venice and piracy，1261 –1381. University of Illinois at Urbana-Champaign，Ph. D. Dissertation.

Katz，A.，1996. Taking private ordering seriously. University of Pennsylvania Law Review 144（5），1745 –1763.

Katz，E. D.，2000. Private order and public institutions：comments on McMillan and Woodruff 's "Private order under dysfunctional public order". Michigan Law Review 98（8），2481 –2493.

Klein，A.，2013. The institutions of the second serfdom and economic efficiency：review of the existing evidence for Bohemia. In：Cavaciocchi，S.（Ed.），Schiavitu e servaggio nell'economia europea. Secc. XI – XVIII. /Slavery and Serfdom in the European Economy from the 11th to the 18th Centuries. XLV settimana di studi della Fondazione istituto internazionale di storia economica F. Datini，Prato 14 –18 April 2013. Firenze University Press，Florence.

Klein，A.，Ogilvie，S.，2013. Occupational Structure in the Czech Lands under the Second Serfdom. CESifo Working Papers.

Knapp，G. F.，1887. Die Bauernbefreiung und der Ursprung der Landarbeiter in den älteren Theilen Preußens. Duncker und Humblot，Leipzig.

Knight，J.，1995. Models，interpretations，and theories：constructing explanations of institutional emergence and change. In：Knight，J.，Sened，I.（Eds.），Explaining Social Institutions. University of Michigan Press，Ann Arbor，MI，pp. 95 –119.

Koch，H. W.，1990. Brandenburg-Prussia. In：Miller，J.（Ed.），Absolutism in Seventeenth-Century Europe. Macmillan，Basingstoke，pp. 123 –155.

Koenigsberger，H. G.，2001. Monarchies，States Generals and Parliaments：The Netherlands in the Fifteenth and Sixteenth Centuries. Cambridge University Press，Cambridge.

Kollmer-von Oheimb-Loup，G.，2012. Die Entwicklung der Wirtschaftsstruktur am Mittleren Neckar 1800 bis 1950. Zeitschrift für Württembergische Landesgeschichte 71，351 –383.

Kopsidis，M.，2006. Agrarentwicklung：historische Agrarrevolutionen und Entwicklungsökonomie. Steiner，Stuttgart.

Kula，W.，1976. An Economic Theory of the Feudal System：Towards a Model of the Polish Economy. NLB，London.

Kussmaul，A.，1981. Servants in Husbandry in Early Modern England. Cambridge University Press，Cambridge.

Kussmaul，A.，1994. The pattern of work as the eighteenth century began. In：Floud，R.，McCloskey，D. N.（Eds.），The Economic History of Britain Since 1700，vol. 1. Cambridge

University Press, Cambridge, pp. 1 – 11.

Laiou, A. E., 2001. Byzantine trade with Christians and Muslims and the Crusades. In: Laiou, A. E., Mottahedeh, R. P. (Eds.), The Crusades from the Perspective of Byzantium and the Muslim World. Dumbarton Oaks Research Library and Collection, Washington, DC, pp. 157 – 196.

Lambert, S., 1990. Committees, religion, and parliamentary encroachment on royal authority in early Stuart England. English Historical Review 105 (414), 60 – 95.

Lambert, B., Stabel, P., 2005. Squaring the circle: merchant firms, merchant guilds, urban infrastructure and political authority in late medieval Bruges. Paper presented at the Workshop on Mercantile Organization in Pre-Industrial Europe. Antwerp, 18 – 19 November 2005.

Lambrecht, T., 2009. Rural credit and the market for annuities in eighteenth-century Flanders. In: Schofield, P. R., Lambrecht, T. (Eds.), Credit and the Rural Economy in North-Western Europe, c. 1200 – c. 1850. Brepols, Turnhout, pp. 75 – 98.

Lane, F. C., 1963. Venetian merchant galleys, 1300 – 1334: private and communal operation. Speculum 38, 179 – 205.

Laslett, P., 1988. The European family and early industrialization. In: Baechler, J., Hall, J. A., Mann, M. (Eds.), Europe and the Rise of Capitalism. Basil Blackwell, Oxford, pp. 234 – 242.

Laurent, H., 1935. Un grand commerce d'exportation au moyen age: la draperie des Pays Bas en France et dans les pays mediterranéens, XIIe – XVe siècle. E. Droz, Paris.

Lewis, W. A., 1954. Economic development with unlimited supplies of labour. Manchester School of Economics and Social Studies 22, 139 – 191.

Lewis, W. A., 1958. Unlimited labour: further notes. Manchester School of Economics and Social Studies 26, 1 – 32.

Lindberg, E., 2008. The rise of Hamburg as a global marketplace in the seventeenth century: a comparative political economy perspective. Comparative Studies in Society and History 50 (3), 641 – 662.

Lindberg, E., 2009. Club goods and inefficient institutions: why Danzig and Lübeck failed in the early modern period. Economic History Review 62 (3), 604 – 628.

Lindberg, E., 2010. Merchant guilds in Hamburg and Königsberg: a comparative study of urban institutions and economic development in the early modern period. Journal of European Economic History 39 (1), 33 – 66.

Lindert, P. H., 2004. Growing Public: Social Spending and Economic Growth Since the Eighteenth Century. Cambridge University Press, Cambridge.

Lis, C., Soly, H., 1996. Ambachtsgilden in vergelijkend perspectief: de Noordelijke en de Zuidelijke Nederlanden, 15de – 18de eeuw. In: Lis, C., Soly, H. (Eds.), Werelden van verschil: ambachtsgilden in de Lage Landen. Brussels, pp. 11 – 42.

Little, C. B., Sheffield, C. P., 1983. Frontiers and criminal justice: English private prosecution societies and American vigilantism in the eighteenth and nineteenth centuries. American Sociological Review 48 (6), 796-808.

Lloyd, T. H., 1977. The English Wool Trade in the Middle Ages. Cambridge University Press, Cambridge.

Lopez, R. S., 1987. The trade of medieval Europe: the south. In: Postan, M. M., Miller, E. (Eds.), The Cambridge Economic History of Europe, vol. 3: Economic Organization and Policies in the Middle Ages. Cambridge University Press, Cambridge, pp. 306-401.

Lopez, R. S., Raymond, I. W., 1955. Medieval Trade in the Mediterranean World. Columbia University Press, New York.

Macaulay, S., 1963. Non-contractual relations in business: a preliminary study. American Sociological Review 28 (1), 55-67.

Macfarlane, A., 1978. The Origins of English Individualism: the Family, Property and Social Transition. Blackwell, Oxford.

Maczak, A., 1997. Polen-Litauen als Paradoxon: Erwägungen über die Staatlichkeit des frühmodernen Polen. In: Lubinski, A., Rudert, T., Schattkowsky, M. (Eds.), Historie und Eigen-Sinn. Festschrift für Jan Peters zum 65. Geburtstag, Böhlau, Weimar, pp. 87-92.

Maggi, G., 1999. The role of multilateral institutions in international trade cooperation. American Economic Review 89 (1), 190-214.

Mammen, K., Paxson, C., 2000. Women's work and economic development. Journal of Economic Perspectives 14, 141-164.

Margariti, R. E., 2007. Aden and the Indian Ocean Trade: 150 Years in the Life of a Medieval Arabian Port. University of North Carolina Press, Chapel Hill, NC.

Mas-Latrie, R. de, 1866. Du droit de marque ou droit de représailles au Moyen Âge [premier article]. Bibliothèque de l'école des chartes 27, 529-577.

Mathias, P., O'Brien, P., 1976. Taxation in Britain and France, 1715-1810: a comparison of the social and economic incidence of taxes collected for central government. Journal of European Economic History 5, 601-650.

Mathias, P., O'Brien, P., 1978. The incidence of taxes and the burden of proof. Journal of European Economic History 7, 211-213.

McCloskey, D., 1976. English open fields as behavior towards risk. Research in Economic History 1, 124-170.

McCloskey, D., 1991. The prudent peasant: new findings on open fields. Journal of Economic History 51 (2), 343-355.

McCloskey, D., 2010. Bourgeois Dignity: Why Economics Can't Explain the Modern World. University of Chicago Press, Chicago.

McCord, N., 1958. The Anti-Corn Law League, 1838-1846. Allen & Unwin, London.

McLean, P. D. , 2004. Widening access while tightening control: office-holding, marriages, and elite consolidation in early modern Poland. Theory and Society 33 (2), 167 –212.

McLean, P. , Padgett, J. F. , 1997. Was Florence a perfectly competitive market? Transactional evidence from the Renaissance. Theory and Society 26 (2 –3), 209 –244.

McMillan, J. , Woodruff, C. , 2000. Private order under dysfunctional public order. Michigan Law Review 98 (8), 2421 –2458.

Medick, H. , 1996. Weben und überleben in Laichingen 1650 – 1900. Untersuchungen zur Sozial-, Kultur-und Wirtschaftsgeschichte aus der Perspektive einer lokalen Gesellschaft im frühneuzeitlichen Württemberg. Vandenhoeck & Ruprecht, Göttingen.

Meiners, C. , 1794. Bemerkungen auf einer Herbstreise nach Schwaben. Geschrieben im November 1793. In: Meiners (Ed.), Kleinere Länder-und Reisebeschreibungen, vol. 2, Spener, Berlin, pp. 235 –380.

Melton, E. , 1988. Gutsherrschaft in East Elbian Germany and Livonia, 1500 – 1800: a critique of the model. Central European History 21 (4), 315 –349.

Melton, E. , 1990. Enlightened seigniorialism and its dilemmas in serf Russia, 1750 – 1830. Journal of Modern History 62 (4), 675 –708.

Micheletto, B. Z. , 2011. Reconsidering the southern Europe model: dowry, women's work and marriage patterns in pre-industrial urban Italy (Turin, second half of the 18th century). The History of the Family 16 (4), 354 –370.

Middleton, N. , 2005. Early medieval port customs, tolls and controls on foreign trade. Early Medieval Europe 13 (4), 313 –358.

Miguel, E. , Gertler, P. , Levine, D. , 2005. Does social capital promote industrialization? Evidence from a rapid industrializer. Review of Economics and Statistics 87 (4), 754 –762.

Milgrom, P. R. , Roberts, J. F. , 1992. Economics, Organization and Management. Prentice-Hall, Englewood Cliffs, NJ.

Milgrom, P. R. , North, D. C. , Weingast, B. R. , 1990. The role of institutions in the revival of trade: the medieval law merchant, private judges and the Champagne fairs. Economics and Politics 2 (1), 1 –23.

Mingay, G. E. , 1963. The agricultural revolution in English history: a reconsideration. Agricultural History 37 (3), 123 –133.

Mokyr, J. , 1974. The Industrial Revolution in the Low Countries in the first half of the nineteenth century: a comparative case study. Journal of Economic History 34 (2), 365 –391.

Mokyr, J. , 1980. Industrialization and poverty in Ireland and the Netherlands. Journal of Interdisciplinary History 10 (3), 429 –458.

Mokyr, J. , 1987. Has the Industrial Revolution been crowded out? Some reflections on Crafts and Williamson. Explorations in Economic History 24 (3), 293 –319.

Mokyr, J. , 2009. The Enlightened Economy: An Economic History of Britain, 1700 –

1850. Princeton University Press, Princeton, NJ.

Muldrew, C., 1993. Credit and the courts: debt litigation in a seventeenth-century urban community. Economic History Review 46 (1), 23–38.

Muldrew, C., 1998. The Economy of Obligation: The Culture of Credit and Social Relations in Early Modern England. St. Martin's Press, New York/Basingstoke.

Muldrew, C., 2003. "A mutual assent of her mind"? Women, debt, litigation and contract in early modern England. History Workshop Journal 55 (1), 47–71.

Munro, J., 1999. The Low Countries' export trade in textiles with the Mediterranean Basin, 1200–1600: a cost-benefit analysis of comparative advantages in overland and maritime trade routes. International Journal of Maritime History 11 (2), 1–30.

Munro, J., 2001. The "new institutional economics" and the changing fortunes of fairs in medieval and early modern Europe: the textile trades, warfare, and transaction costs. Vierteljahrschrift für Sozial-und Wirtschaftsgeschichte 88 (1), 1–47.

Munzinger, M. R., 2006. The profits of the Cross: merchant involvement in the Baltic Crusade (c. 1180–1230). Journal of Medieval History 32 (2), 163–185.

Murrell, P., 2009. Design and Evolution in Institutional Development: The Insignificance of the English Bill of Rights. University of Maryland Department of Economics Working Paper, 13 December 2009.

Nachbar, T. B., 2005. Monopoly, mercantilism, and the politics of regulation. Virginia Law Review 91 (6), 1313–1379.

Neeson, J. M., 1984. The opponents of enclosure in eighteenth-century Northamptonshire. Past & Present 105, 114–139.

Neeson, J. M., 1993. Commoners: Common Right, Enclosure and Social Change in England, 1700–1820. Cambridge University Press, Cambridge.

Neeson, J. M., 2000. English enclosures and British peasants: current debates about rural social structure in Britain c. 1750–1870. Jahrbuch für Wirtschaftsgeschichte 2000 (2), 17–32.

Nelson, L. H. (Ed.), 1996. Liber de restauratione Monasterii Sancti Martini Tornacensis: the restoration of the Monastery of Saint Martin of Tournai, by Herman ofTournai. Catholic University ofAmerica Press, Washington, DC.

Nicolini, E. A., 2007. Was Malthus right? A VAR analysis of economic and demographic interactions in pre-industrial England. European Review of Economic History 11 (1), 99–121.

North, D. C., 1981. Structure and Change in Economic History. Norton, New York/London.

North, D. C., 1989. Institutions and economic growth: an historical introduction. World Development 17 (9), 1319–1332.

North, D. C., 1991. Institutions, transaction costs, and the rise of merchant empires. In: Tracy, J. D. (Ed.), The Political Economy of Merchant Empires: State Power and World

Trade, 1350 – 1750. Cambridge University Press, Cambridge, pp. 22 – 40.

North, M., 2013. Serfdom and corvée labour in the Baltic area 16th – 18th centuries. In: Cavaciocchi, S. (Ed.), Schiavitu e servaggio nell'economia europea. Secc. XI – XVIII. /Slavery and serfdom in the European economy from the 11th to the 18th centuries. XLV settimana di studi della Fondazione istituto internazionale di storia economica F. Datini, Prato 14 – 18 April 2013. Firenze University Press, Florence.

North, D. C., Thomas, R. P., 1970. An economic theory of the growth of the western world. Economic History Review 2nd Ser. 23, 1 – 18.

North, D. C., Thomas, R. P., 1971. The rise and fall of the manorial system: a theoretical model. Journal of Economic History 31 (4), 777 – 803.

North, D. C., Thomas, R. P., 1973. The Rise of the Western World. Cambridge University Press, Cambridge.

North, D. C., Weingast, B. R., 1989. Constitutions and commitment: the evolution of institutions governing public choice in seventeenth-century England. Journal of Economic History 49 (4), 803 – 832.

North, D. C., Wallis, J. J., Weingast, B. R., 2006. A Conceptual Framework for Interpreting Recorded Human History. NBER Working Papers 12795.

North, D. C., Wallis, J. J., Weingast, B. R., 2009. Violence and Social Orders. A Conceptual Framework for Interpreting Recorded Human History. Cambridge University Press, Cambridge.

Nowak, J. E., Rotunda, R. D., 2004. Constitutional Law. Thomson/West, St. Paul, MI.

O'Brien, J. G., 2002. In defense of the mystical body: Giovanni da Legnano's theory of reprisals. Roman Legal Tradition 1, 25 – 55.

O'Brien, P. K., 1988. The political economy of British taxation, 1660 – 1815. Economic History Review 41 (1), 1 – 32.

O'Brien, P. K., 2001. Fiscal Exceptionalism: Great Britain and its European Rivals from Civil War to Triumph at Trafalgar and Waterloo. LSE Department of Economic History Working Paper 65/01.

O'Brien, P. K., Engerman, S. L., 1991. Exports and the growth of the British economy from the Glorious Revolution to the Peace of Amiens. In: Solow, B. L. (Ed.), Slavery and the Rise of the Atlantic Systems. Cambridge University Press, Cambridge, pp. 177 – 209.

O'Driscoll, G. P., Hoskins, L., 2006. The case for market-based regulation. Cato Journal 26, 469 – 487.

Ogilvie, S., 1986. Coming of age in a corporate society: capitalism, Pietism and family authority in rural Württemberg, 1590 – 1740. Continuity and Change 1 (3), 279 – 331.

Ogilvie, S., 1992. Germany and the seventeenth-century crisis. Historical Journal 35, 417 – 441.

Ogilvie, S., 1995. Population Growth and State Policy in Central Europe Before Industrialization. Centre for History and Economics Working Paper.

Ogilvie, S., 1997. State Corporatism and Proto-industry: The Württemberg Black Forest, 1580 – 1797. Cambridge University Press, Cambridge.

Ogilvie, S., 1999. The German state: a non-Prussian view. In: Hellmuth, E., Brewer, J. (Eds.), Rethinking Leviathan: The Eighteenth-Century State in Britain and Germany. Oxford University Press, Oxford, pp. 167 – 202.

Ogilvie, S., 2000. The European economy in the eighteenth century. In: Blanning, T. W. C. (Ed.), The Short Oxford History of Europe, vol. XII: The Eighteenth Century: Europe 1688 – 1815. Oxford University Press, Oxford, pp. 91 – 130.

Ogilvie, S., 2001. The economic world of the Bohemian serf: economic concepts, preferences and constraints on the estate of Friedland, 1583 – 1692. Economic History Review 54, 430 – 453.

Ogilvie, S., 2003. A Bitter Living: Women, Markets, and Social Capital in Early Modern Germany. Oxford University Press, Oxford.

Ogilvie, S., 2004a. Guilds, efficiency and social capital: evidence from German proto-industry. Economic History Review 57 (2), 286 – 333.

Ogilvie, S., 2004b. How does social capital affect women? Guilds and communities in early modern Germany. American Historical Review 109 (2), 325 – 359.

Ogilvie, S., 2004c. Women and labour markets in early modern Germany. Jahrbuch für Wirtschaftsgeschichte 2004 (2), 25 – 60.

Ogilvie, S., 2005a. Communities and the second serfdom in early modern Bohemia. Past & Present 187, 69 – 119.

Ogilvie, S., 2005b. Staat und Untertanen in der lokalen Gesellschaft am Beispiel der Herrschaft Frydlant (Böhmen). In: Cerman, M., Luft, R. (Eds.), Untertanen, Herrschaft und Staat in Böhmen und im "Alten Reich". Sozialgeschichtliche Studien zur Frühen Neuzeit. Oldenbourg, Munich, pp. 51 – 86.

Ogilvie, S., 2005c. The use and abuse of trust: the deployment of social capital by early modern guilds. Jahrbuch für Wirtschaftsgeschichte 2005 (1), 15 – 52.

Ogilvie, S., 2005d. Village community and village headman in early modern Bohemia. Bohemia 46 (2), 402 – 451.

Ogilvie, S., 2006. "So that every subject knows how to behave": social disciplining in early modern Bohemia. Comparative Studies in Society and History 48 (1), 38 – 78.

Ogilvie, S., 2007a. Can We Rehabilitate the Guilds? A Sceptical Re-appraisal. Cambridge Working Papers in Economics 0745.

Ogilvie, S., 2007b. "Whatever is, is right"? Economic institutions in pre-industrial Europe. Economic History Review 60 (4), 649 – 684.

Ogilvie, S., 2008. Rehabilitating the guilds: a reply. Economic History Review 61 (1), 175 – 182.

Ogilvie, S., 2010. Consumption, social capital, and the "industrious revolution" in early modern Germany. Journal of Economic History 70 (2), 287 – 325.

Ogilvie, S., 2011. Institutions and European Trade: Merchant Guilds, 1000 – 1800. Cambridge University Press, Cambridge.

Ogilvie, S., 2012. Choices and Constraints in the Pre-industrial Countryside. Cambridge Working Papers in Economic and Social History (CWPESH) 0001.

Ogilvie, S., 2013a. Married women, work and the law: evidence from early modern Germany. In: Beattie, C., Stevens, M. (Eds.), Married Women and the Law in Northern Europe c. 1200 – 1800. Boydell and Brewer, Woodbridge, pp. 213 – 239.

Ogilvie, S., 2013b. Serfdom and the institutional system in early modern Germany. In: Cavaciocchi, S. (Ed.), Schiavitu e servaggio nell'economia europea. Secc. XI – XVIII./Slavery and Serfdom in the European Economy from the 11th to the 18th Centuries. XLV settimana di studi della Fondazione istituto internazionale di storia economica F. Datini, Prato 14 – 18 April 2013. Firenze University Press, Florence.

Ogilvie, S., Edwards, J. S. S., 2000. Women and the "second serfdom": evidence from early modern Bohemia. Journal of Economic History 60 (4), 961 – 994.

Ogilvie, S., Küpker, M., Maegraith, J., 2011. Krämer und ihre Waren im ländlichen Württemberg zwischen 1600 und 1740. Zeitschrift für Agrargeschichte und Agrarsoziologie 59 (2), 54 – 75.

Ogilvie, S., Küpker, M., Maegraith, J., 2012. Household debt in early modern Germany: evidence from personal inventories. Journal of Economic History 72 (1), 134 – 167.

Ó Gráda, C., Chevet, J. M., 2002. Famine and market in *ancien régime* France. Journal of Economic History 62 (3), 706 – 733.

Olson, M., 1993. Dictatorship, democracy, and development. American Political Science Review 87 (3), 567 – 576.

Olsson, M., Svensson, P., 2009. Peasant economy-markets and agricultural production in southern Sweden 1711 – 1860. In: Pinilla Navarro, V. (Ed.), Markets and Agricultural Change in Europe from the 13th to the 20th Century. Brepols, Turnhout, pp. 75 – 106.

Olsson, M., Svensson, P., 2010. Agricultural growth and institutions: Sweden, 1700 – 1860. European Review of Economic History 14 (2), 275 – 304.

O'Rourke, K. H., Prados de la Escosura, L., Daudin, G., 2010. Trade and empire. In: Broadberry, S., O'Rourke, K. H. (Eds.), The Cambridge Economic History of Modern Europe, vol. 1: 1700 – 1870. Cambridge University Press, Cambridge, pp. 96 – 121.

Ostrom, E., 1998. A behavioral approach to the rational choice theory of collective action: presidential address, American Political Science Association, 1997. American Political Science Review 92 (1), 1 –22.

Overton, M., 1996a. Agricultural Revolution in England: The Transformation of the Agrarian Economy 1500 –1850. Cambridge University Press, Cambridge.

Overton, M., 1996b. Re-establishing the English agricultural revolution. Agricultural History Review 43 (1), 1 –20.

Paravicini, W., 1992. Bruges and Germany. In: Vermeersch, V. (Ed.), Bruges and Europe. Mercatorfonds, Antwerp, pp. 99 –128.

Parente, S. L., Prescott, E. C., 2000. Barriers to Riches. MIT Press, Cambridge, MA.

Parente, S. L., Prescott, E. C., 2005. A unified theory of the evolution of international income levels. In: Aghion, P., Durlauf, S. N. (Eds.), Handbook of Economic Growth, vol. 1, Part B. Elsevier, Amsterdam/London, pp. 1371 –1416.

Peet, R., 1972. Influences of the British market on agriculture and related economic development in Europe before 1860. Transactions of the Institute of British Geographers 56, 1 –20.

Pérez Moreda, V., 1997. La péninsule Ibérique: I. La population espagnole à l'époque moderne (XVIe –XVIIIe siècle). In: Bardet, J. -P., Dupaquier, J. (Eds.), Histoire des populations de l'Europe, vol. 1. Fayard, Paris, pp. 463 –479.

Pérotin-Dumon, A., 1991. The pirate and the emperor: power and the law on the seas. In: Tracy, J. D. (Ed.), The Political Economy of Merchant Empires: State Power and World Trade, 1350 –1750. Cambridge University Press, Cambridge, pp. 196 –227.

Peters, J., 1995a. Inszenierung von Gutsherrschaft im 16. Jahrhundert: Matthias v. Saldern auf Plattenburg-Wilsnack (Prignitz). In: Peters, J. (Ed.), Konflikt und Kontrolle in Gutsherrschaftsgesellschaften: über Resistenz-und Herrschaftsverhalten in ländlichen Sozialgebilden der frühen Neuzeit. Vandenhoeck & Ruprecht, Göttingen, pp. 248 –286.

Peters, J. (Ed.), 1995b. Konflikt und Kontrolle in Gutsherrschaftsgesellschaften: über Resistenz-und Herrschaftsverhalten in ländlichen Sozialgebilden der frühen Neuzeit. Vandenhoeck & Ruprecht, Göttingen.

Peters, J., 1997. Die Herrschaft Plattenburg-Wilsnack im Dreißigjährigen Krieg-eine märkische Gemeinschaft des Durchkomments. In: Beck, F., Neitmann, K. (Eds.), Brandenburgische Landesgeschichte und Archivwissenschaft: Festschrift für Lieselott Enders zum 70. Geburtstag. Verlag Hermann Böhlaus Nachfolger, Weimar, pp. 157 –170.

Planitz, H., 1919. Studien zur Geschichte des deutschen Arrestprozesses, II. Kapital: Der Fremdenarrest. Zeitschrift der Savigny-Stiftung für Rechtsgeschichte, Germanistische Abteilung 40, 87 –198.

Pocock, J. G. A., 2010. The Atlantic republican tradition: the republic of the seven provinces. Republics of Letters: A Journal for the Study of Knowledge, Politics, and the Arts 2 (1), 1 –10.

Pollock, F., Maitland, F. W., 1895. The History of English Law Before the Time of Edward I. Cambridge University Press, Cambridge.

Pomeranz，K.，2000. The Great Divergence：Europe，China，and the Making of the Modern World Economy. Princeton University Press，Princeton，NJ.

Postan，M. M.，1966. Medieval agrarian society in its prime：England. In：Postan，M. M.（Ed.），The Cambridge Economic History of Europe，vol. 1：The Agrarian Life of the Middle Ages. Cambride University Press，Cambridge，pp. 548 – 632.

Prest，J.，1977. Politics in the Age of Cobden. Macmillan，London.

Price，J. M.，1991. Transaction costs：a note on merchant credit and the organization of private trade. In：Tracy，J. D.（Ed.），The Political Economy of Merchant Empires：State Power and World Trade，1350 – 1750. Cambridge University Press，Cambridge，pp. 276 – 297.

Price，W. H.，2006. The English Patents of Monopoly. Harvard University Press，Cambridge，MA.

Puttevils，J.，2009. Relational and institutional trust in the international trade of the Low Countries，15th – 16th centuries. Paper presented at the N. W. Posthumus Institute work in progress seminar. Amsterdam，16 – 17 April 2009.

Rabb，T. K.，1964. Sir Edwyn Sandys and the parliament of 1604. American Historical Review 69（3），646 – 670.

Ranis，G.，Fei，J. C. H.，1961. A theory of economic development. American Economic Review 51（4），533 – 565.

Rasmussen，C. P.，2013. Forms of serfdom and bondage in the Danish monarchy. In：Cavaciocchi，S.（Ed.），Schiavitu e servaggio nell'economia europea. Secc. XI – XVIII. /Slavery and Serfdom in the European Economy from the 11th to the 18th Centuries. XLV settimana di studi della Fondazione istituto internazionale di storia economica F. Datini，Prato 14 – 18 April 2013. Firenze University Press，Florence.

Ray，D.，1998. Development Economics. Princeton University Press，Princeton，NJ.

Reher，D. S.，1998a. Family ties in Western Europe：persistent contrasts. Population and Development Review 24（2），203 – 234.

Reher，D. S.，1998b. Le Monde ibérique：I. L'Espagne. In：Bardet，J. -P.，Dupaquier，J.（Eds.），Histoire des populations de l'Europe，vol. 2. Fayard，Paris，pp. 533 – 553.

Reis，J.，2005. Economic growth，human capital formation and consumption in western Europe before 1800. In：Allen，R. C.，Bengtsson，T.，Dribe，M.（Eds.），Living Standards in the Past：New Perspectives on Well-being in Asia and Europe. Oxford University Press，Oxford，pp. 195 – 225.

Reyerson，K. L.，1985. Business，Banking and Finance in Medieval Montpellier. Pontifical Institute of Mediaeval Studies，Toronto.

Reyerson，K. L.，2003. Commercial law and merchant disputes：Jacques Coeur and the law of marque. Medieval Encounters 9（2 – 3），244 – 255.

Richardson，G.，2005. The prudent village：risk pooling institutions in medieval English agriculture. Journal of Economic History 65 (2), 386 –413.

Richman, B. D. , 2004. Firms, courts, and reputation mechanisms: towards a positive theory of private ordering. Columbia Law Review 104 (8), 2328 –2368.

Röhm, H. , 1957. Die Vererbung des landwirtschaftlichen Grundeigentums in Baden-Württemberg. Bundesanstalt für Landeskunde, Remagen am Rhein.

Romer, P. M. , 1987. Growth based on increasing returns due to specialization. American Economic Review 77 (2), 56 –62.

Romer, P. M. , 1990. Endogenous technological change. Journal of Political Economy 98 (5), S71 –S102.

Rosenberg, H. , 1958. Bureaucracy, Aristocracy and Autocracy: The Prussian Experience, 1600 –1815. Harvard University Press, Cambridge, MA.

Rudert, T. , 1995a. Gutsherrschaft und Agrarstruktur: der ländliche Bereich Mecklenburgs am Beginn des 18. Jahrhunderts. P. Lang, Frankfurt am Main/New York.

Rudert, T. , 1995b. Gutsherrschaft und ländliche Gemeinde. Beobachtungen zum Zusammenhang von gemeindlicher Autonomie und Agrarverfassung in der Oberlausitz im 18. Jahrhundert. In: Peters, J. (Ed.), Gutsherrschaft als soziales Modell. Vergleichende Betrachtungen zur Funktionsweise frühneuzeitlicher Agrargesellschaften. Oldenbourg, Munich, pp. 197 –218.

Sabean, D. W. , 1990. Property, Production and Family in Neckarhausen, 1700 – 1870. Cambridge University Press, Cambridge.

Sachs, J. D. , 2001. Tropical Underdevelopment. NBER Working Paper 8119.

Sachs, J. D. , 2003. Institutions Don't Rule: Direct Effects of Geography on Per Capita Income. NBER Working Paper 9490.

Sachs, S. E. , 2006. From St. Ives to cyberspace: the modern distortion of the medieval "Law Merchant" . American University International Law Review 21 (5), 685 –812.

Sanderson, E. C. , 1996. Women and Work in Eighteenth-Century Edinburgh. Macmillan, Basingstoke.

Say, J. B. , 1817. Traité d'économie politique, ou, Simple exposition de la manière dont se forment, se distribuent et se consomment les richesses. Déterville, Paris.

Schmoller, G. von, 1888. Die Einführung der französischen Regie durch Friedrich den Großen 1766. Sitzungsberichte der preußischen Akademie der Wissenschaften 1, 63 –79.

Schofield, P. R. , Lambrecht, T. , 2009. Introduction: credit and the rural economy in north-western Europe, c. 1200 – c. 1800. In: Schofield, P. R. , Lambrecht, T. (Eds.), Credit and the Rural Economy in North-Western Europe, c. 1200 – c. 1850. Brepols, Turnhout, pp. 1 –18.

Schofield, R. S. , 1963. Parliamentary Lay Taxation, 1485 – 1547. University of Cambridge, Ph. D. Dissertation.

Schofield, R. S. , 2004. Taxation under the Early Tudors: 1485 –1547. Blackwell, Oxford.

Schomerus, H. , 1977. Die Arbeiter der Maschinenfabrik Esslingen. Forschungen zur Lage der

Arbeiterschaft im 19. Jahrhundert. Ernst Klett Verlag, Stuttgart.

Schönfelder, A., 1988. Handelsmessen und Kreditwirtschaft im Hochmittelalter. Die Champagnemessen. Verlag Rita Dadder, Saarbrücken-Scheidt.

Schonhardt-Bailey, C., 2006. From the Corn Laws to Free Trade: Interests, Ideas, and Institutions in Historical Perspective. MIT Press, Cambridge, MA.

Schulte, A., 1900. Geschichte des mittelalterlichen Handels zwischen Westdeutschland und Italien mit Ausschluss vonVenedig. Duncker und Humblot, Leipzig.

Selzer, S., Ewert, U.-C., 2005. Die neue Institutionenökonomik als Herausforderung an die Hanseforschung. Hansische Geschichtsblätter 123, 7 – 29.

Selzer, S., Ewert, U. C., 2010. Netzwerke im europäischen Handel des Mittelalters. Konzepte-Anwendungen-Fragestellungen. In: Fouquet, G., Gilomen, H.-J. (Eds.), Netzwerke im europäischen Handel des Mittelalters. Thorbecke, Ostfildern, pp. 21 – 48.

Semmel, B., 1970. The Rise of Free Trade Imperialism: Classical Political economy, the Empire of Free Trade and Imperialism, 1750 – 1850. Cambridge University Press, Cambridge.

Seppel, M., 2013. The growth of the state and its consequences on the structure of serfdom in the Baltic provinces, 1550 – 1750. In: Cavaciocchi, S. (Ed.), Schiavitu e servaggio nell'economia europea. Secc. XI XVIII. /Slavery and Serfdom in the European Economy from the 11th to the 18th Centuries. XLV settimana di studi della Fondazione istituto internazionale di storia economica F. Datini, Prato 14 – 18 April 2013. Firenze University Press, Florence.

Serrão, J. V., 2009. Land management responses to market changes. Portugal, seventeenth-nineteenth centuries. In: Pinilla Navarro, V. (Ed.), Markets and Agricultural Change in Europe from the 13th to the 20th Century. Brepols, Turnhout, pp. 47 – 74.

Sharp, P., Weisdorf, J., 2013. Globalization revisited: Market integration and the wheat trade between North America and Britain from the eighteenth century. Explorations in Economic History 50 (1), 88 – 98.

Sharpe, P., 1999. The female labour market in English agriculture during the Industrial Revolution: expansion or contraction? Agricultural History Review 47 (2), 161 – 181.

Shaw-Taylor, L., 2001a. Labourers, cows, common rights and parliamentary enclosure: the evidence of contemporary comment c. 1760 – 1810. Past & Present 171, 95 – 126.

Shaw-Taylor, L., 2001b. Parliamentary enclosure and the emergence of an English agricultural proletariat. Journal of Economic History 61 (3), 640 – 662.

Slicher van Bath, B. H., 1963. The Agrarian History of Western Europe, A. D. 500 – 1850. E. Arnold, London.

Slicher van Bath, B. H., 1977. Agriculture in the vital revolution. In: Rich, E. E., Wilson, C. H. (Eds.), The Cambridge Economic History of Europe: vol. 5: The Economic Organization of Early Modern Europe. Cambridge University Press, Cambridge, pp. 42 – 132.

Smith, A., 1776. An Inquiry into the Nature and Causes of the Wealth of Nations. W. Strahan and T. Cadell, London.

Smith, R. M., 1974. English peasant life-cycles and socio-economic networks: a quantitative geographical case study. University of Cambridge, Ph. D. Dissertation.

Smith, R. M., 1981a. Fertility, economy and household formation in England over three centuries. Population and Development Review 7 (4), 595 –622.

Smith, R. M., 1981b. The people of Tuscany and their families in the fifteenth century: medieval or Mediterranean? Journal of Family History 6, 107 –128.

Smith, R. M., 1996. A periodic market and its impact upon a manorial community: Botesdale, Suffolk, and the manor of Redgrave, 1280 – 1300. In: Smith, R. M. (Ed.), Razi, Z. Medieval Society and the Manor Court. Clarendon Press, Oxford, pp. 450 –481.

Sobel, J., 2002. Can we trust social capital? Journal of Economic Literature 40 (1), 139 –154.

Solar, P. M., 1995. Poor relief and English economic development before the Industrial Revolution. Economic History Review NS 48 (1), 1 –22.

Sonnino, E., 1997. L'Italie: II. Le tournant du XVIIe siècle. In: Bardet, J. -P., Dupaquier, J. (Eds.), Histoire des populations de l'Europe, vol. 1. Fayard, Paris, pp. 496 –508.

Sperber, J., 1985. State and civil society in Prussia: thoughts on a new edition of Reinhart Koselleck's "Preussen zwischen Reform und Revolution". Journal of Modern History 57 (2), 278 –296.

Spufford, P., 2000. Long-term rural credit in sixteenth-and seventeenthvcentury England: the evidence of probate accounts. In: Arkell, T., Evans, N., Goose, N. (Eds.), When Death Do Us Part: Understanding and Interpreting the Probate Records of Early Modern England. Oxford University Press, Oxford, pp. 213 –228.

Stabel, P., 1999. Venice and the Low Countries: commercial contacts and intellectual inspirations. In: Aikema, B., Brown, B. L. (Eds.), Renaissance Venice and the North: Crosscurrents in the Time of Bellini, Dürer andTitian, London, pp. 31 –43.

Stasavage, D., 2002. Credible commitment in early modern Europe: North and Weingast revisited. Journal of Law, Economics and Organization 18 (1), 155 –186.

Stillman, N. A., 1970. East-West relations in the Islamic Mediterranean in the early eleventh century: a study in the Geniza correspondence of the house of Ibn'Awkal. University of Pennsylvania, Ph. D. Dissertation.

Stillman, N. A., 1973. The eleventh century merchant house of Ibn'Awkal (a Geniza study). Journal of the Economic and Social History of the Orient 16 (1), 15 –88.

Strayer, J. R., 1969. Italian bankers and Philip the Fair. In: Herlihy, D., Lopez, R. S., Slessarev, V. (Eds.), Economy, Society and Government in Medieval Italy: Essays in Memory of Robert L. Reynolds. Kent State University Press, Kent, OH, pp. 239 –247.

Strayer, J. R., 1980. The Reign of Philip the Fair. Princeton University Press, Princeton.

Sussman, N., Yafeh, Y., 2006. Institutional reforms, financial development and sovereign debt: Britain 1690 – 1790. Journal of Economic History 66 (4), 906 – 935.

Swedberg, R., 2003. The case for an economic sociology of law. Theory and Society 32 (1), 1 – 37.

Szabó, T., 1983. Xenodochia, Hospitäler und Herbergen-kirchliche und kommerzielle Gastung im mittelalterlichen Italien (7. bis 14. Jahrhundert). In: Peyer, H. C., Müller-Luckner, E. (Eds.), Gastfreundschaft, Taverne und Gasthaus im Mittelalter. R. Oldenbourg, Munich/Vienna, pp. 61 – 92.

Tai, E. S., 1996. Honor among thieves: piracy, restitution, and reprisal in Genoa, Venice, and the Crown of Catalonia-Aragon, 1339 – 1417. Harvard University, Ph. D. Dissertation.

Tai, E. S., 2003a. Marking water: piracy and property in the pre-modern West. Paper presented at the conference on Seascapes, Littoral Cultures, and Trans-Oceanic Exchanges, Library of Congress, Washington DC, 12 – 15 February.

Tai, E. S., 2003b. Piracy and law in medieval Genoa: the consilia of Bartolomeo Bosco. Medieval Encounters 9 (2 – 3), 256 – 282.

Tardif, J., 1855. Charte française de 1230 conservée aux archives municipales de Troyes. Bibliothèque de l'école des chartes 16, 139 – 146.

Taylor, A. M., 2002. Globalization, Trade, and Development: Some Lessons from History. NBER Working Paper w9326.

Terrasse, V., 2005. Provins: une commune du comté de Champagne et de Brie (1152 – 1355). L'Harmattan, Paris.

'T Hart, M. C., 1989. Cities and statemaking in the Dutch republic, 1580 – 1680. Theory and Society 18 (5), 663 – 687.

'T Hart, M. C., 1993. The Making of a Bourgeois State: War, Politics and Finance during the Dutch Revolt. Manchester University Press, Manchester.

Theiller, I., 2009. Markets as agents of local, regional and interregional trade. Eastern Normandy at the end of the Middle Ages. In: Pinilla Navarro, V. (Ed.), Markets and Agricultural Change in Europe from the 13th to the 20th Century, Brepols, Turnhout, pp. 37 – 46.

Thoen, E., Soens, T., 2009. Credit in rural Flanders, c. 1250 – c. 1600: its variety and significance. In: Schofield, P. R., Lambrecht, T. (Eds.), Credit and the Rural Economy in North-Western Europe, c. 1200-c. 1850. Brepols, Turnhout, pp. 19 – 38.

Thomas, R. P., McCloskey, D. N., 1981. Overseas trade and empire 1700 – 1860. In: Floud, R., McCloskey, D. (Eds.), The Economic History of Britain Since 1700, vol. 1. Cambridge University Press, Cambridge.

Tipton, F. B., 1976. Regional Variations in the Economic Development of Germany during the Nineteenth Century. Wesleyan University Press, Middletown, CT.

Toch, M., 2010. Netzwerke im jüdischen Handel des Früh-und Hochmittelalters? In: Fouquet, G., Gilomen, H.-J. (Eds.), Netzwerke im europäischen Handel des Mittelalters. Thorbecke, Ostfildern, pp. 229 –244.

Topolski, J. , 1974. The manorial-serf economy in central and eastern Europe in the 16th and 17th centuries. Agricultural History 48 (3), 341 –352.

Townsend, R. M. , 1993. The Medieval Village Economy: A Study of the Pareto Mapping in General Equilibrium Models. Princeton University Press, Princeton, NJ.

Trivellato, F. , 2009. The Familiarity of Strangers: The Sephardic Diaspora, Livorno, and Cross-cultural Trade in the Early Modern Period. Yale University Press, NewYaven, CT.

Troeltsch, W. , 1897. Die Calwer Zeughandlungskompagnie und ihre Arbeiter. Studien zur Gewerbe-und Sozialgeschichte Altwürttembergs. Gustav Fischer, Jena.

Twarog, S. , 1997. Heights and living standards in Germany, 1850 – 1939: the case of Württemberg. In: Steckel, R. H. , Floud, R. (Eds.), Health and Welfare during Industrialization. University of Chicago Press, Chicago.

Udovitch, A. L. , 1977a. Formalism and informalism in the social and economic institutions of the medieval Islamic world. In: Banani, A. , Vryonis, S. (Eds.), Individualism and Conformity in Classical Islam. Undena Publications, Wiesbaden, pp. 61 –81.

Udovitch, A. L. , 1977b. A tale of two cities: commercial relations between Cairo and Alexandria during the second half of the eleventh century. In: Miskimin, H. A. , Herlihy, D. , Udovitch, A. L. (Eds.), The Medieval City. Yale University Press, New Haven, CT, pp. 143 –162.

Ulbrich, C. , 2004. Shulamit and Margarete: Power, Gender, and Religion in a Rural Society in Eighteenth-Century Europe. Brill Academic Publishers, Boston.

Vamplew, W. , 1980. The protection of English cereal producers: the Corn Laws reassessed. Economic History Review 33 (3), 382 –395.

Van Bavel, B. J. P. , 2010. Manors and Markets: Economy and Society in the Low Countries, 500 –1600. Oxford University Press, Oxford.

Van Bavel, B. J. P. , 2011. Markets for land, labor, and capital in northern Italy and the Low Countries, twelfth to seventeenth centuries. Journal of Interdisciplinary History 41 (4), 503 –531.

Van Bavel, B. J. P. , Van Zanden, J. L. , 2004. The jump-start of the Holland economy during the late-medieval crisis, c. 1350-c. 1500. Economic History Review 57, 503 –532.

Van Cruyningen, P. , 2009. Credit and agriculture in the Netherlands, eighteenth-nineteenth centuries. In: Schofield, P. R. , Lambrecht, T. (Eds.), Credit and the Rural Economy in North-Western Europe, c. 1200-c. 1850. Brepols, Turnhout, pp. 99 –108.

Van den Heuvel, D. , 2007. Women and Entrepreneurship: Female Traders in the Northern Netherlands, c. 1580 –1815. Aksant, Amsterdam.

Van den Heuvel, D. , 2008. Partners in marriage and business? Guilds and the family economy in urban food markets in the Dutch Republic. Continuity and Change 23 (2), 217 –236.

Van den Heuvel, D. , Ogilvie, S. , 2013. Retail development in the Consumer Revolution: The Netherlands, c. 1670-c. 1815. Explorations in Economic History 50 (1), 69 –87.

Van der Heijden, M., Van Nederveen Meerkerk, E., Schmidt, A., 2011. Women's and children's work in an industrious society: The Netherlands, 17th – 19th centuries. In: Ammannati, F. (Ed.), Religione e istituzioni religiose nell'economia Europea. 1000 – 1800/Religion and religious institutions in the European economy, 1000 – 1800. Atti della Quarantatreesima Settimana di Studi 8 – 12 maggio 2011. Firenze University Press, Florence, pp. 543 – 562.

Van Doosselaere, Q., 2009. Commercial Agreements and Social Dynamics in Medieval Genoa. Cambridge University Press, Cambridge.

Van Lottum, J., 2011a. Labour migration and economic performance: London and the Randstad, c. 1600 – 1800. Economic History Review 64 (2), 531 – 570.

Van Lottum, J., 2011b. Some considerations about the link between economic development and migration. Journal of Global History 6 (2), 339 – 344.

Vann, J. A., 1984. The Making of a State: Württemberg, 1593 – 1793. Cornell University Press, Ithaca, NY.

Van Nederveen Meerkerk, E., 2006a. De draad in eigen handen. Vrouwen in loonarbeid in de Nederlandse textielnijverheid, 1581 – 1810. Vrije Universiteit, Amsterdam.

Van Nederveen Meerkerk, E., 2006b. Segmentation in the pre-industrial labour market: women's work in the Dutch textile industry, 1581 – 1810. International Review of Social History 51, 189 – 216.

Van Nederveen Meerkerk, E., 2010. Market wage or discrimination? The remuneration of male and female wool spinners in the seventeenth-century Dutch Republic. Economic History Review 63 (1), 165 – 186.

Van Zanden, J. L., 2001. Early modern economic growth: a survey of the European economy, 1500 – 1800. In: Prak, M. (Ed.), Early Modern Capitalism: Economic and Social Change in Europe 1400 – 1800. Routledge, London, pp. 69 – 87.

Van Zanden, J. L., 2009. The Long Road to the Industrial Revolution: The European Economy in a Global Perspective, 1000 – 1800. Brill, Leiden.

Van Zanden, J. L., Prak, M., 2006. Towards an economic interpretation of citizenship: the Dutch Republic between medieval communes and modern nation-states. European Review of Economic History 10 (2), 11 – 147.

Van Zanden, J. L., Van Leeuwen, B., 2012. Persistent but not consistent: the growth of national income in Holland 1347 – 1807. Explorations in Economic History 49 (2), 119 – 130.

Van Zanden, J. L., Van Riel, A., 2004. The Strictures of Inheritance: The Dutch Economy in the Nineteenth Century. Princeton University Press, Princeton, NJ.

Velková, A., 2012. The role of the manor in property transfers of serf holdings in Bohemia in the period of the "second serfdom". Social History 37 (4), 501 – 521.

Verlinden, C., 1965. Markets and fairs. In: Postan, M. M., Rich, E. E., Miller, E. (Eds.), The Cambridge Economic History of Europe, vol. 3: Economic Organization and Policies in the Middle Ages. Cambridge University Press, Cambridge, pp. 119 – 153.

Voigtländer, N., Voth, H.-J., 2006. Why England? Demographic factors, structural change and physical capital accumulation during the Industrial Revolution. Journal of Economic Growth 11 (4), 319 – 361.

Voigtländer, N., Voth, H.-J., 2010. How the West "Invented" Fertility Restriction. NBER Working Paper 17314.

Volckart, O., 2004. The economics of feuding in late medieval Germany. Explorations in Economic History 41, 282 – 299.

Volckart, O., Mangels, A., 1999. Are the roots of the modern *lex mercatoria* really medieval? Southern Economic Journal 65 (3), 427 – 450.

Wach, A., 1868. Der Arrestprozess in seiner geschichtlichen Entwicklung. 1. Teil: der italienischen Arrestprozess. Hässel, Leipzig.

Wang, F., Campbell, C., Lee, J. Z., 2010. Agency, hierarchies, and reproduction in northeastern China, 1749 – 1840. In: Tsuya, N. O., Wang, F., Alter, G., Lee, J. Z. (Eds.), Prudence and Pressure: Reproduction and Human Agency in Europe and Asia, 1700 – 1900. MIT Press, Cambridge, MA, pp. 287 – 316.

Ward, T., 2004. The Corn Laws and English wheat prices, 1815 – 1846. Atlantic Economic Journal 32 (3), 245 – 255.

Weir, D. R., 1984. Life under pressure: France and England, 1670 – 1870. Journal of Economic History 44 (1), 27 – 47.

Wheeler, N. C., 2011. The noble enterprise of state building: reconsidering the rise and fall of the modern state in Prussia and Poland. Comparative Politics 44 (1), 21 – 38.

Whittle, J., 1998. Individualism and the family-land bond: a reassessment of land transfer patterns among the English peasantry. Past & Present 160, 25 – 63.

Whittle, J., 2000. The Development of Agrarian Capitalism: Land and Labour in Norfolk, 1440 – 1580. Clarendon, Oxford.

Wiesner, M. E., 1989. Guilds, male bonding and women's work in early modern Germany. Gender & History 1 (1), 125 – 137.

Wiesner, M. E., 2000. Women and Gender in Early Modern Europe. Cambridge University Press, Cambridge.

Wiesner-Hanks, M. E., 1996. Ausbildung in den Zünften. In: Kleinau, E., Opitz, C. (Eds.), Geschichte der Mädchen-und Frauenbildung, vol. I: Vom Mittelalter bis zur Aufklärung. Campus Verlag, Campus, Frankfurt/New York, pp. 91 – 102.

Williams, D. T., 1931. The maritime relations of Bordeaux and Southampton in the thirteenth century. Scottish Geographical Journal 47 (5), 270 – 275.

Williamson, J. G., 1984. Why was British growth so slow during the Industrial Revolution? Journal of Economic History 44, 687 – 712.

Williamson, J. G., 1987. Debating the British Industrial Revolution. Explorations in Economic History 24 (3), 269 – 292.

Williamson, J. G., 1990. The impact of the Corn Laws just prior to repeal. Explorations in Economic History 27 (2), 123 – 156.

Woodward, R. L., 2005. Merchant guilds. In: Northrup, C. C. (Ed.), Encyclopedia of World Trade from Ancient Times to the Present, vol. 3. M. E. Sharpe, New York, pp. 631 – 638.

Woodward, R. L., 2007. Merchant guilds (*Consulados de Comercio*) in the Spanish world. History Compass 5 (5), 1576 – 1584.

World Bank, 1982. World Development Report 1982: Agriculture and Economic Development. Oxford University Press, Oxford.

World Bank, 2002. World Development Report 2002: Building Institutions for Markets. Oxford University Press, Oxford.

Wrightson, K., 1982. English Society 1580 – 1680. Hutchinson, London.

Wrightson, K., Levine, D., 1995. Poverty and Piety in an English Village: Terling, 1525 – 1700. Clarendon, Oxford.

Wunder, H., 1978. Peasant organization and class conflict in east and west Germany. Past & Present (78), 47 – 55.

Wunder, H., 1995. Das Selbstverständliche denken. Ein Vorschlag zur vergleichenden Analyse ländlicher Gesellschaften in der Frühen Neuzeit, ausgehend vom "Modell ostelbische Gutsherrschaft". In: Peters, J. (Ed.), Gutsherrschaft als soziales Modell. Vergleichende Betrachtungen zur Funktionsweise frühneuzeitlicher Agrargesellschaften. Oldenbourg, Munich, pp. 23 – 49.

Wunder, H., 1996. Agriculture and agrarian society. In: Ogilvie, S. (Ed.), Germany: A New Social and Economic History, vol. II: 1630 – 1800. Edward Arnold, London, pp. 63 – 99.

作者人名对照

A

Abadie	阿瓦迭
Abdel-Rahman	阿卜杜勒－拉赫曼
Abraham	亚伯拉罕
Abramovitz，M.	阿布拉莫维茨
Abramovsky	阿布拉莫夫斯基
Accominotti，O.	阿科米诺蒂
Acemoglu，D.	阿西莫格鲁
Acemoglu，Daron.	达龙·阿西莫格鲁
Ackerman-Lieberman，P.	阿科曼·利伯曼
Acs，Z.	阿奇
Adelman，I.	阿德尔曼
Aghion，P.	阿吉翁
Agrawal	阿格拉沃尔
Aguiar	阿吉亚尔
A'Hearn，B.	埃亨
Aiello	艾洛
Aiyar，S.	艾亚尔
Ajay	阿贾伊
Akbulut	阿克布卢特
Akcigit	阿克吉特

Akcigit, U.	阿克吉特
Akcomak	阿克乔马克
Akerlof, G.	阿克洛夫
Akkermans, D.	阿克曼斯
Albers, R.	阿尔贝斯
Albouy, D. Y.	阿尔布伊
Albrecht	阿尔布雷克特
Alder	阿尔德
Aldy, J. E.	阿尔迪
Alengry, C.	阿朗格里
Alesina, A.	阿莱西纳
Alexopoulos, M.	亚历克索普洛斯
Algan, Y.	阿尔冈
Alleman, M.	阿莱曼
Allen, R. C.	艾伦
Alm, R.	阿尔姆
Almond, D.	阿尔蒙德
Almond, G.	阿尔蒙德
Alonso	阿隆索
Alsan	阿尔桑
Alvarez-Cuadrado	阿尔瓦雷斯-夸德拉多
Amiti	阿米蒂
Amouzou, A.	阿穆祖
Amsden, A. H.	阿姆斯登
Anant, T.	阿南特
Anas, Alex	亚历克斯-阿纳斯
Andersen	安德森
Anderson, J. E.	安德森
Anderson, P.	安德森
Andrei	安德烈
Andrés	安德烈斯

Andrew	安德鲁
Ang	洪
Angang	（胡）鞍钢
Anon.	阿农
Anselin	安瑟兰
Anthony A.	安东尼
Aoki，M.	青木
Archer，I. W.	阿彻
Arellano，M.	阿雷拉诺
Ari	阿利
Arilton	阿里尔顿
Arkolakis，C.	阿尔科拉基斯
Armstrong	阿姆斯特朗
Arnod	阿诺德
Arnott，Richard J.	理查德·阿诺特
Aron，J.	阿龙
Aronson，J. A.	阿伦森
Arrow，K.	阿罗
Artes，R.	阿特斯
Arthur，W. B.	阿瑟
Ashraf，Q.	阿什拉夫
Ashton，R.	阿什顿
Ashtor，E.	阿斯特
Aslanian，S.	阿斯拉尼安
Assuncao，Juliano J.	茹利亚诺·阿松桑
Aten，Bettina H.	贝蒂纳·阿腾
Atkinson，A. G.	阿特金森
Audretsch，D.	奥德雷奇
Audretsch，David B.	戴维·奥德雷奇
Auerbach	奥尔巴克
Austin	奥斯汀

Axtell, R.	阿克斯特尔
Azis	阿齐兹
Azzoni, Carlos R.	卡洛斯·阿佐尼

B

Ba, S.	巴素林
Badinger, H.	巴丁格
Bah, El-hadj	巴哈吉
Bahadur, C.	巴哈杜尔
Bai	白重恩
Baier	贝尔
Bairoch, P.	贝罗克
Baker, J. H.	贝克
Baland	巴兰
Baldwin, Richard E.	理查德·鲍德温
Bandiera, O.	班迪耶拉
Banerjee, A.	班纳吉
Banfield, E.	班菲尔德
Bao	鲍曙明
Baqir, R.	巴吉尔
Bar	巴尔
Barbour, V.	巴尔布尔
Bardhan, P.	巴德汉
Barham	巴勒姆
Barlevy, G.	巴莱维
Barr, A.	巴尔
Barrios	巴里奥斯
Barro, R. J.	巴罗
Barry, F.	巴里

Bartelsman, E.	巴特尔曼
Bartik	巴尔季克
Bassermann, E.	巴塞曼
Basu, S.	巴苏
Baten, J.	巴腾
Bates, R. H.	贝茨
Baudin	博丹
Baumol, William J.	威廉·鲍莫尔
Baum-Snow	鲍姆-斯诺
Bautier, R. -H.	博捷
Bean, C.	比恩
Beasley, E.	比斯利
Beatty, E. N.	贝蒂
Beauchamp	比彻姆
Becattini	贝卡蒂尼
Becker, G. S.	贝克尔
Beeson, Patricia E.	帕特丽夏·比森
Behrens	贝伦斯
Behrman, J. R.	贝尔曼
Bekar, C.	贝卡尔
Bekar, C. T.	贝卡尔
Belot	贝洛
Benabou, R.	贝纳布
Bencivenga, Valerie R.	瓦莱丽·本奇文加
Bénétrix, A. S.	贝内特里克斯
Benhabib, J.	贝哈鲍比
Ben-Porath, Y.	本-波拉斯
Benson, B. L.	本森
Bentolila, S.	邦托利拉
Benton, J. F.	本顿
Bentzen	本特森

Berg，J.	贝格
Berger，Mark C.	马克·伯杰
Bergstrand，J. H.	伯格斯特兰
Berkowitz	伯科威茨
Berliant	贝林特
Berliner，J. S.	伯利纳
Bernard，Andrew B.	安德鲁·伯纳德
Bernstein，L.	伯恩斯坦
Bertrand，M.	伯特兰
Besley，T.	贝斯利
Betts	贝茨
Bidner，C.	比纳德
Bieleman，J.	比勒曼
Bigsten	比格斯滕
Bijun	王碧珺
Biller，P.	比勒
Birch，D.	伯奇
Birdsall，N.	伯索尔
Bishop	毕晓普
Bisin，A.	比辛
Black	布莱克
Black，S. E.	布莱克
Blanchard，O.	布兰查德
Blaschke，K.	布拉施克
Blattman，C.	布拉特曼
Bleakely	布利克利
Bleaney，M.	布利尼
Bleichrodt，N.	布莱希罗特
Blockmans，W. P.	布洛克曼
Blomquist，Glenn C.	布洛姆奎斯特
Bloom，D. E.	布卢姆

Bloom，N.	布卢姆
Blundell，R.	布伦德尔
Boberg-Fazlic	博贝格-法兹利奇
Bockstette	博克施泰特
Boeckh，K.	伯克
Boelcke，W. A.	伯尔克
Boerner，L.	伯尔纳
Bogart，D.	博加特
Bohnet，I.	博内特
Boldorf，M.	博尔多夫
Boldrin，M.	博尔德林
Bolt，J.	博尔特
Bolton，J. L.	博尔顿
Bommier，A.	博米耶
Bond，S.	邦德
Bonfield，L.	邦菲尔德
Bonini，C.	博尼尼
Boppart	博帕德
Bordo，M. D.	博尔多
Born，M.	博恩
Boserup	博塞拉普
Bosker	博斯克
Boskin，M. J.	博斯金
Bossert	博塞特
Bosworth，B. P.	博斯沃思
Botticini	博蒂奇尼
Boucekkine	布塞肯
Bourguignon，F.	布吉尼翁
Bourquelot	布尔克洛
Boustan，L.	布斯坦
Boutaric，E. P.	布塔里克

Bowdle	鲍德尔
Bowles	鲍尔斯
Boycko	博伊科
Boyd	博伊德
Braddick, M. J.	布拉迪克
Brainard, Lael S.	布雷纳德
Brakensiek, S.	布拉肯西克
Brakman	布拉克曼
Brandt, L.	勃兰特
Breinlich	布赖因利希
Brenner, R.	布伦纳
Bresnahan, T.	布雷斯纳汉
Breton, Le	布雷顿
Brewer, J.	布鲁尔
Brezis, E. S.	布勒齐
Briggs, C.	布里格斯
Britnell, R. H.	布里特内尔
Briys, E.	布里斯
Broadberry, S.	布罗德伯里
Brock	布罗克
Brophy, J. M.	布罗菲
Brueckner, Jan K.	简·布吕克纳
Bruegger	布吕格尔
Bruhn, M.	布鲁恩
Brülhart	布吕哈特
Brynjolfsson, E.	布林约尔松
Buera, Francisco J.	弗朗西斯科·布埃拉
Buitendam, A.	比滕德姆
Bulte, E.	比尔泰
Bulte, Erwin H.	埃尔温·比尔泰
Burchfield, Marcy	马西·伯奇菲尔德

Burgess	伯吉斯
Burkhardt, M.	布克哈特
Busby, G.	巴斯比
Byrne, E. H.	伯恩

C

Caballero, R. J.	卡巴莱罗
Cahuc, P.	卡于克
Cai	蔡昉
Cain, L. P.	凯恩
Caldwell, J. C.	考德威尔
Camacho	卡马乔
Cameron, G.	卡梅伦
Cameron, R. E.	卡梅伦
Campbell, B. M. S.	坎贝尔
Campbell, C.	坎贝尔
Canning, D.	坎宁
Canova	卡诺瓦
Cantoni	坎托尼
Cao, D.	迪奥戈·康
Capra, M.	卡普拉
Card	卡德
Carlaw, K.	卡劳
Carlin, B. I.	卡林
Carlino, Gerald	卡利诺
Caroli, E.	卡罗利
Carreras, A.	卡雷拉斯
Carrère	卡雷尔
Carrigan, W. D.	卡里根

Carroll, C. D.	卡罗尔
Carsten, F. L.	卡斯滕
Carter, M.	卡特
Carvalho, Vasco M.	瓦斯科·卡瓦略
Casanova, E.	卡萨诺瓦
Case, A.	凯斯
Caselli, F.	卡塞利
Castaldi, C.	卡斯塔尔迪
Castillo, M.	卡斯蒂略
Castles, F.	卡斯尔斯
Catão, L. A.	卡唐
Cater, B.	凯特
Caunce, S.	康斯
Cavalcanti	卡瓦尔坎蒂
Cavalli-Sforza	卡瓦利-斯福尔扎
Cerman, M.	采尔曼
Cesarini	切萨里尼
Chambers, J. D.	钱伯斯
Chambers, R.	钱伯斯
Chamon, Marcos, D.	马科斯·查蒙
Chanda, A.	钱达
Chandler, A. D.	钱德勒
Chandler, V.	钱德勒
Chaney	钱尼
Chang	谢长泰
Chapin, E.	沙潘
Chari, V. V.	查里
Chay, K. Y.	蔡
Chen	陈斌开
Chenery, Hollis B.	霍利斯·切纳里
Cheng	程永宏

Chenggang	许成刚
Cheshire	切希尔
Chevet, J. M.	舍韦
Cheyette, F. L.	切耶特
Chinitz	奇尼茨
Chorley, G. P. H.	乔利
Ciccone, Antonio	安东尼奥·奇科内
Cingano, F.	钦加诺
Clark	克拉克
Clark, C. M.	克拉克
Clark, G.	克拉克
Clay, K.	克莱
Clemens, Michael A.	迈克尔·克莱门斯
Cline	克莱恩
Coatsworth, J. H.	科茨沃思
Cockburn	科伯恩（英）
Coe, D. T.	科
Coelho, P. R.	科埃略
Coen-Pirani	科恩皮拉尼
Cogley, T.	科格利
Cohen, J. D.	科恩
Cohen, W.	科恩
Coleman, A.	科尔曼
Coleman, J.	科尔曼
Coleman, W. J.	科尔曼
Collier, P.	科利尔
Collins, S. M.	科林斯
Combes	孔布
Comin, D.	科明
Conley, Timothy G.	蒂莫西·康利
Cook, Justin	贾斯廷·库克

Corden	科登
Córdoba J. C.	科尔多瓦
Corrado, C.	科拉多
Corriveau, L.	科里韦奥
Cortes Conde, R.	科尔特斯·孔德
Cosh, A. D.	科什
Costa, D.	科斯塔
Costas	科斯塔斯
Costinot	科斯蒂诺特
Costinot, A.	科斯蒂诺特
Court, R.	考特
Cowell	考埃尔
Cox, J.	考克斯
Cox, W. M.	考克斯
Coxhead	考克斯黑德
Crafts, N.	克拉夫茨
Crafts, N. F. R.	克拉夫茨
Cramer, J. S.	克拉默
Crayen, D.	克雷恩
Cressy	克雷西
Criscuolo, C.	克里斯库奥洛
Crouch, C.	克劳奇
Crouzet, F.	克鲁泽
Cuberes	库贝雷斯
Cullen	卡伦
Cummins	卡明斯
Cuñat	库尼亚特
Cunha	库尼亚
Currie, J.	柯里
Curtis, Chadwick C.	查德威克·柯蒂斯
Cutler, D.	卡特勒

D

De Roover, R.	德罗弗
De Soto, H.	德索托
De ter Beerst, D. J.	德特贝尔斯特
De Vries, J.	德弗里斯
Deane	迪恩
Deaton, A.	迪顿
Dekle	德克尔
Del Vecchio, A.	德尔韦基奥
Dell	德尔
DeLong, J. B.	德朗
Démurger	德米尔热
Deng	邓曲恒
Denis	丹尼斯
Dennis, Benjamin N.	丹尼斯
Dennison, T.	丹尼森
Denny, K.	丹尼
Desmet, K.	德斯梅特
Dessí, R.	德西
Detert	德特尔特
Devadason	德瓦达松
Devereux, P. J.	德弗罗
Devleeschauwer	德弗莱斯豪韦尔
Dewey, H. W.	杜威
Diamond	戴蒙德
Diamond, J.	戴蒙德
Diamond, J. M.	戴蒙德
Diamond, Jared M.	贾里德·戴蒙德
Diamond, Jared	贾里德·戴蒙德
Dickhaut, J.	迪克豪特
Dinesen, P. T.	迪内森
Dinkelman	丁克尔曼

Dinopoulos，E.	迪诺普洛斯
Dippel	迪佩尔
Dittmar，Jeremiah E.	杰里迈亚·迪特马尔
Dixit，A. K.	迪克西特
Dixit，Avinash K.	阿维纳什·迪克西特
Dixon，R.	狄克逊
Djankov，S.	詹科夫
Dmitriev，M.	德米特里耶夫
Doehaerd，R.	杜哈德
Doepke，M.	德普克
Dohmen，T.	多门
Dollinger，P.	多林格
Domar，E. D.	多马
Doms，M.	多姆斯
Donahue，C.	多纳休
Donaldson，D.	唐纳森
Dorling	多林
Dormois，J. -P.	多尔穆瓦
Dorobantu，F.	多罗班楚
Dotson，J. E.	多森
Douglas A.	道格拉斯
Douglas	道格拉斯
Doumerc，B.	杜梅克
Dov	多夫
Drelichman，M.	德雷利希曼
Drennan	德雷南
Dreze，J.	德雷兹
Drèze，Jean	让·德雷兹
Dryden，N.	德赖登
D'Souza，Roger J.	罗杰·德索萨
Duarte	杜阿尔特

Duclos	杜克洛
Dulberger, E. R.	杜尔伯格
Dunaway	达纳韦
Duncan-Jones	邓肯·琼斯
Dupas, P.	迪帕
Dupriez	迪普里耶
Durante	杜兰特
Durante, R.	杜兰特
Duranton	迪朗东
Duranton, Gilles	吉勒·迪朗东
Durbin	德宾
Durlauf, S.	杜尔劳夫
Durlauf, Steven N.	史蒂文·杜尔劳夫
Duval, R.	杜瓦尔

E

Easterly, W.	伊斯特利
Eaton, J.	伊顿
Eberhardt	埃伯哈特
Echevarria	埃切瓦里亚
Eckstein	埃克斯坦
Edgerton, D. E. H.	埃杰顿
Edquist, H.	埃德奎斯特
Edward	爱德华
Edwards, J.	爱德华兹
Eeckhout	埃克豪特
Ehmer, J.	埃默尔
Eichengreen, B.	艾肯格林
Ekelund, R. B.	埃克隆德

Eleonora, E. M.	埃莉奥诺拉
Eliana	埃利安娜
Ellison, G.	埃利森
Eltis, D.	埃利蒂斯
Elton, G. R.	埃尔顿
Enflo	恩夫隆
Engel	恩格尔
Engerman, S. L.	恩格曼
Enikolopov	叶尼科洛波夫
Ennew, C.	恩纽
Eppigg	埃皮格
Epstein, S. A.	爱泼斯坦
Ergas, H.	埃尔加斯
Ermisch, J.	埃米施
Erosa, A.	埃罗萨
Esping-Andersen, G.	埃斯平－安德森
Esteban	埃斯特班
Estevadeordal, A.	埃斯特瓦德奥尔达尔
Esteves, R. P.	埃斯特韦斯
Eswar	埃斯瓦
Ethier, Wilfred J.	威尔弗雷德·埃蒂尔
Eveleth, P.	埃弗利思
Evenson, R. E.	埃文森
Ewert, U. -C.	尤尔特
Ezcurra	埃斯库拉

F

Fafchamps, M.	法夫尚
Faille, C.	法耶

Fairbank	费尔班克
Fairlie, S.	费尔利
Falk, A.	福尔克
Fally	法利
Farhi	法里
Fatas, A.	法塔
Fedorov	费多罗夫
Feenstra, R. C.	芬斯特拉
Fehr, E.	费尔
Fei, J. C. H.	费景汉
Feinstein, Charles H.	查尔斯·范斯坦
Feir	费尔
Feldman, M.	费尔德曼
Feldman, Maryann P.	马瑞兰·费尔德曼
Felkner, John S.	约翰·费尔克纳
Feller, L.	费勒
Fenoaltea, S.	费诺阿尔泰亚
Fenske	芬斯克
Ferejohn, J.	费雷约翰
Ferguson, N.	弗格森
Fernald, J. G.	弗纳尔德
Fernandez, R.	费尔南德斯
Fernández, Raquel	费尔南德斯
Ferrara, La	费拉拉
Ferrera, M.	费雷拉
Fertig, A.	费尔蒂希
Feuchtwanger, E. J.	福伊希特万格
Feyrer, J.	费雷尔
Fincher	芬谢
Findeisen	芬德森
Findlay, R.	芬德利

Fingleton	芬格尔顿
Finlay，J.	芬利
Fischbacher，U.	菲施巴赫尔
Fischel，W. A.	菲舍尔
Fischer	费希尔
Fishlow，A.	菲什洛
Fisman，R.	菲斯曼
Flandreau，M.	弗朗德罗
Flatters	弗拉泰斯
Flik，R.	弗利克
Florencio	弗洛伦西奥
Florida	佛罗里达
Floud，R.	弗拉德
Flynn，D. O.	弗林
Flynn，J. R.	弗林
Foellmi	弗尔米
Fogel，R. W.	福格尔
Fogli，A.	福利
Foreman-Peck，J.	福尔曼－佩克
Forslid	福斯里德
Forster，A.	福斯特
Fortin，N.	福廷
Fortunati，M.	福尔图纳蒂
Foster，A. D.	福斯特
Foster，L.	福斯特
Fowler	福勒
Fox-Kean	福克斯－基恩
Francis	弗朗西斯
François	弗朗索瓦
Frankel，J.	弗兰克尔
Frankel，J. A.	弗兰克尔

Frankenberg, E.	弗兰肯贝格
Frantz, B.	弗朗茨
Frederic	弗雷德里克
Freeman, C.	弗里曼
Friedman, M. A.	弗里德曼
Fritschy, W.	弗里奇
Frongillo, E. A.	弗龙吉洛
Frost, R. I.	弗罗斯特
Fuchs	富克斯
Fuchs-Schuendeln	富克斯－申德尔恩
Fujita	藤田昌久
Fukuyama, F.	福山
Fung	冯国钊
Fung, W.	冯

G

Gabaix, Xavier	格扎维埃·加贝克斯
Gachter, S.	加什特
Galasso, V.	加拉索
Galbiati	加尔比亚蒂
Galí, J.	加利
Gallego, Francisco A.	弗朗西斯科·加列戈
Gallman, Robert E.	罗伯特·高尔曼
Galloway, P. R.	加洛韦
Gallup, J. L.	盖洛普
Gallup, John Luke	约翰·卢克·盖洛普
Galor, O.	盖勒
Galor, Oded, Mountford, A.	芒福德·奥戴德·盖勒
Gambetta, D.	甘贝塔

Ganong	加农
Garcia-Penalosa, C.	加西亚－佩纳洛萨
Gardeazabal	加德亚萨瓦尔
Gareth	加雷思
Garretsen	加勒森
Gary	加里
Gash, N.	加什
Gavin	加文
Gehlbach	盖尔博
Gelbach, Jonah B.	乔纳·盖尔博
Gelderblom	格尔德布洛姆
Gelderblom, O.	格尔德布洛姆
Gelderbloom, O.	格尔德布卢姆
Gelman	格尔曼
Gene	吉恩
Gennaioli	真纳约利
Gennaioli, N.	真纳约利
Georgios	乔治斯
Gérard	热拉尔
Gerard	杰勒德
Gerland, P.	格兰
Germs	热尔姆
Geroski, P.	格罗斯基
Gerschenkron	格申克龙
Gerschenkron, A.	格申克龙
Gertler, M.	盖特勒
Gertler, P.	盖特勒
Ghatak, M.	加塔克
Giacomo, A. M.	贾科莫
Gianluca	詹卢卡
Giavazzi, F.	贾瓦齐

Gibbons	吉本斯
Gibrat	吉布拉
Gibson, Edward L.	爱德华·吉布森
Giesen	吉森
Gigerenzer, G.	吉仁泽
Gil, M.	吉尔
Gilbert, R.	吉尔伯特
Gill	吉尔
Gilles	吉勒斯
Gillian	吉利恩
Gilmore, O.	吉尔摩
Gimbutas	金布塔斯
Gine, X.	吉内
Gingerich, Daniel W.	丹尼尔·金格里奇
Gintis	金蒂斯
Gintis, H.	金蒂斯
Giordano	乔达诺
Giraldez, A.	吉拉尔德茨
Giri	吉里
Giuliano	朱利亚诺
Giuliano, P.	朱利亚诺
Glaeser	格莱泽
Glaeser, E.	格莱泽
Glaetze-Ruetzler, Daniela	丹尼拉·格莱策-吕茨勒
Glenn	格伦
Gobillon, Laurent	洛朗·戈比永
Goderis, B.	格德里斯
Goitein, S. D.	戈伊坦
Goldberg, J. L.	戈尔德贝格
Goldin, C.	戈尔丁
Goldschmidt, L.	戈尔德施密特

Goldsworthy, J. D.	戈兹沃西
Goldthwaite, R. A.	戈德思韦特
Gollinn	戈兰
Gómez-Galvarriato, A.	戈麦斯－加尔瓦里亚托
Gompers	冈珀斯
Gong	龚
González de Lara, Y.	德拉拉·冈萨雷斯
Gordon	戈登
Gorodnichenko	哥罗德尼琴科
Gort, M.	戈特
Gottlieb, Joshua D.	乔舒亚·戈特利布
Gottschalk, P.	戈特沙尔克
Gourinchas	古兰沙
Govinda, M.	戈文达
Grace	格雷斯
Gráda, ó.	格拉达
Gradstein	格拉德斯坦
Grafe, R.	格拉夫
Gragnolati, U.	格拉尼奥拉蒂
Graham, B.	格雷厄姆
Grantham, G. W.	格兰瑟姆
Grazia, Maria	玛丽亚·格拉西亚
Greenaway, D.	格里纳韦
Greenberg, Joseph E.	格林伯格
Greenstone	格林斯通
Greenwood	格林伍德
Gregg, P.	格雷格
Gregory	格雷戈里
Greif	格赖夫
Grennes	格伦内斯
Greve, A.	格雷夫

Griffith, R.	格里菲思
Griliches, Z.	格里利克斯
Groote, P.	格罗特
Grosfeld	格罗斯费尔德
Grosjean	格罗让
Grossman	格罗斯曼
Grossman, G. M.	格罗斯曼
Grotius, H.	格劳秀斯
Grube, W.	格鲁贝
Guerrieri	圭列里
Guest, P.	格斯特
Gugerty, M. K.	古戈蒂
Guido	吉多
Guillaume	纪尧姆
Guinnane, T. W.	吉南
Guiso L.	圭索
Guiso	圭索
Gun, Hyoung	王炯坤
Gunatilaka	古纳蒂拉克
Gunnar	贡纳尔·缪尔达尔
Gunning, J. W.	冈宁
Guns, J.	贡斯
Guvenen	居韦嫩
Guzowski, P.	古佐夫斯基
Gwatkin, D. R.	格沃特金
Gyourko	哲尔克
Gysin, J.	吉森

H

Habakkuk，H. J.	哈巴卡克
Hafter，D. M.	哈夫特
Hagen，W. W.	哈根
Haines，M. R.	海恩斯
Hainmueller	海因米勒
Hainz	海因茨
Hall，P. A.	霍尔
Hall，R.	霍尔
Hall，R. E.	霍尔
Haltiwanger，J.	霍尔蒂万格
Hamilton	汉密尔顿
Hannah，L.	汉娜
Hansen	汉森
Hanson	汉森
Hanushek，E. A.	哈努谢克
Harbaugh	哈博
Harbord，D.	哈博德
Hardin，G.	哈丁
Harley	哈利
Harnisch，H.	哈尼施
Harreld，D. J.	哈勒德
Harris	哈里斯
Harris，C.	哈里斯
Harris，R.	哈里斯
Harrison	哈里森
Harrison，M.	哈里森
Harrison，R.	哈里森

Harriss, G. L.	哈里斯
Harry	哈里
Hart, M. C.	哈特
Hartley, T. E.	哈特利
Hartog, Joop	约普·哈尔托赫
Harvey	哈维
Harvey, Andrew C.	安德鲁·哈维
Haskel, J.	哈斯克尔
Hassler	哈斯勒
Hatton, T. J.	哈顿
Hauk	豪克
Hausmann, R.	豪斯曼
Hayashi, Fumio	林文夫
Hazan, M.	哈赞
Head	黑德
Heather, L.	希瑟
Heckman	赫克曼
Heinrichs, M.	海因里希斯
Helliwell	赫利韦尔
Helpman	赫尔普曼
Helpman, E.	赫尔普曼
Helsley, Robert W.	罗伯特·赫尔斯利
Henderson	亨德森
Henderson, J. Vernon	弗农·亨德森
Henderson, W. O.	亨德森
Hendricks	亨德里克斯
Henfu	邹恒甫
Henisz, W. J.	赫尼什
Herbst	赫布斯特
Hercowitz	赫科维茨
Hering	赫林

Herrendorf	赫伦多夫
Herrington	赫林顿
Herrmann，B.	赫尔曼
Hersch	赫尔施
Hersh，J.	赫什
Heywood	海伍德
Hicks，J.	希克斯
Hickson，C. R.	希克森
Hilber	希尔贝尔
Hill	希尔
Hillmann，H.	希尔曼
Hilton，B.	希尔顿
Hine，K. D.	海因
Hippel	希佩尔
Hirofumi	宇泽弘文
Hirschman，Albert O.	艾伯特·赫希曼
Hitiris，T.	希蒂里斯
Hitt，L. M.	希特
Hnatkovska	赫纳特科夫斯卡
Hobijn	霍布金
Hobsbawm，Eric J.	埃里克·霍布斯鲍姆
Hodder	霍德
Hodgskin，T.	霍奇斯金
Hoehn，John P.	约翰·赫恩
Hoff	霍夫
Hohorst，G.	霍赫斯特
Holderness，B. A.	霍尔德内斯
Holm，H.	霍尔姆
Holmes，Thomas J.	托马斯·霍姆斯
Holz，Carsten A.	卡斯滕·霍尔茨
Hong，S.	洪锡哲

Honohan, P.	霍诺汉
Hooghe, M.	霍赫
Hopenhayn, H.	霍彭海因
Hopkins	霍普金斯
Hoppit, J.	霍皮特
Horioka	堀冈佑二
Hornbeck	霍恩贝克
Hornstein	霍恩斯坦
Horrocks, S. M.	霍罗克斯
Hoshi, T.	星岳雄
Hoskins, L.	霍斯金斯
Houston, R. A.	休斯敦
Howard	霍华德
Howitt	豪伊特
Hoyle, R. W.	霍伊尔
Hoyt	霍伊特
Hsieh	谢长泰
Hu	胡鞍钢
Huanca	乌安卡
Huang	黄益平
Huang, Rocco R.	罗科·黄
Huberman, M.	休伯曼
Huffman	赫夫曼
Hughes, A.	休斯
Huillery	于耶里
Hulten, C.	赫尔滕
Humphries, J.	汉弗莱斯
Hurst	赫斯特
Hwang, J. -Y.	黄智允

I

Iacono, W. G.	亚科诺
Ibragimovn	易卜拉欣莫夫
Ichino, A.	安德烈亚·伊基诺
Ignacio	伊格纳西奥
Ijiri, Y.	井尻雄士
Imbens	因本斯
Inikori, J.	伊尼科里
Inklaar	因卡拉
Ioannides	约安尼季斯
Ioannides, Yannis M.	扬尼斯·约安尼季斯
Irwin, D. A.	欧文
Irz	伊尔兹
Isard	伊萨德
Iscan, Talan B.	塔兰·伊什詹
Isham, J.	艾沙姆
Ito, T.	伊藤隆敏
Iyer	耶尔
Iyigun, Murat	穆拉特·伊伊京

J

Jablonka, Eva	埃娃·亚布隆卡
Jacks, D. S.	杰克斯
Jacobson, Louis S.	路易斯·雅各布森
Jacoby, D.	雅各比
Jaffe	贾菲

James S. Coleman，E. K.	詹姆斯·科尔曼
James	詹姆斯
Jancec	扬切茨
Jan – Pieter	扬彼得
Jappelli，T.	亚佩利
Jarmin，R.	贾明
Jaume	若姆
Javier	哈维尔
Jayachandran，S.	贾亚钱德兰
Jayaratne，Jith	吉特·贾亚拉特纳
Jeanne，O.	珍妮
Jensen	詹森
Jerven，M.	耶温
Jerzmanowski，M.	耶日马诺夫斯基
Jesús	热苏斯
Jha	杰哈
Jianwei	徐建炜
Jim	吉姆
Jin，Hehui	金和辉
Jo，I.	赵
Johannesson	约翰尼森
Johansen	约翰森
Johansson，E.	约翰松
Johnson	约翰逊
Johnson，K.	约翰逊
Johnson，P. A.	约翰逊
Johnson，Paul A.	保罗·约翰逊
Johnson，S.	约翰逊
Johnson，S. H.	约翰逊
Johnston	约翰斯顿
Johnston，Bruce F.	布鲁斯·约翰斯顿

Jones	琼斯
Jones, C.	琼斯
Jonker, Nicole	妮科尔·琼克
Jorge	豪尔赫
Jorgenson, D. W.	乔根森
Josephson, C.	约瑟夫森
Joskow, P.	乔斯科
Jovanovic	约万诺维奇
Judt	于特
Justin	贾斯廷

K

Kaak, H.	卡克
Kaarsen	卡尔森
Kaboski, Joseph P.	约瑟夫·卡博斯基
Kadens, E.	卡登斯
Kahn, Matthew E.	马修·卡恩
Kahneman, D.	卡尼曼
Kala	卡拉
Kalemli-Ozcan, S.	卡莱姆莉－奥兹詹
Kallal	卡拉勒
Kaminski, A.	卡明斯基
Kan	简锦汉
Kanbur	坎伯
Kanbur, Ravi	拉维·坎伯
Kandori, M.	神取道宏
Kanhneman, D.	卡尼曼
Kaplan, Robert D.	罗伯特·卡普兰
Karádi	考拉迪

Karlan, D.	卡兰
Karras	卡拉斯
Karshenas, M.	卡什纳斯
Kashyap, A. K.	卡什亚普
Katayama, Roy S.	片山
Katele, I. B.	卡特莱
Katz	卡茨
Katz, E. D.	卡茨
Katz, L. F.	卡茨
Keay, I.	凯伊
Keefer	基弗
Kelejian, Harry H.	哈里·凯莱伊安
Keller, W.	凯勒
Kerr	克尔
Kerr, Sari Pekkala	萨里·佩卡拉·克尔
Kerr, W.	克尔
Kerr, William R.	威廉·克尔
Kesten	凯斯滕
Kharas	哈拉斯
Kihlstrom	希尔斯特伦
Kimura	木村资生
Kindleberger, C. P.	金德尔伯格
King, John	约翰·金
Kiszewski, A.	基塞夫斯基
Klasing	克拉辛
Kleimola, A. M.	克莱莫拉
Klein, A.	克莱因
Klein, M.	克莱因
Klenow	克莱诺
Klenow, P. J.	克莱诺
Klepper	克莱珀

Klette, T.	克勒特
Kline	克兰
Knack, S.	纳克
Knapp, G. F.	纳普
Knaul, F. M.	瑙尔
Knick	尼克
Knight	奈特
Knight, Frank H.	弗兰克·奈特
Knight, J.	奈特
Knowles	诺尔斯
Koch, H. W.	科克
Kocher, Martin G.	马丁·科克
Koenigsberger, H. G.	柯尼希斯贝格尔
Kolesár	科莱萨尔
Kolko	科尔科
Kollmer-von Oheimb-Loup, G.	科尔默－冯奥海姆－洛普
Kongsamut	空沙姆
Kongsamut	空沙姆
Kopsidis, M.	科普西迪斯
Koren, Miklós	米克洛什·科伦
Koreshkova, T.	卡列什科娃
Korpi, W.	科皮
Kortum	科图姆
Kosfeld, M.	科斯费尔德
Kovner	科夫纳
Kraay, A.	克雷
Kranton	克兰顿
Krantz	克兰茨
Krantz, O.	克兰茨
Krause	克劳斯
Kremer	克雷默

Kristian	克里斯蒂安
Kristina	克里斯蒂娜
Krizan, C.	克里让
Krueger, Alan B.	艾伦·克鲁格
Krugman	克鲁格曼
Krugman, P.	克鲁格曼
Kruk, M.	克鲁克
Krusell	克鲁塞尔
Krusell, Per	克鲁塞尔
Kula, W.	库拉
Kuncoro	昆科罗
Kung	龚启圣
Kunicová, J.	库尼科娃
Küpker, M.	屈普克
Kurlat	库尔拉特
Kursban R.	库尔斯班
Kurt	库尔特
Kussmaul, A.	库斯毛尔
Kuznets	库兹涅茨
Kwiatkowski	克维亚特科夫斯基
Kydland, F. E.	基德兰德

L

La Ferrara, E.	拉·费拉拉
La Porta, R.	拉波尔塔
Laffont	拉丰
Lagakos, David	戴维·拉加科斯
Lagerlöf, Nils-Petter	拉格勒夫
Lahiri, Amartya	阿马蒂亚·拉希里

Laibson, D.	莱布森
Laiou, A. E.	莱乌
Laitner	莱特纳
Lal, R.	拉尔
Lalive, Rafael	拉斐尔·拉利韦
LaLonde, Robert J.	罗伯特·拉隆德
Lamb, Marion J.	马里恩·兰姆
Lambert, B.	兰伯特
Lambert, S.	兰伯特
Lampe, M.	兰普
Landes, David	戴维·兰德斯
Lane, F. C.	莱恩
Lanier, K.	拉尼尔
Lardy	拉迪
Lardy, N.	拉迪
Laslett, P.	拉斯利特
Lau, Lawrence	刘遵义
Lau, Morten I.	莫滕·劳
Laurent, H.	劳伦特
Laury, S. K.	劳里
Lavy, Victor	维克托·拉维
Lawver, Daniel	丹尼尔·劳弗
Lazzarini, S.	拉扎里尼
Lee, D. S.	李
Lee, Donghoon	李东勋
Lee, I. H.	李
Lee, J. -W.	李
Lee, J. Z.	李
Leeuwen, van	范莱文
Lehmann, S. H.	莱曼
Lei, Xiaoyan	雷晓燕

Lensink, Robert	罗伯特·伦辛克
Lentz, R.	伦茨
Leo, Teng	梁生华
Leonard	伦纳德
Leonardi, R.	莱奥纳尔迪
Lerner, Josh	乔希·勒纳
LeRoy, Stephen F.	斯蒂芬·勒罗伊
LeSage, James P.	詹姆斯·勒萨热
Lessmann, Christian	克里斯蒂安·莱斯曼
Leukhina, Oksana	奥克萨娜·列乌欣娜
Leung, T.	梁天卓
Levin, S.	莱文
Levine	莱文
Levine, D.	莱文
Levine, R.	莱文
Levy, D. M.	利维
Lew, B.	卢
Lewis, W. A.	刘易斯
Leybourne, S. J.	利伯恩
Li	李
Li, N.	李楠
Li, Qiang	李强
Li-An	李宏彬/周黎安
Licandro, O.	利坎德罗
Lichtenstein, Paul	保罗·利希滕斯坦
Liebowitz, S. J.	利博维茨
Lilien, David	戴维·利林
Lin	林毅夫
Lindberg, E.	林德伯格
Lindert, P. H.	林德特
Linton, Gordon	戈登·林顿

Lipscomb, Molly	莫利·利普斯科姆
Lipset, S. M.	利普塞特
Lipsey, R. G.	利普西
Lipton, Michael	迈克尔·利普顿
Lis, C.	利斯
Little, C. B.	利特尔
Liu	刘
Liu, D.	刘丹
Ljunge, M.	永格
Lleras-Muney, A.	列拉斯－穆内
Lloyd, T. H.	劳埃德
Loayza, N.	洛艾萨
Long, Van	范朗
Lopez de Silanes, F.	洛佩斯·德西拉内斯
Lopez, R. S.	洛佩斯
López-Córdova, J. E.	洛佩斯－科尔多瓦
Lopez-De-Silanes	洛佩斯－德－西拉内斯
Lopez-de-Silanes	洛佩斯－德－西拉内斯
Lorentzen, P.	洛伦岑
Lubotsky, D.	卢博茨基
Lucas Jr.	卢卡斯
Lucas	卢卡斯
Lucas, A. M.	卢卡斯
Lucas, R.	卢卡斯
Lucas, R. E.	卢卡斯
Lucas, Robert E. Jr.	罗伯特·卢卡斯
Lüdemann, E.	吕德曼
Ludger	卢德格尔
Lui, X.	刘雪燕
Luigi Luca	路易吉·卢卡
Luigi	路易吉

Luiten, Jan	扬·卢滕·范赞登
Lumey, Lambert H.	卢梅·兰伯特
Luo, Chuliang	罗楚亮
Lynn, R.	林恩

M

Ma, Ning	马宁
Macaulay, S.	麦考利
Macfarlane, A.	麦克法兰
Machin, S.	梅钦
Madalozzo, R.	马达洛佐
Maddison, A.	麦迪逊
Madsen, J. B.	马德森
Maegraith, J.	梅格雷思
Maffezzoli	马费佐利
Magee, G.	马吉
Magnac, Thierry	蒂埃里·马尼亚克
Magrini, Stefano	斯特凡诺·马格里尼
Mahmood	马哈茂德
Maitland, F. W.	梅特兰
Malaney, P.	马拉内
Mamdani, Mahmood	马哈茂德·马姆达尼
Mammen, K.	马门
Mangels, A.	曼格尔斯
Mankiw, N. Gregory	曼昆
Mann, Charles C.	查尔斯·曼
Mansfield, E.	曼斯菲尔德
Mantoux, P.	芒图
Mao	茅锐

Maré, David C.	大卫·马雷
Margariti, R. E.	马尔加里蒂
Margolis, Stephen E.	斯蒂芬·马戈利斯
Maria	马里亚
Maria, Jos	马里亚
Maristella	马里斯特拉
Markus	马库斯
Marrewijk, van	范·马芮威耶克
Martin, Philippe	菲利普·马丁
Martin, R.	马丁
Martorell, R.	马托雷尔
Mary	马里
Masahisa	藤田昌久
Masayuki	下松正幸
Mas-Latrie	马斯拉特里
Mathias, P.	马赛厄斯
Matsuyama	松山公纪
Matthew Kahn.	马修·卡恩
Matthews, R. C. O.	马修斯
Matzner, W.	马茨纳
Maurel, M.	莫雷尔
Mauro, P.	莫罗
Max	马克斯
Maxim	马克西姆
Maydell, N.	迈德尔
Mayer	迈耶
McArthur, J. W.	麦克阿瑟
McCabe, K.	麦凯布
McCleary	麦克利里
McCleary, Rachel M.	雷切尔·麦克利莉
McCloskey, D.	麦克洛斯基

McCloskey, D. N.	麦克洛斯基
McCord, G.	麦科德
McCord, N.	麦科德
McDade	麦克达德
McGue, M.	麦丘
McGuire, R. A.	麦圭尔
McHale	麦克黑尔
McKeown, T.	麦基翁
McLean, I.	麦克莱恩
McLean, Ian W.	伊恩 · 麦克莱恩
McLean, P.	麦克莱恩
McMillan, J.	麦克米伦
McMillen, Daniel P.	麦克米伦
Meer, S.	梅尔
Meghir, C.	梅格希尔
Mehlum	梅勒姆
Mehlum, H.	梅勒姆
Meiners, C.	迈纳斯
Meisel, J.	迈泽尔
Meissner, C. M.	迈斯纳
Melanie	梅拉妮
Melissa	梅利莎
Melitz	梅利兹
Melitz, Marc	马克 · 梅里兹
Melka, J.	梅尔卡
Mellinger	梅林杰
Mellinger, A.	梅林杰
Mello	梅洛
Mellor, John W.	约翰 · 梅勒
Melman, S.	梅尔曼
Melton, E.	梅尔顿

Melvyn	梅尔文
Mendoza	门多萨
Menozzi	梅诺齐
Menzel, H.	门泽尔
Menzie	陈庚辛
Messina	梅西纳
Mestieri	梅斯蒂埃里
Metcalf, D.	梅特卡夫
Metcalfe, J. S.	梅特卡夫
Michael	迈克尔
Michalopoulos	米哈洛普洛斯
Michéle	米谢勒
Micheletto, B. Z.	米凯莱托
Michelle	米歇尔
Middleton, N.	米德尔顿
Mieszkowski	梅什科夫斯基
Miguel	米格尔
Miguel, E.	米格尔
Milanovic	米拉诺维奇
Milgrom, P.	米尔格龙
Miller, Douglas L.	道格拉斯·米勒
Miller, G.	米勒
Mills, Edwin S.	埃德温·米尔斯
Mills, T. C.	米尔斯
Minerva, G. Alfredo	阿尔弗雷多·米内尔娃
Mingay, G. E.	明盖
Miranda, J.	米兰达
Mitch, D.	米奇
Mitchel	米切尔
Mitchell	米切尔
Mitchener, K. J.	米切纳

Mitton	米顿
Moav	莫阿夫
Mobarak, A. Mushfiq	穆什菲克·穆巴拉克
Modigliani	莫迪利亚尼
Moene	莫内
Moffitt, R.	莫菲特
Mokyr	莫基尔
Molly	莫莉
Monge-Naranjo, A.	蒙赫-纳兰霍
Monica	莫妮卡
Mora	莫拉
Moretti	莫雷蒂
Morgan	摩根
Morito	莫里托
Moro	莫罗
Morris	莫里斯
Morris, C. T.	莫里斯
Morrison, C. J.	莫里森
Morrisson, C.	莫里森
Morrow, Peter M.	彼得·莫罗
Mortensen, D.	莫滕森
Moschella, D.	莫斯凯拉
Motoo	木村资生
Mowery, D.	莫厄里
Muellbauer	米尔鲍尔
Mulatu, A.	穆拉图
Mulder, N.	马尔德
Muldrew, C.	马尔德鲁
Mulholland	马尔霍兰
Mulligan, Casey B.	凯西·马利根
Munro, J.	芒罗

Munzinger, M. R.	蒙青格尔
Murat	穆拉特
Murata	村田安宁
Murdock	默多克
Murdock, P. M.	默多克
Murphy	墨菲
Murphy, K. M.	墨菲
Murphy, Kevin M.	凯文·墨菲
Murrell, P.	默雷尔
Murtin, F.	米尔坦
Muth, Richard F.	理查德·穆特
Muyang	张牧扬
Myerson, R. B.	迈尔森
Myrdal	缪尔达尔

N

Nachbar, T. B.	纳赫巴
Nakajima	中岛
Nanetti	纳内蒂
Nanetti, R. Y.	纳内蒂
Nannicini, T.	南尼奇尼
Nardi, De	德纳尔迪
Nardinelli, Clark	克拉克·纳尔迪内利
Naritomi, Joana	若阿娜·娜丽托米
Nason, J. M.	内森
Naughton, B.	诺顿
N'Diaye, P.	恩迪亚耶
Neary, J. Peter	彼得·内亚里
Nee, Victor	倪志伟

Neeson, J. M.	尼森
Neil	尼尔
Nelson, R. R.	纳尔逊
Neumark	诺伊马克
Newberry, D.	纽伯里
Nezih	内齐赫
Ngai, L. Rachel	雷切尔·恩盖
Ngo	恩戈
Nguyen	阮
Nicholas	尼古拉斯
Nicholas, T.	尼古拉斯
Nickell, S.	尼克尔
Nicolai	尼古拉
Nicoletti, G.	尼科莱蒂
Nicolini, E. A.	尼科利尼
Nicolitsas, D.	尼科利特萨斯
Nieuwerburgh, Van	范纽沃伯赫
Nikolaus	尼古劳斯
Nillesen, Philip Verwimp	菲利普·弗温普·尼勒森
Nils-Petter	尼尔斯－彼得
Nishiyama, A.	西山
Norbert	诺伯特
Norbin, S.	诺尔宾
Nordhaus	诺德豪斯
North	诺思
North, D.	诺思
North, Douglass C.	道格拉斯·诺思
North, M.	诺思
Novy, D.	诺维
Nowak, J. E.	诺瓦克
Nunez, J.	努涅斯

Nunn, N.	纳恩科
Nyarko	尼亚科
Nyberg	尼贝里
Nystrom, L. E.	奈斯特伦

O

O'Brien, J. G.	奥布赖恩
O'Brien, P.	奥布赖恩
O'Brien, P. K.	奥布赖恩
Obstfeld, M.	奥布斯特菲尔德
Odling-Smee, J. C.	奥德林－斯米
O'Driscoll, G. P.	奥德里斯科尔
Oeppen, J.	厄彭
Ofer, G.	奥弗
Ogilvie, S.	奥格尔维
Ohanian, L.	瓦尼安
Okamoto, R.	冈本
Okubo	大久保敏弘
Oliner, S. D.	奥利纳
Olivei, G. P.	奥利韦
Oliver	奥利弗
Olivetti	奥利韦蒂
Olken	奥尔肯
Olle	奥勒
Olmstead, A. L.	奥姆斯特德
Olson, M.	奥尔森
Olsson	奥尔森
Olsson, M.	奥尔森
Olsson, Ola	奥拉·奥尔森

O'Mahony	奥马霍尼
O'Mahony, M.	奥马霍尼
Onatski, Alexei	阿列克谢·奥纳斯基
O'Rourke, K. H.	奥罗克
Ortalo-Magné	奥尔塔洛-马涅
Osafo-Kwaako	奥萨福-夸科
Oster, E.	奥斯特
Ostrom, E.	奥斯特罗姆
Oswald	奥斯瓦尔德
Ottaviano	奥塔维亚诺
Ottaviano, Gianmarco I. P.	詹马科·奥塔维亚诺
Oulton, N.	奥尔顿
Ove, Karl	卡尔·奥韦
Overland, J.	奥弗兰
Overman	奥弗曼
Overman, Henry G.	亨利·奥弗曼
Overton, M.	奥弗顿
Ozaltin, E.	厄扎尔廷

P

Pablo, Juan	胡安·巴勃罗
Padgett, J. F.	帕吉特
Paiella, Monica	莫妮卡·帕耶拉
Paik, Christopher	克里斯托弗·派克
Paillacar	帕亚卡
Pamela	帕梅拉
Pande, Rohini	罗希尼·潘德
Paola, G.	保拉
Papaioannou	帕帕约安努

Pappaioannou	帕帕约安努
Paravicini, W.	帕拉维奇尼
Parente, Stephen L.	斯蒂芬·帕伦特
Park, D.	朴东炫
Pasha, F.	帕莎
Paterson, D. G.	佩特森
Pattachini, Eleonora	埃莉奥诺拉·帕塔基尼
Paunescu, M.	珀乌内斯库
Pavitt, K.	帕维特
Paxson, C.	帕克森
Peart, S. J.	皮尔特
Peet, R.	皮特
Peltzman, S.	佩尔茨曼
Pen, Le	勒庞
Pennings, J. M.	彭宁斯
Per	佩尔
Peregrine, P.	佩里格林
Pérez Moreda, V.	莫雷达·佩雷斯
Perla, J.	佩拉
Pérotin-Dumon, A.	佩罗坦－迪蒙
Persson, T.	佩尔松
Pesaran, M. Hashem	哈希姆．佩萨兰
Peter	彼得
Peter, George	乔治·彼得
Peters, J.	彼得斯
Petrongolo	彼得龙戈罗
Phan	潘
Phelps, E. S.	费尔普斯
Philip	菲利普
Philipp	菲利普
Philippe	菲利普

Philippon, T.	菲利蓬
Philipson, T. J.	菲利普森
Phillipe	菲利普
Phillips	菲利普斯
Piazza	皮亚扎
Picard	皮尔德
Pierce, Lamar	拉马尔·皮尔斯
Pierre-Olivier	皮埃尔－奥利维耶
Pierre-Philippe	皮埃尔－菲利普
Piketty	皮凯蒂
Pinkovskiy, M.	平科夫斯基
Pissarides, Chrisopher A.	克里斯托弗·皮萨里德斯
Pittau	皮陶
Planitz, H.	普莱尼茨
Platt, Leah	利亚·普拉特
Platteau, J. P.	普拉托
Pocock, J. G. A.	波科克
Polania-Reyes, S.	波拉尼亚－雷耶斯
Pollock, F.	波洛克
Pomeranz, K.	彭慕兰
Poncet	庞塞特
Ponzetto, G.	蓬泽托
Ponzetto, Kristina Tobio.	克里斯蒂娜·托比奥·蓬泽托
Ponzetto	蓬泽托
Porta, La	拉波尔塔
Porter, M. E.	波特
Poschke	波施克
Postan, M. M.	波斯坦
Postlewaite	波斯特韦特

Prados de la Escosura, L.	普拉多斯·德拉埃斯科苏拉
Prager, Jean-Claude	让－克劳德－普拉热
Prais, S. J.	普雷斯
Prak, M.	波拉
Prantl, S.	普兰特尔
Prasad	普拉萨德
Prasad, Eswar, S.	埃斯瓦尔·普拉萨德
Pratten, C. F.	普拉滕
Prescott, Edward C.	爱德华·普雷斯科特
Prest, J.	普雷斯特
Preston, I.	普雷斯顿
Preston, S.	普雷斯顿
Preston, S. H.	普雷斯顿
Price, J. M.	普赖斯
Price, W. H.	普赖斯
Primiceri, G. E.	普里米切里
Prinz, D.	普林茨
Pritchett, L.	普里切特
Profeta, P.	普罗费塔
Proudman, J.	普劳德曼
Prucha, Ingmar R.	英格玛·普鲁哈
Puga, Diego	迭戈·普加
Pugliese, E.	普格利泽
Puhakka	普哈卡
Putnam	帕特南
Putnam, R.	帕特南
Putterman	普特曼
Puttevils, J.	普特韦尔斯
Pyke	派克

Q

Qian	钱楠筠
Qian, Y.	钱
Qian, Yingyi	钱颖一
Qinggang	柳庆刚
Quadrini	夸德里尼
Quah, Danny T.	柯成兴
Quamrul	卡姆鲁勒

R

Rabb, T. K.	拉布
Rafael	拉斐尔
Raffaella	拉法埃拉
Ramey	拉梅
Ranciére, R.	朗西埃
Ranis, G.	拉尼斯
Rappaport	拉帕波特
Rasmussen, C. P.	拉斯穆森
Rasul, I.	拉苏尔
Rauch, Ferdinand	费迪南德·劳赫
Rauch, James E.	詹姆斯·劳赫
Raven	雷文
Ravenstein, E. G.	拉文施泰因
Rawski, T. G.	罗斯基
Ray, D.	雷
Raymond	雷蒙德

Raymond, I. W.	雷蒙德
Razmi	拉兹米
Rebecca	丽贝卡
Rebelo	雷贝洛
Redding	雷丁
Redding, Stephen J.	斯蒂芬·雷丁
Reed, C. G.	里德
Reher, D. S.	雷厄
Reicosky, D. C.	赖科斯基
Reis, J.	赖斯
Rens, van	范伦斯
Resnick	雷斯尼克
Resosudarmo	雷索苏达尔莫
Restuccia	雷斯图恰
Restuccia, D.	雷斯图恰
Reto	雷托
Reyerson, K. L.	赖尔森
Reyes-Garcia	雷耶斯－加西亚
Rhode, P. W.	罗德
Ribero, R.	里韦罗
Ricardo	里卡多
Rice, Patricia	帕特里夏·赖斯
Richard	理查德
Richardson, G.	理查森
Richerson	里彻森
Richerson, Peter J.	彼得·理查森
Richman, B. D.	里奇曼
Riddell, W. C.	里德尔
Ries	里斯
Rikard	里卡德
Rilling, J. K.	里林

Rios-Rull	里奥斯－鲁尔
Ripoll, M.	里波尔
Ritschl, A.	里奇尔
Rivera-Batiz, L. A.	里韦拉－巴蒂斯
Rob	罗布
Roback	罗巴克
Robert E.	罗伯特
Robert W.	罗伯特
Robert-Nicoud	罗伯特－尼库
Roberto	罗伯托
Roberts, J. F.	罗伯茨
Robertson, D. H.	罗伯逊
Robinson, J.	鲁滨逊
Robinson, J. A.	鲁滨逊
Robinson, James A.	詹姆斯·鲁滨逊
Roca, De la	德拉罗卡
Rocha, Da	达罗查
Rockoff, H.	罗科夫
Rodríguez, F.	罗德里格斯
Rodríguez-Clare	罗德里格斯－克拉雷
Rodríguez-Pose	罗德里格斯－波塞
Rodrik	罗德里克
Rogers, Everett M.	埃弗里特·罗杰斯
Rogerson	罗杰森
Rohini	罗希尼
Röhm, H.	勒姆
Rohner, D.	罗纳
Romeo, A.	罗密欧
Romer, D.	罗默
Romer, P.	罗默
Romer, P. M.	罗默

Rose，N.	罗斯
Rose-Ackerman，S.	罗斯－阿克曼
Rosen	罗森
Rosenberg，H.	罗森伯格
Rosenberg，N.	罗森伯格
Rosenstein-Rodan，P.	罗森斯坦－罗丹
Rosenthal，J.-L.	罗森塔尔
Rosenthal，Stuart S.	斯图尔特·罗森塔尔
Rosenzweig，M. R.	罗森茨魏希
Rosés，Joan R.	霍安·罗塞斯
Ross，M.	罗斯
Rossi-Hansberg	罗西－汉斯贝格
Rothstein，B.	罗恩坦
Rotunda，R. D.	罗通达
Rousseau，P.	鲁索
Roux	鲁
Roux，Sébastien	塞巴斯蒂安·鲁
Rovito，E.	罗维托
Rozenfeld，Hernán D.	埃尔南·罗森菲尔德
Ruben	鲁本
Rubinstein，William D.	威廉·鲁宾斯坦
Rudert，T.	鲁德特
Rui	茅锐
Russ，K. N.	拉斯
Rustam	鲁斯塔姆
Rutstein，S.	鲁茨坦
Ruttan，V.	拉坦
Rybski，Diego	迭戈·雷布斯基
Ryder，H. E.	赖德

S

Sabean, D. W.	萨宾
Saccone	萨科内
Sacerdote	萨塞尔多特
Sachs	萨克斯
Sachs, J, D.	萨克斯
Sachs, S. E.	萨克斯
Sadun, R.	萨顿
Saez-Marti	赛斯－马蒂
Sahn, D. E.	萨恩
Saiegh, S.	萨耶格
Saiz	赛斯
Saiz, Albert	阿尔维特·赛斯
Sala-i-Martinn	萨拉伊马丁
Salvanes, K. G.	萨尔瓦内斯
Samuel	塞缪尔
Sandall	桑德尔
Sandberg, L. G.	桑德伯格
Sanderson, E. C.	桑德森
Sanfey, A. G.	桑菲
Sangnier	桑尼耶
Sapienza, P.	萨皮恩扎
Sarafidis	萨拉费迪斯
Sarget, M. -N.	萨尔热
Sarr, M.	萨尔
Sascha	萨沙
Sasson, Diego L.	迭戈·萨松
Satchi, Mathann	马唐·萨希

Satyanath, S.	萨蒂亚纳特
Saumitra	萨乌米特拉
Savelyev, P.	萨韦利耶夫
Say, J. B.	萨伊
Scarpetta, S.	斯卡尔佩塔
Scheinkman	沙因克曼
Scherer, F.	谢勒
Schiantarelli, F.	斯基安塔雷利
Schimdt, K.	席姆特
Schivardi	斯基瓦尔迪
Schleifer	施莱费尔
Schlosser	施洛瑟
Schmalensee, R.	施马伦塞
Schmidheiny	施米德海尼
Schmidt	施密特
Schmidt-Traub, G.	施密特－特劳布
Schmoller	施莫勒
Schmookler, J.	施莫克勒
Schmutzler, A.	施穆茨勒
Schneider, M. R.	施耐德
Schoar, A.	肖尔
Schoellman	舍尔曼
Schofield	斯科菲尔德
Schofield, P. R.	斯科菲尔德
Schofield, R. S.	斯科菲尔德
Schomerus, H.	朔梅鲁斯
Schön, L.	舍恩
Schönfelder, A.	舍恩菲尔德
Schonhardt-Bailey, C.	舍恩哈特－拜莱
Schoors	绍尔斯
Schott	肖特

Schott, Peter K.	彼得·肖特
Schramm	施拉姆
Schuh, S.	舒
Schularick, M.	舒拉里克
Schulte, A.	舒尔特
Schultz, T. P.	舒尔茨
Schultz, Theodore W.	西奥多·舒尔茨
Schulze, M. -S.	舒尔策
Schumpeter, Joseph A.	约瑟夫·熊彼特
Schündeln	申德尔恩
Schupp, B.	舒普
Schütz, G.	许茨
Schwarz	施瓦茨
Scoppa	斯科帕
Scotchmer	斯科奇姆
Scott	斯科特
Scott, Allen J.	艾伦·斯科特
Segerstrom, P.	塞格斯特伦
Selzer, S.	塞尔泽
Semih, I.	塞米赫
Semmel, B.	塞梅尔
Sen	森
Sengenberger	森根博格
Seppel, M.	泽佩尔
Serafinelli, M.	塞拉菲内利
Serck-Hanssen	塞克－汉森
Serneels, P.	塞尼尔
Serrano-Velarde, N.	塞拉诺－贝拉尔德
Serrão, J. V.	塞朗
Serven, L.	塞尔文
Seshadri, A.	塞沙德里

Sevilla，J.	塞维利亚
Seya	塞亚
Shang-Jin	魏尚进
Shaoguang	王绍光
Shapiro，Jesse M.	杰西·夏皮罗
Sharp	夏普
Sharp，P.	夏普
Shastry，G. K.	夏斯特里
Shaw-Taylor，L.	肖泰勒
Sheffield，C. P.	谢菲尔德
Shen	沈艳
Shi	李实
Shin，C.	申
Shin，K.	申宽浩
Shin，Yongcheol	申
Shioji	盐路悦朗
Shleifer	施莱费尔
Shlomo	什洛莫
Shoag	肖格
Shoulson，I.	舒尔森
Shuang	马双
Shuming	鲍曙明
Sichel，D.	西奇尔
Siedler，T.	西德勒
Siegel，D. S.	西格尔
Siemienska	西明斯卡
Sigman，M.	西格曼
Simeon	西米恩
Simon	西蒙
Simon，Curtis J.	柯蒂斯·西蒙
Simon，H.	西蒙

Simoons, Frederick J.	弗雷德里克・西蒙斯
Simpson, H.	辛普森
Sinai	塞奈
Sinding, Jeanet	耶安内特・辛丁
Singh	辛格
Singhal, M.	辛哈
Siqueira, J.	西凯拉
Sjoegren	舍格伦
Skinner, J.	斯金纳
Skoufias, Emmanuel	伊曼纽尔・斯库菲亚斯
Skouras	斯库拉斯
Skovsgaard	斯科夫斯戈德
Slicher van Bath, B. H.	斯利赫・范巴斯
Smith	斯密
Smith, Anthony A.	安东尼・史密斯
Smith, Bruce D.	布鲁斯・史密斯
Smith, R. M.	史密斯
Smith, Ron P.	罗恩・史密斯
Smith, Stefani C.	斯特凡尼・史密斯
Smits	斯米茨
Snyder, Jason A.	贾森・斯奈德
Soares, R.	苏亚雷斯
Sobel, J.	索贝尔
Soens, T.	森斯
Soete, L.	泽特
Sofia, Kerstin	克斯廷・索菲娅
Sohn, B.	索恩
Sokoloff, Kenneth L.	肯尼思・索科洛夫
Solar, P. M.	索拉尔
Solnit	索尔尼特
Solomou, S.	索洛穆

Solow, R. M.	索洛
Soly, H.	索利
Somanathan	索马纳坦
Song	宋铮
Song, X.	宋
Song, Z.	宋铮
Sonja	索尼娅
Sonnino, E.	松尼诺
Sonstelie	松斯特利
Sorenson	索伦森
Soskice, D.	索斯凯斯
Soutter, C.	苏特
Spagnolo, G.	斯帕尼奥洛
Sperber, J.	施佩贝尔
Spiegel, M. M.	施皮格尔
Spielman, A.	施皮尔曼
Spolaore	斯伯劳雷
Sposi	斯波西
Spufford, P.	斯普福德
Spyros	施皮罗斯
Stabel, P.	施塔贝尔
Staiger, D.	施泰格
Starrett	斯塔雷特
Starrett, David A.	戴维·斯塔雷特
Stasavage, D.	斯塔萨维奇
Steckel, R.	斯特克尔
Stefan	斯特凡
Stefano	斯特凡诺
Stefanski	斯特凡斯基
Steger, T.	斯蒂格
Stein, Aryeh D.	阿里耶·施泰因

Steiner, F.	斯坦纳
Stejner, Christian	克里斯蒂安·施泰纳
Stelios	斯泰利奥斯
Stella, A.	斯特拉
Stephen D.	斯蒂芬
Stephen	斯蒂芬
Steven	史蒂文
Stifel, D. C.	施蒂费尔
Stigler, George J.	乔治·施蒂格勒
Stiglitz, Joseph E.	约瑟夫·施蒂格利茨
Stijn	斯泰恩
Stillman, N. A.	斯蒂尔曼
Stiroh, K. J.	斯蒂罗
Stixrud	斯蒂克斯鲁德
Stokey, Nancy L.	南希·斯托基
Stoneman, P.	斯通曼
Storesletten	斯托雷斯莱腾
Storeygard, Adam	亚当·斯托雷加德
Storper, Michael	迈克尔·斯托珀
Strahan, Philip E.	菲利普·斯特拉恩
Strange, William C.	威廉·斯特兰奇
Strayer, J. R.	斯特雷耶
Strobl	施特罗布尔
Sturm	斯特姆
Subramanian, A.	苏布拉马尼安
Subramanian, S.	苏布拉马尼安
Suedekum	苏埃德库姆
Suliman, E.	苏利曼
Sullivan, Daniel G.	丹尼尔·沙利文
Summers, Anita A.	阿妮塔·萨默斯
Summers, L. H.	萨默斯

Sumner, M.	萨姆纳
Sunde, U.	森德
Sunley	森利
Sussman, N.	萨斯曼
Sutter, Matthias	马蒂亚斯·祖特尔
Sutton, J.	萨顿
Suzanne	苏桑
Sveikauskas	斯维考斯卡斯
Svejnar, J.	什韦纳尔
Svensson, P.	斯文森
Swaffield	斯沃菲尔德
Swanson, T.	斯旺森
Swedberg, R.	斯韦德贝里
Swiecki	斯维茨基
Syed, M.	赛义德
Sylla, R.	西拉
Symeonidis, G.	西梅奥尼迪斯
Syverson	叙韦森

T

Tabellini, G.	塔贝利尼
Tabuchi	塔布基
Tai, E. S.	塔伊
Takeyama, Lisa N.	竹山丽莎
Tamura	田村隆一
Tanner	坦纳
Tanzi, V.	坦齐
Tao, Dennis	杨涛
Tardif, J.	塔迪夫

Taryn	塔里恩
Tasso	塔索
Taylor	泰勒
Taylor, A. M.	泰勒
Taylor, J.	泰勒
Taylor, L. O.	泰勒
Teal	蒂尔
Teignier	泰格尼尔
Teixeira	特谢拉
Temin, P.	特明（英）
Temple, Jonathan R. W.	乔纳森·坦普尔
Terrasse, V.	泰拉斯
Tertilt, M.	特蒂尔特
Tervio, M.	泰尔维奥
Theiller, I.	泰勒
Thibault	蒂博
Thirtle, C.	瑟特尔
Thisse	蒂斯
Thoen, E.	特恩
Thoenig, M.	特尼希
Thomas	托马斯
Thomas, R. P.	托马斯
Thompson	汤普森
Thönen	特能
Thöni, C.	特尼
Thorbecke	托尔贝克
Thorleif	托莱夫
Thornhill	桑希尔
Ticchi	蒂基
Tiffin	蒂芬
Tilly	蒂莉

Timmer, M.	蒂默
Timmer, Peter C.	彼得·蒂默
Timo	蒂莫
Timothy	蒂莫西
Tipton, F. B.	蒂普顿
Tirole, J.	梯若尔
Tobacman, J.	托巴科曼
Tobio	托比奥
Toch, M.	托赫
Todd	托德
Tollison, R. D.	托利森
Tomasz	托马斯
Tombe	通贝
Tonetti, C.	托内蒂
Toniolo	托尼奥洛
Topel, R. H.	托佩尔
Topolski, J.	托波尔斯基
Tornell, A.	托内尔
Torsten	托尔斯滕
Torvik	拖维克
Toshihiro	大久保敏弘
Toubal	图巴尔
Townsend, R. M.	汤森
Trajtenberg, M.	特拉伊滕伯格
Trautmann, Stefan T.	斯特凡·特劳特曼
Trebbi, F.	特雷比
Trefler	特雷夫莱
Treisman	特雷斯曼
Tremblay, R.	特朗布莱
Trevor	特雷弗
Trimbur	特林布尔

Trionfetti	特里翁费蒂
Triplett, J. E.	特里普利特
Trivedi	特里维迪
Trivellato, F.	特里韦拉托
Troeltsch, W.	特勒尔奇
Troiano, U.	特罗亚诺
Trumbull, J. G.	特朗布尔
Tsiddon, D.	齐东
Tsutsumi	堤盛人
Turner	特纳
Turner, Matthew A.	马修·特纳
Tushman, M. L.	图什曼
Tversky, A.	特沃斯基
Twarog, S.	特瓦罗格
Tyrell	蒂雷尔

U

Udovitch, A. L.	乌多维奇
Udry, C. R.	乌德里
Uhrig, N.	乌里希
Ulbrich, C.	乌尔布里希
Üngör, Murat	穆拉特·云格尔
Uslaner, E. M.	乌斯兰纳
Uzawa	宇泽弘文

V

Vadez	瓦德兹

Valent, P.	瓦伦特
Valentinyi, Ákos	阿科什·瓦伦蒂尼
Vamplew, W.	范普鲁
Vamvakidis, A.	瓦姆瓦基迪斯
van Ark, B.	范阿尔克
Van Bavel, B. J. P.	范巴韦尔
Van Cruyningen, P.	范克雷宁根
Van den Heuvel, D.	范登赫费尔
Van der Heijden, M.	范德海登
van der Ploeg, F.	范德普勒格
Van der Woude, A.	范德沃德
Van Doosselaere, Q.	范多塞莱雷
Van Leeuwen, B.	范莱文
Van Lottum, J.	范洛特姆
Van Nederveen Meerkerk, E.	范内德芬·梅尔凯克
van Praag, C. M.	范普拉克
van Reenen, J.	范雷南
Van Riel, A.	范里尔
Van Soest, Daan P.	达恩·范泽斯特
van Wincoop, E.	范温科普
van Ypersele, T.	范伊普塞勒
van Zanden, J. L.	范赞登
Vandenbroucke	范登布鲁克
Vandenbussche, J.	范登布舍
Vann, J. A.	范恩
Vansina	万西纳
Vaupel, J. W.	沃佩尔
Veldkamp	韦尔德坎普
Velková, A.	韦尔科娃
Venables	维纳布尔斯
Venables, Anthony J.	安东尼·维纳布尔斯

Verba, S.	韦尔巴
Verdier	维迪尔
Vereshchagina, Galina	加林娜·韦列夏金娜
Verlinden, C.	弗林登
Vernon Henderson, J.	亨德森·弗农
Veronica	韦罗妮卡
Verpoorten	韦波尔滕
Vertova	韦尔托瓦
Vesterlund	韦斯特隆德
Vickers, J.	维克斯
Vickrey, William S.	威廉·维克里
Victor	维克托
Vidyattama	维迪亚塔玛
Viktoria	维多利亚
Vincenzo	温琴佐
Vindigni	温迪尼
Violante	维奥兰特
Violante, G.	维奥兰特
Viscusi, W. K.	维斯库西
Vishny	维什尼
Vishny, R. W.	维什尼
Viswanathan, S.	维斯瓦纳坦
Vitale, C.	维塔莱
Vitaro, F.	维塔罗
Vittorio	维托里奥
Vives, X.	比韦斯
Voena	弗娜
Vogl, T.	福格尔
Voigtlaender	福格特伦德
Voigtländer, N.	福格特伦德
Volckart, O.	沃尔卡特

Vollrath, D.	福尔拉特
Von Rosenbladt, J.	冯·罗森布拉特
Voors, Maarten J.	马尔滕·福尔斯
Voth	弗特
Voth, H. -J.	弗特
Vries, de	德弗里斯
Vroman	弗罗曼

W

Wacziarg, R.	瓦克扎格
Wade, R.	韦德
Wadhwani, S.	瓦德瓦尼
Wagner, G.	瓦格纳
Wagstaff, A.	瓦格斯塔夫
Walder	瓦尔德
Waldinger	瓦尔丁格
Wall, B.	沃尔
Wallace	华莱士
Wallace, A.	华莱士
Wallace, C.	华莱士
Wallis, G.	沃利斯
Wallis, J. J.	沃利斯
Walsh, B.	沃尔什
Walter	沃尔特
Wang	王
Wang, F.	王
Wang, S.	王
Wansbeek	万斯贝克
Wantchekon	旺谢孔

Ward, Bryce A.	布赖斯·沃德
Ward, T.	沃德
Warner, A.	沃纳
Warner, A. M.	沃纳
Watanabe, Hiroki	渡边
Watkins, M.	沃特金斯
Waugh	沃
Waugh, M. E.	沃
Webbink	韦宾克
Weber	韦伯
Weeks	威克斯
Weersink, A.	韦尔辛克
Wei	魏
Weidenmier, M.	魏登米尔
Wei-Der	蔡维德
Weil, D. N.	韦尔
Weil, David N.	戴维·韦尔
Weill	韦尔
Weingast, B. R.	魏因加斯特
Weinstein, David E.	戴维·温斯坦
Weir, D. R.	韦尔
Weisdorf, J.	韦斯多夫
Weiss, Thomas J.	托马斯·韦斯
Weitzman, M. L.	韦茨曼
Welch, K. H.	韦尔奇
Wendell, B.	温德尔
Wen-Tai	许文泰
Werker, E. D.	韦尔克
Werner	沃纳
West, M. R.	韦斯特
Westbrook	韦斯特布鲁克

Westermann, F.	韦斯特曼
Whalley, J.	惠利
Whalley, S. E.	惠利
Wheeler, N. C.	惠勒
Whited, Toni M.	托尼·怀蒂德
Whitelaw	怀特洛
Whittle, J.	惠特尔
Wiesner, M. E.	威斯纳
Wiesner-Hanks, M. E.	威斯纳－汉克斯
Wilde, J.	维尔德
William	威廉
Williams, D. T.	威廉斯
Williams, E.	威廉斯
Williams, Melonie B.	威廉斯
Williamson, J. G.	威廉姆森
Wilson	威尔逊
Wingender	温根德
Wise, M.	怀斯
Wittfogel, Karl A.	卡尔·维特福尔格
Woessmann	韦斯曼
Wolitzky, A.	沃利茨基
Wolpin	沃尔平
Wolpin, Kenneth I.	肯尼思·沃尔平
Wong	王
Woo	胡永泰
Woodberry, Robert D.	罗伯特·伍德伯里
Woodruff, C.	伍德拉夫
Woodward, R. L.	伍德沃德
Woolcock, M.	伍尔科克
Worm, Casper	卡斯珀·沃尔姆
Wössmann, L.	韦斯曼

X

Y

Yi	文一
Yin	尹虹潘
Yoon	尹
Yorukoglu，M.	约鲁克格鲁
Yoshiki	（山形）与志树
Young	扬

Z

Zak，P.	扎克
Zanden，van	范赞登
Zang	臧文斌
Zeckhauser，R.	泽克豪泽（英）
Zenou，Yves	伊夫·泽诺
Zetian	王泽填
Zhang	张
Zhang，J.	张
Zhao	赵
Zheng	宋铮
Zhenjie	钱震杰
Zhong	钟宁桦
Zhou	周
Zhu	朱
Zhu，L.	朱
Zhu，X.	朱
Zhuravskaya	茹拉夫斯卡亚
Zilibotti	齐利伯蒂
Zimmermann，C.	齐默尔曼
Zingales，L.	津加莱斯
Zoabi，H.	佐阿比

Zolt，E. M.	佐尔特
Zou	邹
Zumbuehl，Maria	楚姆比尔
Zweimüller，Josef	约瑟夫·茨魏米勒
Zylberberg，Y.	齐尔贝贝格

主题对照

A

of innovation 创新集聚
patterns of economic activity 经济活动的集聚模式
pecuniary externalities 集聚的价格外部性
spatial pattern 集聚的空间模式
technological externalities 集聚的技术外部性
Agglomeration economies 集聚经济
city size, 城市规模
city-level externalities 城市层面的外部性
co-productivity based estimation 基于联合生产率的估计
crowding costs 拥挤成本
equilibrium city sizes 均衡城市规模
growth dynamics 增长动态
human capital accumulation 人力资本积累
microfounded 微观基础
monocentric city model 单中心城市模型
production process 生产过程
single sector 单一部门
urban costs 城市成本
within-sector 部门内
worker-fixed effects 工人固定效应
Agriculture sector 农业部门
benchmark model 基准模型
comparative advantage 比较优势
consumption share 消费份额
employment share 就业比重
labor force in 农业部门的劳动力
least productive 生产率最低的部门
movement of labor in US (since 2000) 美国劳动力转移(2000 年以来)
share of women 女性比例
structural transformation 结构转换

technological progress	技术进步
time-series changes	时序变化
Amenities	生活便利设施
aggregate value	总价值
defined	定义
higher wages and	更高工资
housing costs	住房成本
human capital	人力资本
index of	便利指数
main advantage	主要优势
population growth and	人口增长
skilled workforce	熟练劳动力
supply and demand channels	供求渠道
urban growth and	城市增长和城市便利性
Amoral familism	无道德家庭主义
Ancestry，role in	家族谱系的作用
economic development	家族谱系在经济发展中的作用
persistence	持久性
reversals	逆转
Approximate balanced growth	近似平衡增长
Asian Financial Crisis	亚洲金融危机
Authoritarian nuclear family	专制核心家庭

B

Balanced growth path	平衡增长路径
entrepreneurial culture and	创业文化与平衡增长路径

C

growth rate per annum（2011 –2020）	年均增长率（2011 ~ 2020 年）
hukou system	户籍制度
human capital development	人力资本发展
income level 2009	2009 年收入水平
inflation rates	通货膨胀率
investment	投资
life-cycle theory	生命周期理论
M-form organization	M 型组织
macro-economic stability	宏观经济稳定
manufacturing sector	制造业部门
middle-income trap	中等收入陷阱
per capita GDP compared	人均 GDP 比较
political economy of	政治经济学
population growth	人口增长
PPP terms（by 2016）	按购买力平价计算（到 2016 年）
productivity growth	生产率增长
rural reforms	农村改革
savings	储蓄
structural imbalances	结构失衡
structural transformation	结构转换
technological progress	技术进步
trade liberalization policies	贸易自由化政策
uneven structural change	非均衡的结构变迁
China，ELG Model	中国，出口导向型增长模型
age-dependency ratio	抚养比
Asian Financial Crisis	亚洲金融危机
consumption share	消费份额
corporate savings	公司储蓄

current account surplus	经常项目盈余
domestic imbalances	国内失衡
domestic producer's role	国内生产者的作用
double transition	双重转换
exchange rate	汇率
export to US	对美出口
external imbalances	外部失衡
financial sector	金融部门
GDP expenditure	国内生产总值支出
global imbalances	全球经济失衡
global value chain	全球价值链
government savings	政府储蓄
government's role	政府的作用
gross national income（GNI），distribution	国民总收入（GNI），分配
household savings	居民储蓄
inequality（income distribution）	不平等（收入分配）
labor allocation	劳动力配置
life-cycle hypothesis（LCH）	生命周期假说（LCH）
medical insurance scheme	医疗保险制度
middle-income trap	中等收入陷阱
national savings（household's contribution）	国民储蓄（家庭部门的贡献）
net trade deficit	净贸易逆差
normal and processing export	一般出口与加工出口
precautionary saving thesis	预防性储蓄命题
share of capital formation	资本形成份额
small and medium enterprises（SMEs）	中小企业（SMEs）
state-owned enterprises（SOEs）	国有企业（SOEs）
structural changes	结构变迁
technological upgradation	技术升级

US deficit with ASEAN	美国对东盟的逆差
wage rate	工资率
China, political economy	中国，政治经济学
career incentives	职业激励
CCP leadership	中国共产党的领导
civil servant system	公务员制度
Coase bargaining	科斯谈判
corruption perception index (CPI)	全球清廉指数（CPI）
fiscal decentralization	财政分权
institutional change theory	制度变迁理论
leadership shuffling	领导干部调动
market preserving federalism	市场维护型联邦主义
Markov stationary equilibrium (two groups)	马尔可夫稳态均衡（两组）
party institutionalization	党的制度化
promotion criteria, government jobs	政府职位的晋升标准
RDA regime	地方分权的威权体制
state' role	国家的作用
township and village enterprises (TVEs)	乡镇企业（TVEs）
Colonialism	殖民主义
Africa	非洲
Americas	美洲
Asia	亚洲
European	欧洲
Island Colonies	岛屿殖民地
long-term impacts	长期影响
New World societies and	新大陆社会
Communication technology	通信技术
Communism	共产主义
Cooperation	合作
climate, influence on	气候对合作的影响

D

E

F

G

H

econometric analyses	计量经济分析
econometric evidence	计量经济学证据
economic growth, effect on	对经济增长的影响
fertility and	健康与生育率
germ theory of disease	疾病的细菌理论
higher income, effect on	健康对收入提高的影响
historical evolution, income distribution	收入分配的历史演变
HIV/AIDS in sub-Saharan Africa	撒哈拉以南非洲的艾滋病（毒）
human capital accumulation	人力资本积累
Human Development Index (HDI)	人类发展指数
income, relationship with	健康与收入之间的关系
individual indicators	个体健康指标
international epidemiological transition	国际流行病学的变迁
life expectancy	预期寿命
long-run effect, childhood nutrition	儿童营养对健康的长期影响
longevity	健康与长寿
medicine and	医疗与健康
money-metric terms	健康的货币化度量
negative effect, economic growth	经济增长对健康的消极影响
negative short-run effect, income	收入对健康的消极短期影响
other theoretical channels	理论上的其他渠道
physiological conditions	生理状况
population growth	人口增长
public health measures	公共卫生措施
reduced mortality	死亡率的下降

I

L

M

barrier effect	障碍效应
direct effect	直接效应
Mode of transmission, vertical traits	垂直特质的传递模式
Multi-sector model	多部门模型
features of	特点
generalized balanced growth	广义平衡增长
structural transformation	结构转型
utility functions	效用函数

N

Nash equilibrium	纳什均衡
Natural resource	自然资源
curse	自然资源诅咒
endowment	自然资源禀赋
industries in Siberia	西伯利亚的自然资源产业
New Economic Geography (NEG) models	新经济地理学(NEG)模型
Non-cognitive skills	非认知技能

O

Oil crisis	石油危机

P

Paternalistic motives	家长式动机

S

T

U

catch-up growth	追赶型增长
convergence perspectives	收敛视角
GDP level	国内生产总值水平
industrialization drive	工业化驱动
interwar period	两次世界大战期间
Russian Revolution，impact on	俄罗斯革命的影响
slowdown in1970s	20 世纪 70 年代的增长减速

V

value of a statistical life（VSL）	统计生命价值

W

World War II	第二次世界大战
American economy	美国经济
East Asian Tiger economies	东亚“四小龙”
regional shares，world GDP	全球国内生产总值的地区份额
technological leadership	技术上的领导地位
Worldwide Governance Indicators report on family ties	关于家庭关系的全球治理指数报告